E-Book inside.

Mit folgendem persönlichen Code
können Sie die E-Book-Ausgabe
dieses Buches downloaden.

```
1018r-65p6x-
2w301-nr041
```

Registrieren Sie sich unter
www.hanser-fachbuch.de/ebookinside
und nutzen Sie das E-Book
auf Ihrem Rechner*, Tablet-PC
und E-Book-Reader.

Der Download dieses Buches als E-Book unterliegt gesetzlichen
Bestimmungen bzw. steuerrechtlichen Regelungen, die Sie unter
www.hanser-fachbuch.de/ebookinside nachlesen können.
* Systemvoraussetzungen: Internet-Verbindung und Adobe® Reader®

Jardin/Foltyn

Joomla! 3

Bleiben Sie auf dem Laufenden!

Unser **Computerbuch-Newsletter** informiert Sie monatlich über neue Bücher und Termine. Profitieren Sie auch von Gewinnspielen und exklusiven Leseproben. Gleich anmelden unter

www.hanser-fachbuch.de/newsletter

Hanser Update ist der IT-Blog des Hanser Verlags mit Beiträgen und Praxistipps von unseren Autoren rund um die Themen Online Marketing, Webentwicklung, Programmierung, Softwareentwicklung sowie IT- und Projektmanagement. Lesen Sie mit und abonnieren Sie unsere News unter

www.hanser-fachbuch.de/update

David Jardin, Elisa Foltyn

Joomla! 3

Professionelle Webentwicklung.

Aktuell zu Version 3.7

HANSER

Die Autoren:
David Jardin, Köln, d.jardin@djumla.de
Elisa Foltyn, Nürnberg, book@coolcat-creations.com

Alle in diesem Buch enthaltenen Informationen, Verfahren und Darstellungen wurden nach bestem Wissen zusammengestellt und mit Sorgfalt getestet. Dennoch sind Fehler nicht ganz auszuschließen. Aus diesem Grund sind die im vorliegenden Buch enthaltenen Informationen mit keiner Verpflichtung oder Garantie irgendeiner Art verbunden. Autoren und Verlag übernehmen infolgedessen keine juristische Verantwortung und werden keine daraus folgende oder sonstige Haftung übernehmen, die auf irgendeine Art aus der Benutzung dieser Informationen – oder Teilen davon – entsteht.

Ebenso übernehmen Autoren und Verlag keine Gewähr dafür, dass beschriebene Verfahren usw. frei von Schutzrechten Dritter sind. Die Wiedergabe von Gebrauchsnamen, Handelsnamen, Warenbezeichnungen usw. in diesem Buch berechtigt deshalb auch ohne besondere Kennzeichnung nicht zu der Annahme, dass solche Namen im Sinne der Warenzeichen- und Markenschutz-Gesetzgebung als frei zu betrachten wären und daher von jedermann benutzt werden dürften.

Bibliografische Information der Deutschen Nationalbibliothek:
Die Deutsche Nationalbibliothek verzeichnet diese Publikation in der Deutschen Nationalbibliografie; detaillierte bibliografische Daten sind im Internet über http://dnb.d-nb.de abrufbar.

Dieses Werk ist urheberrechtlich geschützt.
Alle Rechte, auch die der Übersetzung, des Nachdruckes und der Vervielfältigung des Buches, oder Teilen daraus, vorbehalten. Kein Teil des Werkes darf ohne schriftliche Genehmigung des Verlages in irgendeiner Form (Fotokopie, Mikrofilm oder ein anderes Verfahren) – auch nicht für Zwecke der Unterrichtsgestaltung – reproduziert oder unter Verwendung elektronischer Systeme verarbeitet, vervielfältigt oder verbreitet werden.

© 2017 Carl Hanser Verlag München, www.hanser-fachbuch.de
Lektorat: Brigitte Bauer-Schiewek
Copy editing: Petra Kienle, Fürstenfeldbruck
Umschlagdesign: Marc Müller-Bremer, München, www.rebranding.de
Umschlagrealisation: Stephan Rönigk
Gesamtherstellung: Kösel, Krugzell
Printed in Germany

Print-ISBN: 978-3-446-44015-9
E-Book-ISBN: 978-3-446-44088-3

Inhalt

1	Einleitung	1
2	Über Joomla!	3
2.1	Content-Management-Systeme	3
2.2	Geschichte	4
2.3	Organisation	4
2.4	Release-Strategie	7
3	Einrichten der Arbeitsumgebung	9
3.1	Lokaler Webserver	9
	3.1.1 Windows	10
	3.1.2 Linux	12
	3.1.3 Mac OS X	15
	3.1.4 Vagrant	18
3.2	Entwicklungstools	19
	3.2.1 Texteditor	20
	3.2.1.1 Windows: Notepad++	20
	3.2.1.2 Alle Systeme: Sublime Text	20
	3.2.2 Entwicklungsumgebung	21
	3.2.2.1 Eclipse	21
	3.2.2.2 PhpStorm	22
3.3	Wahl des Browsers	23
	3.3.1 Nutzung der Chrome-Entwicklertools	24
3.4	FTP-Client	28
3.5	Passwort-Manager	29
4	Installation	31
4.1	Installation in der lokalen Umgebung	31
	4.1.1 Sonderfall 1: der FTP-Modus	40
	4.1.2 Sonderfall 2: mehrsprachige Installation	42
4.2	Installation auf dem Webspace des Hosters	44

4.3		Erste Handgriffe nach der Installation	45
	4.3.1	Anpassung der robots.txt	45
	4.3.2	Leeren des Verzeichnisses/images	46

5 Grundlegende Begriffe und Architektur 49

5.1		Grundlegende Begriffe	49
	5.1.1	Backend/Frontend	49
	5.1.2	Komponenten, Module, Plug-ins und Templates	50
	5.1.3	Beiträge, Kategorien, Menüs	51
5.2		Architektur	52
	5.2.1	Joomla!-Framework	53
	5.2.2	Joomla!-CMS	53
	5.2.3	Erweiterungen	54

6 Das Backend 55

6.1	Login	55
6.2	Grundaufbau und Kontrollzentrum	56
6.3	Allgemeine Konfiguration	58
6.4	Massenmail	65
6.5	Menü: Menüs und Inhalte	67
6.6	Medienverwaltung	67
6.7	Menü: Komponenten	71
6.8	Menü: Erweiterungen	72
6.9	Menü: Hilfe	73

7 Inhalte verwalten 75

7.1		Kategoriensystem anlegen	76
	7.1.1	Kategorienübersicht	76
	7.1.2	Kategorie anlegen	79
	7.1.3	Anlegen einer untergeordneten Kategorie	83
	7.1.4	Bestehende Kategorien ändern	84
	7.1.5	Kategorien entfernen und wiederherstellen	86
	7.1.6	Kategorien veröffentlichen und verstecken	87
	7.1.7	Kategorie-Reihenfolge ändern	88
	7.1.8	Freigeben von Kategorien	89
	7.1.9	Wiederherstellen der Kategorienstruktur	90
	7.1.10	Kategorienoptionen	91
	7.1.11	Anwenden von Änderungen auf mehrere Kategorien	91
7.2		Inhalte erstellen	92
	7.2.1	Beitragsübersicht	92
	7.2.2	Neuen Beitrag anlegen	93
		7.2.2.1 Der WYSIWYG-Editor TinyMCE	94
		7.2.2.2 Bilder einfügen	102

		7.2.2.3	Verlinkungen zu anderen Beiträgen einfügen	104
		7.2.2.4	Seitenumbruch	106
		7.2.2.5	Weiterlesen-Funktion	109
		7.2.2.6	Module einfügen	110
		7.2.2.7	WYSIWYG-Editor deaktivieren	111
		7.2.2.8	Beitragsparameter	111
	7.2.3	Allgemeine Optionen der Beitragskomponente		115
7.3	Haupteinträge			119
7.4	Versionierung			119
7.5	Verschlagwortung			121
	7.5.1	Schlagworte anlegen		122
	7.5.2	Schlagworte im Frontend		123
8	**Navigationsstruktur anlegen**			**125**
8.1	Das Menüsystem			125
	8.1.1	Die Menübereiche		125
	8.1.2	Die Menüeinträge		126
8.2	Menüeinträge anlegen			127
	8.2.1	Menütypen		127
	8.2.2	Menüeintrags-Parameter		131
	8.2.3	Kategorienauflistungen		135
	8.2.4	Kategorienblogs		138
8.3	Split-Navigationen anlegen			143
9	**Das Template-System**			**145**
9.1	Was ist ein Template?			145
	9.1.1	Backend- und Frontend-Templates		146
	9.1.2	Modulpositionen		146
9.2	Template-Übersicht			147
	9.2.1	Template-Stile		148
	9.2.2	Installierte Templates		148
9.3	Editieren der installierten Templates			149
9.4	Template-Stil wechseln			150
9.5	Template-Zuweisung			151
9.6	Parameter ändern			152
9.7	Manuelle Template-Anpassungen			153
9.8	Andere Templates nutzen			156
	9.8.1	Template-Verzeichnisse		156
	9.8.2	Template-Clubs		157
	9.8.3	Installation		158

10	Joomla!-Erweiterungen	159
10.1	Integrierte Erweiterungen	159
	10.1.1 Komponenten: Nutzung der Kontakt-Komponente	159
	10.1.2 Komponenten: Nutzung des Suchindex	163
	10.1.3 Module: Das RSS-Feed-Modul einbinden	164
	10.1.3.1 Administrator-Module	171
	10.1.4 Plug-ins	171
	10.1.5 Sprachen	173
	10.1.6 Templates	174
	10.1.7 Bibliotheken	174
	10.1.8 Überblick über die Standarderweiterungen	174
10.2	Erweiterungen verwalten	179
	10.2.1 Erweiterungen finden	179
	10.2.1.1 extensions.joomla.org	179
	10.2.1.2 Checkliste für die Auswahl der passenden Erweiterung	182
	10.2.1.3 Deutschsprachige Erweiterungsverzeichnisse	182
	10.2.2 Erweiterungen installieren	183
	10.2.2.1 Aus Webkatalog installieren	186
	10.2.3 Erweiterungsmanager	188
	10.2.3.1 Erweiterungen verwalten	188
	10.2.3.2 Erweiterungen überprüfen	189
	10.2.3.3 Erweiterungen aktualisieren	190
	10.2.3.4 Datenbank	190
	10.2.3.5 Warnungen	191
	10.2.3.6 Sprachen installieren	192
	10.2.3.7 Aktualisierungsquellen	193
11	**Benutzer- und Rechteverwaltung**	**195**
11.1	Benutzerverwaltung	195
11.2	Gruppen	197
11.3	Zugriffsebene	200
11.4	Berechtigungen	202
	11.4.1 System-Berechtigungen	203
	11.4.2 Komponenten-Berechtigungen	205
	11.4.3 Kategorie-Berechtigungen	205
	11.4.4 Eintragsberechtigungen	206
11.5	Parameter der Benutzerverwaltung	207
12	**Overrides/Template Workshop**	**209**
12.1	Overrides und Alternative Layouts	209
	12.1.1 Einleitung	209
	12.1.2 MVC	210

	12.1.3	Ausgabe von Komponenten überschreiben	210
		12.1.3.1 Struktur	210
		12.1.3.2 Override erstellen	211
		12.1.3.3 Alternatives Layout erstellen	212
		12.1.3.4 Überblick über Joomla!-Komponenten	213
		12.1.3.5 Auswahl der Alternativen Layouts im Backend	214
	12.1.4	Menütypen für Alternative Layouts anlegen	217
		12.1.4.1 Struktur	218
	12.1.5	Ausgabe von Modulen überschreiben	220
		12.1.5.1 Struktur	220
		12.1.5.2 Overrides anlegen	220
		12.1.5.3 Alternative Layouts anlegen	221
		12.1.5.4 Auswahl im Backend	222
	12.1.6	Modul Chrome	223
		12.1.6.1 Aufruf	223
		12.1.6.2 Definition	223
		12.1.6.3 Eigenen Chrome anlegen	225
		12.1.6.4 Verwendung Modul Overrides vs. Chrome Stile	226
	12.1.7	Ausgabe von jLayouts überschreiben	226
		12.1.7.1 Struktur	226
		12.1.7.2 Override anlegen	227
		12.1.7.3 Eigene jLayouts anlegen	227
	12.1.8	Overrides über den Template-Manager erstellen	227
	12.1.9	Ausgabe von Plug-ins überschreiben	228
		12.1.9.1 Struktur	228
		12.1.9.2 Overrides anlegen	228
	12.1.10	Ausgabe der Paginierung überschreiben	229
	12.1.11	Media-Dateien überschreiben	230
		12.1.11.1 Der Media-Ordner	230
		12.1.11.2 Skripte überschreiben	230
		12.1.11.3 Bilder überschreiben	231
		12.1.11.4 Stile überschreiben	232
		12.1.11.5 Dateien außerhalb des Media-Ordners	232
	12.1.12	Ausgabe von Sprachdateien überschreiben	233
12.2	Joomla!-Template-Workshop		237
	12.2.1	Download der Beispieldateien	238
	12.2.2	Aufbau eines Joomla!-Templates	241
	12.2.3	Bearbeitung der templateDetails.xml	246
	12.2.4	Basisangaben in der index.php	255
		12.2.4.1 Joomla!-spezifische PHP-Anweisungen	255
		12.2.4.2 Stylesheet-Dateien einbinden	256
		12.2.4.3 Skript-Dateien einbinden	257
		12.2.4.4 Head laden – Jdoc-Anweisung	260
		12.2.4.5 Template-Parameter	261

		12.2.5	Module in der index.php laden	266
			12.2.5.1 Jdoc-Anweisung	266
			12.2.5.2 Menü	266
			12.2.5.3 Seitenheader	270
			12.2.5.4 Teaser	276
			12.2.5.5 Icon-Modul	279
			12.2.5.6 Portfolio-Modul	285
			12.2.5.7 Call-to-Action-Bereich	291
			12.2.5.8 Kontaktbereich im Footer	292
		12.2.6	Verweise korrigieren	296
		12.2.7	Weitere Jdoc-Anweisungen	296
		12.2.8	Inhaltsbereich/Komponente	297
	12.3	Weitere Joomla!-Template-Dateien		303
		12.3.1	component.php	303
		12.3.2	offline.php	303
		12.3.3	error.php	304
		12.3.4	pagination.php	305
	12.4	Übersicht Joomla!-Befehle		305
	12.5	Template-Frameworks und Template-Generatoren		307
	12.6	CSS-Frameworks		308
	12.7	Taskrunner		309
	12.8	Barrierefreiheit		310
	12.9	Backend-Template		311
13	**Suchmaschinenoptimierung**			**313**
	13.1	Meta-Daten		313
	13.2	SEF URLs		316
		13.2.1	URL-Rewriting	318
		13.2.2	Das Duplicate-Content-Problem	320
	13.3	Umleitungen		320
	13.4	Erweiterungen		322
		13.4.1	sh404SEF	322
		13.4.2	OSMap	323
		13.4.3	Easy Frontend SEO	323
14	**Mehrsprachigkeit**			**325**
	14.1	Integrierte Mehrsprachigkeit		325
		14.1.1	Prinzip	325
		14.1.2	Aktivierung der Sprachen	326
		14.1.3	Aktivierung des Plug-ins	326
		14.1.4	Aktivierung des Moduls	328
		14.1.5	Sprachzuweisung der Beiträge	330
		14.1.6	Sprachzuweisung der Menüeinträge	331

		14.1.7	Sprachzuweisung der Module	335
		14.1.8	Sprachverknüpfungen	337
14.2	FaLang			339
		14.2.1	Prinzip	339

15 Spezialisierte Erweiterungen ... 341

15.1	Shop-Systeme		341
	15.1.1	VirtueMart	342
	15.1.2	HikaShop	342
	15.1.3	J2Store	343
	15.1.4	JoomShopping	343
15.2	Formulare		343
	15.2.1	RSForm Pro	344
	15.2.2	FlexForms	344
15.3	Dokumentenmanagement		345
	15.3.1	jDownloads	345
15.4	Kalender		346
	15.4.1	JEvents	346
	15.4.2	DPCalendar	346
15.5	Galerien		346
	15.5.1	Komponente: PhocaGallery	346
	15.5.2	Plug-in: Simple Image Gallery	347
15.6	Community-Lösungen		347
	15.6.1	JomSocial	348
	15.6.2	Community Builder	349
	15.6.3	Kunena	349

16 Eigene Felder/SEBLOD® ... 351

16.1	Eigene Felder			351
	16.1.1	Diese Joomla!-Komponenten unterstützen „Eigene Felder"		351
	16.1.2	Feldtypen		352
		16.1.2.1	Gemeinsame Grundeinstellungen	352
		16.1.2.2	Gemeinsame Feldoptionen	354
		16.1.2.3	Beschreibung der einzelnen Feldtypen	356
	16.1.3	Felder anlegen – so geht es!		359
		16.1.3.1	Anlegen einer Feldgruppe	359
		16.1.3.2	Neues Feld anlegen	360
		16.1.3.3	Feld-Reihenfolge ändern	360
		16.1.3.4	Mehrsprachigkeit	361
	16.1.4	Override der Eingabefelder		361
	16.1.5	Felder ausgeben – so geht es!		361
		16.1.5.1	Automatische Anzeige	361
		16.1.5.2	Benutzerprofil	362
		16.1.5.3	Im Beitrag	363

		16.1.5.4	Im Kontakt	366
		16.1.5.5	Im Kontaktformular	367
		16.1.5.6	Override der Feldausgabe	370
	16.1.6	Zugriff und Berechtigungen für „Eigene Felder"		371
	16.1.7	Weitere Funktionen und ihre Grenzen		372
	16.1.8	Beispielprojekt: Jobportal		373
		16.1.8.1	Aufgabenstellung	373
		16.1.8.2	Arbeitgeberinformationen	374
		16.1.8.3	Stellenanzeigen	377
		16.1.8.4	Bewerbungsformular	379
		16.1.8.5	Frontend konfigurieren	380
		16.1.8.6	Ausgabe im Frontend	382
16.2	SEBLOD®	....		388
	16.2.1	Was ist SEBLOD®?		388
	16.2.2	SEBLOD® installieren		388
	16.2.3	Erste Orientierung		391
	16.2.4	Globale Konfiguration		393
	16.2.5	Der App-Ordner Manager		402
		16.2.5.1	Struktur	402
		16.2.5.2	Die eigene App	403
	16.2.6	Formular- und Inhaltstypen		405
		16.2.6.1	Orientierung	405
		16.2.6.2	Formular- und Inhaltstyp erstellen	409
		16.2.6.3	Formular- und Inhaltstypen im Frontend darstellen ..	410
	16.2.7	Listen- und Suchtypen anlegen		410
		16.2.7.1	Orientierung	410
		16.2.7.2	Listen- und Suchtypen erstellen	415
		16.2.7.3	Listen- und Suchtypen im Frontend darstellen	416
	16.2.8	Felder hinzufügen		416
		16.2.8.1	Vorhandene Eingabefelder hinzufügen	416
		16.2.8.2	Eigene Felder hinzufügen	417
		16.2.8.3	Ausgabefelder festlegen	421
		16.2.8.4	Feld-Manager	421
	16.2.9	Feldtypen/Feldgruppen		421
		16.2.9.1	Auswahl	421
		16.2.9.2	Button	424
		16.2.9.3	Formular	424
		16.2.9.4	HTML	426
		16.2.9.5	Inhalt	427
		16.2.9.6	Joomla!-Bibliothek (JForm)	428
		16.2.9.7	Joomla!	430
		16.2.9.8	Kollektion	430
		16.2.9.9	Suche	430
		16.2.9.10	Textbereich	431
		16.2.9.11	Upload	431

		16.2.9.12	Wähler	433
		16.2.9.13	#Core	433
	16.2.10	Feld-Zusatzoptionen		434
		16.2.10.1	Beschriftung und Variation	434
		16.2.10.2	Live + Live Wert	434
		16.2.10.3	Erforderlich/Validierung + Stufe	435
		16.2.10.4	Zugriffsebene und Beschränkung	436
		16.2.10.5	Abhängige Status (+ Berechnung)	437
		16.2.10.6	Markup + Markup-Klassen	439
		16.2.10.7	Link + Typografie	440
		16.2.10.8	Treffer + Stufen	442
		16.2.10.9	Positionen	442
		16.2.10.10	Der Zuweisen-Button	442
	16.2.11	Templates		443
		16.2.11.1	Templates installieren	444
		16.2.11.2	Template-Overrides	444
		16.2.11.3	Eigenes Template erstellen	448
	16.2.12	Seiten-Manager (Joomla!-Multidomain)		449
	16.2.13	SEBLOD® Module		454
	16.2.14	Backend-Menü erstellen		454
	16.2.15	SEBLOD® Erweiterungen		455
	16.2.16	Beispielprojekt: Jobportal		456
		16.2.16.1	App-Ordner anlegen	456
		16.2.16.2	Arbeitgeberinformationen	456
		16.2.16.3	Stellenanzeigen	462
		16.2.16.4	Jobsuche konfigurieren	470
		16.2.16.5	Bewerbungsformular anlegen	471
	16.2.17	Weitere CCK		474
17	**Eigene Erweiterungen**			**477**
17.1	Die Joomla!-API			477
17.2	Das MVC-Pattern			478
17.3	Wichtige Klassen			479
	17.3.1	JFactory		479
	17.3.2	JDatabase		480
	17.3.3	JDatabaseQuery		481
	17.3.4	JInput		482
	17.3.5	JDocument		483
	17.3.6	JFile/JFolder		484
	17.3.7	JControllerLegacy		485
		17.3.7.1	JControllerAdmin	486
		17.3.7.2	JControllerForm	486
	17.3.8	JModelLegacy		486
		17.3.8.1	JModelAdmin	486
		17.3.8.2	JModelForm	487

		17.3.9	JViewLegacy	487
		17.3.10	JForm	487
			17.3.10.1 Verfügbare Feldtypen	487
		17.3.11	JLayout	490
		17.3.12	Weitere Klassen in der Kurzübersicht	490
		17.3.13	Zur Verfügung stehende Konstanten	491
	17.4	Tutorial: Wir programmieren eine Komponente für Stellenanzeigen		491
		17.4.1	Anlegen der Verzeichnisstruktur	492
		17.4.2	Anlegen der XML-Definition	492
		17.4.3	Anlegen des Installationsskripts	495
		17.4.4	Anlegen der SQL-Dateien für Installation, Deinstallation und Update	498
		17.4.5	Anlegen des MVC-Patterns im Backend	500
			17.4.5.1 Dispatcher	500
			17.4.5.2 Die Backend-Controller	502
			17.4.5.3 Die Backend-Models	504
			17.4.5.4 Das Backend-Formular	509
			17.4.5.5 Anlegen der Table-Klasse	511
			17.4.5.6 Anlegen der View für die Listenansicht	513
			17.4.5.7 Anlegen des Konfigurationsdialogs	522
			17.4.5.8 Anlegen der Helper-Klasse	523
		17.4.6	Anlegen der Backend-Sprachdateien	524
		17.4.7	Anlegen der benötigten Medien-Dateien	526
		17.4.8	Anlegen des MVC-Patterns im Frontend	527
			17.4.8.1 Anlegen des Dispatchers	527
			17.4.8.2 Anlegen des Controllers	528
			17.4.8.3 Anlegen des Models	528
			17.4.8.4 Anlegen der View	530
		17.4.9	Anlegen der Frontend-Sprachdateien	533
		17.4.10	Installieren der fertigen Erweiterung	533
	17.5	Plug-ins entwickeln		534
		17.5.1	Grundprinzip	534
		17.5.2	Beispiel-Plug-in	535
		17.5.3	Verfügbare Plug-in-Events	536
	17.6	CLI-Applikationen entwickeln		543
	17.7	Das FOF-Framework		545
		17.7.1	Zentrale Konzepte	546
		17.7.2	Nachteile des FOF-Frameworks	547
		17.7.3	Vorteile des Frameworks	547

18	Best Practices	549
18.1	Sinnvolle Erweiterungen im professionellen Umfeld	549
	18.1.1 OSMap	549
	18.1.2 JCE	552
	18.1.2.1 Installation und Konfiguration	552
	18.1.2.2 Kostenpflichtige Zusatz-Plug-ins	560
	18.1.2.3 Nutzung	560
	18.1.3 ACL Manager	564
	18.1.4 Advanced Module Manager	567
	18.1.5 Akeeba Backup	569
	18.1.5.1 Nutzung von Cloud-Storage	571
18.2	Einstellungen	572
	18.2.1 Erweiterungen verstecken	572
	18.2.2 Administrationsgestaltung	573
18.3	Administrationsenüs	574
18.4	Management-Tools	576
18.5	Standard-Paket	577
18.6	Fortbildungsmöglichkeiten	577
	18.6.1 Joomla!-Events	577
	18.6.2 Zertifizierung	578
19	**Übertragung Offline > Online**	**579**
19.1	Die Auswahl des richtiges Hosters	579
	19.1.1 Das „www-run"-Problem	580
19.2	Transfer mittels FTP und phpMyAdmin	584
19.3	Transfer mit Akeeba Backup	590
19.4	Fallstricke nach dem Transfer	594
19.5	Online-Checkliste	594
20	**Performance-Optimierungen**	**595**
20.1	Optimierung der Generierungszeit	598
	20.1.1 MySQL Query Caching	598
	20.1.2 Opcode-Caches für PHP	598
	20.1.3 Integriertes Joomla!-Caching	599
	20.1.3.1 Seiten-Caching	601
	20.1.3.2 Modul- und Komponenten-Caching	601
	20.1.3.3 Erweitertes Caching	602
	20.1.3.4 Leeren des Caches	602
20.2	Optimierung des HTML-Codes	603
20.3	Optimierung der Auslieferung	604
	20.3.1 Aktivierung der GZIP-Komprimierung	604
	20.3.2 Content Delivery Networks	605

21		**Sicherheit**	**607**
21.1		Motivation der Angreifer	607
21.2		Angriffstypen und Gegenmaßnahmen	609
	21.2.1	SQL Injections	609
	21.2.2	Directory Traversal	611
	21.2.3	Remote Code Execution	613
	21.2.4	Cross-Site-Scripting	613
	21.2.5	Cross-Site Request Forgery	615
21.3		Sicherheitsmaßnahmen	616
	21.3.1	Zwei-Faktor-Authentifizierung	617
21.4		Wie erkenne ich einen Hack?	619
21.5		Was tun nach dem Hack?	619
22		**Update und Migration**	**623**
22.1		Migrationen: theoretischer Ablauf	623
22.2		Schritt 1: Kopie erstellen	624
22.3		Schritt 2: Erweiterungen prüfen	625
	22.3.1	Sonderfall Templates	626
22.4		Schritt 3: Backup!	627
22.5		Schritt 4: Migration	627
22.6		Schritt 5: Übertragen der Seite	629
22.7		Migration eigener Erweiterungen	629
Index			**631**

1 Einleitung

Liebe Leserin, lieber Leser,

man kann wohl guten Gewissens behaupten, dass sich der OpenSource-CMS-Markt aktuell im Wandel befindet. Wordpress vergrößert unaufhörlich seinen Marktanteil, Software-As-A-Service-Lösungen wie *Wix.com* oder Jimdo buhlen um die Gunst der Anwender und beinahe jeden Tag wird irgendwo ein weiteres, kleines und schlankes CMS veröffentlicht, das innovativer und besser sein möchte als alle seine Vorgänger zusammen.

Nicht wenige Kollegen aus der Web-Szene prophezeien angesichts dieser Veränderungen das baldige Verschwinden von Joomla, da es in der heutigen Zeit keinen sinnvollen Einsatzzweck mehr habe und man am besten schleunigst zu einem der anderen, vermeintlich besseren Systeme wechseln sollte.

Wir sind überzeugt, dass die Kollegen mit dieser Einschätzung kaum falscher liegen könnten. Auf dem CMS-Markt finden sich mit Wordpress, den genannten SAAS-Lösungen und diversen kleineren CMS zahlreiche Systeme die sich für die Realisierung kleiner bis mittelgroßer Seiten anbieten. Der Enterprise-Markt wird durch kommerzielle Systeme sowie TYPO3 und Drupal dominiert – aber der Markt „dazwischen" ist weder mit der einen, noch mit der anderen Kategorie von CMS sinnvoll bedienbar.

Genau hier liegt die große Stärke von Joomla – es ist der ideale Mix aus leicht erlernbarem Baukastensystem und technisch ausgereiftem Framework zur Realisierung komplexer Anforderungen. Es verfügt über ein reichhaltiges Portfolio an fertigen Erweiterungen, kann aber genauso gut durch eigene Entwicklungen ergänzt werden. Diese Fähigkeiten machen es zur eierlegenden Wollmilchsau der CMS-Industrie und somit auch in Zukunft zum Werkzeug der Wahl für Dienstleister und ambitionierte Hobbynutzer.

Mit diesem Buch möchten wir genau dieser Zielgruppe eine Hilfe an die Hand geben, die ihr beim Einstieg in Joomla hilft, ohne sie nach einer Grundeinführung im Regen stehen zu lassen. Dieses Buch basiert auf über zehn Jahren Erfahrung als Joomla-Dienstleister und fasst all die kleinen Tipps, Tricks und Workflows zusammen, die ein professionelles Arbeiten ausmachen!

Zusatzmaterial, Links und besondere Angebote, die wir Ihnen gerne zu diesem Buch zur Verfügung stellen wollen, finden Sie auf der Webseite des Hanser-Verlags unter: www.hanser-fachbuch.de/joomla3

Wir glauben an eine großartige Zukunft für Joomla und sind uns sicher, dass Sie es am Ende dieses Buchs auch tun werden!

Viel Freude bei der Lektüre wünschen Ihnen

David Jardin und Elisa Foltyn

Alle Codebeispiele aus dem Buch finden Sie auch im Internet unter *http://buch.djumla.de/3.7*

2 Über Joomla!

■ 2.1 Content-Management-Systeme

Am Anfang dieses Buchs sollten wir uns zunächst einmal mit folgender Frage beschäftigen: Was ist eigentlich ein Content-Management-System (kurz CMS)? Die deutsche Übersetzung „Inhaltsverwaltungssystem" hilft uns ein wenig weiter: Ein CMS ist eine Software zur Erstellung, Bearbeitung und Verwaltung von Informationen, die aus simplen Texten, aber auch aus komplexen Multimediaelementen (Bilder, Videos, Dokumente etc.) bestehen können. Dabei ist wichtig, dass die entsprechenden Inhalte im Regelfall ohne Programmierkenntnisse eingepflegt werden können.

Obwohl auch sog. Document-Management-Systeme (z. B. Alfresco) oder Offline-CMS wie Jekyll im weitesten Sinne zu den Content-Management-Systemen gehören, bezieht sich der Begriff des CMS i. d. R. auf Web-Content-Management-Systeme, die *ausschließlich* als Webanwendungen arbeiten, also über den Webbrowser administriert werden.

Diese WCMS erlauben es mehreren Benutzern, gemeinschaftlich an den hinterlegten Informationen zu arbeiten, und sind medienneutral in ihrer Ausgabe. Medienneutral bedeutet dabei, dass die hinterlegten Informationen unabhängig vom Ausgabeformat (HTML, PDF, XLS) bzw. der Gestaltung der Ausgabe (einfaches Wechseln von Designs) hinterlegt sind und so aus einem „Inhaltspool" verschiedene Arten von Dokumenten erzeugt werden können. Dies wird dadurch ermöglicht, dass die Inhalte erst beim Aufruf durch den Nutzer *dynamisch* in ihr finales Ausgabeformat gebracht werden. Das unterscheidet Web-CMS vom klassischen Vorgehen mit HTML-Editor und FTP-Programm, bei dem die einzelnen Inhalte *statisch*, also schon in ihrer endgültigen Form, auf dem Server hinterlegt sind.

Zu den bekanntesten Open-Source-CMS gehören das Blogsystem Wordpress, die Enterprise-Systeme Drupal und Typo3 sowie Joomla!.

2.2 Geschichte

Die Wurzeln von Joomla! liegen im CMS Mambo, das seit der Jahrtausendwende vom australischen Unternehmen Miro entwickelt und im Jahr 2002 als Open-Source-Software veröffentlicht wurde. Mambo entwickelte sich schnell zu einem sehr beliebten System und wurde so z.B. im Jahr 2004 von der Zeitschrift *Linux User and Developer* als „Best Linux or Open Source Software" ausgezeichnet. Im August 2005 entschied sich Miro dazu, die Mambo Foundation, einen gemeinnützigen Verein, zu gründen, um das Mambo-Projekt von Miro zu lösen und so zu gewährleisten, dass die Weiterentwicklung unabhängig vom Schicksal der Firma erfolgen kann.

Einige Tage später kam es jedoch zum Bruch zwischen dem aus Freiwilligen bestehenden Entwicklerteam und Miro, woraufhin das gesamte Entwicklerteam das Mambo-Projekt verließ, um sich unter dem Namen „Open Source Matters" neu zu gruppieren. Als Grund für diesen Schritt gab das Entwicklerteam an, dass die Mambo Foundation ohne Beteiligung der Community gegründet worden sei und Miro weiterhin eine starke Kontrollfunktion ausübe, die mit einem Open-Source-Projekt nicht vereinbar wäre – so ließ sich z.B. der Geschäftsführer von Miro zum Vorsitzenden der Foundation wählen.

Das Entwicklerteam entschloss sich daraufhin, einen eigenen Ableger von Mambo auf den Markt zu bringen, der im September 2005 unter dem Namen Joomla! in der Version 1.0 erschien. Joomla! leitet sich vom Suaheli-Wort „Jumla" ab, das in der Übersetzung „Alle zusammen" bedeutet. Joomla! 1.0 war zu diesem Zeitpunkt im Wesentlichen nur eine leicht fehlerbereinigte Version von Mambo 4.5.2.3, zog jedoch aufgrund des Wechsels des gesamten Entwicklerteams große Teile der Mambo-Community mit sich.

Nach der Veröffentlichung von Joomla! 1.0 und der Stabilisierung des Projekts entschloss sich das Entwicklerteam, den alten Code, der teilweise noch aus dem Jahr 2000 stammte, über Bord zu werfen und eine von Grund auf neu geschriebene Joomla!-Version 1.5 zu erstellen, die im Januar 2008 erschien und dem Projekt nochmals einen enormen Aufwind gab. In den aktuellen Versionen findet sich dadurch kein Code des Vorgängers Mambo mehr.

2.3 Organisation

Das Joomla!-Projekt ist in den letzten Jahren massiv gewachsen und musste dabei seine Strukturen mehrfach an die veränderten Anforderungen anpassen. Die aktuelle Organisationsstruktur befindet sich zum Zeitpunkt des Erscheinens dieses Buchs in einem Übergangsprozess, ist also noch nicht vollständig umgesetzt worden.

Die Grundstruktur des Projekts entspricht auf den ersten Blick der eines klassischen Unternehmens (siehe Bild 2.1).

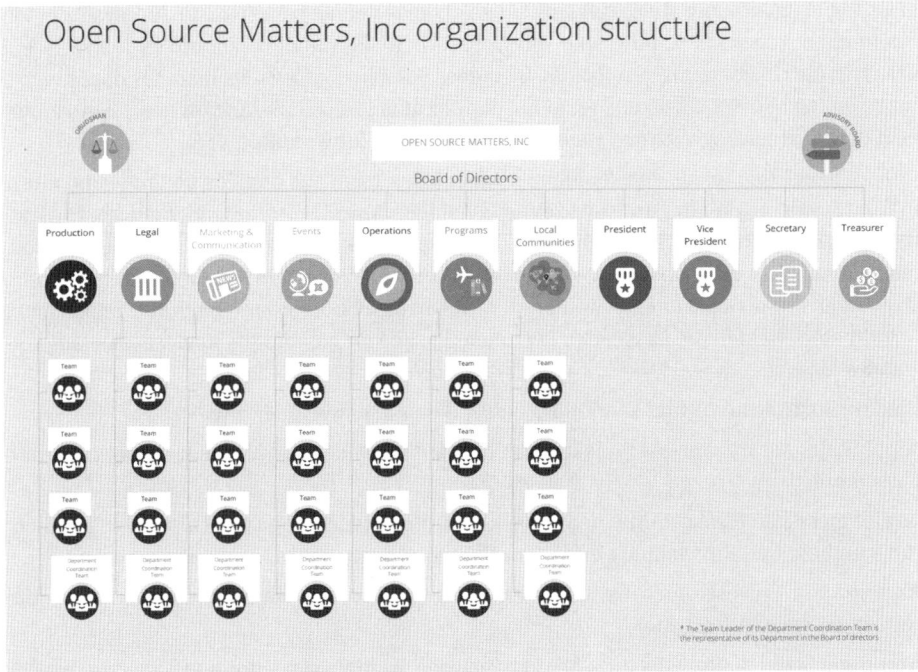

Bild 2.1 Neue Organisationstruktur des Joomla!-Projekts

Basis des Projekts ist die juristische Person hinter Joomla!, nämlich die bereits erwähnte not-for-profit-Organisation „OpenSourceMatters Inc" mit Sitz in New York.

OpenSourceMatters hat einen Vorstand, bestehend aus den Sonderrollen „Präsident/in", „Vize-Präsident/in", „Generalsekretär/in" und „Schatzmeister/in" sowie den Abteilungsleiter/innen der sieben Abteilungen, im Projektjargon als „Department Coordinator" bezeichnet.

Derzeit sind die folgenden Abteilungen im Projekt vorgesehen:

- Production: zuständig für die technische Entwicklung des eigenen Kernprodukts „Joomla! CMS".
- Legal: verteidigt die rechtlichen Interessen des Gesamtprojekts, insbesondere in Bezug auf die Marke „Joomla!".
- Marketing & Communication: koordiniert die interne und externe Kommunikation des Projekts und versucht die Verbreitung von Joomla! zu erhöhen.
- Events: zuständig für alle Fragen rund um Veranstaltungen und Meetups.
- Operations: kümmert sich um den Betrieb der Infrastruktur, den das Projekt benötigt, wie zum Beispiel die Website *joomla.org*.
- Programs: betreut die verschiedenen Programme und Initiativen, an denen Joomla! beteiligt ist. Hierzu gehört zum Beispiel das „Google Summer of Code"-Programm oder das geplante Zertifizierungs-Programm für Joomla!-Administratoren und Dienstleister.
- Local Communities: repräsentiert die lokalen Communities wie Usergroups oder nationale Vereine.

Jedes Department kann wiederum aus beliebig vielen Teams bestehen, die für jeweils einen bestimmten Aspekt zuständig sind. Im Department „Production" könnte es hier z. B. ein Team für die Übersetzung von Joomla! in andere Sprachen geben, ein Team für die Entwicklung von Joomla! 4.x sowie ein Team für die Dokumentation. Die Anzahl der Teams unterliegt dabei keiner Begrenzung, sondern kann frei gewählt werden.

Auf der Ebene der Teams angekommen besteht jedes Team aus den Positionen „Teamleiter/in" und „stellv. Teamleiter/in" sowie einer beliebigen Anzahl von Teammitgliedern. Die Aufnahme in ein Team erfolgt über ein Bewerbungsverfahren, das die Teams individuell gestalten können. Ein Team wiederum wählt dann den Teamleiter sowie seinen Stellvertreter, die Teamleiter eines Departments wählen den Department Coordinator und alle Department Coordinators wählen die passenden Personen für die vier genannten Sonderposten auf Vorstandsebene.

Die Projektstruktur verfügt somit über einige bemerkenswerte Merkmale:

Absolut alle Mitarbeiter im Projekt, ganz egal auf welcher Ebene, arbeiten unbezahlt und ehrenamtlich.

Es gibt nicht „die Firma" hinter dem Projekt, die die Entwicklung steuert, sondern die Richtungsfindung und Entwicklung erfolgt im Rahmen von demokratischen Prozessen.

Es gibt klare Prozesse für Abstimmungen, Teamgründungen und -auflösungen sowie die Aufnahme neuer Mitarbeiter.

An dieser Stelle sollte jedoch nicht verschwiegen werden, dass die neue Struktur in der Community nicht unumstritten ist. Die Abstimmung über den Wechsel zum neuen Aufbau ging denkbar knapp aus und der derzeit stattfindende Wechsel von der alten auf die neue Struktur ist massiv hinter dem aufgestellten Zeitplan. Kritiker äußern dabei vor allem die folgenden Kritikpunkte:

Die neue Struktur ist zu bürokratisch. Langatmige Prozesse verlangsamen die Entscheidungsfindung und nehmen allen Beteiligten die nötige Flexibilität.

In der neuen Struktur konzentriert sich zu viel „Macht" auf einige wenige Menschen, nämlich den Vorstand von OpenSourceMatters. Ein System der gegenseitigen Prüfung von mehreren gleichberechtigten Instanzen, wie es in der alten Struktur der Fall war, fehlt.

Der Wechsel zur neuen Struktur würde das Projekt über Monate beschäftigen und lähmen.

Zum jetzigen Zeitpunkt (Februar 2017) ist noch nicht absehbar, wie die neue Struktur sich auf das Projekt auswirkt – man darf daher gespannt sein.

 Als Mitglied des Joomla! Community Leadership Teams war ich, der Autor dieses Kapitels, direkt an der Abstimmung über die Adaption der neuen Struktur beteiligt und habe dabei gegen deren Einführung gestimmt. Ich habe mich bemüht, die Struktur dennoch so neutral wie möglich darzustellen und hoffe, dass mir das gelungen ist. Nichtsdestotrotz sind Sie herzlich eingeladen, die offizielle Beschreibung[1] des Strukturentwurfs zu lesen und sich ein eigenes Bild zu machen.

---

[1] https://docs.google.com/document/d/1gsUK0kePsBg6xiaUVdN6oExZ0hKEjBxH6bRVAeZy-IE/edit?usp=sharing

2.4 Release-Strategie

Mit der Veröffentlichung von Joomla! 3.2 hat das Joomla!-Projekt einen Wechsel der Release-Strategie beschlossen. Das System des sog. Time-Based-Releasecycle, das zum Release von Joomla! 1.6 im Jahr 2011 eingeführt wurde und auf der Idee von fest terminierten Veröffentlichungen und Langzeit- und Kurzzeitsupport-Versionen basierte, wurde aufgegeben und stattdessen eine Strategie auf Basis der beiden Grundsätze *„schlanke, schnelle Releases"* und *„semantische Versionierung"* eingeführt.

Schlanke, schnelle Releases bedeuten dabei, dass neue Joomla!-Versionen in relativ kurzen zeitlichen Abständen (im Idealfall ca. ein Release pro Quartal) veröffentlicht werden sollen und die jeweiligen Releases dabei jeweils nur relativ kleine überschaubare Sets an neuen Funktionen mitbringen sollen. Das gegenteilige Modell wäre z. B. die Veröffentlichung von nur einem Update pro Jahr, das dann aber wesentlich umfangreicher ist und eine Vielzahl von neuen Funktionen mitbringt. Dieser Ansatz erlaubt den Joomla!-Entwicklern, sehr schnell auf neue Anforderungen der Webwelt zu reagieren und führt zudem zu schnellen Erfolgserlebnissen für Entwickler, die eine Funktion zu Joomla! beisteuern.

Der zweite Grundsatz, die sogenannte semantische Versionierung, gibt vor, welche Art von Änderung sich auf welche Stelle der Versionsnummer auswirkt. Eine dreistellige Versionsnummer X.Y.Z lässt sich dabei in die folgenden Komponenten aufteilen:

1. X ist die sog. Majorversion. Eine Änderung dieser Ziffer ist notwendig, wenn das Joomla!-Projekt eine Änderung einbaut, die einen Bruch der Rückwärtskompatibilität zur Folge hat. Mit anderen Worten: Ändert sich die erste Stelle der Versionsnummer, müssen Entwickler ihre Erweiterungen an die neue Version anpassen, da diese ansonsten nicht mehr lauffähig sind. Somit ist der Wechsel von der einen zur anderen Majorversion ein etwas komplexerer Prozess, der im Joomla!-Jargon als Migration bezeichnet wird und in Kapitel 22 genauer beschrieben ist.

2. Y ist die sog. Minorversion. Hier ist eine Änderung immer dann notwendig, wenn eine neue Funktion zu Joomla! hinzugefügt wird. Diese Minorversionen erscheinen im oben bereits beschriebenen Quartalsrhythmus. Ein Update auf eine neue Minorversion ist sehr simpel und in der Regel mit einem einfachen Mausklick durchführbar.

3. Z ist die sog. Patchversion. Diese kleinste Art von Update enthält ausschließlich Fehlerbehebungen (auch als Patches bezeichnet) und kann ebenfalls bedenkenlos per Mausklick direkt in der Administration von Joomla! eingespielt werden.

Um den Nutzern von Joomla! eine gewisse langfristige Planungssicherheit zu geben, gibt das Joomla!-Projekt feste Mindestzeiträume an, in denen eine bestimmte Version noch mit Sicherheitsupdates und Fehlerbehebungen versorgt wird. Grundregel ist dabei, dass die jeweils letzte Minor-Version eines Major-Zweigs für zwei Jahre unterstützt wird.

Ein kleines Beispiel, um diesen etwas abstrakten Satz mit konkreten Inhalten zu füllen:

Wir nehmen einmal an, dass am 01.01.2018 eine fiktive Joomla!-Version 4.0 erscheint. Im weiteren Entwicklungsverlauf erscheinen für diesen neuen Versionszweig 4.x nun mehrere Minor-Releases, die neue Funktionen nachrüsten. Die letzte Minor-Version, in unserem fiktiven Fall wäre das zum Beispiel 4.9.0, erscheint dabei am 01.03.2020. Der Release-Termin dieser letzten Minor-Version wäre nun ausschlaggebend für das Ende des Supportzeitraums von zwei Jahren, womit der Support für die Joomla!-Version 4.x am 28.02.2022 enden würde. Im Rahmen dieses Supportzeitraums würde es weiterhin Fehlerbehebungen und Sicherheitsupdates geben, die sich dann auf die letzte Ziffer der Versionsnummer (z. B. als 4.9.1, 4.9.2 etc.) auswirken würden.

Joomla! bietet Entwicklern und Nutzern also eine langfristige Planungssicherheit und eignet sich daher perfekt für Projekte, die über einen längeren Zeitraum unterstützt werden müssen.

3 Einrichten der Arbeitsumgebung

Nachdem wir uns eingehend mit der Joomla!-Geschichte beschäftigt haben, machen wir uns nun an die Arbeit. Bevor wir jedoch mit der Installation unserer Joomla!-Umgebung loslegen können, gibt es noch einige äußerst wichtige Schritte zu erledigen, in denen wir unsere lokale Arbeitsumgebung, gewissermaßen unsere „Werkstatt", einrichten werden. Dabei brauchen wir vor allem vier Programme bei unserer weiteren Arbeit:

- Einen *lokalen Webserver* mit PHP und MySQL, um neue Joomla!-Seiten lokal auf dem eigenen Rechner entwickeln zu können. Natürlich kann man dies auch auf einem angemieteten Webspace tun, jedoch dauern viele Handgriffe durch den Umweg über FTP deutlich länger.
- Einen passenden *Texteditor* zur Editierung von HTML, CSS, JavaScript und PHP sowie eine entsprechende *Entwicklungsumgebung* zur Programmierung eigener Joomla!-Erweiterungen.
- Einen *Webbrowser* inklusive der benötigten Erweiterungen für die Webentwicklung.
- Einen *FTP-Client* zum Transfer von Daten zum Webspace.

Wenn Sie die entsprechenden Tools Ihrer Wahl bereits gefunden haben, möchte ich Ihnen trotzdem nahelegen, das Kapitel zumindest kurz zu überfliegen, denn vermutlich gibt es auch für Sie noch die eine oder andere Kleinigkeit, die Ihnen die Arbeit erleichtern kann.

3.1 Lokaler Webserver

Joomla! ist kein ausführbares Programm im engeren Sinn, weshalb es, anders als bei vielen anderen Programmen, keine obligatorische *Joomla.exe* gibt, welche die Software startet. Stattdessen ist für die Ausführung eine weitere Software notwendig, welche die über den Browser erstellten Nutzeranfragen verarbeitet, Joomla! ausführt und das Ergebnis an den Nutzer zurückgibt. Diese Software ist ein sogenannter *Webserver*, deren bekanntester Vertreter der *Apache*-Server ist. Der Webserver muss die Ausführung von *PHP*-Skripten unterstützen, um Joomla! ausführen zu können, und gleichzeitig muss eine *MySQL*- oder *MariaDB*-Datenbank installiert sein, um die Daten unserer Seite speichern zu können. Diese Kombination aus **A**pache, **M**ySQL bzw. MariaDB und **P**HP wird auf **L**inux-Systemen als *LAMP* bezeichnet, woraus sich die Namen für die anderen Betriebssysteme (*MAMP* unter OS X, *XAMPP* unter Windows) ableiten.

Auf den folgenden Seiten möchte ich für jedes der genannten Systeme die Installation des benötigten *Webservers* beschreiben, wobei sich, je nach Systemumgebung, einige Detailschritte unterscheiden können.

 HINWEIS: Die im Folgenden beschriebene Webserverkonfiguration eignet sich ausschließlich zum Betrieb von lokalen Testumgebungen und sollte unter keinen Umständen als produktiver Webserver für eine öffentlich erreichbare Website genutzt werden!

3.1.1 Windows

Unter Windows starten wir mit der Installation des Webserver-Pakets *XAMPP*, indem wir das Installationspaket von der Homepage der Entwickler (*www.apachefriends.org*) herunterladen.

Bild 3.1 Download des *XAMPP*-Pakets von der Entwickler-Homepage

Nach dem Herunterladen starten Sie die Installation mit einem Doppelklick auf den Installer. Folgen Sie den Anweisungen des Installationsprogramms und belassen Sie dabei den Pfad zum Zielverzeichnis bei der Standardvorgabe *c:\xampp*.

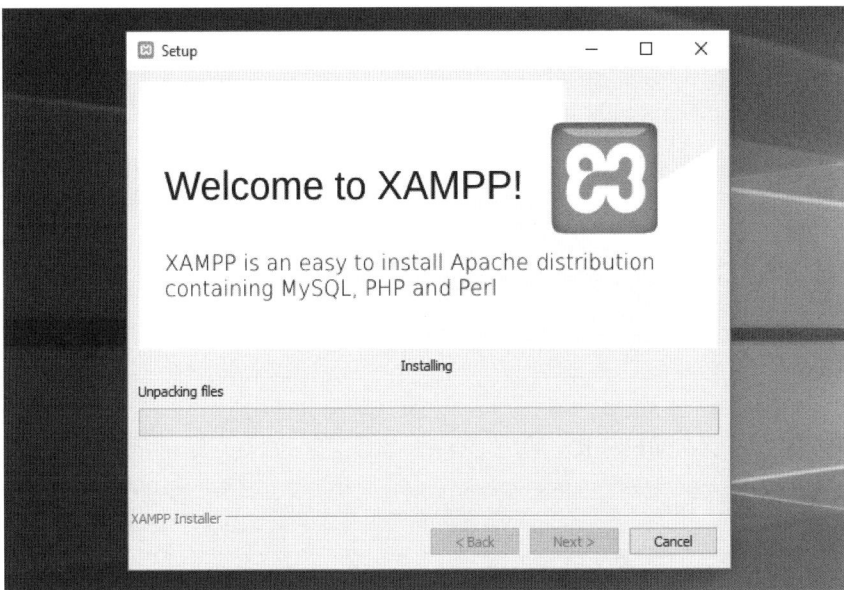

Bild 3.2 Installationsprozess von *XAMPP*

Nach der Installation öffnet sich das *XAMPP Control Panel*, in dem wir nun per Klick den Apache- und den Datenbank-Server starten. Sollten an dieser Stelle Warnmeldungen von UAC oder installierten Firewall-Tools auftreten, so müssen Sie den beiden Diensten den Netzwerkzugriff erlauben.

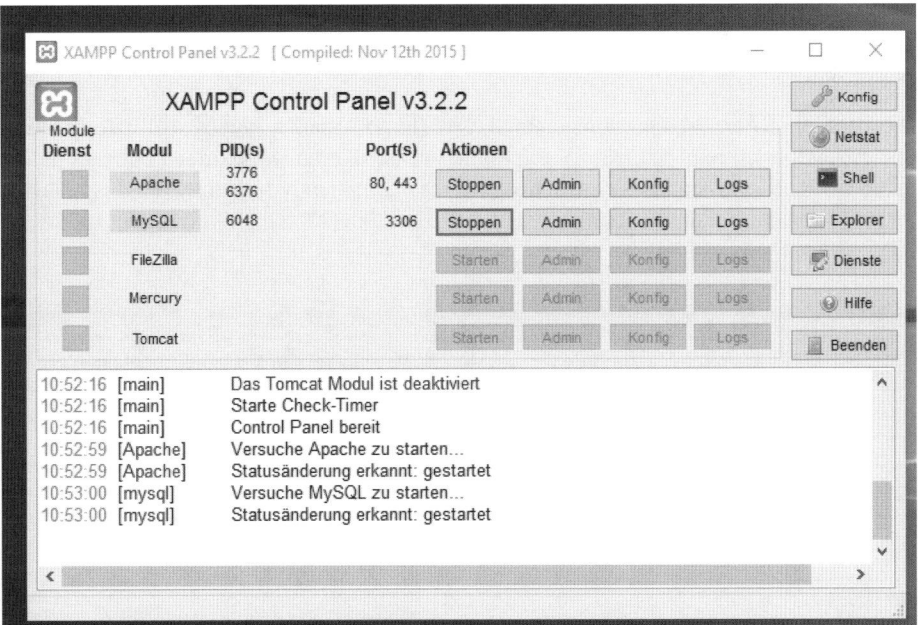

Bild 3.3 *XAMPP Control Panel*

Anschließend können wir unseren Browser aufrufen und durch die Eingabe der URL *http://localhost/dashboard/* die Startseite des gerade installierten Webservers aufrufen. Nun können wir mit der Joomla!-Installation fortfahren, da keine weiteren Anpassungen am Webserver nötig sind, um Joomla! zu betreiben.

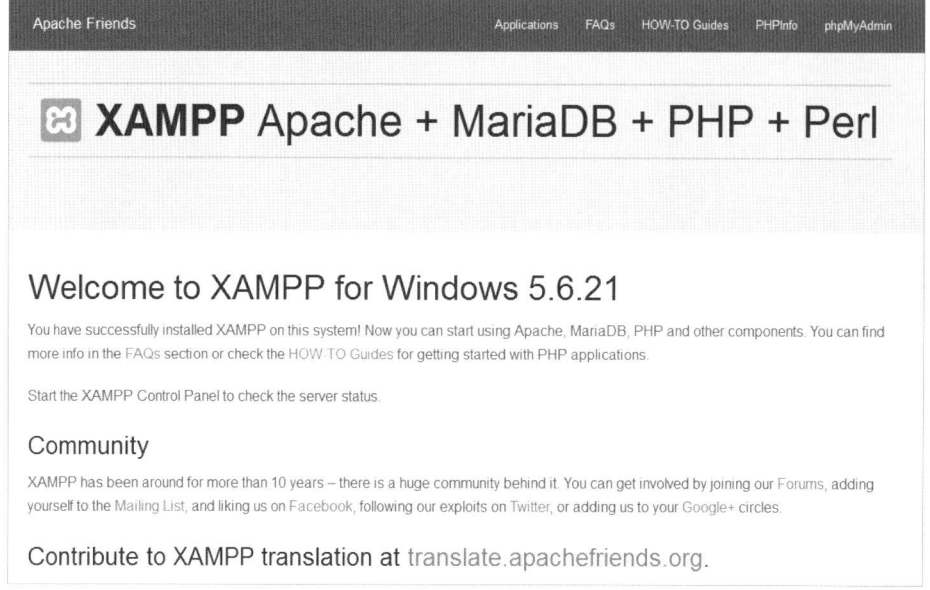

Bild 3.4 Startseite des *XAMPP*-Pakets unter Windows

3.1.2 Linux

Die Installation der Webserverumgebung LAMP (Linux, Apache, MySQL, PHP) unter Linux unterscheidet sich natürlich von Distribution zu Distribution, weshalb ich mich an dieser Stelle auf die Beschreibung der Einrichtung unter *Ubuntu Linux 16.04* beschränken möchte. *LAMP*-Installationsanleitungen für Ihre Distribution finden Sie mit ein wenig Suchmaschineneinsatz im Internet.

 HINWEIS: Alternativ zur Nutzung der LAMP-Pakete in der jeweiligen Distribution ist auch die Nutzung des separaten XAMPP-Pakets unter Linux möglich – dieses wird dann jedoch selbstverständlich nicht über die Paketverwaltung des Betriebssystems aktualisiert, sodass Sie dieses Paket manuell auf dem aktuellen Stand halten müssen. Eine Anleitung zur Installation von XAMPP unter Linux finden Sie im Joomla!-Dokumentationswiki unter: *https://docs.joomla.org/Configuring_a_XAMPP_server_for_joomla_development*

Beginnen Sie die Installation, indem Sie ein *Terminal* öffnen und dort den Befehl

```
sudo apt-get install mysql-server php7.0-mysql mysql-client php7.0 libapache2-
mod-php7.0 apache2 phpmyadmin
```

ausführen. Daraufhin beginnt *Ubuntu* mit dem Herunterladen der benötigten Software und installiert diese.

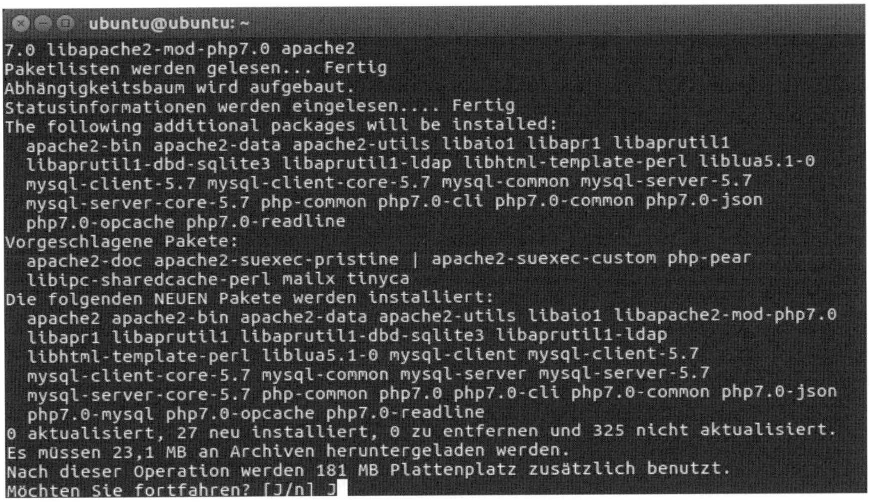

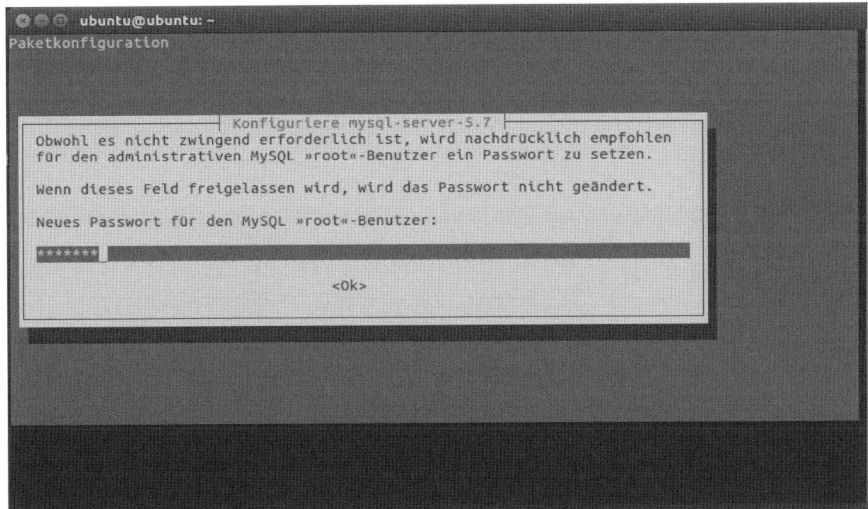

Bild 3.5 Installation des LAMP-Pakets unter Ubuntu

Im Verlauf der Installation werden Sie nun um die Eingabe eines *MySQL*-Root-Passworts gebeten, das als administratives Passwort für den *MySQL*-Server dient. Vergeben Sie hier ein Wunschpasswort und merken Sie sich dieses dauerhaft.

Bild 3.6 Eingabe des gewünschten MySQL-Root-Passworts

Nun ist Ihr neu installierter Webserver bereits unter *http://localhost/* erreichbar, benötigt jedoch noch einige Anpassungen, um mit unserer gewünschten Joomla!-Umgebung zu harmonieren.

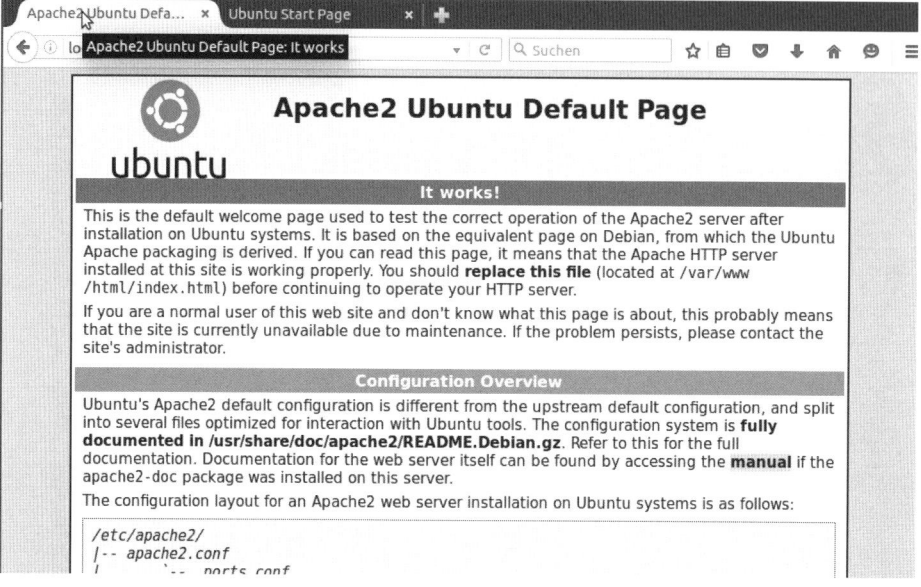

Bild 3.7 Webserver nach der Installation

Diese Anpassungen sind nötig, weil der *Webserver* unter *Ubuntu* standardmäßig mit einem eigenen Benutzernamen betrieben wird, der gleichzeitig auch Inhaber des *Docroot*-Verzeichnisses (*/var/www*) des *Webservers* ist. Deshalb ist es uns nicht möglich, mit unserem eigenen Benutzernamen Änderungen am Code der Joomla!-Installation vorzunehmen. Wir verändern also die Konfiguration des *Apache*, damit dieser stattdessen unter unserem eigenen Benutzernamen läuft, wodurch wir problemlos auf das entsprechende Docroot-Verzeichnis zugreifen können.

 HINWEIS: Den *Apache*-Server mit den Rechten des eigenen Benutzernamens laufen zu lassen, bringt einige Sicherheitsrisiken mit sich, weshalb wir dieses Verfahren ausschließlich in unserer lokalen Umgebung anwenden, die keine Zugriffe von außen zulässt. Wenden Sie dieses Verfahren niemals auf Produktivsystemen an!

Um die Änderungen auszuführen, öffnen Sie die Datei */etc/apache2/envvars* mit einem Editor Ihrer Wahl (hier *nano*):

```
Sudo nano /etc/apache2/envvars
```

Und ändern dort die Zeilen

```
export APACHE_RUN_USER=www-data
export APACHE_RUN_GROUP=www-data
```

dahingehend ab, dass *www-data* durch Ihren eigenen Benutzernamen ersetzt wird:

```
export APACHE_RUN_USER=djardin
export APACHE_RUN_GROUP=djardin
```

Anschließend editieren wir noch die Datei */etc/apache2/ports.conf* und ersetzen dort den Eintrag

```
Listen 80
```

durch

```
Listen 127.0.0.1:80
```

und weisen den *Apache* dadurch an, nur lokale Verbindungen anzunehmen.

Anschließend ändern wir noch den Inhaber des Docroot-Verzeichnisses und starten den Webserver neu:

```
sudo chown USERNAME:USERNAME -R /var/www
sudo /etc/init.d/apache2 restart
```

Nun ist das System bereit für die Joomla!-Installation.

3.1.3 Mac OS X

Die Installation unseres lokalen *Webservers* unter Mac OS X kann prinzipiell über drei verschiedene Wege erfolgen:

1. Nutzung bzw. Konfiguration der ohnehin bereits vorhandenen Webserver-Komponenten
2. Nutzung des speziell für OS X geschriebenen *MAMP*-Pakets (**M**ac OS X, **A**pache, **M**ySQL, **P**HP)
3. Nutzung der OS X-Version von *XAMPP*

Ich möchte Ihnen an dieser Stelle zu Variante 2, also der Nutzung von MAMP raten, da die Konfiguration des integrierten Webservers relativ aufwendig ist und die OS X-Version von *XAMPP* leider nicht mit dem Komfort von *MAMP* mithalten kann. *MAMP* existiert in zwei verschiedenen Versionen (Standard und PRO), wobei die kostenlose Standardversion für unsere Zwecke vollkommen ausreichend ist.

Die Installation von MAMP beginnt mit dem Download des Installationspakets von der Homepage des Projekts unter *http://www.mamp.info*.

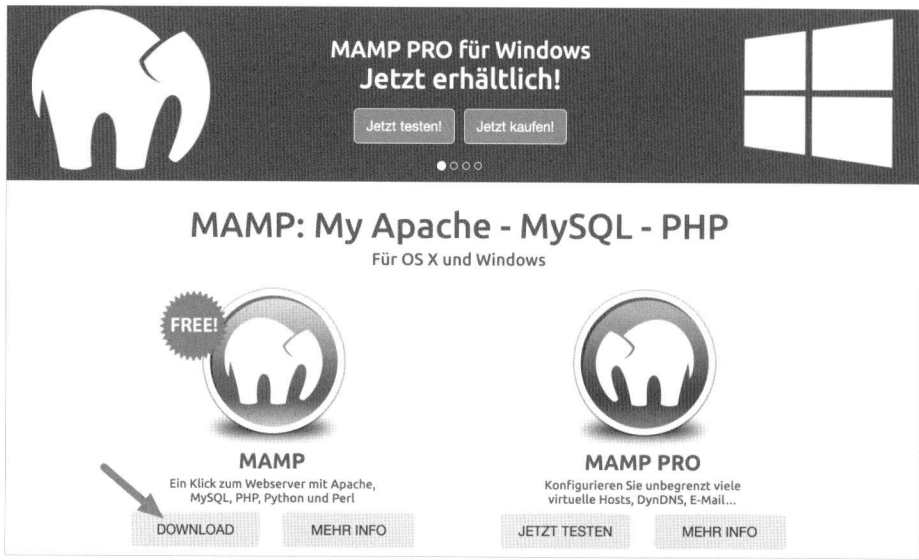

Bild 3.8 Homepage des MAMP-Projekts mit Download-Möglichkeit

Nach dem Download entpacken wir das Paket und starten die Installation durch einen Doppelklick auf die gerade entpackte Datei *MAMP_MAMP_PRO_X.pkg*. Daraufhin werden wir vom Installer durch die Installation des Webservers geführt.

Bild 3.9 Installation des *MAMP*-Pakets

Nach der erfolgreichen Installation können wir *MAMP* und *MAMP PRO* in unserem *Programme*-Ordner finden, wobei sich die PRO-Version selbstverständlich nur nach dem Kauf der entsprechenden Lizenz nutzen lässt. Daher starten wir die Standardversion durch einen Doppelklick auf das entsprechende Icon im *Programme*-Ordner.

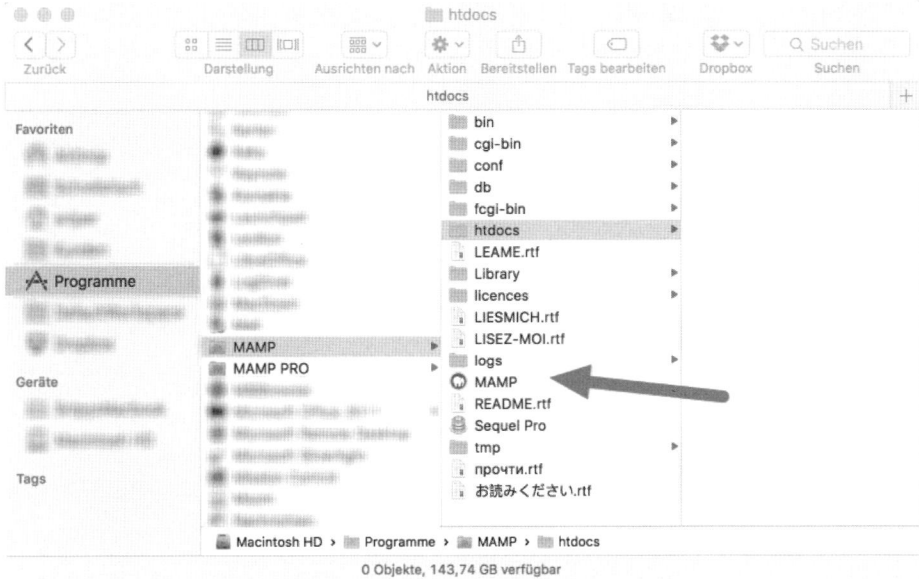

Bild 3.10 Start von MAMP mittels Verknüpfung im Programmordner

Anschließend öffnet sich das *MAMP*-eigene Kontrolltool, das uns per Mausklick das Starten und Beenden des Webservers erlaubt. Zudem können wir in den Einstellungen die zu verwendende *PHP-Version*, die *Web-* und *MySQL*-Server-Ports sowie das sog. *Document Root*, also das Hauptverzeichnis des *Webservers*, wählen. Weitere Anpassungen an *MAMP* sind zum Betrieb von Joomla! nicht nötig.

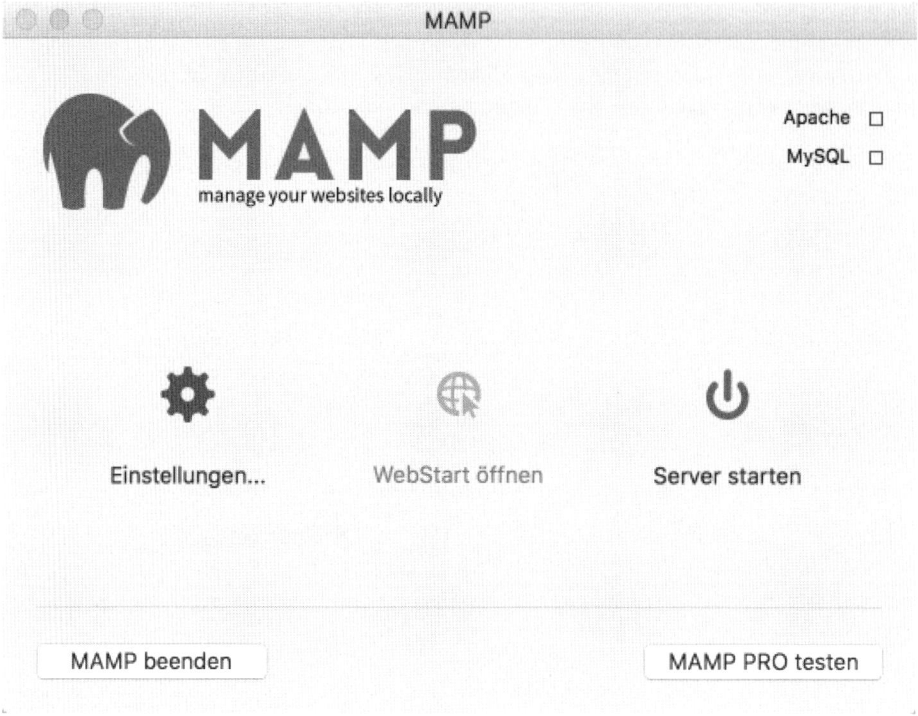

Bild 3.11 MAMP-Kontrolltool

3.1.4 Vagrant

Eine Alternative zur Installation auf dem eigenen Rechner stellt die Nutzung einer virtuellen Umgebung auf Basis des Tools *Vagrant* dar. Vagrant ist ein Werkzeug, das es dem Benutzer erlaubt, automatisch eine vorkonfigurierte virtuelle Maschine zu erzeugen. Vagrant wird in Entwicklerkreisen gerne für lokale Entwicklungsumgebungen genutzt, die auf Knopfdruck erzeugt werden können und dabei nicht vom verwendeten Betriebssystem abhängen oder erst aufwendig eingerichtet werden müssen.

Für Joomla! existiert eine speziell vorbereitete Vagrant-Umgebung, die von den Kollegen von *joomlatools.eu* vorbereitet wurde. Diese Vagrant-Box heißt schlicht Joomlatools Vagrant und bringt neben einem lokalen Webserver noch diverse vorinstallierte Debugging- und Administrationswerkzeuge mit. Eine Anleitung zur Installation finden Sie im Github Repository des Projekts unter *https://github.com/joomlatools/joomlatools-vagrant*.

Zu beachten ist dabei, dass sich durch die Nutzung der Vagrant-Umgebung einige Arbeitsabläufe verändern, weshalb die folgenden Kapitel, insbesondere die Teile, die die Administration der Seite betreffen, nur noch bedingt zutreffen würden. Ich empfehle Ihnen daher, die Installation zunächst manuell vorzunehmen und sich mit dem Thema Vagrant dann zu einem späteren Verlauf erneut zu beschäftigen.

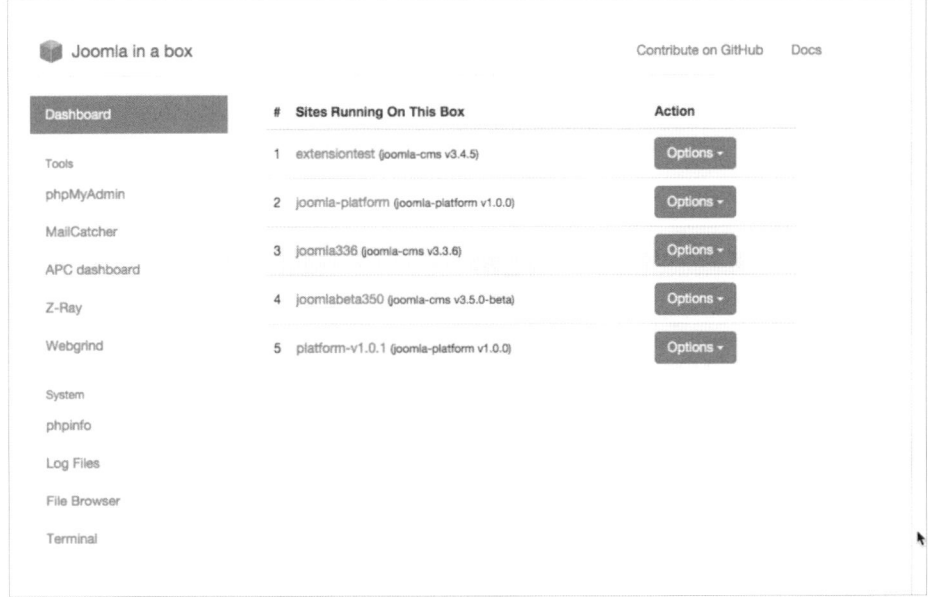

Bild 3.12 Screenshot der Joomlatools-Vagrant-Umgebung

■ 3.2 Entwicklungstools

Als zukünftiger Webentwickler benötigen Sie neben dem nun fertig installierten Webserver natürlich auch Tools zum Editieren des HTML-, CSS- und PHP-Quellcodes. Warum mehrere Tools? Reicht nicht auch eines? Nun, prinzipiell können Sie alle benötigten Änderungen natürlich auch mit einem einfachen *Texteditor* durchführen. Gerade bei der Entwicklung komplexer Erweiterungen für Joomla! bietet sich jedoch die Nutzung einer *Entwicklungsumgebung* (IDE, Integrated Development Environment) an, die uns die Arbeit durch Funktionen wie Autovervollständigung oder Syntaxprüfung erleichtern kann. Umgekehrt lohnt es sich für kleinere Änderungen oft nicht, eine umfangreiche *IDE* zu starten, weshalb sich hier eher die Nutzung eines einfachen *Texteditors* empfiehlt.

Ich möchte Ihnen daher für jedes der gängigen drei Betriebssysteme (*Linux, Windows, OS X*) je einen *Texteditor* und eine *Entwicklungsumgebung* vorstellen, die sich bei mir im täglichen Gebrauch bewährt haben. Letzten Endes müssen Sie aber Ihren ganz persönlichen Favoriten finden, mit dem Sie am einfachsten arbeiten können.

3.2.1 Texteditor

3.2.1.1 Windows: Notepad++

Notepad++ (*notepad-plus-plus.org*) lädt dank seines sehr schnellen Codes und seines überschaubaren Funktionsumfangs binnen Sekunden und bietet eine sehr gute UTF-8-Unterstützung, was ihn zu meiner ersten Wahl für die Durchführung kleinerer Änderungen auf Windows-Systemen macht.

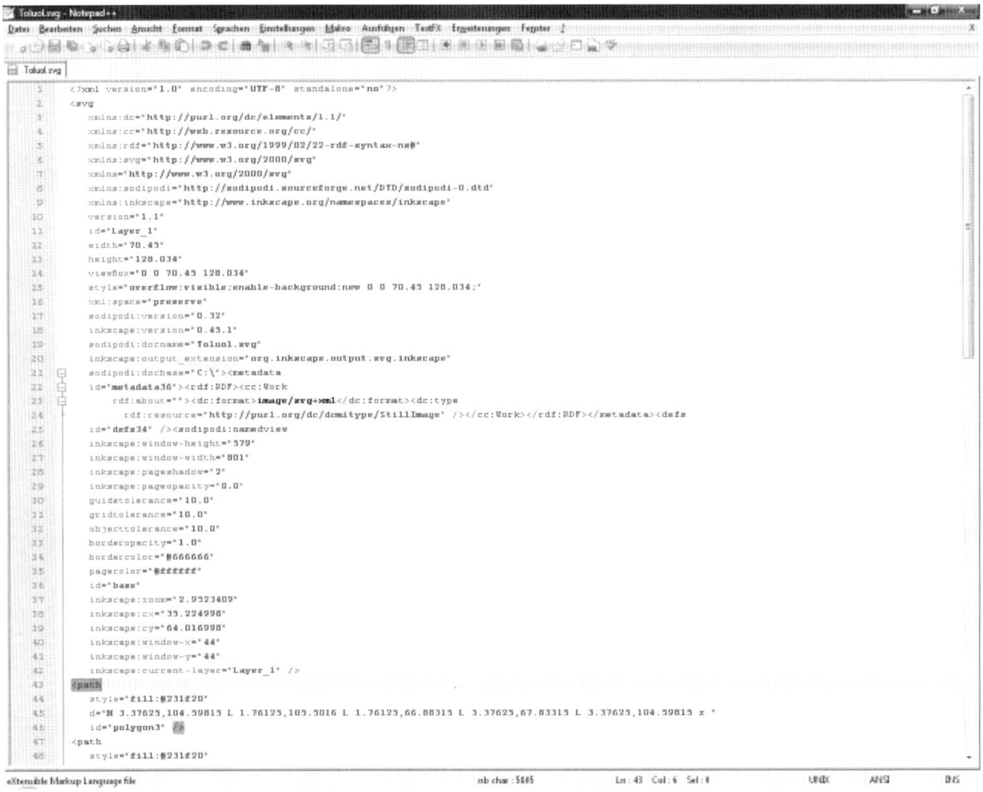

Bild 3.13 Notepad++ unter Windows

3.2.1.2 Alle Systeme: Sublime Text

Der Quasi-Standard für schnelle Änderungen ist inzwischen der Texteditor Sublime Text. Der Editor ist für alle gängigen Betriebssysteme erhältlich und glänzt neben seiner herausragenden Performance vor allem durch interessante Bedienkonzepte (wie zum Beispiel Mehrfachcursor) und durch sein flexibles Plug-in-System, womit Sublime sich an den eigenen Geschmack anpassen lässt.

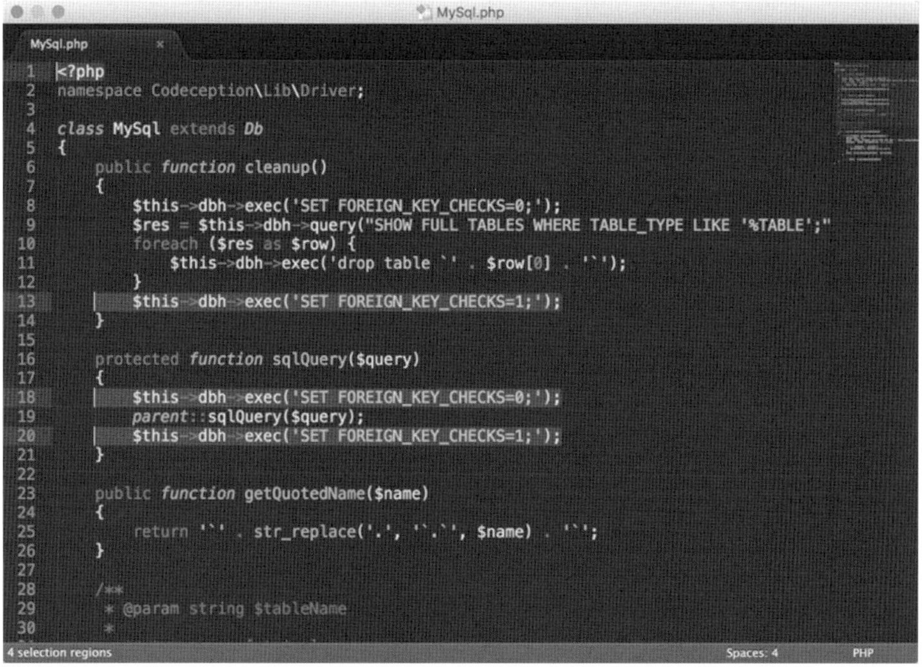

Bild 3.14 Mehrfachauswahl in Sublime Text

3.2.2 Entwicklungsumgebung

3.2.2.1 Eclipse

Eclipse gehört zu den wohl bekanntesten *IDEs* und hat seine Wurzeln in der Entwicklung von auf Java basierenden Programmen. Durch seine Erweiterbarkeit und der damit einhergehenden Unterstützung für weitere Programmiersprachen ist *Eclipse* aber auch als Umgebung zur Entwicklung mit anderen Sprachen geeignet. Dank der guten PHP-Unterstützung durch die *PHP Developer Tools* (kurz PDT) ist *Eclipse* inzwischen auch im PHP-Bereich ausgereift und gut nutzbar.

Eclipse basiert auf Java und ist dadurch unter allen genannten Betriebssystemen verfügbar. Es bietet umfangreiches Syntax-Highlighting, Unterstützung für Versionskontrollsysteme (*Git*, *SVN*, *CVS*, *Mercurial* etc.), Modellierungstools (*UML*), Code-Vervollständigung, Debugging (nach der Installation von *XDebug*) sowie unzählige weitere Funktionen. Leider merkt man *Eclipse* seinen großen Umfang auch in puncto Geschwindigkeit an, denn Eclipse benötigt gewaltige Mengen Arbeitsspeicher und ist ohne ein überaus performantes System nur mit viel Geduld nutzbar – im Bereich der kostenlosen *IDEs* ist *Eclipse* dennoch ohne Frage die erste Wahl.

Für die Nutzung in der auf PHP basierenden Anwendungsentwicklung empfiehlt sich die Installation mittels *All-In-One-Paket*, das Sie auf der Projektseite der *PHP Developer Tools* erhalten (*https://eclipse.org/pdt/#download*). Dieses Paket enthält sowohl die Eclipse-Grundversion als auch die benötigten *PDT*, wodurch Sie sich die manuelle Nachinstallation sparen können.

 HINWEIS: Der Abschnitt *Install Eclipse* der Anleitung *Setting up your workstation* im Joomla!-Dokumentationswiki enthält eine ausführliche Anleitung zur Konfiguration von Eclipse inklusive einer kurzen Bedienungseinführung: *https://docs.joomla.org/Configuring_Eclipse_for_joomla_development*

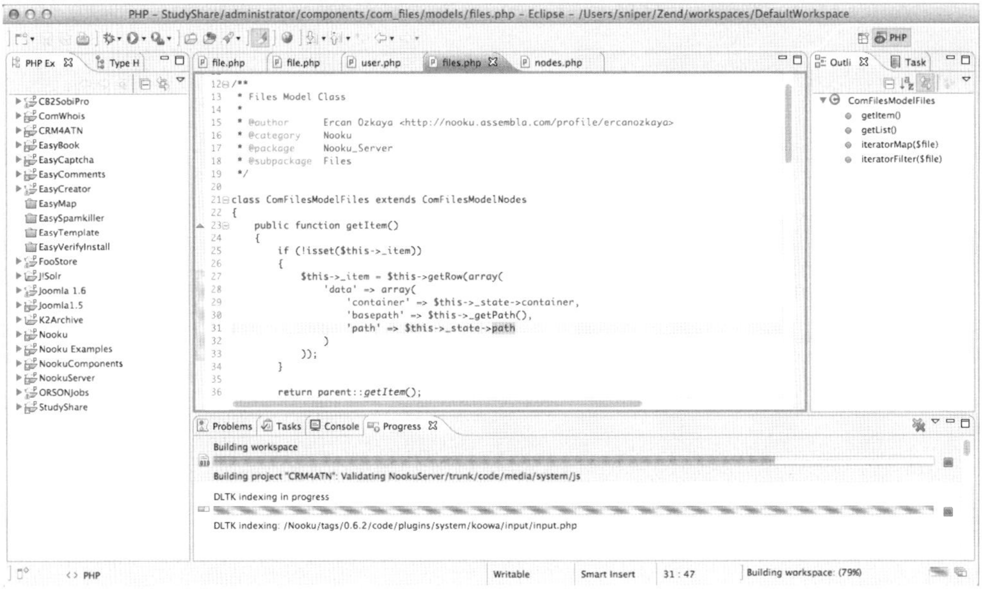

Bild 3.15 Eclipse

3.2.2.2 PhpStorm

Nachdem mich die oftmals nervenaufreibende Langsamkeit von *Eclipse* nahezu in den Wahnsinn getrieben hatte, habe ich mich auf die Suche nach einer alternativen IDE mit PHP-Unterstützung gemacht und bin auf *PhpStorm* (*www.jetbrains.com*) gestoßen. Diese Entwicklungsumgebung ist speziell für die Entwicklung mit PHP konzipiert, kann mit Features aufwarten, die *Eclipse* weit übertrumpfen (HTML5-Unterstützung, JavaScript-Debugging, PHPUnit-Unterstützung), und ist dabei schnell und genügsam. *PhpStorm* ist für alle genannten Betriebssysteme verfügbar, wird jedoch als kommerzielles Programm vermarktet, sodass man hier in eine entsprechende Lizenz investieren muss.

Diese Investition ist jedoch in jedem Fall lohnenswert, da PhpStorm die derzeit beste IDE im PHP-Bereich ist und sich zum Quasi-Standard in der Szene gemausert hat. Ein besonderes Highlight für Joomla-Entwickler ist dabei die integrierte Unterstützung für die Joomla!-API, die in dieser Form einzigartig im IDE-Bereich ist.

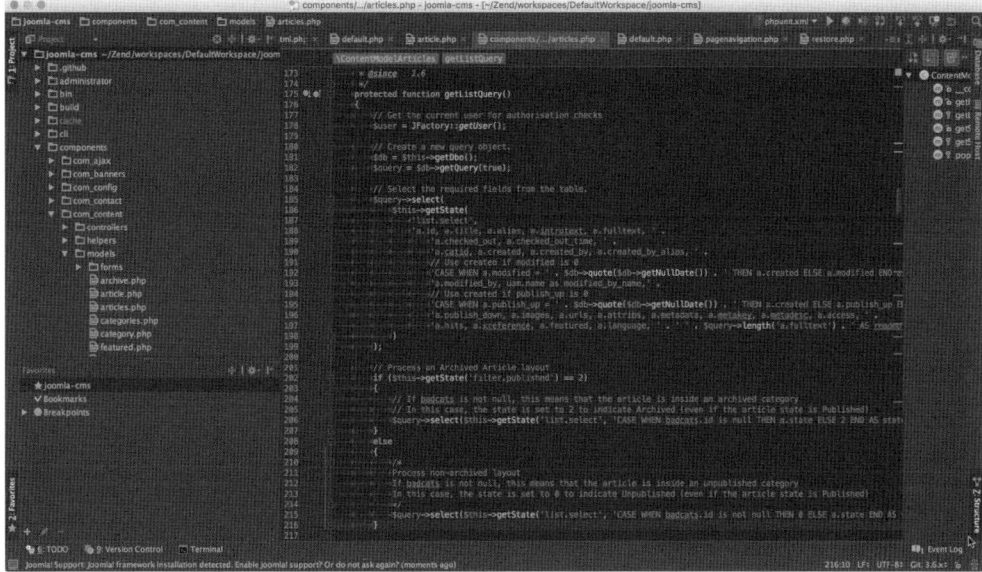

Bild 3.16 PhpStorm

> **PRAXISTIPP:** Sie möchten eine Open-Source-Erweiterung für Joomla! programmieren? In diesem Fall können Sie auf einen besonderen Service der Firma *JetBrains* zurückgreifen und eine für Open-Source-Entwickler kostenlose Lizenz von *PhpStorm* erhalten.

3.3 Wahl des Browsers

Die Wahl des *Browsers* ist für Webentwickler und -designer ein essenzieller Schritt. Schließlich geht es hier um das wichtigste Arbeitsgerät, mit dem wir im weiteren Verlauf unter Umständen viele Stunden zubringen werden.

Letztendlich ist es wohl Geschmackssache, für welchen Browser man sich entscheidet, jedoch gibt es ein Kriterium, das bei der Wahl des Browsers beachtet werden sollte: Bei der Entwicklung empfiehlt es sich, einen Browser zu verwenden, der möglichst standardkonform bei der Darstellung von HTML und CSS ist. Denn durch die Optimierung des Codes in einem solchen Browser wird die Darstellung mit hoher Wahrscheinlichkeit auch bei anderen standardkonformen Browsern unseren Vorstellungen entsprechen – Sonderlösungen sind dann vermutlich nur noch bei älteren Browserversionen erforderlich. Welche Browser kommen hier also infrage? Man kann wohl guten Gewissens behaupten, dass sich der *Internet Explorer* in der Vergangenheit im Bereich der Standardkonformität nicht unbedingt mit Ruhm bekleckert hat, die neueren Versionen und insbesondere der Edge sind inzwischen jedoch sehr solide Tools geworden und dadurch durchaus einen genaueren Blick wert. Gängig ist aber eher die Wahl eines aktuellen Webkit- (z.B. *Google Chrome*) oder Gecko-basierenden (z.B. *Mozilla Firefox*) Browsers, da diese durch ausgereifte Entwicklerwerkzeuge und gute Erweiterbarkeit viel Arbeit abnehmen. Mit Vorsicht zu genießen ist inzwischen leider der Safari-Browser, da dieser oftmals mit sehr alten Versionen der Webkit-Engine arbeitet, was der Standardkonformität nicht unbedingt zuträglich ist.

Zu enorm nützlichen Werkzeugen werden die meisten Browser aber erst nach der Installation einiger Erweiterungen, die speziell auf die Bedürfnisse von Webdesignern und -entwicklern abgestimmt sind. Meine persönlichen Favoriten möchte ich dabei kurz, aufgeteilt nach Browser, in der folgenden Tabelle vorstellen.

Erweiterung	Beschreibung
Google Chrome	
ChromePHP	Ermöglicht es, durch die Nutzung der gleichnamigen PHP-Bibliothek, direkt aus dem PHP-Code heraus Nachrichten an die Konsole der Chrome-Entwicklertools zu schicken. Ist daher ein äußerst nützliches Debugging-Tool.
Awesome Screenshot	Erlaubt es, direkt im Browser Screenshots zu erstellen. Sinnvoll, um z.B. einen Darstellungsfehler zu dokumentieren.
Mozilla Firefox	
Firebug	Rüstet im Firefox die Funktionen der Entwicklertools nach, die in Webkit-basierenden Browsern (Chrome, Safari) standardmäßig vorhanden sind. Unverzichtbares Tool im Firefox.
FirePHP	**Siehe ChromePHP**
Web Developer Tools	Verankern sich mit Toolbar und Kontextmenü im Browser und erlauben uns, häufig ausgeführte Aufgaben wie das Deaktivieren von JavaScript, das Validieren der Seite, die Suche nach fehlenden Bildern oder das Verkleinern des Browserfensters mit nur einem Mausklick zu starten.
PageSpeed	Erlaubt die Analyse der Ladegeschwindigkeit der Seite und gibt zahlreiche Tipps zur Optimierung

3.3.1 Nutzung der Chrome-Entwicklertools

Wie werden die angesprochenen Entwicklertools für Firefox (nachzurüsten durch Firebug) bzw. Chrome und Safari (integriert) denn nun in der Praxis eingesetzt? Das möchte ich Ihnen kurz anhand von *Google Chrome* und einer kleinen Beispielseite zeigen. Die Entwicklertools werden über den Menüpunkt *Anzeigen > Entwickler > Entwickler-Tools* geladen und positionieren sich normalerweise im unteren Teil des Browserfensters.

PRAXISTIPP: Da man die Entwicklertools ständig nutzt und das Klicken durch das Menü leider relativ langwierig ist, lohnt es sich, den jeweiligen Tastatur-Shortcut zu lernen, der sich je nach Browser und Betriebssystem unterscheidet.

Hier werden nun verschiedene Reiter angeboten, welche die verschiedenen Funktionen der Entwicklertools repräsentieren:

- **Elements:** zeigt den HTML-Code der Seite in einer übersichtlichen Baumstruktur sowie die darauf angewendeten CSS-Befehle, die Abmessungen und JavaScript-Listener.
- **Console:** JavaScript-Fehler- und -Ausführungskonsole. Erlaubt die manuelle Ausführung von JavaScript.
- **Sources:** listet alle geladenen Dateien wie Stylesheets, Bilder und JavaScripts auf und erlaubt weiterhin die Anpassung und das Debugging von Skripten.
- **Network:** zeigt Dateigrößen, Ladezeiten, Latenzen und Pfade der eingebundenen Dateien.
- **Timeline:** zeigt den Zeit- und Speicherbedarf der verschiedenen Rendering- und Scripting-Schritte.
- **Profiles:** gibt an, welcher Programmteil des Browsers welchen Speicher- und CPU-Bedarf hat.
- **Security:** prüft die Sicherheit der Seite, wie z. B. das verwendete SSL-Zertifikat.
- **Resources:** zeigt die geladenen Dateien (siehe Sources) sowie die von der Seite genutzten Ressourcen im Bereich Local Storage, IndexedDB, Cookies, Cache und Server Workers.
- **Audit:** erlaubt die Durchführung eines Ladezeiten-Checks und gibt anschließend einen ausführlichen Optimierungsbericht zurück.

Bild 3.17 Chrome-Entwicklertools mit den verschiedenen, hier hervorgehobenen Funktionen

Für uns als Entwickler ist der Bereich *Profiles* relativ uninteressant, alle anderen Funktionen enthalten jedoch nützliche Werkzeuge zur Gestaltung unserer Seite.

Zuerst wollen wir uns hier den Bereich *Elements* anschauen, der das manuelle Browsen durch den HTML-Code erlaubt und dabei die zugeordneten CSS-Styles und Maße anzeigt. Gerade bei umfangreichen Seiten kann es jedoch lange dauern, bis man auf diese Weise das gewünschte Element gefunden hat. Deshalb gibt es die äußerst nützliche Funktion zum Auswählen eines bestimmten, im Fenster sichtbaren Objekts, die über das Cursor-Symbol in der oberen linken Ecke der Entwicklertools aufgerufen wird.

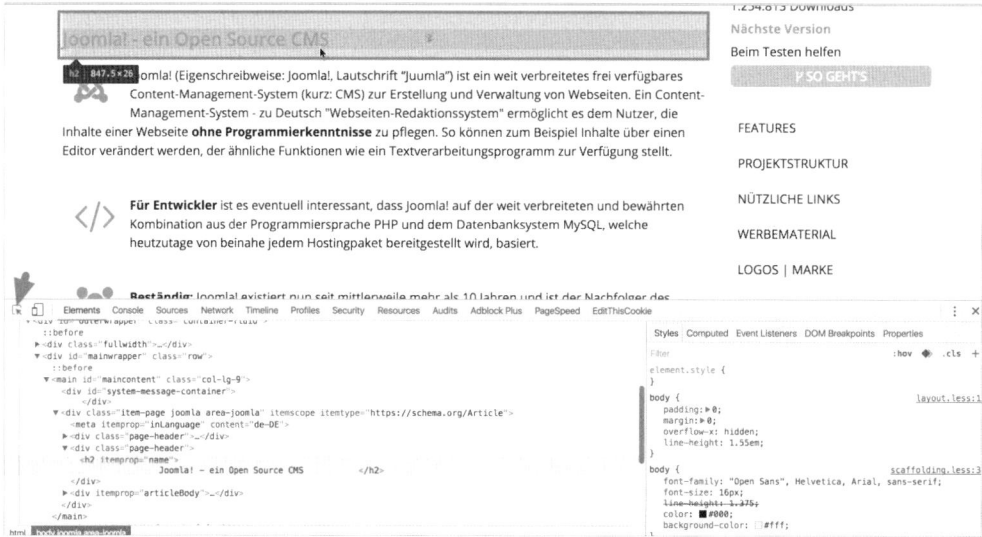

Bild 3.18 Auswahl eines Seitenelements mit der *Select an Element*-Funktion

Fährt man nun mit dem Mauszeiger über ein Element der Seite, wie zum Beispiel in Bild 3.18 die Seitenüberschrift, zeigt uns der Browser den HTML-Tag (sowie, falls vorhanden, etwaige CSS-Klassen und -IDs) und die Maße des jeweiligen Elements, die zudem grafisch durch eine farbige Box hervorgehoben werden. Klickt man nun auf das entsprechende Element, so wird es in den Entwicklertools ausgewählt, wodurch zum Ersten der entsprechende HTML-Tag im Baum markiert wird und zum Zweiten die entsprechenden, auf das Element angewendeten CSS-Befehle in der rechten Spalte der *Entwicklertools* erscheinen.

Der HTML-Code kann dabei nicht nur betrachtet, sondern durch einen Doppelklick auf das jeweilige Element auch temporär verändert werden, um beispielsweise einen anderen Überschrifttyp auszutesten, der ansonsten erst aufwendig per FTP verändert werden müsste. Die entsprechenden Änderungen sind dabei im Browser sofort sichtbar, werden aber beim Reload der Seite wieder zurückgesetzt.

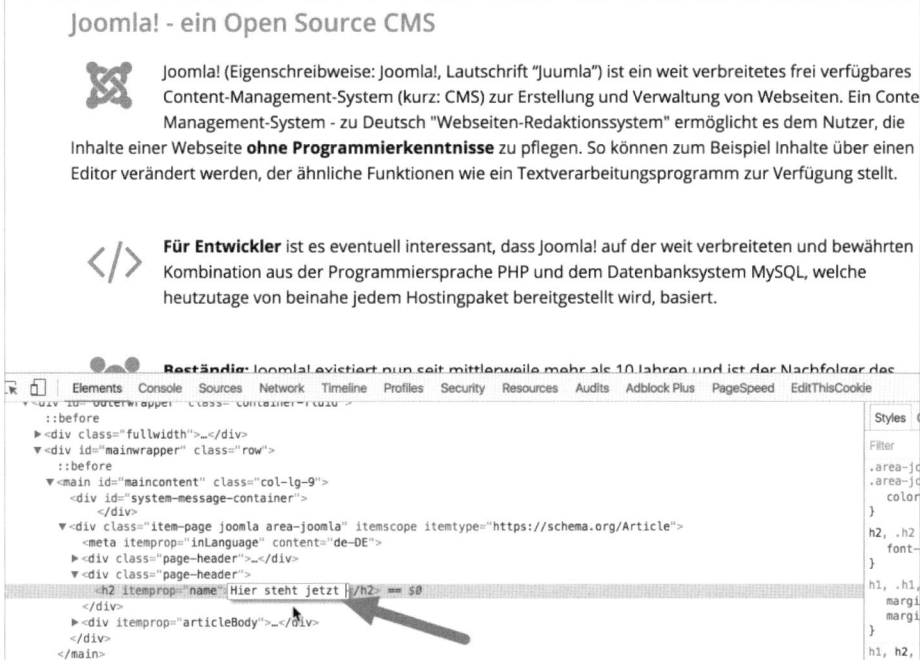

Bild 3.19 Editierung des HTML-Codes mit den *Entwicklertools*

Ähnliche Funktionen bieten die *Entwicklertools* nun auch für die Editierung des CSS-Codes in der rechten Spalte, in der alle angewendeten CSS-Befehle des jeweiligen Elements angezeigt werden. Die entsprechenden Befehle sind dabei nach der jeweiligen Fundstelle im CSS-Code gruppiert, zu der immer der zugehörige Dateiname inklusive Zeilennummer angegeben ist. Die Attribute lassen sich, analog zum Bearbeiten des HTML-Codes, mittels Doppelklick temporär editieren oder über die Checkbox am rechten Rand der Zeile ganz deaktivieren, wobei auch hier jede Änderung sofort im Browser angezeigt wird.

Bild 3.20 Auflistung und Änderung des CSS-Markups

Insbesondere diese Funktion zur Änderung der CSS ist ein für mich unverzichtbares Tool zur Arbeitserleichterung, da ich auf einen Blick sehen kann, welche CSS-Eigenschaften an welcher Stelle des Codes angewendet oder vererbt werden, wodurch sehr viel aufwendige Sucharbeit erspart bleibt.

■ 3.4 FTP-Client

Zum Transfer der fertigen Seite auf einen angemieteten Webspace wird ein sogenannter FTP-Client benötigt. Für die drei bekanntesten Betriebssysteme Windows, Linux und OS X ist dafür der freie FTP-Client *Filezilla* verfügbar, der diese Aufgabe mit Bravour meistert.

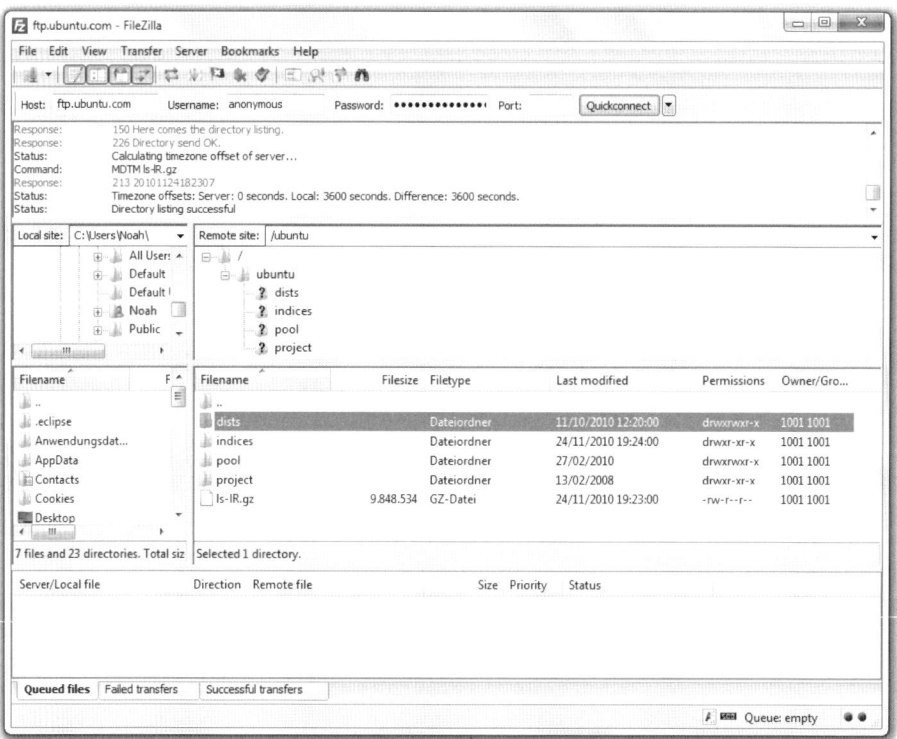

Bild 3.21 Filezilla

PRAXISTIPP: Unter OSX unterstützt *Filezilla*, aufgrund seiner Cross-Plattform-Kompatibilität, leider viele Funktionen des Betriebssystems wie Drag & Drop auf das Dock-Icon nicht, weshalb ich – insbesondere bei regelmäßiger Nutzung – zur Installation eines nativen FTP-Clients wie *Transmit* (*http://www.panic.com/transmit*) raten möchte.

3.5 Passwort-Manager

Als Webmaster, Entwickler und Designer kommen wir tagtäglich mit einer Vielzahl an Zugangsdaten und Passwörtern in Berührung: FTP, MySQL, Joomla!, der Kundenbereich des Webhosters und diverse Online-Dienste seien hier beispielhaft aufgezählt.

Um dieser Flut Herr zu werden, gehen viele Nutzer dazu über, sich ein einheitliches „Standardpasswort" auszudenken und dieses dann mehrfach zu verwenden. Im Bereich der IT-Sicherheit kann dieser Fall getrost als Worst-Case-Szenario bezeichnet werden: Wird einer der Dienste, bei denen sich der Benutzer angemeldet hat, erfolgreich gehackt, so hat der Angreifer Zugriff auf das Klartext-Passwort und somit Zugang zu allen weiteren Diensten.

Eine gern genutzte Alternative stellen Excel- oder Wordlisten auf dem eigenen Rechner dar, in der alle – dann hoffentlich zufallsgenerierten – Passwörter, feinsäuberlich abgelegt sind. Der Nachteil dieses Ansatzes ist jedoch, dass die Passwortliste unverschlüsselt ist und ein Angreifer, z. B. über einen Trojaner, in den Besitz der kompletten Liste kommen kann.

Ich möchte daher für jeden Internetnutzer allgemein, für Webmaster, -designer und -entwickler aber ganz besonders, die Nutzung eines sog. Passwort-Managers empfehlen. Die Funktionsweise ist dabei stets dieselbe: Nach der Installation des Passwort-Managers vergibt man ein Master-Passwort, das den Zugriff auf die Passwörter regelt, die im Manager gespeichert sind. Dieses Master-Passwort wird dabei gleichzeitig dafür genutzt, die dort gespeicherten Passwörter mit einer sicheren Verschlüsselungstechnologie zu verschlüsseln, sodass ein Angreifer selbst mit Zugriff auf die Tresor-Datei keinen Zugriff auf die Klartext-Passwörter erlangen kann.

Gängige Tools sind dabei die OpenSource-Lösung Keypass sowie die beiden kommerziellen Anwendungen 1Password und Lastpass. Ich kann Ihnen an dieser Stelle nur sehr nachdrücklich dazu raten, ein solches Tool einzusetzen.

4 Installation

Jetzt sind endlich alle Vorbereitungen abgeschlossen und wir können mit der Installation unserer neuen Joomla!-Seite starten. Dabei ist zu unterscheiden, ob wir die Installation direkt auf einem Webserver oder in der lokalen Umgebung (XAMPP, MAMP, LAMP) durchführen wollen.

■ 4.1 Installation in der lokalen Umgebung

Wir starten die Installation unserer Joomla!-Umgebung mit dem Download der aktuellsten Joomla!-Version 2.5 auf den Desktop. Dabei sollten Sie stets auf die offizielle Version zurückgreifen, die Sie auf *joomla.org* zum Download finden, und keinesfalls externe Download-Portale oder den Softwaremanager Ihres Webhosters nutzen, da es sich bei diesen Quellen oftmals um veraltete oder modifizierte Joomla!-Versionen handelt, die im weiteren Betrieb zu Problemen führen. Das entsprechende Archiv entpacken wir nun auf dem Desktop und benennen den entsprechenden Ordner um, damit er einen aussagekräftigeren Namen erhält – im Zweifelsfall bietet sich hier der entsprechende Titel des Projekts an, für das wir die jeweilige Seite erstellen wollen. Ich wähle „JoomlaBuch" als Ordnername und verschiebe den fertigen Ordner in den sog. „Docroot" meines lokalen Webservers (Windows: *C:\xampp\htdocs*, OS X: *Programme/MAMP/htdocs*, Linux: */var/www*).

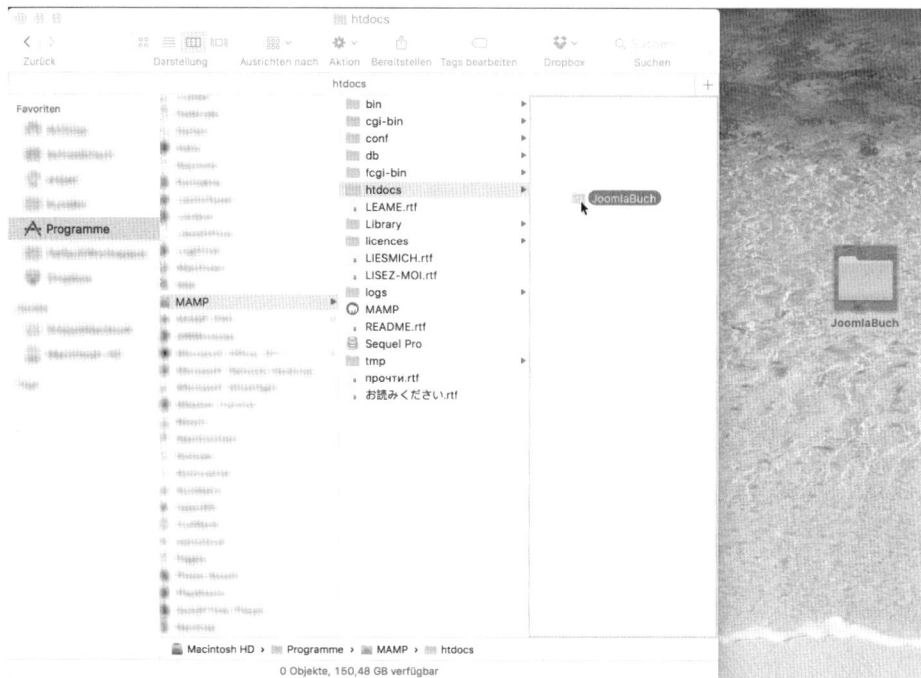

Bild 4.1 Verschieben des Ordners *JoomlaBuch* in das *htdocs*-Verzeichnis des Webservers unter OS X

Nun legen wir noch eine leere MySQL-Datenbank für unsere Installation an, indem wir im Browser das Tool phpMyAdmin aufrufen (XAMPP: *http://localhost:8888/xampp/phpMyAdmin*, MAMP: *http://localhost:8888/phpMyAdmin*, Linux: *http://localhost:8888/phpMyAdmin*) und darin, nach dem Login als Root, den Reiter *Datenbanken* öffnen. Hier legen wir im unteren Bereich der Seite den Namen für die neue Datenbank an und speichern diese durch den Klick auf ANLEGEN.

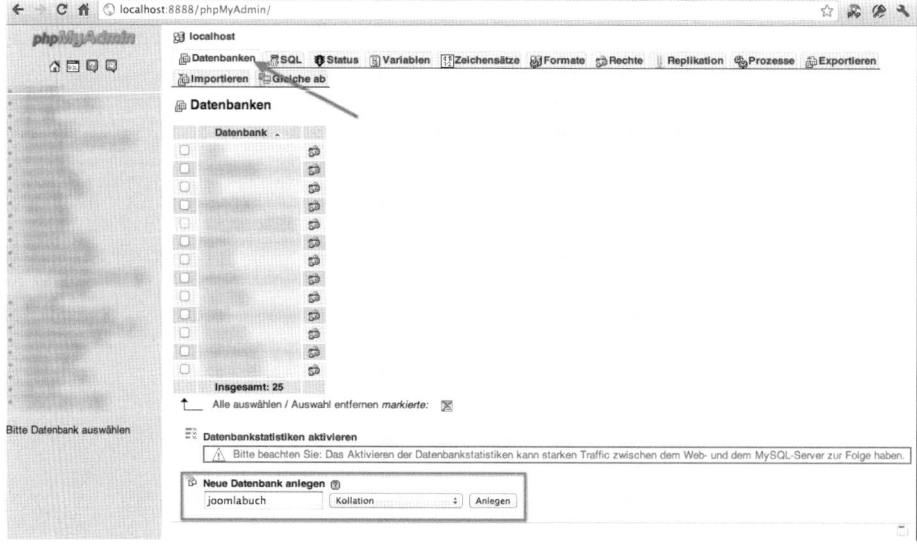

Bild 4.2 Erstellung einer lokalen MySQL-Datenbank mittels phpMyAdmin

Nun können wir die Joomla!-Installation durch den Aufruf von *http://localhost:8888/ JoomlaBuch* im Webbrowser starten – sollten Sie beim Umbenennen des Ordners einen anderen Projektnamen gewählt haben, so müssen Sie diesen im angegebenen Link entsprechend anpassen.

Es öffnet sich der Joomla!-Installationsprozess, der mit der Auswahl der Sprache beginnt, die während der weiteren Installation genutzt werden soll. Direkt unterhalb der Sprachauswahl sehen Sie nun im Optimalfall ein Formular, mit dem die ersten Grunddaten der Joomla!-Installation erfasst werden – es sei denn, Ihre lokale Umgebung (bzw. Ihr Provider bei der Installation auf einem Webspace) erfüllt die nötigen Mindestvoraussetzungen für die Installation von Joomla! nicht. In diesem Fall erhalten Sie, wie im Bild 4.3 sichtbar, eine Auflistung der zu erfüllenden Parameter mit einer entsprechenden farblichen Hervorhebung.

Bild 4.3 Prüfung der Serverumgebung während der Installation

Joomla! prüft dabei diverse Voraussetzungen, die in der folgenden Tabelle 4.1 dokumentiert sind.

Tabelle 4.1 Benötigte Einstellungen in der Webserverumgebung

Parameter	Empfohlener Wert	Beschreibung
Benötigte Einstellungen		
PHP-Version >= 5.3.10	Ja	Prüft, ob die von Joomla! benötigte PHP-Version 5.3.10 (oder neuer) installiert ist
Magic Quotes GPC aus	Ja	Prüft, ob die PHP-Option magic_quotes_gpc ausgeschaltet ist
Register Globals aus	Ja	Prüft, ob die PHP-Option register_globals ausgeschaltet ist
Zlib-Kompressionsunterstützung	Ja	Prüft, ob PHP mit der Option `--with-zlib` kompiliert wurde
XML-Unterstützung	Ja	Prüft, ob PHP ohne die Option `--disable-xml` kompiliert wurde
Datenbank-Unterstützung	Ja	Prüft, ob PHP mit mindestens einem von Joomla! unterstützten Datenbanktreiber (z. B. mysqli) kompiliert wurde
MB-Sprache ist Standard	Ja	Prüft, ob die PHP-Direktive *mbstring.language* dem Standardwert „neutral" entspricht
MB String overload ist deaktiviert	Ja	Prüft, ob die PHP-Direktive *mbstring.func_overload* deaktiviert ist
INI-Parser-Unterstützung	Ja	Prüft, ob die PHP-Funktionen `parse_ini_string()` und `parse_ini_file()` verfügbar sind. Falls nicht, liegt das im Regelfall daran, dass sie vom Hoster in der php.ini über die *disable_functions*-Direktive deaktiviert wurden.
JSON-Support	Ja	Prüft, ob die PHP-Funktionen `json_encode()` und `json_decode()` verfügbar sind oder in der php.ini durch die *disable_functions*-Direktive deaktiviert wurden
configuration.php nicht schreibgeschützt	Ja	Prüft, ob es möglich ist, die Datei *configuration.php* im Hauptverzeichnis von Joomla! zu erstellen. Sollte dies nicht der Fall sein, so muss die Rechtestruktur des Servers korrigiert werden (siehe Abschnitt 19.1.1, „Das www-run-Problem").
Empfohlene Einstellungen		
Safe-Mode	Aus	Prüft den Status der Konfigurationsvariablen *safe_mode* in der php.ini
Fehler anzeigen	Aus	Prüft, ob Fehler, die bei der Ausführung des Skripts auftreten, auf dem Bildschirm ausgegeben werden. Zuständig dafür ist die PHP-Direktive *display_errors* in der php.ini.
Dateien hochladen	An	Überprüft, ob Dateien auf den Server hochgeladen werden können. PHP-Direktive: *file_uploads*.
Magic-Quotes-Laufzeit	Aus	Prüft, ob die PHP-Direktive *magic_quotes_runtime* aktiviert ist, die bei schlecht programmierten Erweiterungen zu unerwarteten Fehlern führen kann
Gepufferte Ausgabe	Aus	Prüft, ob die PHP-Direktive *output_buffer* aktiv ist

Parameter	Empfohlener Wert	Beschreibung
Automatischer Sitzungsstart	Aus	Prüft, ob die PHP-Direktive *session.auto_start* aktiv ist
Standard-ZIP-Unterstützung	An	Prüft, ob PHP mit der Option `--with-zlib` kompiliert wurde

Sollte einer der Parameter unter *Installationsprüfung* dabei nicht den Vorgaben entsprechen, so ist es leider nicht möglich, Joomla! auf diesem System zu betreiben, weshalb der Installationsprozess an dieser Stelle stoppt und Joomla! die erneute Prüfung der Umgebung anbietet.

Die *empfohlenen Einstellungen* sollten nach Möglichkeit den Vorgaben entsprechen, beeinflussen allerdings nicht den Betrieb des Joomla!-Kerns, weshalb die Installation problemlos möglich ist.

Sollte einer der genannten Parameter in unserer lokalen Umgebung nicht zu den Vorgaben passen, so können wir diesen durch eine entsprechende Änderung in der *php.ini* anpassen – sollte dieses Problem jedoch auf dem Webspace des Hosters auftreten, so können die nötigen Änderungen im Regelfall nur durch den Hoster selbst vorgenommen werden, da die *php.ini* außerhalb des für uns beschreibbaren Bereichs des Servers liegt.

PRAXISTIPP: Es gibt einen kleinen Trick, die entsprechende *php.ini*-Datei zu finden, die für die PHP-Instanz verantwortlich ist, in der unsere Joomla!-Installation läuft. Dafür erstellen wir als Erstes eine Datei namens *info.php* mit dem Inhalt `<?php phpinfo(); ?>` und legen diese ins Hauptverzeichnis unserer Joomla!-Installation. Anschließend rufen wir die Datei über den Browser auf und können aus der `phpinfo()`-Ausgabe die Pfadangabe zu *php.ini* ablesen.

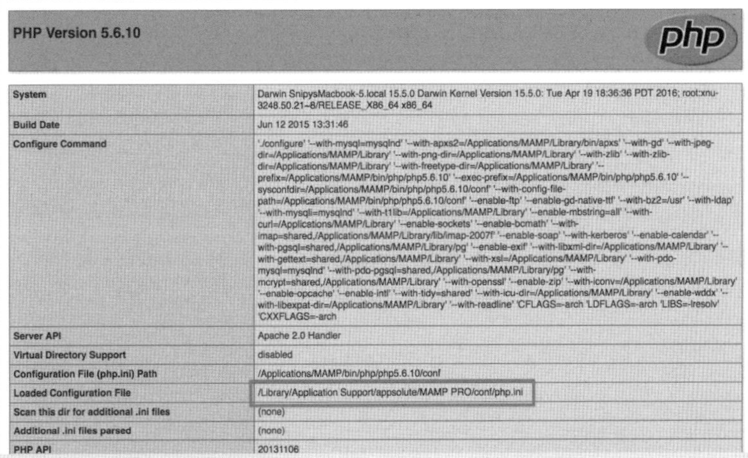

Bild 4.4 Ausgabe der `phpinfo()` mit Pfadangabe zur ***php.ini***

Sind alle Voraussetzungen erfüllt, können wir mit der Installation fortfahren. Bevor wir dabei die von Joomla! benötigten Angaben eintragen, werfen wir noch einen Blick in die GNU General Public License, kurz GNU GPL, auf die Joomla! im oberen Bereich des Bildschirms hinweist. Bei der GPL handelt es sich um eine sog. Freie Software-Lizenz mit Copyleft, die jedem Nutzer erlaubt, den Quellcode eines Werks, das unter der GPL steht,

- beliebig in unveränderter Form zu vervielfältigen und zu verbreiten,
- beliebig zu verändern und zu verbreiten, solange die modifizierte Version ebenfalls unter den Bedingungen der GPL verbreitet wird.

Es ist dabei ein weit verbreiteter Irrtum, dass GPL-lizenzierte Software per se kostenlos verfügbar sein muss, denn dies wird von der Lizenz nicht vorgegeben – im Lizenztext wird sogar explizit die Möglichkeit zur kommerziellen Vermarktung eingeräumt.

Wir behalten dieses Wissen nun erst einmal im Hinterkopf und fahren, nach der Lektüre der Lizenzbedingungen, mit der Installation fort.

Im nächsten Schritt, fordert uns Joomla! auf, diverse Grunddaten anzugeben, die für die Installation benötigt werden.

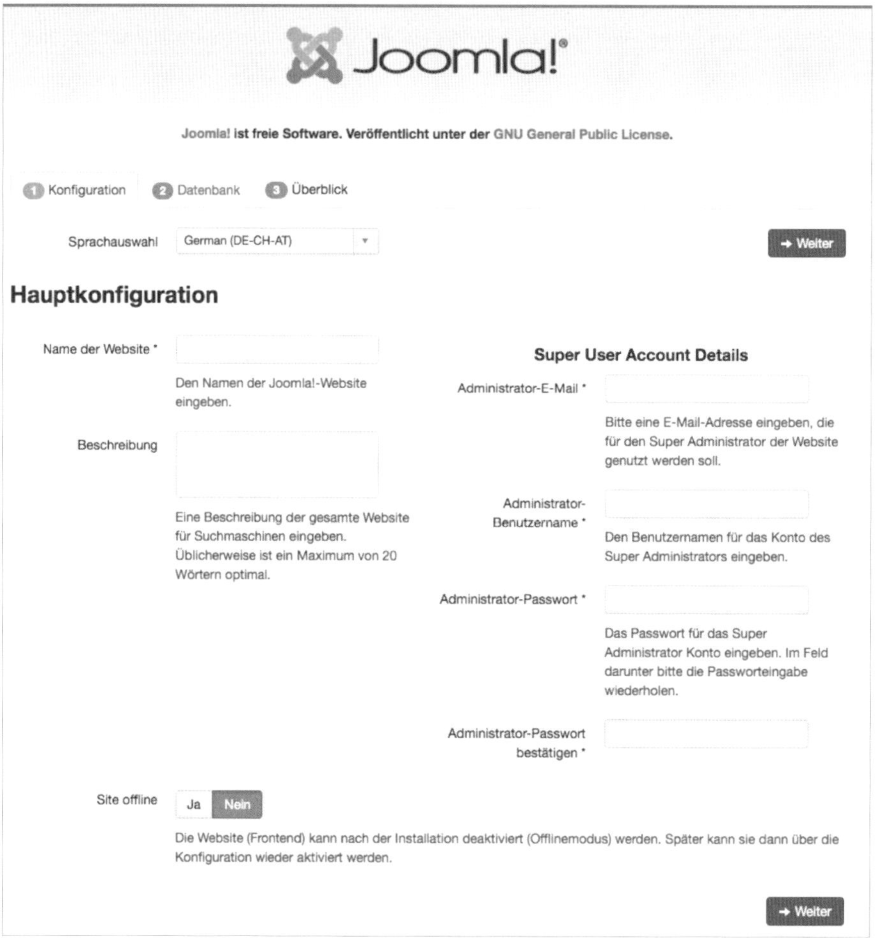

Bild 4.5 Erfassung der Grunddaten der Installation

Eine Beschreibung der einzelnen Parameter finden Sie in der folgenden Tabelle:

Tabelle 4.2 Konfigurationsparameter von Schritt 1 im Installationsprozess

Parameter	Erklärung
Name	Name der Website, der später als Seitentitel der Startseite, als Überschrift im Administrationsbereich und als Absendername von E-Mails verwendet wird. Kann später im Administrationsbereich verändert werden.
Beschreibung	Meta-Beschreibungstext der Seite für Suchmaschinen
Site Offline	Versetzt die Seite nach Abschluss der Installation in den *Offline-Modus*, damit sie nur vom Administrator betrachtet werden kann
Administrator-E-Mail	E-Mail-Adresse des Administrators der Seite
Administrator-Benutzername	Ihr gewünschter Benutzername
Administrator-Passwort	Administrator-Passwort (Empfehlung: mindestens zehn Zeichen; Klein- und Großbuchstaben, Zahlen sowie Sonderzeichen; keine Umlaute)

Wir tragen hier die entsprechenden Daten ein und setzen die Installation mit einem Klick auf *Weiter* fort.

Nun wird die Konfiguration der Datenbankverbindung vorgenommen, bei der die folgenden Parameter einzustellen sind.

Tabelle 4.3 Erklärung der Parameter der Datenbankverbindung

Parameter	Erklärung
Datenbanktyp	Derzeit unterstützt Joomla! sechs verschiedene Arten der Anbindung an den Datenbank-Server: *MySQLi*: verbesserte (**i**mproved) MySQL-Erweiterung für PHP – **empfohlen** *MySQL*: ältere MySQL-Erweiterung mit schlechterer Performance, wurde mit PHP7 entfernt *MySQL (PDO)*: MySQL-Erweiterung auf Basis der PDO API, etwas langsamer als MySQLi *PostgreSQL*: Unterstützung für den freien Datenbankserver PostgreSQL *Microsoft SQL-Server*: Unterstützung für den MS SQL Server *Microsoft SQL-Azure*: Unterstützung für MS SQL Server in Azure-Umgebungen Zu beachten ist hierbei, dass die Unterstützungen für PostgreSQL sowie den Microsoft SQL Server nur bei sehr wenigen Nutzern im Einsatz sind und daher als fehleranfällig und instabil gelten. Aktuell wird darüber diskutiert, die Unterstützung für MySQL in kommenden Versionen ganz zu entfernen.
Servername	Name (oder IP-Adresse) des Datenbankservers. Falls nicht anders angegeben, ist dies im Regelfall „localhost".
Benutzername	Benutzername für die Datenbankverbindung. In lokalen Umgebungen häufig „root", auf dem Webspace ist der Name dem Control-Panel des Hosters zu entnehmen.
Passwort	Passwort für die Datenbankverbindung. In der lokalen Umgebung normalerweise entweder „root" oder gar nicht gesetzt und kann dann leer bleiben. Auf dem Webspace ist das Passwort im Control-Panel des Hosters zu vergeben.
Datenbankname	Name der Datenbank, die wir vor Installationsbeginn erstellt haben.

Parameter	Erklärung
Tabellenpräfix	Ermöglicht es, mehrere Joomla!-Installationen in nur einer Datenbank zu betreiben, da es als Zeichenkette vor den eigentlichen Tabellennamen gesetzt wird. Bis einschließlich Joomla! 1.5 standardmäßig auf „jos_" gesetzt, seitdem zufallsgeneriert, weshalb im Normalfall keine Anpassung erforderlich ist.
Alte Datenbanktabellen löschen	Erlaubt es, bereits vorhandene Tabellen einer alten Joomla!-Installation (mit gleichem Tabellenpräfix) in der gewählten Datenbank entweder zu löschen oder mit dem neuen Präfix „bak_" zu versehen und dadurch zu sichern

Von Zeit zu Zeit kommt es vor, dass Joomla! den nächsten Installationsschritt mit nicht sehr aussagekräftigen Fehlermeldungen wie „Verbindungsfehler" verweigert. In einem solchen Fall ist der Fehler eigentlich immer bei falsch eingetragenen Verbindungsdaten (Buchstabendreher, Leerzeichen oder Umlaute im Passwort oder Benutzernamen, falscher Servername) zu suchen.

Bild 4.6 Konfiguration der Datenbankverbindung während der Installation

Im Normalfall tragen wir hier aber einfach unsere Datenbankverbindungsdaten ein und fahren durch einen Klick auf WEITER mit der Installation fort.

In Schritt 3 der Installation fragt das System ab, mit welchem Beispieldatensatz wir die Installation fortsetzen möchten. Zur Auswahl stehen hierbei:

- Keine
- Englische (GB) Beispieldaten: Bloginhalte
- Englische (GB) Beispieldaten: Prospektinhalte
- Englische (GB) Beispieldaten: Standardinhalte
- Englische (GB) Beispieldaten: Joomla! erlernen
- Englische (GB) Beispieldaten: Testinhalte

Im Regelfall sollten Sie hier die Option *Keine* wählen, da die in Joomla! integrierten Beispieldatensätze für produktive Websites ohnehin uninteressant sind und dann händisch wieder entfernt werden müssten. Ein weiterer Vorteil ist, dass die Installation ohne Beispieldaten es erlaubt, Joomla direkt für mehrsprachige Websites einzurichten.

Bild 4.7 Auswahl des zu installierenden Beispieldatensatzes

Nach der Auswahl des Beispieldatensatzes können wir nochmal einen letzten Blick auf die von uns eingegebenen Daten werfen und die Installation anschließend mit dem Klick auf *Installieren* starten.

Anschließend wird die Installation von Joomla! durchgeführt und nach Abschluss des Prozesses beglückwünscht uns das System zur Bewältigung dieser Aufgabe. Als letzter Schritt ist nun noch nötig, dass wir das Verzeichnis */installation* im Joomla!-Verzeichnis löschen, damit niemand sonst mehr das Installationstool nutzen und damit Schaden anrichten kann. Die Löschung können wir bequem über den entsprechenden, prominent platzierten Button (siehe Bild 4.8) durchführen.

Nun können wir unsere neue Seite über den Klick auf den Button *Website* aufrufen.

Bild 4.8 Erfolgreicher Abschluss der Installation

Bei der Installation von Joomla! gibt es jedoch zwei Sonderfälle zu berücksichtigen, auf die ich im Folgenden noch kurz eingehen möchte.

4.1.1 Sonderfall 1: der FTP-Modus

Der erste Sonderfall begegnet uns, wenn wir Joomla! in einer Umgebung installieren, in der das CMS aufgrund des sog. www-run-Problems (siehe Abschnitt 19.1.1, „Das www-run-Problem") keinen Schreibzugriff auf seine eigenen Dateien hat. Das ist insofern problematisch, als dass dadurch viele Grundfunktionen des Systems (Schreiben der Konfigurationsdatei, Erweiterungsinstallation, Bildupload) nicht funktionieren würden. Um dieses Problem zu umgehen, prüft Joomla! im Verlauf der Installation automatisch, ob die Dateien beschreibbar sind und fügt im Fall der Fälle einen neuen Schritt 3 an die Eingabe der Datenbankdaten an.

In diesem Schritt bittet Joomla! darum, dass man die Daten des FTP-Accounts angibt, mit dem Joomla! z. B. beim Webhoster hochgeladen wurde. Joomla! nutzt dann diese Daten, um eine Verbindung mit dem FTP-Server aufzubauen und entsprechende Schreibzugriffe über diesen Umweg durchzuführen.

Leider sind die FTP-Zugriffe enorm langsam und unzuverlässig, weshalb die Nutzung des FTP-Modus nur im äußersten Notfall in Erwägung gezogen werden sollte – besser ist, hier bei der Hosterauswahl auf eine vernünftige Joomla!-Unterstützung zu achten, sodass das Problem erst gar nicht auftaucht.

Wenn man jedoch dann doch einmal vor dem genannten Problem steht, trägt man die entsprechenden FTP-Serverdaten ein und aktiviert die FTP-Funktion durch die Betätigung des Buttons *Ja* im entsprechenden Dialog (siehe Bild 4.9).

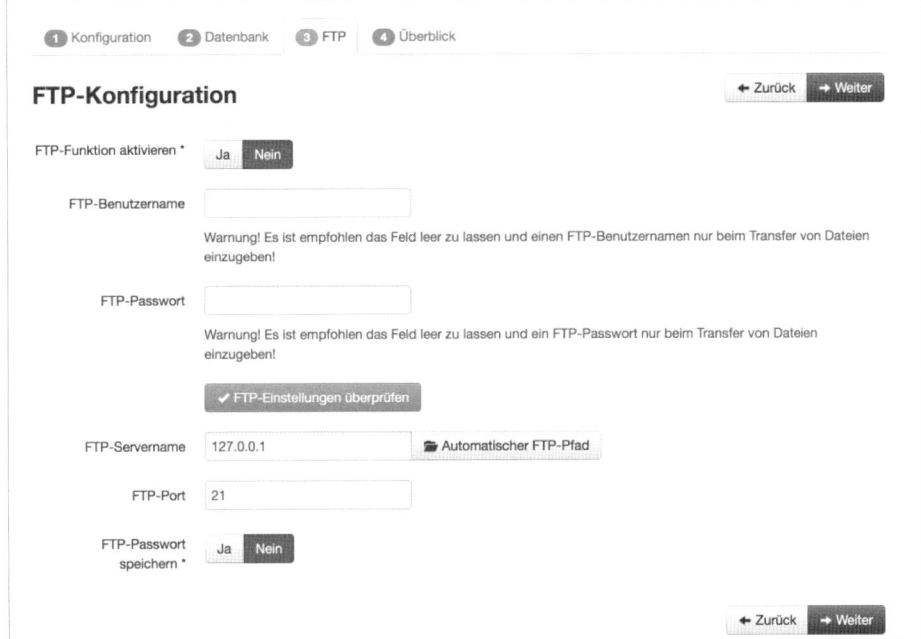

Bild 4.9 Eingabe der FTP-Zugangsdaten während der Joomla!-Installation

 PRAXISTIPP: Der korrekte *FTP-Root-Pfad* lässt sich am einfachsten feststellen, indem man mit einem FTP-Client wie *Filezilla* zur entsprechenden Joomla!-Installation navigiert und dann den dort angegebenen Pfad auf den Server überträgt.

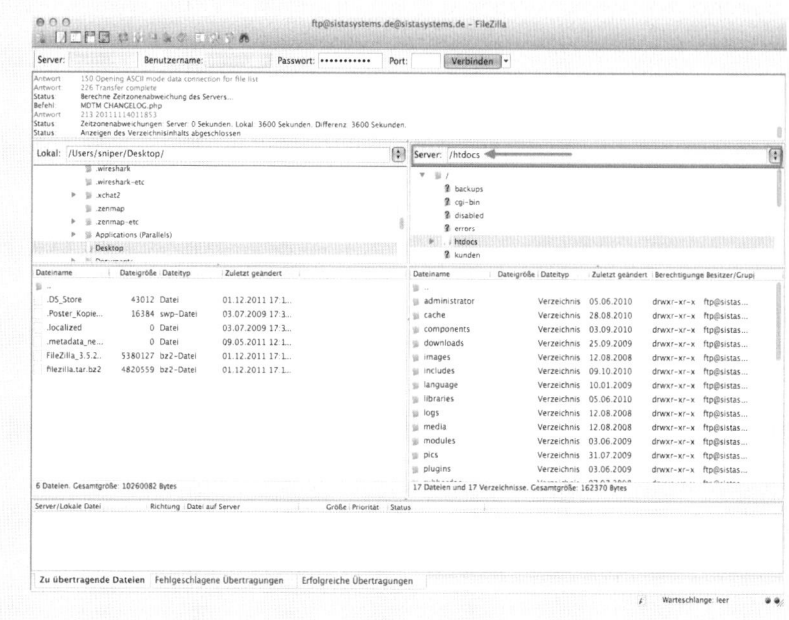

Die Angaben zu *FTP-Benutzername* und *FTP-Passwort* sollten in jedem Fall leer gelassen werden, da diese ansonsten im Klartext in der *configuration.php* gespeichert werden, was ein potenzielles Sicherheitsrisiko darstellen würde.

Wenn die Zugangsdaten für den FTP-Zugang korrekt konfiguriert sind, kann die Installation wieder mittels Klick auf WEITER fortgesetzt werden.

4.1.2 Sonderfall 2: mehrsprachige Installation

Wenn man bereits zum Zeitpunkt der Installation weiß, dass die Joomla!-Website mehrsprachig werden soll, sollte im letzten Schritt darauf geachtet werden, dass der Button *Verzeichnis „installation" löschen* (siehe Bild 4.8) nicht vorschnell betätigt wird. Der Installationsprozess kann hier nämlich über den Button *Extra Schritt: Sprachen installieren* direkt noch dafür genutzt werden, die benötigten Sprachdateien nachzuinstallieren und die neue CMS-Installation für die Verwendung von Mehrsprachigkeit vorzubereiten.

Dafür wählen Sie die gewünschten Zusatzsprachen aus (siehe Bild 4.10) und aktivieren im folgenden Schritt die Mehrsprachigkeitsfunktion (siehe Bild 4.11) und wählen die gewünschte Standardsprache aus.

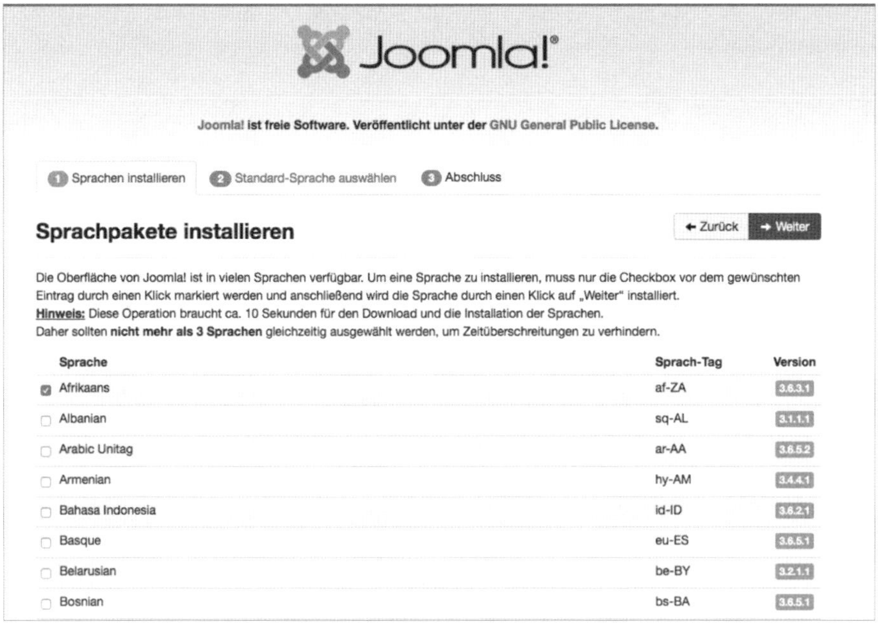

Bild 4.10 Auswahl der zu installierenden zusätzlichen Sprachpakete

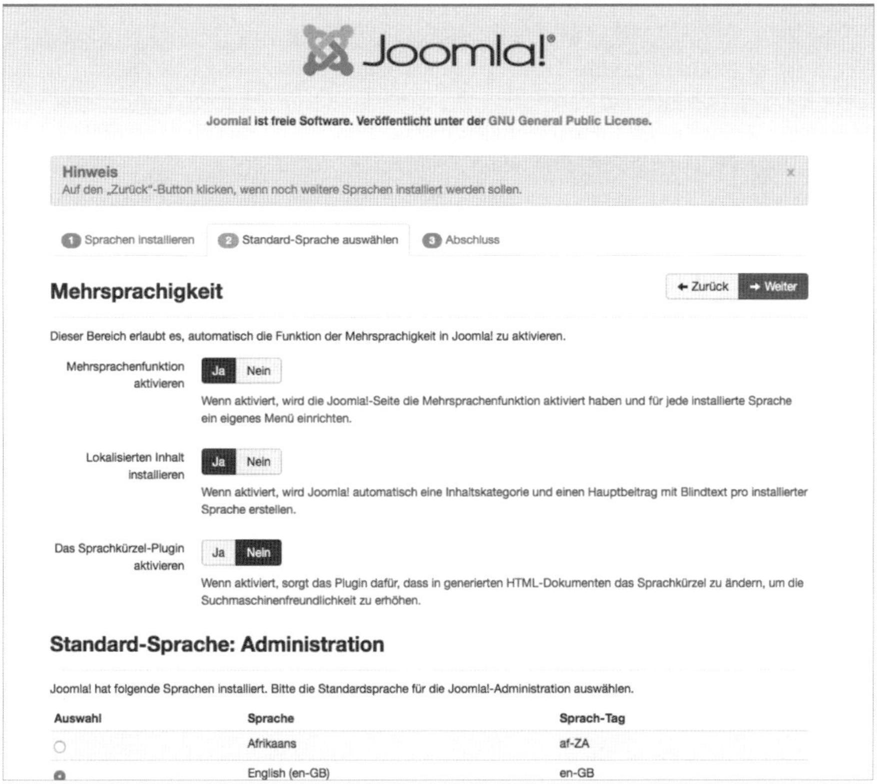

Bild 4.11 Konfiguration der Mehrsprachigkeitsfunktion während des Installationsprozesses

Anschließend löschen Sie auch hier das Verzeichnis /installation durch Betätigung des entsprechenden Buttons.

Sie können diesen zusätzlichen Installationsschritt nicht nur dafür nutzen, die Mehrsprachigkeitsfunktion zu konfigurieren, sondern er bietet sich auch zur einfachen Installation des deutschen Sprachpakets bei einsprachigen Seiten an. Lassen sie hierfür einfach die Mehrsprachigkeitsfunktion (siehe Bild 4.11) deaktiviert und setzen Sie nur die deutsche Sprache als Standard.

■ 4.2 Installation auf dem Webspace des Hosters

Die Installation auf dem Webspace des Hosters unterscheidet sich von der in Abschnitt 4.1 beschriebenen Installation in der lokalen Umgebung nur durch drei wesentliche Punkte:

Erstens ist es bei Webhostern in der Regel nicht möglich, die Serverkonfiguration so anzupassen, dass sie den Bedürfnissen von Joomla! entspricht. Deshalb sollten Sie schon vor Vertragsabschluss intensiv das Abschnitt 19.1, „Die Auswahl des richtigen Hosters", lesen – dadurch ersparen Sie sich viel Ärger bei der späteren Nutzung.

Außerdem ist es notwendig, die Dateien mittels eines FTP-Clients wie *Filezilla* (siehe Abschnitt 3.4, „FTP-Client") auf den Server des Hosters zu transferieren. Dafür öffnet man den FTP-Client, trägt die im Control-Panel (Confixx, Plesk, KIS) des Hosters hinterlegten FTP-Zugangsdaten ein und öffnet eine neue Verbindung.

Sie sollten – wann immer möglich – auf SFTP statt FTP zurückgreifen. FTP wickelt alle Datenübertragungen unverschlüsselt ab, sodass Angreifer z. B. Ihre FTP-Zugangsdaten abgreifen können. Bei SFTP, was von vielen großen Hostern und allen gängigen FTP-Clients unterstützt wird, erfolgt der Transfer verschlüsselt.

Nun transferiert man die Dateien der Joomla!-Installation, in der Regel mittels Drag & Drop, in den sog. *docroot*-Ordner des Webservers, der häufig als *htdocs* oder *httpdocs* benannt ist. Warum ins Docroot? Nun, ist eine Datei namens *blub.txt* direkt im Docroot *abgelegt*, so kann diese später über den Aufruf von *www.domain.tld/blub.txt* abgerufen werden; liegt die Datei hingegen im Unterordner *test* des Docroot, so wird sie später über die URL *www.domain.tld/test/blub.txt* abgerufen. Würden wir also Joomla! in einen Unterordner ablegen, so müssten wir später erst eine umständliche Weiterleitung einrichten, damit beim Aufruf von domain.tld auch tatsächlich unsere Installation erscheint.

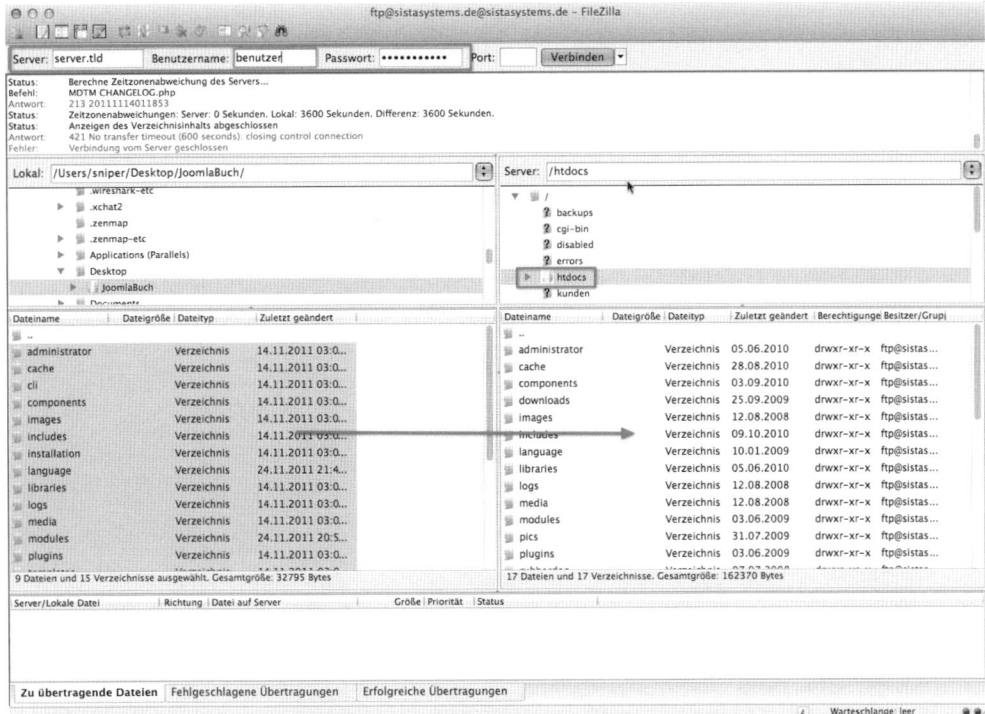

Bild 4.12 Transfer der Joomla!-Installation auf den Server mittels FileZilla

Nach dem Transfer ist es notwendig, im Control-Panel des Hosters eine neue MySQL-Datenbank sowie einen neuen, zugehörigen MySQL-Benutzer anzulegen. Anschließend kann die Installation durch den Aufruf von *www.domain.tld/installation* gestartet werden – die weiteren Installationsschritte sind dann Abschnitt 4.1 zu entnehmen.

■ 4.3 Erste Handgriffe nach der Installation

Hiermit ist die Installation unserer Joomla!-Seite abgeschlossen. Standardmäßig sind jedoch einige Details des Joomla!-Pakets suboptimal und sollten deshalb unmittelbar nach der Installation angepasst werden.

4.3.1 Anpassung der robots.txt

Die standardmäßig bei Joomla! mitgelieferte *robots.txt*-Datei erlaubt es Suchmaschinen nicht, das Unterverzeichnis */cache* zu durchsuchen, wodurch CSS- und JavaScript- und Bilddateien, die in diesem Verzeichnis von einigen beliebten Erweiterungen abgelegt werden, aus dem Suchmaschinenindex ausgeschlossen sind. Das hat z. B. den Nachteil, dass Suchmaschinen die Mobilfreundlichkeit der späteren Seite nicht mehr korrekt beurteilen können. Daher empfiehlt es sich, den entsprechenden Eintrag in der *robots.txt*, die sich im Hauptverzeichnis der Joomla!-Installation befindet, auszukommentieren, sodass die Datei nach der Editierung dem entsprechenden Ausschnitt in Listing 4.1 entspricht.

Listing 4.1 Ausschnitt der modifizierten *robots.txt*-Datei

```
User-agent: *
Disallow: /administrator/
Disallow: /bin/
#Disallow: /cache/
Disallow: /cli/
Disallow: /components/
Disallow: /includes/
Disallow: /installation/
Disallow: /language/
Disallow: /layouts/
Disallow: /libraries/
Disallow: /logs/
Disallow: /modules/
Disallow: /plugins/
Disallow: /tmp/
```

HINWEIS: Sollte Ihre Joomla!-Installation in einem Unterordner der Domain liegen, also nicht direkt über *www.domain.tld* erreichbar sein, so müssen Sie die *robots.txt* in das Wurzelverzeichnis der Domain schieben (*www.domain.tld/robots.txt*) und die in der Datei angegebenen Pfade entsprechend anpassen, da robot-Dateien gemäß dem entsprechenden Standard stets im *Docroot* der Domain zu finden sein müssen.

4.3.2 Leeren des Verzeichnisses /images

Nachdem der */images*-Ordner nun für Suchmaschinen zugänglich ist, empfiehlt es sich – insbesondere wenn die Seite später durch unerfahrene Nutzer administriert werden soll –, das Verzeichnis zu leeren und die dort abgelegten Beispieldaten zu entfernen. Andernfalls würden diese Daten an verschiedenen Stellen der Joomla!-Administration (Medien-Manager, Bild-Manager des Editors) immer wieder auftauchen und Verwirrung stiften. Lediglich die dort ebenfalls vorhandene *index.html* sollte aus Sicherheitsgründen erhalten bleiben.

4.3 Erste Handgriffe nach der Installation

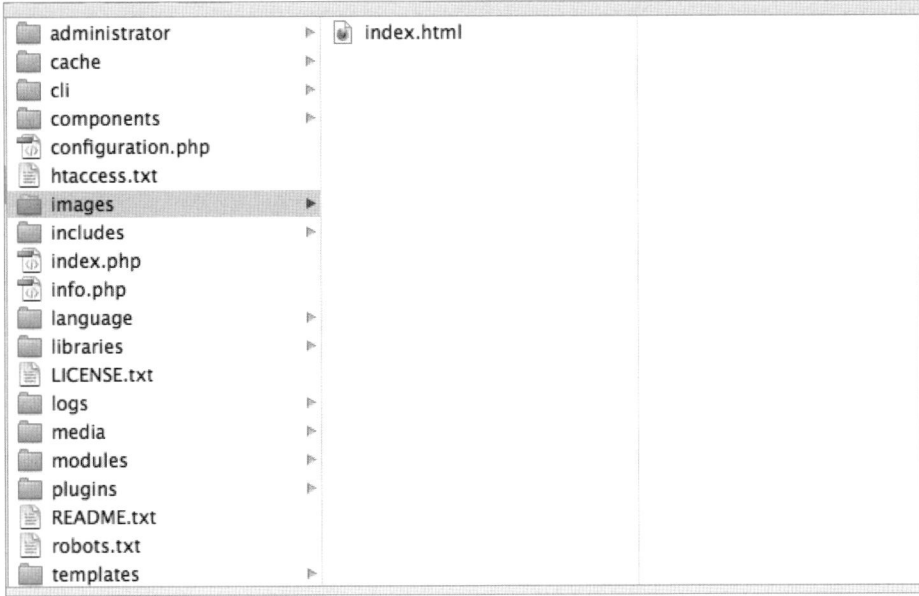

Bild 4.13 *images*-Verzeichnis nach dem Entfernen der Beispieldaten

 HINWEIS: Dieser Schritt sollte ausgelassen werden, wenn während der Installation die Funktion *Beispieldaten installieren* genutzt wurde, da andernfalls die in den Beispieldaten hinterlegten Bilder nicht mehr angezeigt werden würden.

5 Grundlegende Begriffe und Architektur

Bevor wir nun mit dem Aufbau unserer Seite beginnen, möchte ich Ihnen zunächst einen kleinen Einblick in den Grundaufbau von Joomla! geben.

5.1 Grundlegende Begriffe

Wenn Sie als Neuling oder Quereinsteiger die Arbeit mit Joomla! in Angriff nehmen, werden Sie sich vermutlich mit einigen Begrifflichkeiten schwertun, da diese im Joomla!-*Administrationsbereich* nicht ausführlich erklärt sind. Daher möchte ich, bevor wir mit der Einrichtung der Seite starten, erst einmal einige wichtige Begriffe klären.

5.1.1 Backend/Frontend

Das CMS Joomla! teilt sich in seiner aktuellen Version in zwei wesentliche Bereiche, die sich *Frontend* und *Backend* nennen. Das *Frontend*, also die „Vorderseite" unseres Systems, ist dabei die eigentliche Website, die der Besucher der Seite mittels Browser aufruft.

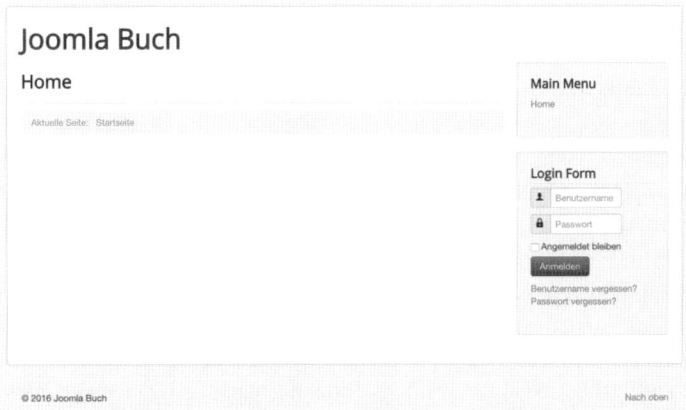

Bild 5.1 Frontend der in Abschnitt 4.1 installierten Joomla!-Seite

Als *Backend* bezeichnet man den Administrationsbereich von Joomla!, der für die Verwaltung des Systems genutzt wird. Das Backend wird dabei über die separate URL *http://www.pfadzujoomla.de/adminstrator* aufgerufen und ist erst nach dem Login mit einem entsprechenden Benutzernamen nutzbar. Prinzipiell ist es zwar auch möglich, einige administrative Aufgaben wie die Erstellung und Editierung von *Beiträgen* aus dem Frontend zu erledigen, wichtige Optionen wie die Verwaltung von *Menüeinträgen* bleiben jedoch dem Backend vorbehalten.

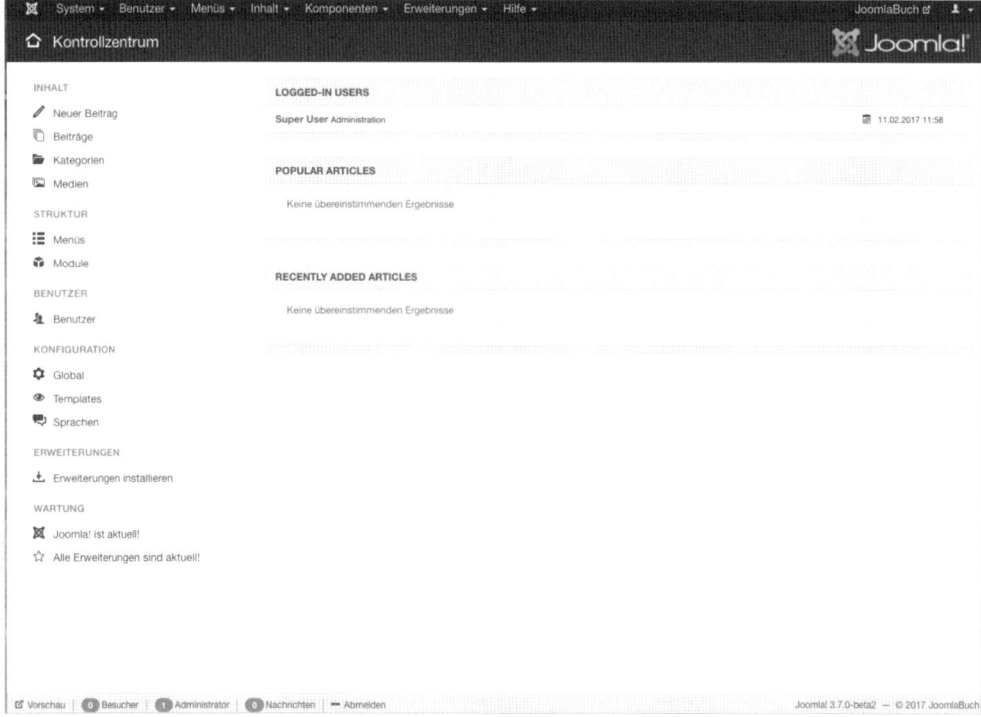

Bild 5.2 Backend einer leeren Joomla!-Installation

5.1.2 Komponenten, Module, Plug-ins und Templates

Joomla! teilt seine **Erweiterungen** in vier verschiedene Typen: *Komponenten*, *Module*, *Plug-ins* und *Templates*.

- **Komponenten** sind komplexe, vollwertige Anwendungen, die eine eigene Administrationsoberfläche haben und eigene Inhalte verwalten und darstellen können. Die Ausgabe erfolgt dabei immer im Haupt-Ausgabebereich des verwendeten Templates. Vorinstallierte Komponenten sind z. B. die *Beitragsverwaltung* oder *Banner*-Komponenten.
- **Module** entsprechen dem Konzept der Widgets, die in vielen neueren Betriebssystemen Einzug gehalten haben und sich auch in einigen anderen CMS finden. *Module* können an verschiedenen, vorgegebenen Stellen des verwendeten Templates eingeblendet werden und sind dabei lediglich für die Ausgabe von Informationen gedacht. Eingabemöglichkeiten (Formulare etc.) entstehen erst durch die Kombination mit *Komponenten*.

- **Plug-ins** arbeiten in der Regel im Hintergrund und übernehmen dort verschiedene Aufgaben wie die Verarbeitung von Login-Vorgängen, das Durchsuchen von Inhalten bei Suchanfragen oder das Zur-Verfügung-Stellen des Editors. *Plug-ins* können, anders als *Module* und *Komponenten*, Inhalte nicht selber ausgeben, sondern nur bestehende Inhalte verändern.
- **Templates** werden zur Gestaltung der Ausgabe von Joomla! genutzt. Es handelt sich dabei um leere „Design-Gerüste", die bereits alle relevanten Formatierungen, Grafiken und Dateien enthalten, jedoch keinerlei eigene Inhalte mitbringen. Stattdessen arbeiten *Templates* mit Platzhaltern, die beim Aufruf der Seite durch die jeweils hinterlegten Inhalte ersetzt werden.

5.1.3 Beiträge, Kategorien, Menüs

Joomla! bringt ein integriertes System zur Verwaltung von sogenannten **Beiträgen** mit. Ein *Beitrag* ist im simpelsten Fall ein einfacher Fließtext, es ist jedoch auch möglich, komplexere *Beiträge* mit Bildern, Tabellen und Auflistungen zu erstellen.

Um dabei eine gewisse Übersichtlichkeit in der *Beitragsverwaltung* beizubehalten, ist es möglich, *Beiträge* mit dem integrierten **Kategoriensystem** in eine frei wählbare Baumstruktur einzusortieren. Es ist möglich, die Kategorien bis in unendliche Tiefe miteinander zu verschachteln und dadurch beliebige Strukturen zu erzeugen.

Wie könnte nun ein Beispiel für dieses etwas abstrakte System aussehen? Stellen wir uns vor, wir arbeiten an der neuen Website für einen Obstbauern, der verschiedene Arten von Obst (Äpfel, Birnen, Trauben etc.) anbaut und nun die einzelnen Sorten (Golden Delicious, Gala etc.) vorstellen möchte. Außerdem möchte er in einem kurzen, allgemeinen Text erklären, wie sich der Begriff „Obst" definiert. In einem solchen Fall bietet es sich an, eine Kategorienstruktur zu schaffen, wie sie in Bild 5.3 zu sehen ist.

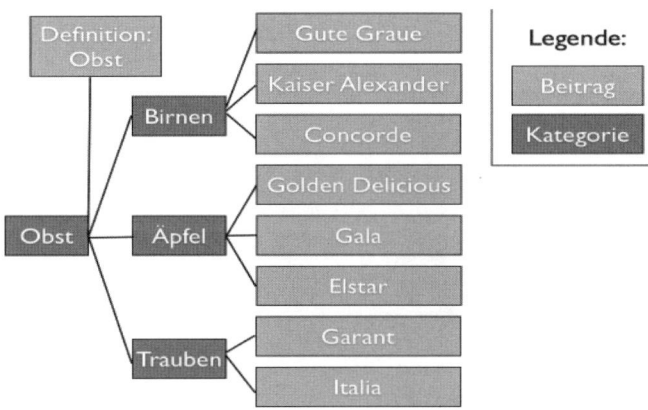

Bild 5.3 Kategorien- und Beitragsstruktur

Die verschiedenen Obstarten bilden also *Kategorien*, die einzelnen Sorten würden dann in Beiträgen beschrieben. Der allgemeine Definitionstext würde der Kategorie *Obst* zugewiesen, da er ja weder einer einzelnen Obstart oder -sorte zugewiesen werden kann.

So weit, so gut! Bisher ist die entsprechende Struktur logisch und in sich abgeschlossen. Schauen wir uns nun die gewünschte **Menüstruktur** unseres Bauern an:

- Startseite
- Was ist Obst?
- Apfelsorten
- Birnensorten
- Traubensorten
- Alle Sorten im Überblick

Die *Menüstruktur* arbeitet hier in nur einer Ebene (es gibt keine Untermenüpunkte), was scheinbar im Widerspruch zu unserer logisch aufgebauten Kategorienstruktur stehen würde. Das Besondere an Joomla! ist jedoch, dass dieser scheinbare Widerspruch eigentlich keiner ist, da *Menüstruktur* und *Kategorienstruktur* voneinander **unabhängig** sind. In diesem Punkt unterscheidet sich Joomla! von vielen anderen Content-Management-Systemen wie Typo3 und Contao, da diese mit einem Seitenbaum arbeiten, der gleichzeitig strukturgebend für Navigation und Inhalte ist.

Diese Trennung der beiden Strukturen ist insbesondere für unerfahrene Nutzer schwierig zu verstehen und wirkt umständlich, weshalb die Trennung in der kommenden Joomla!-Version 4.0 zumindest teilweise aufgehoben werden soll.

■ 5.2 Architektur

Der zweite wichtige Schritt für ein rudimentäres Verständnis ist die Betrachtung der Joomla!-Architektur, welche Sie in Bild 5.4 sehen.

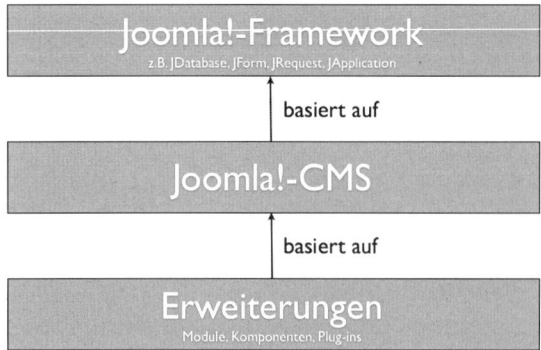

Bild 5.4 Schematische Darstellung des Systems

5.2.1 Joomla!-Framework

Das Joomla!-Framework ist ein objektorientiertes PHP-*Framework* und enthält die Klassen und Funktionen für Datenbankanbindung, Formularvalidierung, Filterung von Nutzereingaben oder Bildmanipulation, die vom Joomla!-CMS genutzt werden, und ist dadurch auch zugleich Basis für die Entwicklung eigener Erweiterungen. Es ist relativ gut dokumentiert und nutzt einige aktuelle Design-Patterns wie *MVC* oder das *Factory*-Pattern.

Mit der Veröffentlichung von Joomla! 1.7 ist das Framework in ein eigenständiges, separat vom CMS entwickeltes Projekt ausgelagert worden und soll sich dadurch zu einem vollwertigen, unabhängig vom CMS lauffähigen *Web-Application-Framework* entwickeln.

Das Framework wird im gleichnamigen Github-Projekt unter *https://github.com/joomla-framework* entwickelt.

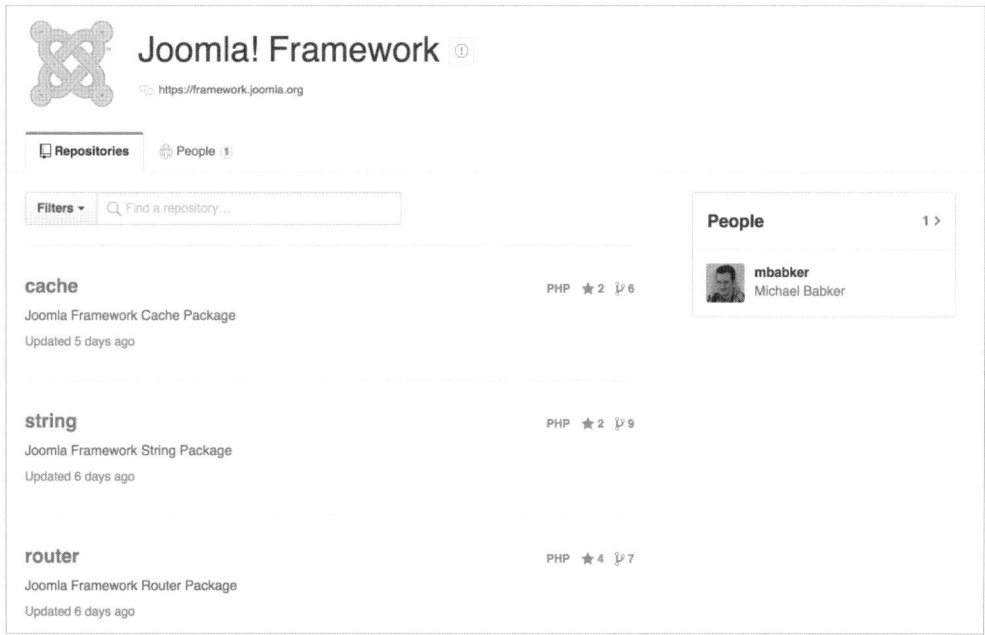

Bild 5.5 Github-Projekt des Joomla!-Frameworks

5.2.2 Joomla!-CMS

Das Joomla!-*CMS* stellt das allgemeine *Front*- und *Backend* zur Verfügung, das wir zum Aufbau unserer Seite benötigen, und sorgt dafür, dass die verschiedenen Erweiterungen ineinandergreifen bzw. an der entsprechenden Stelle geladen werden. Es ist also der Kern des ansonsten modular aufgebauten Systems. Die Entwicklung erfolgt im eigenen Github-Projekt, das unter *https://github.com/joomla/joomla-cms* zu finden ist.

5.2.3 Erweiterungen

Die diversen Erweiterungen (*Module, Plug-ins, Komponenten etc.*) stellen uns die eigentlichen CMS-Funktionen (z.B. Anlegen und Anzeigen von Menüeinträgen, Artikeln, Formularen etc.) zur Verfügung. Sie greifen dabei auf die unterschiedlichen Klassen des *Frameworks* zurück und werden vom *CMS* aufgerufen.

6 Das Backend

Nachdem nun die Grundbegriffe geklärt sind, können wir uns mit unserem neuen Werkzeug vertraut machen. Wir starten im *Backend* unserer Joomla!-Installation, das wir unter *www.domain.tld/administrator* (bzw. in der lokalen Umgebung unter *localhost:8888/projektname/administrator*) erreichen.

6.1 Login

Hier erwartet uns im ersten Schritt das Login-Formular des Administrationsbereichs, in dem wir unsere Benutzerdaten eintragen, die wir während der Installation eingegeben haben.

Über den Parameter *Sprache* könnten wir, falls gewünscht, eine alternative Sprache für den Administrationsbereich wählen, was insbesondere dann spannend wird, wenn Administratoren mit verschiedenen Nationalitäten eine gemeinsame Seite pflegen und damit das *Backend* in ihrer jeweiligen Muttersprache nutzen wollen.

Bild 6.1 Login-Bereich des Joomla!-Backends

6.2 Grundaufbau und Kontrollzentrum

Nach dem erfolgreichen Login gelangen wir zum *Kontrollzentrum* (*Control-Panel*) des Joomla!-*Backends,* das uns erlaubt, einige häufig ausgeführte Aufgaben mit nur einem Klick zu erreichen. Gleichzeitig eignet sich das Kontrollzentrum zur Erklärung des relativ einfach gehaltenen Grundaufbaus des *Backends.*

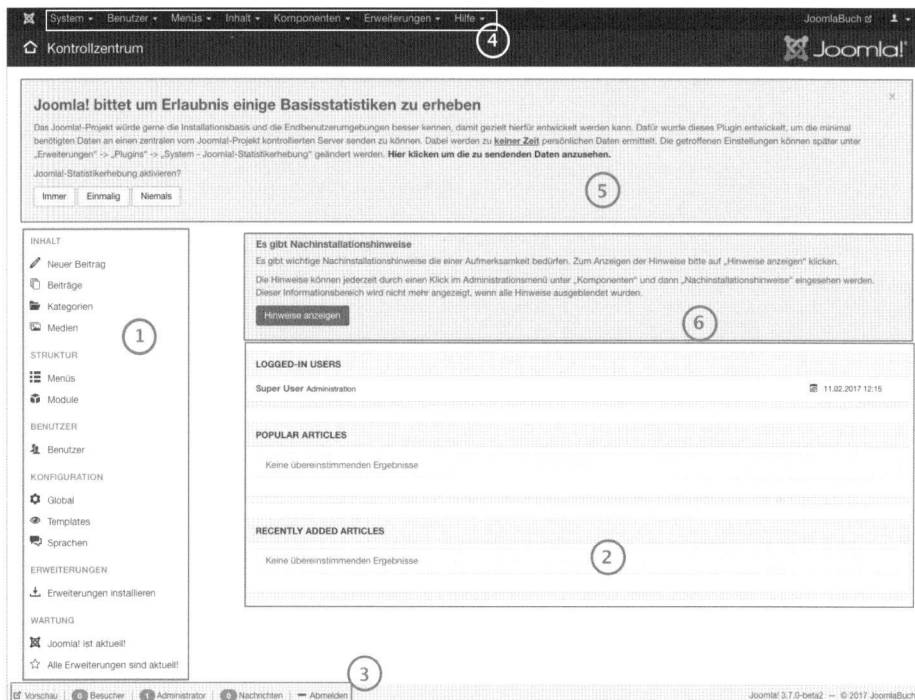

Bild 6.2 Aufbau des Joomla!-Control-Panels

Markierung (siehe Bild 6.2)	Erläuterung
1	*Quick-Links* zum schnellen Erreichen häufig benötigter Bereiche im Backend: • *Neuer Beitrag:* Formular zum Hinzufügen eines neuen Beitrags • *Beiträge:* Übersichtsliste aller existierenden Beiträge • *Kategorien:* Übersichtsliste aller existierenden Kategorien • *Medien:* Übersicht der Mediendateien auf dem Server • *Menüs:* Liste der Menüs • *Module:* Modulverwaltung • *Benutzer:* Liste der Benutzer • *Global:* Globale Konfiguration für seitenweite Einstellungen • *Templates:* Verwaltung der Templates und Stile • *Sprachen:* Sprachdatei- und Inhaltsprach-Verwaltung • *Erweiterungen installieren:* Erlaubt es, neue Erweiterungen aufzuspielen • *Joomla! ist aktuell:* Zeigt an, ob die jeweilige Joomla!-Version aktuell ist • *Alle Erweiterungen sind aktuell:* Zeigt an, ob die verwendeten Dritterweiterungen aktuell sind

Markierung (siehe Bild 6.2)	Erläuterung
2	Informationsbereich des Kontrollzentrums. Zeigt einige durch Module selbst konfigurierbare Informationen zur Joomla!-Installation. Ist nur im Kontrollzentrum sichtbar.
3	Allgemeiner Informationsbereich der Joomla!-Seite. Ist ständig sichtbar und zeigt: - Anzahl der im Frontend eingeloggten Benutzer (0 Besucher) - Anzahl der im Backend eingeloggten Benutzer - Anzahl der empfangenen Systemnachrichten des angemeldeten Nutzers - den Link *Vorschau*, der das Frontend der aktuellen Seite in einem neuen Tab öffnet - den Link *Abmelden*, der den aktuellen Benutzer aus dem Administrationsbereich ausloggt
4	Navigation des Backends
5	Bereich der Backends, in dem Nachrichten des Systems eingeblendet werden, beispielsweise „Erfolgreich gespeichert" oder „Beitrag gelöscht". Im konkreten Beispiel ist die Bitte des Joomla!-Projekts zu sehen, auf freiwilliger Basis anonymisierte Systemdaten zu erfassen, die den Entwicklern bei der Weiterentwicklung von Joomla! helfen. Wenn Sie die Weiterentwicklung des Systems unterstützen wollen, wählen Sie hier „immer". Die erfassten Statistiken sind frei abrufbar.[1]
6	Nachinstallationshinweise werden nach der Neuinstallation bzw. einem Update von Joomla! angezeigt und dienen dazu, wichtige Informationen bzw. Handlungsempfehlungen einzublenden. Per Klick auf den Button HINWEISE ANZEIGEN können diese Hinweise dann gelesen werden. Einige Hinweise sind dabei rein informativer Natur und können durch einen entsprechenden Klick als gelesen markiert werden. Andere Hinweise enthalten konkrete Handlungsempfehlungen oder gar einen Button, der auf Knopfdruck Änderungen vornimmt.

Von hier aus starten wir nun einen kleinen Rundgang durch die wichtigsten Seiten des Administrationsbereichs. Wir werden erst einmal nur einen kleinen Teil der Seiten näher kennenlernen, weil viele Bereiche nochmals im weiteren Verlauf des Buchs erklärt werden – für einen allgemeinen Überblick über die Funktionen sollte es jedoch reichen. Starten wir also im Menüpunkt *System*, der uns beim Mouseover die folgenden Optionen anbietet:

- *Kontrollzentrum:* zeigt das Kontrollzentrum, in dem wir uns gerade befinden.
- *Konfiguration:* zeigt die allgemeine Konfiguration der Joomla!-Seite.
- *Globales Freigeben:* hebt den automatischen Schreibschutz von Joomla!-Inhalten wieder auf, der das Überschreiben von Änderungen eines anderen Administrators verhindern soll.
- *Cache leeren:* leert den Zwischenspeicher, den Joomla! zur schnelleren Seitenauslieferung nutzt.
- *Abgelaufenen Cache leeren:* entfernt Dateien, die unnötigerweise im Zwischenspeicher verblieben sind.
- *Systeminformationen:* zeigt zahlreiche Informationen zur Joomla!-Installation, zur Serverumgebung, zu den Verzeichnisrechten und bietet die Ausgabe des PHP-Befehls `phpinfo()`.

---

[1] https://developer.joomla.org/about/stats.html

Wir ändern nun zuerst einige Einstellungen in unserer Joomla!-Seite und wechseln daher mit einem Klick auf SYSTEM > KONFIGURATION in den allgemeinen Konfigurationsdialog.

■ 6.3 Allgemeine Konfiguration

Der Konfigurationsdialog bietet die Möglichkeit, Einstellungen zu verändern, die für die gesamte Seite von Bedeutung sind und daher zentral gesteuert werden sollten. Sein Aufbau entspricht dem nahezu aller Joomla!-Erweiterungen im Backend. Er gliedert sich in die in Bild 6.3 markierten Bereiche.

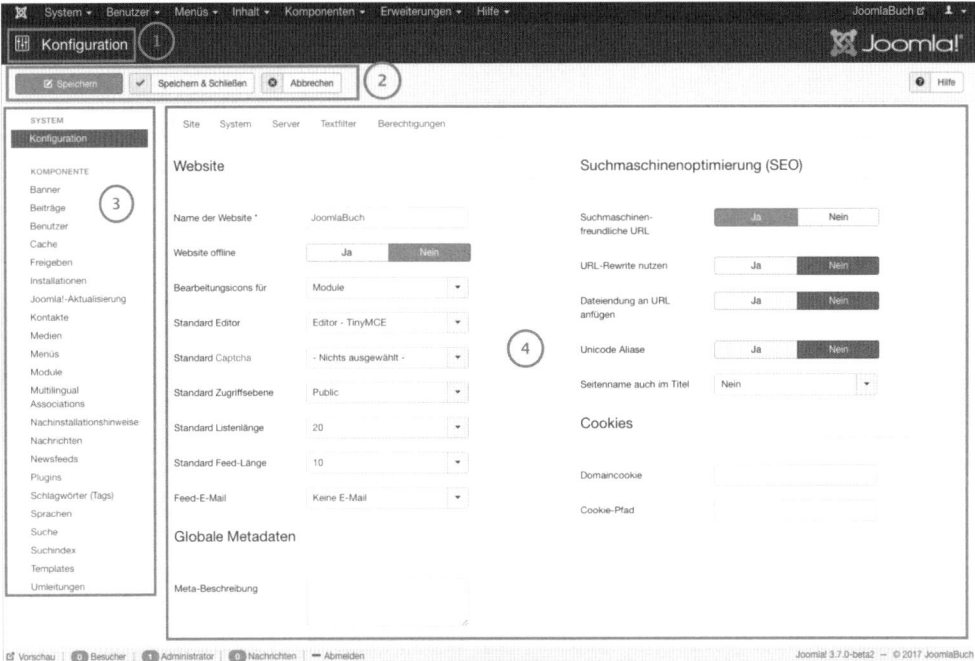

Bild 6.3 *Allgemeine Konfiguration* der Joomla!-Seite, Reiter *Site*

Markierung (siehe Bild 6.3)	Erläuterung
1	Icon und Bezeichnung des gerade aktiven *Backend*-Bereichs.
2	Werkzeugleiste (*Toolbar*) mit, je nach *Backend*-Bereich, unterschiedlichen Optionen wie *Speichern*, *Speichern & Schließen*, *Abbrechen*, *Löschen* etc.
3	Unternavigation des gerade aktiven *Backend*-Bereichs, der dem Nutzer oftmals den Umweg über die *Backend*-Navigation erspart.
4	Ausgabebereich des jeweiligen *Backend*-Bereichs.

Während sich die Ausgabe in Abhängigkeit vom jeweiligen Administrationsbereich ändert, bleibt die grundsätzliche Aufteilung erhalten, sodass die Nutzer stets ein einheitliches Benutzerinterface vorfinden.

Im konkreten Fall finden wir nun, wie bereits erwähnt, zahlreiche Konfigurationsoptionen, die sich in vier Reiter (*Site, System, Server, Textfilter, Berechtigungen,*) aufteilen und die über die *Tabs* (siehe Bild 6.3, Markierung 4, oberer Rand) aufgerufen werden können. Die im Reiter *Site* zur Verfügung stehenden Parameter sind in der Tabelle 6.1 aufgelistet und bieten viele spannende Möglichkeiten, die auch beim Mouseover des jeweiligen Parameternamens nochmals erklärt werden.

Tabelle 6.1 Konfigurationsparameter des Reiters *Site*

Parameter	Erklärung
Website	
Name der Website	Der Name der Website wird an verschiedenen Stellen der Website genutzt (Titel der Offline-Seite, Titel des Administrationsbereichs) und wurde bereits während der Installation vergeben.
Website offline	Joomla! bietet die Möglichkeit, die Seite z. B. für Updates oder größere Anpassungsarbeiten, die ohne die neugierigen Augen der Besucher erfolgen sollen, offline zu schalten.
Offline-Text	Sollte sich die Seite im Offline-Modus befinden, so wird einem Besucher entweder gar kein Text (*Verbergen*), ein eigener Text (*Eigenen Text benutzen*) oder ein *Standardtext* angezeigt.
Eigener Text	Hier kann der *eigene Text* für den Offline-Modus eingegeben werden. HTML-Tags sind dabei erlaubt.
Offline-Bild	Bild, das auf der Offline-Seite unserer Installation angezeigt wird.
Bearbeitungsicons für	Joomla! unterstützt die Bearbeitung von bestimmten Seiteninhalten (konkret: Module, Menüs und Beiträge) über das Frontend der Seite. Über diesen Parameter kann bestimmt werden, ob die Bearbeitungsfunktion nur für Menüs, nur für Module oder für beide Inhaltsarten aktiviert werden soll.
Editor	Joomla! bietet zur Textbearbeitung verschiedene Editoren, die hier für alle Nutzer gesetzt werden können.
Standard-Captcha	Zu verwendendes *Captcha*-Bild zur Verhinderung von Spam-Absendungen.
Standard-Zugriffsebene	Setzt die standardmäßige *Zugriffsebene* für neue Inhalte, Menüpunkte und Module (siehe Abschnitt 11.3, „Zugriffsebene").
Standard-Listenlänge	Gibt an, wie viele Einträge standardmäßig in den Listenansichten des Administrationsbereichs zur Verfügung stehen sollen.
Standard-Feedlänge	Anzahl der *Beiträge*, die in den durch Joomla! generierten RSS- und Atom-Feeds abrufbar sein sollen.
Feed-E-Mail	In RSS- und Atom-Feeds kann eine Autor-E-Mail-Adresse angegeben werden. Über diesen Parameter wird gesteuert, ob im Feed gar keine Adresse, die Mailadresse des jeweiligen Autors oder die allgemeine Mailadresse der Seite angegeben wird, wobei entweder „keine" oder „Website-E-Mail" zu empfehlen ist, damit die (unter Umständen private) Mailadresse des Autors nicht versehentlich öffentlich wird.

Globale Meta-Daten	
Meta-Beschreibung	Meta-Beschreibung für Seiten, die keine eigene, separate Meta-Beschreibung zugewiesen bekommen haben.
Meta-Schlüsselwörter	Meta-Keywords für diejenigen Seiten, denen keine separaten Keywords zugewiesen wurden.
Robots	Beeinflusst, ob und wie Suchmaschinen (robots) die jeweiligen Seiten einlesen dürfen.
Inhaltsrechte	Generiert den Tag `<meta name="rights" />`, der für die Angaben der Lizenz für Inhalte genutzt wird.
Autor-Meta-Tag anzeigen	Steuert die Einblendung des Tags `<meta name="author" />`.
Joomla!-Version anzeigen	Gibt die jeweilige Joomla!-Version im generator-Tag des HTML-Codes aus – unter Sicherheitsgesichtspunkten nicht zu empfehlen.
Suchmaschinenoptimierung (SEO)	
Suchmaschinenfreundliche URL	Joomla! bietet die Möglichkeit, URLs für Menschen und Suchmaschinen lesbarer zu gestalten. Diese Funktion wird über diesen Parameter aktiviert (siehe Abschnitt 13.2, „SEF URLs").
URL-Rewrite nutzen	Nutzt die URL-Rewriting-Funktionen des Webservers (falls unterstützt). Details siehe Abschnitt 13.2, „URL-Rewriting".
Dateiendung an URL anfügen	Fügt eine zum Dokumententyp passende Endung an die URL an.
Unicode-Aliase	Umlaute und Sonderzeichen in den URLs erlauben oder umwandeln (ä = ae).
Seitenname auch im Titel	Fügt den Seitennamen (s. o.) zum `<title>`-Tag hinzu.
Cookies	
Domaincookie	Ermöglicht es, das Sitzungscookie auf eine bestimmte Domain zu beschränken.
Cookie-Pfad	Ermöglicht es, das Sitzungscookie auf einen bestimmten Pfad zu beschränken.

Wir nutzen die günstige Gelegenheit und ändern einen Parameter des *Site*-Reiters, der standardmäßig leider nicht optimal vorkonfiguriert ist. Dafür setzen wir den Parameter *Standard-Listenlänge* auf den Wert „100", um bei der späteren Administration nicht ständig manuell auf die nächste Seite einer Listenansicht wechseln zu müssen.

Nun wechseln wir zum Reiter *System* und betrachten erneut die zur Verfügung stehenden Parameter in Tabelle 6.2.

Tabelle 6.2 Konfigurationsparameter des Reiters *System*

Parameter	Erklärung
System	
Protokollverzeichnis	Verzeichnis zur Speicherung von Joomla!-spezifischen Logdateien.
Hilfeserver	Server, der für die Anzeige integrierter Hilfe-Dateien genutzt wird.
Fehlersuche (Debug)	
System debuggen	Gibt verschiedene Informationen aus, die Entwicklern bei der Fehlerbehebung helfen.
Sprache debuggen	Markiert Systemausgaben, die noch nicht in Sprachdateien übersetzt wurden. Relevant für Entwickler.
Zwischenspeicher (Cache)	
Cache-Speicher	Auswahl der Zwischenspeichermethoden.
Pfad zum Cache-Ordner	Gibt den absoluten Pfad zu dem Ordner an, den Joomla! für das Datei-Caching verwendet.
Cache-Dauer	Steuert, wie lange Inhalte im Zwischenspeicher erhalten bleiben sollen.
Plattformspezifischer Cache	Joomla! kann für jede Plattform (konkret: für jeden User-Agent) einen eigenen Cache erstellen – damit lassen sich Seiten, die z. B. über eine hardcodierte Weiche für Mobilgeräte verfügen, für die unterschiedlichen Geräte in der jeweiligen Version cachen.
Cache	Steuert die Zwischenspeicherung der Joomla!-Seite zur schnelleren Auslieferung (siehe Abschnitt 20.1.3, „Integriertes Joomla!-Caching").
Sitzung (Session)	
Sitzungsspeicher	Auswahl der Methode zur Speicherung der Session-Informationen.
Sitzungslänge	Zeitraum, nachdem ein inaktiver Benutzer automatisch abgemeldet wird.
Geteilte Sitzung	Falls aktiviert, wird ein Nutzer, der sowohl über Frontend- auch als über Backend-Rechte verfügt, automatisch in beiden Seitenbereichen angemeldet, egal ob der Log-in über das Front- oder Backend erfolgt.

Auch hier passen wir einen wichtigen Parameter an, der uns andernfalls viele Nerven bei der Administration kosten würde. Da Joomla! einen Benutzer auch dann als „inaktiv" wahrnimmt, wenn er z. B. bei der Eingabe eines komplexen Texts längere Zeit auf einer Seite verweilt, kommt es bei der standardmäßigen *Sitzungslänge* von 15 Minuten oftmals zu Situationen, in denen ein Administrator unbeabsichtigt abgemeldet wird und dabei seine Änderungen verliert. Daher tragen wir hier einen passenden Wert, z. B. „90", ein.

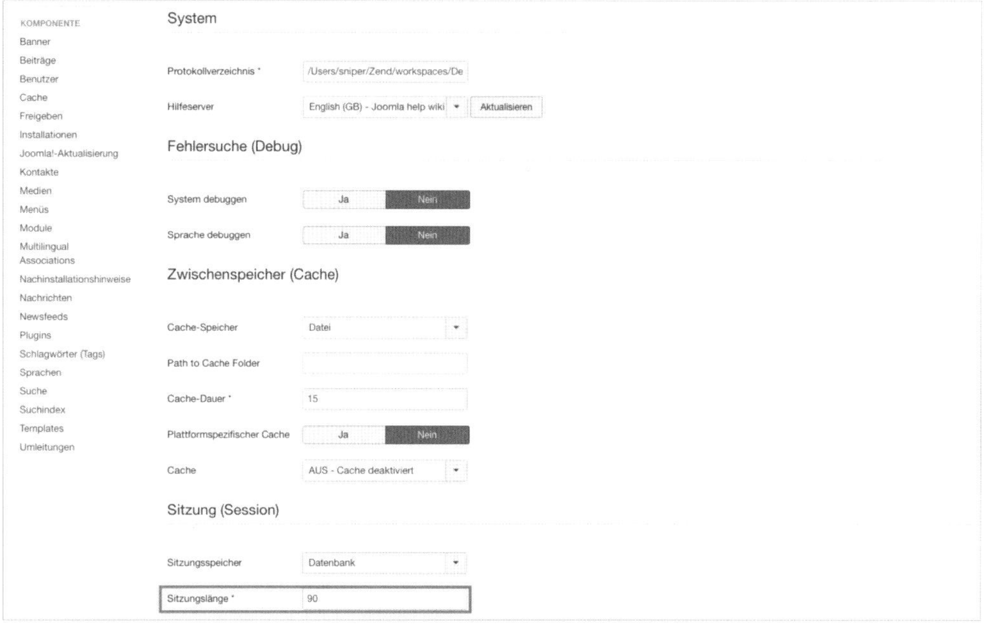

![Bild 6.4 Screenshot der Allgemeinen Konfiguration]

Bild 6.4 Allgemeine Konfiguration, Reiter *System*

 Die Option „Sitzungslänge" ist sicherheitsrelevant! Bitte wählen Sie hier einen Wert, der nicht größer ist als die maximal denkbare Bearbeitungspause. Sehr große Werte (z. B. mehrere Tage oder gar Woche und Monate) führen dazu, dass der automatische Log-out aus dem Backend nicht mehr greift und es Angreifern gelingen kann, die Sitzung (und damit die Seite) zu übernehmen.

Der nächste Reiter, der zahlreiche Parameter beeinflusst, die sich auf die Systemumgebung beziehen, nennt sich *Server* und ist wiederum über die Tabs zu erreichen.

Die verfügbaren Parameter, aufgelistet in Tabelle 6.3, führen bei Fehlkonfigurationen dazu, dass die Joomla!-Installation im Extremfall nicht mehr ohne Weiteres funktionsfähig ist, und sollten daher mit Vorsicht verändert werden.

Tabelle 6.3 Konfigurationsparameter des Reiters *Server*

Parameter	Erklärung
Server	
Tempverzeichnis	Verzeichnis zur Speicherung temporärer Daten, insbesondere zum Entpacken von Archiven bei der Erweiterungsinstallation. Muss daher beschreibbar sein.
GZIP-Komprimierung	Komprimierung der Ausgabe vor dem Transfer zum Nutzer (siehe Abschnitt 20.3.1, „Aktivierung der GZIP-Komprimierung").
Fehler berichten	Steuert, welche Fehlermeldungen durch PHP ausgegeben werden sollen.
HTTPS erzwingen	Erzwingt die Nutzung des https-Protokolls im Administrationsbereich oder der gesamten Seite.

Zeitzone		
Serverzeitzone		Festlegen der jeweiligen Zeitzone zur Ausgabe von Zeit- und Datumsinformationen.
FTP		
FTP aktivieren		Nutzung des FTP-Modus (siehe Abschnitt 4.1, „Installation in der lokalen Umgebung").
Server		FTP-Server.
Port		Port, auf dem der FTP-Server lauscht.
Benutzername		Benutzer, der für die FTP-Verbindung genutzt wird.
Passwort		Passwort der FTP-Verbindung.
Root-Verzeichnis		Relativer Pfad der Joomla!-Installation auf dem FTP-Server.
Proxy		
Proxyunterstützung		Erlaubt es, einen Proxyserver anzugeben, den Joomla! dann für den Verbindungsaufbau nach außen, z. B. zum Abruf von Updates, nutzt.
Datenbank		
Typ		Typ der Datenbankanbindung.
Server		Datenbankserver-IP bzw. Hostname.
Benutzer		Benutzer, der zum Aufbau der Datenbankverbindung genutzt wird.
Datenbank		Name der Datenbank auf dem Datenbankserver.
Präfix		Präfix der Datenbanktabellen.
Mailing		
Mails senden		Steuert global, ob die Joomla!-eigene Mailfunktion aktiviert oder deaktiviert ist. Vermeidet z. B. den unbeabsichtigten Mailversand in Testumgebungen.
Massenmail deaktivieren		Erlaubt es, die Funktion zum Versand von Infomails an alle Seitenbenutzer (siehe 6.4) zu deaktivieren.
Absenderadresse		E-Mail-Adresse, die als Absender bei System-E-Mails gesetzt wird.
Absendername		Name des Absenders von System-E-Mails.
Antwort-An-Adresse		E-Mail-Adresse, die als „Antwort-An"-Adresse (Reply-To) von System-E-Mails gesetzt wird.
Antwort-An-Name		Name für die „Antwort-An"-Adresse.
Mailer		Wählt aus, welche Funktion zum Versand von E-Mails verwendet werden soll: • *PHP-Mail:* integrierte Mailfunktion der PHP-Installation, Standard. • *Sendmail:* nutzt das UNIX-Programm sendmail zum Versand, benötigt die `exec()`-Funktion von PHP. • *SMTP:* nutzt einen frei konfigurierbaren SMTP-Server zum Versand. Alternative, wenn der in PHP integrierte Mailer nicht funktionsfähig ist.
Sendmailverzeichnis		Pfad zum Sendmail-Programm auf dem jeweiligen Webserver.
SMTP-Authentifizierung		Falls der Versand mittels SMTP gewählt wurde, so kann über diesen Parameter eingestellt werden, ob der Server eine Authentifizierung erfordert.
SMTP-Sicherheit		Wahl der vom SMTP-Server unterstützten Verschlüsselungsmethode (SSL bzw. TLS).
Port		Port, auf dem der SMTP-Server auf Verbindungsversuche wartet.
Benutzer		Benutzer, der zur Anmeldung am SMTP-Server verwendet werden soll.
Passwort		Passwort, das zur Anmeldung genutzt werden soll.
Server		Hostname oder IP-Adresse des SMTP-Servers.

Es gibt zwei Parameter, die unsere besondere Aufmerksamkeit erfordern, da sie standardmäßig nicht optimal eingestellt sind. Zunächst müssen wir die *Serverzeitzone* an den Standort unserer Serverumgebung anpassen, da andernfalls Probleme bei der Datums- und Uhrzeitdarstellung entstehen würden.

Außerdem empfiehlt es sich, die *Von E-Mail*-Adresse auf eine allgemeine Adresse wie *info@domain.tld* zu setzen, da dort standardmäßig die bei der Installation verwendete, eventuell private E-Mail-Adresse des Administrators verwendet wird.

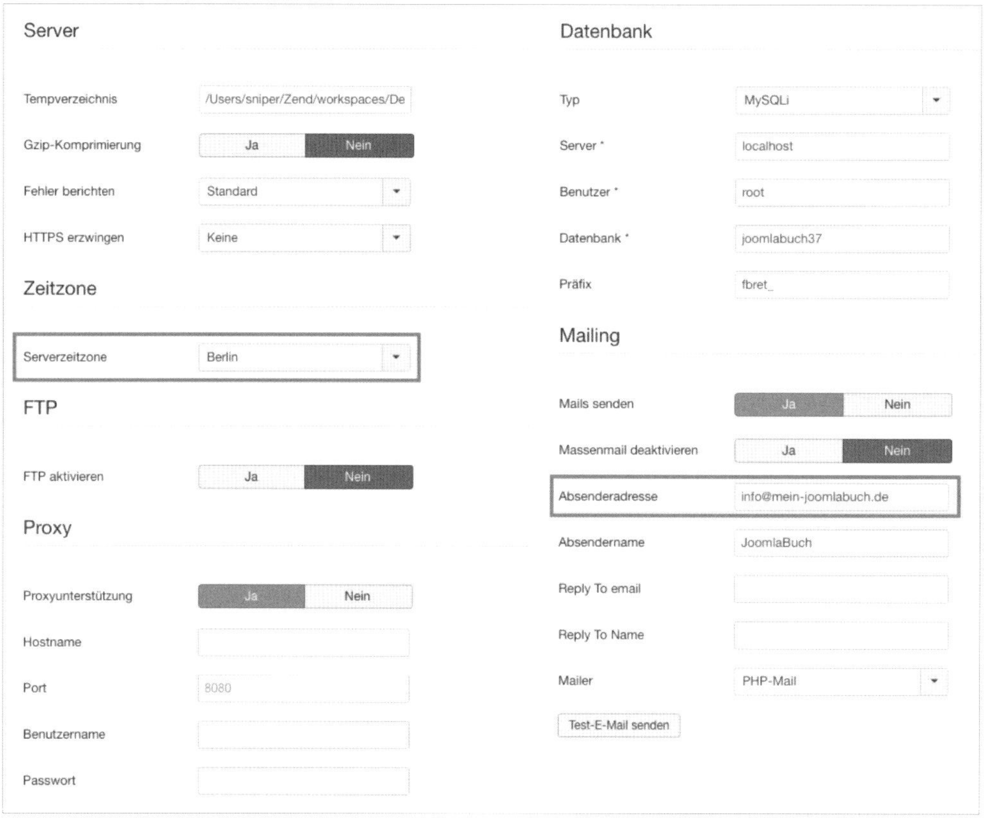

Bild 6.5 Allgemeine Konfiguration, Reiter *Server*

Anschließend wechseln wir zum Tab *Textfilter*, über den wir bestimmen, welche eingegebenen Informationen und Formatierungen aus einem Eingabefeld herausgefiltert werden sollen. Dabei ist es möglich, diese Zuordnung für jede *Benutzergruppe* (=Filtergruppe) separat vorzunehmen. Das *Filterverfahren* legt fest, ob überhaupt kein HTML verwendet werden darf (*Kein HTML*), ob alle Tags verwendet werden dürfen (*Keine Filterung*) oder ob *Standard White-* bzw. *Blacklisten* verwendet werden sollen, deren Filteroptionen gängige Angriffe verhindern. Zudem ist es auch möglich, *eigene Black-* bzw. *Whitelisten* festzulegen, wofür die beiden Eingabefelder *Elemente filtern* und *Attribute filtern* genutzt werden.

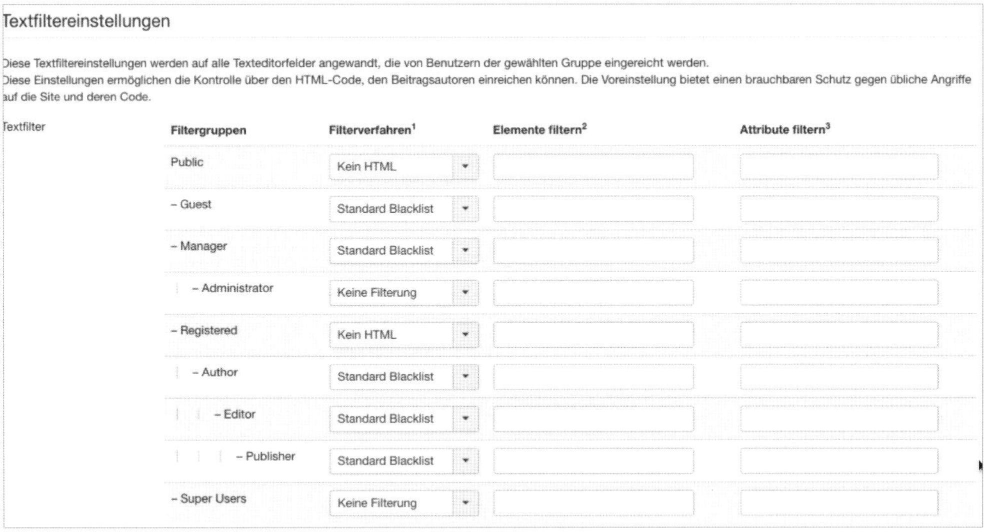

Textfiltereinstellungen				
Diese Textfiltereinstellungen werden auf alle Texteditorfelder angewandt, die von Benutzern der gewählten Gruppe eingereicht werden. Diese Einstellungen ermöglichen die Kontrolle über den HTML-Code, den Beitragsautoren einreichen können. Die Voreinstellung bietet einen brauchbaren Schutz gegen übliche Angriffe auf die Site und deren Code.				
Textfilter	Filtergruppen	Filterverfahren[1]	Elemente filtern[2]	Attribute filtern[3]
	Public	Kein HTML		
	– Guest	Standard Blacklist		
	– Manager	Standard Blacklist		
	– Administrator	Keine Filterung		
	– Registered	Kein HTML		
	– Author	Standard Blacklist		
	– Editor	Standard Blacklist		
	– Publisher	Standard Blacklist		
	– Super Users	Keine Filterung		

Bild 6.6 Konfiguration der Textfilter

Dem verbleibenden Reiter *Berechtigungen* widmen wir uns in einem späteren Kapitel (siehe 11.4, „Berechtigungen") und übernehmen daher erst einmal unsere Änderungen durch einen Klick auf SPEICHERN & SCHLIESSEN in der *Toolbar*.

■ 6.4 Massenmail

Wir landen nun wieder im *Kontrollzentrum* und betrachten den nächsten Obermenüpunkt „Benutzer", der uns beim Mouseover die folgenden Optionen anbietet:

- *Verwalten:* Übersicht aller vorhandenen Benutzer.
  - *Neuer Benutzer:* Neuen Benutzer hinzufügen.
- *Gruppen:* Übersicht der Benutzergruppen.
  - *Neue Gruppe:* Neue Benutzergruppe hinzufügen.
- *Zugriffsebenen:* Auflistung der Zugriffsebenen.
  - *Neue Zugriffsebene:* Neue Zugriffsebene hinzufügen.
- *Benutzerhinweise:* Erlauben uns, Notizen zu beliebigen Nutzern zuzuordnen, die anschließend von den anderen Administratoren betrachtet werden können.
  - *Neuer Hinweis:* Neuen Hinweis zu einem Benutzer anlegen.
- *Hinweiskategorien:* Erlaubt die Kategorisierung der Notizen.
  - *Neue Kategorie:* Neue Kategorie für Notizen anlegen.
- *Felder:* Erlaubt die Verwaltung von Profilfeldern für Nutzer.

- *Feldgruppen:* Erlaubt die Verwaltung der Gruppen, in der die Felder der Profile einsortiert werden.
- *Massenmail an Benutzer:* Dient zum Versand von E-Mails an die auf der Seite registrierten Benutzer.

Da der Benutzer-, Gruppen-, Rechteverwaltung ein eigenes Kapitel gewidmet ist (siehe Kapitel 11, „Benutzer- und Rechteverwaltung"), schauen wir uns erst einmal den Menüpunkt MASSENMAIL AN BENUTZER an, den wir mittels Mausklick öffnen.

Diese Funktion des Administrationsbereichs erlaubt es uns, E-Mails an bestimmte *Benutzergruppen* zu versenden, um beispielsweise über anstehende Wartungsarbeiten und damit verbundene Offline-Zeiten zu informieren.

Bild 6.7 Massenmail-Funktion des Administrationsbereichs

Dafür wählen wir zuerst in der linken Spalte im *Details*-Bereich die Gruppe aus, an die wir unsere E-Mail versenden wollen. Leider ist dabei keine Mehrfachauswahl möglich, wir können jedoch über die Checkbox *E-Mail an Untergruppen* auch Benutzer in den Versand mit einbeziehen, die Untergruppen der gewählten Gruppe zugeordnet sind. Die Zuordnung der Gruppen zueinander wird dabei über die unterschiedliche Einrückung veranschaulicht.

In der rechten Spalte können wir nun Betreff und Text unserer E-Mail vergeben und dafür, falls wir den Parameter *Als HTML versenden* gewählt haben, beliebige HTML-Tags verwenden.

Die fertige Nachricht lässt sich über einen Klick auf den in der *Toolbar* enthaltenen Button *Senden* abschicken.

6.5 Menü: Menüs und Inhalte

Die nächsten beiden Obermenüpunkte heißen *Menüs* und *Inhalt* und bilden die Bereiche zur Verwaltung von Menüpunkten und Inhalten ab. Da wir auch diesen beiden Menüpunkten eigene Kapitel widmen, wollen wir für den Moment nur kurz aufzeigen, welche Möglichkeiten sich hier bieten.

Der Navigationspunkt *Menü* bietet beim Mouseover die folgenden Möglichkeiten:

- *Verwalten:* Auflistung aller erstellten Menüstrukturen.
  - *Neues Menü:* Neue Menüstruktur anlegen.
- Alle Menüeinträge: Zeigt alle Menüeinträge an, unabhängig vom zugeordneten Menü.
- *Main Menu:* Listet die Menüeinträge des standardmäßig angelegten Menüs *Main Menu* auf.
  - *Neuer Menüeintrag:* Legt im Menü *Main Menu* einen neuen Menüeintrag an.

Der Menüpunkt *Inhalt* beinhaltet diverse Optionen rund um die Beitragsverwaltung:

- *Beiträge:* Auflistung aller auf der Seite vorhandenen Beiträge.
  - *Neuer Beitrag:* Öffnet das Formular zum Hinzufügen eines neuen Beitrags.
- *Kategorien:* Listet die Kategorienstruktur der Seite auf.
  - *Neue Kategorien:* Erstellt eine neue Kategorie.
- *Felder:* Verwaltet die Zusatzfelder, die für die Inhaltsverwaltung angelegt wurden.
- *Feldgruppen:* Verwaltet die Gruppen, in denen die Felder sortiert sind.
- *Haupteinträge:* Listet die Beiträge auf, die als *Haupteinträge* markiert sind.
- *Medien:* Verwaltet hochgeladene Mediendateien.

Wir wollen uns nun dem Menüpunkt *Medien* widmen, den wir per Klick öffnen.

6.6 Medienverwaltung

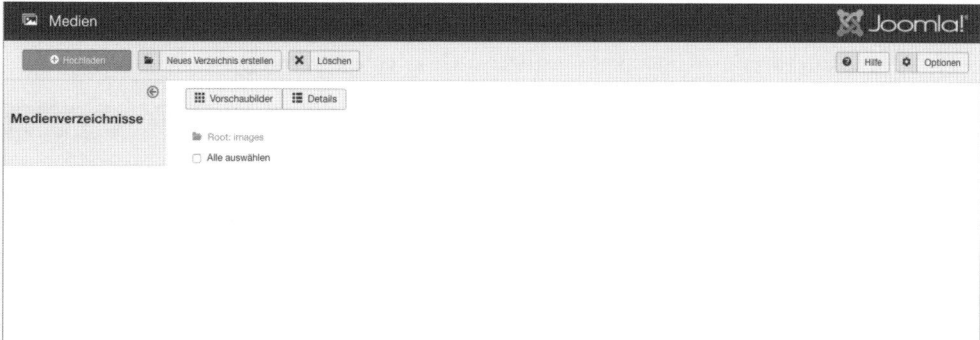

Bild 6.8 Standardansicht der Medienverwaltung in einer leeren Joomla!-Installation

Die in Joomla! integrierte *Medienverwaltung* bietet rudimentäre Funktionen zum Upload von Bild- und Office-Dateiformaten, die in einer frei konfigurierbaren Ordnerstruktur abgelegt und anschließend an verschiedenen Stellen des Systems verwendet werden können.

Die Medienverwaltung verfügt in der aktuellen Version leider nur über einen sehr eingeschränkten Funktionsumfang und bietet daher auch keine, in anderen CMS üblichen, integrierten Funktionen zur Manipulation von hinterlegten Bildern (Beschneidung, Verkleinerung, Thumbnail-Erstellung etc.).

Wir wollen den Medien-Manager aber dennoch nutzen, um die grundlegende Datei- und Ordnerstruktur unserer Dateien anzulegen und ein Beispielbild hochzuladen. Dafür legen wir zuerst einen entsprechenden Beispielordner an, was durch Angabe des entsprechenden Ordnernamens im Eingabefeld unter der Dateiübersicht und einen anschließenden Klick auf NEUES VERZEICHNIS ERSTELLEN geschieht. Daraufhin erscheint der neu angelegte Ordner sowohl in der linken Spalte des Medien-Managers, der als Ordner-Browser fungiert, als auch in der rechten Spalte des Browsers, wo er mit einem entsprechend großen Icon versehen wurde (siehe Bild 6.9).

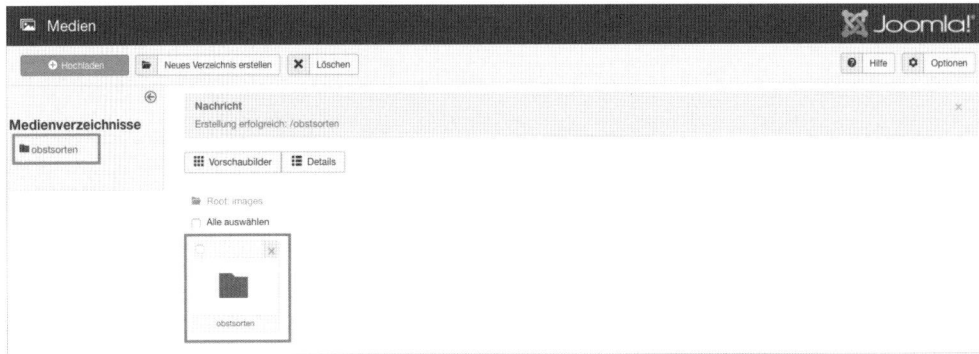

Bild 6.9 Anlegen eines neuen Ordners im Medienverzeichnis

Nun wechseln wir in den gerade erstellten Ordner, indem wir auf das Icon bzw. den Ordnernamen in einer der beiden Spalten klicken. Dieser ist erwartungsgemäß leer, weshalb wir für unsere weitere Arbeit erst ein neues Bild hochladen müssen. Dies geschieht im *Datei hochladen*-Bereich in der rechten Spalte des Medien-Managers. Dort können wir mittels Klick auf den DATEI AUSWÄHLEN-Button eine *.jpg-*, *.bmp-*, *.gif-* oder *.png*-Datei auf unserer lokalen Festplatte wählen und diese Datei anschließend durch einen Klick auf *Hochladen starten* zum zuvor erstellten und selektierten Verzeichnis hinzufügen.

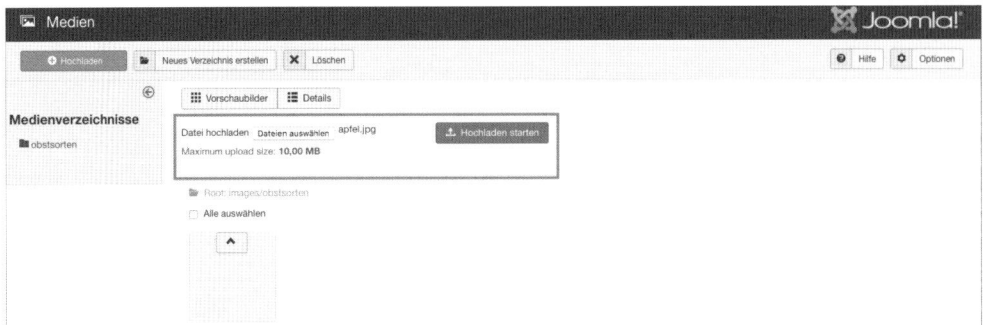

Bild 6.10 Upload einer Datei in den Medien-Manager

Die hochgeladene Datei erscheint nun im Dateibrowser (rechte Spalte) und könnte als Bild in verschiedenen Bereichen der Administration verwendet werden. Diesen erfolgreichen Schritt bestätigt uns das System auch durch die Ausgabe einer entsprechenden Statusmeldung über der eigentlichen Ausgabe des Medien-Managers.

Das Löschen einer Datei oder eines Ordners erfolgt entweder über das mittels Pfeil markierte Icon in Bild 6.11 oder durch Selektion der Checkboxen beim entsprechenden Datei-Icon in der Detailansicht (einzuschalten oberhalb der Bildübersicht) und Anklicken des *Löschen*-Buttons in der Toolbar. Wir behalten das gerade hochgeladene Bild aber erst einmal, da wir es im späteren Verlauf nochmals verwenden wollen.

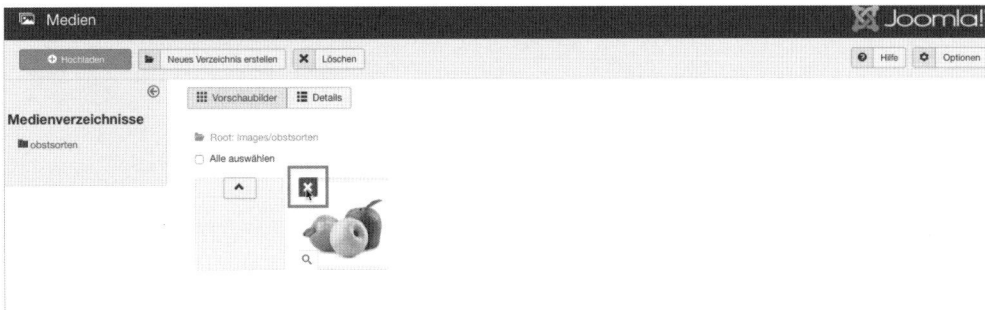

Bild 6.11 Bild nach dem erfolgreichen Hochladen; Löschen des Bilds über das markierte Icon

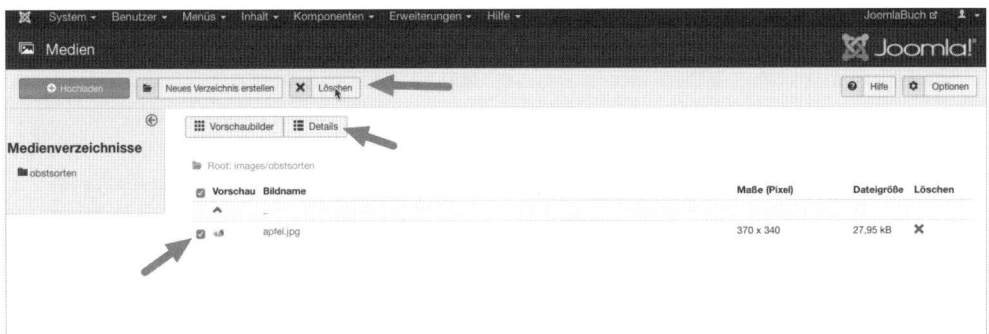

Bild 6.12 Löschen eines oder mehrerer Bilder über Selektion der entsprechenden Checkbox und anschließenden Klick auf *Löschen* in der Toolbar

Standardmäßig ist der Upload von Dateien mit einer Maximalgröße von 10 MB vorgesehen. Was aber, wenn wir größere Dateien hochladen müssen oder die Größe der Dateien beschränken wollen? Dafür bietet die Medienverwaltung, wie fast jede Joomla!-Erweiterung, einige Konfigurationsmöglichkeiten, die über einen Klick auf das Icon *Optionen* am rechten Rand in der Toolbar des jeweiligen Bereichs geöffnet werden. Es gibt also, im Unterschied zu Systemen wie *MODx*, keinen zentralen Konfigurationsbereich für alle installierten Erweiterungen und Funktionen, sondern die entsprechenden Einstellungen werden direkt im *Optionen*-Dialog der jeweiligen Komponente vorgenommen.

Der Klick auf den entsprechenden Toolbar-Button bringt uns nun in den Konfigurationsbereich mit den in Tabelle 6.4 erläuterten Parametern.

Tabelle 6.4 Parameter der Medienverwaltung

Parameter	Erklärung
Erlaubte Dateiendungen	Allgemeine erlaubte Dateiendungen beim Upload von Dateien aller Art.
Max. Größe (in MB)	Maximalgröße der hochgeladenen Dateien.
Dateiverzeichnis-Pfad	Relativer Pfad, in dem die Dateien des Medien-Managers gespeichert werden sollen.
Bildverzeichnis-Pfad	Relativer Pfad, in dem Dateien gespeichert werden sollen, die der Medien-Manager im „Nur Bilder"-Modus hochlädt.
Upload blockieren	Blockiert den Upload für Nutzer, die nicht mindestens den Benutzerstatus *Publisher* besitzen, wenn aufgrund der Serverumgebung der Inhalt einer Datei nicht zweifelsfrei festgestellt werden kann.
Dateitypen überprüfen	Prüft die hochgeladenen Dateien mit der PHP-Erweiterung *Fileinfo* bzw. *MIME Magic*, um zu verhindern, dass Dateien mit einer gefälschten Dateiendung hochgeladen werden.
Erlaubte Bildendungen	Erlaubte Dateiendungen im „Nur Bilder"-Modus.
Ignorierte Dateiendungen	Dateiendungen, deren Dateityp nicht auf Fälschungsversuche hin überprüft werden soll.
Erlaubte Dateitypen	Kommagetrennte Liste der erlaubten MIME-Typen.
Verbotene Dateitypen	Kommagetrennte Liste der verbotenen MIME-Typen.

Dem aufmerksamen Leser wird aufgefallen sein, dass die Medienverwaltung zwei verschiedene Pfadangaben in den Optionen zur Konfiguration anbietet: den *Dateiverzeichnis-Pfad* und den *Bildverzeichnis-Pfad*. Diese im ersten Moment verwirrende Unterscheidung entsteht dadurch, dass der Medien-Manager in zwei verschiedenen Betriebsarten genutzt wird. Der erste, gerade durch uns genutzte Modus ist der allgemeine „Datei-und-Bild"-Modus, in dem sowohl der Upload von allgemeinen Dateien als auch der Upload von Bildern möglich ist. Wird der Medien-Manager aber bei der Bearbeitung eines Beitrags (siehe Abschnitt 7.2, „Inhalte erstellen") aufgerufen, so ist der Upload auf Bilddateien beschränkt. Speziell für diesen Modus kann dann auch ein separates Upload-Verzeichnis durch den *Bildverzeichnis-Pfad*-Parameter angegeben werden.

Wir nutzen unseren Besuch im Konfigurationsdialog dafür, die von einigen Grafikprogrammen ausgegebene Dateiendung .jpeg zur Liste der *erlaubten Bildendungen* hinzuzufügen, und verlassen den Dialog anschließend durch einen Klick auf den Button SPEICHERN & SCHLIESSEN in der oberen Leiste des Konfigurationsdialogs.

 Insbesondere im professionellen Bereich hat das vektorbasierte Grafikformat SVG eine zunehmende Verbreitung. Leider unterstützt Joomla! 3.7 das Hochladen von SVGs über den Medien-Manager nicht, da SVGs aufgrund ihrer technischen Eigenschaften als potenzielles Sicherheitsrisiko gelten und daher von einem Sicherheitsmechanismus geblockt werden. In Joomla! 3.8 soll der Upload zumindest für Administratoren möglich sein. Bis dahin gilt es, alternative Lösungen wie einen FTP-Upload oder entsprechende Editor-Erweiterungen (Stichwort JCE, siehe Kapitel 15) zu nutzen.

6.7 Menü: Komponenten

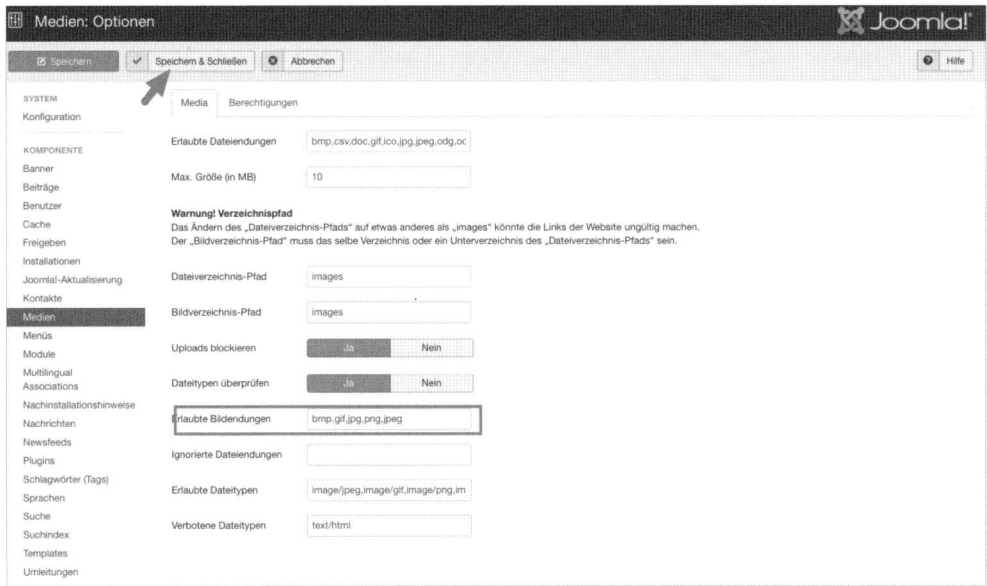

Bild 6.13 Konfigurationsdialog der Medienverwaltung

■ 6.7 Menü: Komponenten

Nachdem wir unser erstes Bild hochgeladen haben, wollen wir mit unserem Rundgang fortfahren. Als nächsten Menüpunkt der Administration finden wir den Punkt „Komponenten", der beim Mouseover, ebenso wie zuvor die anderen Menüpunkte, einige Optionen zur Verfügung stellt:

- *Banner:* Komponente zur Verwaltung von Werbeanzeigen.
  - *Banner:* Verwaltung der Anzeigen.
  - *Kategorien:* Verwaltung der Anzeigenkategorien.
  - *Kunden:* Verwaltung der Anzeigenkunden.
  - *Statistiken:* Statistik über die Anzahl der Klicks je Anzeige, Kategorie und Kunde.
- *Joomla-Aktualisierung:* In Joomla! integrierter Mechanismus zum Updaten der Installation auf neue Versionen.
- *Kontakte:* Verwaltung von Kontaktformularen.
  - *Kontakte:* Verwaltung der einzelnen Kontakte.
  - *Kategorien:* Verwaltung der Kontakt-Kategorien.
- *Übersetzungs-Verknüpfungen:* Dient zur Verwaltung und Verknüpfung von Inhalten auf mehrsprachigen Seiten.
- *Nachinstallationshinweise:* Zeigt wichtige Hinweise und Handlungsempfehlungen an, die nach einer Neuinstallation bzw. Aktualisierung von Joomla! auftreten.

- *Nachrichten:* Schreiben und Empfangen von systeminternen Nachrichten.
  - *Nachricht schreiben:* Nachricht an anderen Benutzer verfassen.
- *Newsfeeds:* Komponente zur Anzeige externer Newsfeeds auf der eigenen Seite.
  - *Feeds:* Verwaltung der RSS- und Atom-Feeds.
  - *Kategorien:* Verwaltung der Feed-Kategorien.
- *Suchindex:* Ermöglicht die Konfiguration der verbesserten Suchfunktion *Suchindex*.
- *Suche:* Ermöglicht die Auswertung von Suchanfragen, die über die *Standard-Suche* ausgeführt werden.
- *Umleitungen:* Ermöglicht die Erstellung von Weiterleitungen, z. B. um eine alte URL-Struktur zu ersetzen.

Die jeweiligen Funktionen beleuchten wir noch einmal intensiver in Abschnitt 10.1 („Integrierte Erweiterungen"), weshalb uns an dieser Stelle ein kurzer Überblick reicht.

6.8 Menü: Erweiterungen

Der nächste Menüpunkt „Erweiterungen" dreht sich rund um die Installation, Deinstallation, Aktualisierung und Konfiguration der zahlreichen installierten und verfügbaren Joomla!-Erweiterungen. Da wir auch diesem Thema ein eigenes Kapitel widmen (siehe Abschnitt 10, „Joomla!-Erweiterungen"), wollen wir uns wieder nur einen kurzen Überblick verschaffen:

- *Verwalten;* Auflistung, Installation, Deinstallation und Aktualisierung der installierten Komponenten, Module, Plug-ins, Templates und Sprachdateien.
  - *Installieren:* Bietet diverse Installationswege für Erweiterungen.
  - *Aktualisieren:* Übersicht über die verfügbaren Erweiterungsaktualisierungen.
  - *Verwalten:* Erlaubt das Auflisten, Aktivieren, Deaktivieren und Deinstallieren von allen Erweiterungstypen.
  - *Überprüfen:* Prüft das Dateisystem auf Erweiterungen, die zwar im Dateisystem aber nicht in der Datenbank vorhanden sind.
  - *Datenbank:* Prüft die Datenbank auf ihre Integrität.
  - *Warnungen:* Zeigt mögliche Fehler an, die Erweiterungen verursachen.
  - *Sprachen installieren:* Erlaubt das Installieren von weiteren Sprachen über ein bequemes Interface.
  - *Aktualisierungsquellen:* Verwaltung der Aktualisierungsserver, von denen die Installation die Liste der verfügbaren Updates bezieht.
- *Module:* Verwaltung und Zuordnung der installierten Module.
- *Plugins:* Verwaltung der installierten Plug-ins.
- *Templates:* Verwaltung, Zuweisung und Konfiguration der installierten Templates.
  - *Stile:* Verwaltung der Template-Stile.
  - *Templates:* Verwaltung der Basistemplates.

- *Sprachen:* Verwaltung und Zuweisung der installierten Sprachdateien.
  - *Installiert:* Verwaltung der Systemsprachen.
  - *Inhaltssprachen:* Verwaltung der Sprachen, in der Inhalte vorliegen.
  - *Overrides:* Verwaltung der angepassten Sprachstrings.

6.9 Menü: Hilfe

Das Hilfe-Menü besteht in erster Linie aus einer Sammlung verschiedener externer Links sowie der integrierten Hilfe-Funktion, die jedoch keine Inhalte lokal gespeichert hat, weshalb zur Nutzung eine Internet-Verbindung erforderlich ist:

- *Joomla!-Hilfe:* Integrierte Hilfsfunktion, lädt jedoch Inhalte vom Joomla!-Hilfe-Server, daher nur mit Internetverbindung nutzbar.
- *Offizielles Supportforum:* Offizielles, englischsprachiges Supportforum *forum.joomla.org*.
- *Offizielles deutsches Forum:* Deutschsprachiger Bereich von *forum.joomla.org*.
- *Dokumentationswiki:* Umfassendes, gut gepflegtes Wiki.
- *Hilfreiche Joomla!-Links*
  - *Joomla!-Erweiterungen:* Zentrales Erweiterungsverzeichnis.
  - *Joomla!-Übersetzungen:* Joomla!-Übersetzungszentrale.
  - *Joomla!-Verzeichnis:* Verzeichnis von Joomla!-Hostern und -Dienstleistern.
  - *Community-Portal:* Portal zur Community-Pflege mit regelmäßigen Blogposts.
  - *Sicherheitszentrum:* Website des Joomla! Security Teams.
  - *Entwicklerverzeichnis:* Verzeichnis zahlreicher Informationen für Entwickler.
  - *Stack-Exchange:* Joomla!-Subseite bei *Stackexchange.com*.
  - *Joomla!-Shop:* Online-Shop für zahlreiche Merchandising-Materialien.

Viele der angegebenen Links sind überaus interessant, weshalb sich ein wenig Schmökern durchaus lohnen kann.

Damit wären wir am Ende unseres kleinen Rundgangs angelangt und steigen jetzt in den konkreten Teil unserer Arbeit ein: das Einpflegen unserer ersten Inhalte.

7 Inhalte verwalten

Die Verwaltung der Inhalte ist einer der zentralen Bereiche in der Arbeit mit Joomla!, denn hier bekommen wir endlich die Möglichkeit, unsere aufwendig verfassten Texte ins Netz zu stellen. Damit wir nicht ganz abstrakt zu Werke gehen müssen, möchte ich die bereits in Kapitel 5, „Grundlegende Begriffe und Architektur", als Beispiel verwendete Internetseite des imaginären Obstbauern Bruno Birnennase als Basis für die weiteren Arbeitsschritte verwenden. Wie sieht also das Ziel unserer Arbeit, die fertige Seite, aus?

Wir haben in Absprache mit Bruno die folgende Seitenstruktur erstellt.

Tabelle 7.1 Seitenstruktur für *www.bauer-birnennase.de*

1. Menüebene	2. Menüebene (falls vorhanden)	Beschreibung
Willkommen		Kurzer Einleitungstext mit einem Bild von Bauer Birnennase
Der Obsthof		Beschreibung der Philosophie und Geschichte des Hofs
Hofladen		Anfahrtsbeschreibung und Öffnungszeiten des Hofladens
Was ist Obst?		Allgemeiner Definitionstext
Obstsorten	Birnen	Auflistung der verschiedenen angebauten Birnensorten
	Äpfel	Angebaute Apfelsorten
	Trauben	Angebaute Traubensorten
Impressum		Impressum
Kontakt		Kontaktformular

Um diese Struktur intelligent im Kategoriensystem abzubilden, müssen wir das aus Kapitel 5, „Grundlegende Begriffe und Architektur", bekannte Kategorienschema (vgl. Bild 5.3) noch ein wenig erweitern, um die neu hinzugekommenen Inhalte einordnen zu können.

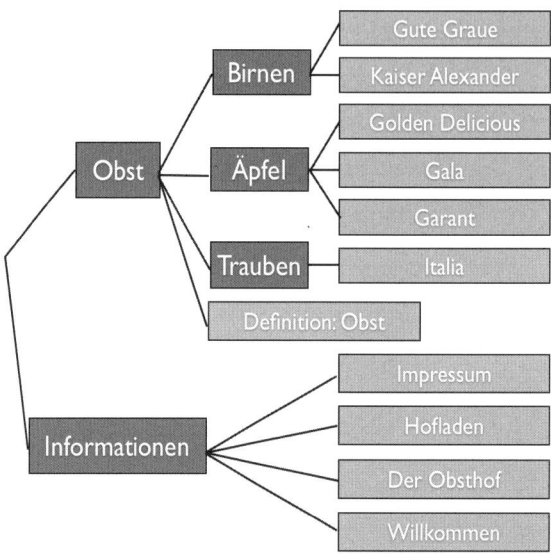

Bild 7.1 Ergänzte Inhaltsstruktur zur Abbildung der gewünschten Seitenstruktur aus Tabelle 7.1

Was hat sich also, im Vergleich zur Struktur aus Kapitel 5, „Grundlegende Begriffe und Architektur", getan? Die neu hinzugekommenen allgemeinen Inhalte *Impressum*, *Hofladen*, *Der Obsthof* und *Willkommen* haben eine eigene Kategorie *Informationen* bekommen. Alternativ wäre es auch möglich gewesen, diese Inhalte der, bei Joomla! standardmäßig vorhandenen, Kategorie „Uncategorized" zuzuweisen, wir wollen jedoch von Anfang an sauber arbeiten und daher auch eine Struktur für diese nicht anderweitig kategorisierbaren Inhalte anlegen.

Beim Vergleich der Tabelle 7.1 mit dem Bild 7.1 wird auch noch einmal deutlich, dass Inhalts- und Navigations- bzw. Seitenstruktur zwei verschiedene Paar Schuhe sind und unabhängig voneinander arbeiten, was im ersten Moment vielleicht verwirrend erscheint – aber glauben Sie mir, wenn ich sage: Im nächsten Kapitel wird Ihnen einiges klarer werden!

■ 7.1 Kategoriensystem anlegen

Die Kategorienstruktur ist nun erstellt, sodass wir mit dem Anlegen der ersten Kategorie beginnen können.

7.1.1 Kategorienübersicht

Dafür öffnen wir die Kategorienverwaltung für Beiträge durch einen Klick auf INHALT > KATEGORIEN und finden dort die Kategorienliste vor, die derzeit nur einen Eintrag, nämlich die bereits erwähnte Standardkategorie „Uncategorized", beinhaltet. Die Listenübersicht teilt sich in verschiedene Bereiche, die in Bild 7.2 markiert und anschließend erklärt sind.

7.1 Kategoriensystem anlegen

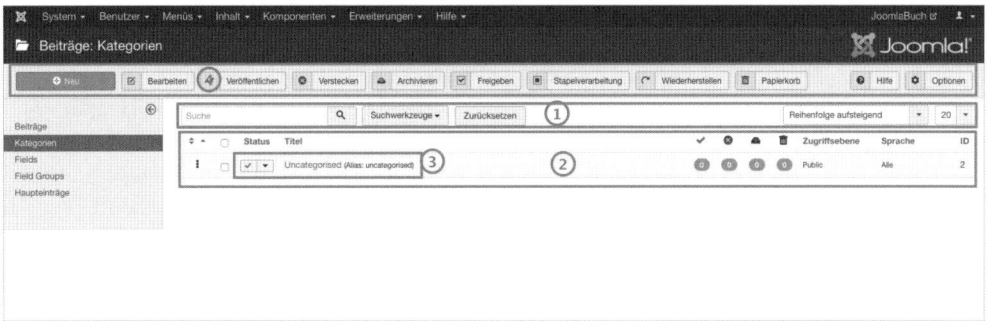

Bild 7.2 Aufbau der Kategorienübersicht im Backend

Tabelle 7.2 Erklärung der Markierungen in Bild 7.2

Markierung	Erläuterung
1	Filterfunktionen zur Reduzierung der Liste auf bestimmte Einträge.
2	Liste der angelegten Kategorien.
3	Einzelner Listeneintrag.
4	Toolbar der Kategorienliste.

Das grundsätzliche Layout dieser Liste wird sich dabei von nun an durch alle Listenansichten im Joomla!-Backend ziehen, sodass wir, falls wir beispielsweise eine Filterfunktion für die Listenausgabe benötigen, stets wissen, dass die Filteroptionen am Beginn der Liste zu finden sind.

Im konkreten Fall bietet uns Joomla! für die Kategorienübersicht nun folgende Möglichkeiten zur Filterung an:

- *Suche:* einfaches Eingabefeld zur Suche nach Kategorien, deren Namensbestandteil der eingegebene Begriff ist.
- Diverse weitere Detailfilter, die sich hinter dem Knopf *Suchwerkzeuge* verstecken:
  - *Max. Ebenen auswählen:* Beschränkt die Ausgabe in der Liste auf Kategorien der angegebenen Ebenen. Wird hier also beispielsweise „2" als Wert ausgewählt, so zeigt die Liste nur eine Unterkategorienebene.
  - *Status auswählen:* Filtert die Kategorienliste anhand des jeweiligen Status (Freigegeben, Gesperrt, Papierkorb, Archiviert).
  - *Zugriffsebene wählen:* Zeigt nur Kategorien, die einer bestimmten Zugriffsebene zugeordnet sind.
  - *Sprache wählen:* Zeigt nur Kategorien, die einer bestimmten Sprache zugeordnet sind.
  - *Schlagwort wählen:* Zeigt nur Kategorien, die mit einem bestimmten Schlagwort (Tag) versehen sind.

Diese Filterungsoptionen sind enorm nützlich, wenn man eine große Anzahl von Kategorien angelegt hat und dadurch die Übersichtlichkeit verloren geht.

Die eigentliche Liste zeigt nun für jede Kategorie den *Titel* sowie den *Alias*, dessen genaue Bedeutung wir später beleuchten werden. Außerdem werden über ein Icon (in diesem Fall ein grüner Pfeil) der *Status* des jeweiligen Eintrags symbolisiert sowie die *Zugriffsebene*, die *Sprache* und die eindeutige *Kategorie-ID* ausgegeben. Das Icon gibt eine Information über die Anzahl der zur Kategorie zugeordneten veröffentlichten, gesperrten, archivierten und gelöschten *Beiträge*. Am Zeilenbeginn findet sich eine Checkbox, die den jeweiligen Eintrag auswählt, um anschließend verschiedene Aktionen aus der Toolbar darauf anwenden zu können. Die Auswahl aller sichtbaren Kategorien auf einmal erfolgt über die Checkbox am Beginn der Kopfzeile der Listenansicht.

Bild 7.3 Ausgegebene Informationen für jeden Listeneintrag

Über die Kopfzeile der Liste ist es zudem möglich, die Einträge durch einen Klick auf den jeweiligen Spaltentitel gemäß der Werte der jeweiligen Spalte sortieren zu lassen – die derzeit zur Sortierung genutzte Spalte ist durch einen entsprechenden Pfeil markiert. Die Richtung der Sortierung lässt sich durch einen weiteren Klick auf den jeweiligen Spaltennamen umkehren, woraufhin auch der Pfeil umgedreht wird, um die auf- bzw. absteigende Sortierung zu visualisieren.

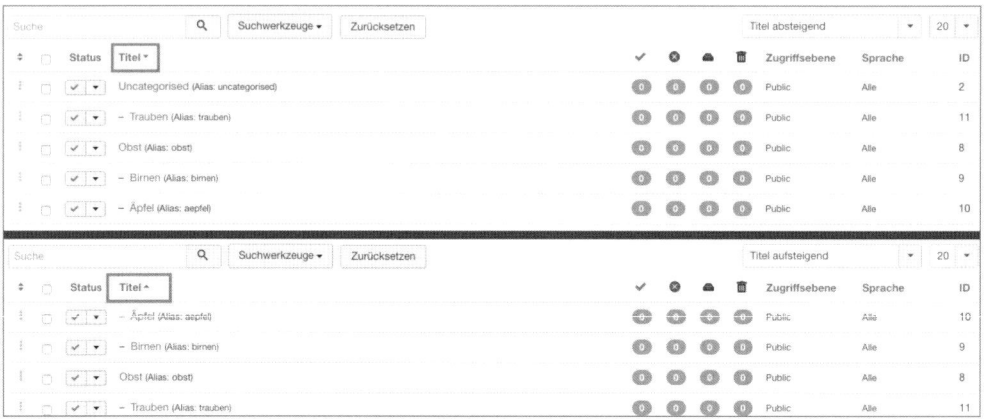

Bild 7.4 Auf- bzw. absteigende Sortierung der Listeneinträge durch Klick auf den Spaltentitel

PRAXISTIPP: Die korrekte Verschachtelung der Kategorien untereinander wird nur bei Sortierung nach der Spalte *Reihenfolge* (erste Spalte, symbolisiert durch die beiden Pfeile) wiedergegeben.

7.1.2 Kategorie anlegen

Nachdem wir uns einen Überblick verschafft haben, starten wir mit dem Anlegen einer ersten eigenen Kategorie durch den Klick auf den Button NEU in der Toolbar, woraufhin Joomla! das Formular zum Anlegen einer neuen Kategorie öffnet.

Dieses Formular teilt Joomla! in mehrere Tabs, die wiederum in ein bis zwei Spalten aufgeteilt sind. Die wichtigsten Parameter finden sich in der Regel im ersten Tab, speziellere Parameter werden auf die weiteren Tabs verteilt.

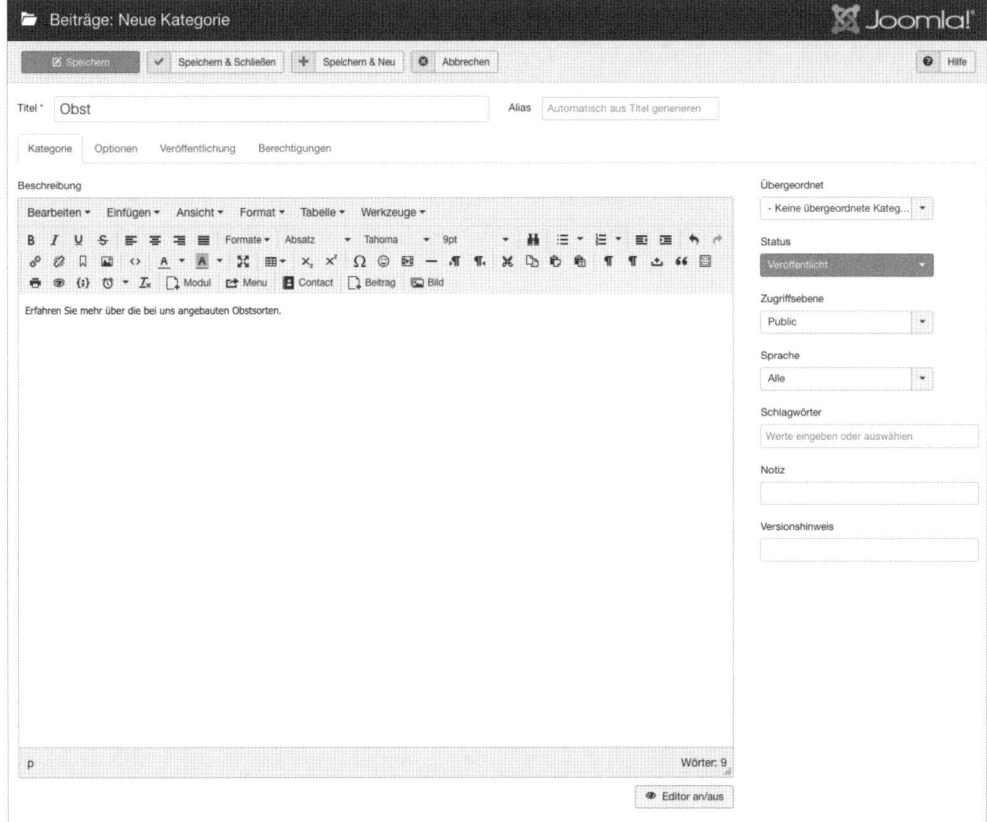

Bild 7.5 Formular zum Anlegen einer neuen Kategorie

Wir starten in der linken Spalte und vergeben als Erstes einen aussagekräftigen *Titel* für die Kategorie. Dieser Titel wird an verschiedenen Stellen der Seite verwendet und sollte eindeutig sein, kann aber auch noch im Nachhinein verändert werden. Wir vergeben als Titel gemäß unserem Kategorienbaum „Obst".

Das nächste Feld zur Angabe des *Alias* erlaubt es uns, die URLs unserer späteren Seite zu beeinflussen. Diese Möglichkeit entsteht aufgrund der Tatsache, dass Joomla! z. B. bei der Generierung einer URL für einen Beitrag, die jeweilige Kategorie mit in die URL aufnimmt (*www.bauer-birnennase.de/obst/elstar.html*) – dabei ist frei konfigurierbar, wie der Name der jeweiligen Kategorie in der URL lauten soll, da dies unabhängig vom eigentlichen *Titel*-Feld bestimmt wird. Stattdessen erfolgt die Festlegung des jeweiligen Bezeichners durch das *Alias*-Feld. Falls das Feld leer gelassen wird, generiert Joomla! jedoch auch automatisch einen Alias aus dem *Titel* der jeweiligen Kategorie, worauf wir uns in diesem Falle verlassen.

Die wichtigsten Parameter und Einstellungen einer Kategorie finden sich in der rechten Spalte des Formulars: Die Auswahlliste des Parameters *Übergeordnet* erlaubt es uns, die Verschachtelung der einzelnen Kategorien festzulegen. Da unsere Kategorie „Obst" jedoch gemäß des Seitenbaums keine übergeordnete Kategorie hat, sondern zusammen mit Informationen die erste Kategorienebene darstellt, belassen wir den Parameter beim Standardeintrag „keine übergeordnete Kategorie".

Über den *Status* können wir festlegen, wie der Status der jeweiligen Kategorie lautet. Zur Auswahl stehen dabei:

- *Veröffentlicht:* Im Front- und Backend sichtbar.
- *Versteckt:* Nur im Backend sichtbar. Nützlich, um neue Kategorien zu hinterlegen, die erst noch durch einen anderen Nutzer geprüft werden müssen und daher noch nicht sichtbar sein sollen.
- *Archiviert:* Kategorien, die nicht mehr aktiv genutzt werden, jedoch nicht gelöscht werden sollen.
- *Papierkorb:* Aus der Kategorienliste entfernt und nur noch im Papierkorb sichtbar.

Wir wählen in diesem Fall „Freigegeben" als Status, da wir ja im weiteren Verlauf mit der Kategorie arbeiten wollen.

Die Parameter für *Zugriffsebene* und *Berechtigungen* erlauben uns zu konfigurieren, welche Nutzer die entsprechende Kategorie und ihre Beiträge betrachten und bearbeiten können. Diesem Thema widmen wir uns nochmals intensiv in Kapitel 11, „Benutzer und Rechteverwaltung" und belassen die Einstellungen daher bei den Standardwerten.

Die Auswahlliste für die *Sprache* benötigen wir zum Aufbau einer mehrsprachigen Seite, was noch Thema des Kapitels 14, „Mehrsprachigkeit", wird – daher übernehmen wir auch hier erst einmal den Standardwert „Alle".

Das Feld *Notiz* kann für zusätzliche Informationen genutzt werden, die im Backend der Seite angezeigt werden. Hier könnte z. B. beschrieben werden, wo und wie die entsprechende Kategorie im Frontend verwendet wird.

Der *Versionshinweis* wird zusammen mit dem jeweiligen Text und Titel der Kategorie in der Versionierungstabelle von Joomla! gespeichert, aus der ältere Versionen von Beiträgen und Kategorien wiederhergestellt werden können, siehe Bild 7.4.

Nun verbleibt in der linken Spalte des Formulars nur noch das mehrzeilige Eingabefeld für die *Beschreibung*. Dieses Eingabefeld ist mit einem sog. What-You-See-Is-What-You-Get-Editor (WYSIWYG) ausgestattet, der es auch unerfahrenen Nutzern ohne HTML-Kenntnisse erlaubt, verschiedene Formatierungen auf den jeweiligen Text anzuwenden. Eine intensive Beschreibung der Möglichkeiten des Editors erfolgt im nächsten Unterkapitel, weshalb wir uns vorerst mit der Eingabe eines einfachen, unformatierten Beschreibungstextes begnügen.

7.1 Kategoriensystem anlegen

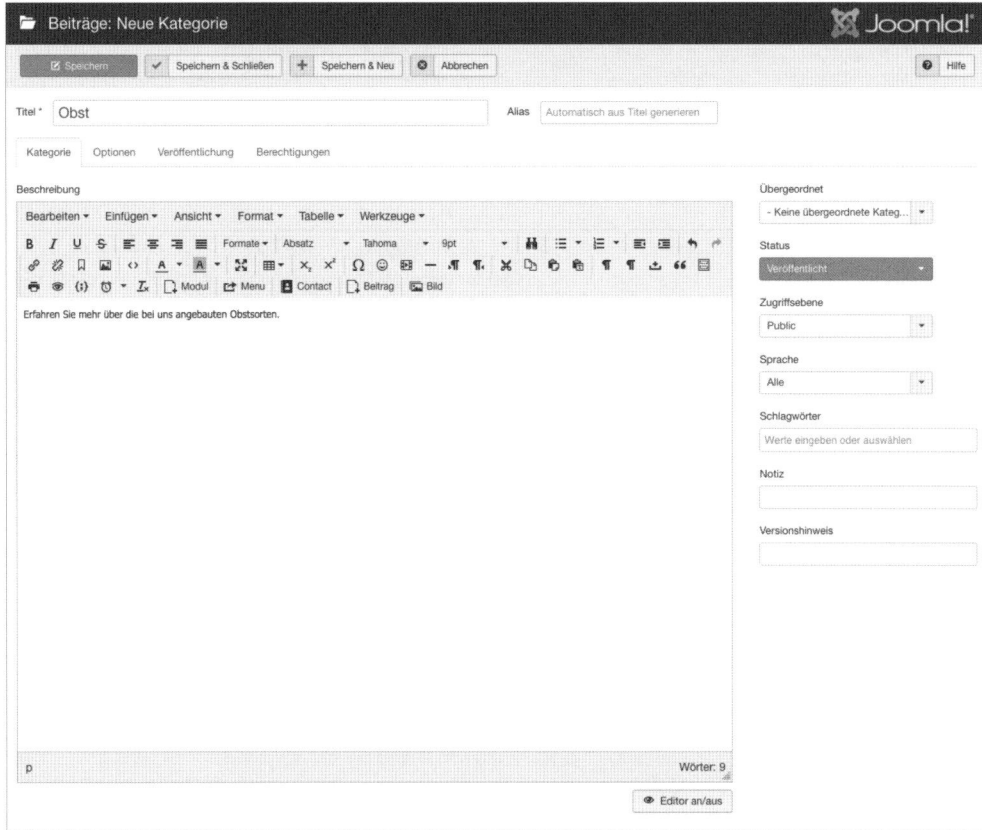

Bild 7.6 Fertig ausgefüllte linke Spalte zur Erstellung der Kategorie „Obst"

Jetzt erfolgt die Konfiguration der Parameter in den weiteren Tabs des Eingabeformulars. Die Parameter sind in verschiedene Gruppen (*Optionen, Veröffentlichung, Berechtigungen*) gegliedert. Durch einen Klick auf den jeweiligen Reiter erhalten wir weitere Einstellungsmöglichkeiten, die in der Parameterliste in Tabelle 7.3 zusammengefasst sind.

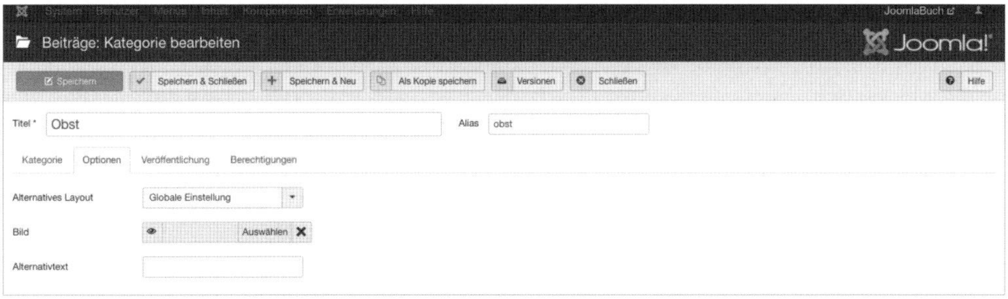

Bild 7.7 Ansicht des Tabs *Optionen* in der Kategorieverwaltung

Tabelle 7.3 Kategorie-Parameter

Parameter	Erklärung
Optionen	
Alternatives Layout	Erlaubt es, einer bestimmten Kategorie ein separates Ausgabetemplate zuzuweisen, um kategorienspezifische Besonderheiten in der Ausgabe zu berücksichtigen (siehe Abschnitt 12.1.3, „Ausgabe von Komponenten überschreiben").
Bild	Bild der Kategorie, das über den Medien-Manager hochgeladen und ausgewählt wird. Kann an verschiedenen Stellen der Seite ausgegeben werden.
Alternativer Text	Alternativer Text für das ausgewählte Bild. Wird verwendet, wenn das Bild nicht angezeigt werden kann.
Veröffentlichung	
Erstellungsdatum	Automatisch gesetztes Erstellungsdatum der Kategorie.
Autor	Nutzer, der die Kategorie erstellt hat. Über das Icon rechts neben dem Feld kann manuell ein anderer Nutzer gewählt werden.
Bearbeitungsdatum	Automatisch gesetztes Bearbeitungsdatum.
Bearbeitet von	Automatisch gesetztes Feld, das den Nutzer speichert, der das Feld zuletzt bearbeitet hat.
Zugriffe	Automatisch gesetztes Feld, das die Zugriffsanzahl auf die Kategorie enthält.
ID	Automatisch generierte ID der Kategorie.
Meta-Beschreibung	Festlegung der Meta-Beschreibung, die bei der Ausgabe der Kategorie gesetzt wird.
Meta-Schlüsselworte	Festlegung der Meta-Keywords, die bei der Ausgabe der Kategorie verwendet werden.
Autor	Text für die Autor-Angabe in den Meta-Tags bei Ausgabe der Kategorie.
Robots	Spezielle Anweisungen für Suchmaschinen-Robots für diese Kategorie festlegen.
Berechtigungen	
Zugriffsrechte	Diverse Einstellungen (werden in Kapitel 11, „Rechteverwaltung" behandelt).

Wir belassen diese Parameter erst einmal bei den Standardwerten, da für unsere Zwecke keine Modifikationen notwendig sind.

Nun haben wir also alle nötigen Einstellungen für unsere neue Kategorie vorgenommen und müssen unsere Änderungen jetzt speichern bzw. verwerfen, wofür uns Joomla! vier verschiedene Buttons in der Toolbar zur Verfügung stellt:

- *Speichern:* Speichert die Änderungen an der Kategorie und öffnet anschließend erneut das Formular zur Bearbeitung dieser Kategorie. Entspricht der „Anwenden"-Funktion zahlreicher anderer Programme.
- *Speichern & Schließen:* Speichert die Änderungen und öffnet anschließend die Kategorienübersicht.
- *Speichern & Neu:* Speichert die Änderungen und öffnet anschließend ein neues, leeres Eingabeformular, um eine weitere Kategorie anzulegen.
- *Abbrechen:* Verwirft die Änderungen und öffnet die Kategorienübersicht.

Wir nutzen in unserem Fall die Funktion SPEICHERN & NEU, da wir die Gunst der Stunde nutzen wollen, eine weitere Kategorie anzulegen.

Bild 7.8 Toolbar-Buttons zum Speichern bzw. Verwerfen der Änderungen

7.1.3 Anlegen einer untergeordneten Kategorie

Nach einem Klick auf SPEICHERN & NEU öffnet sich das Formular zum Anlegen einer Kategorie, woraufhin wir als *Titel* der neuen Kategorie „Birnen" eingeben und einen entsprechenden Beschreibungstext eintragen. Jetzt kommt der spannende Teil! Da die Kategorie „Birnen" in unserem Kategorienbaum eine Unterkategorie des gerade hinzugefügten Eintrags „Obst" ist, müssen wir die entsprechende Relation festlegen. Dafür wählen wir in der Auswahlliste des *Übergeordnet*-Parameters den entsprechenden Eintrag aus.

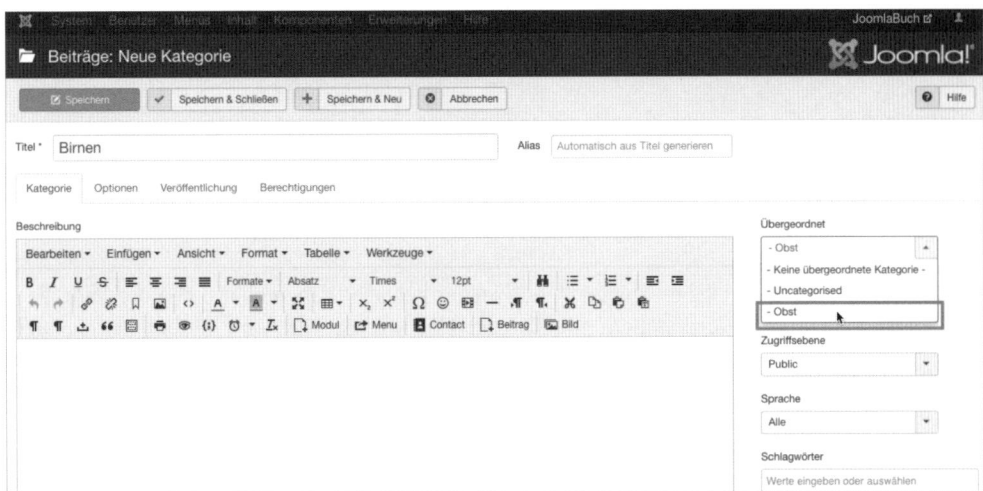

Bild 7.9 Auswahl der übergeordneten Kategorie

Nach der Auswahl verlassen wir diesen Dialog über einen Klick auf SPEICHERN & SCHLIESSEN, woraufhin wir zur Kategorienübersicht gelangen, in der wir nun unsere beiden angelegten Kategorien finden. Die Relation der beiden Kategorien untereinander wird über die Einrückung des Eintrags „Birnen" dargestellt.

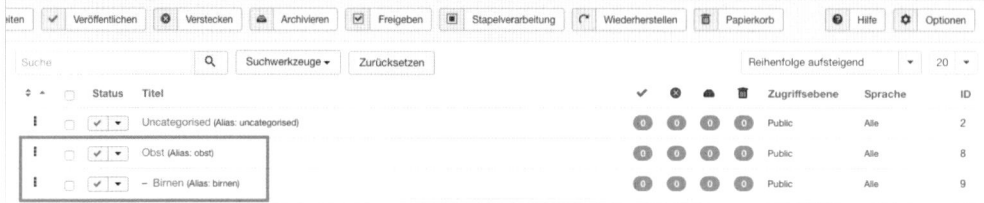

Bild 7.10 Kategorienübersicht mit den beiden neuen, korrekt zugeordneten Kategorien

Dieses Verfahren wenden wir nun analog für die anderen Kategorien unserer Baumstruktur (siehe Bild 7.1) an und erhalten schließlich unsere gewünschte Kategorienstruktur (siehe Bild 7.11).

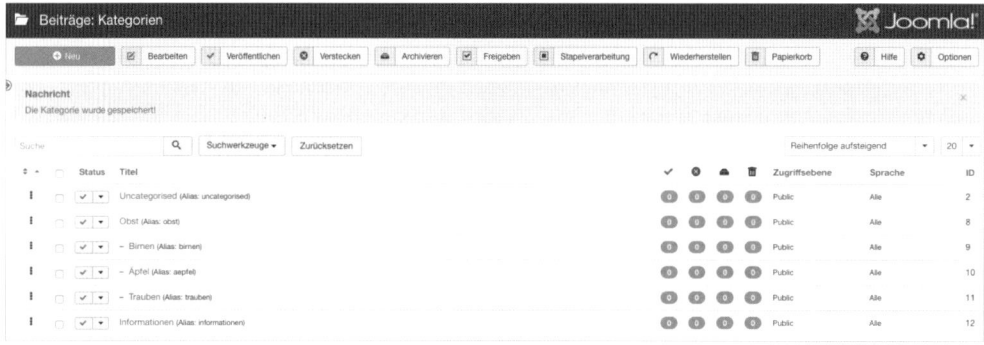

Bild 7.11 Fertige, der Vorgabe entsprechende Kategorienstruktur

7.1.4 Bestehende Kategorien ändern

Was aber, wenn wir beim Anlegen einen Fehler gemacht haben oder einen der Parameter nachträglich verändern wollen? Glücklicherweise müssen wir dann die bereits angelegte Kategorie nicht löschen und eine neue Kategorie anlegen, sondern wir können einfach die Bearbeitungsfunktion nutzen. Dabei haben wir zwei verschiedene Methoden zum Aufruf zur Auswahl.

Die erste, sehr intuitive Methode ist das Öffnen der Bearbeitungsfunktion über einen simplen Klick auf den jeweiligen *Titel* der Kategorie in der Listenansicht (siehe Bild 7.12).

Alternativ dazu kann der entsprechende Eintrag auch einfach über die Checkbox am Beginn der Zeile selektiert werden, woraufhin der Button *Bearbeiten* in der Toolbar genutzt werden kann (siehe Bild 7.13).

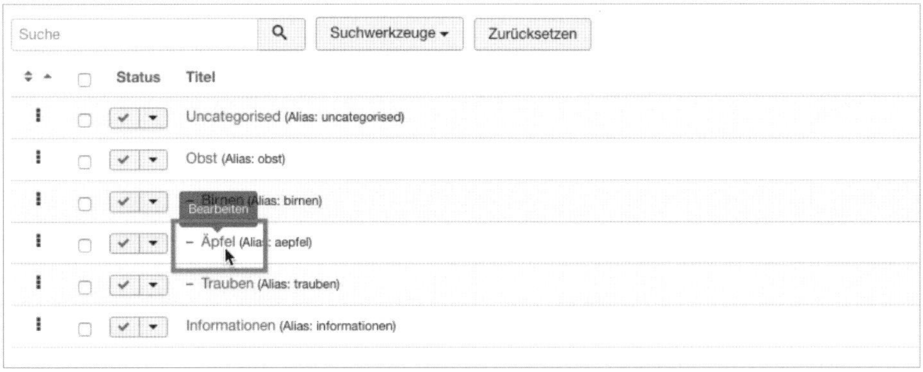

7.1 Kategoriensystem anlegen

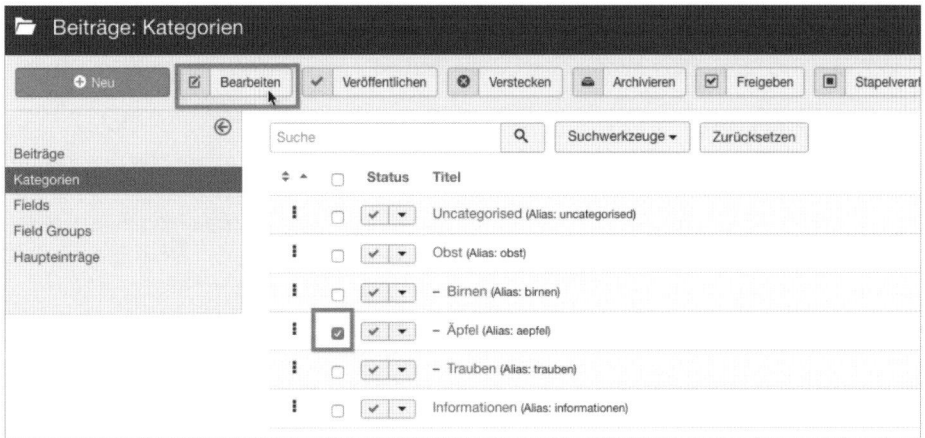

Bild 7.12 Bearbeiten einer Kategorie durch Klick auf den Titel

Bild 7.13 Editieren eines Beitrags durch Nutzung des Toolbar-Buttons

Wenn man einen der beiden Wege genutzt hat, um die entsprechende Kategorie zu editieren, öffnet sich der vom Anlegen einer neuen Kategorie (Abschnitt 7.1.3) bereits bekannte Dialog, der nun zwei weitere Toolbar-Buttons mit den Namen *Als Kopie speichern* und *Versionen* enthält. Durch den ersten der beiden Buttons können wir die aktuell vorgenommenen Änderungen an der Kategorie in einer separaten, neu angelegten Kategorie speichern, wobei die ursprünglich geöffnete Kategorie unverändert bleibt. Der zweite Button ist Bestandteil der Versionierungsfunktion, der wir uns in Abschnitt 7.4 widmen werden.

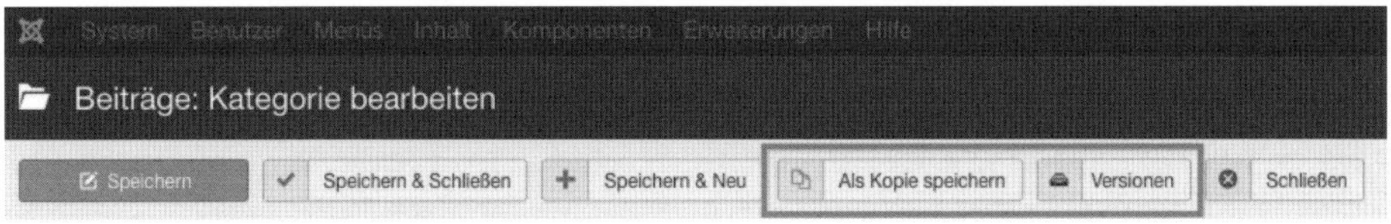

Bild 7.14 Toolbar-Button *Als Kopie speichern*

7.1.5 Kategorien entfernen und wiederherstellen

Im nächsten Schritt entfernen wir nun die standardmäßig angelegte Kategorie „Uncategorized", indem wir den Eintrag mit der zugehörigen Checkbox markieren und anschließend durch einen Klick auf den Toolbar-Button PAPIERKORB aus der Liste entfernen.

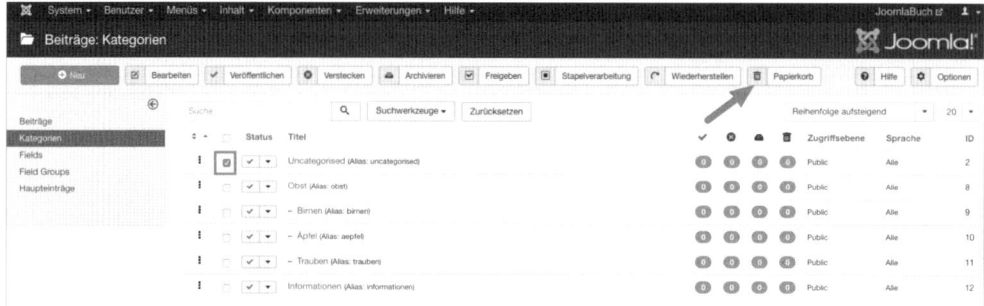

Bild 7.15 Entfernen der Standardkategorie „Uncategorized"

Joomla! bestätigt diesen Schritt mit einer entsprechenden Meldung und die Kategorie ist aus der Auflistung verschwunden. Nun fragt sich der aufmerksame Administrator: Wenn die Kategorie jetzt im Papierkorb ist, wie könnte ich diese dann jetzt im Fall der Fälle wiederherstellen? Dafür muss in der Auswahlliste für *Status auswählen* (Filteroptionen, werden über den Button *Suchwerkzeuge* eingeblendet) der Eintrag *Papierkorb* ausgewählt werden, woraufhin Joomla! nur noch Kategorien auflistet, die sich im Papierkorb befinden. Gleichzeitig verändert sich das entsprechende Toolbar-Icon, das uns nun die Möglichkeit bietet, den entsprechenden Eintrag endgültig zu löschen – die Beschriftung *Papierkorb leeren* ist hier leider etwas unglücklich gewählt, da der Button nicht automatisch den gesamten Papierkorb leert, sondern auch hier wieder eine Selektion des jeweilgen Eintrags erforderlich ist.

Bild 7.16 Dauerhaftes Löschen einer Kategorie mittels *Papierkorb leeren*

Um eine Kategorie aus dem Papierkorb wiederherzustellen, reicht ein einfacher Klick auf das Papierkorb-Symbol in der *Status*-Spalte des jeweilgen Eintrags. Ein Klick auf den Toolbar-Button *Wiederherstellen* funktioniert hier leider nicht, da dieser eine andere Funktion wahrnimmt, in der deutschen Version aber leider doppeldeutig beschriftet wurde.

Bild 7.17 Wiederherstellen eines Eintrags aus dem Papierkorb

Wir begnügen uns aber zunächst mit dem dauerhaften Entfernen der „Uncategorized"-Kategorie und heben anschließend unsere vorhin ausgewählte Filteroption durch einen Klick auf den Button *Zurücksetzen* in den Filteroptionen wieder auf.

7.1.6 Kategorien veröffentlichen und verstecken

Aus Abschnitt 7.1.3, „Anlegen einer untergeordneten Kategorie", wissen wir bereits, dass eine Kategorie unterschiedliche Statuszustände aufweisen kann. Während der Status *Papierkorb* über den entsprechenden Toolbar-Button (siehe Abschnitt 7.1.5, „Kategorien entfernen und wiederherstellen") gesetzt wird und der Status *Archiviert* im administrativen Alltag praktisch keine Rolle spielt und daher nur über das entsprechende Editierungsformular (siehe Abschnitt 7.1.4, „Bestehende Kategorien ändern") vergeben werden kann, werden die beiden Statusangaben *Veröffentlicht* und *Versteckt* relativ häufig verwendet.

Daher gibt es eine separate Funktion zum Freigeben und Sperren einer Kategorie, die, ähnlich wie beim Bearbeiten einer Kategorie, über zwei Klickwege genutzt werden kann. Der erste Weg arbeitet über einen Klick auf das jeweilige Status-Icon der Kategorie in der Übersichtsliste. Daraufhin nimmt die Kategorie den jeweils entgegengesetzten Status an.

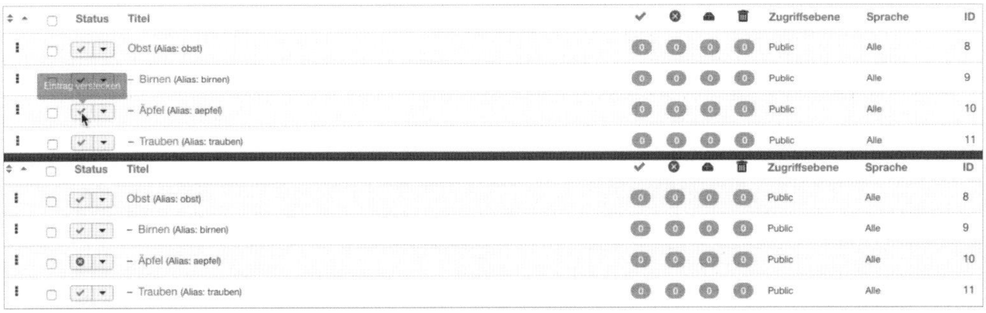

Bild 7.18 Wechseln des Kategorienstatus per Klick auf das jeweilige Icon

Zudem ist es auch hier wieder möglich, den Status über die Selektion der Checkbox und die Nutzung der beiden Toolbar-Buttons *Veröffentlichen* und *Verstecken* zu ändern. Die Nutzung erfolgt analog zur Nutzung der Buttons *Bearbeiten* und *Papierkorb*.

7.1.7 Kategorie-Reihenfolge ändern

Würden wir im Frontend eine Auflistung aller auf unserer Seite vorhandenen Kategorien erzeugen, so würden diese in der Reihenfolge ausgegeben, in der wir die Einträge eingegeben haben. Wie lässt sich also die Reihenfolge der Ausgabe im Frontend beeinflussen, insbesondere wenn wir nicht auf die standardmäßig vorhandene Sortierungsfunktion nach dem Alphabet zurückgreifen wollen? Joomla! bietet uns für diese Zwecke die Möglichkeit, eine individuelle Reihenfolge der Kategorien festzulegen, was in der Spalte *Reihenfolge* geschieht. Voraussetzung für die Nutzung der Funktion ist, dass wir die Einträge der Liste im Backend aufsteigend nach der Reihenfolge sortieren lassen, was durch das zugehörige Icon angezeigt wird (siehe Bild 7.19).

Bild 7.19 Sortierung der Liste nach der Spalte *Reihenfolge*, um die Funktion zur Änderung der Reihenfolge im Frontend zu aktivieren

Ist die korrekte Sortierung eingestellt, können die Kategorien mittels Drag & Drop sortiert werden. Dazu wird der Mauszeiger über dem entsprechenden „Griff" am Beginn der Zeile (siehe Bild 7.20) platziert, die linke Maustaste gedrückt und gehalten und der entsprechende Eintrag kann nun in der Liste verschoben werden (siehe Bild 7.21). Ist die gewünschte Reihenfolge erreicht, wird die Maustaste losgelassen.

Bild 7.20 Bedienelement für die Drag & Drop-Sortierung von Einträgen

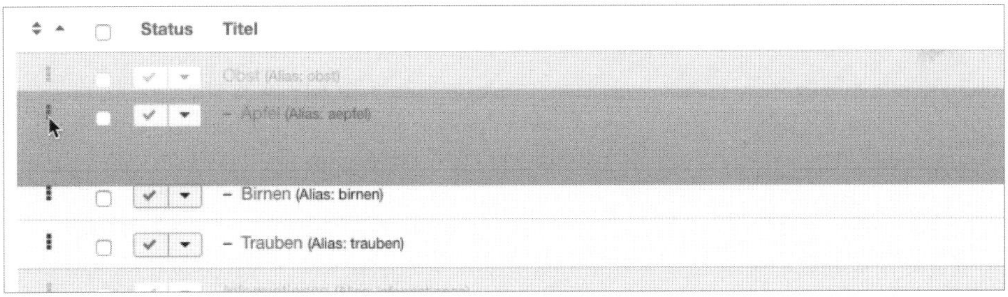

Bild 7.21 Aktive Drag & Drop-Sortierung

7.1.8 Freigeben von Kategorien

Kommen wir nun zu den Funktionen, die nicht direkt im Zusammenhang mit der Administration der Kategorien stehen, sondern eher als allgemeine Wartungsfunktionen anzusehen sind.

Die erste Funktion ist das *Freigeben* von Kategorien nach der Bearbeitung. Bei einem Mehrbenutzersystem wie Joomla! steht man nämlich vor dem Problem, dass zwei Administratoren, die zur gleichen Zeit z. B. die gleiche Kategorie bearbeiten, die Änderungen des jeweils anderen unbeabsichtigt überschreiben würden. Um dies zu verhindern, wird eine Kategorie beim Bearbeiten *gesperrt* und kann somit von anderen Nutzern nicht bearbeitet werden. Dies symbolisiert Joomla! durch ein kleines Schlosssymbol, das für die anderen Benutzer am Beginn der jeweiligen Zeile erscheint (siehe Bild 7.22). Fährt man mit dem Mauszeiger über das entsprechende Symbol, wird außerdem ein kleiner Tooltipp eingeblendet, der angibt, wann und durch welchen Benutzer die Bearbeitung gestartet wurde.

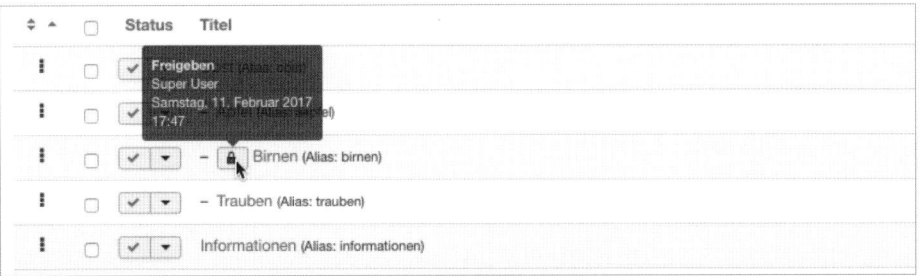

Bild 7.22 Schlosssymbol und Tooltipp bei *ausgecheckter* Kategorie

Verlässt der Administrator, der die entsprechende Kategorie editiert, den Bearbeitungsdialog über die entsprechenden Toolbar-Schaltflächen, so wird die Kategorie wieder für alle Benutzer freigegeben. Wenn der jeweilige Administrator aus Nachlässigkeit jedoch vergisst, die entsprechenden Toolbar-Buttons zu nutzen, und stattdessen einfach das Browserfenster schließt, so bleibt die Kategorie *gesperrt*. – Dies ist übrigens auch der Grund dafür, warum das Administrationsmenü während der Bearbeitung einer Kategorie ausgegraut ist, denn hier würde sonst der gleiche Effekt auftreten. Joomla! bietet jedoch die Möglichkeit, diese

Sperre gezielt per Klick auf das jeweilige Icon oder durch die Selektion des Checkbox-Eintrags und die Nutzung des Toolbar-Buttons *Einchecken* wieder aufzuheben.

Bild 7.23 Erfolgreiche Freigabe

 PRAXISTIPP: Obwohl die entsprechende Funktion vorhanden ist, ist es lästig, gesperrte Kategorien, Beiträge und weitere Inhalte manuell wieder einzuchecken. Achten Sie daher unbedingt darauf, alle Bearbeitungsdialoge immer nur über die vorgesehenen Toolbar-Buttons zu verlassen, und weisen Sie auch in Schulungen darauf hin.

Insbesondere, wenn es Inhalte in verschiedenen Bereichen der Administration betrifft, kann es angenehmer sein, die Funktion *Globales Freigeben* zu nutzen, die über den Menüpunkt *System > Globales Freigeben* im Backend geöffnet wird. Dort ist aufgelistet, wie viele Inhalte in der jeweiligen Datenbanktabelle eingecheckt werden können. Dies kann über die Auswahl der jeweiligen Checkbox und den Button *Freigeben* in der Toolbar durchgeführt werden.

7.1.9 Wiederherstellen der Kategorienstruktur

Joomla! nutzt zur Speicherung der Kategorienverschachtelung ein relativ komplexes Datenbankmuster, das im Fall von unerwarteten Ergebnissen (also z. B. Kategorien, die plötzlich einer anderen Oberkategorie zugeordnet werden als ursprünglich gewünscht) durch die Nutzung des Toolbar-Buttons *Wiederherstellen* repariert werden kann. Joomla! bestätigt den Vorgang anschließend mit einer entsprechenden Meldung.

Bild 7.24 Wiederherstellen der Kategorienstruktur im Fehlerfall

Was passiert dabei hinter den Kulissen des Systems? Nun, Joomla! nutzt zur Speicherung der Baumstruktur primär erstmal eine Datenbankspalte, in der für jede Kategorie die jeweils übergeordnete Kategorie abgelegt ist. Da diese Art der Datenbankstruktur bei bestimmten Abfragen jedoch sehr langsam und aufwendig ist, nutzt Joomla! zusätzlich dazu noch sogenannte Nested Sets[1], bei denen die Relationen in einer anderen Form gespeichert sind. Nested Sets sind oftmals wesentlich performanter, in bestimmten Situationen kann es jedoch vorkommen, dass die Datensätze dort ungültig werden – in einem solchen Fall greift dann die *Wiederherstellen*-Funktion, die das Nested Set auf Basis der übergeordneten Kategorie-IDs neu aufbaut.

7.1.10 Kategorienoptionen

Der letzte nun noch verbleibende Button *Optionen* öffnet den Dialog zur Konfiguration diverser Parameter, die jedoch nicht auf den Bereich *Kategorien*, sondern auf den Bereich *Beiträge* bezogen sind, weshalb wir diese Parameter in Abschnitt 7.2, „Inhalte erstellen", betrachten wollen.

7.1.11 Anwenden von Änderungen auf mehrere Kategorien

Joomla! bietet einige nützliche Features zum Anwenden von Änderungen auf mehr als eine Kategorie, die sich hinter dem Button *Stapelverarbeitung* verstecken.

Bild 7.25 Der Button für die Stapelverarbeitung der Kategorieliste

Die Funktionsweise ist bereits aus den anderen Bearbeitungsschritten bekannt: Zuerst selektieren wir über die jeweiligen Checkboxen am Beginn der Zeile die zu ändernden Kategorien und konfigurieren dann die gewünschten Funktionen (siehe Bild 7.26). Abschließend starten wir den Prozess durch einen Klick auf AUSFÜHREN.

 PRAXISTIPP: Übrigens: An dieser Stelle versteckt sich auch die häufig benötigte Funktion zum Verschieben bzw. Kopieren von Listeneinträgen, die in Joomla! 1.0 und 1.5 noch einen eigenen Toolbar-Button innehatte.

---

[1] http://www.klempert.de/nested_sets/

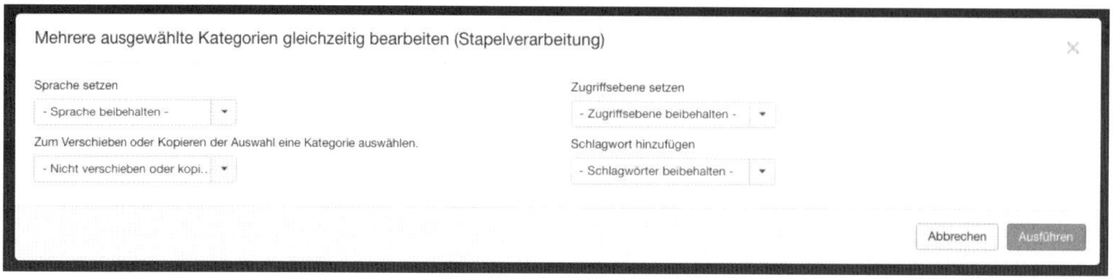

Bild 7.26 Dialog zur Stapelverarbeitung von Kategorien

■ 7.2 Inhalte erstellen

Nachdem wir den Aufbau der Kategorienstruktur fertiggestellt haben, wollen wir uns nun mit dem Einpflegen der Beiträge beschäftigen.

7.2.1 Beitragsübersicht

Zu Beginn wechseln wir über den Aufruf des Menüpunkts INHALT > BEITRÄGE zur Übersichtsliste der bereits angelegten Beiträge. Diese ist freundlicherweise identisch aufgebaut wie die Kategorienliste, weshalb wir sehr viel erlerntes Wissen aus Abschnitt 7.1, „Kategoriensystem anlegen", hier wieder anwenden können.

Unterschiede gibt es nur

- in der Toolbar, wo zwei Buttons *Haupteintrag* bzw. *Kein Haupteintrag* hinzugekommen sind, die im späteren Kapitelverlauf noch eine Rolle spielen.
- in den Filteroptionen, die uns nun auch erlauben, die Beiträge nach *Kategorie* bzw. *Autor* zu filtern.
- in der Kopfzeile der Liste, wo die Spalten nun den Anforderungen der Beitragsliste entsprechen.

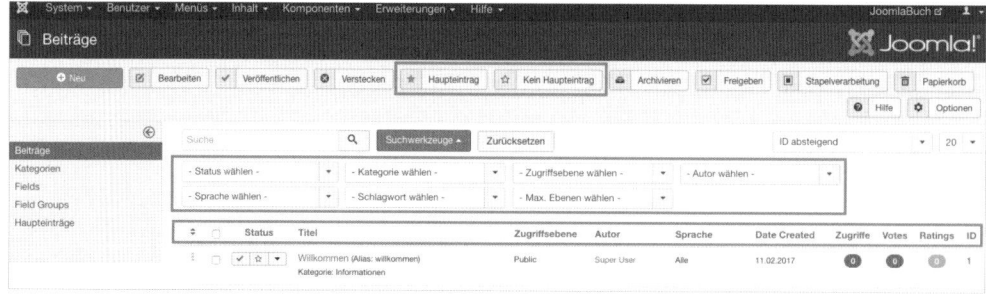

Bild 7.27 Neue Schaltflächen und Funktionen der Beitragsliste im Vergleich zur Kategorienliste

Der sonstige Aufbau ist völlig identisch, was sich auch durch die weitere Administration ziehen wird. Wir müssen uns also nur einen grundlegenden Aufbau für alle Listenansichten merken.

7.2.2 Neuen Beitrag anlegen

Wir wollen nun damit fortfahren, unseren ersten Beitrag anzulegen. Dafür öffnen wir das entsprechende Formular durch einen Klick auf das Icon NEU in der Toolbar der Beitragsübersicht.

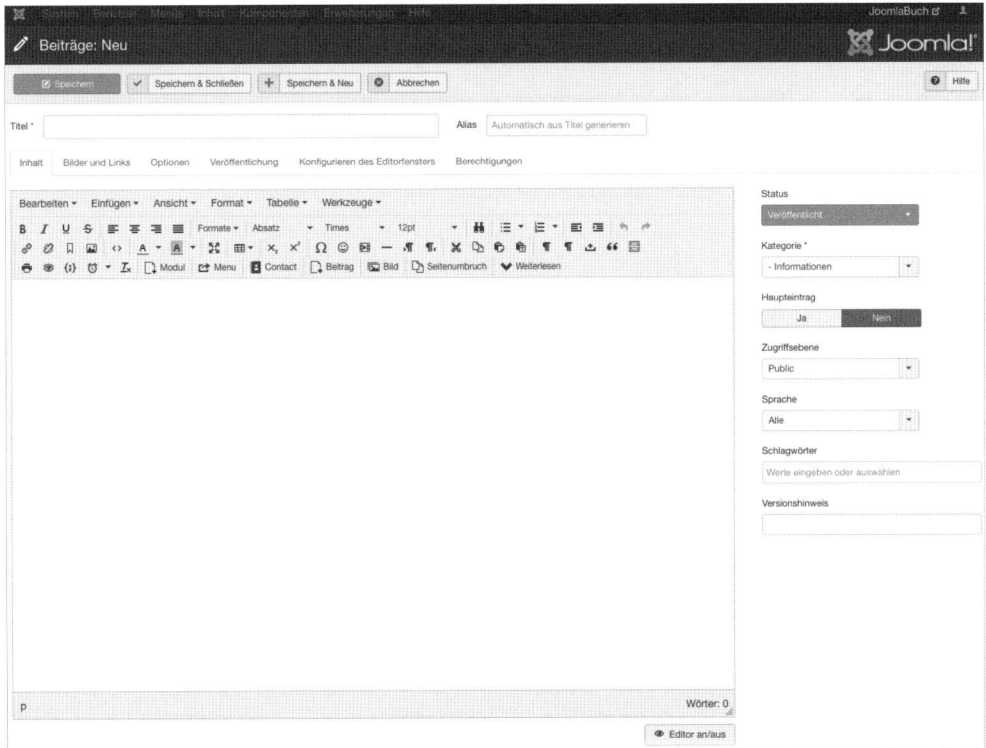

Bild 7.28 Leeres Formular zum Anlegen eines neuen *Beitrags*

Auch dieses Formular folgt dem bereits bekannten zweispaltigen Aufbau, der uns in der linken Spalte erlaubt, die grundsätzlichen Eingabefelder auszufüllen, und in der rechten Spalte die wichtigsten Parameter eines Beitrags auflistet. Weitere Parameter finden sich dann in den Tabs im oberen Bereich des Formulars.

Die Eingabefelder und Optionen im ersten Tab sind dabei weitgehend identisch mit dem Dialog zum Anlegen einer neuen Kategorie (siehe Abschnitt 7.1.2, „Kategorie anlegen") – neu hinzugekommen sind nur die Felder für *Haupteintrag* und *Kategorie*.

Der Parameter *Haupteintrag* ermöglicht uns, eine Funktion zu realisieren, die insbesondere auf größeren Portalen mit verschiedenen Unterrubriken benötigt wird: die Generierung einer Seite, die „wichtige" Artikel aus allen Bereichen der Seite auflistet. Denken Sie an ein Portal wie *Tagesschau.de*, wo Ihnen auf der Startseite die wichtigsten Nachrichten aus verschiedenen Ressorts angeboten werden – um eine äquivalente Seite mit Joomla! zu erstellen, würden wir die aktuell wichtigen Artikel über den Parameter *Haupteintrag* hervorheben und dann auf unserer Startseite alle Beiträge anzeigen, die entsprechend markiert sind. In anderen CMS-Systemen wird hierfür gerne eine spezielle Kategorie wie „Gerade aktuell" angelegt, der die entsprechenden Beiträge dann, neben ihrem eigentlichen Ressort, zugewiesen werden. Da Joomla! jedoch keine Mehrfachzuweisung zu Kategorien unterstützt, müssen wir hier den Umweg über die *Haupteinträge* nehmen.

Da wir das *Haupteintrag*-Feature für Bauer Birnennase zunächst nicht benötigen, begnügen wir uns mit der Eingabe eines *Titels* („Willkommen"), lassen den *Alias* leer, da dieser ja automatisch generiert wird, und wählen unsere zuvor angelegte Kategorie *Informationen* aus, da dies ja gemäß unserer Seitenstruktur die übergeordnete Kategorie unserer Startseite sein soll.

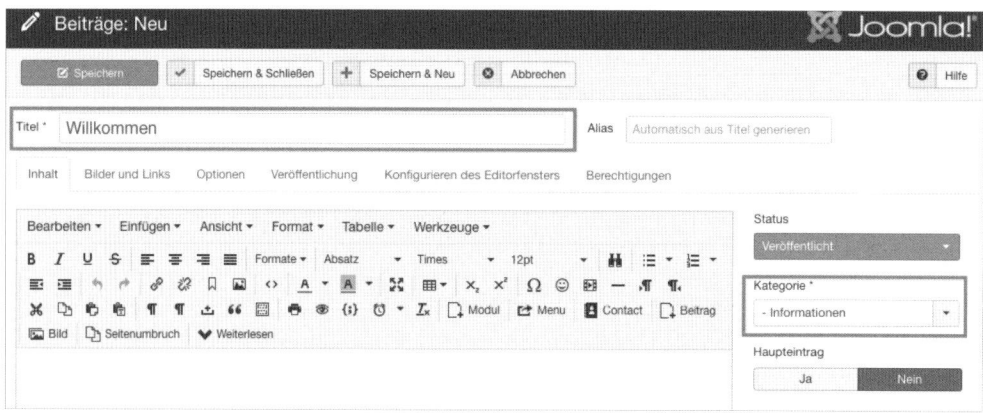

Bild 7.29 Vergabe von Titel und Kategorie unseres ersten Beitrags „Willkommen"

7.2.2.1 Der WYSIWYG-Editor TinyMCE

Nun widmen wir uns dem Herzstück der Beitragseditierung, nämlich dem integrierten What-You-See-Is-What-You-Get- bzw. kurz WYSIWYG-Editor *TinyMCE*. Dieser wandelt die Eingaben und Formatierungen des Nutzers in HTML-Code um, der anschließend von Joomla! gespeichert bzw. ausgegeben werden kann. Dabei werden entsprechende Eingaben direkt in ihrer finalen Form dargestellt, wodurch der Nutzer (daher kommt auch der Name) direkt sehen kann, was er ausgegeben bekommt. Der dabei entstehende HTML-Code ist zwar im Großen und Ganzen valide, gewinnt jedoch naturgemäß keinen Preis für schönes Markup – trotz dieses kleinen Nachteils ist der Editor aber im Normalfall unabdingbar, da Sie – insbesondere beim Geschäft mit Endkunden – nur sehr wenig Administratoren finden werden, die genügend HTML beherrschen, um den entsprechenden Code selber zu schreiben.

 PRAXISTIPP: Der *TinyMCE* ist nicht fest integriert, sondern als Plug-in eingebunden und lässt sich daher durch die Installation eines alternativen Editors (*FCKEditor*, *JCE*) ersetzen.

Der vorinstallierte Editor ist mächtig und bietet eine Vielzahl von Funktionen, die über mehrere Zeilen in der *Werkzeugleiste* verteilt sind. Darunter liegen der *Eingabebereich*, der uns die eingegebenen Inhalte zeigt, sowie die *Fußzeile*, in der uns unsere Position im Markup (*Pfad*) sowie die Anzahl der eingegebenen Wörter angezeigt werden.

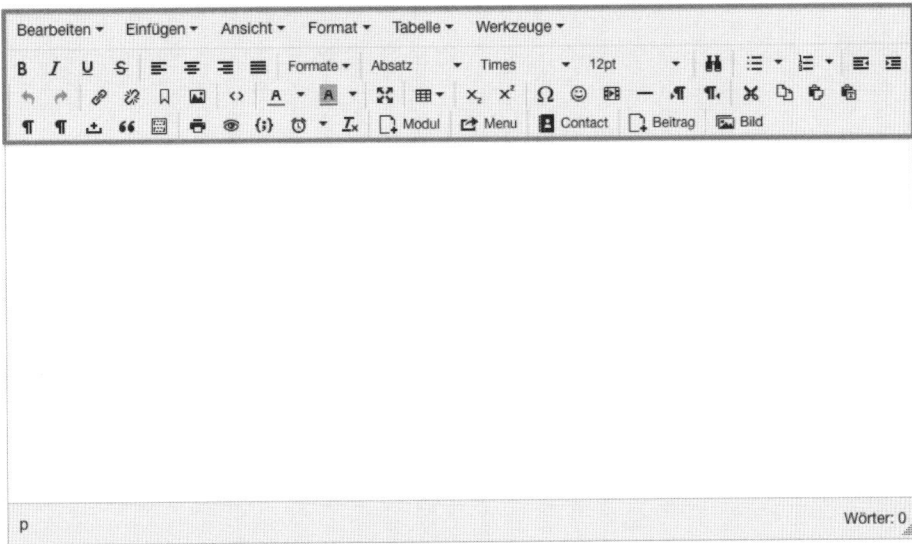

Bild 7.30 Werkzeugleiste des WYSIWYG-Editors

Einen Teil der in der Werkzeugleiste vorhandenen Buttons werden Sie vermutlich bereits kennen. Trotzdem möchte ich, bevor wir fortfahren, einmal einen kleinen Überblick über die Funktionen der einzelnen Buttons geben, die Sie in der Tabelle 7.4 finden. Bitte beachten Sie, dass hier auch die Buttons aufgelistet sind, die **standardmäßig deaktiviert** sind.

Tabelle 7.4 Verfügbare Editor-Funktionen

Icon	Beschreibung	Anmerkung
B	fettgedruckt	–
I	kursiv	–
U	unterstrichen	–
S	durchgestrichen	–
≡	linksbündig	–

Icon	Beschreibung	Anmerkung
≡	zentriert	–
≡ (rechtsbündig)	rechtsbündig	–
≡ (Blocksatz)	Blocksatz	–
Formate ▼	Auswahl der anzuwendenden Formatierungen	Der Editor lädt die entsprechenden CSS-Klassen aus der Datei *editor.css* im /*css*-Verzeichnis des jeweiligen Templates.
Absatz ▼	Auswahl des HTML-Elements	Zur Verfügung stehen: • Absatz `<p>` • Überschrift `<h1>`–`<h6>` • Adresse `<address>` • Rohdaten `<pre>`
Times ▼	Auswahl der Schriftart	Der Button ist mit der jeweils aktuell verwendeten Schriftart beschriftet.
12pt ▼	Auswahl der Schriftgröße	Der Button ist mit der jeweils aktuell verwendeten Schriftgröße beschriftet.
🔍	Suchen im Text	–
☰ ▼	Nicht nummerierte Aufzählung	–
☷ ▼	Nummerierte Aufzählung	–
⇤	Texteinrückung widerrufen	Nur bei bereits eingerückten Texten anwendbar.
⇥	Text einrücken	–
↶	Schritt rückgängig machen	–
↷	Schritt wiederholen	–

Icon	Beschreibung	Anmerkung
	Verlinkung setzen/editieren	Das zu verlinkende Wort muss vorher im Text markiert werden.
	Verlinkung aufheben	Ist nur anwendbar, wenn eine bestehende Verlinkung im Text markiert ist.
	Anker/Sprungmarke setzen	Setzt um den aktuell gewählten Text einen <a>-Tag mit der eingegeben ID.
	Bild einfügen	Erfordert die direkte Eingabe der Bild-URL und greift nicht auf die Joomla!-eigene Medienverwaltung zu.
	Quellcode anzeigen	Zeigt den Quellcode des aktuellen Beitrags an.
	Fügt das aktuelle Datum/Zeit ein	–
	Schriftfarbe	–
	Text-Hintergrundfarbe	–
	Vollbild	Vergrößert den Editor auf die volle Größe des Browserfensters, kein Vollbildmodus im eigentlichen Sinn.
	Tabelle einfügen	–
	Eigenschaften der Tabelle	Wird als separate Werkzeugleiste eingeblendet, sobald eine Tabelle bearbeitet wird.
	Zeile oberhalb einfügen	s. o.
	Zeile unterhalb einfügen	s. o.
	Zeile entfernen	s. o.
	Spalte davor einfügen	s. o.
	Spalte dahinter einfügen	s. o.

Icon	Beschreibung	Anmerkung
⊠	Spalte entfernen	s. o.
—	Horizontale Linie	Entspricht dem `<hr>`-Tag
I_x	Formatierungen zurücksetzen	Entfernt alle Formatierungen des selektierten Texts
X_2	tiefgestellt	-
X^2	hochgestellt	-
Ω	Sonderzeichen	Erlaubt das Einfügen von Zeichen, die über die Tastatur nicht direkt erreichbar sind.
☺	Emoticons	-
	Multimedia-Inhalte einfügen	Erfordert die manuelle Eingabe der Video-URL und bietet keine Vernetzung mit dem Medien-Manager.
¶	Textrichtung von links nach rechts	-
¶	Textrichtung von rechts nach links	-
✂	Ausschneiden	-
	Kopieren	-
	Einfügen und Formatierungen übernehmen	-
	Einfügen und Formatierungen entfernen	-
¶	Steuerzeichen einblenden	-
	Leerzeichen einfügen	Generiert einen Non-Breaking-Space:

Icon	Beschreibung	Anmerkung
66	Zitat einfügen	Generiert einen `<blockquote>`-Tag.
	Vorlage einfügen	Fügt einen vorgefertigten HTML-Block ein. Eigene Templates können im Verzeichnis /media/editors/tinymce/templates hinterlegt werden.
	Drucken	Zum Drucken wird der entsprechende Dialog des Browsers verwendet, bei dem es naturgemäß Abweichungen von der realen Darstellung gibt.
	Vorschau	Keine vollwertige Vorschau-Funktion, da nur der reine Editorinhalt ohne CSS des Templates dargestellt wird.
{;}	Code einfügen	Unterstützt Syntax-Highlighting.
Modul	Modul einfügen	Siehe 7.2.2.6
Menu	Link zu Menüeintrag einfügen	Siehe 7.2.2.3
Contact	Link zu Kontakt aus der Kontakt-Komponente einfügen	Siehe 7.2.2.3
Beitrag	Link zu anderem Beitrag einfügen	Siehe 7.2.2.3
Bild	Bild mit dem Joomla!-Mediamanager einfügen	Siehe 7.2.2.2
Seitenumbruch	Seitenumbruch einfügen	Siehe 7.2.2.4
Weiterlesen	Weiterlesen-Umbruch einfügen	Siehe 7.2.2.5
Felder	Eigene Felder einfügen	Siehe Kapitel 16.1

Der Editor bietet also eine ganze Menge an verschiedenen Optionen, von denen wir im Normalfall wohl nur einen relativ kleinen Teil nutzen werden. Besonders spannend, weil für den „normalen" Einsatz besonders wichtig, sind dabei die Werkzeuge zur Schriftformatierung (*fett, kursiv, unterstrichen, rechtsbündig, linksbündig, zentriert*), zur Wahl des entsprechenden Formats (*Formate, Absatz, Liste*) sowie die Werkzeuge zur Erstellung von *Tabellen* und die Werkzeuge zum *Einfügen*. Die Einfüge-Werkzeuge? Der Pragmatiker in Ihnen wird nun vermutlich so etwas sagen wie: „Das funktioniert mit der Tastenkombination *Strg+V* doch dreimal schneller!" Wahrscheinlich hätten Sie recht damit. Trotzdem werden Sie sich im Umgang mit dem WYSIWYG-Editor an die Nutzung der Buttons gewöhnen müssen. Tun Sie es nicht und fügen beispielsweise diesen Absatz aus *Word*, dem Quasi-Marktführer der Textverarbeitungsprogramme, mittels Tastenkombination in den Editor ein, so übernimmt der Browser in der Regel – für uns unsichtbar – zahlreiche unnötige Formatierungen, die uns im weiteren Verlauf das Leben schwermachen würden. Beherzigen Sie daher die goldene Regel der WYSIWYG-Editor-Nutzung und geben Sie diese unbedingt auch an alle anderen Mitarbeiter und Kunden weiter: Nutzen Sie beim *Einfügen* in den Editor **immer** die entsprechenden Buttons *Einfügen* bzw. *Einfügen als Text*.

Der zweite wichtige Merksatz dieses Unterkapitels beschäftigt sich mit der korrekten Formatierung von Überschriften. Werfen Sie einen Blick auf das Bild 7.31 – die beiden Überschriften, die Sie dort sehen, scheinen auf den ersten Blick völlig identisch zu sein.

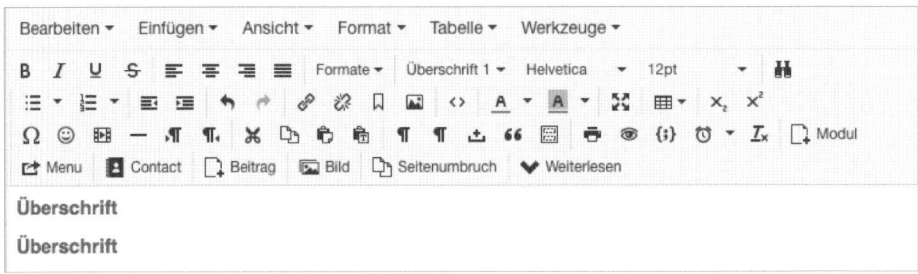

Bild 7.31 Zwei scheinbar identische Überschriften

Wenn wir jedoch in den Quellcode schauen, so stellen wir fest, dass nur eine der beiden Überschriften tatsächlich auch den korrekten HTML-Tag (`<h1>`) aufweist.

```
<h1>Überschrift</h1>
<p style="font-family: Helvetica ,Arial,sans-serif; font-size: 16px; font-
weight: bold; color: #666;">Überschrift</p>
```

Die untere Überschrift steckt in einem normalen `<p>`-Tag, der über CSS so gestylt wurde, dass er optisch der „echten" Überschrift entspricht – problematisch ist jedoch, dass bei der manuellen Formatierung mittels CSS die semantische Bedeutung des Elements (insbesondere für Suchmaschinen und Screenreader) verloren geht. Warum weise ich darauf explizit hin? Insbesondere im professionellen Umfeld werden Sie auf Kunden treffen, die nur wenig IT-Erfahrung haben und daher – getreu dem Motto „Wenn es richtig aussieht, kann es nicht falsch sein" – mit den Werkzeugen für Schriftgröße, -farbe und -art die Gestaltung der Überschriften „nachbauen" werden. Daraus folgt Merksatz Nummer 2: Nutzen Sie **immer** das *Formate*-Werkzeug im Editor zum Einfügen von Überschriften.

> **PRAXISTIPP:** Es empfiehlt sich, gemäß dem Sprichwort „aus den Augen, aus dem Sinn", alle nicht zwingend notwendigen Buttons und Funktionen des TinyMCE zu entfernen. Dafür ist es nötig, die entsprechenden Parameter des Editor-Plug-ins zu verändern. Dazu wechseln wir durch einen Klick auf ERWEITERUNGEN > PLUGINS in die Plugin-Übersicht und öffnen dort das Editierungsformular durch einen Klick auf das Plug-in *Editor – TinyMCE*.

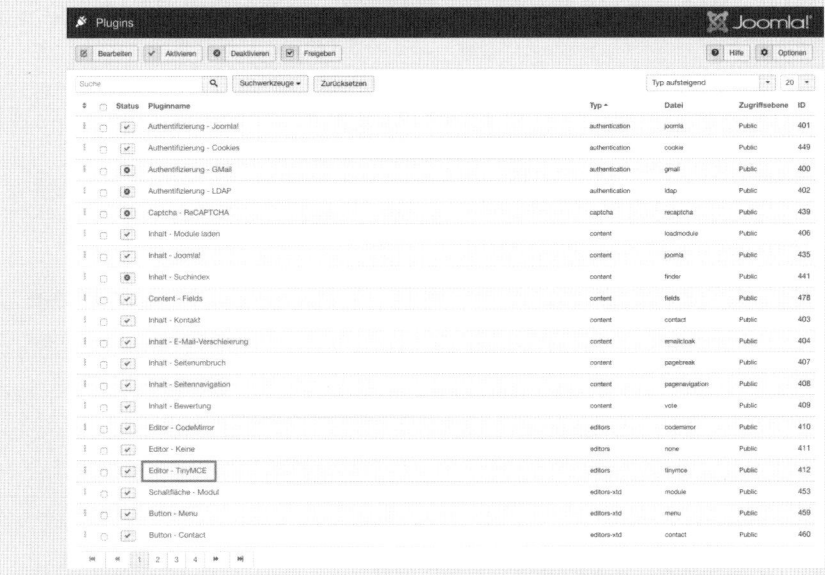

Bild 7.32 Öffnen des Editor-Plug-ins in der Übersichtsliste

Dort finden wir in der linken Spalte Einstellungen zu den drei Editor-*Sets* (Markierung 1 in Bild 7.33), die jeweils einer oder mehreren Benutzergruppen (Markierung 2) zugeordnet sind. Jedem Set können per Drag & Drop die entsprechenden Editor-Werkzeuge zugewiesen bzw. aus dem Set entfernt werden (Markierung 3).

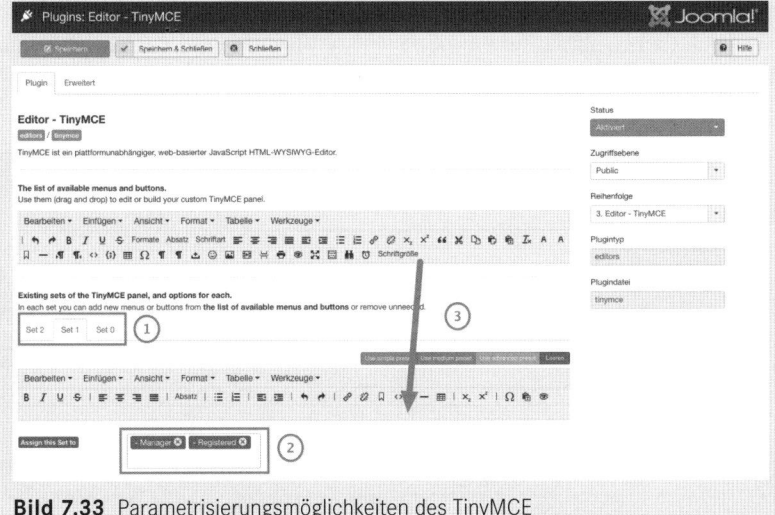

Bild 7.33 Parametrisierungsmöglichkeiten des TinyMCE

Nachdem wir nun also die „dunklen Künste" der WYSIWYG-Editornutzung beherrschen, tragen wir einen kleinen Beispieltext für unsere Willkommensseite ein.

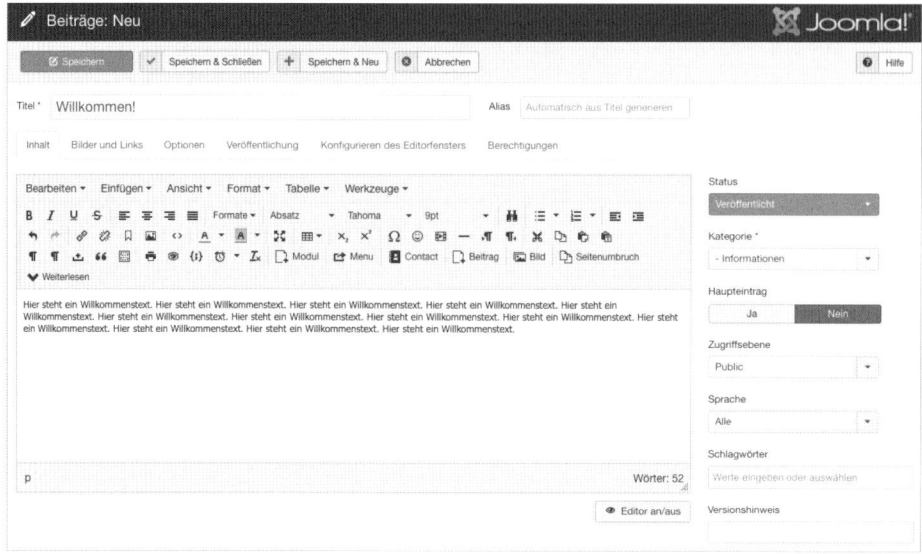

Bild 7.34 Beitragsformular mit Beispieltext

7.2.2.2 Bilder einfügen

Damit unsere Seite nicht zu textlastig wird, wollen wir natürlich auch einige Bilder im Text platzieren. Konkret möchten wir, gewissermaßen als vertrauensbildende Maßnahme, ein Porträtfoto von Bauer Birnennase einfügen. Dafür platzieren wir zuerst unseren Cursor an der Stelle des Textes, an der wir unser Bild einfügen wollen. Anschließend öffnen wir den Medien-Manager durch einen Klick auf den Button *Bild* am Ende der Standard-Werkzeugleiste des Editors – diese Buttons, die nicht zum „normalen" Funktionsumfang eines WYSIWYG-Editors gehören, sondern in ihrer Funktionalität mit Joomla! verknüpft sind, werden im Übrigen in der Joomla!-Terminologie als *Editor-Schaltflächen* bezeichnet.

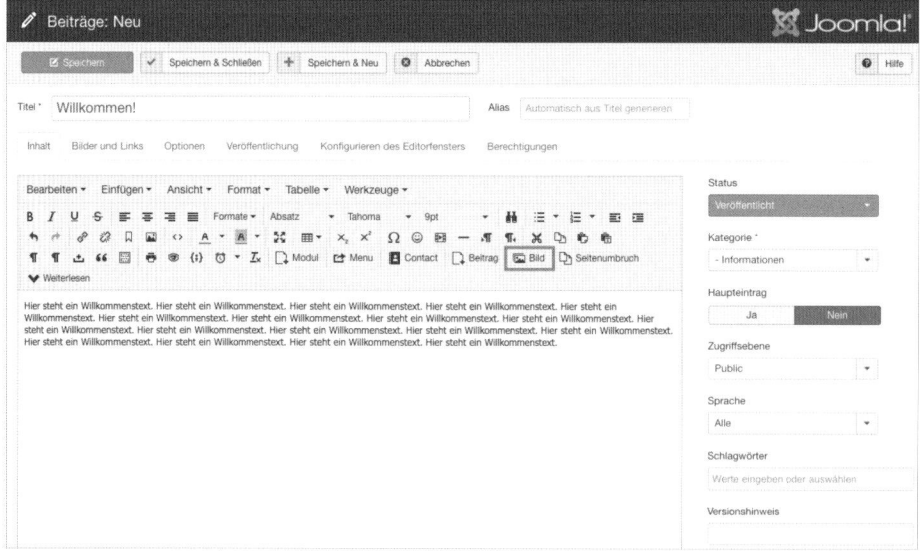

Bild 7.35 Öffnen des Medien-Managers über den markierten Button *Bild*

Dort finden wir die aus dem Medien-Manager (siehe Abschnitt 6.6, „Medienverwaltung") bekannte Auflistung der bereits angelegten Ordner und Bilder. Im unteren Bereich des Popups finden wir zudem die ebenfalls bekannte Upload-Möglichkeit, um direkt beim Bearbeiten eines Beitrags neue Bilder hochladen zu können.

Klicken wir nun auf das für uns infrage kommende Bild, so setzt der Medien-Manager automatisch den relativen Pfad des jeweiligen Bilds in das Eingabefeld *Bild Webadresse*. Die beiden weiteren Felder für *Beschreibung* und *Bildtitel* bestimmen das *alt*- bzw. *title*-Attribut unseres Bild-Tags und sollten daher unbedingt ausgefüllt werden. Der Parameter für *Ausrichtung* bestimmt die Position des Bilds im Text. Über das Eingabefeld *Bildbeschriftung* kann ein Text gesetzt werden, der unterhalb des Bilds platziert wird. Für diese Bildunterschrift kann über das Feld *Caption-Klasse* eine CSS-Klasse für das Styling gesetzt werden.

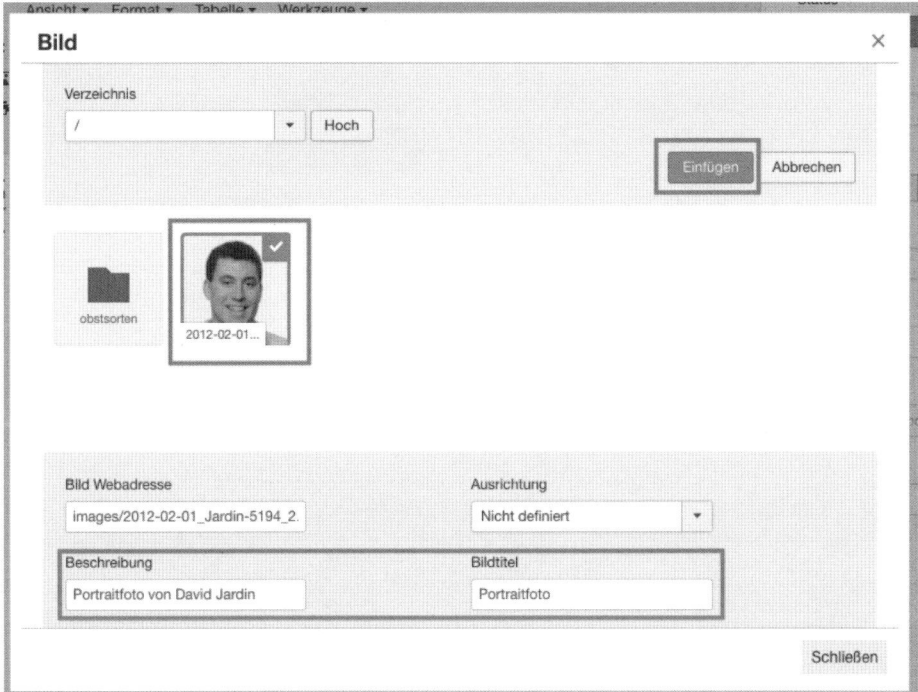

Bild 7.36 Medien-Manager beim Einfügen eines Bilds in den Beitrag

Wenn wir mit den entsprechenden Texten zufrieden sind, können wir das Bild über den Button *Einfügen* in der oberen rechten Ecke im Text platzieren.

Über den im WYSIWYG-Editor vorhandenen Button zum Bearbeiten der Bilder ist es nun möglich, die Maße des eingefügten Bilds nachträglich anzupassen, einen Abstand zum sonstigen Text hinzuzufügen oder das Bild mittels float vom Text umfließen zu lassen. Dabei sollten wir jedoch beachten, dass die so verkleinerten Bilder immer noch ihre originale Dateigröße behalten, weshalb es empfehlenswert ist, die verwendeten Bilder bereits vor dem Upload zu verkleinern.

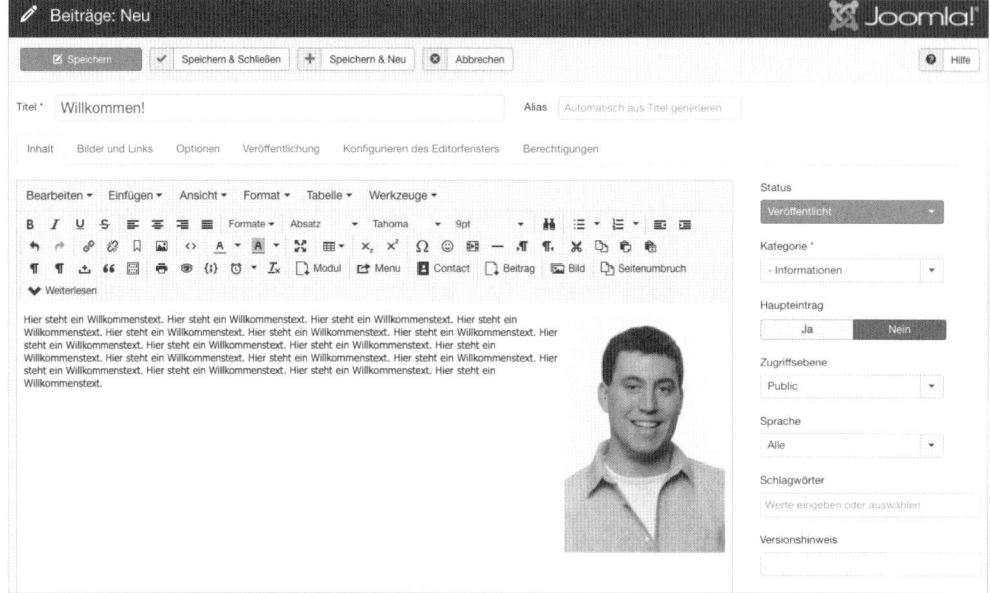

Bild 7.37 Beitrag mit eingefügtem Bild

Neben dieser althergebrachten Methode zum Einfügen gibt es auch noch eine etwas intuitivere Möglichkeit des Bilduploads: Drag & Drop! Unterstützt der Browser die dafür notwendigen Techniken, was in allen modernen Browsern der Fall ist, so kann ein Bild ganz einfach per Drag & Drop in das Editor-Fenster gezogen und losgelassen werden. Der Editor kümmert sich dann im Hintergrund um den Upload und die Platzierung des Bilds im Beitrag.

 Beim Drag & Drop-Upload werden Bilder standardmäßig im Ordner /images der Installation platziert. In den Einstellungen des Editor-Plug-ins lässt sich über das Feld *Bilderverzeichnis* ein separates-Upload-Verzeichnis definieren, was die Übersicht verbessert.

7.2.2.3 Verlinkungen zu anderen Beiträgen einfügen

Kommen wir nun zu einem anderen, typischen Anwendungsfall bei der Editierung von Beiträgen: dem Einfügen von Verlinkungen zu anderen Beiträgen, beispielsweise um bestimmte Begriffe innerhalb des Texts mit einem Querverweis zu versehen.

Joomla! bietet uns hier mehrere mögliche Wege: Der erste, durchaus legitime Weg wäre das manuelle Kopieren der URL aus der Browserleiste und das anschließende Einfügen der Verlinkung durch den entsprechenden Button des WYSIWYG-Editors.

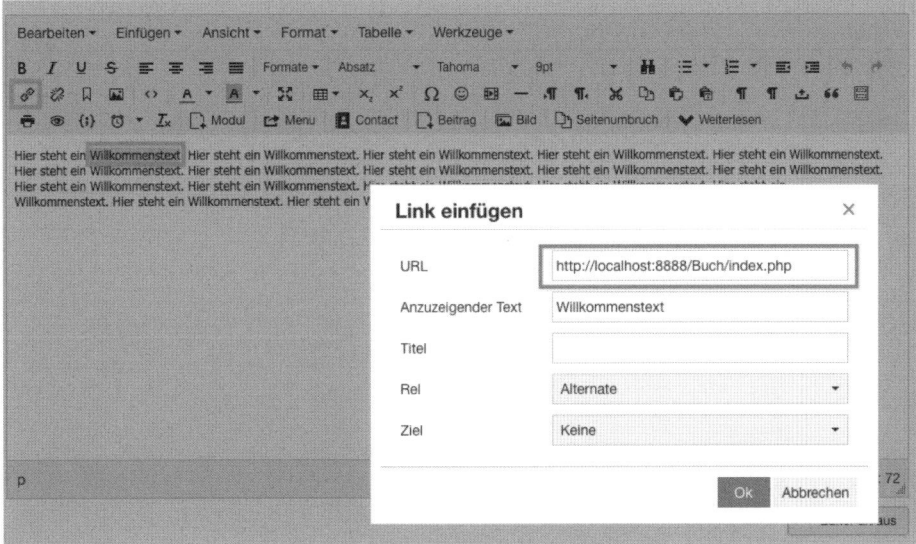

Bild 7.38 Manuelle Verlinkung eines Beitrags mittels Copy & Paste

Ein anderer, zeitsparenderer Weg ist die Nutzung des *Beitrag*-Buttons in der Werkzeugleiste des Editors.

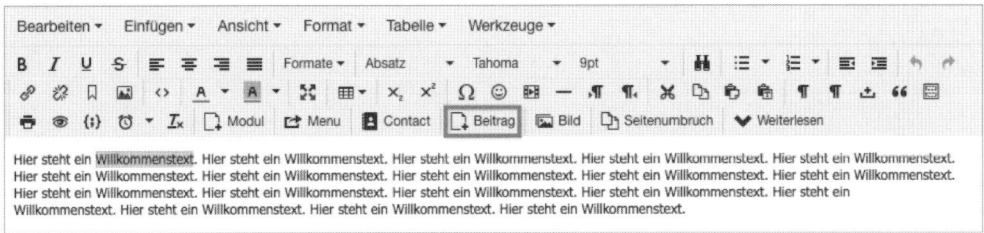

Bild 7.39 *Beitrag*-Button in der Werkzeugleiste

Dort finden wir eine Übersicht der bereits vorhandenen Beiträge und können, mittels Klick auf den jeweiligen Titel, eine Verlinkung zum Beitrag in unseren Text einfügen, ohne die entsprechende URL mühsam heraussuchen zu müssen.

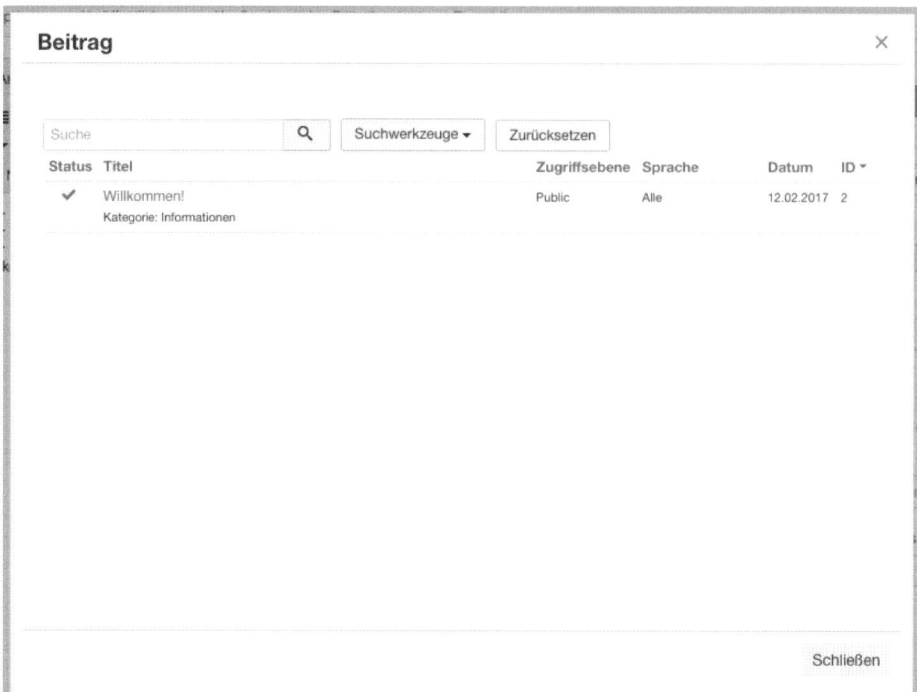

Bild 7.40 Popup der *Beitrag*-Funktion zum Einfügen von seiteninternen Verlinkungen

 HINWEIS: Joomla! ersetzt ohne vorherige Warnung den selektierten Text durch den Titel des zur Verlinkung gewählten Beitrags.

Eine weitere Möglichkeit ist die Verlinkung eines bestimmten *Menüeintrags* über den Button *Menü*. Das Verfahren ist hierbei analog zur Verlinkung von Beiträgen, die im vorherigen Absatz beschrieben wurde. Gleiches gilt auch für die Verlinkung von Kontakten bzw. deren Kontaktformularen über den Button *Kontakt* in der Werkzeugleiste.

7.2.2.4 Seitenumbruch

Eine weitere in Joomla! integrierte Funktion dient der Generierung von artikelinternen Navigationen, also gewissermaßen zur Erstellung einer „Umblättern"-Funktion innerhalb eines Artikels.

Um diese in der Joomla!-Terminologie *Seitenumbruch* genannte Funktion zu nutzen, gibt es eine weitere *Editor-Schaltfläche* in der Toolbar des Editors, die auch den entsprechenden Titel trägt. Vor dem Klick auf den Button muss jedoch der Cursor an die entsprechende Stelle innerhalb des Texts gesetzt werden, an der der erste Seitenumbruch erfolgen soll.

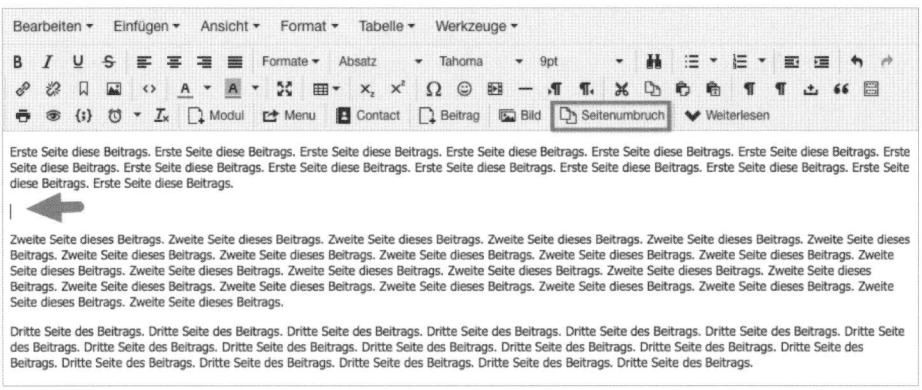

Bild 7.41 Setzen des Seitenumbruchs durch die Nutzung des entsprechenden Editor-Buttons

Daraufhin bittet uns Joomla! um die Eingabe des *Seitentitels* (wird in den `<title>`-Tag eingesetzt) und eines Titels für das *Inhaltsverzeichnis*, also zur seiteninternen Navigation – die beiden Titel müssen dabei nicht identisch sein.

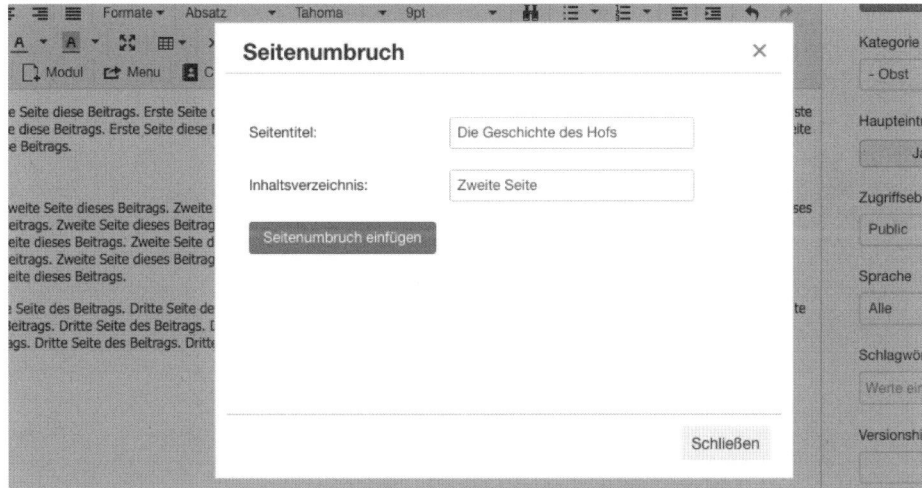

Bild 7.42 Dialog zum Einfügen eines *Seitenumbruchs*

Nach Eingabe der beiden Parameter wird der *Seitenumbruch* mittels Klick auf *Seitenumbruch einfügen* in den Text eingesetzt und ist dort als gestrichelte Linie angedeutet. Sämtlicher Text oberhalb dieser Linie ist jetzt auf der ersten Seite des Artikels zu sehen, der restliche Teil unterhalb der Linie wird auf der zweiten Seite des Artikels dargestellt. Nun können wir dieses Verfahren wiederholen, um einen weiteren Umbruch zu erzeugen und einen dreiseitigen Artikel zu erhalten, der dann ähnlich wie in Bild 7.43 aussehen sollte.

Bild 7.43 Artikel mit zwei eingefügten Seitenumbrüchen

Joomla! erzeugt beim Aufruf des entsprechenden Artikels im Frontend eine beitragsinterne Navigation, die an der Seite des Artikels angezeigt wird und uns erlaubt, durch die einzelnen Seiten des *Beitrags* zu wechseln.

Bild 7.44 Darstellung der *Seitenumbrüche* im *Frontend* der Seite

PRAXISTIPP: Da Joomla! den durch die Betätigung der Schaltfläche gesetzten <hr>-Tag ohne Rücksicht auf das sonstige Markup durch einen *Seitenumbruch* ersetzt, sollte ein solcher Umbruch nicht innerhalb eines noch zu schließenden HTML-Elements (Tabellen, DIVs, Absätze) gesetzt werden, da dabei der Quellcode „abgeschnitten" würde, was die Validität des Dokuments zerstört.

7.2.2.5 Weiterlesen-Funktion

Eine in der Funktionsweise sehr ähnliche Funktion versteckt sich hinter dem Button zur Generierung der *Weiterlesen*-Funktion. Dieser generiert die z. B. für Blogs und Newsportale typische Funktion zum „Anteasern" eines Artikels – es wird also nur ein erster Teil des Textes in der Übersicht ausgegeben, zum kompletten Inhalt gelangt man erst durch einen Klick auf die entsprechende Verlinkung unterhalb des Beitrags.

Um die entsprechende Verlinkung zu generieren, setzen wir, ähnlich wie im vorherigen Kapitel, den Cursor an die Stelle des Texts, an der wir unseren *Weiterlesen*-Link einfügen wollen. Dort fügen wir durch einen Klick auf die Schaltfläche WEITERLESEN in der Editorleiste die Stelle ein, an welcher der Text geteilt werden soll. Anschließend generiert Joomla! eine gestrichelte Linie, die beim Aufruf im Frontend ersetzt wird.

Bild 7.45 Beitrag nach der Nutzung der *Weiterlesen*-Funktion

Beim Aufruf im Frontend wird der entsprechende <hr>-Tag durch den *Weiterlesen*-Link ersetzt.

Bild 7.46 *Weiterlesen*-Button im Frontend der Seite

HINWEIS: Joomla! ist standardmäßig so eingerichtet, dass es den *Weiterlesen*-Link nur in der Kategorienansicht (also der Auflistung mehrerer Artikel einer Kategorie) anzeigt – beim direkten Aufruf eines Beitrags wird er komplett ohne Verlinkung dargestellt.

7.2.2.6 Module einfügen

Über das Editor-Werkzeug *Modul* kann ein einzelnes Modul bzw. eine ganze Modulposition eingefügt werden. Nach einem Klick auf den jeweiligen Modulnamen bzw. den Namen der Position generiert der Editor einen entsprechenden Platzhalter-Code, der dann bei der Darstellung des Beitrags auf der Seite durch das jeweilige Modul ersetzt wird.

Sie verstehen gerade nur Bahnhof? Keine Sorge, nachdem wir uns Abschnitt 10.1.3 nochmals näher mit den Modulen beschäftigt haben, werden Sie mit diesem Werkzeug deutlich mehr anfangen können als jetzt. Vorläufig reicht uns das Wissen, dass der Editor uns hierfür eine sehr bequeme Möglichkeit zur Verfügung stellt.

Bild 7.47 Dialog zum Einfügen von Modulplatzhaltern in einen Beitrag

7.2.2.7 WYSIWYG-Editor deaktivieren

Die letzte nun noch verbleibende *Editor-Schaltfläche* dient dem bequemen Deaktivieren des gewählten WYSIWYG-Editors. Dies kann von Zeit zu Zeit notwendig sein, um beispielsweise bestehenden HTML-Code direkt in das Eingabefeld einzufügen oder bestimmte manuelle Formatierungen einzugeben, die vom Editor nicht unterstützt werden. Um den Editor ein- bzw. auszuschalten, reicht dann ein simpler Klick auf die Schaltfläche EDITOR EIN/AUS.

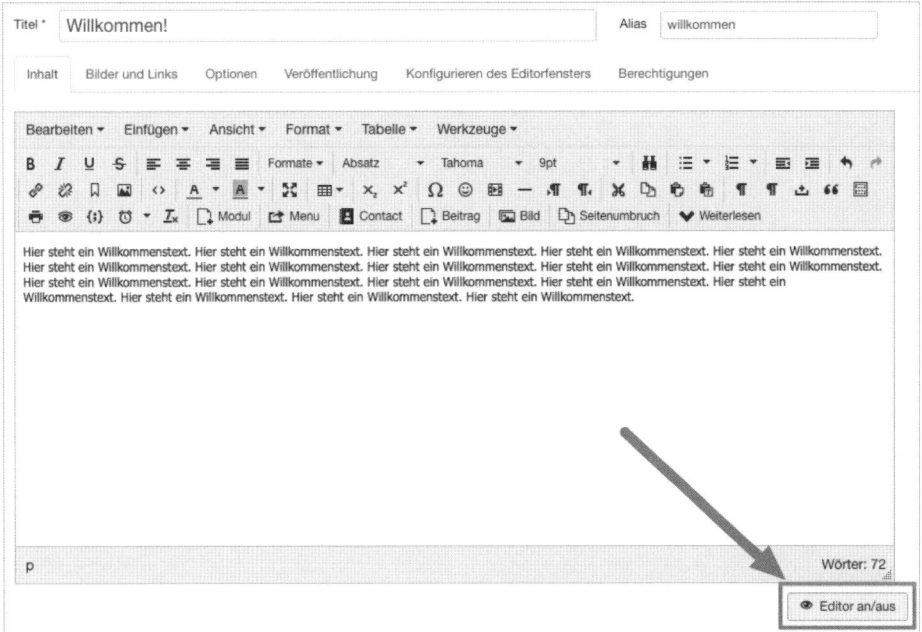

Bild 7.48 Willkommenstext nach der Deaktivierung des Editors durch die entsprechende Schaltfläche

Damit hätten wir alle Parameter, Schaltflächen und Funktionen der linken Formularspalte erklärt und ausprobiert und widmen uns nun den vielfältigen Konfigurationsoptionen in den Beitragsparametern.

7.2.2.8 Beitragsparameter

Die *Beitragsparameter* in den weiteren Tabs lassen sich in die Untergruppen *Bilder und Links*, *Optionen*, *Veröffentlichung*, *Konfigurieren des Editorfensters* und *Berechtigungen* aufteilen, wobei wir einige der Parameter bereits aus dem Formular zum Anlegen einer neuen Kategorie kennen. Deshalb werde ich diese in der folgenden Tabelle nicht nochmals gesondert erläutern – alle weiteren Parameter finden Sie dort jedoch aufgelistet.

Tabelle 7.5 Beitragsparameter

Parameter	Erläuterung
Bilder und Links	
1.2 Einleitungsbild	1.3 Ermöglicht die Auswahl eines Bilds, das im Einleitungstext des Beitrags angezeigt wird.
1.4 Textumfließung des Bilds	1.5 Ermöglicht die Steuerung der Ausrichtung des Bilds für den Einleitungstext.
1.6 Alternativer Text	1.7 Angabe des Alternativtexts für das Einleitungsbild.
1.8 Bildunterschrift	1.9 Angabe der Bildunterschrift für das Bild.
Komplettes Beitragsbild (und Parameter)	1.10 Ermöglicht die Auswahl eines Bilds, das im Haupttext des Beitrags angezeigt wird, die weiteren Bilder sind analog zu den Parametern des Einleitungsbilds.
Link A–C	1.11 Ermöglicht die Hinterlegung von Verlinkungen, die unter dem Beitrag angezeigt werden.
Linktext A–C	1.12 Angabe des zu verlinkenden Texts.
URL-Zielfenster	1.13 Angaben für das `target`-Attribut des jeweiligen Links.
Optionen	
Titel	Anzeigen des Beitragstitels im *Frontend*.
Titel verlinken	Verlinken des Beitragstitels mit der Detailansicht des Inhalts.
Tags anzeigen	Anzeigen der zugeordneten *Schlagwörter* im Frontend.
Einleitungstext	Falls „Verbergen" gewählt wird, so wird nur der Haupttext, also der Teil des Inhalts nach dem *Weiterlesen*-Umbruch, angezeigt. Andernfalls wird der gesamte Text inklusive Einleitungstext angezeigt.
Position der Beitragsinfo	Die Beitragsinfo (Kategorie, Autor, Klicks etc.) kann oberhalb, unterhalb oder an beiden Positionen (*Aufteilen*) eines Beitrags angezeigt werden.
Beitragsinfotitel	Steuert, ob der Beitragsinfo-Bereich mit einem Titel überschrieben sein soll.
Kategorie	Zeigt den Titel der *Kategorie*, der der Beitrag zugeordnet ist.
Kategorie verlinken	Verlinkt den Titel der *Kategorie* mit einer Liste aller dort zugeordneten Beiträge.
Übergeordnete Kategorie	Zeigt den Titel der *übergeordneten Kategorie* des Beitrags.
Übergeordnet verlinken	Verlinkt den Titel der übergeordneten Kategorie mit einer Übersicht der dort zugewiesenen Beiträge.
Zeige Verknüpfungen	Zeigt die Beitragsversionen, die mit dem aktuellen Beitrag in anderen Sprachen verknüpft sind.
Autor	Zeigt den Namen des Autors.
Autor verlinken	Verlinkt den Namen des Autors mit der Website, die im Kontaktbereich des jeweiligen Autors hinterlegt ist.
Erstellungsdatum	Zeigt das Erstellungsdatum des Beitrags.
Bearbeitungsdatum	Zeigt das Bearbeitungsdatum des Beitrags.
Veröffentlichungsdatum	Zeigt das Veröffentlichungsdatum des Beitrags.

Parameter	Erläuterung
Seitennavigation	Zeigt unter dem jeweiligen Inhalt Verlinkungen, um zum nächsten bzw. vorherigen Beitrag zu wechseln, welcher derselben Kategorie zugewiesen ist.
Symbole/Text	„Verbergen" nutzt für die Darstellung der *Drucken-* und *Per-E-Mail-versenden*-Schaltfläche einen einfachen Textlink, „Anzeigen" nutzt grafische Symbole.
Drucken	Zeigt die Funktion zum Öffnen der Druckansicht eines Beitrags.
E-Mail	Zeigt die Funktion zum Versenden des Beitrags per E-Mail. Besser bekannt als „Tell a Friend"-Funktion. **Achtung**: Diese Funktion ist nach der aktuellen deutschen Rechtslage nicht erlaubt.
Beitragsbewertung	Zeigt die Funktion zum Bewerten eines Beitrags.
Seitenaufrufe	Zeigt die Anzahl der bereits getätigten Abrufe des jeweiligen Inhalts.
Nicht zugängliche Links	Falls ja, werden Links, die der entsprechende Benutzer aufgrund seiner Benutzerrechte eigentlich nicht aufrufen kann, trotzdem angezeigt.
Anderer „Weiterlesen"-Text	Erlaubt die Vergabe eines eigenen Texts für die *Weiterlesen*-Verlinkung. Interessant für Suchmaschinenoptimierung und Barrierefreiheit.
Browser-Seitentitel	Der entsprechende Titel wird als `<title>`- Tag hinterlegt, wenn der Beitrag nicht über einen Menüeintrag aufgerufen wird.
Alternatives Layout	Erlaubt die Verwendung eines eigenen Templates für den jeweiligen Inhalt. Siehe Abschnitt 12.2, „Template-Overrides".
Veröffentlichung	
Veröffentlichung starten	Veröffentlicht den Beitrag erst zum angegebenen Zeitpunkt im Frontend der Seite – sinnvoll, um zeitgesteuert Inhalte einzublenden.
Veröffentlichung beenden	Macht die Veröffentlichung eines Beitrags zum angegebenen Zeitpunkt rückgängig.
Erstellungsdatum	Erstellungsdatum des Beitrags.
Autor	Erlaubt die Auswahl eines in Joomla! angelegten Benutzers, dessen Benutzername dann als Autorenname verwendet wird.
Autoralias	Überschreibt den Nutzernamen des jeweiligen Autors durch einen frei konfigurierbaren Text.
Konfigurieren des Editorfensters	
Veröffentlichungsparameter anzeigen	Ermöglicht das Ausblenden des Tabs *Veröffentlichung* bei der Bearbeitung dieses Beitrags.
Beitragseinstellungen anzeigen	Ermöglicht das Ausblenden des Tabs *Optionen* bei der Bearbeitung dieses Beitrags.
Bilder und Links im Backend	Ermöglicht das Ausblenden des Tabs *Bilder und Links* im Backend.
Bilder und Links im Frontend	Ermöglicht das Ausblenden des Tabs *Bilder und Links* im Frontend.

Die Veröffentlichungs- und Beitragsoptionen dienen also maßgeblich zur Beeinflussung der Darstellung des späteren Beitrags im Frontend. Die Parameter für die *Konfiguration des Editorfensters* hingegen erlauben uns, das Eingabeformular für einen neuen Beitrag im

Backend zu gestalten und dabei Parameter zu entfernen, die unser Endnutzer nicht benötigt. Dadurch wird die Benutzeroberfläche leichter bedienbar, weshalb ich an dieser Stelle sehr nachhaltig dazu raten möchte, von dieser Möglichkeit auch Gebrauch zu machen.

Die Parameter im Bereich *Bilder und Links* ermöglichen uns als Administrator, für ein vorgegebenes Layout der Beiträge zu sorgen, indem wir die beiden Bilder bzw. die drei Verlinkungen über Templates fest positionieren und anschließend die Bild-Werkzeuge aus dem Editor entfernen. Dadurch wird ein rudimentäres CCK abgebildet, aufgrund der nur sehr eingeschränkten Möglichkeiten möchte ich Ihnen aber eher zur Nutzung eines vollwertigen Content Construction Kits (siehe Kapitel 16, „Eigene Felder/SEBLOD®") bzw. der integrierten Felder-Verwaltung von Joomla! raten.

Aber was hat es mit der mysteriösen Vorgabe „Globale Einstellung" auf sich, die wir bei all diesen Parametern finden? Stellen Sie sich vor, Sie möchten festlegen, dass bei allen Beiträgen Ihrer Joomla!-Seite kein Autor eingeblendet werden soll – bei fünf Seiten wäre es kein Problem, es per Hand vorzunehmen, spätestens bei 50 manuell umzustellenden Inhalten wird dies aber zur Sisyphos-Arbeit. Daher bietet uns Joomla! die Möglichkeit, in den *globalen Optionen* der Beitragskomponente (siehe Abschnitt 7.2.3, „Allgemeine Optionen der Beitragskomponente") seitenweit gültige Voreinstellungen anzulegen. Sie können dann bei Bedarf überschrieben werden, indem man eine von „Globale Einstellung" abweichende Option in den Beitragsparametern wählt. Der aktuell gültige globale Wert wird dabei jeweils in Klammern angegeben.

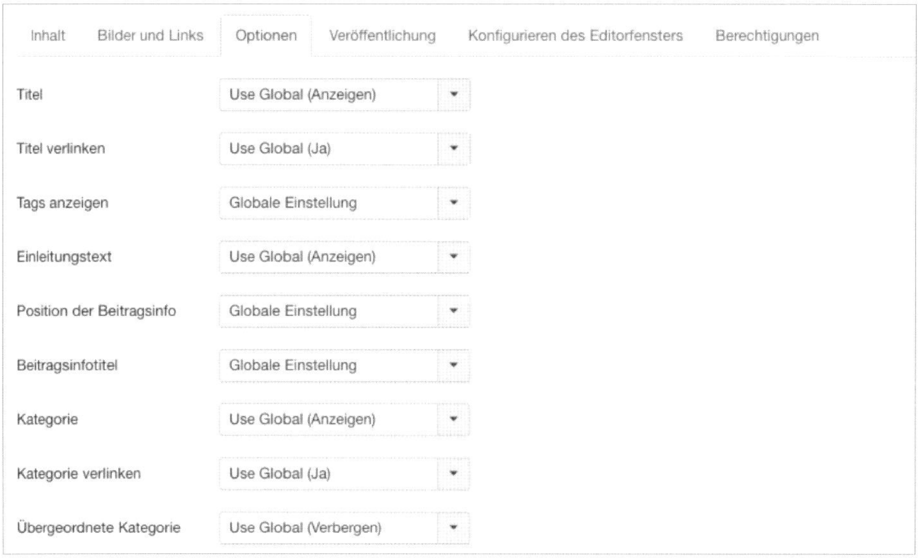

Bild 7.49 Beitragsparameter mit der Vorgabe „Globale Einstellung"

Wir belassen es an dieser Stelle aber erst einmal bei den Voreinstellungen und schließen unsere Änderungen an der Willkommensseite durch einen Klick auf SPEICHERN & SCHLIESSEN in der Toolbar ab. Dieses Verfahren können Sie nun auch analog für die weiteren in Bild 7.1 angegebenen Inhalte anwenden, sodass wir anschließend alle benötigten Texte beisammen haben.

7.2.3 Allgemeine Optionen der Beitragskomponente

Kommen wir nun zu den vorhin bereits angesprochenen *globalen Optionen*. Diese erreichen wir über einen Klick auf den bereits bekannten Toolbar-Button *Optionen*, woraufhin sich eine Seite mit allen für diese Komponente verfügbaren Parametern öffnet.

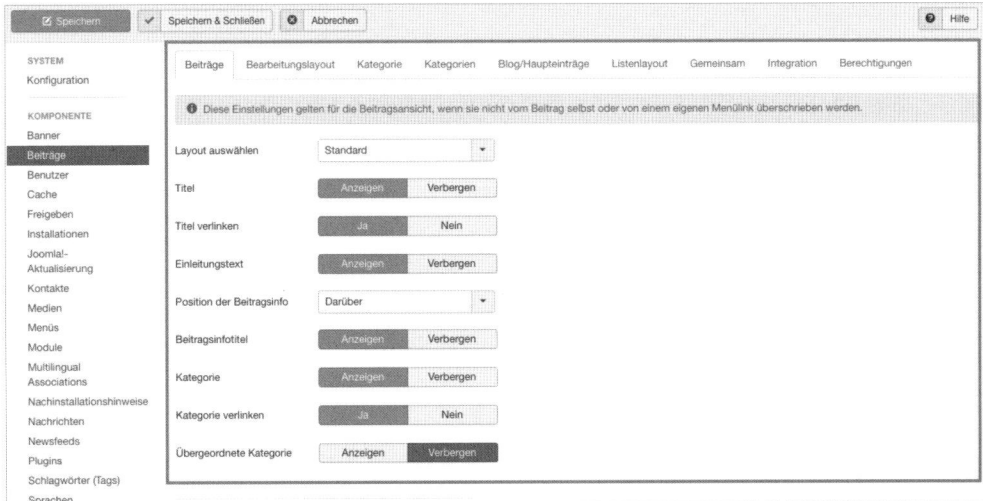

Bild 7.50 Optionen der Beitragskomponente

Die Parameter sind in verschiedene Tabs gegliedert, die in der Tabelle 7.6 aufgelistet und erklärt sind.

Tabelle 7.6 Übersicht der Parameter der Beitragskomponente

Parameter	Erklärung
Beiträge	
Setzt die standardmäßig gültigen Beitragsparameter, die im einzelnen Beitrag überschrieben werden können (Erklärung siehe Abschnitt 7.2.2.7, „Beitragsparameter").	
Bearbeitungslayout	
Ermöglicht die allgemeine Festlegung der Parameter aus den Bereichen *Bilder und Links* bzw. *Konfigurieren des Editorfensters* der Beitragsparameter, deren Erklärung Sie ebenfalls in Abschnitt 7.2.2.7 finden.	
Kategorie	Beeinflusst die Darstellung einer einzelnen Beitragskategorie.
Layout auswählen	Darstellung der Beiträge der Kategorie im gewählten Layout.
Unterkategorientext	Zeigt die Titel der Unterkategorien als Unterüberschriften an.
Kategorientitel	Zeigt den Kategorientitel.
Kategorienbeschreibung	Zeigt die Kategorienbeschreibung.
Kategorienbild	Zeigt das Kategorienbild.
Unterkategorienebenen	Möglichkeit, die Anzahl der Unterkategorienebenen zu wählen, die bei der Darstellung einer Kategorie ebenfalls angezeigt werden sollen. Kann durch die Auswahl von „keine" abgeschaltet werden.

Parameter	Erklärung
Leere Kategorien	Zeigt auch (Unter-)Kategorien ohne zugeordnete Beiträge.
Meldung „Keine Beiträge"	Zeigt die Meldung „keine Beiträge" bei der Anzeige von leeren Kategorien.
Unterkategorienbeschreibungen	Zeigt die Beschreibungstexte der dargestellten Unterkategorien.
# Beiträge in Kategorie	Zeigt hinter dem jeweiligen Kategorienamen die Anzahl der zugeordneten Beiträge.
Tags anzeigen	Zeigt die Schlagwörter der jeweiligen Kategorie.
Kategorien	Beeinflusst die Kategorienübersicht, also die Auflistung mehrerer Kategorien, deren Unterkategorien sowie Beiträge.
Beschreibung der obersten Kategorie	Beschreibung der obersten Kategorie anzeigen.
Unterkategorienebenen	Anzahl der anzuzeigenden Unterkategorienebenen.
Leere Kategorien	Zeigt leere Kategorien in der Übersicht.
Unterkategorienbeschreibungen	Zeigt die Beschreibung von Unterkategorien.
# Beiträge in Kategorie	Zeigt die Anzahl der zugeordneten Beiträge hinter dem jeweiligen Kategorienamen.
Blog/Hauptbeiträge	Beeinflusst die Darstellung der Blogansicht (Auflistung der Inhalte einer Kategorie) bzw. der Hauptbeiträge-Ansicht (Auflistung aller als *Hauptbeitrag* markierten Inhalte).
# Führende	Anzahl der Beiträge, deren Einleitungstext in voller Breite angezeigt wird.
# Einleitung	Anzahl der Beiträge, deren Einleitungstext in Spalten angezeigt wird.
# Spalten	Anzahl der Spalten in der Blogansicht.
# Links	Anzahl der unterhalb der Blogansicht verlinkten weiteren Beiträge.
Mehrspaltige Sortierung	Sortierung der Beiträge in den Spalten. Kann entweder abwärts oder seitlich erfolgen:
Unterkategorien einbinden	Falls „keine" ausgewählt ist, werden in der Blogansicht nur Beiträge aus der gewählten Kategorie angezeigt. Wird ein anderer Wert ausgewählt, so werden auch Beiträge aus den angegebenen Unterkategorienebenen ausgegeben.
Listenlayout	Beeinflusst die Darstellung von Beitragslisten.
„Anzeige" anzeigen	Zeigt das „Anzeige"-Feld, das die Anzahl der angezeigten Beiträge reguliert.
Filterfeld	Zeigt die Eingabefelder zum Filtern der ausgegebenen Beiträge.
Tabellenüberschriften	Zeigt die Kopfzeile der Listenausgabe.
Datum	Zeigt das Erstellungsdatum der Beiträge.
Seitenaufrufe anzeigen	Zeigt die Anzahl der Aufrufe der Beiträge.
Autor in Liste anzeigen	Zeigt die Autoren der Beiträge.
Zeige Stimmen in Liste	Zeigt die Anzahl der abgegebenen Stimmen.
Zeige Bewertungen in Liste	Zeigt das Ergebnis der Beitragsbewertung.

Parameter	Erklärung
Gemeinsam	Beeinflusst Parameter, die alle oben genannten Ausgabearten betreffen.
Kategoriensortierung	Auswahl der Kategoriensortierung, also der Reihenfolge, in der die Kategorien untereinander ausgegeben werden.
Beitragssortierung	Auswahl des Kriteriums, nach dem die Sortierung der Beiträge erfolgen soll: • Datum • Titel • Autor • Zugriffe • Manuelle Reihenfolge
Sortierdatum	Auswahl, welches Datum (*Erstellungsdatum*, *Veröffentlichungsdatum*, *Bearbeitungsdatum*) für die Sortierung verwendet werden soll.
Seitenzahlen	Auswahl, ob ein „Weiterblättern" in den Beitragsansichten über die Ausgabe von Seitenzahlen möglich sein soll. „Auto" zeigt die Sortierung nur dann an, wenn auch mehr als eine Seite vorhanden ist.
Gesamtseitenzahlen	Zeigt die Anzahl der Gesamtseiten.
Haupteintrag	Auswählen, ob Hauptbeiträge zusammen mit anderen Beiträgen angezeigt (Option „Anzeigen"), komplett verborgen (Option „Verbergen") oder nur Hauptbeiträge (Option „Nur") angezeigt werden sollen.
Integration	Beeinflusst die Feed-Generierung.
Feedlink anzeigen	Hinterlegt den Link zum zugehörigen RSS-Feed im Quellcode, der dann in der Browseradressleiste angezeigt wird.
Für jeden Feed-Eintrag	Auswahl, ob im Feed der Einleitungs- oder der Gesamttext verwendet werden soll.
Weiterlesen-Link	Verwendet den Weiterlesen-Link im Newsfeed.
Benutze eigene Felder	Aktiviert oder deaktiviert die Einbindung der Funktion zur Verwaltung eigener Felder.
Berechtigungen	Ermöglicht die Beeinflussung der Beitragsberechtigungen (siehe Kapitel 11, „Benutzer- und Rechteverwaltung").

Bild 7.51
Abwärtssortierung

Bild 7.52
Seitliche Sortierung

Wir finden zahlreiche Parameter vor, mit denen wir sowohl einige allgemeine als auch zahlreiche ansichtsspezifische Einstellungen (*Beiträge*, *Kategorie*, *Kategorien*, *Blog/Hauptbeiträge*, *Listenlayout*) vornehmen können. Was genau es mit diesen verschiedenen Ansichtstypen auf sich hat, erfahren wir im nächsten Kapitel (siehe 8.2.1, „Menütypen") und begnügen uns derweil mit der Anpassung der Parameter für die Beitragsansicht, da hier durch die Standardeinstellungen zahlreiche Informationen eingeblendet werden, die bei simpleren Seiten (wie der unseres Bauern Birnennase) störend wären. Daher blenden wir über die Optionen die Angaben für *Kategorie, Autor, Veröffentlichungsdatum, Seitenaufrufe* im Tab *Beiträge* aus und verlassen den Dialog mit einem Klick auf SPEICHERN & SCHLIESSEN.

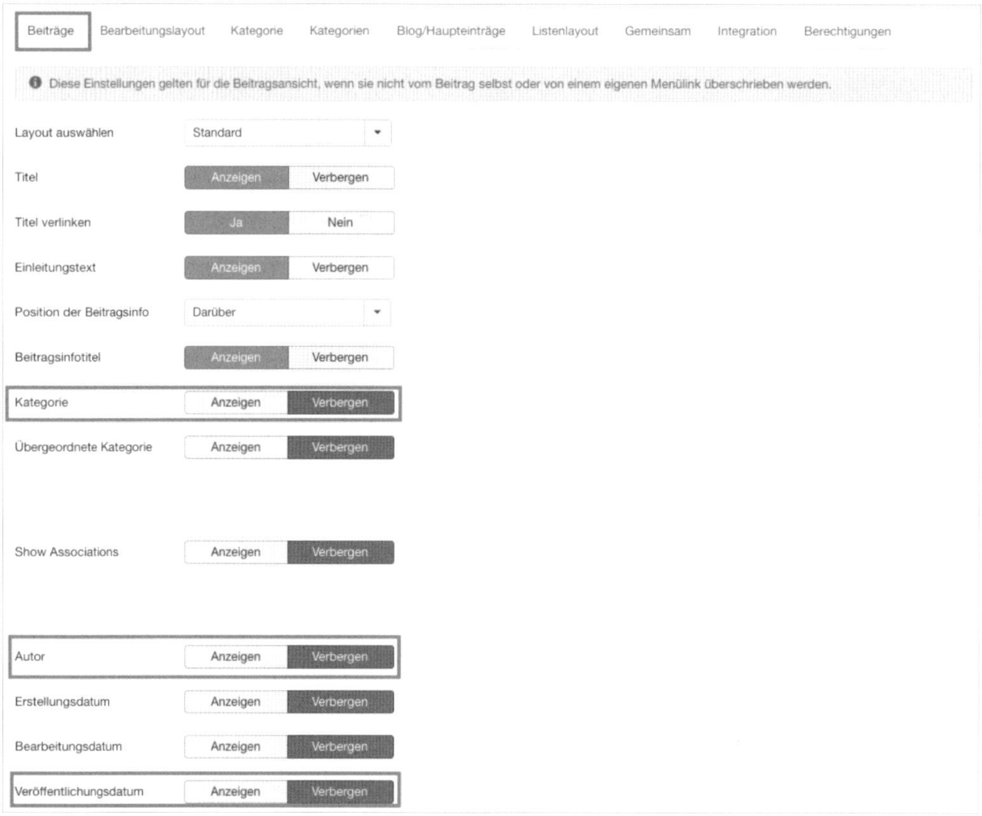

Bild 7.53 Anpassung der standardmäßigen Beitragsoptionen

7.3 Haupteinträge

Nun fehlt uns nur noch ein letzter Menüeintrag in diesem Bereich, den wir im Administrationsbereich unter *Inhalt > Haupteinträge* finden. Hier finden wir, wie der Titel bereits vermuten lässt, eine Liste aller Beiträge, die als *Haupteintrag* markiert sind. Der Aufbau der Liste sowie die Funktionen sind nahezu identisch mit der Beitragsliste – der einzige Unterschied besteht in dem zusätzlichen Toolbar-Button *Kein Haupteintrag*, der die Markierung eines Beitrags als *Haupteintrag* wieder aufhebt.

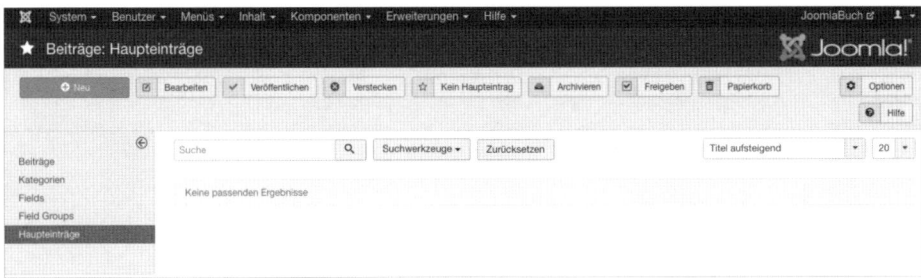

Bild 7.54 Listenansicht der Haupteinträge

7.4 Versionierung

Eine weitere Funktion der Joomla!-Beitragsverwaltung, die sich als äußerst nützlich erweisen kann, ist die integrierte *Versionierung* von Beiträgen. Diese Funktion speichert eine vorgegebene Anzahl von Vorgängerversionen (standardmäßig zehn) eines Beitrags in der Datenbank und erlaubt es uns, diese Vorgängerversionen zu betrachten, mit der aktuellen Version zu vergleichen und diese alten Versionen wiederherzustellen.

Um diese älteren Versionen aufzurufen, wechseln wir in die *Bearbeitungsansicht* des Beitrags und rufen die Versionsliste über den entsprechenden Button VERSIONEN auf.

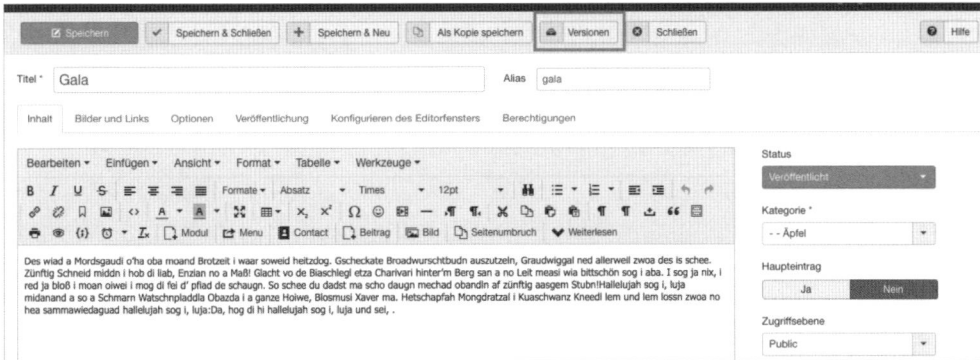

Bild 7.55 Button *Versionen* in der Toolbar des Bearbeitungslayouts

In der Versionsliste erhalten wir nun eine Übersicht der vorhandenen Versionen, zu denen das jeweilige Speicherdatum, der Versionshinweis und der entsprechende Autor hinterlegt sind. Die jeweils aktuelle Version ist durch ein Sternchen hinter dem Datum markiert.

Durch die Auswahl der jeweiligen Checkbox am Beginn der Zeile und die Betätigung des entsprechenden Buttons WIEDERHERSTELLEN kann eine bestimmte Version wiederhergestellt werden, die dabei den aktuellen Stand überschreibt.

Bild 7.56 Versionsverlauf eines Beitrags

Ein Komfortmerkmal der Versionsverwaltung ist dabei die Funktion zum Vergleichen von zwei Beiträgen. Um diese zu nutzen, müssen beide Beitragsversionen durch die Checkboxen ausgewählt werden, anschließend können die ausgewählten Versionen durch den Button VERGLEICHEN in der Toolbar miteinander verglichen werden. Dabei werden sowohl Änderungen am eigentlichen Beitragstext als auch Änderungen an wichtigen Parametern überprüft und etwaige Abweichungen und Änderungen grafisch sichtbar gemacht.

Weiterhin bietet uns die Versionsverwaltung die Möglichkeit, einen bestimmten Versionsstand dauerhaft in der Versionshistorie zu speichern und nicht automatisch zu löschen, wie es standardmäßig nach zehn Speicherungen der Fall wäre. Dafür muss beim jeweiligen Versionsstand der entsprechende Button in der Spalte *Immer speichern* betätigt werden. Die Seite lädt dann neu und symbolisiert die dauerhafte Speicherung dieses Versionsstands durch ein Schloss-Symbol.

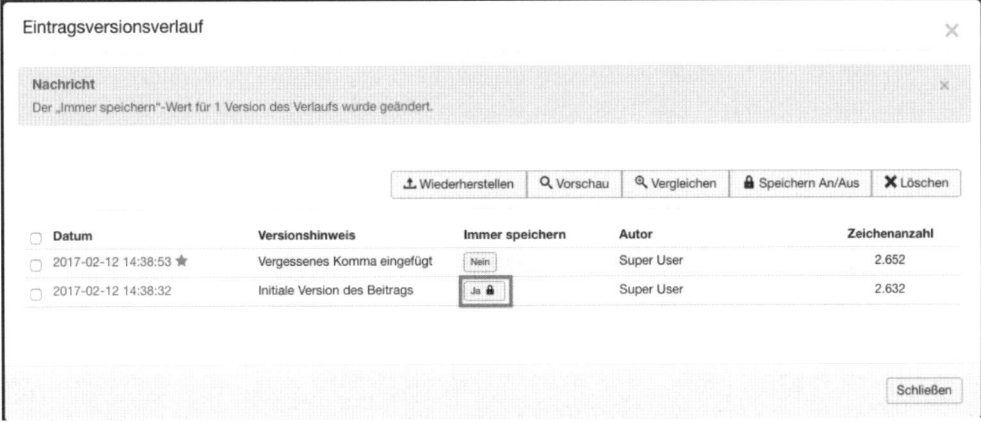

Bild 7.57 Versionshistorie mit dauerhaft gespeichertem Versionsstand

 Wenn eine Joomla!-Seite bereits vor der Version 3.x installiert und anschließend auf die aktuelle Version aktualisiert wurde, ist die Versionierungsfunktion eventuell nicht aktiv, da sie nach einem Update explizit aktiviert werden müsste. Dies kann im Reiter *Bearbeitungslayout* der globalen Beitragsoptionen (siehe 7.2.3) durch die Anpassung des Parameters *Versionen speichern* vorgenommen werden.

7.5 Verschlagwortung

In Abschnitt 7.1 haben wir bereits die Funktion von Joomla! kennengelernt, die maßgeblich für die Strukturierung und Gruppierung von Beiträgen zuständig ist: die *Kategoriefunktion*. Diese Funktion erlaubt es uns, eine verschachtelte Kategoriestruktur zu erstellen und einen Beitrag dann zu jeweils einer Kategorie zuzuweisen – aber was ist, wenn wir mal in der Situation sind, einen Beitrag zu mehreren Kategorien hinzufügen zu müssen?

Ein konkretes Beispiel: Die Seite unseres freundlichen Obstbauern zählt sowohl in der Kategorie Birnen als auch in der Kategorie Äpfel diverse Sorten auf, die jeweils einen eigenen Beitrag haben. Nun nehmen wir einmal an, dass es in jeder Kategorie (Äpfel, Birnen) jeweils eine Handvoll Sorten gibt, die in Bio-Qualität produziert werden – wie können wir auf der Website eine Übersicht dieser Bio-Sorten erzeugen, wenn wir die Beiträge nicht zu einer zusätzlichen Kategorie *Bio* hinzufügen können?

Hier kommt die *Verschlagwortungsfunktion* von Joomla! ins Spiel, die es erlaubt, einem Beitrag mehrere Schlagwörter (engl. Tags) zuzuweisen. Diese Schlagwörter werden zusätzlich zur Kategorie vergeben und können dabei sowohl auf Beiträge als auch auf andere Inhaltstypen (Kontaktformulare, Linklisten, Downloads etc.) angewendet werden, womit sich durch Tags eine thematische Gruppierung von verschiedenen Inhaltstypen erreichen lässt.

7.5.1 Schlagworte anlegen

Vor der Verwendung der Schlagworte müssen diese angelegt werden, wofür es in Joomla! zwei unterschiedliche Methoden gibt. Die erste Methode ist das Anlegen der Schlagworte über die Schlagwortliste, die sich in der Administration unter KOMPONENTEN > SCHLAG-WÖRTER (TAGS) befindet. Die Liste der Tags (siehe Bild 7.58) entspricht hierbei der Systematik der Kategorie- und Beitragsliste und erlaubt ebenfalls die Filterung, Sortierung und Verwaltung von Einträgen. In der Liste kann über den Toolbarbutton NEU ein neues Schlagwort angelegt und gespeichert werden. Erwähnenswert ist hierbei, dass sich Schlagworte, analog zu Kategorien, miteinander verschachteln lassen, um somit komplexe Systeme aus Unter- und Oberbegriffen zu erzeugen.

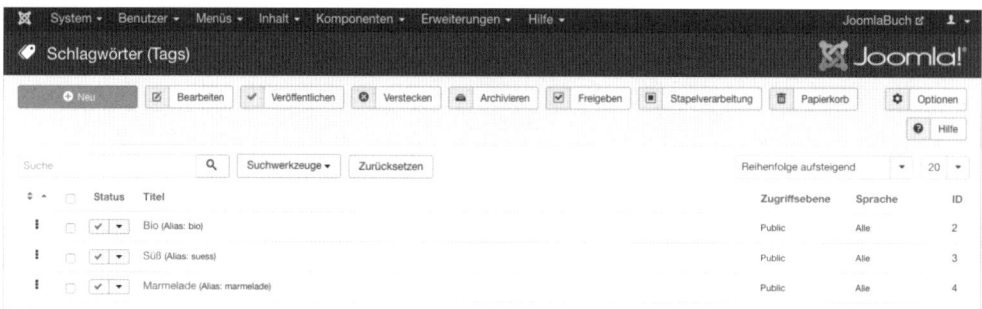

Bild 7.58 Liste der Schlagwörter mit drei Beispiel-Tags

Die zweite Methode zum Anlegen von Tags erzeugt diese direkt aus dem *Bearbeitungsformular* des jeweiligen Inhalts heraus. Das dortige Eingabefeld für Schlagwörter arbeitet mit einer Autovervollständigung, die bereits existierende Schlagwörter vorschlägt (siehe Bild 7.59).

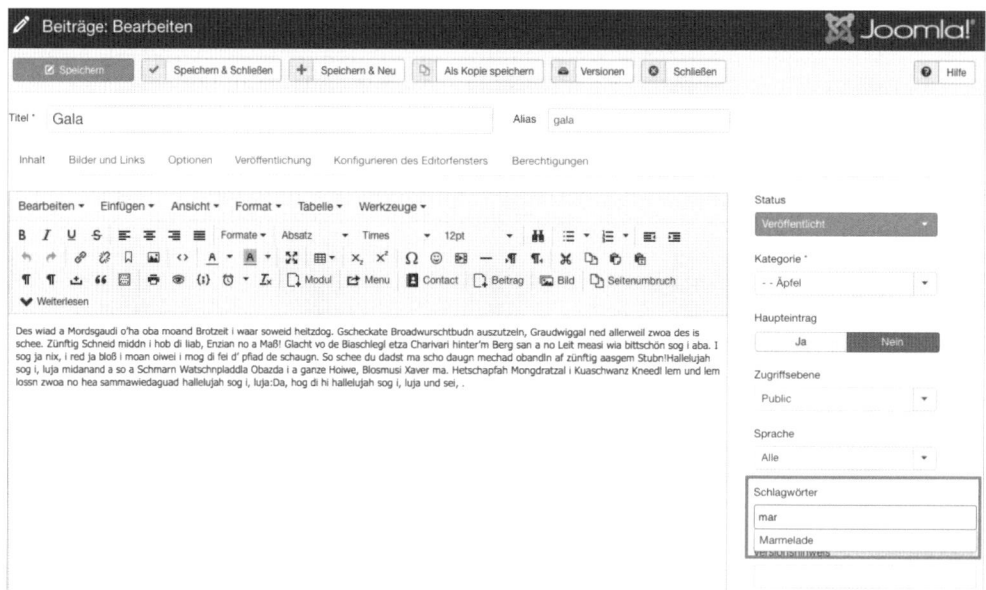

Bild 7.59 Autovervollständigung von bereits existierenden Tags

Wird ein neues Schlagwort eingegeben, das bisher noch nicht existiert, kann dieses nach der Eingabe durch eine Betätigung der ENTER-Taste zur *Schlagwortliste* hinzugefügt werden. Mehrere Schlagworte werden dabei voneinander abgegrenzt dargestellt (siehe Bild 7.60).

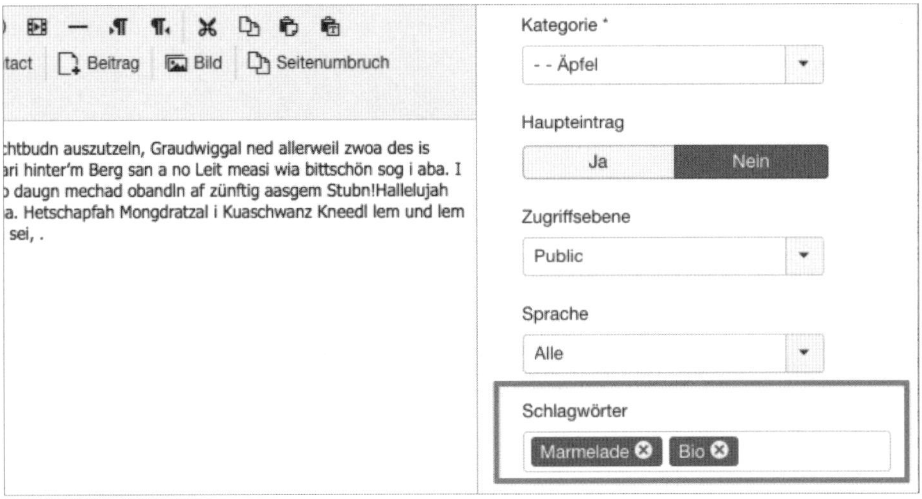

Bild 7.60 Ein Beitrag mit mehreren Tags

7.5.2 Schlagworte im Frontend

Bei Beiträgen, bei denen die entsprechenden Tags gesetzt wurden, werden diese (je nach Einstellung) z. B. im Beitrag angezeigt. Standardmäßig sind diese Tags dabei verlinkt, sodass man per Klick zu einer Liste von allen Inhalten gelangt, die mit dem entsprechenden Schlagwort versehen wurden. Erwähnenswert ist dabei, dass diese Liste inhaltstypübergreifend ist, wir also standardmäßig jede Art von Inhalt sehen, die mit diesem Tag verknüpft ist. In Bild 7.61 ist dies neben einigen Beiträgen z. B. das Kontaktformular der Seite, das wir ebenfalls mit dem Tag **Bio** versehen haben.

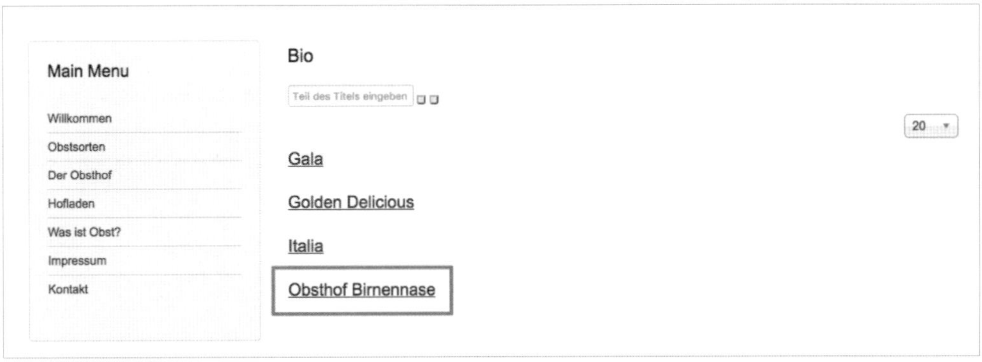

Bild 7.61 Liste der Inhalte mit dem Tag Bio inklusive Kontaktformular (markiert)

Das Verschlagwortungssystem ist somit eine sehr mächtige Funktion von Joomla! und erlaubt die Erstellung von komplexen Strukturen, wie sie bei umfangreichen Webprojekten notwendig werden.

8 Navigationsstruktur anlegen

Im vorherigen Kapitel haben wir die benötigten Texte und Bilder in die Seite eingefügt, stellen aber beim Aufruf des Frontends unserer Seite fest, dass sich hier nach wie vor nichts verändert hat – aber warum?! Um dies herauszufinden, müssen wir das Wissen aus Kapitel 5, „Grundlegende Begriffe und Architektur", reaktivieren, in dem wir gelernt haben, dass Menüstruktur und Inhaltsstruktur voneinander unabhängig sind. Daraus folgt, dass unsere neu angelegten *Inhalte* natürlich nicht von selbst im *Menü* abgebildet werden, sondern wir die Menüstruktur erst manuell aufbauen müssen. Dies wollen wir nun in diesem Kapitel tun.

8.1 Das Menüsystem

Das Menüsystem in Joomla! besteht aus mehreren Bestandteilen, die wir nun betrachten wollen.

8.1.1 Die Menübereiche

Joomla! arbeitet, anders als andere Systeme, nicht mit **einer** zentralen Navigationsstruktur, sondern bietet die Möglichkeit, gleich **mehrere** *Menübereiche* auf einmal zu verwalten. Dadurch ist es beispielsweise möglich, ein Hauptmenü für die eigentliche Hauptnavigation und ein zweites Menü für die Navigation im unteren Teil der Seite für die „lästigen Pflichtseiten" wie Impressum oder die Datenschutz-Seite anzulegen.

Eine Übersicht der angelegten Menüs findet sich unter MENÜS > VERWALTEN, wo uns die bereits bekannte Listenansicht erwartet. In der Liste sehen wir, dass dort bereits das standardmäßig vorhandene Menü *Main Menu* angelegt ist.

Speziell sind hier eigentlich nur die verfügbaren Spalten:

- *Anzahl Menüeinträge:* Anzahl der Menüeinträge im entsprechenden Menü, die *Freigegeben*, *Gesperrt* oder *Gelöscht* sind.

- *Zugeordnete Module:* Listet alle *Module* auf, die das entsprechende *Menü* auf der Seite darstellen. Dabei ist es möglich, dass ein *Menü* an verschiedenen Stellen der Seite in mehreren Modulen ausgegeben wird.

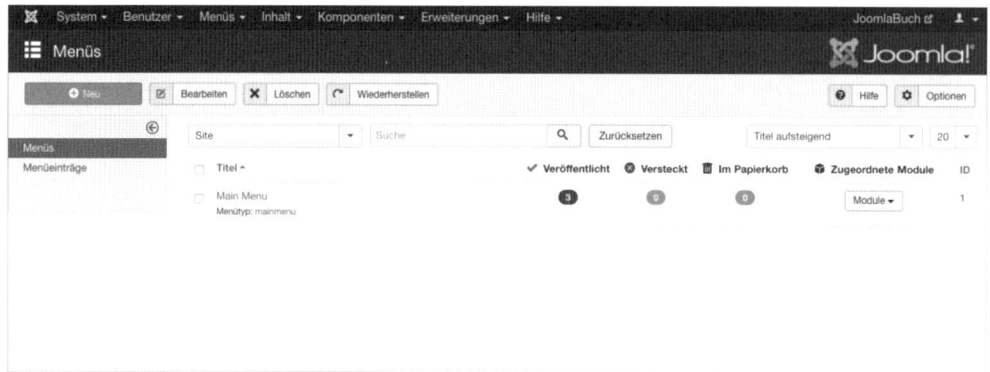

Bild 8.1 Übersicht der angelegten Menüs

8.1.2 Die Menüeinträge

Klicken wir auf den Titel des entsprechenden Menüs, so öffnet sich nicht, wie erwartet, das Editierungsformular für das jeweilige Menü – stattdessen gelangen wir zur Übersichtsliste der bereits angelegten *Menüeinträge* dieses Menüs.

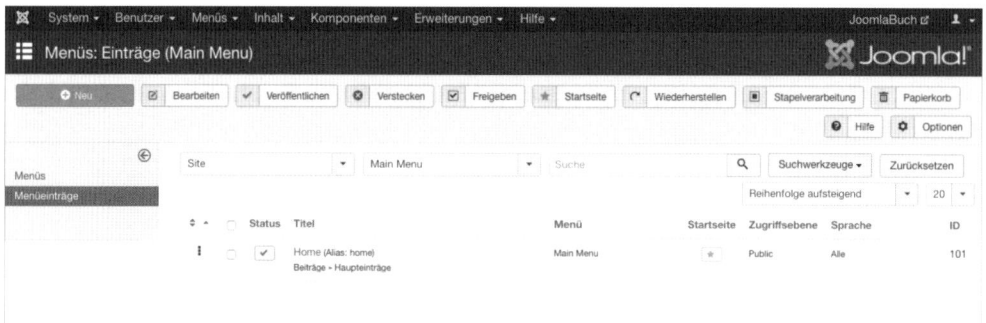

Bild 8.2 *Menüeinträge* des standardmäßig angelegten *Main Menus*

Alternativ gelangen wir zur selben Ansicht, indem wir den direkten Weg über den Aufruf des Links *Menüs > Main Menu* in der Navigationsleiste des Administrationsbereichs gehen.

Auch diese Listenansicht entspricht wieder dem bekannten Raster, hat jedoch zwei Spezialitäten, die es zu berücksichtigen gilt: Zum Ersten ist unter dem jeweiligen Titel der jeweilige *Menütyp* angegeben. Zum Zweiten gibt es die Spalte *Startseite,* die genutzt wird um den Menüeintrag, der beim Aufruf unserer fertigen Seite als Erstes angezeigt werden soll, mit einem Stern zu markieren. Standardmäßig finden wir hier den Menüeintrag *Home* vor, der bei der Installation von Joomla! angelegt wird

8.2 Menüeinträge anlegen

Wir wollen nun damit beginnen, unsere Menüeinträge für die Internetseite des Obsthofs von Bauer Birnennase anzulegen. Dafür öffnen wir das entsprechende Formular durch einen Klick auf NEU in der Toolbar.

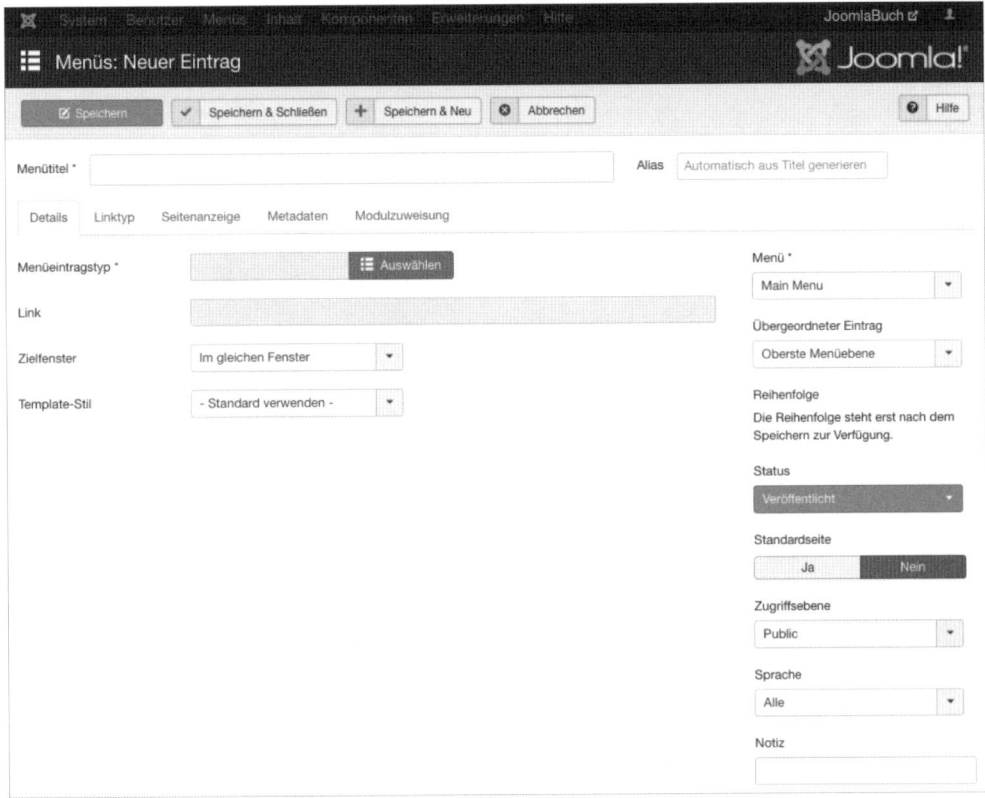

Bild 8.3 Leeres Formular zum Anlegen eines neuen Menüeintrags

Das Formular ist wieder in der bekannten zweispaltigen Art und Weise aufgebaut, bei der wir in der linken Spalte die wichtigsten Angaben zum *Menüeintrag* vornehmen und in der rechten Spalte und den folgenden Tabs die zugehörigen Parameter bearbeiten können.

8.2.1 Menütypen

Der erste Parameter in der linken Spalte ist dabei der *Menüeintragstyp*, der reguliert, welche Art von Inhalt durch den Menüeintrag dargestellt wird.

Klicken wir auf den Button AUSWÄHLEN, den wir rechts neben dem Eingabefeld für den *Menütyp* finden, so öffnet sich ein Popup, das uns alle verfügbaren Menütypen auflistet.

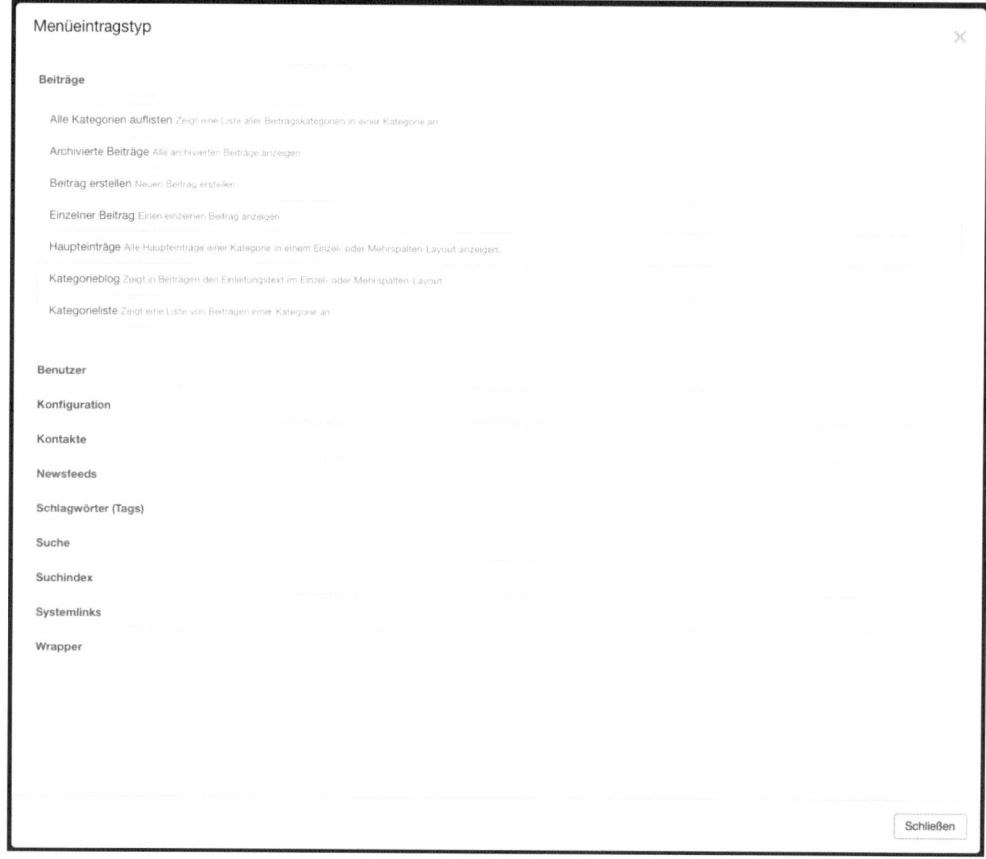

Bild 8.4 Popup der verfügbaren Menütypen

Diese *Menütypen* werden aus den verschiedenen, in diesem Fall vorinstallierten *Erweiterungen* der Joomla!-Installation generiert und bieten verschiedene Möglichkeiten, die in Tabelle 8.1 aufgelistet sind.

Tabelle 8.1 Menütypen einer standardmäßigen Joomla!-Installation

Menütyp	Beschreibung
Kontakte	
Alle Kontaktkategorien auflisten	Listet alle in der *Kontakt*-Komponente erstellten *Kategorien* auf. Durch einen Parameter kann die Liste eingeschränkt werden.
Kontakte in Kategorie auflisten	Listet die *Kontakte* einer per Parameter auszuwählenden *Kategorie* auf.
Einzelner Kontakt	Stellt ein einzelnes *Kontaktformular* dar.
Hauptkontakte	Listet alle als *Haupteintrag* markierten *Kontakte* auf.

Menütyp	Beschreibung
Newsfeeds	
Alle Newsfeed-Kategorien auflisten	Listet alle in der *Newsfeed*-Komponente erstellten *Kategorien* auf. Kann durch Parameter eingegrenzt werden.
Newsfeeds in Kategorie auflisten	Listet die *Newsfeeds* einer *Kategorie* auf.
Einzelner Newsfeed	Zeigt die Einträge eines einzelnen *Newsfeeds*.
Weblinks	
Alle Weblinkskategorien auflisten	Listet alle in der *Weblinks*-Komponente erstellten *Kategorien* auf. Kann durch Parameter eingegrenzt werden.
Weblinks in Kategorie auflisten	Listet die *Weblinks* einer *Kategorie* auf.
Weblink einreichen	Erstellt ein Formular, das es *Nutzern* mit den entsprechenden Berechtigungen erlaubt, einen *Weblink* im *Frontend* der Seite einzutragen
Beiträge	
Archivierte Beiträge	Generiert die Archivansicht, die alle als *archiviert* markierten *Beiträge* aus sämtlichen Kategorien auflistet. Die Filterung erfolgt über Eingabefelder für „Monat" und „Jahr", die dann nur *Beiträge* aus der Datenbank abrufen, deren Erstellungsdatum im gewählten Zeitraum liegt.
Einzelner Beitrag	Stellt einen einzelnen per Parameter auszuwählenden *Beitrag* dar.
Alle Kategorien auflisten	Listet alle per Parameter einschränkbaren *Kategorien* der *Beitrags*-Komponente auf.
Kategorieblog	Stellt alle einer per Parameter bestimmbaren *Kategorie* zugeordneten *Beiträge* in einem Ein- oder Mehrspalten-Layout dar. Dabei ist frei wählbar, ob nur der Einführungstext oder der Gesamttext der *Beiträge* angezeigt werden soll.
Kategorieliste	Erstellt eine tabellarische Auflistung aller *Beiträge*, die der per Parameter angegebenen *Kategorie* zugeordnet sind. In dieser Ansicht ist es **nicht** möglich, Einleitungs- oder Gesamttexte der entsprechenden *Beiträge* auszugeben.
Hauptbeiträge	Listet alle als *Hauptbeitrag* markierten Beiträge in einer *Kategorienblog*-Ansicht auf.
Beitrag erstellen	Generiert ein Formular, das es Benutzern mit den entsprechenden Berechtigungen erlaubt, einen neuen Beitrag im Frontend der Seite einzureichen.
Suchindex	
Suche	Generiert das *Suchformular* für die verbesserte Suchkomponente *Suchindex*.
Suche	
Suchformular oder Suchergebnisse auflisten	Zeigt das Standard-*Suchformular* sowie die zugehörigen *Suchergebnisse* im Frontend. Das Formular kann per Parameter ausgeblendet werden, um vordefinierte Suchen zu erstellen.

Menütyp	Beschreibung
Benutzer	
Anmeldeformular	Zeigt das Login-Formular.
Benutzerprofil	Zeigt das Benutzerprofil des jeweiligen, gerade angemeldeten *Benutzers*.
Benutzerprofil bearbeiten	Zeigt ein Formular, über das der angemeldete *Benutzer* seine Profilangaben verändern kann.
Registrierungsformular	Zeigt das Registrierungsformular, das einem Besucher erlaubt, einen Account auf der Seite anzulegen.
Benutzername erneut zusenden	Generiert das Formular, das dem *Benutzer* erlaubt, sich einen vergessenen *Benutzernamen* an seine *E-Mail-Adresse* zu senden.
Passwort zurücksetzen	Generiert das Formular, das dem *Benutzer* erlaubt, sein Passwort zurücksetzen zu lassen.
Abmelden	Link, der einen Nutzer direkt aus der Seite ausloggt.
Wrapper	
Iframe-Wrapper	Erstellt einen `iframe`, in dem eine per Parameter frei wählbare URL dargestellt wird.
Systemlinks	
Externe URL	Erlaubt die Eingabe einer internen oder externen URL, die dann als Ziel des *Menüeintrags* gesetzt wird.
Menü-Überschrift	Erzeugt eine nicht verlinkte Zwischenüberschrift im Menü.
Menüalias	Stellt eine Verknüpfung zu einem bereits bestehenden *Menüeintrag* dar.
Texttrennzeichen	Erlaubt die Eingabe eines beliebigen Texts, der nicht verlinkt wird, sondern als Gestaltungselement dient.
Konfiguration	
Template-Optionen	Zeigt die Parameter des jeweiligen *Templates* im Frontend an.
Website-Konfiguration	Zeigt die Einträge der *globalen Konfiguration* der Seite im Frontend an.
Schlagwörter (Tags)	
Kompaktliste der verschlagworteten Einträge	Zeigt eine kompakte Liste von Inhalten, die mit ausgewählten *Schlagwörtern* markiert wurden.
Liste aller Schlagwörter	Zeigt eine Liste aller *Schlagwörter*.
Verschlagwortete Einträge	Zeigt eine ausführlichere Liste von Inhalten, die mit ausgewählten *Schlagwörtern* markiert wurden.

Wir wählen im ersten Schritt den Menütyp BEITRÄGE > EINZELNER BEITRAG aus, um unseren Willkommenstext darzustellen. Warum dieser Menütyp? Das lässt sich mit logischem Denken erschließen: Der Text ist ein **Beitrag**, weshalb zur Darstellung nur die *Menütypen* der *Beitragskomponente* infrage kommen. Außerdem wollen wir nicht gleich eine ganze Kategorie, sondern nur einen **einzelnen Beitrag** darstellen, woraus sich dann der passende Menütyp ergibt.

8.2.2 Menüeintrags-Parameter

Nach dem Klick auf den Menütyp schließt sich das Popup und wir gelangen zurück zur Formularansicht. Dort machen wir uns nun daran, die Eingabefelder im ersten Tab auszufüllen:

- *Menütitel:* Text, der später als Schaltfläche in der Navigation dienen soll.
- *Alias:* Erlaubt die manuelle Beeinflussung der URL, die der spätere Untermenüpunkt hat. Wird automatisch aus dem Titel generiert, wenn das Feld leer gelassen wird.
- *Notiz:* Internes Feld, um Informationen für andere Administratoren zu hinterlegen.
- *Link:* Gibt automatisch den durch die Wahl des Menütyps vorgegebenen systeminternen Link aus.
- *Status:* Erlaubt uns zu wählen, ob ein Menüeintrag *Freigegeben* (im Frontend sichtbar), *Gesperrt* (im Frontend unsichtbar) oder *im Papierkorb* sein soll.
- *Zugriffsebene:* Steuert, für welche Benutzer der entsprechende Menüeintrag sichtbar bzw. unsichtbar sein soll.
- *Menü:* Steuert, welchem *Menübereich* der gerade zu erstellende Eintrag zugeordnet werden soll.
- *Übergeordneter Beitrag:* Erlaubt es, durch die Angabe eines übergeordneten Beitrags, eine verschachtelte Menüstruktur mit mehreren Ebenen zu erstellen.
- *Reihenfolge:* Erlaubt die Festlegung der Reihenfolge der Menüeinträge. Ist erst nach dem ersten Speichern verfügbar.
- *Zielfenster:* Setzt das `target`-Attribut des Links und erlaubt dadurch zu steuern, ob der Menüeintrag „im gleichen Fenster", in einem „neuen Fenster mit Navigation" (`target="_blank"`) oder in einem „neuen Fenster ohne Navigation" (auf JavaScript basierendes Popup) geöffnet werden soll.
- *Standardseite:* Legt fest, ob der entsprechende Menüeintrag als Startseite für diese Joomla!-Seite dienen soll.
- *Sprache:* Legt fest, welcher *Sprache* der Menüeintrag zugeordnet ist.
- *Template-Stil:* Erlaubt es, diesem Menüeintrag ein separates *Template* bzw. einen separaten Template-Stil zuzuweisen. Nützlich, um bestimmten Seitenbereichen ein alternatives Design zu verschaffen.

Was tragen wir bei unserem geplanten Menüeintrag *Willkommen* ein? Da der entsprechende Menüeintrag im Frontend auch „Willkommen" heißen soll, tragen wir dies als *Menütitel* ein – und weil dieser Eintrag auf der finalen Seite als Startseite fungieren soll, setzen wir den Parameter *Standardseite* auf „Ja".

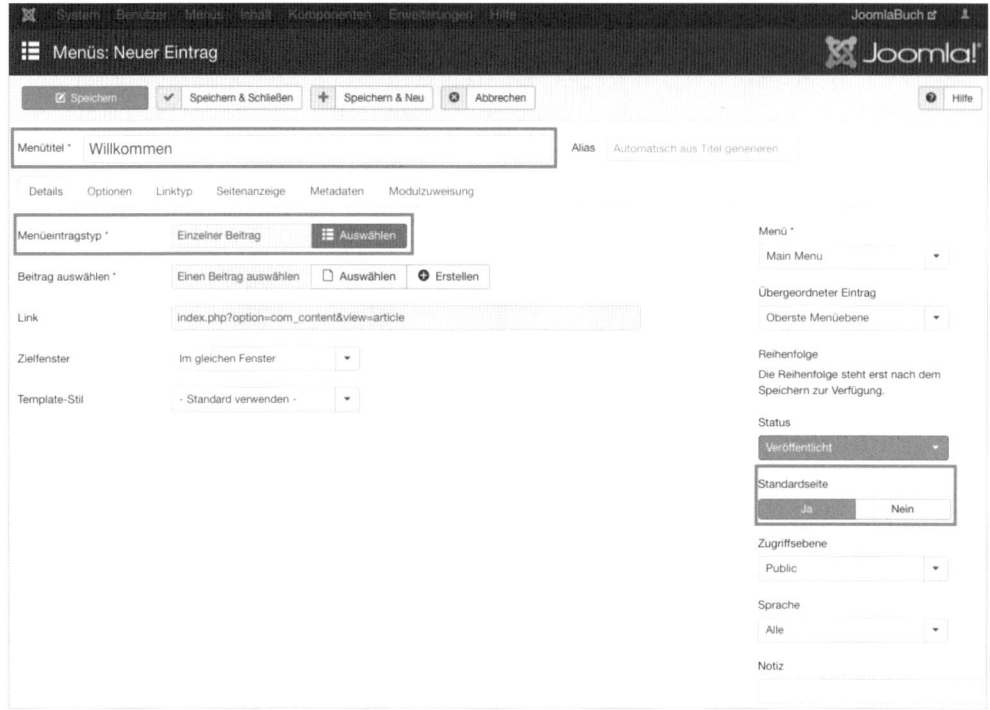

Bild 8.5 Formular zum Erstellen eines neuen Menüeintrags mit den ausgefüllten Feldern für den ersten Eintrag *Willkommen*

Wenn wir jetzt versuchen, das Formular über einen Klick auf SPEICHERN & SCHLIESSEN zu verlassen, werden wir dadurch, dass Joomla! das Eingabefeld *Beitrag wählen* in der linken Spalte rot umrandet, subtil darauf hingewiesen, dass wir doch noch etwas vergessen haben. Wir erinnern uns erneut: Es gibt keinen direkten Zusammenhang zwischen Menü- und Inhaltsstruktur, sodass für das System zu diesem Zeitpunkt noch nicht klar sein kann, welcher *Beitrag* hier denn später angezeigt werden soll – dies müssen wir erst manuell über den entsprechenden Parameter vornehmen.

Klicken wir auf den entsprechenden Button AUSWÄHLEN, so öffnet Joomla! ein Popup mit allen vorhandenen Beiträgen und erlaubt es uns, durch Klick auf den entsprechenden Beitrag, die Verknüpfung zwischen dem *Menüeintrag* und dem *Beitrag* herzustellen.

 Seit Joomla! 3.7 ist es bei vielen Menüeintragstypen auch möglich, den jeweiligen Inhalt (z. B. einen Beitrag oder eine Kategorie) auch direkt beim Anlegen eines neuen Menüeintrags zu erstellen bzw. zu bearbeiten. Die entsprechende Schaltfläche befindet sich neben dem Button *Auswählen*.

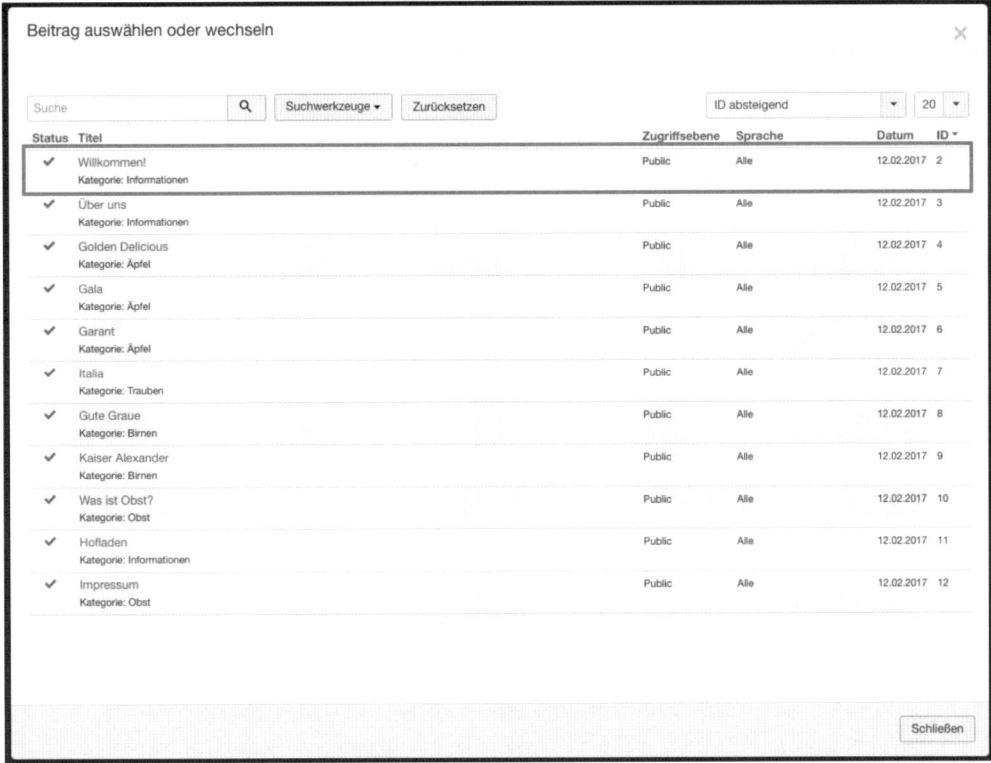

Bild 8.6 Popup zur Auswahl des zuzuordnenden Beitrags

Betrachten wir nun einmal die zahlreichen weiteren, uns zur Bearbeitung angebotenen Parameter in den weiteren Tabs. Dort finden wir nach dem Klick auf die *Optionen* nun zum dritten Mal die Möglichkeit, die bereits bekannten Beitragsparameter anzupassen – aber in welchem Verhältnis stehen diese verschiedenen Bereiche zueinander? Welcher Bereich überschreibt die Parameter eines anderen?

Wie in Bild 8.7 gezeigt, gibt es im Normalfall drei verschiedene Stellen, an denen die Parameter gesetzt werden können – nämlich in den Parametern der jeweiligen *Komponente*, in den Parametern des jeweiligen *Beitrags* und in den Parametern des zugehörigen *Menüeintrags*. Dabei überschreiben die Parameter eines *Menüeintrags* die Parameter eines *Beitrags*, die wiederum die Parameter der *Komponente* überschreiben.

Klingt furchtbar kompliziert? Ist es aber eigentlich nicht! Machen Sie sich dieses System ganz einfach zunutze, indem Sie die Parameter, die für die Mehrheit aller *Beiträge* gelten sollen, in den Optionen der *Beitragskomponente* setzen. Für einzelne *Beiträge*, die an verschiedenen Stellen ein besonderes Verhalten an den Tag legen sollen, erledigen Sie dies über die Parameter im *Beitrag*, und für individuelle Seiten im Frontend erfolgt die Konfiguration über die *Menüparameter*.

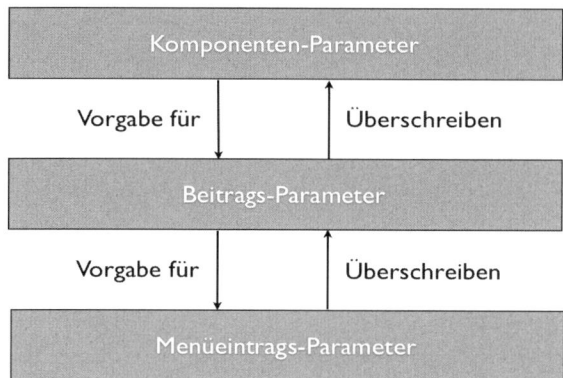

Bild 8.7 Vererbung bzw. Überschreibung der Parameter für Beiträge

Neben diesen Parametern, die natürlich in Abhängigkeit vom jeweiligen *Menütyp* stehen, verfügt jeder Menüeintrag über einige Parameter, die bei allen *Menütypen* identisch sind. Diese sind in der Tabelle 8.2 beschrieben.

Tabelle 8.2 Beschreibung der allgemeinen Menüeintrags-Parameter

Parameter	Beschreibung
Linktypoptionen	
Titel-Attribut für Menülink	Bestimmt das `title`-Attribut des Menüeintrags, das sowohl für Suchmaschinen als auch unter dem Gesichtspunkt der Barrierefreiheit wichtig ist.
CSS-Style für Link	Setzt das `class`-Attribut des jeweiligen Menüeintrags und erlaubt dadurch das individuelle Styling bestimmter Menüeinträge mittels CSS.
Bild zum Link	Ermöglicht die Auswahl einer über den *Bildmanager* hochgeladenen Grafik, die dann neben dem *Menütitel* als Schaltfläche des Menüeintrags dient.
Menütitel hinzufügen	Erlaubt es, bei der Verwendung eines *Bildlinks* den *Menütitel* auszublenden.
Im Menü anzeigen	Erlaubt es, Menüeinträge anzulegen, die dann nicht im Menü angezeigt werden. Nützlich zur Beeinflussung von URLs (siehe Kapitel 12, „Suchmaschinenoptimierung"). **Hinweis für alte Hasen:** Diese Funktion macht Schattenmenüs überflüssig!
Seitenanzeige	
Seitentitel im Browser	Legt den Inhalt des `<title>`-Tags im Head des HTML-Dokuments fest.
Seitenüberschrift anzeigen	Zeigt die *Seitenüberschrift* der aufgerufenen Seite.
Seitenüberschrift	Erlaubt es, die *Seitenüberschrift* der aufgerufenen Seite manuell zu setzen.
Seitenklasse	Fügt eine frei wählbare CSS-Klasse zu verschiedenen Seitenelementen hinzu und erlaubt dadurch das Anwenden von seitenspezifischen Stylings.

Parameter	Beschreibung
Metadaten	
Meta-Beschreibung	Meta-Description der Seite.
Meta-Schlüsselworte	Meta-Keywords der Seite.
Robots	Inhalt des Robot-Tags.
Secure	Erlaubt dem Administrator, die Nutzung von SSL bei diesem *Menüeintrag* zu erzwingen. Sinnvoll bei Anmeldeformular o. Ä.
Modulzuweisung	Listet alle *Module* auf, die diesem Menüeintrag zugeordnet sind.

Für uns ist zum jetzigen Zeitpunkt aber erst einmal kein spannender Parameter dabei, weshalb wir den Vorgang mit einem Klick auf SPEICHERN & SCHLIESSEN abschließen. Dadurch gelangen wir zurück zur Übersichtsseite und bewundern unser neu geschaffenes Werk.

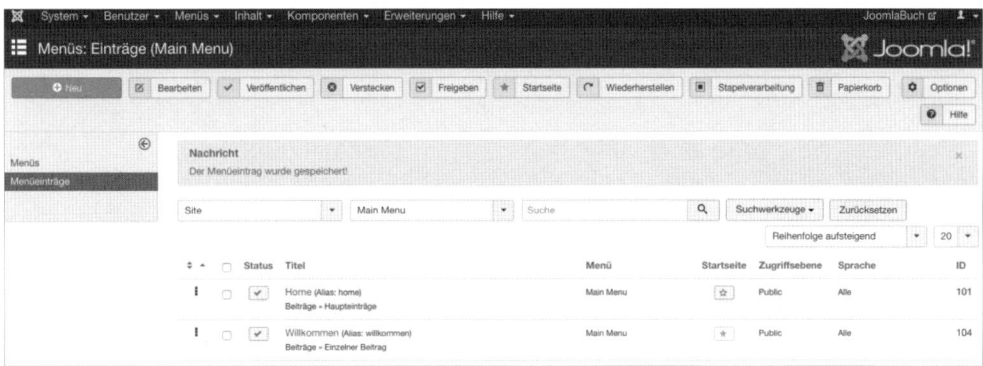

Bild 8.8 Übersicht der *Menüeinträge* im *Main Menu* nach dem Hinzufügen des neuen Eintrags *Willkommen*

Dieses Verfahren wenden wir nun in identischer Art und Weise bei den Menüpunkten *Der Obsthof*, *Hofladen*, *Impressum* und *Was ist Obst?* an, was uns vor keinerlei Probleme stellen sollte, da es sich bei diesen *Menüeinträgen* jeweils um einen Eintrag vom Typ *Einzelner Beitrag* handelt.

Außerdem löschen wir den standardmäßig vorhandenen Menüeintrag *Home*, indem wir ihn nach dem bereits bekannten Verfahren mit der Checkbox am Zeilenbeginn markieren und den PAPIERKORB-Button in der *Toolbar* betätigen.

8.2.3 Kategorienauflistungen

Spannender wird es nun beim Menüeintrag *Obstsorten*, der unseren Planungen entsprechend dafür genutzt werden soll, alle angebauten Obstarten (Birnen, Äpfel, Trauben) in einer anklickbaren Liste auszugeben.

Dafür öffnen wir erneut das Formular zum Anlegen eines neuen Menüeintrags und wählen dieses Mal den *Menüeintragstyp Beiträge > Alle Kategorien auflisten*. Anschließend setzen wir in der linken Spalte die Kategorie *Obst* als oberste Kategorienebene, wodurch nur die Unterkategorien von *Obst* angezeigt werden.

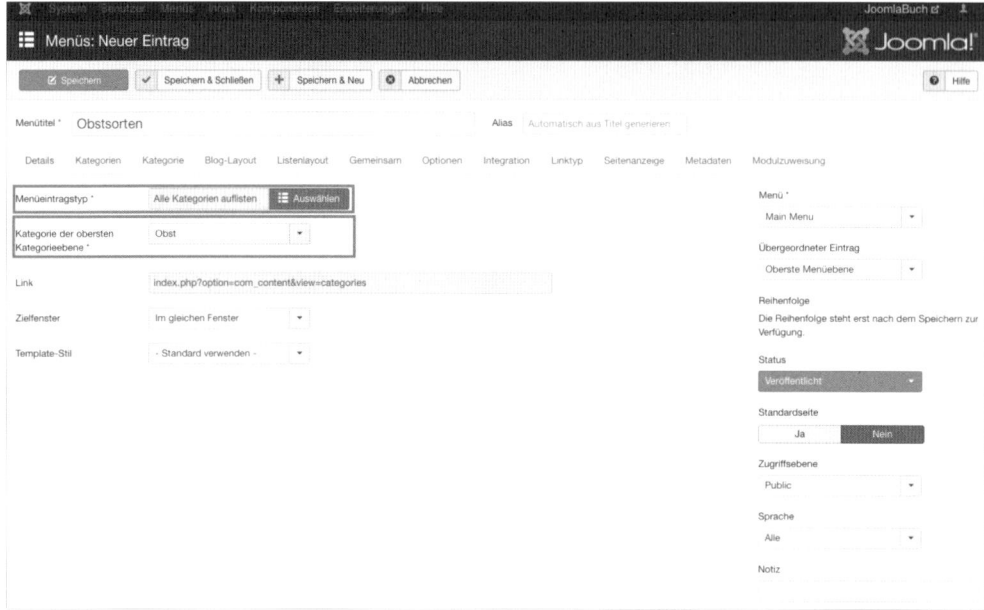

Bild 8.9 Auswahl der Kategorie *Obst* als oberste Kategorienebene

Verlassen wir diesen Dialog nun über einen Klick auf SPEICHERN & SCHLIESSEN und rufen wir im Frontend den gerade angelegten Menüeintrag auf, so finden wir eine Darstellung vor, die der in Bild 8.10 entsprechen sollte.

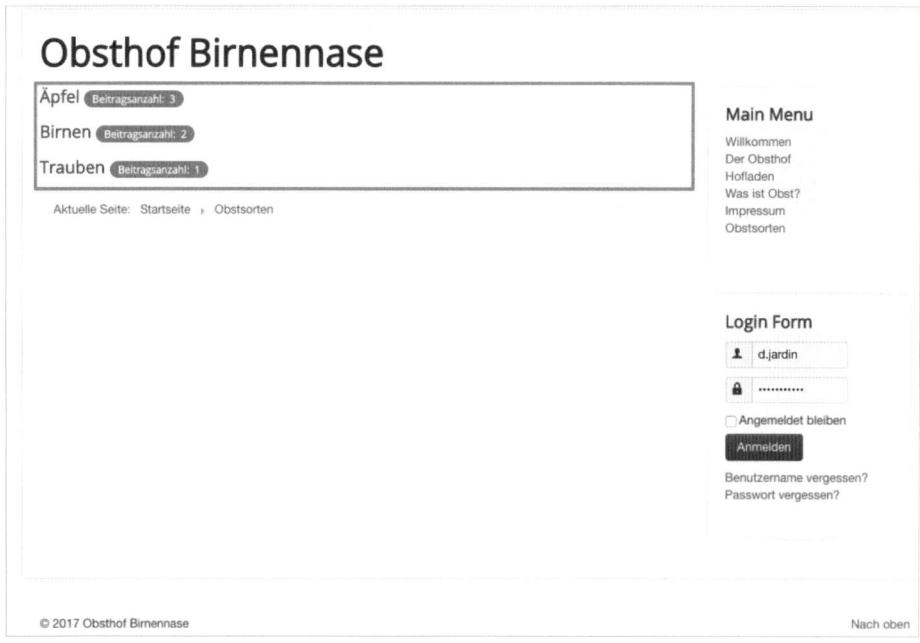

Bild 8.10 Ausgabe des Menüpunkts *Obstsorten* ohne Anpassung der Ausgabeparameter

Stört Sie etwas? Mich persönlich schon! Denn sind wir mal ehrlich, die Anzahl der jeweils zugeordneten Beiträge interessiert doch eigentlich niemanden, oder? Wie aber werden wir diese unnütze Information los?

Dazu wechseln wir zurück zum Editierungsformular des gerade angelegten Menüpunkts, indem wir ihn in der Übersichtsliste im Backend anklicken. Dort finden wir in den Parametern (rechte Spalte) gleich zwei Tabs mit Optionen zum Thema *Kategorien* und dem für uns relevanten Parameter *# Beiträge in Kategorie* (siehe Bild 8.11).

Wundern Sie sich auch gerade und fragen sich, warum diese Kategorienparameter doppelt vorhanden sind? Keine Sorge, auch dafür gibt es eine Erklärung: Stellen Sie sich Folgendes vor: Wäre die Kategorie *Äpfel* durch eine weitere Kategorienebene nochmals in *große Äpfel* und *kleine Äpfel* gegliedert, dann würde bei einem Klick auf die Kategorie *Äpfel* im Frontend eine weitere Auflistung aller Unterkategorien (*große Äpfel*, *kleine Äpfel*) geöffnet. Wir haben es also hier mit zwei Ebenen von Kategorienauflistungen zu tun:

- Die Auflistung der *Kategorien* beim Aufruf des *Menüeintrags*.
- Die Auflistung der *Unterkategorien* einer *Kategorie* (nach dem ersten Klick).

Da es zwei verschiedene Ebenen gibt, sieht Joomla! auch zwei verschiedene Reiter für Kategorieoptionen vor, wobei die Parameter des ersten Reiters *Kategorien* für die Darstellung der ersten und die Parameter des zweiten Reiters *Kategorie* für die Darstellung der zweiten Ebene zuständig sind. Uns hilft diese Erkenntnis dahingehend, dass wir nun wissen, dass der für uns relevante Parameter zur Ausblendung der Beitragsanzahl (*# Beiträge in Kategorie*) im oberen Reiter *Kategorien* sitzt. Außerdem nutzen wir die Gelegenheit, die ebenfalls störende *Unterkategoriebeschreibung* zu entfernen (siehe Bild 8.12).

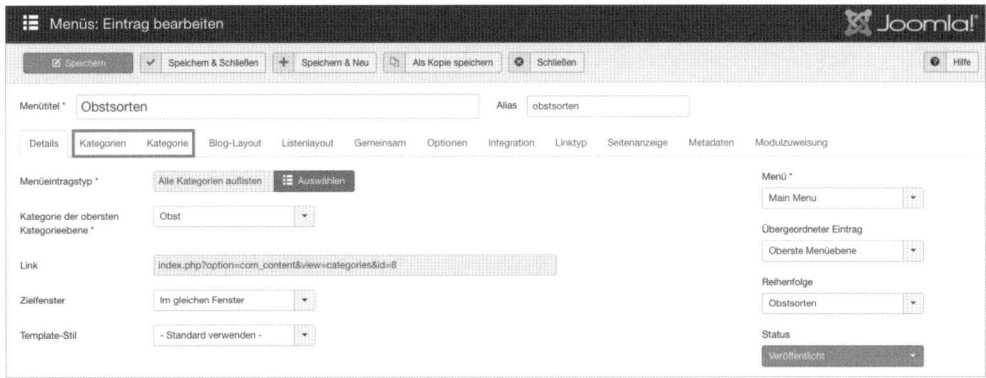

Bild 8.11 Parameter des Menütyps „Alle Kategorien auflisten"

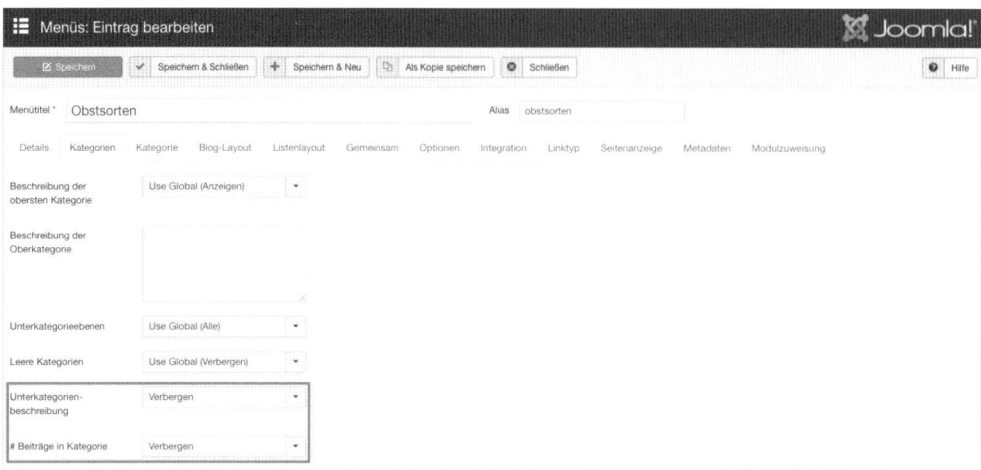

Bild 8.12 Veränderte *Kategorieoptionen* zum Verbergen störender Ausgaben

Diese Änderungen übernehmen wir nun mit einem erneuten Klick auf SPEICHERN & SCHLIESSEN und betrachten die Früchte unserer Arbeit im *Frontend*.

8.2.4 Kategorienblogs

Kommen wir nun zu den drei vom Auftraggeber gewünschten Untermenüpunkten *Birnen*, *Äpfel* und *Trauben*, die jeweils die Beiträge der gleichnamigen Kategorie ausgeben sollen. Dabei legt unser Auftraggeber viel Wert darauf, dass nicht nur der Name der jeweiligen Sorte ausgegeben wird (was für den Menütyp *Kategorieliste* gesprochen hätte), sondern auch ein kurzer Einführungstext zur jeweiligen Sorte sichtbar sein soll. Die genauere Beschreibung mit einigen „Eckdaten" (Geschmack, fest/mehlig, Eignung) soll dann nach einem Klick auf den Sortennamen erreichbar sein.

Um diese Anforderung zu erfüllen, verändern wir im ersten Schritt die Beiträge der einzelnen Sorten so, dass Sie über einen kurzen Beschreibungstext sowie eine Auflistung der Eigenschaften verfügen. Die beiden Texte sind dabei durch einen *Weiterlesen*-Trenner (siehe Abschnitt 7.2.2.5, „Weiterlesen-Funktion") voneinander separiert (siehe Bild 8.13).

Ist dies erledigt, wechseln wir zurück in die *Menüeintrags*-Übersicht des *Main Menu* und beginnen durch einen Klick auf NEU in der Toolbar mit dem Anlegen eines weiteren Menüpunkts. Dort wählen wir als *Menütyp Beiträge > Kategorieblog* und vergeben *Äpfel* als Menütitel. Nun kommt der spannende Teil: Wie bringen wir Joomla! dazu, dass es diesen neuen *Menüeintrag* als untergeordneten Menüpunkt von *Obstsorten* versteht? Ganz einfach! Wir wählen *Obstsorten* mit dem gleichnamigen Parameter als *Übergeordneten Eintrag* aus, um die entsprechende Zuordnung vorzunehmen.

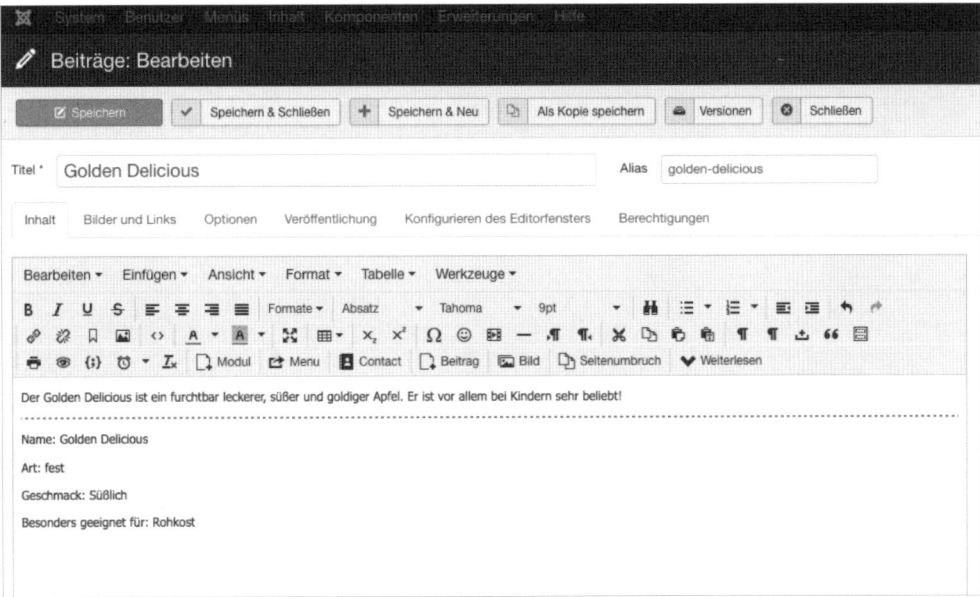

Bild 8.13 Beispieltext mit *Weiterlesen*-Trenner

Nun wählen wir in den Parametern (linke Spalte) noch die Kategorie *Äpfel* unter *Kategorie auswählen*, um festzulegen, welche Beiträge hier denn überhaupt angezeigt werden sollen (siehe Bild 8.14).

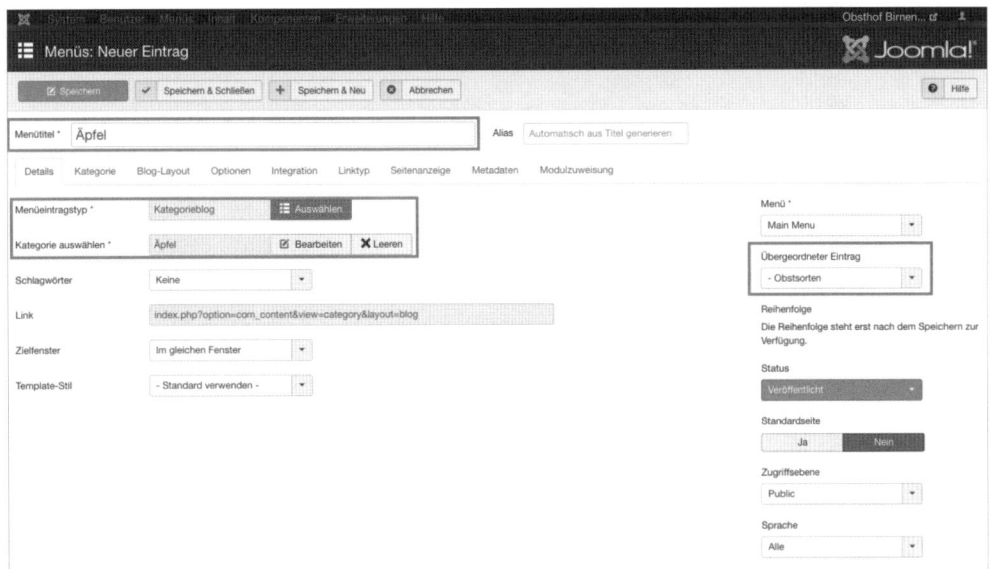

Bild 8.14 Formular zum Anlegen des neuen Menüeintrags Äpfel

Wenn wir die Änderungen am Menüeintrag nun mittels Klicks auf SPEICHERN anwenden und in einem zweiten Fenster den entsprechenden Link im *Frontend* öffnen, so stellen wir fest, dass wir unserem Ziel schon relativ nah sind (siehe Bild 8.15), aber die zweispaltige Darstellung der Beiträge noch nicht unseren Vorstellungen entspricht.

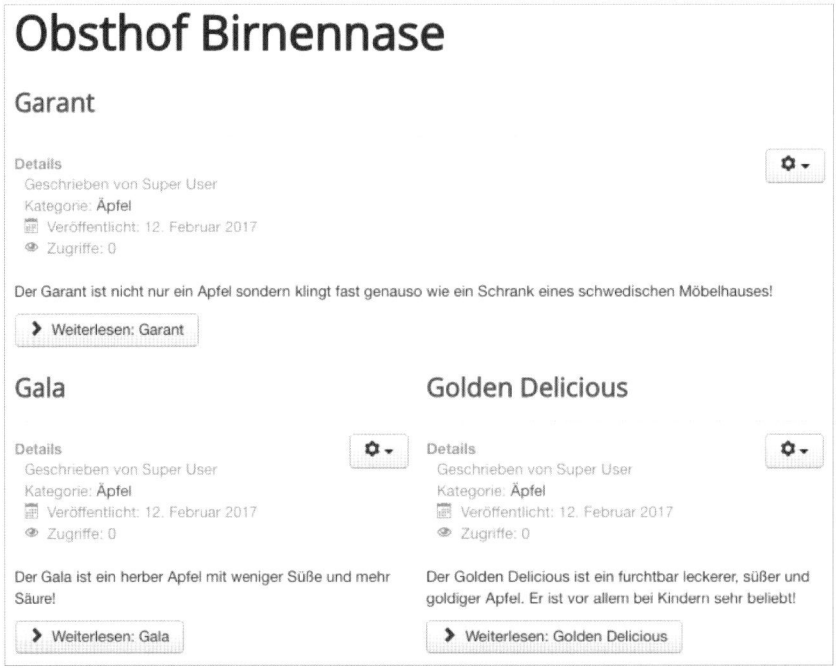

Bild 8.15 Darstellung des *Kategorieblogs* im Frontend

Dieses Verhalten können wir nun im Parameter-Reiter *Blog-Layout* des Menüeintrags anpassen, indem wir durch die Eingabe des entsprechenden Werts die Nutzung von nur einer Spalte erzwingen (siehe Bild 8.16).

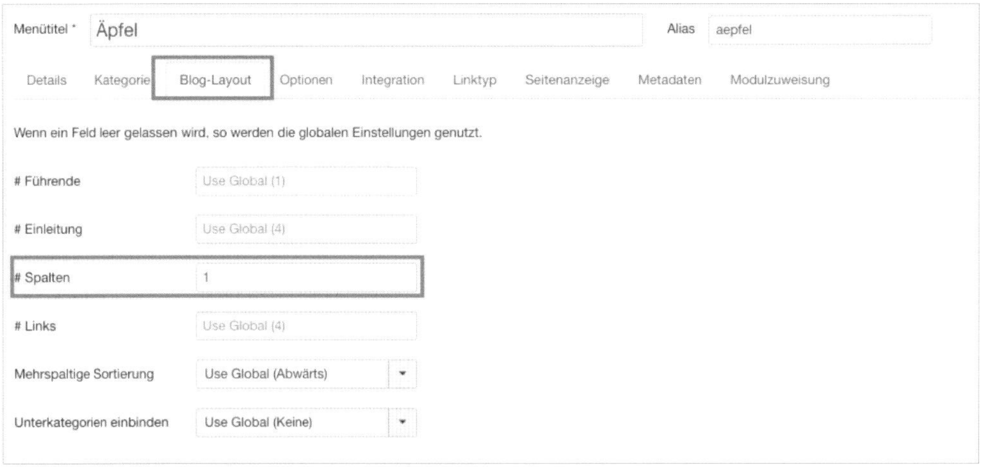

Bild 8.16 Anpassung der Spaltenanzahl durch Veränderung der *Blog-Layout-Optionen*

Wandern wir jetzt mit dem Blick nochmal nach oben zu den Tabs für die Parameterbereiche, so sehen wir, dass es auch hier wieder einen Tab für die *Optionen* der Beiträge gibt, der mit den gleichen Parametern aufwarten kann, die wir bereits kennen. Erinnern Sie sich noch an das Bild 8.7? Darin habe ich zu erklären versucht, wie *Komponenten-*, *Menüeintrags-* und *Beitragsparameter* zusammenhängen. Nun muss ich Ihnen leider beichten, dass ich nicht ganz ehrlich war und Ihnen die vierte Ebene verschwiegen habe, wo man diese Einstellungen ändern kann: über die Parameter des *Kategorie-Menüeintrags*. Werfen wir einen Blick auf Bild 8.17, um zu verstehen, wo sich diese 4. Ebene zwischenschiebt.

Wir stellen also fest, dass sich diese Ebene zwischen die *Beitrags-* und die *Menüeintragsparameter* legt, woraus sich folgender Vorteil ergibt: Haben wir eine *Kategorie*, in der beispielsweise alle *Beiträge* mit einer Autorenangabe versehen werden sollen, so können wir diese Ausgabe in den *Komponenten-Parametern* weiterhin ausgeblendet lassen. In den Parameter in den *Beitragsoptionen* der jeweiligen *Kategorie* stellen wir die Ausgabe um – dadurch ersparen wir uns die manuelle Festlegung des Parameters bei jedem einzelnen *Beitrag*. Trotzdem können wir die *Beitrags*-Parameter, falls gewünscht, als Vorgabe nutzen.

Finden Sie diese Erklärung irgendwie zu abstrakt? Ich ehrlich gesagt auch. Probieren wir's doch mal mit einem konkreten Beispiel: Erinnern Sie sich daran, dass wir in den *Optionen* der *Beitragskomponente* den Parameter *Beitragsbewertung* auf „Aus" gestellt haben, da wir beim Großteil der Inhalte kein Bewertungssystem brauchen? Wir möchten den Parameter nun so verändern, dass der Seitennutzer die verschiedenen Apfelsorten bewerten kann, sodass unser Bauer weiß, welche Sorte er in Zukunft verstärkt anbauen muss.

Dafür setzen wir den Parameter *Beitragsbewertung* im Reiter *Optionen* des Menüeintrags *Äpfel* auf „anzeigen", beenden das Bearbeiten des Eintrags mittels SPEICHERN & SCHLIESSEN und rufen das Frontend auf.

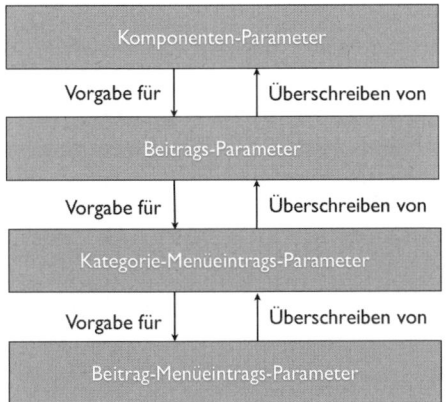

Bild 8.17 Ergänztes Vererbungssystem für Beitragsparameter

Dort sehen wir nun, dass sich bei den Beiträgen wie *Willkommen* oder der *Hofladen* nichts verändert hat – nur der Menüeintrag *Äpfel* verfügt nun über die Möglichkeit, die Sorten zu bewerten.

Wenn man also genauer darüber nachdenkt, wird diese *Vererbung von Parametern* zu einem sehr mächtigen Feature, weil es uns erlaubt, grundsätzliche Vorgaben für die gesamte Seite anzulegen, die dann aber bei Bedarf *überschrieben* werden können.

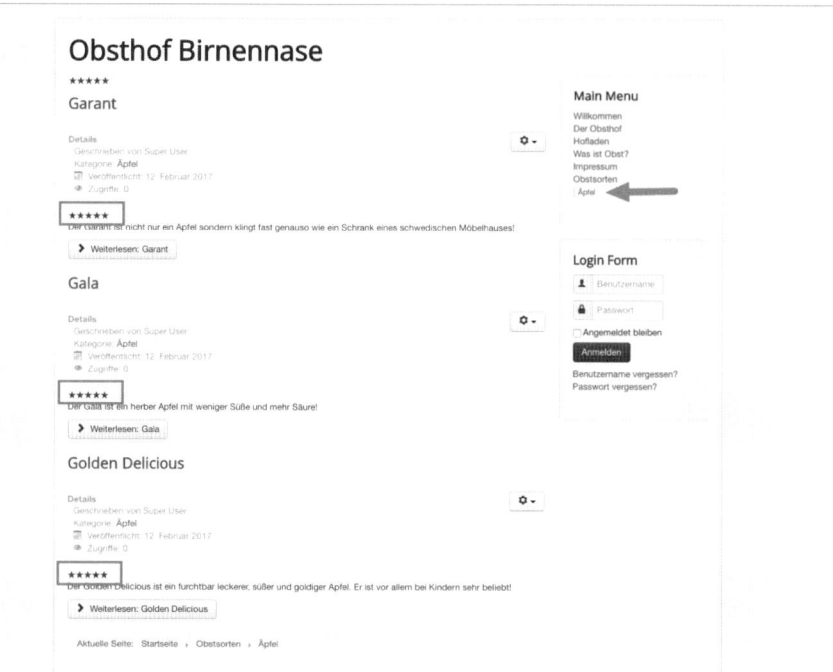

Bild 8.18 Menüeintrag *Äpfel* mit Bewertungsmöglichkeit nach Anpassung der Parameter

Nachdem wir nun den *Kategorieblog* für Äpfel fertiggestellt haben, gehen wir in identischer Art und Weise für die Kategorien Birnen und Trauben vor – nutzen Sie dabei auch den Button ALS KOPIE SPEICHERN, der es Ihnen erlaubt, einen bestehenden Menüeintrag (*Äpfel*) zu öffnen, zu editieren (*Titel*, *Alias* und *Kategorie* anpassen) und anschließend *als Kopie* zu speichern, ohne den ursprünglichen Eintrag zu überschreiben. Schlussendlich sollten Sie eine Menüstruktur erhalten, die der in Bild 8.19 dargestellten entspricht. Sollte wwswswswswswswswswsw die Reihenfolge der Einträge nicht stimmen, so können wir diese über die Drag & Drop-Symbole in der Spalte *Reihenfolge* anpassen.

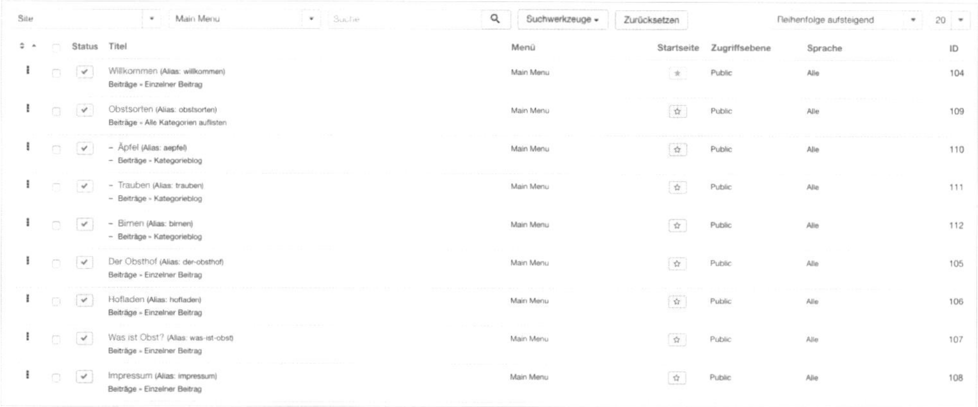

Bild 8.19 Menüstruktur der Beispielseite nach Anwendung aller Änderungen und Anpassungen dieses Kapitels

8.3 Split-Navigationen anlegen

Abschließend möchte ich noch auf einen Navigationstyp eingehen, den wir in unserem konkreten Beispiel nicht nutzen. Aufgrund seiner hohen Verbreitung möchte ich dennoch darauf eingehen: die *Split-Navigation*.

Bei dieser Navigation teilt sich die Navigationsstruktur in zwei oder mehr Bereiche auf, die dann an unterschiedlichen Stellen der Seite angezeigt werden. Oftmals zeigt man dabei die erste Navigationsebene in einer horizontalen Leiste unterhalb des Headers an, die jeweils zugehörigen Untermenüpunkte werden dann in einer vertikalen Leiste in der linken oder rechten Spalte der Seite angezeigt (siehe Bild 8.20 und Bild 8.21).

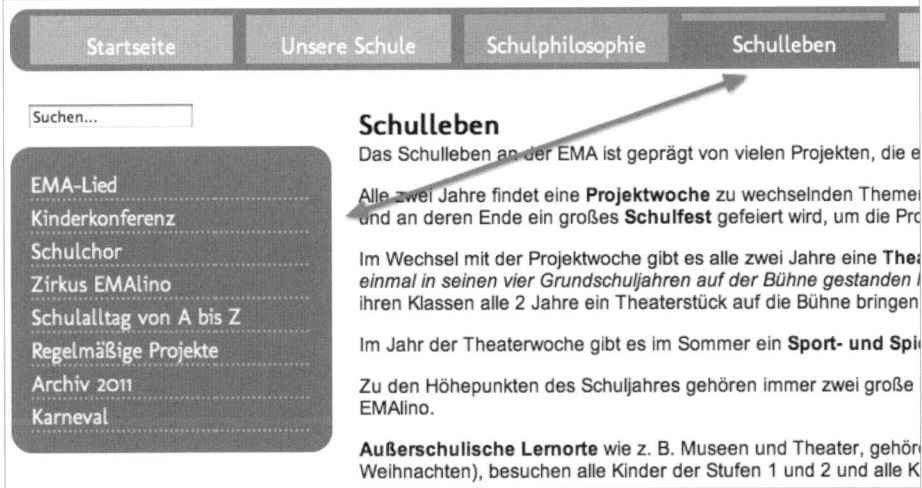

Bild 8.20 Split-Navigation „Schulleben"

Bild 8.21 Split-Navigation „Unsere Schule"

Die gesamte Menüstruktur ist in einem einzelnen Menü hinterlegt, jedoch werden zur Ausgabe zwei verschiedene Module (siehe Abschnitt 10.1.3, „Module: Das RSS-Feed-Modul einbinden") genutzt, die wir in der *Modulverwaltung* des *Backends* unter ERWEITERUNGEN > MODULE finden. Betrachten wir die Parameter des oberen *Moduls*, das die erste Navigationsebene darstellt, so finden wir die Möglichkeit, zu definieren, welche *Menüebenen* des gewählten Menüs in diesem Modul dargestellt werden sollen (siehe Bild 8.22). Durch die Wahl des Werts „1" beim Parameter *Letzte Ebene* stellen wir sicher, dass nur *Menüeinträge* der ersten Ebene in diesem Modul angezeigt werden.

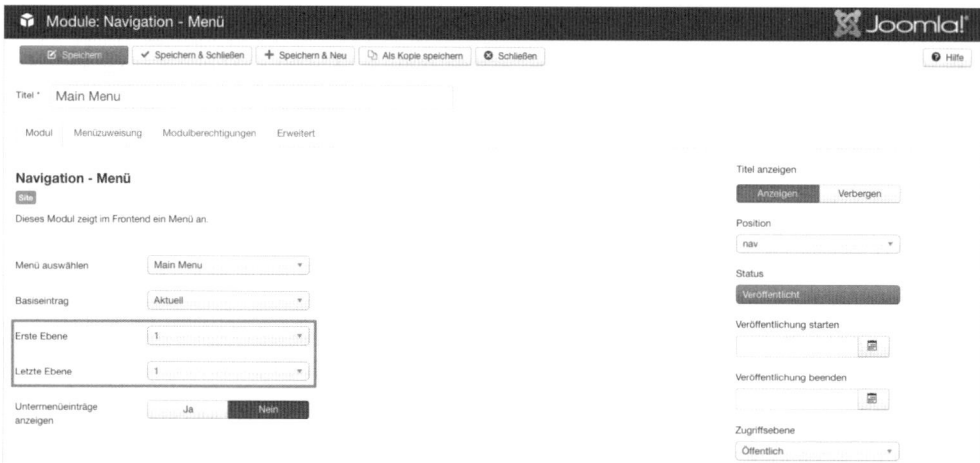

Bild 8.22 Parameter zur Beeinflussung der dargestellten Menüebene

Dementsprechend setzen wir den Parameter *Erste Ebene* des Moduls für die linke Navigation auf „2", damit dort nur Menüeinträge ab der zweiten Ebene dargestellt werden. Dadurch ist es möglich, sehr flexible Menüsysteme aufzubauen.

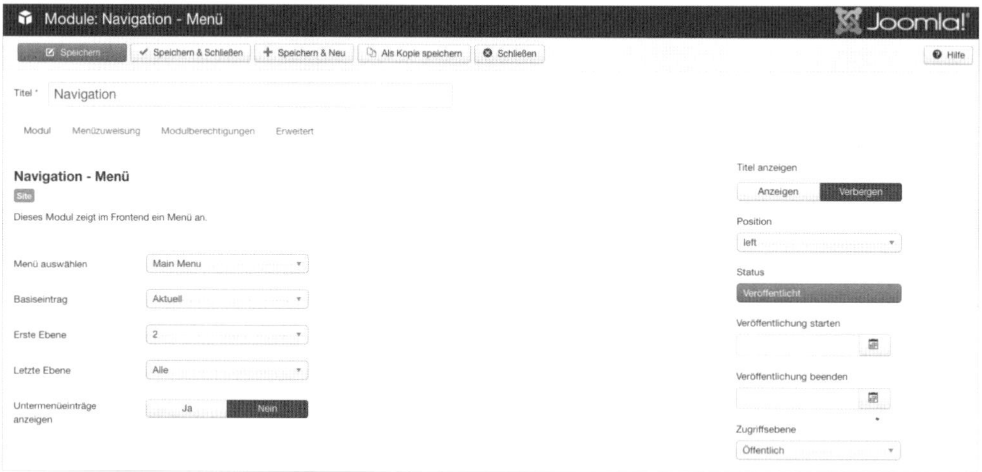

Bild 8.23 Parameter des Moduls zur Darstellung der zweiten Menüebene

9 Das Template-System

Die inhaltlichen Arbeiten an der Seite sind jetzt, abgesehen vom noch fehlenden Kontaktformular, abgeschlossen. Sie sind nun in der Lage, Joomla! zu *installieren* und zu *konfigurieren*. Außerdem können Sie *Beiträge* und *Menüeinträge* anlegen und diese über Parameter beeinflussen. Doch wie gestalten wir unsere Seite jetzt ansprechend? Wo wird eigentlich das Design bestimmt? Diesen Fragen wollen wir uns in diesem Kapitel widmen, indem wir uns das *Template-System* näher anschauen.

9.1 Was ist ein Template?

Erinnern Sie sich an die Begriffserklärung aus Abschnitt 5.2, „Architektur"? Dort haben wir gelernt, dass ein *Template* eine Art „Design-Grundgerüst" ist, das zwar alle nötigen Formatierungen in Form von HTML- und CSS-Code sowie Bildern mitbringt, jedoch keine eigenen Inhalte besitzt. Stattdessen sind an verschiedenen Stellen des *Templates* Platzhalter eingefügt, die dann beim Seitenaufruf durch die Inhalte der jeweiligen Seite ersetzt werden. Das Konzept entspricht gewissermaßen dem Druck von Serienbriefen mit gängigen Office-Lösungen: Dort erstellen Sie eine Vorlage (*Template*) mit Platzhaltern, die beim Druck durch die Adressdaten des Nutzers ersetzt werden.

Wo liegen die Vorteile dieser Vorgehensweise?

1. Da Design und Inhalt voneinander separiert sind, ist es prinzipiell möglich, die Inhalte in einem anderen Format (PDF, JSON, RSS o. Ä.) auszugeben, ohne sie dafür separat ablegen zu müssen. Alle Ausgabeformate speisen sich aus einer zentralen Datenbank.
2. Es ist möglich, das entsprechende Design mit nur einem Mausklick zu wechseln, ohne die hinterlegten Inhalte zu verlieren. Diese werden nach dem Template-Wechsel einfach in einem neuen Design ausgegeben.
3. Wir können Änderungen am HTML-Code der Seite durchführen, indem wir nur eine zentrale Stelle, nämlich die *index.php* des Templates modifizieren. Die Änderung wird dann anschließend automatisch für alle Unterseiten übernommen, da auch diese nur durch Ersetzung der Platzhalter generiert werden.

Das klingt doch eigentlich nach überzeugenden Vorteilen, oder?

9.1.1 Backend- und Frontend-Templates

Eine Besonderheit des in Joomla! integrierten Template-Systems ist, dass es nicht nur die Seitenausgabe im *Frontend*, sondern auch den Administrationsbereich (*Backend*) mittels Templates generiert. Es ist also möglich, eine speziell an das Kundendesign angepasste Version des Backends zu erstellen bzw. zu alternativen Administrationstemplates zu wechseln.

 Alternative Templates für den Administrationsbereich neigen in der Praxis sowohl bei größeren Versionsupdates von Joomla! als auch im Zusammenspiel mit Dritterweiterungen dazu, Probleme zu verursachen. Nach wie vor verwendet nur ein kleiner Bruchteil der Nutzer alternative Templates für das Backend, weshalb diese oftmals schlechter gepflegt und getestet sind als das originale Template des Joomla!-Kerns.

9.1.2 Modulpositionen

Wie bereits erwähnt, arbeitet das Joomla!-Template-System mit verschiedenen Platzhaltern, die sich in zwei Typen gliedern.

Jedes Template verfügt über **genau einen** Platzhalter, der durch die Ausgabe der gerade aktiven *Komponente* ersetzt wird. Dieser Platzhalter sitzt im Regelfall in der mittleren Spalte des Templates und arbeitet als **Haupt-Ausgabeposition**. Hier wird z. B. der Willkommenstext unserer Startseite ausgegeben.

Zudem kann ein Template über **beliebig viele** sog. *Modulpositionen* verfügen, die zur Darstellung der installierten *Module* dienen. Es ist dabei möglich, in einer Modulposition ein oder mehrere Module gleichzeitig auszugeben und andere Modulpositionen komplett ungenutzt zu lassen. Im konkreten Beispiel werden z. B. das Menü sowie das Login-Formular in einer Modulposition ausgegeben.

Erst durch das *Positionssystem* wird die *Template-Engine* richtig mächtig, denn dadurch können wir unsere Seiteninhalte wie mit einem Baukasten zusammenstellen.

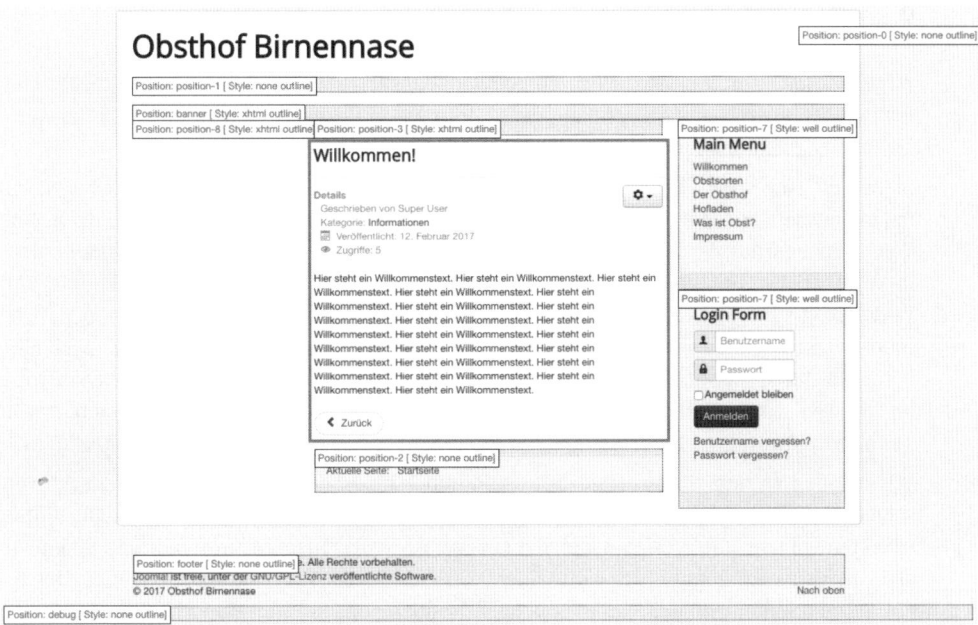

Bild 9.1 *Hauptausgabe-Bereich* (mittig) sowie *Modulpositionen* (grau hinterlegt) des Protostar-Templates

9.2 Template-Übersicht

Joomla! erlaubt uns die gleichzeitige Verwaltung und Nutzung mehrerer *Templates*, die bequem über das Backend verwaltet und gewechselt werden können.

Dafür öffnen wir die Template-Stil-Übersicht mittels Klick auf ERWEITERUNGEN > TEMPLATES > STILE im Menü des Backends. Dort finden wir alle derzeit verfügbaren *Template-Stile* aufgelistet.

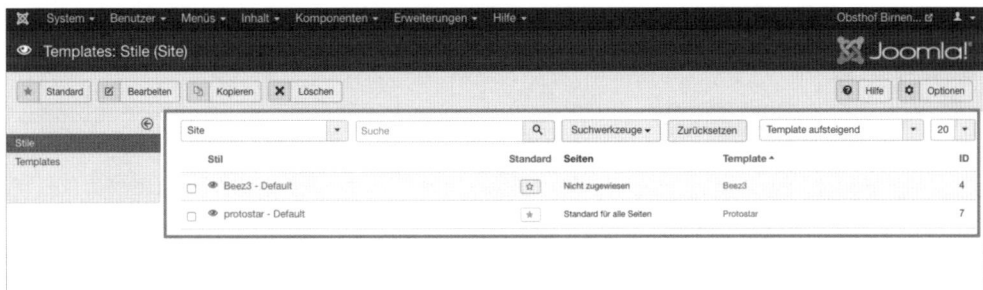

Bild 9.2 Auflistung der Template-Stile einer frischen Joomla!-Installation

9.2.1 Template-Stile

Template-Stile? Ihnen ist sicherlich aufgefallen, dass dieser Begriff bisher noch nicht gefallen ist. Das hängt damit zusammen, dass ich Ihnen in Bezug auf das in Joomla! integrierte Template-System bisher nur die halbe Wahrheit erzählt habe.

Stellen Sie sich vor, wir müssten ein Portal für eine Zeitung erstellen, das je nach aufgerufenem Ressort (Politik, Sport, Wetter) unterschiedliche Hintergrundfarben nutzen soll. Wenn wir uns nun vor Augen führen, dass das Design (und damit auch die Hintergrundfarbe) über das Template gesteuert wird, bräuchten wir nach dieser Denkweise für fünf verschiedene Ressorts auch fünf verschiedene Templates, die sich jeweils nur in der Farbe unterscheiden. Alle weiteren Dateien (CSS- und HTML-Code, Bilder etc.) würden gleich bleiben, aber durch die fünf verschiedenen *Templates* fünffach existieren, was uns die Wartung erschweren würde. Daher bietet uns Joomla! an, bestimmte Optionen eines Templates in **Templateparameter** zu verlagern, um diesen mehrfachen Pflegeaufwand zu vermeiden.

Wir machen so den Hintergrund mittels Parameter gestaltbar und könnten dadurch verschiedene **Stile** des gleichen *Templates* erstellen, die sich nur durch den Parameter unterscheiden – diese *Stile* greifen dabei alle auf den Code des *Basistemplates* zurück. Einen solchen *Template-Stil* können wir dann einem Ressort zuweisen. Denken Sie dabei einfach an ein und dasselbe Automodell, das – je nach Kundenwunsch – mit einer bestimmten Farbe lackiert wird: Obwohl alle Autos unterschiedlich aussehen, basieren sie dennoch auf der gleichen Karosserie.

Standardmäßig erzeugt jedes in Joomla! installierte Template einen *Template-Stil*, weshalb wir bei zwei installierten Templates auch zwei *Template-Stile* vorfinden. Das jeweils aktuelle *Standard*-Template wird dabei durch einen Stern in der gleichnamigen Spalte markiert.

9.2.2 Installierte Templates

Wir wechseln nun mittels Klick auf den Sub-Menüeintrag *Templates* zur Template-Übersicht und finden dort eine Liste der installierten Templates vor.

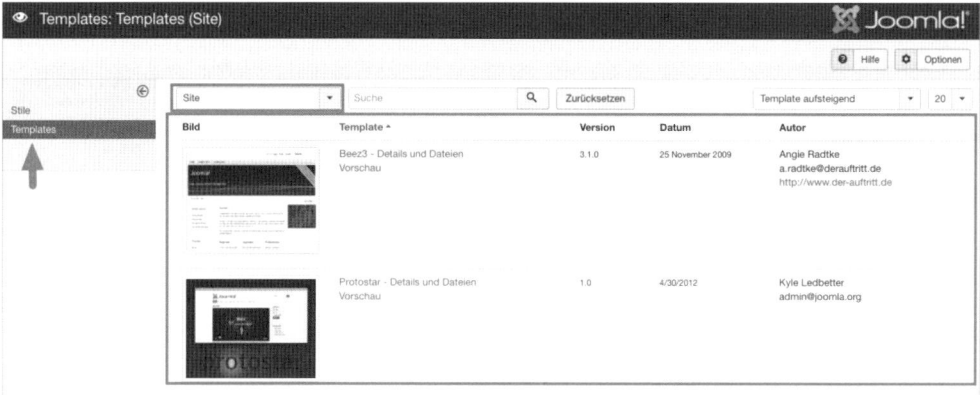

Bild 9.3 Liste der standardmäßig installierten Templates

Jedes der dort vorhandenen Templates verfügt über ein kleines Vorschau-Bildchen sowie Angaben zur installierten *Version*, zum *Erstellungsdatum* sowie zum *Autor*. Außerdem ist auch der Name des jeweiligen Templates angegeben. Oberhalb der Liste finden Sie eine Filteroption, die standardmäßig mit *Site* vorbelegt ist und dadurch die Frontend-Templates anzeigt. Stellt man diesen Filter auf *Administrator* um, so erhält man stattdessen die Ausgabe der Backend-Templates. In Tabelle 9.1 finden Sie eine kleine Auflistung der Templates mit Angaben zum Einsatzbereich sowie einer Kurzbeschreibung.

Tabelle 9.1 Auflistung der standardmäßig installierten Templates

Name	Bereich	Kurzbeschreibung
Protostar	Frontend	Standardtemplate im Frontend. Basiert auf dem CSS-Framework Bootstrap (in der Version 2).
Beez3	Frontend	Sehr schlichtes und technisch hochwertiges und von Haus aus auf Barrierefreiheit optimiertes Template. Gute Basis für die Erstellung zukunftssicherer, barrierearmer Seiten.
Isis	Backend	Benannt nach dem ägyptischen Gott, Standardtemplate für den Administrationsbereich. Entspricht in seinem Grundaufbau dem Layout seiner Vorgänger und ist daher gut für Nutzer, die bereits Erfahrungen mit älteren Joomla!-Versionen haben. Verfügt grundsätzlich über Unterstützung für Mobilgeräte.
Hathor	Backend	Erster Versuch eines barrierearmen Templates für den Administratorbereich. Derzeit leider noch sehr unausgereift und daher für den produktiven Einsatz nur bedingt geeignet.

■ 9.3 Editieren der installierten Templates

Beim Klick auf den jeweiligen Template-Namen gelangen wir zum integrierten *Template-Editor*, der uns per Mausklick erlaubt, die HTML- und PHP- (linke Spalte) sowie CSS-Dateien (rechte Spalte) des jeweiligen Templates ohne FTP-Zugang direkt aus dem Backend heraus zu bearbeiten.

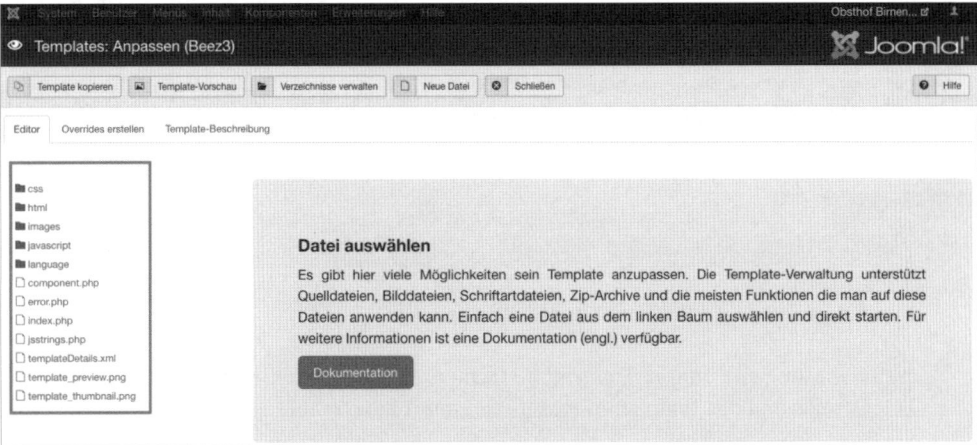

Bild 9.4 Bearbeitungsmöglichkeit der Template-Bestandteile aus dem Backend heraus

Der Editor ist dank Syntax-Highlighting relativ komfortabel, bei größeren Anpassungen empfiehlt sich dennoch die Nutzung eines „richtigen" Editors.

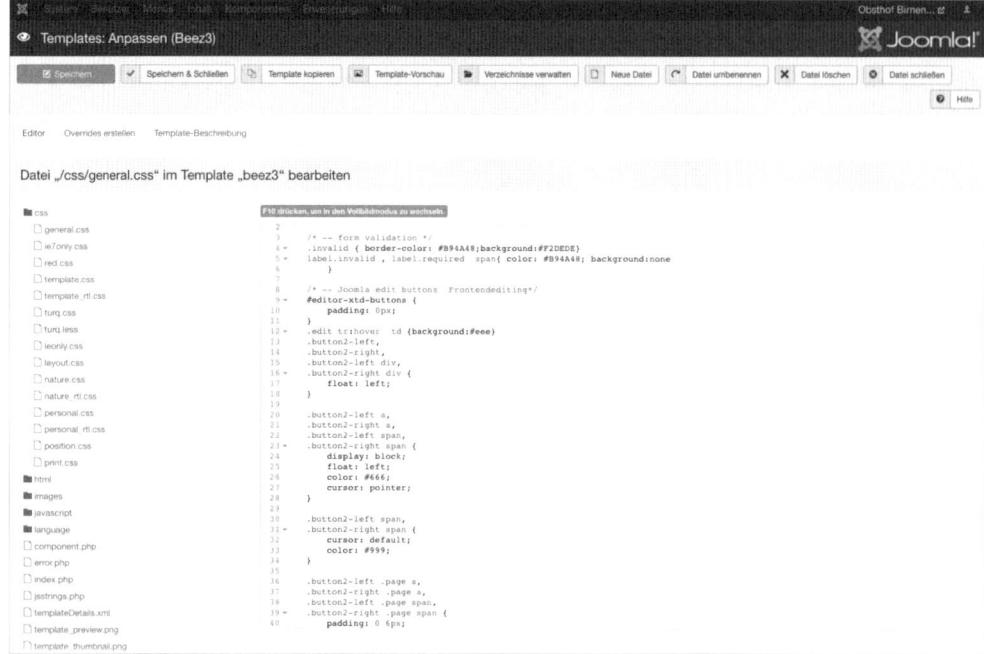

Bild 9.5 Integrierter Template-Editor mit Syntax-Highlighting

9.4 Template-Stil wechseln

Wie können wir nun das Template wechseln? Dazu wechseln wir zurück in die Übersicht der *Template-Stile*, wählen dort das gewünschte Frontend-Template *Beez3* mit der Checkbox am Beginn der Zeile und machen es durch einen Klick auf den Toolbar-Button *Standard* zum neuen Standardtemplate der Seite.

Bild 9.6 Wechseln des Standard-Template-Stils der Seite

Wenn wir die Seite nun im *Frontend* betrachten, stellen wir mit Freude fest, dass sich das Design aufgrund des Template-Wechsels verändert hat.

■ 9.5 Template-Zuweisung

Im nächsten Schritt klicken wir auf den Namen des jeweiligen Template-Stils (*Beez3 – Default*), woraufhin sich das Editierungsformular des Template-Stils öffnet, das sich, wie üblich, in mehrere Tabs teilt. Oberhalb des Tabs gibt es darüber hinaus noch ein Eingabefeld für den Namen des Stils, den man dadurch an die eigenen Bedürfnisse anpassen kann.

Im ersten Tab *Details* finden wir den Template-Namen sowie einen kurzen Beschreibungstext. Interessanter wird es bei den Tabs *Erweitert*, denn dort finden wir allgemeine Parameter des Templates und den Tab *Menüzugehörigkeit*. In diesem ist es möglich, den Template-Stil, den wir gerade bearbeiten, einem oder mehreren Menüpunkten zuzuweisen, sodass wir z. B. die eben angedachte Funktion der „ressortspezifischen Farbgebung" realisieren können.

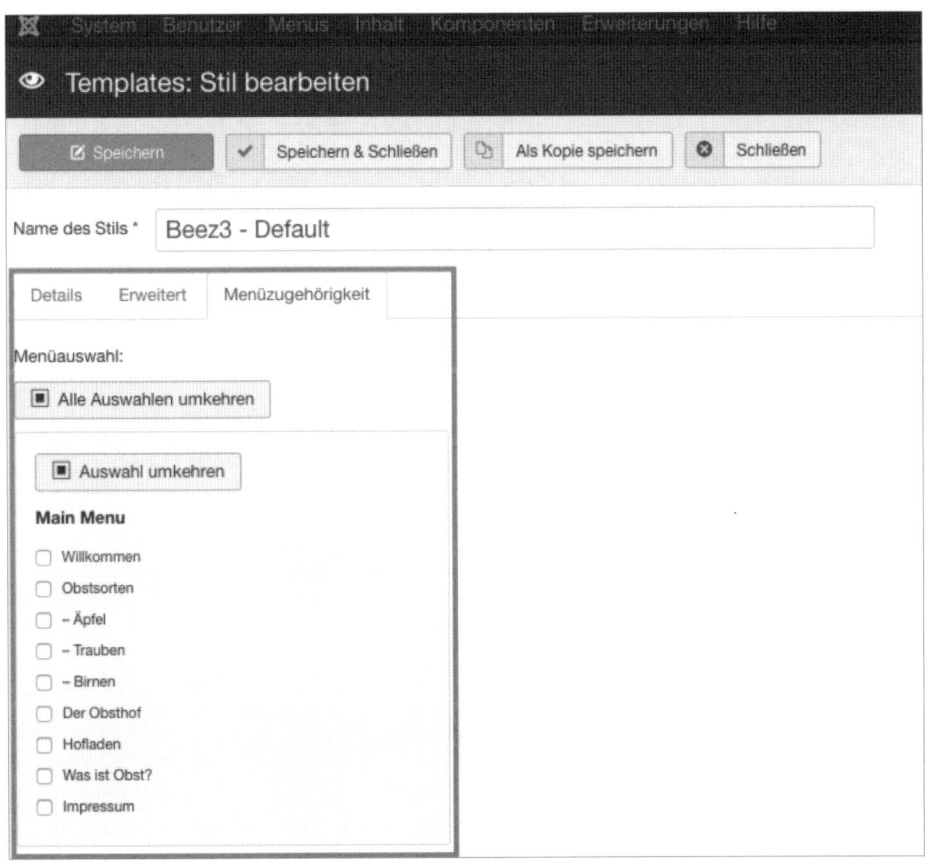

Bild 9.7 Menüzuweisungsoptionen in den *Template-Stil*-Parametern

9.6 Parameter ändern

Nun kommen wir nochmals auf den angesprochenen Tab *Erweitert* des *Template-Stils* zurück, der die Parameter des Templates enthält. Da diese sich von Template zu Template unterscheiden, ist es hier leider nicht möglich, eine allgemeine Beschreibung anzugeben. Ich werde mich daher auf die nötigen Anpassungen des *Beez3-Templates* an unsere Vorstellungen beschränken.

Dort ändern wir im ersten Schritt das standardmäßige Logo. Wir ersetzen es mit den aus dem *Medien-Manager* bekannten Schritten durch das *Logo* unseres imaginären Kunden. Auf die gleiche Art und Weise ersetzen wir auch das Headerbild (*Bild im Kopfbereich*) und vergeben anschließend einen *Seitentitel* sowie eine *Seitenbeschreibung*. Damit unser selbst gewähltes Headerbild verwendet wird, müssen wir außerdem den Parameter *Template-Farbe* auf *Eigene* setzen. Wir schließen unsere Änderungen an diesem Template-Stil mit einem Klick auf SPEICHERN & SCHLIESSEN in der Toolbar ab.

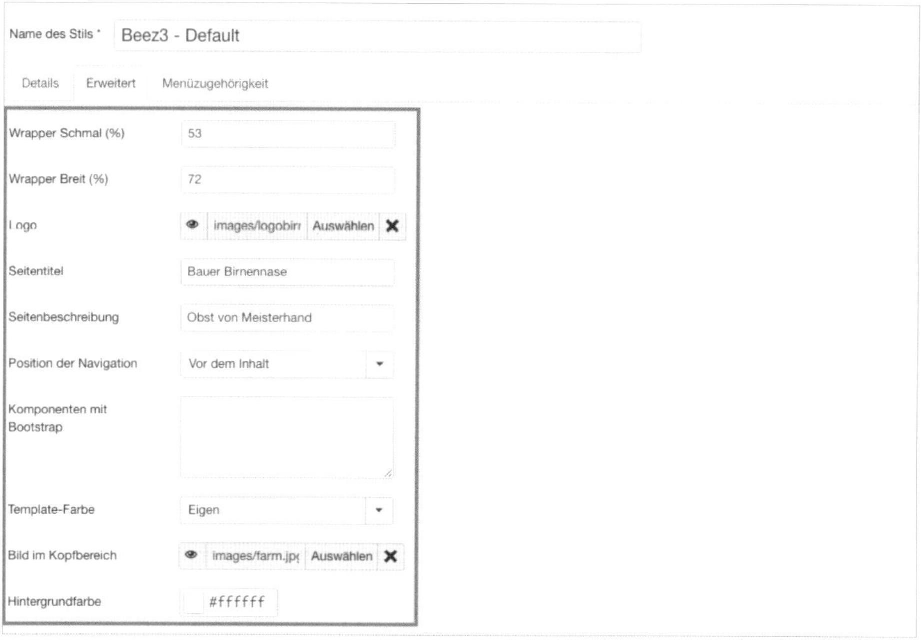

Bild 9.8 Template-Parameter des Beez3 nach der Anpassung

Werfen wir nun einen Blick ins *Frontend*, so stellen wir fest, dass wir einem zum Kunden passenden Design schon ein gutes Stück nähergekommen sind – allerdings stört noch die dunkle Schrift auf dem Headerbild den optischen Gesamteindruck. Da es jedoch keine Möglichkeit gibt, diesen Störfaktor mittels Parameter anzupassen, müssen wir hier selbst Hand anlegen und den CSS-Code des Templates anpassen.

HINWEIS: Wenn Sie Joomla! professionell einsetzen wollen, werden Sie nicht drum herumkommen, sich grundlegende Kenntnisse im Bereich HTML und CSS zuzulegen. Beide Sprachen bilden die Grundlage für die individuelle Anpassung von Templates und sind daher unabdingbar.

■ 9.7 Manuelle Template-Anpassungen

Joomla! speichert alle Dateien eines Templates im Ordner */templates/TEMPLATENAME/* – im konkreten Fall finden wir die Dateien des *Beez3*-Templates also unter */templates/beez3*.

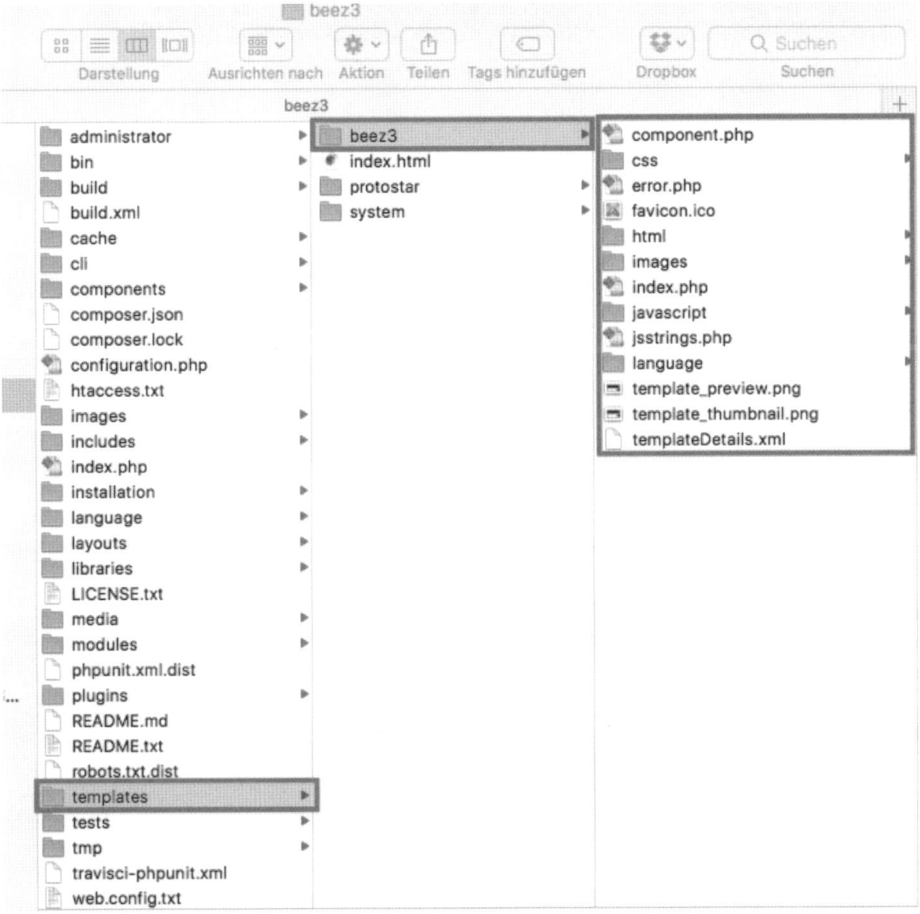

Bild 9.9 Dateien des Beez3-Templates

Dort angelangt, finden wir eine Vielzahl von Dateien und Ordnern vor, wodurch sich natürlich die Frage aufdrängt: Wie finden wir heraus, welche der zahlreichen CSS-Dateien die Definition der Schriftfarbe beinhaltet? Beide Angaben können wir über die Nutzung der *Entwicklertools* des jeweiligen Browsers (siehe Abschnitt 3.3.2, „Nutzung der Chrome-Entwicklertools") herausfinden:

Ein Klick mit dem Element-Inspektor auf den entsprechenden Schriftzug im Header verrät uns, dass wir dessen CSS in der position.css in der Zeile 290 finden (siehe Bild 9.10).

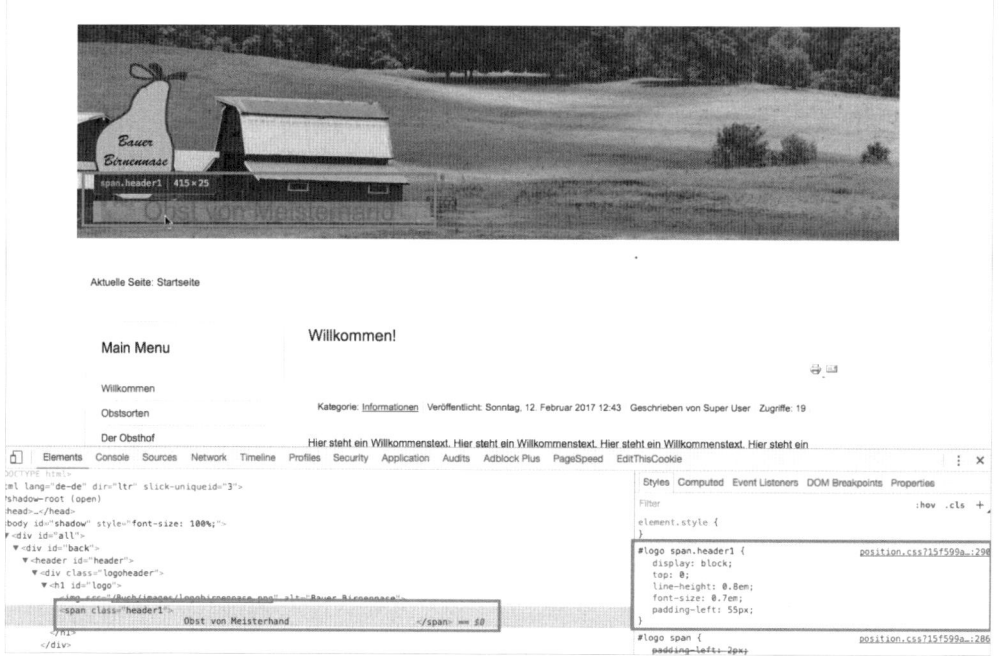

Bild 9.10 Pfadangabe des Header-Bilds

Nachdem wir das entsprechende Bild ersetzt bzw. die entsprechende CSS-Definition wie in Listing 9.1 abgebildet verändert haben, erscheint das *Template* in neuem Glanz.

Listing 9.1 Angepasste CSS-Definition in der position.css

```
#logo span.header1 {
    display: block;
    top: 0;
    line-height: 0.8em;
    font-size: 0.7em;
    padding-left: 55px;
    color: white;
}
```

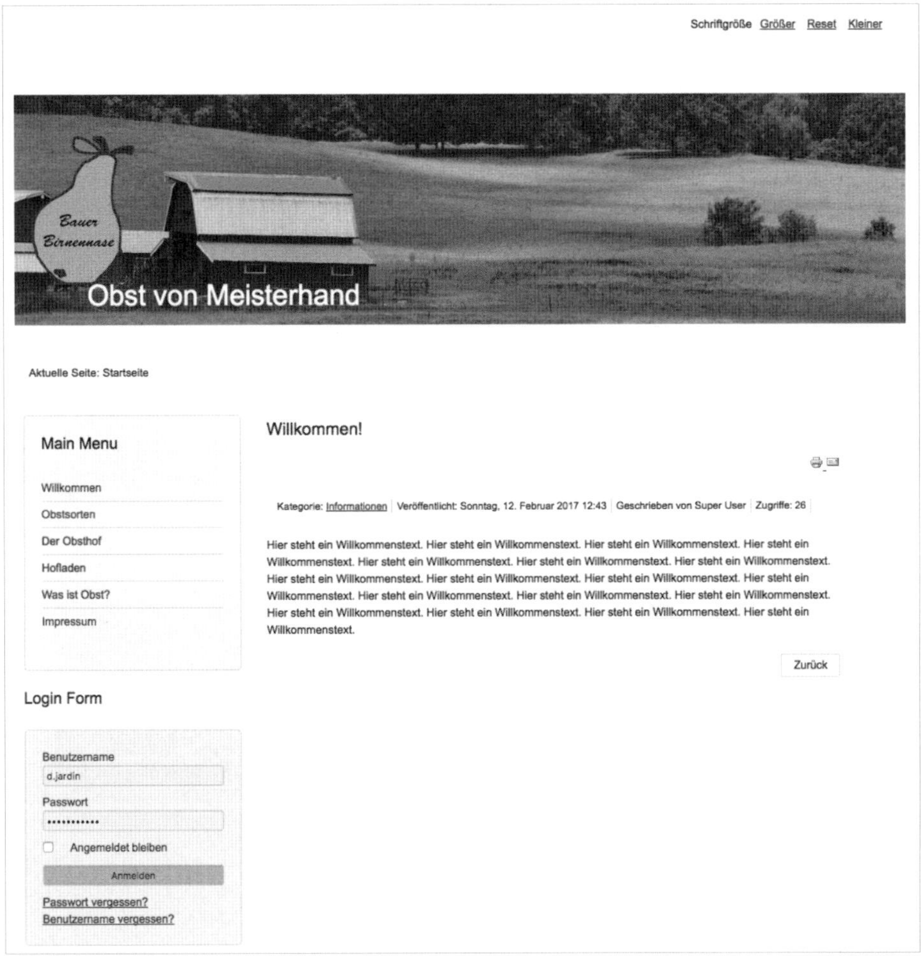

![Screenshot der angepassten Seite]

Bild 9.11 Ansicht der Seite nach den Template-Anpassungen

Was haben wir also bislang in diesem Kapitel gelernt? Sie haben das *Template*-System von Joomla! durchschaut, wissen, dass es dort verschiedene *Positionen*, *Templates* und *Template-Stile* gibt, haben einen vorhandenen Template-Stil über Parameter verändert und abschließend sogar manuelle Änderungen an den Dateien des Templates vorgenommen. Sie sind also nun in der Lage, das Design eines bestehenden *Templates* an Ihre Bedürfnisse anzupassen.

 PRAXISTIPP: Sollten Sie eines der standardmäßig vorhandenen *Templates* als Basis für Ihre Website nutzen wollen, so empfiehlt es sich, eine Kopie des *Templates* anzulegen, da Ihre Änderungen andernfalls bei einem Update der Joomla!-Installation überschrieben werden könnten.

9.8 Andere Templates nutzen

Was aber, wenn Sie mit den vorhandenen Templates nicht so richtig viel anfangen können, sich aber nicht an ein eigenes, selbst zu programmierendes Template herantrauen? In diesem Fall können Sie glücklicherweise auf eine schier unüberschaubare Menge an fertigen Templates zurückgreifen, die oftmals kostenlos genutzt und verändert werden dürfen. Wo aber kann man diese Templates finden?

9.8.1 Template-Verzeichnisse

Eine Quelle für fertige Joomla!-Templates ist das deutschsprachige Portal *www.joomlaos.de*, das große Verzeichnisse pflegt, die oftmals den direkten Download der Templates ermöglichen. *Joomlaos.de* sortiert die Templates dabei in verschiedenen Kategorien und bietet zusätzlich eine leicht zu nutzende Template-Galerie.

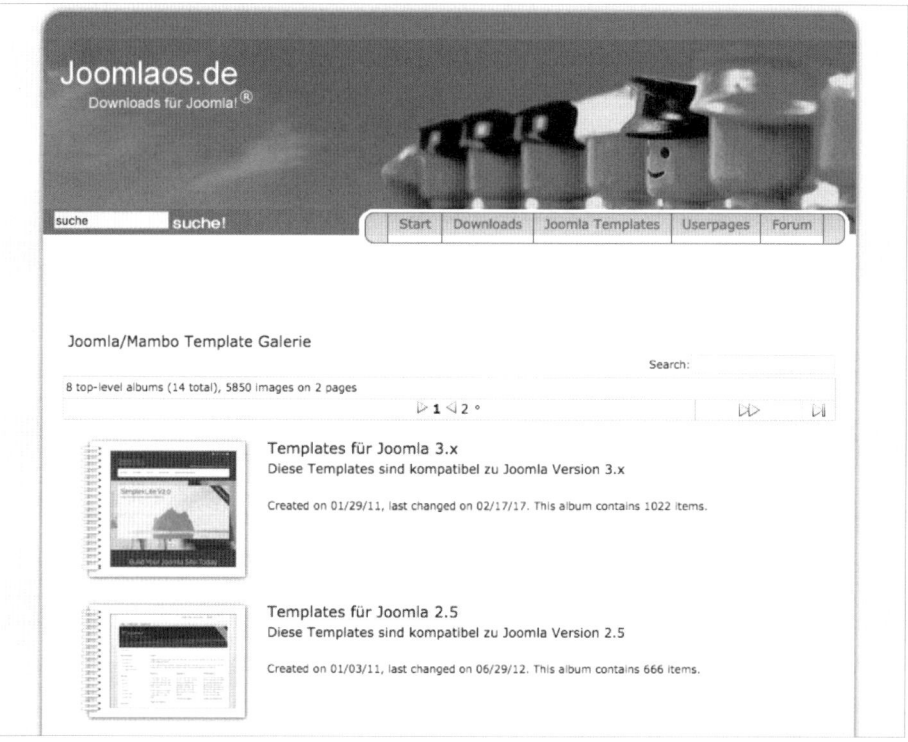

Bild 9.12 *Joomlaos.de*

Das klingt doch alles in allem nach einem großzügigen Angebot, oder? Suchen Sie etwa schon den Haken an der Sache? Ich würde Sie anlügen, wenn ich diesen verschweigen würde. Das große Problem mit *Template*-Verzeichnissen dieser Art ist, dass man als Nutzer leider kaum Möglichkeiten hat, die Qualität eines *Templates* vor der Nutzung zu beurteilen. Ist der Code valide? Welche Einstellungsmöglichkeiten gibt es? Passt die Darstellung in den gängigen Browsern? Diesen Qualitätskriterien für den professionellen Einsatz können freie *Templates* oftmals leider nicht gerecht werden – daher gilt hier: vor der Nutzung intensiv testen!

 Joomlaos.de bietet neben der Template-Galerie auch eine große Bandbreite an Joomla!-Erweiterungen zum Download. Da die Seite vom Betreiber jedoch zunehmend vernachlässigt wird, sind die dort angebotenen Erweiterungen oftmals massiv veraltet. Nutzen Sie das Portal daher ausschließlich für Templates.

9.8.2 Template-Clubs

Neben den zahlreichen Verzeichnissen für freie Templates haben sich einige Anbieter wie Yootheme (*www.yootheme.com*), RocketTheme (*www.rocketheme.com*) oder Joomlart (*www.joomlart.com*) darauf spezialisiert, qualitativ hochwertige und gestalterisch ansprechende Templates zu gestalten und diese anschließend in einem sog. *Template-Club* im Rahmen einer kostenpflichtigen Mitgliedschaft zur Verfügung zu stellen. Im Regelfall veröffentlichen diese Clubs monatlich ein bis zwei neue *Templates*, die dann von den zahlenden Kunden heruntergeladen und verwendet werden können. Die *Templates* werden häufig zusammen mit speziell darauf abgestimmten *Erweiterungen* angeboten, die sich nahtlos ins Design einfügen und daher einen sehr runden Gesamteindruck abliefern.

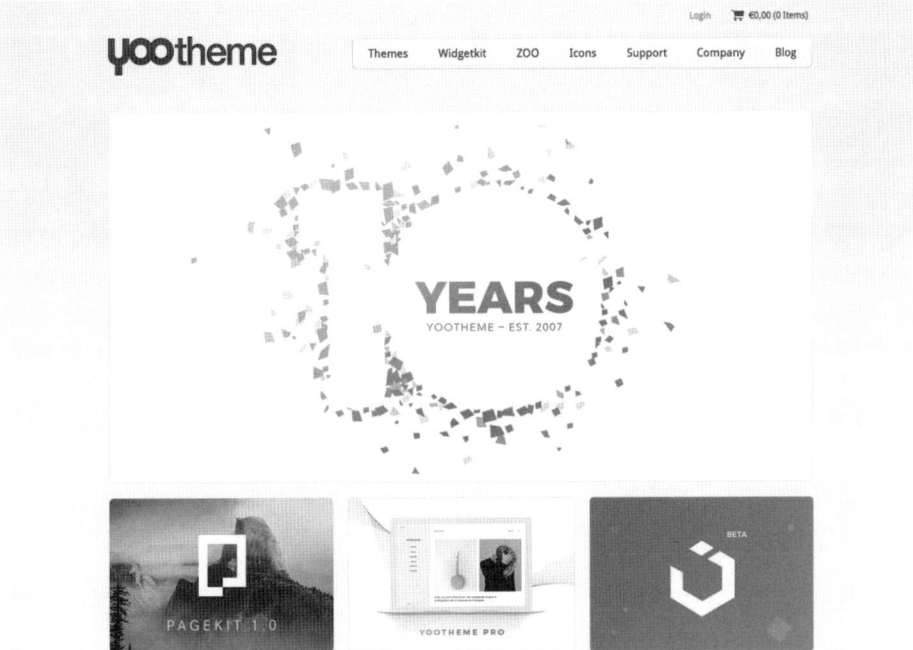

Bild 9.13 *www.yootheme.com*

Leider sind die *Templates* dieser Anbieter durch ihre vielen verschiedenen Parameter und Nutzungsmöglichkeiten im Regelfall sehr umfangreich, was zu längeren Ladezeiten führen kann.

9.8.3 Installation

Die Installation der heruntergeladenen Templates erledigen Sie über den Erweiterungsmanager (siehe Abschnitt 10.2.2, „Erweiterungen installieren"). Anschließend muss das Template dann noch, wie in Abschnitt 9.4 beschrieben, gewechselt werden.

10 Joomla!-Erweiterungen

Schauen wir zu Beginn dieses Kapitels erst einmal, wo wir gerade stehen: Wir haben eine auf Joomla! basierende Seite für unseren imaginären Kunden installiert, die Inhalte eingepflegt und das Design angepasst. Was aber machen wir, wenn wir nicht nur Texte und Menüeinträge darstellen wollen, also Funktionen benötigen, die über die reine Darstellung von frei einzugebenden Texten hinausgehen? Hier wäre es jetzt äußerst hilfreich, wenn wir eine Möglichkeit hätten, Joomla! mit weiteren Funktionen zu erweitern – und genau diese Möglichkeit haben wir!

Joomla! ist erweiterbar aufgebaut, weshalb wir neue Funktionen bzw. Designs in Form von *Komponenten, Modulen, Plug-ins* und *Templates* problemlos nachrüsten können. Im ersten Teil dieses Kapitels wollen wir zunächst einen Blick auf die ohnehin vorhandenen Erweiterungen werfen und das lang ersehnte Kontaktformular für unseren Kunden nachrüsten. Im zweiten Teil wollen wir uns dann mit den administrativen Aufgaben rund um die Verwaltung der Erweiterung sowie der Installation von zusätzlichen Erweiterungen beschäftigen.

10.1 Integrierte Erweiterungen

Die standardmäßig integrierten Erweiterungen bieten bereits zahlreiche Möglichkeiten, welche die Realisierung von vielfältigen Anwendungsfällen erlauben.

10.1.1 Komponenten: Nutzung der Kontakt-Komponente

Starten wir mit der integrierten **Kontakt -Komponente**, die wir zur Erzeugung eines Kontaktformulars nutzen können.

 HINWEIS: Komponenten fungieren als eigenständige Anwendungen innerhalb der Joomla!-Installation, werden im Haupt-Ausgabebereich des *Templates* ausgegeben, bieten Möglichkeiten zur Ein- und Ausgabe von Daten und verfügen im Regelfall über eine eigene Administrationsoberfläche.

Den Administrationsbereich der Kontakt-Komponente finden wir unter *Komponenten > Kontakte* des Administrator-Menüs. Dort finden wir die bereits bekannte Listenansicht des Administrationsbereichs vor, die für uns an dieser Stelle auch nur eine Besonderheit bereithält: Die Spalte *Verknüpfter Benutzer* erlaubt uns festzustellen, ob ein Kontakt bereits zu einem in Joomla! registrierten Benutzer zugeordnet ist. Über diese Verknüpfungsfunktion ist es möglich, die Autorenangabe eines Inhalts mit dem Kontaktformular des jeweiligen Nutzers zu verlinken.

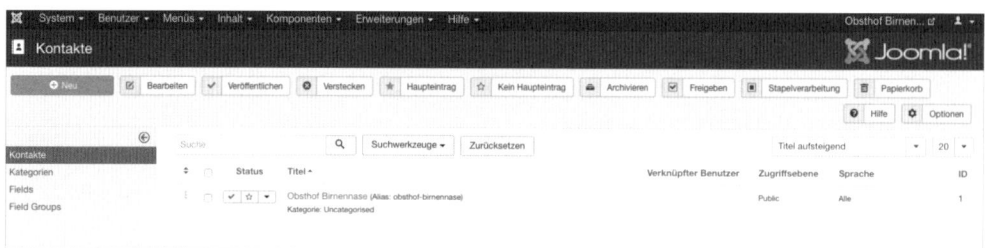

Bild 10.1 Übersichtsliste der *Kontakt*-Komponente

Wir öffnen nun per Klick auf den Toolbar-Button NEU das Formular zum Eintragen eines neuen Kontakts. Im oberen Bereich geben wir den *Namen* des jeweiligen Kontakts (z. B. „Obsthof Birnennase") ein und können anschließend im unteren Bereich den Tab *Neuer Kontakt* mit allerlei Angaben (*z. B. Adresse, E-Mail-Adresse. Telefon, Position, Bild*) versehen. Sie können sich hier gerne austoben und nach Wunsch Angaben eintragen – achten Sie dabei bitte jedoch darauf, dass wenigstens das Feld *E-Mail-Adresse* befüllt ist, da wir dieses für unser späteres Kontaktformular benötigen.

In der rechten Spalte ist auffällig, dass es hier auch einen Parameter zur Wahl der *Kategorie* gibt, welcher der neue Kontakt zugeordnet wird – dies ermöglicht uns bei komplexeren Projekten wie einer großen Unternehmenswebsite, auch die Personalstruktur des Unternehmens in der Kategorienstruktur abzubilden. Dabei ist wichtig, dass jede Komponente einen eigenen, für sich abgetrennten Kategorie-Baum besitzt. Wir können hier somit nicht die Kategorien aus der Inhalts-Komponente verwenden.

Weiterhin finden wir neben dem aktuellen Tab *Neuer Kontakt* noch die weiteren Tabs *Weitere Informationen, Anzeige, Formular* und *Veröffentlichung*.

In den *Weiteren Informationen* können Sie einen längeren Beschreibungstext zum jeweiligen Kontakt einpflegen, hier könnte sich die jeweilige Person z. B. vorstellen.

Im Tab *Anzeige* können wir einstellen, welche der Angaben aus dem Tab *Neuer Kontakt* ausgegeben werden sollen. Dabei treffen wir bei vielen Einstellungen auf die Vorgabe „Globale Einstellung", weil auch diese auf Komponenten über das bereits bekannte Parametersystem mit Vererbungen zurückgreift. Die entsprechenden Vorgaben können wir wie gewohnt über den Button *Optionen* in der Übersichtsliste der Kontakte bearbeiten.

Im Tab *Formular* finden wir einige Parameter, welche den Versand der Mails beeinflussen, die durch das Absenden des Kontaktformulars erzeugt werden. Ich verzichte an dieser Stelle auf eine Auflistung der Parameter, da diese selbsterklärend sind bzw. durch einen Tooltipp beim Mouseover erläutert werden.

Zum Schluss speichern wir den neuen Kontakt ab, woraufhin wir zurück zur Übersicht gelangen.

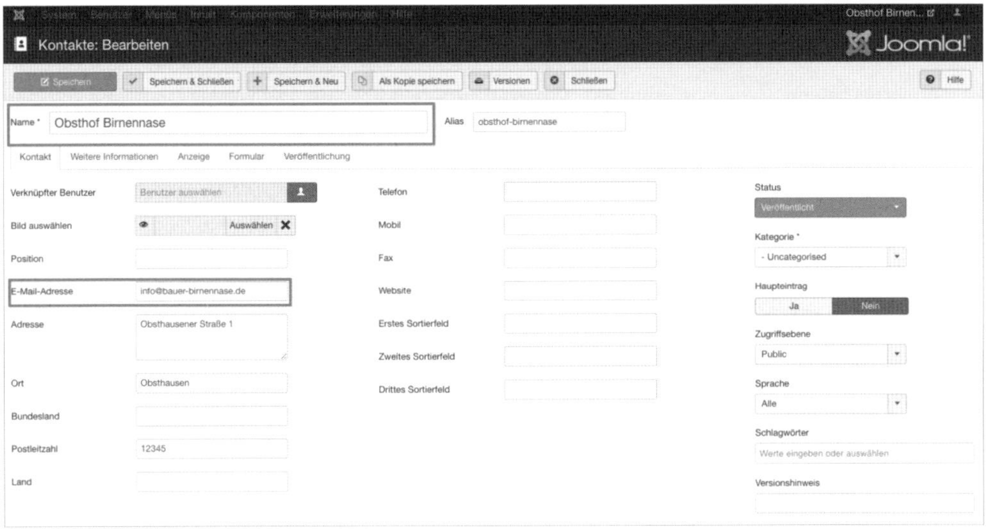

Bild 10.2 Dialog zum Anlegen/Editieren eines *Kontakts*

Wenn wir nun ins Frontend unserer Seite schauen, stellen wir fest, dass sich dort natürlich rein gar nichts verändert hat – ist auch logisch, denn schließlich haben wir noch keinen passenden *Menüeintrag* zum Anzeigen des Kontakts erstellt. Joomla! folgt hier seinem Grundsatz der Trennung von Inhalts- und Menüstruktur, den wir bereits aus der Beitrags-Komponente kennen.

Wir wechseln also über *Menüs > Main Menu* zur Liste der Menüeinträge, fügen über den Klick auf NEU einen neuen Menüeintrag hinzu und wählen dort nun im ersten Schritt den *Menüeintragstyp* aus. Welcher ist nun der richtige? Logisches Denken ist gefragt: Wir nutzen die Komponente *Kontakte* und wollen einen einzelnen Kontakt inklusive Kontaktformular anzeigen – da scheint der *Menütyp Kontakte > Einzelner Kontakt* doch wie gemacht für uns zu sein!

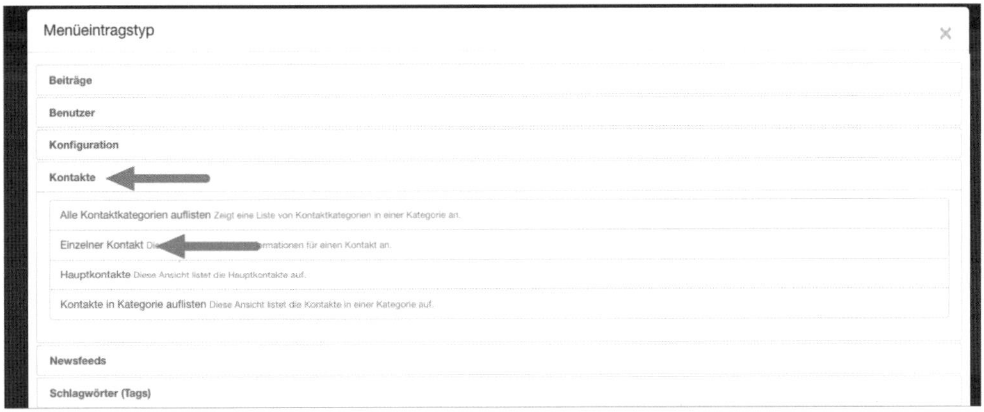

Bild 10.3 Auswahl des korrekten Menütyps zur Darstellung eines einzelnen Kontakts

Nachdem diese Hürde genommen ist, vergeben wir einen *Menütitel* und wählen in den *Benötigten Einstellungen* noch unseren gerade erstellten *Kontakt* aus, um die Verknüpfung zwischen Menüeintrag und Formular herzustellen. Zudem hätten wir an dieser Stelle aufgrund des Parametersystems auch erneut die Möglichkeit, die im Kontakt bzw. in den Komponenten-Optionen vorgegebenen *Anzeigeoptionen* zu überschreiben.

Abschließend verlassen wir den Vorgang mittels Klick auf SPEICHERN & SCHLIESSEN, wechseln ins Frontend und betrachten zufrieden unser neues Kontaktformular.

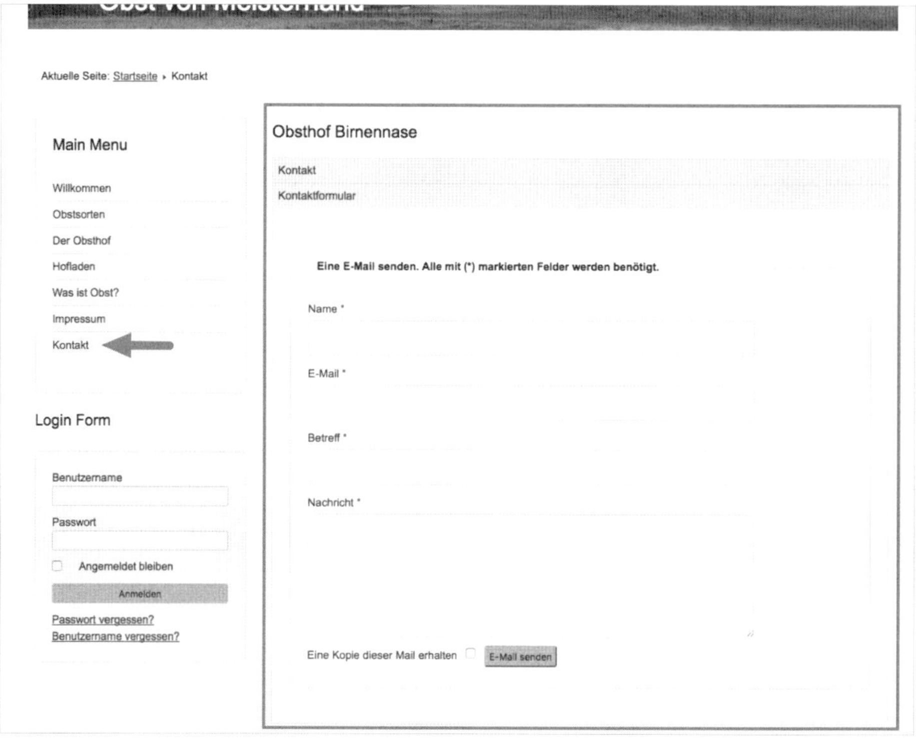

Bild 10.4 Kontaktformular im Frontend

Alle weiteren in Joomla! standardmäßig vorhandenen oder nachträglich installierten Komponenten funktionieren nun nach demselben Aufbau wie die Kontakt-Komponente. Sie administrieren die Inhalte der *Komponente* über das Backend, passen sie über die Parameter an Ihre Bedürfnisse an und binden sie abschließend über den jeweiligen mitgelieferten *Menütyp* in Ihre Seite ein. Komponenten, die eine besondere Rolle haben und daher von diesem Grundmuster abweichen, werden entweder in den folgenden Unterkapiteln oder im weiteren Verlauf des Buchs beschrieben.

10.1.2 Komponenten: Nutzung des Suchindex

Die erste dieser Sonderrollen bei den mitgelieferten Erweiterungen nimmt die Sucherweiterung *Suchindex* (*com_finder*) ein. Diese in Joomla! 2.5 neu hinzugekommene Komponente ist eine Alternative zur *Standard-Sucherweiterung* (*com_search*) und verfügt über einige Funktionen, mit denen die Standard-Suche nicht aufwarten kann. Zu den Kernfunktionen gehören:

- Schnelle, ressourcenschonende Suche durch Nutzung eines Suchindex (der mittels Cron-Job aktualisiert werden kann).
- Autovervollständigung von eingegebenen Suchbegriffen durch Wortstammergänzung.
- Ausschließen von bestimmten Seitenteilen aus der Suche.

Die Erweiterung ist, da sie optional verwendet werden kann, nicht standardmäßig aktiviert, was jedoch durch die Aktivierung des Plug-ins *Inhalt – Suchindex* in der Plug-in-Erweiterung (*Erweiterungen > Plugins*) nachgeholt werden kann. Anschließend müssen die bereits vorhandenen Inhalte durch den Klick auf den Toolbar-Button *Indexieren* der Erweiterung eingelesen werden – danach ist die Anwendung fertig zur Verwendung.

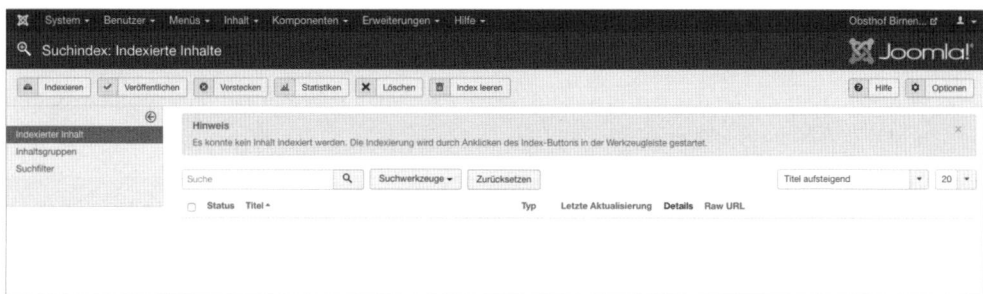

Bild 10.5 *Suchindex*

Ist der Suchindex erst einmal manuell über diesen Klick erstellt worden, werden weitere Anpassungen an den Inhalten automatisch im Index übernommen, nichtsdestotrotz sollte der Index über den entsprechenden Toolbar-Button regelmäßig neu aufgebaut werden.

 Insbesondere bei sehr großen Datensätzen kann es bei der Generierung des Index über das Joomla!-Interface zu Problemen kommen, der Prozess läuft dann nicht durch. In diesen Fällen (und auch wenn die Generierung des Index über einen Crob-Job erfolgen soll) kann das Kommandozeilenskript *finder_index.php* verwendet werden, das sich im Verzeichnis */cli* der Installation befindet. Der Aufruf php finder_indexer.php --purge leert z. B. den Index und baut ihn anschließend neu auf.

10.1.3 Module: Das RSS-Feed-Modul einbinden

Die Nutzung von *Komponenten* stellt uns nun nicht mehr vor Hindernisse. Widmen wir uns jetzt also einem weiteren Erweiterungstyp, den wir bisher kaum erwähnt oder behandelt haben: dem **Modul**.

Ein *Modul* ist, wenn wir uns die Erklärung aus Kapitel 5, „Grundlegende Begriffe und Architektur", noch einmal ins Gedächtnis rufen, eine Joomla!-Erweiterung, die ausschließlich zur Ausgabe von Informationen dient. Es verfügt (im Normalfall) über keinerlei Logik, um Benutzereingaben einlesen, verarbeiten und speichern zu können, und wird in den sog. *Modulpositionen* des *Templates* ausgegeben. Die Darstellung im *Hauptausgabebereich* ist nur über Umwege möglich. Wenn wir unsere Seite öffnen, so finden wir bereits drei Module, die standardmäßig in einer Joomla!-Installation Verwendung finden: das *Menü*-Modul, das *Login*-Modul sowie das *Breadcrumb*-Modul.

Die Administration der Module erfolgt im Backend unter *Erweiterungen > Module*, wo wir eine Listenansicht mit den bereits ausgewählten Modulen finden. Diese Liste verfügt dabei, neben den bereits bekannten Spalten *Zugriffsebene*, *Sprache*, *ID*, *Titel*, *Status* und *Reihenfolge*, auch über einige für diese Liste spezifische Spalten:

- *Position:* Gibt die *Modulposition* im *Template* an, an der das *Modul* ausgegeben wird.
- *Typ:* Gibt an, um welche Art von *Modul* es sich handelt.
- *Seiten:* Gibt an, ob das entsprechende *Modul* auf allen oder nur auf ausgewählten Seiten des *Frontends* ausgegeben werden soll.

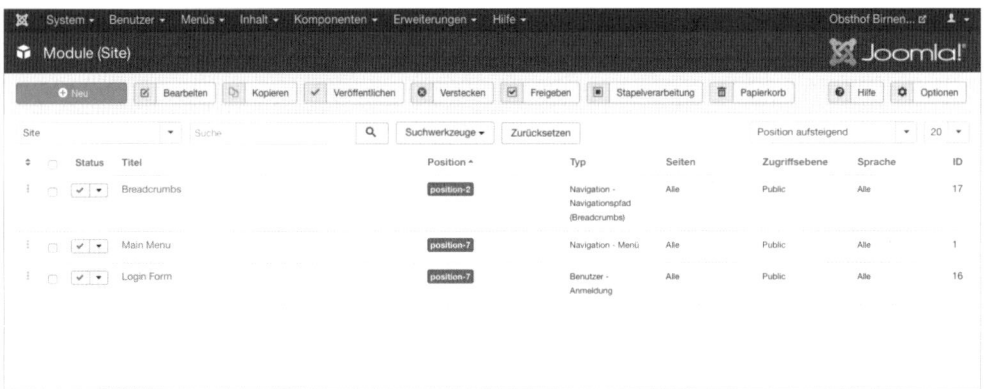

Bild 10.6 Auflistung der standardmäßig vorhandenen Module

Um das Modulsystem etwas besser kennenzulernen, wollen wir ein neues Modul anlegen, das einen externen RSS-Feed auf unserer Beispielseite ausgeben soll. Dafür starten wir mit einem Klick auf den Toolbar-Button NEU und werden nun auf der nächsten Seite gefragt, welchen Typ von Modul wir erzeugen wollen. Die verschiedenen Typen geben, wie die Namen bereits vermuten lassen, unterschiedliche Arten von Inhalten aus – da die vollständige Auflistung der Module jedoch in Abschnittl 10.1.8, „Überblick über die Standarderweiterungen", zu finden ist, begnügen wir uns hier vorläufig mit dem Wissen, dass der *Modultyp Feed – Externen Feed anzeigen* der richtige Typ ist, um wie gewünscht einen RSS-Feed auf der Seite anzuzeigen.

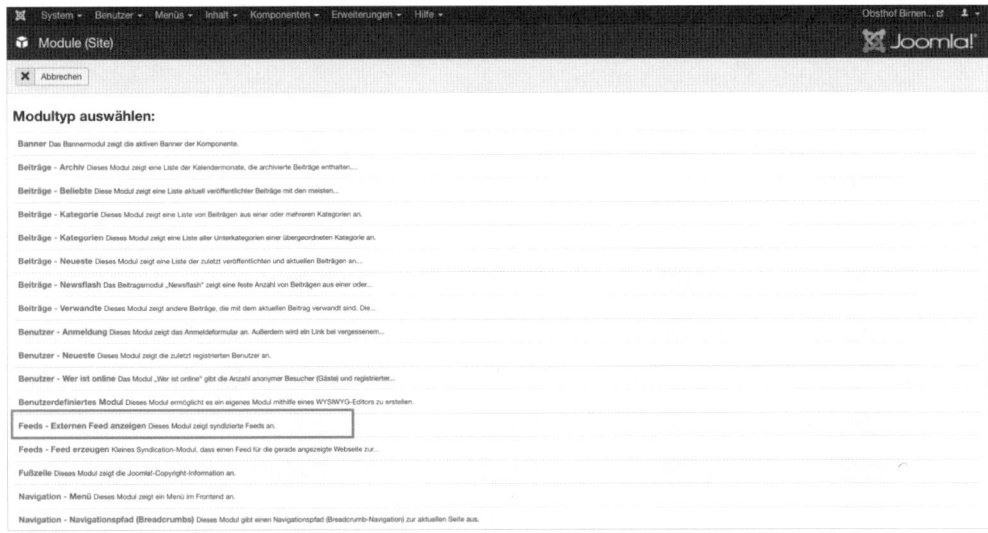

Bild 10.7 Seite zur Auswahl des Modultyps

Nach der Wahl des Modultyps öffnet sich der entsprechende Dialog zum Eingeben der Moduldetails, der dem bekannten Aufbau folgt.

Oben links beginnen wir mit der Eingabe des *Titels*, der auf der Seite jedoch, falls gewünscht, über den Parameter *Titel anzeigen* auf der rechten Seite ausgeblendet werden kann. Direkt unterhalb findet sich das Eingabefeld für die Modul*position*, auf der das Modul im Frontend angezeigt werden soll.

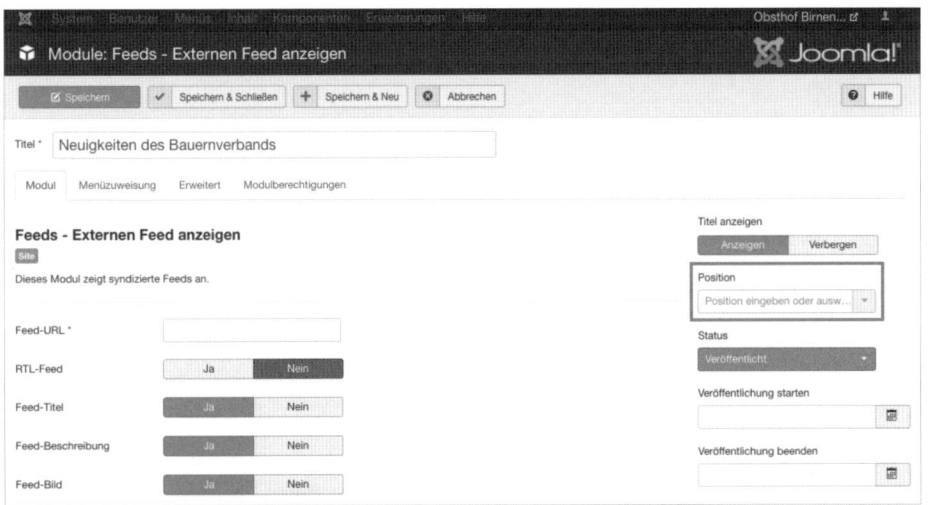

Bild 10.8 Wahlmöglichkeit für die zu verwendende Modulposition

Klicken wir hier auf das kleine Dreieck in der Positionsauswahl, um das Dropdown anzuzeigen, so erhalten wir eine Liste aller verfügbaren Modulpositionen in allen installierten Templates. Jede Modulposition verfügt dabei über einen *Titel*, der im Optimalfall beschreibt, wo sich die jeweilige Position im Template befindet, sowie in Klammern dahinter der eigentliche technische Name der Modulposition.

PRAXISTIPP: Sie können sich viel Sucharbeit sparen, wenn Sie nicht genutzte Templates deaktivieren bzw. deinstallieren, da dann die Positionen dieses Templates nicht mehr in der Auswahlliste erscheinen, wodurch diese übersichtlicher wird.

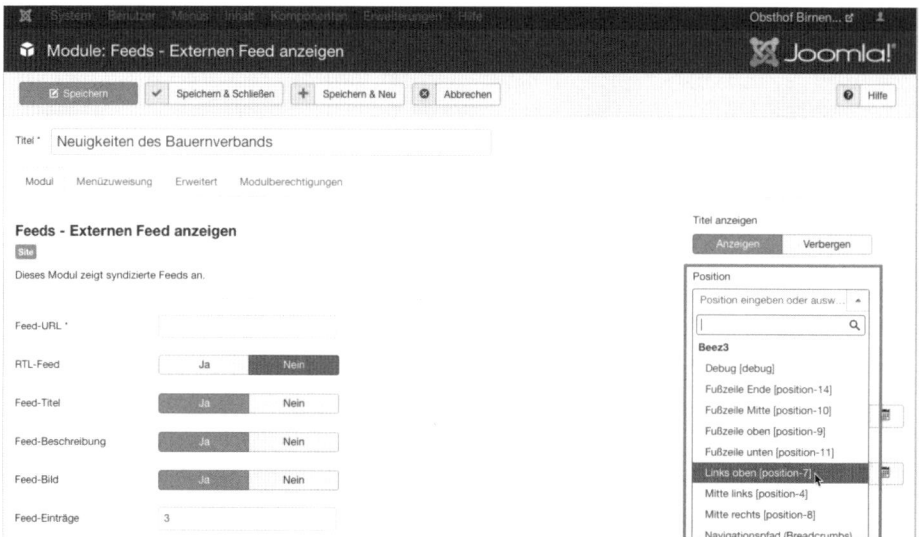

Bild 10.9 Auswahlliste der Modulpositionen

Die Auswahl einer bestimmten Position, in unserem Fall „Position 6", erfolgt per Klick auf die jeweilige Option. Daraufhin wird die gewählte Option in das Eingabefeld eingesetzt.

HINWEIS: Das Eingabefeld *Position* kann – im Unterschied zu vielen anderen Feldern mit ähnlicher Funktion – auch manuell durch Eingabe des Positionstitels ausgefüllt werden. Wenn Sie den Titel der Position also bereits kennen, können Sie den Namen einfach eintippen und müssen nicht durch die Liste scrollen.

PRAXISTIPP: Es wird Ihnen, insbesondere bei schlecht programmierten Templates, immer wieder passieren, dass die verwendeten Titel bzw. Beschreibungen der Template-Positionen keinen genauen Rückschluss auf die Positionierung im Template zulassen. Daher gibt es die Möglichkeit, sich alle Positionen des Templates im Frontend in einer Art Vorschau anzeigen zu lassen.

Da diese standardmäßig deaktiviert ist, müssen wir zuerst die Parameter der Template-Verwaltung (*Erweiterungen > Templates*, dann Klick auf den Button *Optionen* in der Toolbar) anpassen. Dort finden wir den Parameter *Vorschau von Modulpositionen*, den wir aktivieren. Anschließend übernehmen wir die Änderung durch einen Klick auf SPEICHERN & SCHLIESSEN.

Bild 10.10 Parameter zur Aktivierung der Modulpositionen-Vorschau

Nun können wir durch Anhängen des Parameters *tp=1* an die URL im Frontend alle Template-Positionen ausgeben lassen, die durch halbtransparente Kästen mit einer Namensangabe der jeweiligen Position dargestellt werden.

Bild 10.11 Frontend-Ausgabe mit Vorschau der Modulpositionen

Die weiteren Angaben in der rechten Spalte kennen wir bereits aus den anderen Bearbeitungsdialogen, sodass wir hier keine zusätzlichen Erklärungen benötigen.

Wir ignorieren nun vorerst die weiteren Parameter auf der linken Seite und schauen stattdessen in den Tab *Menüzuweisung*, der uns erlaubt, ein Modul einem bestimmten Menüeintrag zuzuweisen, sodass dieses Modul nicht auf allen Seiten, sondern nur auf den gewählten erscheint. Dadurch können wir Module einblenden, die zum Kontext des jeweiligen Menüeintrags passen.

Ein Beispiel gefällig? Nehmen wir an, unser Bauer würde gerne auch einen kleinen Blog auf seiner Seite betreiben und möchte auf der Startseite eine Liste der neuesten Blogeinträge in der rechten Spalte des Templates anzeigen lassen. Ohne die Möglichkeit der *Menüzuweisung* würde dieses *Modul* auf allen Unterseiten angezeigt – inklusive des Blogs selbst, was natürlich keinen Sinn ergibt.

Über den Parameter *Modulzuweisung* können wir aus den verschiedenen Modi wählen, die von der *Menüzuweisung* unterstützt werden:

- *Auf allen Seiten:* Zeigt das Modul auf allen Seiten an.
- *Keine Seiten:* Hier ist die deutsche Übersetzung leider ein wenig unglücklich gewählt – denn die Option bedeutet nicht, dass das *Modul* gar nicht angezeigt wird, sondern dass es auf all jenen Seiten ausgegeben wird, die keinen eigenen *Menüeintrag* haben.
- *Nur auf den gewählten Seiten:* Zeigt das *Modul* nur auf den Seiten an, die unter *Menüauswahl* gewählt wurden.
- *Auf allen Seiten mit Ausnahme der gewählten:* Zeigt das *Modul* auf allen Seiten außer den unter *Menüauswahl* gewählten an.

Wir wollen den Feed nur auf der Startseite von Bauer Birnennase ausgeben, weshalb wir als Modus „Nur auf den gewählten Seiten" und anschließend nur den Eintrag *Willkommen* selektieren.

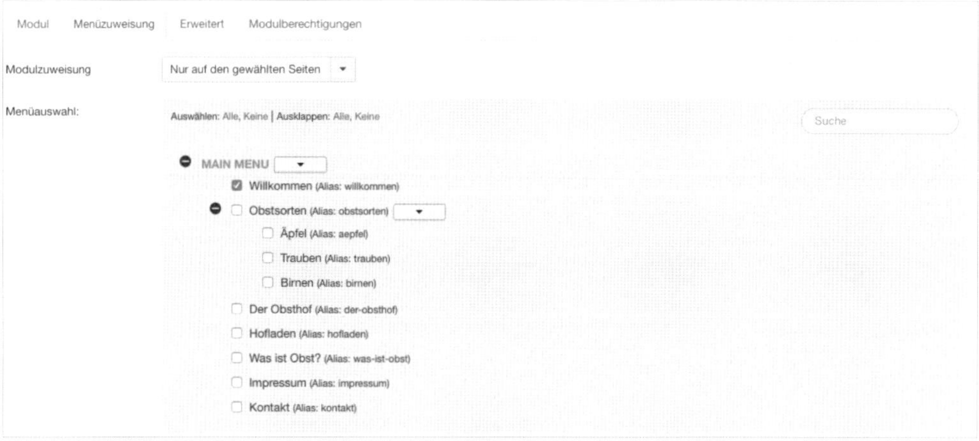

Bild 10.12 Bereich *Menüzuweisung* in der Modulverwaltung

Im nächsten Schritt schauen wir in den Tab *Erweitert*, der genauso wie der Tab *Menüzuweisung* für alle Modul-Typen gleich ist, und zudem einige spannende Möglichkeiten beinhaltet:

- *Alternatives Layout:* Auswahl, ob für die Ausgabe das integrierte Layout oder ein Layout im Template (siehe Kapitel 12 „Overrides und Alternative Layouts"). verwendet werden soll. Erlaubt die individuelle Gestaltung eines Moduls.
- *Modulklassensuffix:* Hängt den angegebenen Namen an die CSS-Klasse des *Moduls* an. Die Eingabe von „-feed" erzeugt im Frontend beispielsweise ein <div> mit der Klasse moduletable-feed, in dem der Inhalt ausgegeben wird. Diese Option erlaubt uns das individuelle Styling eines *Moduls* über CSS.
- *Caching:* Steuert, ob das *Modul* zur Beschleunigung der Ausgabe zwischengespeichert werden soll (siehe Abschnitt 20.1.3, „Integriertes Joomla! Caching").
- *Cache-Dauer:* Steuert die Dauer der Zwischenspeicherung.
- *Modul-Tag:* Erlaubt die Auswahl des HTML-Tags, der das Modul umgibt.
- *Bootstrap-Größe:* Steuert die Breite des jeweiligen Moduls im 12-spaltigen Grid-System des Bootstrap-CSS-Systems.
- *Header-Tag:* Erlaubt die Auswahl des HTML-Tags für den Modultitel.
- *Header-Klasse:* Erlaubt es, analog zum Modulklassensuffix, eine eigene CSS-Klasse für den Modultitel zu setzen.
- *Modulstil:* Erlaubt es den vorgegebenen Modulstil des Templates für das aktuelle Modul zu überschreiben, siehe Abschnitt zu *Module-Chromes* in Abschnitt 12.1.6.

Die Parameter *Modul-Tag, Bootstrap-Größe, Header-Tag und Header-Klasse* setzen voraus, dass das jeweilige Template bzw. der sog. Module-Chrome der Modulposition (siehe Abschnitt 12.1.2) diese Optionen unterstützt. Wenn dies nicht der Fall ist und die Optionen somit keinen Effekt zeigen, können Sie manuell den *Modulstil* auf den Wert *html5* setzen, da dieser diese Optionen korrekt darstellen kann.

Somit sind alle Parameter des Formulars abgearbeitet, die bei allen Modultypen zur Verfügung stehen. Wenden wir uns nun also den Parametern zu, die spezifisch sind für den gerade ausgewählten *Modul-Typ*, in unserem Fall also das RSS-Modul. Wir finden diese in der linken Spalte des ersten Tabs *Modul*. Ich verzichte an dieser Stelle auf die Auflistung der jeweiligen modulspezifischen Parameter, da diese durch Tooltipps gut erklärt sind. Geben Sie in unserem Beispiel einfach eine entsprechende URL ins Feld *Feed-URL* ein, damit wir im *Frontend* später auch die Früchte unserer Arbeit betrachten können.

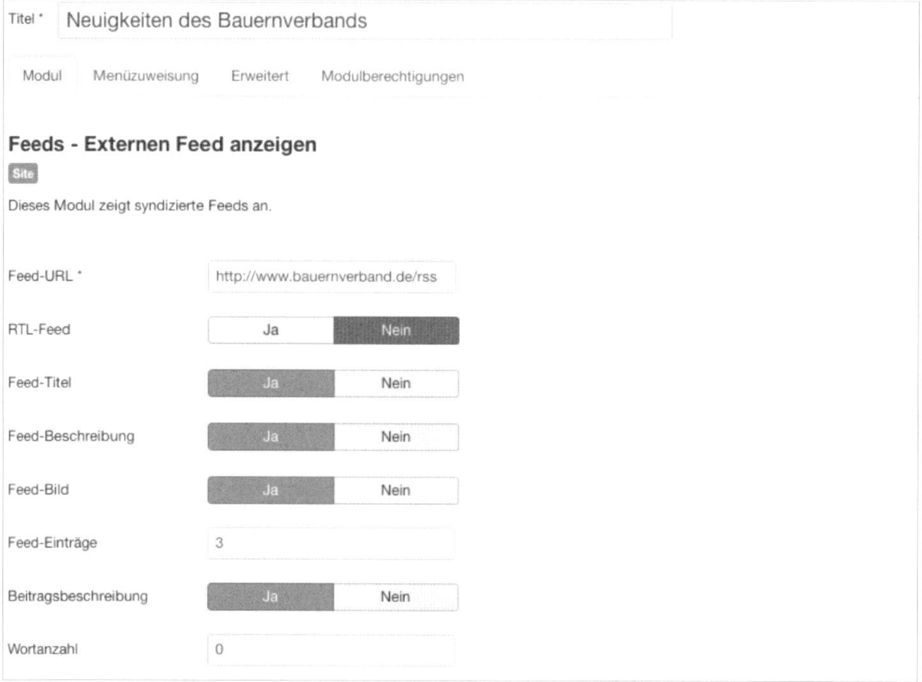

Bild 10.13 Parameter des *Feed-Anzeige*-Moduls

Abschließend verlassen wir den Dialog zum Anlegen unseres neuen Moduls mit einem Klick auf SPEICHERN & SCHLIESSEN, woraufhin wir uns wieder in der Modulübersicht befinden. Im Frontend der Seite finden wir nun beim Aufruf der Startseite unser gerade angelegtes Modul, wobei der Titel des Moduls oberhalb der eigentlichen Ausgabe erscheint.

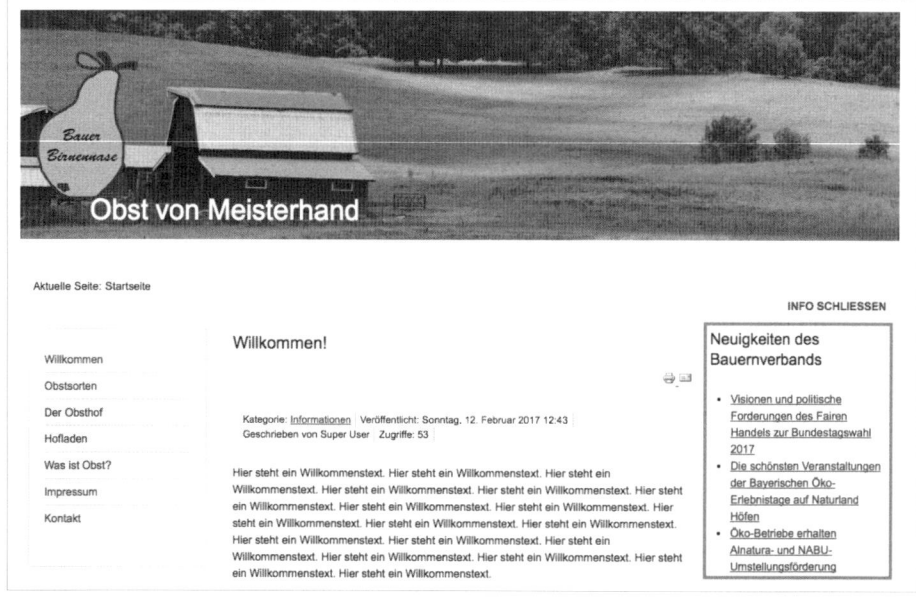

Bild 10.14 Ausgabe des Moduls im Frontend

Dieses Wissen erlaubt uns, nach dem Wechsel ins Backend noch zwei weitere Änderungen vorzunehmen: Zum Ersten blenden wir durch die Umstellung des Parameters *Titel anzeigen* im Modul *Main Menu* den lästigen Titel oberhalb der Navigation aus und löschen zum Zweiten durch die Selektion des Eintrags in der Übersichtsliste und die Nutzung des *Papierkorb*-Buttons das Login-Formular, das wir auf unserer Seite nicht benötigen. Dadurch wird unser *Frontend* optisch nochmals deutlich aufgeräumter.

10.1.3.1 Administrator-Module

Haben Sie sich beim Betrachten der Modulübersicht-Liste eigentlich auch gefragt, warum es die Filteroption „Site" oberhalb der Liste gibt (siehe Bild 10.6)? Das hängt damit zusammen, dass Joomla! das Modulsystem nicht nur im Front-, sondern auch im Backend zur Darstellung verschiedener Informationen nutzt. So ist das von uns ständig genutzte Administrationsmenü nicht fest im Template verankert, sondern wird über ein Modul eingebunden. Dies ermöglicht uns, den Administrationsbereich durch die Nutzung von zusätzlichen Modulen an die Bedürfnisse unseres Kunden anzupassen. Wenn Sie den Filter auf „Administrator" umstellen, erhalten Sie eine Übersicht der integrierten Module und können, falls gewünscht, Änderungen daran vornehmen.

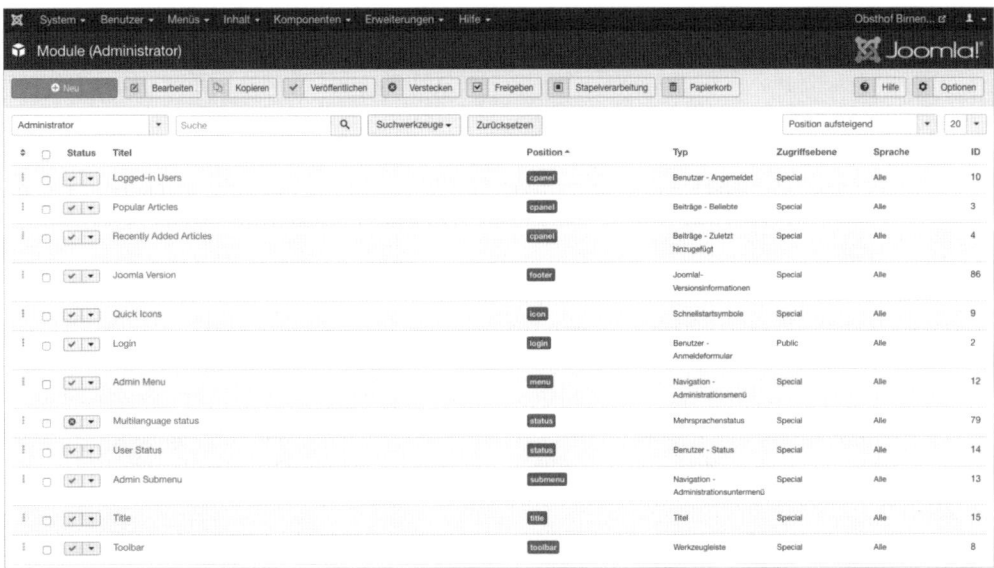

Bild 10.15 Modulübersicht nach Umstellung der *Site*-Filteroption

10.1.4 Plug-ins

Kommen wir nun zum nächsten Erweiterungstyp, den wir schon an vielen Stellen genutzt, aber nie bewusst wahrgenommen haben: **Plug-ins** sind die stillen Helden einer jeden Joomla!-Installation und existieren schon standardmäßig in verschiedenen Typen, die unterschiedliche Aufgaben wahrnehmen:

- *Authentication:* Authentication-*Plug-ins* prüfen, ob die vom Nutzer beim Login eingegebenen Angaben für Benutzer und Passwort korrekt sind. Wie diese Plug-ins dies prüfen bzw. welche (externe) Datenquelle für die Prüfung genutzt wird, ist dabei dem jeweiligen Plug-in überlassen. Dadurch ist es beispielsweise möglich, Single-Sign-In-Lösungen (Anmeldung mit den gleichen Benutzerdaten in verschiedenen Systemen) mit Joomla! zu realisieren.
- *Content:* Content-*Plug-ins* werden bei der Ausgabe eines Beitrags aufgerufen und bekommen dabei den jeweiligen Text übergeben. Diesen Text können Sie anschließend beliebig anpassen und müssen abschließend die modifizierte Variante zurückgeben. Dieser *Plug-in*-Typ wird beispielsweise für die *Weiterlesen*-Funktion genutzt, indem der im übergebenen Text hinterlegte Trenner durch einen *Weiterlesen*-Link ersetzt und anschließend zur Ausgabe zurückgegeben wird.
- *Editors:* Plug-ins dieses Typs können als WYSIWYG-Editor zur Texteditierung genutzt werden.
- *Editors-XTD:* Werden als Zusatzbuttons unterhalb des Editors ausgegeben und können dadurch editorunabhängig zur Texteditierung genutzt werden. Beispiel: *Beiträge*-Button zum Einfügen von seiteninternen Verlinkungen.
- *Extension:* Werden bei der Installation/Deinstallation von Erweiterungen aufgerufen und können dann bestimmte Wartungsaufgaben wahrnehmen.
- *Search:* Ergänzen die in Joomla! integrierte Suchfunktion um die Unterstützung für eine bestimmte Erweiterung.
- *System:* Übernehmen diverse Wartungsfunktionen innerhalb der Seite, da sie bei jedem Seitenaufruf aufgerufen werden. Dieser *Plug-in*-Typ ist sehr mächtig, da man mit ihm an praktisch jeder Stelle des Systems eingreifen und Verhalten von Joomla! beeinflussen kann.
- *User:* User-Plug-ins werden bei verschiedenen Aktionen rund um die Benutzeradministration aufgerufen und können z. B. genutzt werden, um zusätzliche Profilfelder hinzuzufügen.
- *Smart Search:* Diese Plug-ins werden zur Erstellung des Indexes der *Smart Search* genutzt.
- *Captcha:* Captcha-Plug-ins werden zur Verhinderung von Spam-Absendungen eingesetzt und erzeugen die bekannten Grafiken mit den verzerrten Buchstaben und Zahlen, die man beim Absenden eines Formulars abtippen muss.
- *Quickicon:* Diese Plug-ins sind für die Benachrichtigungen z. B. zu neuen Joomla!-Versionen zuständig, die einem Administrator auf der Startseite des Backends angezeigt werden.
- *Fields:* Joomla! verfügt seit Version 3.7 über eine Funktion zur Erstellung von eigenen Zusatzfeldern, siehe Kapitel 16. Die verfügbaren Feldtypen werden dabei über Plug-ins des Typs *Fields* gesetzt.
- *Two-Factorauth:* Diese Plug-ins stellen die Funktionalität für die sog. 2-Faktor-Auhentifizierung bereit, siehe Kapitel 21, „Sicherheit".

Die Auflistung aller installierten Plug-ins in der bekannten Listenansicht finden wir unter *Erweiterungen > Plugins* und können dort, nach einem Klick auf den jeweiligen Plug-in-Namen, Änderungen an den Parametern vornehmen.

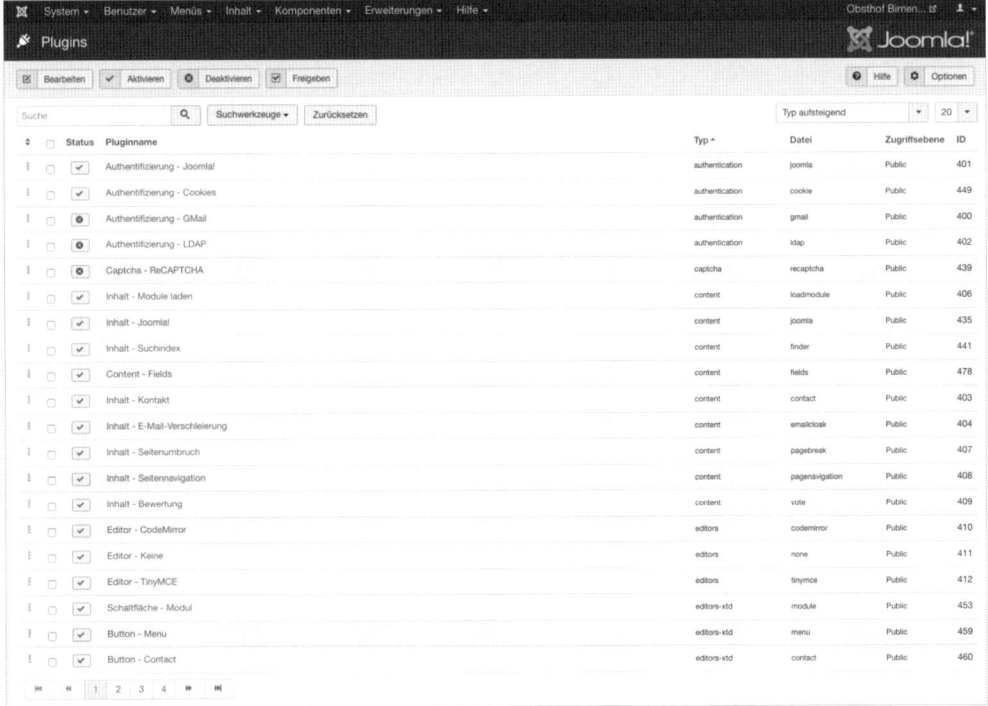

Bild 10.16 Liste der installierten Plug-ins

 HINWEIS: Achten Sie beim Editieren der Plug-ins sorgfältig darauf, dass das Plug-in *Authentifizierung – Joomla!* aktiviert bleibt, da Sie sich andernfalls nicht mehr auf der Seite anmelden können.

10.1.5 Sprachen

Joomla! unterstützt sowohl im *Frontend* als auch im *Backend* verschiedenste Sprachen für die Ausgabe von systemeigenen Texten. Diese *Sprachdateien* liegen dabei ebenfalls als Erweiterungen vor und können daher bequem ergänzt werden. Die Übersicht der installierten *Sprachdateien* finden wir unter *Erweiterungen > Sprachen > Installiert*.

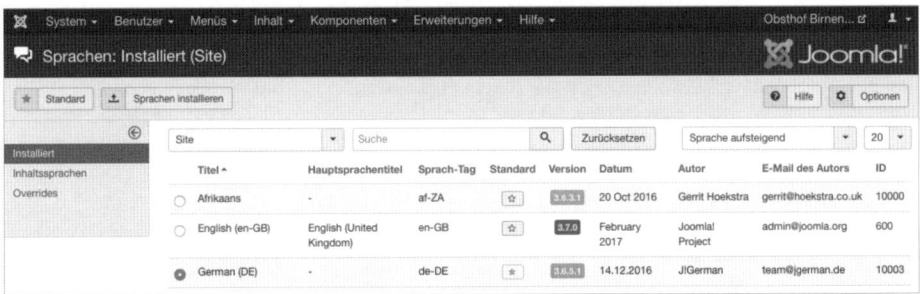

Bild 10.17 Installierte Sprachdateien

10.1.6 Templates

Alle in Joomla! genutzten *Templates* liegen als Erweiterung vor und können daher ebenfalls leicht gewechselt werden. Details finden Sie in Kapitel 9, „Das Template-System".

10.1.7 Bibliotheken

Seit Joomla! 1.6 verfügt das System über den Erweiterungstyp *library*, der für die Verwaltung von gemeinsam genutzten Programmbibliotheken wie *PHPMailer* vorgesehen ist.

10.1.8 Überblick über die Standarderweiterungen

In der folgenden Tabelle finden Sie eine ausführliche Auflistung aller standardmäßig installierten Komponenten, Module, Plug-ins und Bibliotheken mit einer kurzen Beschreibung ihrer Funktionen. Dabei habe ich Erweiterungen, die nur im Administrationsbereich verwendet werden, ausgelassen.

Tabelle 10.1 Übersicht aller im Frontend nutzbaren Joomla!-Erweiterungen

Name	Beschreibung
Komponenten	
Ajax-Schnittstelle	Erlaubt es, mit wenig Aufwand Backend-Endpoints für AJAX-Abfragen zu erzeugen. Die zugehörige Dokumentation befindet sich im Joomla-Wiki.[1]
Banner	Verwaltet Werbeanzeigen (Bilder und HTML-Code), die über das zugehörige Modul im Frontend ausgegeben werden können. Zählt die Klicks zur Abrechnung.
Beiträge	Integrierte Beitragsverwaltung (*com_content*).
Benutzer	Übernimmt die Login-, Logout-, Registrierungs-, Benutzerprofil- und „Passwort zurücksetzen"-Funktion.
Kategorien	Bietet eine allgemeine Oberfläche zur Verwaltung von verschachtelten Kategorien, die von Joomla! an verschiedenen Stellen (Beiträge, Weblinks, Banner usw.) genutzt wird. Kann in eigene Erweiterungen eingebunden werden.
Kontakte	Realisierung eines Adressbuchs mit der Möglichkeit, ein Kontaktformular für die hinterlegten Kontakte zu generieren.
Mail an	Übernimmt den Versand der E-Mails, die im Frontend durch die Nutzung der Funktion „An einen Freund versenden" entstehen. Kann in eigene Erweiterungen eingebunden werden.
Medien	Rudimentäre Datei- und Bildverwaltung, die ebenfalls in eigene Erweiterungen eingebunden werden kann.
Newsfeeds	Erlaubt die Darstellung externer RSS-Feeds im Hauptbereich der Seite.

---

[1] https://docs.joomla.org/Using_Joomla_Ajax_Interface

Name	Beschreibung
Suche	Stellt die seiteninterne Standard-Suchfunktion zur Verfügung.
Umleitungen	Erlaubt dem Administrator, Weiterleitungen für beliebige Seiten-URLs zu definieren. Nützlich, um „tote Links" nach dem Wechsel des CMS o. Ä. zu vermeiden.
Wrapper	Bindet externe URLs mittels iFrame ein.
Suchindex	Der Suchindex ist eine indexbasierte, leistungsfähige Sucherweiterung, sie wird die bisherige Suchfunktion in zukünftigen Joomla!-Versionen ersetzen.
Module	
Benutzer – Anmeldung	Erzeugt ein Login-Formular.
Banner	Zeigt die Werbeanzeigen aus der *Banner*-Komponente.
Beiträge – Archiv	Zeigt eine Liste der Kalendermonate, die archivierte *Beiträge* enthalten. Nach der Auswahl des Monats wird im *Hauptausgabebereich* die entsprechende Beitragsliste ausgegeben.
Beiträge – Kategorie	Zeigt eine Liste von *Beiträgen* aus einer oder mehreren *Kategorien* an.
Beiträge – Kategorien	Zeigt eine Liste von *Kategorien* an.
Beiträge – Neueste	Erzeugt eine Liste der neuesten *Beiträge*.
Beiträge – Newsflash	Zeigt eine festzulegende Anzahl von *Beiträgen* (inklusive Einführungstext) aus einer oder mehreren *Kategorien* an.
Beiträge – Verwandte	Gleicht die Meta-Keywords des aktuellen *Beitrags* mit den Keywords der anderen *Beiträge* ab und zeigt, falls es identische Keywords gibt, den Titel des anderen Beitrags. Dadurch ist es möglich, *Beiträge* mit ähnlichen Themen miteinander zu verknüpfen.
Beiträge – Beliebte	Zeigt eine Liste der Beiträge mit den meisten Klicks an.
Benutzerdefiniertes Modul	Gibt einen beliebigen, im *Backend* mittels WYSIWYG-Editor eingepflegten HTML-Block aus. Erlaubt dadurch die Darstellung beliebiger eigener Inhalte.
Feeds – Externen Feed anzeigen	Zeigt einen RSS-Feed an.
Feeds – Feed erzeugen	Zeigt Buttons zum Abonnieren eines von der Seite erzeugten Newsfeeds an.
Fußzeile	Zeigt die Joomla!-Copyright-Informationen an.
Navigation – Menü	Zeigt die *Menüeinträge* eines zu wählenden *Menübereichs* an.
Navigation – Navigationspfad (Breadcrumbs)	Zeigt den Pfad der Menüpunkte für die geöffnete Seite an und erlaubt dem Benutzer daher eine leichtere Orientierung auf der Seite
Benutzer – Neueste	Erzeugt eine Liste der neuesten *Benutzer*.
Benutzer – Wer ist online	Gibt die Zahl der aktuellen Seitenbesucher (angemeldet oder Gast) an, ist jedoch leider sehr unzuverlässig.
Schlagwörter – Beliebte	Zeigt eine Liste von *Tags* mit hohen Klickzahlen.
Schlagwörter – Ähnliche	Gleicht die Meta-Keywords des aktuellen *Schlagworts* mit den Keywords der anderen Schlagwörter ab und zeigt, falls es identische Keywords gibt, den Titel des anderen Schlagworts. Dadurch ist es möglich, Schlagwörter mit ähnlichen Themen miteinander zu verknüpfen.

Name	Beschreibung
Suchindex	Zeigt das Suchformular für die *Smart Search* an. Verfügt über eine Autovervollständigungsfunktion.
Sprachauswahl	Erlaubt die Auswahl der Sprache, in der die Seiteninhalte dargestellt werden sollen (siehe Kapitel 14, „Mehrsprachigkeit").
Statistiken	Zeigt verschiedene Informationen zum Serversystem, zur Seite sowie zu den Besucherzahlen.
Suchen	Gibt ein Formularfeld zur Eingabe des gewünschten Suchbegriffs ein und leitet nach dem Absenden des Formulars zur Suchen-*Komponente* weiter.
Wrapper	Zeigt einen iFrame für eine zu definierende URL an.
Zufallsbild	Zeigt ein zufälliges Bild aus einem frei definierbaren Verzeichnis an.
Plug-ins	
Authentifizierung – Cookies	Loggt Nutzer automatisch beim Aufruf der Seite ein, wenn es ein entsprechendes „eingeloggt bleiben"-Cookie gibt.
Authentifizierung – GMail	Erlaubt es Nutzern, sich ohne Registrierung mit den Benutzerdaten ihrer Google-Mail-Adresse anzumelden.
Authentifizierung – Joomla!	Gleicht die eingegebenen Benutzerdaten mit der Joomla!-Nutzerdatenbank ab.
Authentifizierung – LDAP	Gleicht die eingegebenen Benutzerdaten mit einem LDAP-Server (Active-Directory) ab und erlaubt dadurch die Realisierung von Single-Sign-In-Lösungen. Verfügt über zahlreiche Parameter, um Nutzer z. B. automatisiert zu bestimmten Nutzergruppen hinzuzufügen.
Benutzer – Joomla!	Fügt Benutzer nach ihrer Registrierung zur Joomla!-Nutzerdatenbank hinzu.
Benutzer – Kontakterstellung	Erstellt für jeden Benutzer bei der Registrierung automatisch einen Eintrag in der *Kontakt*-Komponente.
Benutzer – Profile	Erlaubt das Hinzufügen zahlreicher zusätzlicher Felder zum Benutzerprofil.
Captcha – ReCAPTCHA	Captcha-Plugin für den Google-Dienst ReCAPTCHA. Unterstützt sowohl das alte ReCAPTCHA als auch das nutzerfreundlichere NoCAPTCHA.
Editor – CodeMirror	Editor mit Syntax-Highlighting für verschiedene Programmiersprachen.
Editor – Keiner	Zeigt keinen Editor, sondern nur ein normales Texteingabefeld an, wodurch eigener HTML-Code eingegeben werden kann.
Editor – TinyMCE	Zeigt den TinyMCE-Editor
Erweiterungen – Joomla!	Fügt neu installierte Erweiterungen zum Update-Manager hinzu.
Feld – Kalender	Stellt ein kalenderbasiertes Datumsfeld für das Anlegen eigener Felder zur Verfügung.
Feld – Checkboxen	Stellt eine oder mehrere Checkboxen dar.
Feld – Farbe	JavaScript-basierendes Auswahlfeld für eine Farbe.
Feld – Editor	Auswahlliste der verfügbaren *Editoren*.
Feld – Bildliste	Erstellt eine Auswahlliste, in der zwischen einem oder mehreren Bildern in einem bestimmten Ordner liegenden gewählt werden kann.
Feld – Zahl	Feld zur Eingabe von Zahlen.
Feld – Liste	Feld zur Generierung einer Liste von vorgegebenen Einträgen.
Feld – Medien	Feld zur Auswahl einer Datei aus der *Medien*-Verwaltung.

Name	Beschreibung
Feld – Radio	Feld zur Erzeugung von Radio-Boxen.
Feld – SQL	Erstellt eine Auswahlliste, deren Optionen über eine frei definierbare SQL-Abfrage generiert wird.
Feld – Text	Einzeiliges Eingabefeld für Text.
Feld – Textarea	Mehrzeiliges Eingabefeld für Text.
Feld – URL	Eingabefeld zur Einpflege einer URL.
Feld – Benutzer	Auswahlliste mit einer Liste von Benutzern der Seite.
Feld – Benutzergruppen	Liste zur Auswahl einer Benutzergruppe der Seite.
Inhalt – Bewertung	Realisiert die Bewertungsfunktion für *Beiträge*.
Inhalt – E-Mail-Verschleierung	Verschleiert im *Beitrag* eingefügte Mail-Adressen mit JavaScript, damit diese nicht so leicht durch Spambots ausgelesen werden können.
Inhalt – Felder	Gibt die konfigurierten *eigenen Felder* im Frontend aus.
Inhalt – Joomla!	Prüft, ob zu löschende *Kategorien* leer sind, und warnt andernfalls. Benachrichtigt die Administratoren, wenn neue Beiträge im *Frontend* eingereicht werden.
Inhalt – Kontakt	Ruft den Link zum Kontaktformular eines Beitrags-Autors ab.
Inhalt – Module laden	Lädt alle Module, die der angegebenen Position (Syntax: `{loadposition POSITIONSNAME}`) zugewiesen sind bzw. die den angegebenen Namen (Syntax: `{loadmodule MODULNAME}`) tragen, an der jeweiligen Stelle des Beitrags. Der ursprüngliche Tag wird dabei ersetzt.
Inhalt – Seitennavigation	Realisiert die Funktion für mehrseitige *Beiträge*.
Inhalt – Seitenumbruch	Realisiert die *Weiterlesen*-Funktion.
Inhalt – Suchindex	Reicht Änderungen an *Beiträgen* an den Suchindex weiter, damit dieser stets die aktuellen Ergebnisse wiedergibt.
Installer – Aus Verzeichnis installieren	Stellt den Tab „Aus Verzeichnis installieren" im Erweiterungsmanager zur Verfügung.
Installer – Durch Hochladen installieren	Stellt den Tab „Durch Hochladen installieren" im Erweiterungsmanager zur Verfügung.
Installer – Von URL installieren	Stellt den Tab „Von URL installieren" im Erweiterungsmanager zur Verfügung.
Schaltfläche – Beiträge	Gibt die Schaltfläche für interne Beitragsverlinkung unterhalb des Editors aus.
Schaltfläche – Bild	Gibt den Button zur Auswahl eines Bilds im Medien-Manager aus.
Schaltfläche – Seitenumbruch	Gibt den Button *Seitenumbruch* aus.
Schaltfläche – Weiterlesen	Gibt den Button *Weiterlesen* aus.
Schaltfläche – Kontakt	Gibt den Button zum Einfügen von Links zur *Kontakt*-Erweiterung aus.
Schaltfläche – Felder	Gibt den Button zum Einfügen der *eigenen Felder* aus.
Schaltfläche – Menü	Gibt den Button zum Einfügen von *Menülinks* aus.

Name	Beschreibung
Suche – Inhalt	Erlaubt der Standardsuche das Durchsuchen von *Beiträgen*.
Suche – Kategorien	Erlaubt das Durchsuchen von *Kategorien* mit der Standardsuche.
Suche – Kontakte	Erlaubt das Durchsuchen von *Kontakten* mit der Standardsuche.
Suche – Newsfeeds	Erlaubt das Durchsuchen von *Newsfeeds* mit der Standardsuche.
Suche – Schlagwörter	Erlaubt das Durchsuchen von *Schlagwörtern* mit der Standardsuche.
Suchindex – Inhalt	Erlaubt das Durchsuchen von *Beiträgen* mit dem Suchindex.
Suchindex – Kategorien	Erlaubt das Durchsuchen von *Kategorien* mit dem Suchindex.
Suchindex – Kontakte	Erlaubt das Durchsuchen von *Kontakten* mit dem Suchindex.
Suchindex – Newsfeeds	Erlaubt das Durchsuchen der *Newsfeeds* mit dem Suchindex.
Suchindex – Schlagwörter	Erlaubt das Durchsuchen der *Schlagwörter* mit dem Suchindex.
System – Abmelden	Leitet den Benutzer auf die Startseite um, nachdem er sich in einem geschützten Seitenbereich abgemeldet hat.
System – Angemeldet bleiben	Implementiert die „angemeldet bleiben" Funktion auf Cookie-Basis.
System – Benutzerprotokollierung	Schreibt Informationen über fehlgeschlagene Loginversuche in eine Log-Datei.
System – Seitencache	Realisiert die Page-Cache-Funktion (siehe Abschnitt 20.1.3.1, „Page Caching").
System – Debug	Erlaubt das Debuggen der Joomla!-Seite.
System – Felder	Implementiert die Funktion zum Hinzufügen eigener Felder.
System – Highlight	Hebt bestimmte Begriffe in der Seitenausgabe hervor, wird z. B. vom Suchindex zur Markierung des gefundenen Begriffs verwendet.
System – Joomla!-Aktualisierungsmitteilung	Versendet E-Mails zu verfügbaren Joomla!-Updates an den Administrator.
System – Joomla!-Statistikerhebung	Überträgt anonymisierte Systemdaten zum Server an das Joomla!-Projekt.
System – P3P-Richtlinien	Fügt den P3P-Header zur Ausgabe hinzu. Dieser wird benötigt, damit bestimmte Internet Explorer-Versionen die Joomla!-Cookies akzeptieren.
System – SEF	Ersetzt alle auf der Seite vorhandenen URLs durch ihre suchmaschinenfreundliche Entsprechung.
System – Sprachenfilter	Steuert die verwendete Seitensprache abhängig von der Browsereinstellung des Browsers.
System – Sprachkürzel	Erlaubt es, den Sprachkürzel in generierten HTML-Dokumenten zu ändern, um die Suchmaschinenfreundlichkeit zu erhöhen.
System – Umleitung	Führt die in der *Umleitungen*-Komponente definierten Weiterleitungen aus.
Zwei-Faktor-Authentifizierung – Google Authenticator	Implementiert die 2FA-Funktion für den Google Authenticator.
Zwei-Faktor-Authentifizierung – YubiKey	Implementiert die 2FA-Funktion für das Hardware-Dongle YubiKey.

Name	Beschreibung
Bibliotheken	
FOF	Rapid-Application-Development Framework, siehe Kapitel 17.
IDNA Convert	Übersetzt „internationale" Domains (z. B.) mit Umlauten in eine Form, mit der das DNS-System umgehen kann.
Joomla! Platform	Fasst alle Joomla!-eigenen Klassen in einer Bibliothek zusammen.
PHPass	Backport der PHP Password-API, die mit PHP 5.6 eingeführt wurde.
phputf8	Bietet UTF-8-Unterstützung für PHP-Installationen, auf denen die Multibyte-Erweiterung nicht aktiv ist.

■ 10.2 Erweiterungen verwalten

Haben Sie sich erfolgreich durch die Tabelle 10.1 gekämpft? Dann wissen Sie nämlich jetzt, dass die in Joomla! integrierten *Erweiterungen* uns bereits erlauben, zahlreiche, oft benötigte Funktionen abzudecken. Was aber, wenn der „schlimmste" aller denkbaren Fälle eintritt und wir eine Funktion benötigen, die so von Haus aus nicht integriert ist?

Hier spielt Joomla! einen seiner Trümpfe aus: Durch die mehr als 7800 verfügbaren Erweiterungen ist es möglich, fast jede denkbare Funktion bequem nachträglich zu installieren. Aber wie geht das genau vonstatten? Wo findet man Erweiterungen? Worauf ist bei der Erweiterungswahl zu achten? Wie kann man sie aktualisieren oder vielleicht sogar deinstallieren? Diesen Fragen wollen wir uns nun im zweiten Teil dieses Kapitels widmen.

10.2.1 Erweiterungen finden

10.2.1.1 *extensions.joomla.org*

Im ersten Schritt stellt sich natürlich die Frage: Wo kann ich die für meinen Bedarf passende Erweiterung finden? Zu diesem Zweck findet sich unter *extensions.joomla.org* das offizielle Erweiterungsverzeichnis des Joomla!-Projekts, das sich in verschiedene, nach Anwendungsbereich gegliederte Bereiche (siehe Boxen im unteren Bereich) teilt. Zudem gibt es eine Suchfunktion, die das Finden der benötigten Funktion erleichtern soll.

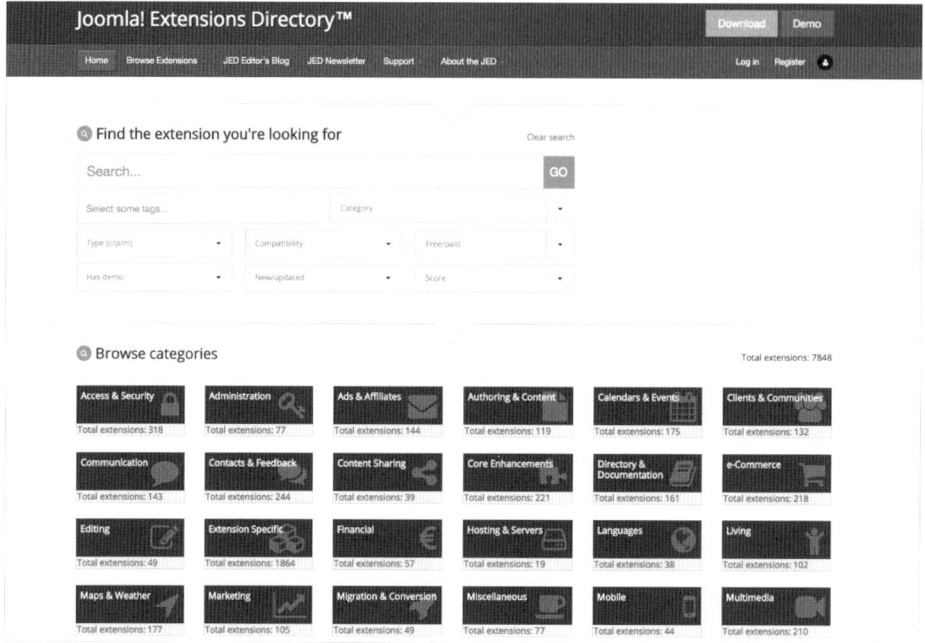

Bild 10.18 Offizielles Joomla! Extensions Directory

 Eine besondere Rolle im Extensions-Directory nimmt die Kategorie *Official Extensions* ein. In dieser Kategorie befinden sich Erweiterungen, die das Joomla!-Projekt als offiziell gepflegte Erweiterung behandelt. Diese Erweiterungen sind aus der Idee entstanden, Core-Erweiterungen, die nicht zwingend auf jeder Seite benötigt werden, aus dem Joomla!-Core herauszulösen und als nachinstallierbares Paket anzubieten. Das erste Exemplar dieser Gattung ist die frühere Core-Komponente „Weblinks", die nun als nachinstallierbares Paket gehandhabt wird.

Wir gehen für den weiteren Verlauf davon aus, dass unser Bauer Birnennase trotz intensiver Gespräche nicht davon abzubringen ist, ein Gästebuch auf seiner Seite anzeigen zu wollen, weshalb wir den Suchbegriff „Guestbook" im Suchfeld eingeben. Daraufhin erhalten wir eine Liste mit gefühlten drei Dutzend Gästebüchern von verschiedenen Entwicklern, die im Wesentlichen wohl alle das Gleiche tun. Zu jedem Suchergebnis finden wir dabei:

- den Namen der jeweiligen Erweiterung (1)
- das Logo/eine frei wählbare Grafik (2)
- eine Angabe, mit welchen Joomla!-Versionen die Erweiterung kompatibel ist (3)
- die Durchschnittsbewertung sowie die Anzahl der Bewertungen (4)
- eine Angabe, ob die Erweiterung kommerziell oder nicht kommerziell vertrieben wird (5)
- den Namen des jeweiligen Entwicklers (6)

Die Nummerierungen hinter den Beschreibungen können Sie den Markierungen in Bild 10.19 zuordnen.

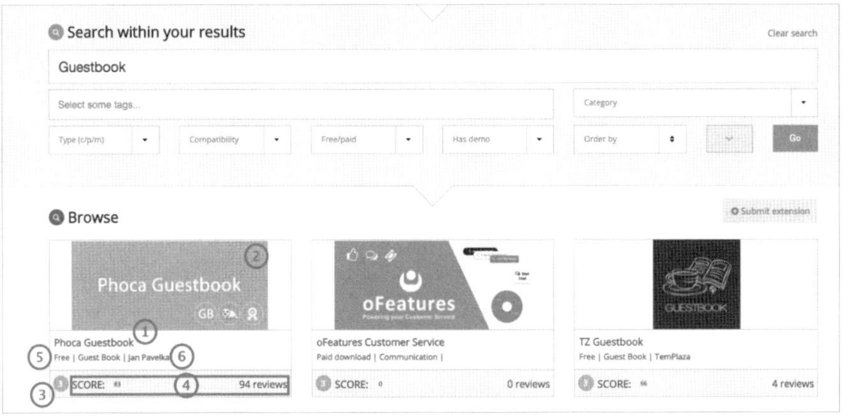

Bild 10.19 Beispieleintrag in *extensions.joomla.org*

Nach einem Klick auf den Namen des jeweiligen Eintrags gelangt man zur Detailbeschreibung der Erweiterung, die uns neben einigen weiteren Angaben den ersehnten Download-Button präsentiert. Dieser leitet uns im Normalfall übrigens „nur" zur Download-Seite des Entwicklers weiter, da das *Extensions-Directory* keine eigenen Downloads hostet. Zudem finden wir hier unterhalb der Beschreibung mehr oder weniger ausführliche Kommentare (Reviews) anderer Nutzer, die ein Gefühl für die Qualität der Erweiterung vermitteln.

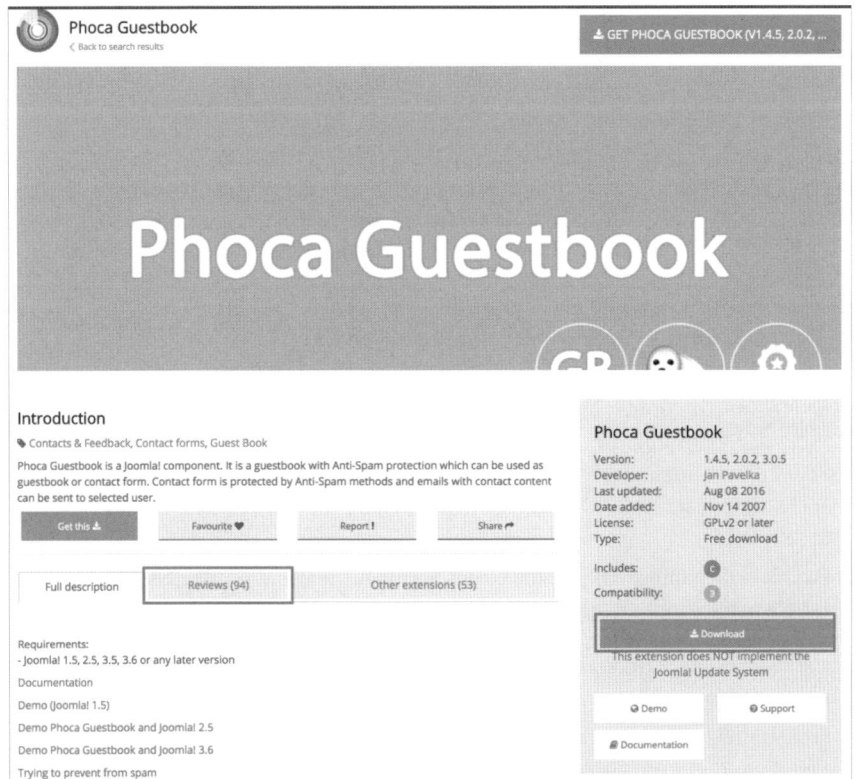

Bild 10.20 Detailseite von *extensions.joomla.org*

10.2.1.2 Checkliste für die Auswahl der passenden Erweiterung

Damit wäre auch schon der wohl spannendste Aspekt der Erweiterungsauswahl angesprochen: Wie wähle ich aus der Vielzahl von Erweiterungen die für mich passende aus? Welche ist zuverlässig und gut programmiert? In den letzten Jahren habe ich die Checkliste in Tabelle 10.2 als Grundlage für meine Auswahl entwickelt.

Tabelle 10.2 Checkliste für die Auswahl der passenden Erweiterung

Schritt	Titel	Beschreibung
1	Kompatibilität prüfen	Am Anfang eines jeden Erweiterungstests sollte geprüft werden, ob die jeweilige Erweiterung überhaupt mit der verwendeten Joomla!-Version kompatibel ist – ist dies nicht der Fall, so scheidet die Erweiterung von vornherein aus.
2	Erweiterungsart prüfen	Wollen wir die Erweiterung im *Hauptausgabebereich* nutzen? Dann ist ein Modul bzw. Plug-in vermutlich ungeeignet.
3	Nutzerbewertungen lesen	Wie ist die Durchschnittsbewertung der Komponente? Häufen sich Nutzerbeschwerden?
4	Lizenz prüfen	Ist die Erweiterung kostenlos verfügbar oder wird sie kommerziell vertrieben? Ist das Budget zum Kauf groß genug?
5	Entwicklerseite besuchen	Existiert die Seite des Entwicklers noch? Wann ist die letzte Version erschienen? Scheint das Projekt inzwischen „tot" zu sein? Wann wurde der Eintrag im Extensions-Directory zuletzt aktualisiert?
6	Programmcode prüfen	Es lohnt sich, nach dem Download der Erweiterung einen Blick in den Code zu werfen – insbesondere sollten Sie dabei prüfen, ob im Frontend-Verzeichnis von Komponenten (*components/com_KOMPONENTENNAME*) ein Ordner *views* existiert, weil dieser benötigt wird, um die Ausgabe der Erweiterung zu überschreiben.
7	Funktionen testen	Im letzten Schritt sollten Sie die nun noch infrage kommenden Erweiterungen intensiv testen und dadurch herausfinden, ob die benötigten Funktionen tatsächlich vorhanden sind.

10.2.1.3 Deutschsprachige Erweiterungsverzeichnisse

Was aber tut man, wenn man sich mit der englischen Sprache schwertut und sich deshalb auf *extensions.joomla.org* nur schwer zurechtfindet? Es ist natürlich simpel, hier kurz eine Suchmaschine der Wahl anzuwerfen, „Joomla Downloads" als Suchbegriff zu wählen und dann zu schauen, was an deutschsprachigen Ergebnissen herauskommt. Unweigerlich werden Sie dabei auf diverse Portale kommen, wobei *joomlaos.de* mit großem Abstand das prominenteste sein wird.

All diese Portale haben dabei das gleiche Grundproblem: sie basieren auf dem Engagement des jeweiligen Portalbetreibers, da die Erweiterungsentwickler selbst Ihre Erweiterungen und insbesondere deren Updates natürlich nicht auf all den kleinen, sprachspezifischen Seiten einpflegen können. Die Portalbetreiber müssen somit sehr viel Zeit investieren, um die Liste der Erweiterungen und die dazugehörigen Downloads zu pflegen und genau hier liegt das Problem: viele Portalbetreiber können die notwendige Zeit nicht dauerhaft bereitstellen, weshalb diese Portale sich nach und nach mit veralteten und unsicheren Erweiterungen füllen.

Daher möchte ich Ihnen sehr nachdrücklich raten, ausschließlich das offizielle Erweiterungsverzeichnis zu nutzen.

10.2.2 Erweiterungen installieren

Zurück zu unserem Beispiel, der Integration eines Gästebuchs auf *www.bauer-birnennase.de*. Nach sorgfältiger Prüfung der verschiedenen Erweiterungen haben wir uns letztendlich für die Erweiterung *Phoca Guestbook* entschieden, die wir über die Detailseite der Erweiterung im Joomla! Extensions Directory herunterladen und z. B. auf dem Desktop ablegen.

> **PRAXISTIPP:** Insbesondere wenn man regelmäßig mit Joomla!-Seiten arbeitet, neigt man dazu, die heruntergeladenen Erweiterungen auf dem Rechner in einer Art Archiv zu speichern, damit man sie nicht jedes Mal herunterladen muss. Von diesem Vorgehen würde ich abraten, da Sie dadurch zwangsläufig veraltete (weil lokal gespeicherte) Versionen auf Ihren Seiten installieren werden, die eventuell sogar über Sicherheitslücken angreifbar sind. Laden Sie daher die entsprechenden Erweiterungen lieber „frisch" aus dem Netz.

Anschließend wechseln wir mit einem Klick auf *Erweiterungen > Verwalten > Installieren* im Backend zum Erweiterungsmanager, der uns drei verschiedene Möglichkeiten zur Installation anbietet:

1. *Paketdatei hochladen:* Lädt ein *.zip/.tar.gz/.tar.bz2*-Archiv vom lokalen Rechner zur Joomla!-Seite hoch, entpackt das Archiv und installiert die enthaltene Erweiterung.
2. *Aus Verzeichnis installieren:* Erlaubt die Angabe eines Verzeichnisses auf dem Server, das die Dateien des entpackten Installationsarchivs enthält.
3. *Von Webadresse installieren:* Erlaubt die Angabe einer URL zum Installationsarchiv, das dann von dem angegebenen externen Server heruntergeladen, entpackt und installiert wird, ohne den Umweg über den lokalen Rechner zu nehmen.

Im Regelfall werden wir in der normalen administrativen Arbeit die Möglichkeiten 1 und 2 nutzen. Methode 1 nutzen wir dabei für alle „normalen" Installationen, Methode 2 kann nützlich sein, um extrem große Pakete vorher mittels FTP hochzuladen, wenn der Upload über den Browser scheitert.

Wir nutzen nun die Methode 1 *Paketdatei hochladen*, um die gerade heruntergeladene Installationsdatei auf unserem lokalen Rechner zu wählen, und starten anschließend den Vorgang mittels HOCHLADEN & INSTALLIEREN.

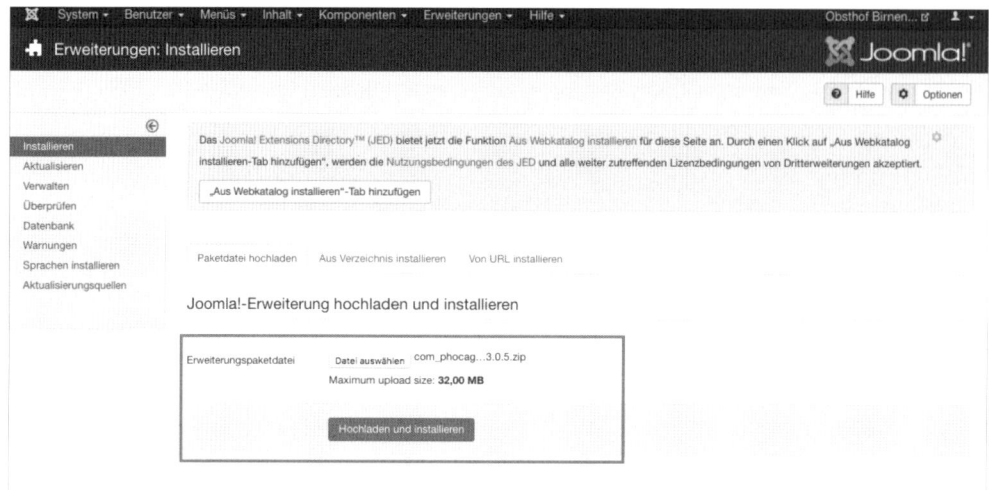

Bild 10.21 Hochladen eines lokal gespeicherten Erweiterungspakets

Anschließend bestätigt uns Joomla! im Regelfall die erfolgreiche Installation mit einer (erweiterungsabhängigen) Meldung. Im Zweifelsfalle gilt immer: Lesen Sie die dort ausgegebenen Meldungen auf jeden Fall durch, denn häufig finden Sie hier noch weitergehende Anweisungen.

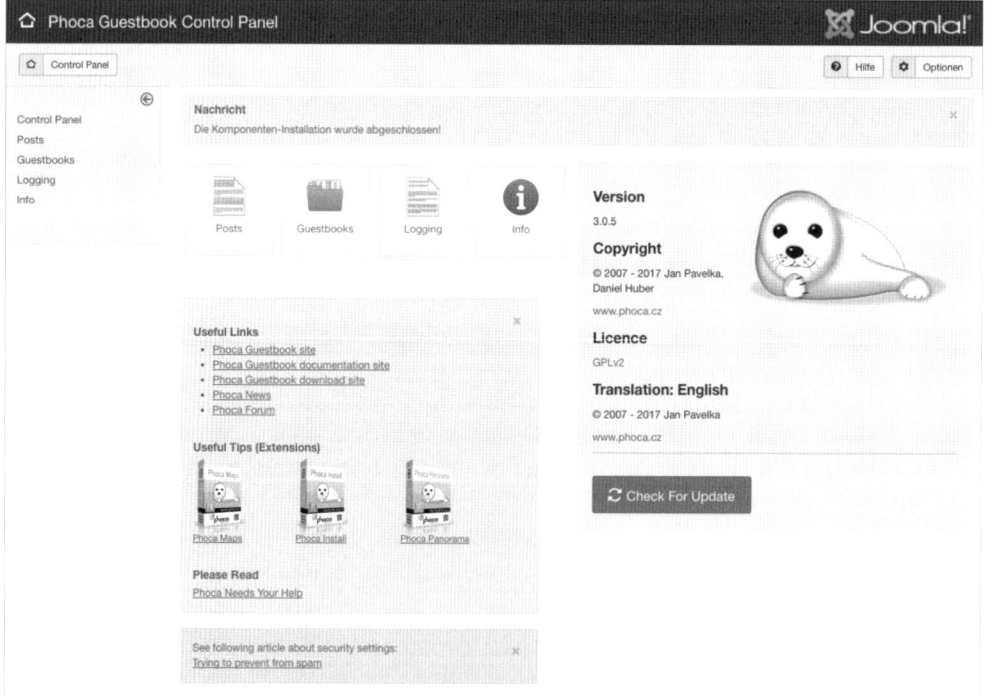

Bild 10.22 Installationsbestätigung von *Phoca Guestbook*

Durch einen Klick auf das *Komponenten*-Menü können wir feststellen, dass sich die Erweiterung dort wie erwartet mit einigen Menüpunkten verewigt hat. Mit anderen Worten: Das war's! Wir haben gerade unsere erste Joomla!-Erweiterung installiert. Eigentlich ganz einfach, oder?

Nun müssen wir die Komponenten noch im Frontend einbinden. Dafür legen wir unter *Phoca Guestbook > Guestbooks* ein neues Gästebuch an und wechseln anschließend in die *Menüeintrags-Verwaltung*, wo wir einen neuen *Menüeintrag* anlegen. Bei der Auswahl des Menütyps können wir nun den Typ *Guestbook* der gerade installierten Erweiterung auswählen, den *Titel* des Eintrags vergeben und in den Parametern in der rechten Spalte unser gerade angelegtes Gästebuch auswählen.

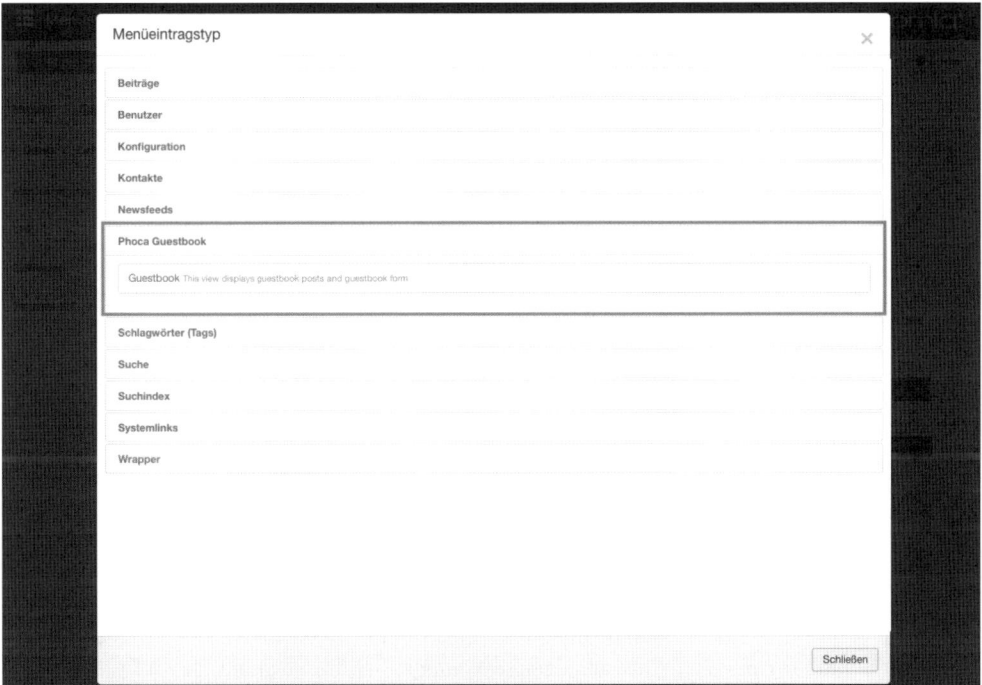

Bild 10.23 Menütyp der neu installierten Erweiterung

Werfen wir daraufhin einen Blick ins Frontend, so erwartet uns dort das leere Gästebuch mit einem Formular, um neue Einträge zu hinterlassen. Das Formular ist derzeit noch in englischer Sprache, die deutschen Sprachdateien für die Erweiterung können jedoch auf der Entwicklerseite heruntergeladen und anschließend über den gerade gezeigten Weg nachinstalliert werden.

Nun sind Sie also in der Lage, Ihre Joomla!-Installation selbstständig mit neuen *Erweiterungen* auszustatten, wodurch sich nahezu unendliche Gestaltungsmöglichkeiten eröffnen. Ich bitte an dieser Stelle um Verständnis dafür, dass ich nicht auf die Konfiguration und Nutzung einzelner Erweiterungen eingehe, da dies bei der schieren Anzahl der angebotenen Erweiterungen wohl ganze Buchbände füllen würde – hier gilt leider: Probieren geht über Studieren.

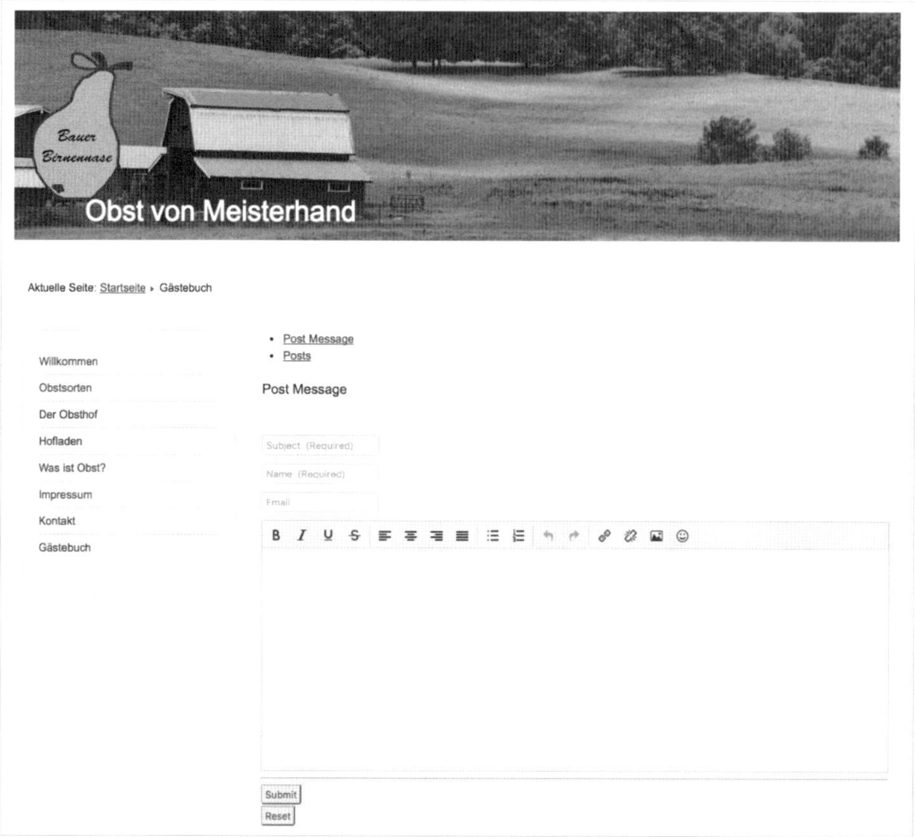

Bild 10.24 Frontend der Beispielseite nach Installation der Erweiterung

10.2.2.1 Aus Webkatalog installieren

Eine Alternative zur Installation über den Upload von Erweiterungspaketen ist die Nutzung der Funktion zur Installation aus dem *Webkatalog*. Bei dieser Funktion wird die Erweiterungsdatenbank des offiziellen Extensions Directory direkt im Backend Ihrer Installation dargestellt. Unterstützt die jeweilige Erweiterung dabei das entsprechende Feature, kann direkt per Klick aus dem Backend heraus die Installation gestartet werden.

Um die Funktion zu nutzen, müssen wir im ersten Schritt den entsprechenden Tab aktivieren, da dieser standardmäßig deaktiviert ist. Um dies zu tun, wechseln wir im ersten Schritt erneut in die Installationsansicht, indem wir im Menü auf ERWEITERUNGEN > VERWALTEN > INSTALLIEREN klicken.

Im oberen Bereich kann der entsprechende Tab nun per Klick auf „AUS WEBKATALOG INSTALLIEREN"-TAB HINZUFÜGEN aktiviert werden, siehe Bild 10.25.

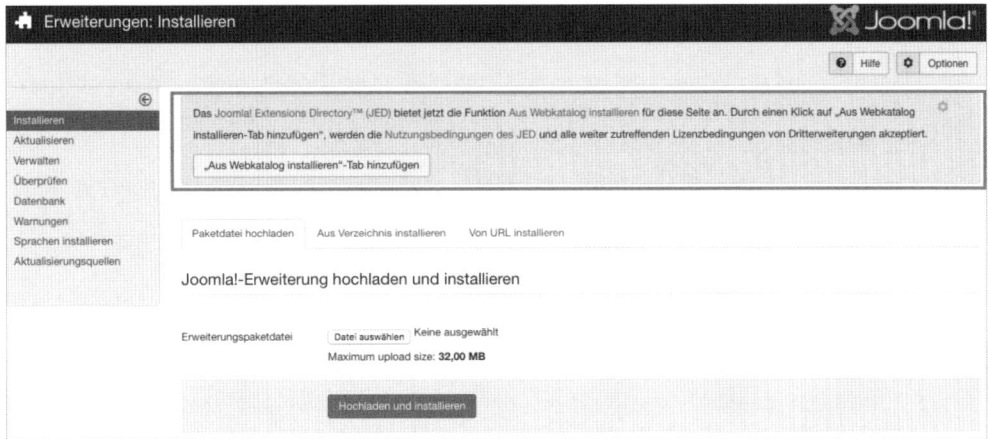

Bild 10.25 Dialog zur Aktivierung der Webkatalog-Funktion

Anschließend können die entsprechenden Erweiterungen über den neuen Tab durchsucht und installiert werden – eine echte Komfortfunktion, insbesondere, wenn man bereits weiß, welche Erweiterung man sucht.

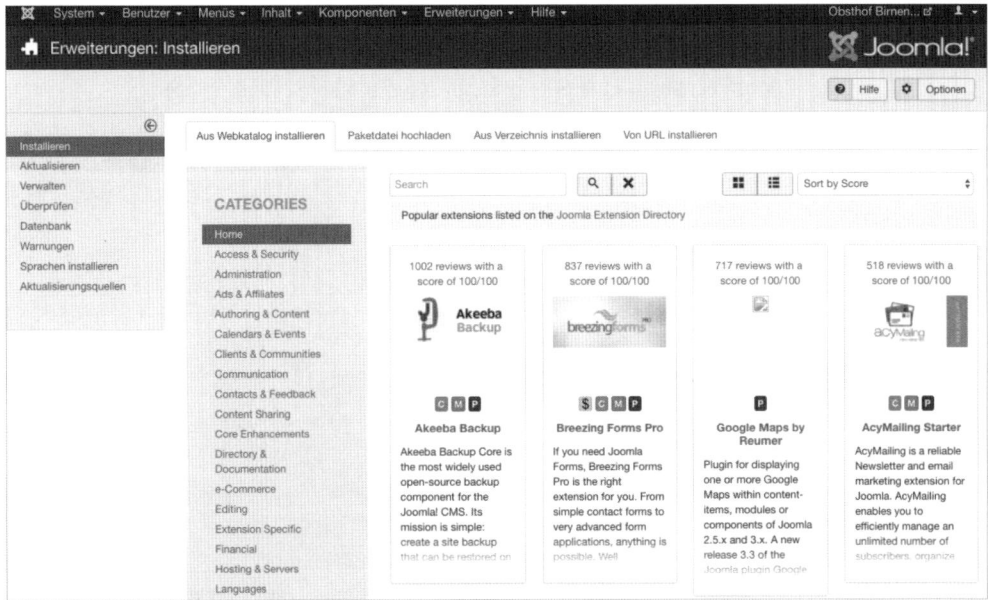

Bild 10.26 Webkatalog-Funktion im Backend

10.2.3 Erweiterungsmanager

Lassen Sie uns als nächstes die weiteren Möglichkeiten des Erweiterungsmanagers betrachten, den Sie unter *Erweiterungen* > *Verwalten* finden. Dieser bietet uns über das komponenteninterne Menü acht mögliche Funktionen:

- *Installieren:* Unter Abschnitt 10.2.2 genutzte Funktion zum Installieren neuer Erweiterungen.
- *Aktualisieren:* Bietet uns die Möglichkeit, die installierten Dritterweiterungen (falls unterstützt) auf neue Versionen zu aktualisieren.
- *Verwalten:* Übersicht aller installierten Erweiterungen mit Funktionen zur Deinstallation bzw. Deaktivierung.
- *Überprüfen:* Entdeckt Erweiterungen, die nicht korrekt installiert bzw. manuell via FTP hochgeladen wurden.
- *Datenbank:* Ermöglicht das manuelle Ausführen von Datenbankupdates nach einer Joomla!-Aktualisierung.
- *Warnungen:* Prüft die Systemumgebung auf etwaige Fehler, welche die korrekte Funktion des Erweiterungsmanagers verhindern.
- *Sprachen installieren:* Erlaubt die Installation von Sprachpaketen direkt aus dem Backend heraus.
- *Aktualisierungsquellen:* Verwaltungsoberfläche für die Aktualisierungsserver der Erweiterungen. Erlaubt es, bestimmte Server zu aktivieren oder zu deaktivieren.

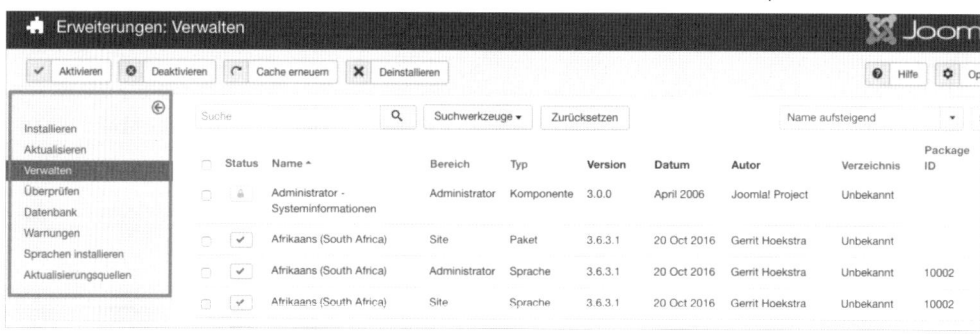

Bild 10.27 Submenü des Erweiterungsmanagers

10.2.3.1 Erweiterungen verwalten

Wir starten mit dem Submenü-Punkt *Verwalten*, der uns eine Liste aller installierten Erweiterungen ausgibt. Beim Betrachten der Liste fällt auf, dass einige der dort ausgegebenen Erweiterungen ein „ausgegrautes" Status-Icon mit einem Schloss-Symbol haben, weil Sie für die korrekte Funktion von Joomla! benötigt werden und daher nicht deinstalliert werden können.

Alle anderen Erweiterungen können durch die Selektierung des entsprechenden Eintrags mittels Checkbox markiert und anschließend über die Nutzung des Toolbar-Buttons deaktiviert bzw. deinstalliert werden.

10.2 Erweiterungen verwalten

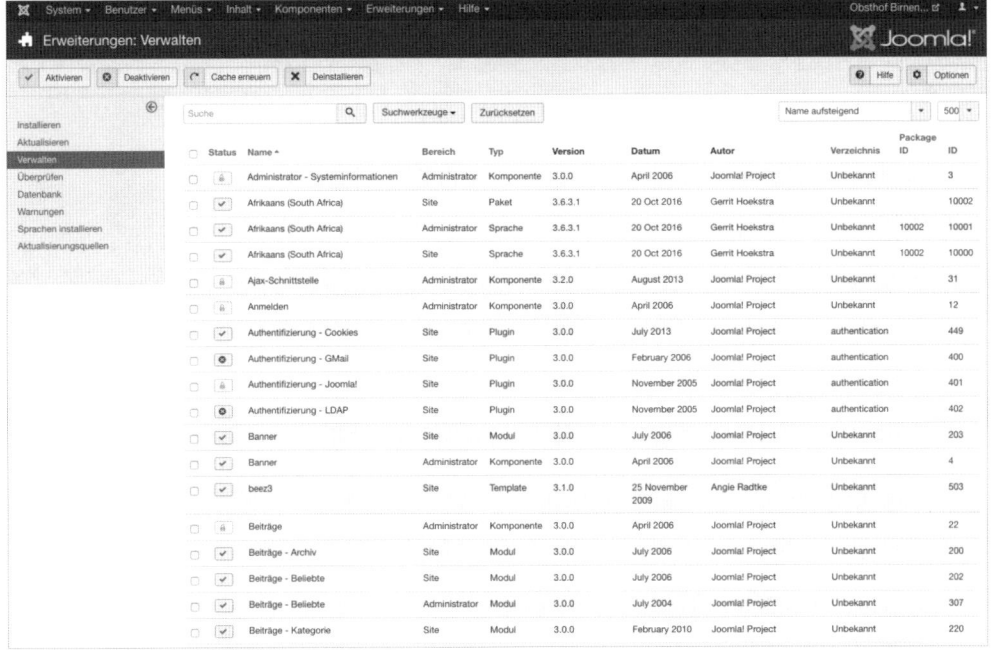

Bild 10.28 Erweiterungsverwaltung

 PRAXISTIPP: Auch wenn einige Erweiterungen, die standardmäßig bei der Installation mitgeliefert werden, nicht ausgegraut sind und daher deinstalliert werden könnten, sollten Sie dies auf jeden Fall vermeiden. Diese Erweiterungen können nicht separat heruntergeladen werden. Im Fall der Fälle müssten sie aufwendig nachinstalliert werden, um sie wieder nutzen zu können.

10.2.3.2 Erweiterungen überprüfen

Der Menüpunkt *Überprüfen* durchsucht nach einem Klick auf den gleichnamigen Toolbar-Button die Verzeichnisse */components*, */administrator/components*, */modules*, */plugins*, */libraries*, */languages* und */templates* und listet anschließend alle Erweiterungen auf, deren Dateien zwar (mittels FTP) hochgeladen wurden, bei denen der Installationsprozess jedoch noch nicht gestartet wurde. Sollte es entsprechende Erweiterungen geben, so können diese anschließend über die Selektion des Eintrags und die Nutzung des *Installieren*-Buttons nachinstalliert werden.

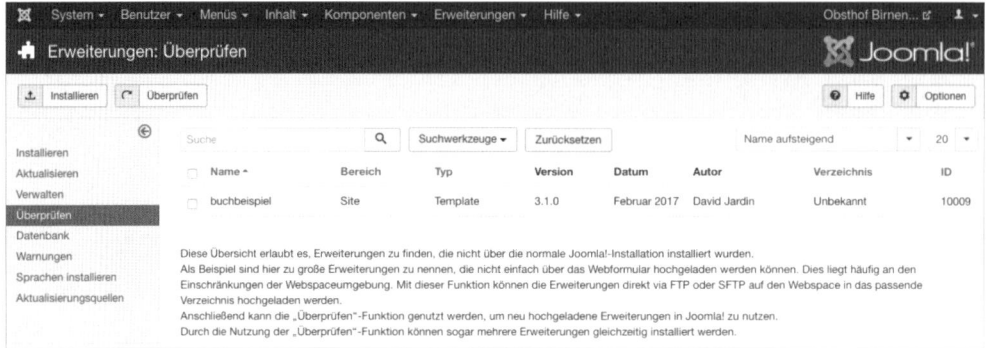

Bild 10.29 Ausgabe der *Überprüfen*-Funktion

Dies erlaubt theoretisch die „manuelle" Installation von Erweiterungen, wenn die Serverumgebung aufgrund der Rechtestruktur keine Dateioperationen durch PHP zulässt. Im Regelfall sollte man jedoch vermeiden, auf diese Funktion angewiesen zu sein, da sie enorm umständlich ist.

10.2.3.3 Erweiterungen aktualisieren

Die Funktion *Aktualisieren* erlaubt uns die bequeme Aktualisierung von installierten Erweiterungen. Dabei werden nach einem Klick auf den Toolbar-Button *Aktualisierungen suchen* die Update-Server der jeweiligen Entwickler kontaktiert, um abzufragen, ob eine neue Version der jeweiligen Erweiterung vorliegt.

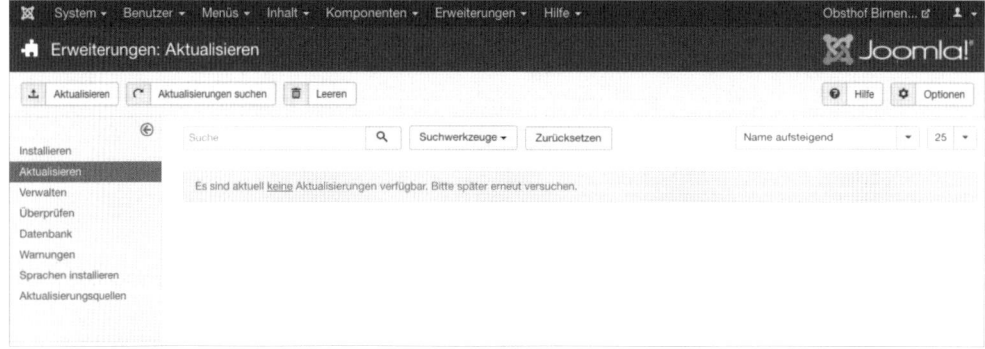

Bild 10.30 Dialog zum Aktualisieren von Erweiterungen

10.2.3.4 Datenbank

Im Bereich Datenbank erlaubt uns Joomla! das manuelle Ausführen von Datenbankupdates, die beim Update der Joomla!- oder Erweiterungsversion notwendig werden. Diese Funktion ist dann nötig, wenn wir aufgrund von Problemen mit den Verzeichnisrechten die integrierte Aktualisierungsfunktion nicht nutzen können.

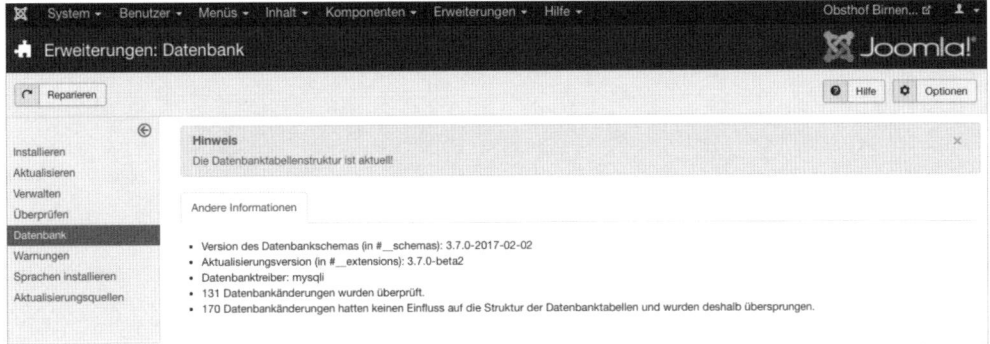

Bild 10.31 Funktion *Datenbank* zur Aktualisierung der Datenbankstruktur

 In Joomla!-Kreisen wird diese Funktion auch als „Magic Button" bezeichnet, da sie auch Probleme beheben kann, die in keinem erkennbaren Zusammenhang mit der Datenbank stehen. Der Hintergrund für diese magischen Fähigkeiten ist, dass der Button tatsächlich nicht nur das Datenbank-Schema aktualisiert, sondern sämtliche Nachinstallations-Skripte von Joomla! ausführt, in denen z. B. auch Dateioperationen vorgenommen werden.

10.2.3.5 Warnungen

Im Bereich *Warnungen* gibt Joomla! verschiedene Fehlermeldungen aus, wenn die Systemumgebung auf dem Server zu Problemen bei der Installation bzw. Deinstallation von Erweiterungen führen sollte. Geprüft wird im Einzelnen:

- Erlaubt PHP das Hochladen von Dateien (PHP-Direktive *file_uploads*)?
- Existiert das temporäre Upload-Verzeichnis von PHP und ist es beschreibbar (PHP-Direktive *upload_tmp_dir*)?
- Existiert das in der Joomla!-Konfiguration angegebene temporäre Verzeichnis und ist es beschreibbar?
- Ist die Beschränkung des Arbeitsspeicherverbrauchs hoch genug (PHP-Direktive *memory_limit*)?
- Können Dateien hochgeladen werden, die mindestens 4 MB groß sind (PHP-Direktiven *post_max_size* und *upload_max_filesize*)?

Ist mindestens eine der genannten Voraussetzungen nicht erfüllt, so gibt Joomla! eine entsprechende Fehlermeldung aus.

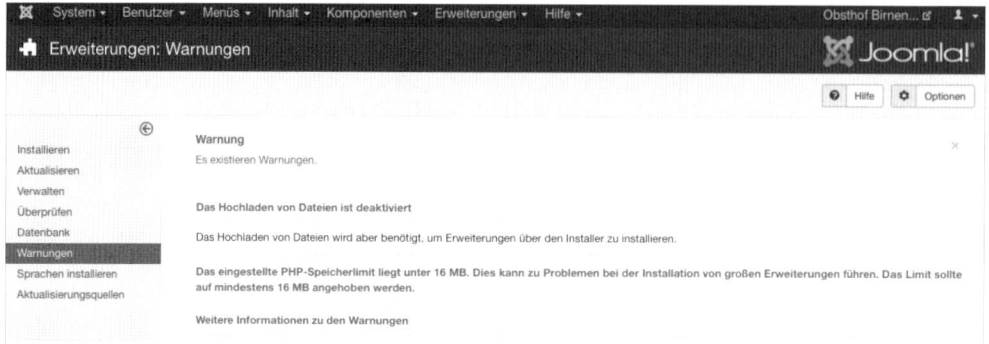

Bild 10.32 Ausgabe verschiedener Warnmeldungen im Erweiterungsmanager

10.2.3.6 Sprachen installieren

Dieser Bereich erlaubt es uns, offizielle *Sprachpakete* für das Joomla!-Backend und -Frontend per Mausklick nachzuinstallieren. Die jeweils angezeigte Versionsnummer gibt uns dabei Aufschluss darüber, wie aktuell die jeweilige Sprachversion im Verhältnis zur aktuellen Joomla!-Version ist.

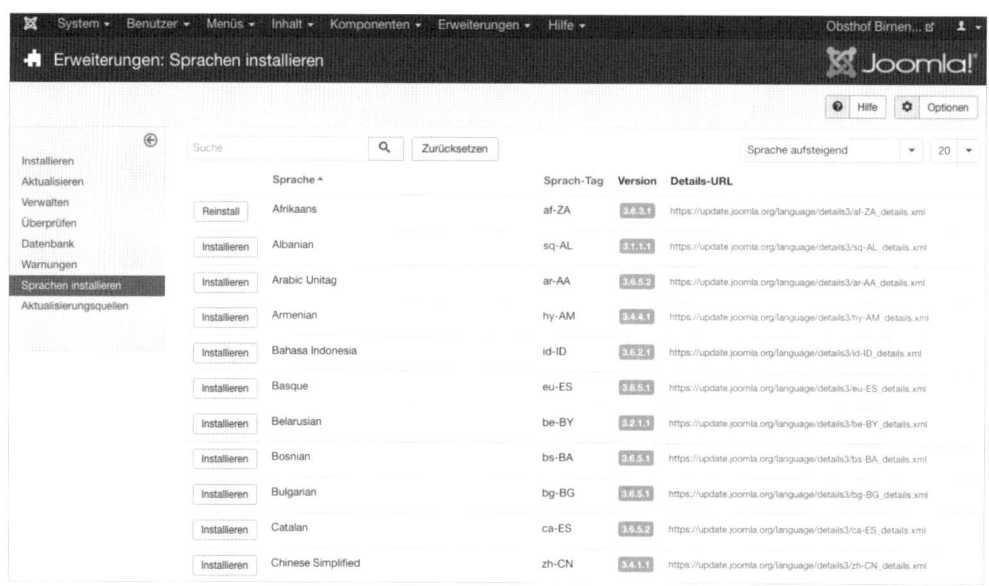

Bild 10.33 Übersicht der verfügbaren *Sprachpakete*

10.2.3.7 Aktualisierungsquellen

Das in Joomla! integrierte System zur Aktualisierung von Erweiterungen arbeitet mit sogenannten *Aktualisierungsquellen*. Dabei handelt es sich um vom jeweiligen Erweiterungsentwickler betriebene Server, die die jeweils aktuelle Erweiterungsversion enthalten. Joomla! fragt diese Server regelmäßig ab und kann so feststellen, ob es Aktualisierungen für die installierten Erweiterungen gibt.

Ist eine Aktualisierungsquelle einmal nicht verfügbar, z. B. weil der Entwickler Probleme mit seiner Serverumgebung hat, wird diese Quelle von Joomla! automatisch deaktiviert. In der Liste der Aktualisierungsquellen kann dieser Update-Server dann manuell wieder aktiviert werden, wodurch die Aktualisierungen wieder korrekt abgerufen werden. Umgekehrt können existierende Quellen auch deaktiviert oder gelöscht werden.

Eine besondere Rolle hat die Funktion *Wiederherstellen* die über den gleichnamigen Toolbar-Button aufgerufen werden kann. Bei dieser Funktion werden die aktuellen Update-Server gelöscht und anschließend neu aus den sogenannten Manifest-Files (gewissermaßen eine Beschreibungs-Datei) der jeweiligen Erweiterungen neu eingelesen. Dadurch werden z. B. Aktualisierungsquellen für nicht mehr genutzte Erweiterungen entfernt.

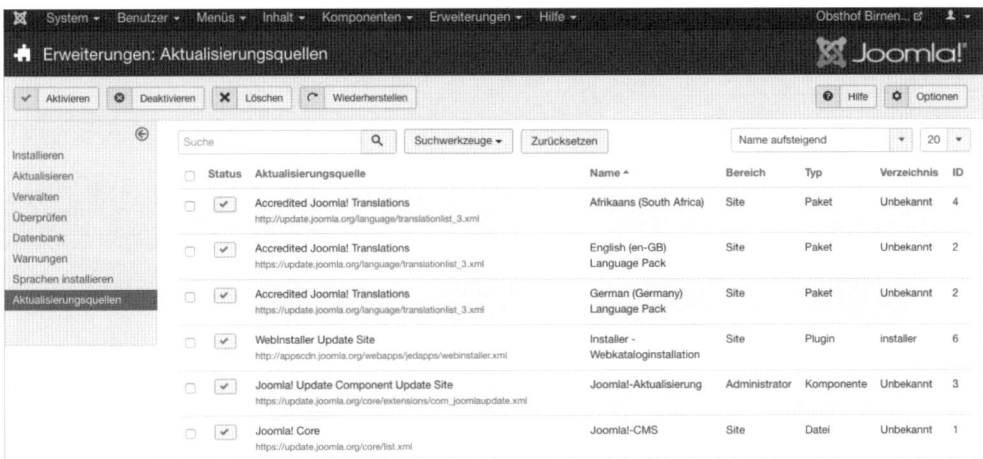

Bild 10.34 Liste der *Aktualisierungsquellen*

Damit wären wir am Ende dieses Kapitels angelangt. Sie haben darin die Joomla!-Erweiterungsverwaltung kennengelernt, haben Bekanntschaft mit den bereits integrierten Erweiterungen gemacht und können, falls notwendig, Erweiterungen von Drittanbietern suchen, beurteilen, installieren und nutzen.

11 Benutzer- und Rechteverwaltung

Eine der meistkritisierten Funktionen von Joomla! 1.5 war die nur sehr rudimentär ausgeprägte *Benutzer-* und *Rechteverwaltung*, die eine fein granulierte Rechtevergabe, wie man sie im professionellen Einsatz benötigt, nicht wiedergeben konnte.

Um dieses Problem aus der Welt zu schaffen, hat das Entwicklerteam mit Joomla! 1.6 ein komplett neues Rechtesystem integriert, das nun auch komplexeste Strukturen abbilden kann. Leider ist die Nutzung des Systems aufgrund seiner zahlreichen Möglichkeiten nicht ganz trivial – am Ende dieses Kapitels werden Sie es aber problemlos durchschaut haben.

■ 11.1 Benutzerverwaltung

Starten wir mit der Benutzerverwaltung, die sich im Backend unter dem Menüpunkt *Benutzer > Verwalten* verbirgt. Die grundlegende Struktur der Verwaltung ist identisch mit den bereits bekannten Listenansichten des Joomla!-Backends und bietet die folgenden Spalten:

- *Name:* Der eingegebene Klarname des Benutzers sowie ein Icon zum Hinzufügen bzw. Lesen der passenden Benutzerhinweise.
- *Benutzername:* Der jeweilige Benutzername.
- *Aktiviert:* Zeigt an, ob der Nutzer bereits den Aktivierungslink in der ihm zugesendeten Mail angeklickt hat.
- *Freigegeben:* Zeigt an, ob der Benutzer durch den Administrator freigegeben wurde.
- *Benutzergruppe:* Benutzergruppen, welcher der Nutzer angehört.
- *E-Mail-Adresse:* Vom Nutzer hinterlegte E-Mail-Adresse.
- *Letzter Besuch:* Datum des letzten Login des Benutzers.
- *Registrierungsdatum:* Datum der Registrierung.

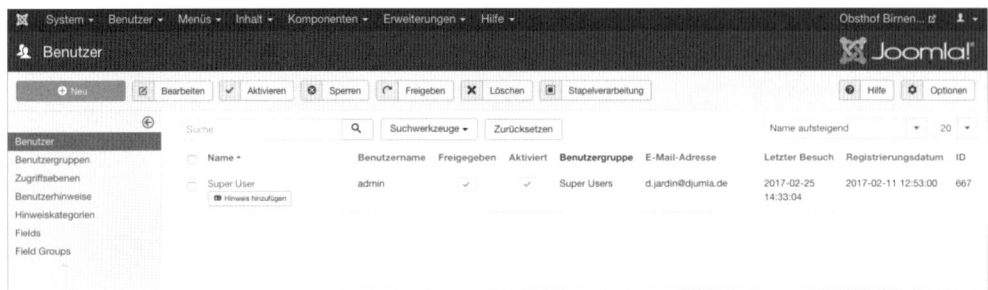

Bild 11.1 Benutzerverwaltung – Übersicht der Nutzer

Klicken wir auf den Toolbar-Button NEU, so öffnet sich wie vermutet das Formular zum Anlegen eines neuen Benutzers. Dort werden standardmäßig die Felder abgefragt, womit die relevanten Pflichtangaben des Nutzers bereits erledigt wären:

Name: Klarname des Benutzers.

Benutzername: frei wählbarer Benutzername.

Passwort: Benutzerpasswort, muss durch nochmalige Eingabe bestätigt werden.

E-Mail-Adresse: E-Mail-Adresse des Nutzers.

Als Nächstes können wir im Tab *Zugewiesene Gruppen* auswählen, welchen *Benutzergruppen* (siehe Abschnitt 11.2, „Gruppen") der jeweilige Benutzer zugeordnet werden soll.

Außerdem finden wir dort den Tab *Basiseinstellungen*, der uns die Anpassung der folgenden, für jeden Benutzer individuell festlegbaren Parameter erlaubt:

- *Backend Template Stil:* Angabe des *Backend-Templates*, das für den entsprechenden Benutzer verwendet werden soll.
- *Backend Sprache:* Sprache, die für den Benutzer im *Backend* verwendet werden soll.
- *Frontend Sprache:* Sprache, die für den Benutzer im *Frontend* verwendet werden soll.
- *Editor:* Auswahl des WYSIWYG-Editors, der für den Benutzer geladen werden soll.
- *Hilfeseite:* Auswahl des Hilfe-Portals.
- *Zeitzone:* Auswahl der Zeitzone.

Das sieht unspektakulär aus? Ja, im ersten Moment mag das sein – bedenken Sie aber, dass Sie so beispielsweise die Möglichkeit erhalten, weniger erfahrenen Nutzern einen Editor zur Verfügung zu stellen, der seinen Fähigkeiten entspricht.

 Eine für die Praxis sehr nützliche Funktion verbirgt sich hinter dem Schalter *Passwortzurücksetzung fordern*. Ist dieser aktiviert, wird der entsprechende Nutzer beim nächsten Login dazu aufgefordert, sein Passwort zu verändern. Erst wenn ein neues Passwort hinterlegt wurde, ist die Arbeit im System möglich.

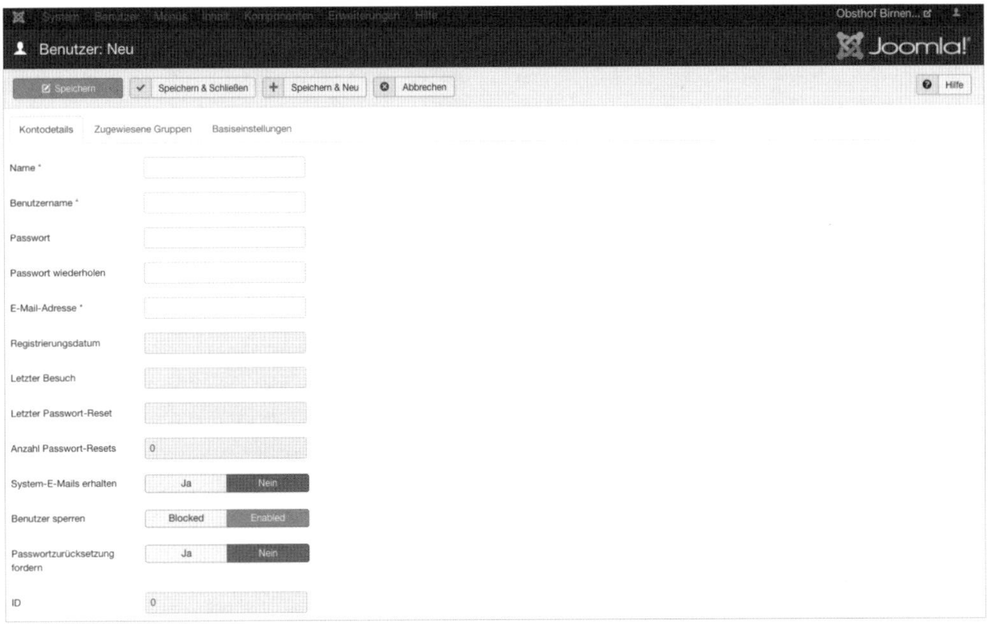

Bild 11.2 Anlegen eines neuen Benutzers

11.2 Gruppen

Die *Benutzergruppen* bilden den ersten Baustein unserer Rechteverwaltung. Was haben die Gruppen mit der Rechteverwaltung zu tun? Ganz einfach: Joomla! verwaltet *Berechtigungen* jeglicher Art nicht für einzelne Benutzer, sondern **ausschließlich** für *Benutzergruppen* – einem bestimmten Nutzer die *Berechtigung* XY einzuräumen, ist also nur möglich, indem man der *Benutzergruppe* (des Nutzers) die *Berechtigung* einräumt. Interessant ist dabei, dass das Gruppensystem **hierarchisch** angeordnet ist und dadurch Berechtigungen „vererbt" werden können. Außerdem ist es möglich, einen *Benutzer* **mehreren** *Benutzergruppen* zuzuordnen, sodass man über das Gruppensystem verschiedene „Rollen" abbilden kann.

Das klingt alles ziemlich kompliziert, oder? Um besser zu verstehen, was ich meine, denken Sie an das Beispiel einer Schulwebsite, auf der die Inhalte aus der folgenden Tabelle abgebildet werden sollen.

Tabelle 11.1 Inhaltsstruktur des Beispiels „Schulhomepage"

Bereich	Zugriff
Startseite	Alle lesend Schulleitung schreibend
Forum	Schulangehörige lesend und schreibend
Informationen der Fachschaften	Schulangehörige lesend Leiter der Fachschaften schreibend
Informationen für das Kollegium	Lehrer lesend Schulleitung schreibend

Daraus ergäbe sich beispielsweise eine *Gruppen- und Rechtestruktur,* wie sie in Bild 11.3 aufgebaut ist. Durch die hierarchische Strukturierung der *Gruppen* werden die *Berechtigungen* der jeweils übergeordneten *Gruppe* geerbt, sodass nur „zusätzliche" *Rechte* (in der Abbildung unterstrichen) zugewiesen werden müssen. Das macht das Rechtesystem sehr flexibel und zugleich leichter zu administrieren, da es weniger „Stellschrauben" gibt, die verändert werden müssen.

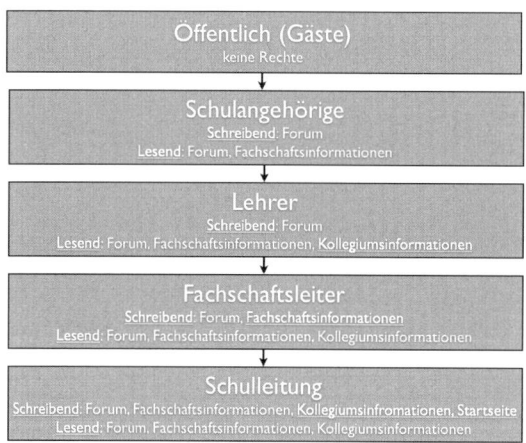

Bild 11.3 Rechtestruktur der hypothetischen Schulwebsite

Betrachten Sie gerade die Abbildung und fragen sich, wozu man einen Benutzer mehreren *Gruppen* zuweisen können muss? Stellen Sie sich vor, dass jeder Vorsitzende einer Fachschaft aus unserem Beispiel seinen individuellen Bereich (Deutsch, Mathe etc.) editieren können sollte. Dann würde es nicht einfach nur die *Gruppe* „Fachschaftsleiter" geben, sondern wir würden mehrere *Gruppen* (Fachschaft Mathe, Fachschaft Deutsch) anlegen, die allesamt von der *Gruppe* Lehrer abstammen. Wenn nun eine Person mehr als einer Fachschaft angehört, dann ist es notwendig, dass wir diese Person mehreren *Gruppen* zuordnen können, damit die *Rechte* zum Bearbeiten der Bereiche stimmen.

Sie merken an dieser Stelle sicherlich, dass das Thema wie angekündigt ein wenig komplexer ist, als man es vermutet hätte. Aber glücklicherweise legt Joomla! bereits von Haus aus einen Satz *Benutzergruppen* an, der uns beim Aufbau unserer eigenen Rechtestruktur unterstützt. Diese finden wir in der *Benutzergruppen*-Übersicht, die wir durch einen Klick auf den Submenü-Eintrag BENUTZERGRUPPEN in der Benutzerübersicht erreichen.

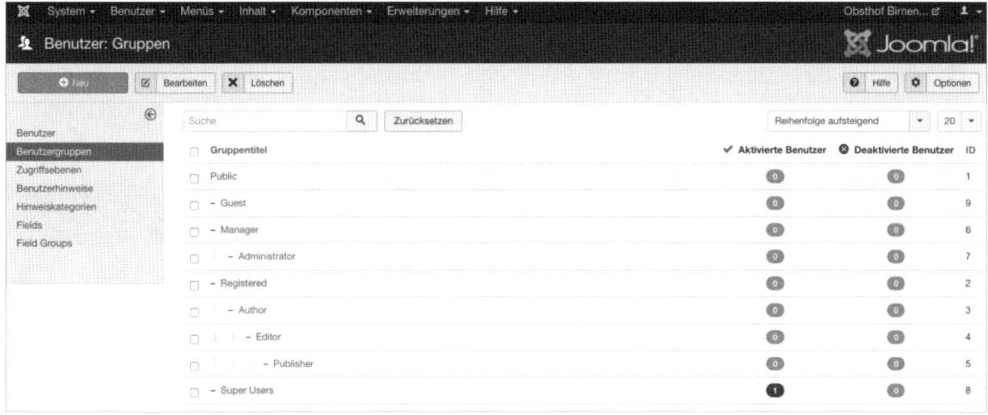

Bild 11.4 Benutzergruppen-Übersicht

Standardmäßig existieren acht *Benutzergruppen*, die wie in Bild 11.4 zu sehen hierarchisch angeordnet sind. Die *Gruppen* sowie ihre jeweiligen, standardmäßigen Rechte möchte ich in der nachfolgenden Tabelle kurz vorstellen.

Tabelle 11.2 Auflistung der Standard-Benutzergruppen

Gruppe	Standardberechtigungen	Zugriffsebene
Öffentlich	Gruppe für alle eingeloggten und nicht eingeloggten Benutzer. Erlaubt ausschließlich das Betrachten des *Frontends*.	Öffentlich
Gast	Gruppe für alle Nutzer, die nicht eingeloggt sind. Erlaubt, wie bei der Gruppe Öffentlich, die Betrachtung des *Frontends*, enthält jedoch im Unterschied nur Nutzer, die nicht eingeloggt sind.	Gast
Manager	Zugelassen für die Anmeldung im *Frontend* und *Backend* sowie für die Editierung von Beiträgen und Inhalten der installierten Komponenten.	Öffentlich Registriert Spezial
Administrator	Darf die Systemkonfiguration nicht verändern, hat ansonsten alle Rechte.	Öffentlich Registriert Spezial
Registriert	Darf sich im *Frontend* einloggen und Inhalte mit der Zugriffsebene „Registriert" betrachten.	Öffentlich Registriert
Autor	Darf neue Inhalte im *Frontend* anlegen und die eigenen Beiträge bearbeiten, jedoch Beiträge nicht selbst veröffentlichen.	Öffentlich Registriert Spezial
Editor	Darf alle Inhalte im *Frontend* bearbeiten, eigene Beiträge anlegen, jedoch diese nicht selbst veröffentlichen.	Öffentlich Registriert Spezial
Publisher	Darf alle Inhalte im *Frontend* bearbeiten, selber Beiträge verfassen und alle Beiträge veröffentlichen.	Öffentlich Registriert Spezial
Super Benutzer	Darf alles.	Öffentlich Registriert Spezial

Diese Gruppenstruktur können Sie als Ausgangsbasis für Ihre eigene Gruppenstruktur verwenden, indem Sie über die entsprechenden Toolbar-Werkzeuge neue *Benutzergruppen* anlegen. Das entsprechende Formular ist dabei sehr rudimentär und fragt im Wesentlichen nur ab, wie die neue *Gruppe* heißen und von welcher *Gruppe* sie die bestehenden Rechte erben soll.

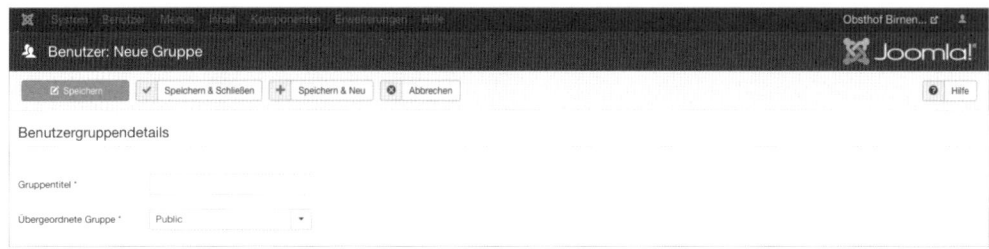

Bild 11.5 Anlegen einer neuen Benutzergruppe

Suchen Sie verzweifelt nach der Möglichkeit, die Rechte der jeweiligen Gruppe festzulegen? Keine Sorge, das kommt noch. Zuerst einmal wollen wir uns mit dem Begriff der *Zugriffsebene* beschäftigen, der bereits in Tabelle 11.2 aufgetaucht ist.

11.3 Zugriffsebene

Zugriffsebenen sind das nächste Teil im Joomla!-Rechtepuzzle. Zugriffsebenen existieren ausschließlich, um festzulegen, welche *Benutzergruppe* einen bestimmten Inhalt im **Frontend betrachten** kann – wobei der jeweilige Inhalt ein Beitrag, ein Menüeintrag, ein Modul oder irgendein anderer im System hinterlegter Inhalt sein kann. Diese Festlegung erfolgt unabhängig vom sonstigen Rechtesystem, das für die Steuerung aller anderen Aktionen (Anlegen, Editieren, Löschen etc.) zuständig ist.

 HINWEIS: Der Grund für die Existenz dieses zugegebenermaßen etwas wenig intuitiven Systems liegt im Wunsch nach Rückwärtskompatibilität zu älteren Joomla!-Versionen. Dort wurde das Zugriffsebenensystem genutzt, um die Unzulänglichkeiten des starren Rechtesystems auszugleichen.

Zugriffsebenen stehen im engen Bezug zu *Benutzergruppen*, da eine Zuordnung zwischen den beiden Bereichen erfolgen muss. Dabei ist es möglich, einer *Benutzergruppe* mehrere *Zugriffsebenen* zuzuweisen – so kann ein *Nutzer* der Gruppe „Editor" Inhalte betrachten, die den Ebenen „Öffentlich", „Registriert" oder „Spezial" zugeordnet sind.

Umgekehrt kann eine *Zugriffsebene* auch mehreren *Benutzergruppen* zugeordnet sein, denn die Ebene „Spezial" kann von den Gruppen „Editor", „Autor", „Publisher", „Manager", „Administrator" und „Super Administrator" betrachtet werden.

Die entsprechende Verwaltung der Zugriffsebenen erfolgt im gleichnamigen Submenü-Bereich der Benutzerverwaltung.

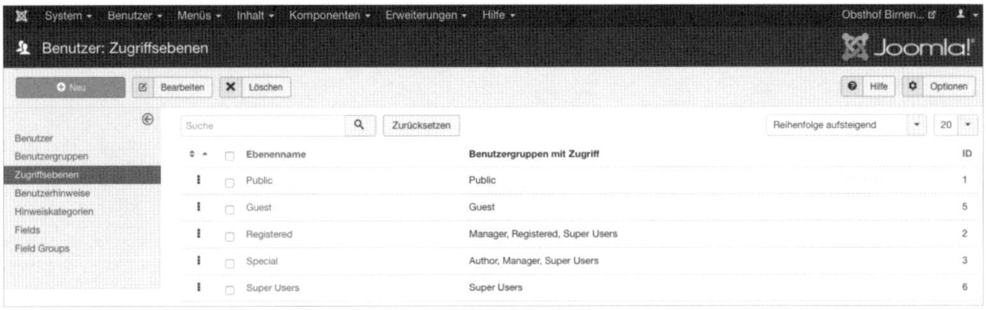

Bild 11.6 Übersicht der angelegten Zugriffsebenen

Nach einem Klick auf NEU erhalten wir hier die Möglichkeit, eine neue Zugriffsebene anzulegen und dabei den *Titel* der Ebene zu vergeben und die Zuordnungseinstellungen vorzunehmen. Beachten Sie dabei, dass auch *Zugriffsebenen* in der Gruppenstruktur vererbt werden – wird eine *Zugriffsebene* also der Gruppe „Autor" zugeordnet, so können auch „Editoren" und „Publisher" Inhalte mit der entsprechenden *Zugriffsebene* betrachten.

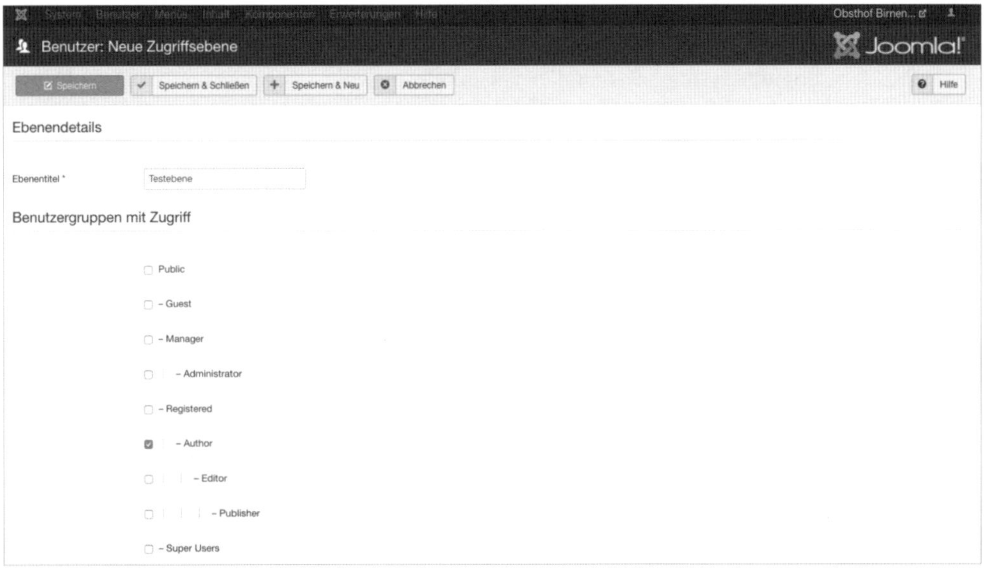

Bild 11.7 Anlegen einer neuen Zugriffsebene

Standardmäßig existieren in Joomla! fünf verschiedene *Zugriffsebenen*, die im normalen Einsatz oftmals bereits ausreichen:

- *Öffentlich:* Sichtbar für alle *Benutzer*, egal ob diese eingeloggt oder nicht eingeloggt sind.
- *Gast:* Sichtbar für alle *Benutzer*, die nicht eingeloggt sind.
- *Registriert:* Sichtbar für alle *Benutzer*, die eingeloggt sind.

- *Spezial:* Sichtbar für alle *Benutzer,* die den *Gruppen* „Autor", „Editor", „Publisher", „Manager", „Administrator" und „Super Administrator" zugeordnet sind.
- *Super Benutzer:* Sichtbar für alle *Benutzer,* die der Gruppe „Super Benutzer" zugeordnet sind.

11.4 Berechtigungen

Rekapitulieren wir noch einmal im Schnelldurchlauf:
- Joomla! kann mehrere *Benutzer* verwalten.
- Ein *Benutzer* kann mehreren *Benutzergruppen* angehören.
- Joomla! nutzt die *Benutzergruppen,* um die Rechte eines *Benutzers* festzulegen.
- Betrachtungsrechte werden über *Zugriffsebenen* gesteuert.
- Eine *Zugriffsebene* kann mehreren *Gruppen* zugeordnet sein und umgekehrt.

Kommen wir nun zum letzten Akt der Rechteverwaltung: den *Berechtigungen.* Diese legen fest, ob einer gewissen *Gruppe* angehörende *Nutzer* eine bestimmte Aktion ausführen dürfen – die große Ausnahme stellt dabei die Aktion „Betrachten" dar, weil diese ja über die *Zugriffsebenen* gesteuert wird.

Das Berechtigungssystem arbeitet dabei ebenfalls mit Vererbungen, wobei das in Bild 11.8 gezeigte Vererbungsschema zur Anwendung kommt. Es erlaubt uns, grundsätzliche Rechte auf Systemebene festzulegen – und darauf basierend dann Ausnahmen auf Komponenten-, Kategorie- oder Eintrags[1]-Ebene.

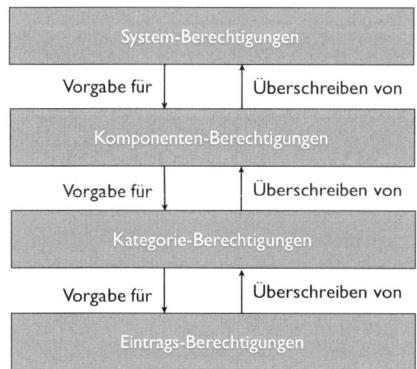

Bild 11.8 Vererbung der Berechtigungen

---

[1] Ein Eintrag kann dabei jedwede Art von Inhalt sein, also z. B. ein Beitrag, ein Modul, ein Menüeintrag, ein Weblink oder ein Benutzer.

11.4.1 System-Berechtigungen

Wo aber lassen sich diese *Berechtigungen* nun anpassen? Beginnen wir mit den *System-Berechtigungen*, die erstens als Vorgabe für alle anderen Berechtigungsebenen fungieren und zweitens die Festlegung einiger Berechtigungen erlauben, die ausschließlich auf dieser obersten Ebene konfiguriert werden können. Die System-Berechtigungen finden wir im Tab *Berechtigungen* der Konfiguration (*System > Konfiguration*) im Backend unserer Installation.

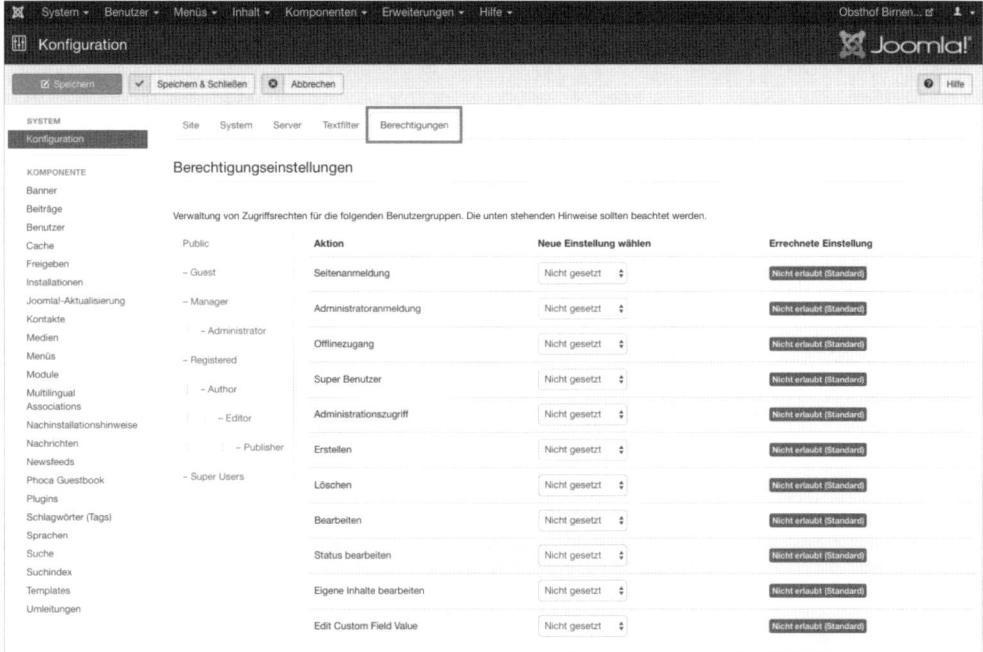

Bild 11.9 *Berechtigungs*übersicht in der Systemkonfiguration

Hier können wir für jede *Benutzergruppe* separat festlegen, ob die entsprechende Aktion *Erlaubt*, *Verweigert* oder *Vererbt* sein soll. Letzteres bedeutet, dass die *Berechtigungen* der übergeordneten *Benutzergruppen* übernommen werden.

In der Spalte *Errechnete Einstellungen* findet sich der Status der jeweiligen Aktion, wobei etwaige Änderungen sofort als Vorschau sichtbar, aber noch nicht sofort gespeichert werden.

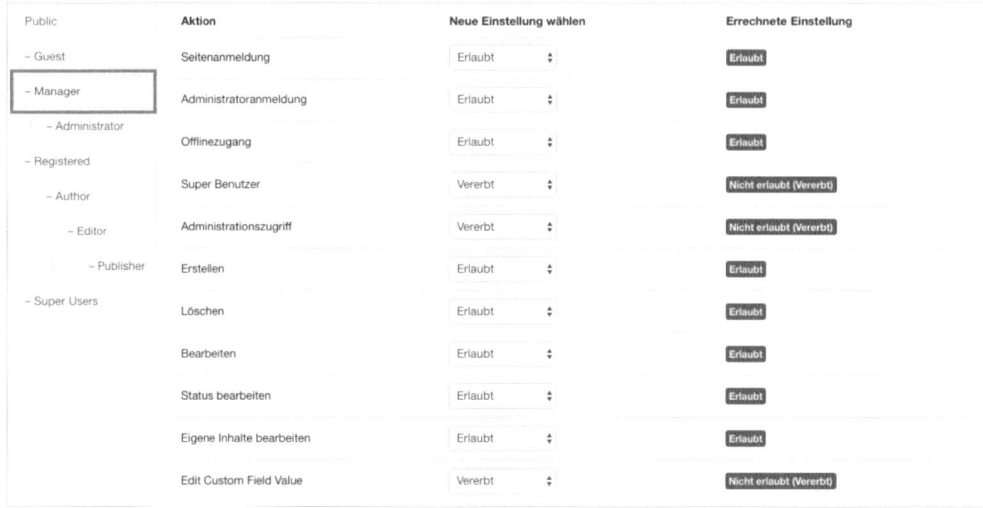

Bild 11.10 *Berechtigungen* der *Benutzergruppe* Manager

In den *System-Berechtigungen* können die in Tabelle 11.3 aufgelisteten Aktionen angepasst werden.

Tabelle 11.3 Konfigurierbare Aktionen in den *System-Berechtigungen*

Aktion	Beschreibung
Seitenanmeldung	Erlaubt dem *Benutzer* die Anmeldung im *Frontend*.
Administratoranmeldung	Erlaubt dem *Benutzer* die Anmeldung im *Backend*.
Offline Zugang	Erlaubt die Betrachtung des *Frontends*, wenn dieses sich im *Offline-Modus* befindet.
Super Benutzer	Erlaubt dem *Benutzer*, alle Aktionen durchzuführen.
Administrationszugriff	Erlaubt dem *Benutzer* die Nutzung aller *Backend*-Funktionen außer der Editierung der *Konfiguration*.
Erstellen	Ermöglicht dem *Benutzer*, Inhalte in jeder installierten *Komponente* hinzuzufügen.
Löschen	Ermöglicht dem *Benutzer*, Inhalte in jeder installierten *Komponente* zu löschen.
Bearbeiten	Erlaubt dem *Benutzer*, Inhalte in jeder installierten *Komponente* zu editieren.
Status bearbeiten	Erlaubt dem *Benutzer*, den Veröffentlichungsstatus von jeder installierten *Komponente* zu editieren.
Eigene Inhalte bearbeiten	Erlaubt dem *Benutzer*, eigene Inhalte in jeder *Komponente* zu editieren.
Werte eigener Felder bearbeiten	1.1 Erlaubt dem *Benutzer*, die Werte von benutzerdefinierten Feldern in jeder Komponente zu verändern.

11.4.2 Komponenten-Berechtigungen

Springen wir nun zur nächsten Ebene: den Komponenten-Berechtigungen. Diese finden wir im *Optionen*-Dialog der jeweiligen Komponente, wobei hier sowohl *Frontend-* (*Beiträge, Banner*) aus auch *Backend-Komponenten* (*Massen-Mail, Menüverwaltung*) individuell konfiguriert werden können. Dafür öffnen wir beispielsweise die *Optionen* der *Menüeintragsverwaltung* durch einen Klick auf den entsprechenden Toolbar-Button und finden dort den Tab *Berechtigungen*, der uns erneut die Berechtigungsvergabe für die einzelnen Benutzergruppen erlaubt. Die zur Verfügung stehenden Aktionen sind dabei in der Regel auf *ACL & Optionen konfigurieren* (erlaubt der jeweiligen Gruppe, diesen Dialog zu öffnen), *Nur Optionen konfigurieren* (erlaubt der jeweiligen Gruppe, die Optionen der Komponente ohne Berechtigungen zu bearbeiten), *Administrationszugriff* (erlaubt die Verwendung der Komponente), *Erstellen*, *Löschen*, *Bearbeiten* und *Status bearbeiten* beschränkt.

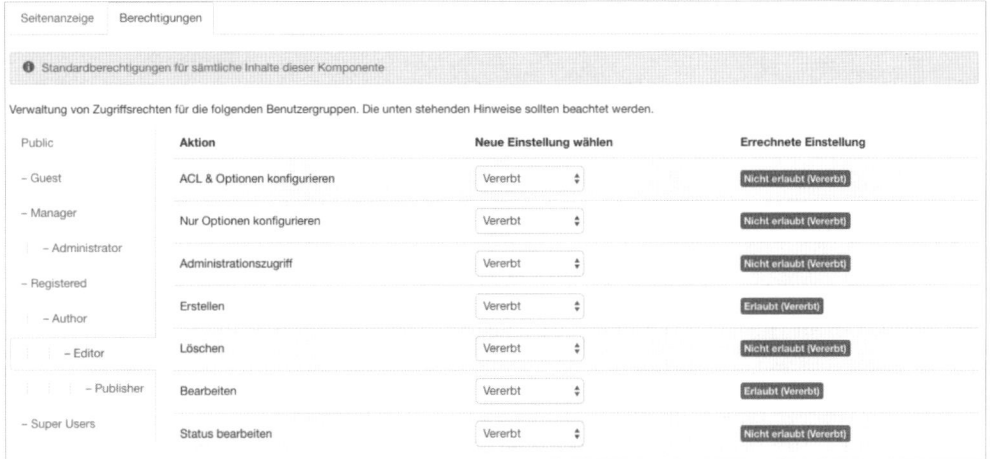

Bild 11.11 Komponenten-Berechtigungen, hier am Beispiel der Menüverwaltung

11.4.3 Kategorie-Berechtigungen

Wenn eine *Komponente* die Verwaltung verschiedener *Kategorien* unterstützt (*Beiträge, Banner* etc.), so können wir hier die nächste Ebene zur Berechtigungsvergabe anwenden. Dies ist besonders nützlich, um Nutzern Bearbeitungsrechte nur in einem bestimmten Bereich der Seite einzuräumen.

Die *Kategorie-Berechtigungen* werden (wer hätte das vermutet) im Formular zum Anlegen/Bearbeiten einer *Kategorie* vergeben und befinden sich im entsprechenden Tab des Formulars. Die dort möglichen *Aktionen* betreffen selbstverständlich nicht die Kategorie selbst, sondern die Einträge, die dieser Kategorie zugeordnet sind. Wenn wir also einer *Nutzergruppe* die Aktion *Erstellen* in einer bestimmten *Kategorie* verbieten würden, so kann diese Gruppe auch weiterhin Unterkategorien zu dieser *Kategorie* erstellen, aber in dieser *Kategorie* keine *Beiträge* hinzufügen.

11.4.4 Eintragsberechtigungen

Das bringt uns auch schon zur letzten Ebene: den Eintragsberechtigungen. Diese regulieren, ob eine Nutzergruppe eine bestimmte Aktion auf einen einzelnen *Eintrag* (*Beitrag*, *Banner* etc.) anwenden kann. Dadurch wird es z. B. möglich, einzelnen Mitarbeitern die Bearbeitung eines einzelnen *Beitrags* zu erlauben. Auch diese Berechtigungen finden wir im entsprechenden Tab des Editierungsformulars, wobei der Satz der möglichen Aktionen hier logischerweise auf den konkreten Fall angepasst ist und dadurch nur die Aktionen *Löschen*, *Bearbeiten* und *Status bearbeiten* zur Verfügung stehen.

Bild 11.12 Eintragsberechtigungen, hier am Beispiel eines Beitrags

Damit wären die grundlegenden Strukturen der Rechteverwaltung erklärt, die ich hier nochmals abschließend zusammenfassen möchte:

- Joomla! kann mehrere *Benutzer* verwalten.
- Ein *Benutzer* kann mehreren *Benutzergruppen* angehören.
- Joomla! nutzt die *Benutzergruppen*, um die Rechte eines *Benutzers* festzulegen.
- Betrachtungsrechte werden über *Zugriffsebenen* gesteuert.
- Eine *Zugriffsebene* kann mehreren *Gruppen* zugeordnet sein und umgekehrt.
- Bearbeitungsrechte werden über die *Berechtigungen* gesteuert.
- Berechtigungen können auf *System-*, *Komponenten-*, *Kategorie-* und *Eintragsebene* vergeben werden.

Sie sind nun in der Lage, die Rechteverwaltung von Joomla! zu nutzen, um auf ihren Seiten individuelle Rechtestrukturen zu erzeugen.

11.5 Parameter der Benutzerverwaltung

Zum Abschluss dieses Kapitels möchte ich noch auf die Parameter der Benutzerverwaltung eingehen, die wir wie üblich durch einen Klick auf den Toolbar-Button *Optionen* in der Benutzerübersicht öffnen.

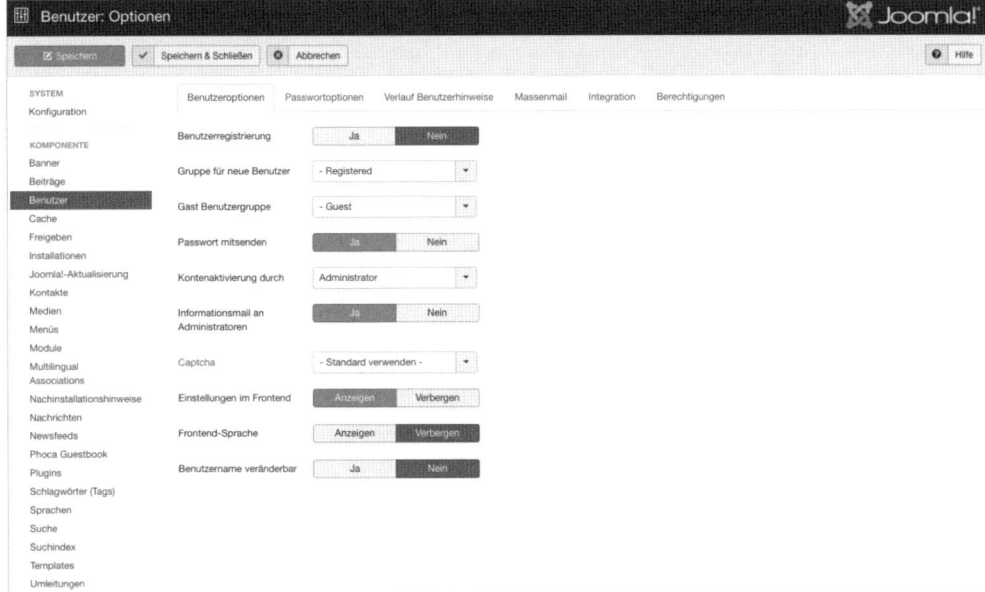

Bild 11.13 Parameter der *Benutzer*-Komponente

Die Paramater sind insofern erwähnenswert, als dass wir mit ihnen Einstellungen vornehmen können, die in früheren Joomla!-Versionen oftmals über Dritterweiterungen verändert werden mussten. Eine Auflistung mit Erklärungen finden Sie in der nachfolgenden Tabelle.

Tabelle 11.4 Parameter der *Benutzer*-Komponente

Parameter	Erklärung
Benutzeroptionen	
Benutzerregistrierung	Erlaubt einzustellen, ob sich neue *Benutzer* auf der Seite registrieren können oder nicht – standardmäßig deaktiviert!
Gruppe für neue Benutzer	*Benutzergruppe*, welcher neue *Benutzer* nach der Registrierung standardmäßig zugewiesen werden.
Gast Benutzergruppe	*Benutzergruppe*, welcher *Benutzer* angehören, die nicht eingeloggt sind.
Passwort mitsenden	1.2 Steuert, ob die nach der Registrierung an den Nutzer gesendete Mail sein gerade gewähltes Passwort enthalten soll.

Parameter	Erklärung
Kontenaktivierung durch	Erlaubt uns, das Prozedere zur Kontoaktivierung nach der Registrierung auszuwählen: • *Keine:* Neue *Benutzerkonten* sind sofort aktiviert. • *Benutzer:* Nach der Registrierung erhält der *Nutzer* eine E-Mail mit einem Bestätigungslink – nachdem er diesen angeklickt hat, ist das Konto aktiviert. • *Administrator:* Nachdem der *Nutzer* sein Konto durch die Nutzung des Links aktiviert hat, erhält der *Administrator* der Seite eine Mail mit der Aufforderung, den neuen Benutzer ebenfalls zu aktivieren.
Informationsmail an Administratoren	Auswahl, ob eine E-Mail an den Administrator versendet werden soll, wenn bei der Kontenaktivierung *Keine* oder *Benutzer* ausgewählt wurde.
Captcha	Auswahl des zu verwendenden *Captcha* in den Registrierungs- bzw. Passwort-vergessen-Formularen.
Einstellung im Frontend	Erlaubt einem *Benutzer*, in seinen Profileinstellungen im *Frontend* seine gewünschte Sprache, den WYSIWYG-Editor und die Einstellungen zum Hilfeportal selbst zu verändern.
Frontend-Sprache	Erlaubt einem *Nutzer*, bei der Registrierung die gewünschte *Frontend*-Sprache zu wählen.
Benutzername veränderbar	Steuert, ob ein Nutzer seinen Benutzernamen nachträglich verändern kann.
Passwortoptionen	
Zurücksetzungsmaximum	Anzahl der erlaubten Zurücksetzungen eines Nutzerpassworts in einem separat angegebenen Zeitraum.
Zurücksetzungszeit	Zeitraum für die oben genannte Option.
Passwort: Minimale Länge	Minimale Zeichenanzahl für ein Nutzerpasswort.
Minimaler Anteil an Zahlen	Legt die Mindestanzahl von Ziffern im Passwort fest.
Minimaler Anteil an Sonderzeichen	Legt die Mindestanzahl von Sonderzeichen im Passwort fest.
Minimaler Anteil an Großbuchstaben	Legt die Mindestanzahl von Großbuchstaben im Passwort fest.

12 Overrides/Template Workshop

■ 12.1 Overrides und Alternative Layouts

12.1.1 Einleitung

Overrides und Alternative Layouts spielen für das Frontend in Joomla! eine große Rolle. Während sich das Frontend Template um die Grundstruktur und den Aufbau der Webseite kümmert, dienen Overrides dazu, systemeigene Ausgaben, sei es von Komponenten, Modulen oder Plug-ins, im Template zu überschreiben ohne die Aktualisierbarkeit von Joomla! zu gefährden.

Durch Layout-Overrides erlangen wir die volle Kontrolle über die Ausgabe und können den Code optimal an unsere Bedürfnisse anpassen, womit Template-Overrides zu einem sehr mächtigen Werkzeug werden.

Dieses Verfahren bietet z. B. unter anderem die Möglichkeit, die auf Bootstrap 2 basierende Ausgabe von den Joomla!-Core-Ausgaben im Frontend auf eigene Bedürfnisse anzupassen. Eventuell bevorzugen Sie Bootstrap 3 oder 4 – oder ein völlig anderes CSS Framework. Mit Overrides ist das möglich, denn Sie können ein individuelles Layout für Ihre Inhalte bestimmen. Auch im Zusammenhang mit den neuen **Custom Fields (Eigene Felder)**, siehe Abschnitt 16.1, sind sie ein interessantes Mittel, um Inhalte auf Ihre gewünschte Art und Weise auszugeben.

Grundsätzlich unterscheidet man zwischen zwei Möglichkeiten: Es gibt zum einen **Overrides**, das bedeutet, Sie legen eine Datei an, die den gleichen Namen trägt wie der View, den Sie überschreiben wollen, und erreichen somit, dass die Ausgabe generell mit Ihren Anpassungen überschrieben wird.

Alternative Layouts sind hingegen Dateien, die einen von Ihnen gewählten Namen erhalten und zum Teil im Backend als Alternative ausgewählt werden können (Artikel, Kategorien, Newsfeeds, Kontakte, Kontaktkategorien und Module). Alle Alternativen Layouts, die nicht über Parameter im Backend ausgewählt werden können, können über einen eigenen Menütyp eingebunden werden.

Oft werden beide Arten generell als Override bezeichnet.

HINWEIS: Überschreiben Sie Joomla!-Core-Dateien unter keinen Umständen direkt, sondern legen Sie immer einen Override oder ein Alternatives Layout an. Wenn Sie Core-Dateien überschreiben, werden diese beim nächsten Update einfach überschrieben und Sie verlieren alle Änderungen.

12.1.2 MVC

Um Overrides zu verstehen, sollte man verstehen, was MVC bedeutet: Der Begriff MVC, siehe auch Abschnitt 17.2, steht für Model-View-Controller und bietet für Entwickler die notwendige Flexibilität, um das Ausgabelayout benutzerdefiniert zu beeinflussen.

Komponenten folgen häufig einem komplexen Aufbau. Werden diese MVC-konform entwickelt, ist die Programmierlogik weitgehend losgelöst von der tatsächlichen Ausgabe. Das hat den Vorteil, dass der Webdesigner sich nur noch um das richtige Layout kümmern muss, während die Funktionalität im Hintergrund abgehandelt wird.

12.1.3 Ausgabe von Komponenten überschreiben

12.1.3.1 Struktur

Sehen wir uns zunächst die Ordnerstruktur einer Core-Komponente unter components/com_content an. Die Komponente **com_content** ist für die Ausgabe von **Beiträgen** zuständig. Zwischen all den verschiedenen Dateien die dafür zuständig sind, dass Joomla! ein Artikelsystem zur Verfügung stellt, ist das – was für unsere Overrides im Moment wichtig ist – das Verzeichnis views.

Sie sehen, dass jeder **View** der Komponente ein eigenes Verzeichnis hat. Hier befinden sich die verschiedenen Ausgaben für die Artikel. Die Layoutdateien für diese Ausgaben befinden sich im *tmpl*-Ordner. Jede Datei im *tmpl*-Verzeichnis ist für eine Layoutausgabe verantwortlich.

Das Standardlayout für die Artikelausgabe ist zum Beispiel *article/tmpl/default.php*.

Overrides sind für jeden dieser Views möglich.

Alternative Layouts sind derzeit für alle Views möglich, jedoch können im Beispiel von *com_content* nur Artikel (article) und Kategorien (category) als Parameter im Backend ausgewählt werden. Für alle anderen Views müssen Sie einen eigenen Menütyp, siehe Abschnitt 12.1.4, anlegen.

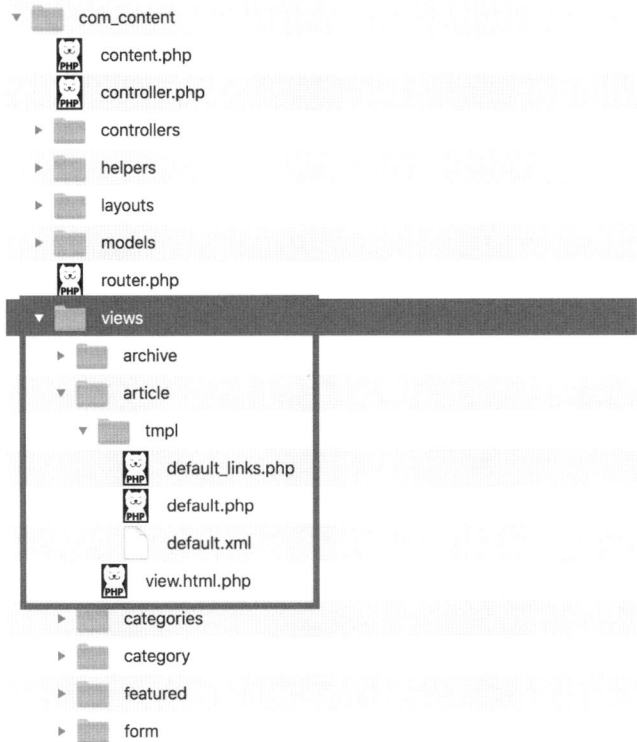

Bild 12.1 Ordnerstruktur der com_content-Komponente

12.1.3.2 Override erstellen

Wenn Sie den ursprünglichen Namen des Layouts beibehalten, z. B. *default.php* wird die **Standardausgabe** des Views mittels Ihrer neuen Datei im Template überschrieben und **automatisch** aufgerufen – Sie haben ein **Override** erstellt.

Die Datei, die Sie für einen Komponenten-Override benötigen, finden Sie in der Regel unter:

```
/components/com_komponenten_name/views/view_name/tmpl/default.php
```

Kopieren Sie diese Datei in Ihr Template unter:

```
/templates/ihrtemplate/html/com_komponenten_name/view_name/default.php
```

um einen Override anzulegen.

Beispiel: Wollen Sie also das Layout der **Beitrags-Ausgabe** beeinflussen, müssen Sie die Datei

```
/components/com_content/views/article/tmpl/default.php
```

kopieren und in

```
/templates/ihrtemplate/html/com_content/article/default.php
```

ablegen.

Beachten Sie, dass diese Datei nicht bei allen Erweiterungsherstellern *default.php* heißt, sondern auch zum Beispiel *edit.php*, *blog.php* oder anders heißen kann. Des Weiteren kann ein Layout aus mehreren Dateien bestehen. Das erkennen Sie daran, dass die inkludierten Dateien den Namen der Hauptdatei mit einem folgenden Unterstrich und einer genaueren Bezeichnung der Einbindung tragen. Zum Beispiel *blog.php* und *blog_item.php*.

12.1.3.3 Alternatives Layout erstellen

Während Sie bei **Overrides** die *default.php*-Datei mithilfe Ihres Templates überschreiben, haben sogenannte **Alternative Layouts** einen individuell gewählten Namen und überschreiben nicht die Standardausgabe.

Die Datei, die Sie für das Alternative Layout benötigen, finden Sie in der Regel unter:

```
/components/com_komponenten_name/views/view_name/tmpl/default.php
```

Kopieren Sie diese Datei in Ihr Template unter:

```
/templates/ihrtemplate/html/com_komponenten_name/view_name/meinlayout.php
```

Indem Sie der Datei einen eigenen Namen geben, erhalten Sie ein *Alternatives Layout*.

Beispiel: Wollen Sie also ein Alternatives Layout für die *Artikelausgabe* anlegen, müssen Sie die Datei

```
/components/com_content/views/article/tmpl/default.php
```

kopieren und in Ihrem Template unter folgendem Pfad ablegen:

```
/templates/ihrtemplate/html/com_content/article/eigenername.php
```

Alternative Layouts werden nicht automatisch aufgerufen, sondern müssen entweder im Backend ausgewählt werden (siehe Abschnitt 12.3.5) oder über einen eigenen Menütyp verknüpft werden.

Benennung

Verwenden Sie für die Benennung der Dateien nur ganze Wörter als Dateinamen, damit diese später als Override erkannt werden. Sie können Unterstriche dazu verwenden, um Layouts miteinander zu verbinden bzw. zu verschachteln. Dabei trägt die Hauptdatei zum Beispiel den Namen *meinlayout.php* und die eingebundene Unterdatei den Namen *meinlayout_item.php*.

Übersetzung des Layoutnamen

Der Dateiname des Layouts ist über das Joomla!-Sprachsystem übersetzbar. Nehmen wir an, Sie haben ein alternatives Layout mit dem Namen *example.php* unter folgendem Pfad:

```
ihrtemplate/html/com_content/article/example.php
```

Dieses Layout wird im Backend in den jeweiligen Auswahllisten als **example** gelistet.

In Ihrer Template-Sprachdatei – also zum Beispiel in der Datei languages/de-DE/de-DE/de-DE.tpl_protostar.sys.ini – oder in Ihren Sprach-Overrides (siehe Abschnitt 12.1.12) können Sie diesen Auswahltext folgendermaßen übersetzen:

```
TPL_PROTOSTAR_COM_CONTENT_ARTICLE_LAYOUT_EXAMPLE="Beispiel"
```

Beachten Sie dabei den logischen Aufbau:
TPL_TEMPLATENAME_KOMPONENTENNAME_VIEWNAME_LAYOUT_DATEINAME

Nutzbarkeit der Alternativen Layouts

Alternative Layouts sind Template-übergreifend. Wenn Sie Ihr Frontend Template wechseln, müssen Sie darauf achten, ob die bereits zugewiesenen Layouts in Kombination mit Ihrem neuen Template noch funktionieren oder ein neues Layout zuweisen. Auf der anderen Seite heißt das auch, dass Sie, obwohl Sie ein anderes Template nutzen, Alternative Layouts eines anderen, nicht zugewiesenen Frontend Templates nutzen können.

12.1.3.4 Überblick über Joomla!-Komponenten

Das soeben erklärte Prinzip gilt auch für weitere Joomla!-Core-Komponenten. Für die unterstrichenen Views können Sie ein alternatives Layout anlegen und über Parameter im Backend auswählen, ohne einen eigenen Menütypen dafür anlegen zu müssen.

Tabelle 12.1 Übersicht über die Joomla!-Core-Komponenten

com_config config modules templates	**com_contact** categories _category_ _contact_ featured	**com_content** archive _article_ categories _category_ featured form
com_finder search	**com_mailto** mailto sent	**com_newsfeeds** categories category _newsfeed_
com_search search	**com_tags** tag tags	**com_users** login profile registration remind reset
com_wrapper wrapper	**com_weblinks (entkoppelte Joomla!-Komponente)** categories category form weblink	

Auch Drittanbieter-Erweiterungen können nach dem Override-Prinzip überschrieben werden. Alle? Zumindest alle, die sich an die Konventionen des Joomla!-Frameworks halten. Daher sollten Sie, wie in Abschnitt 10.2.1, „Checkliste für die Auswahl der passenden Erweiterung", beschrieben, die verwendeten Erweiterungen sorgfältig prüfen.

12.1.3.5 Auswahl der Alternativen Layouts im Backend

Wie eingangs erwähnt, wird automatisch die Standardausgabe des jeweiligen Bereichs überschrieben, wenn man ein **Override** anlegt. Bei **Alternativen Layouts** wählt man über Parameter im Backend aus, welches Layout genutzt werden soll.

Artikel und Kategorien

Die globalen Optionen für die **com_content**-Komponente, die sich um die Standardausgabe von Artikeln und Kategorien kümmern, erreichen Sie im Joomla!-Backend über SYSTEM » KONFIGURATION » BEITRÄGE und unter INHALT » BEITRÄGE über den Button „OPTIONEN". Im Reiter BEITRÄGE können Sie festlegen, welches Layout von Joomla! standardmäßig für die **Artikelausgabe** verwendet wird.

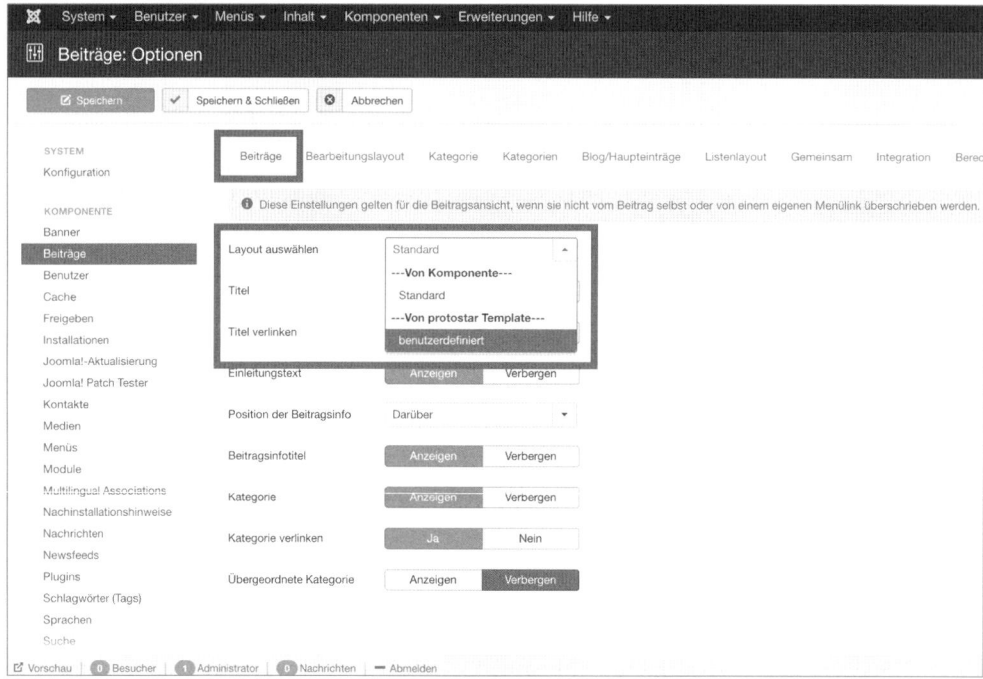

Bild 12.2 Auswahl des Alternativen Layouts für Beiträge in der globalen Konfiguration

Auf dem gleichen Weg geraten Sie zu den Einstellungen für die **Kategorien**. Joomla! bietet hier bereits von Haus aus die Möglichkeit zwischen einer Blogansicht und einer Listenansicht zu wählen. Sobald Sie ein eigenes Alternatives Layout anlegen, erscheint auch dieses in der Auswahlliste im Reiter „KATEGORIE"

12.1 Overrides und Alternative Layouts

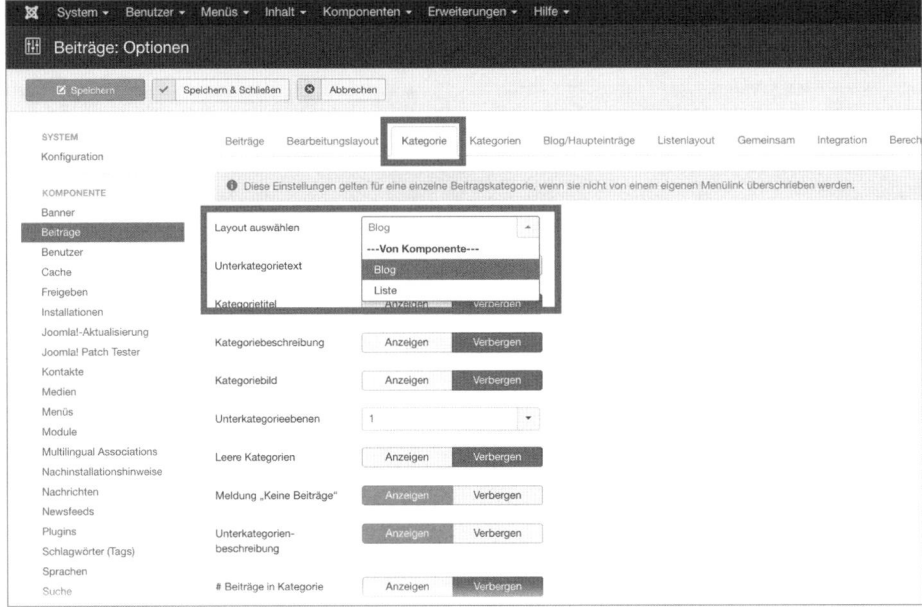

Bild 12.3 Auswahl des Alternativen Layouts für Kategorien in der globalen Konfiguration

Während Sie in den **Globalen Optionen** seitenübergreifend ein Layout festlegen, können Sie per **Artikel** oder per **Kategorie** ein abweichendes Layout auswählen. Diese Auswahl überschreibt die global festgelegten Einstellungen.

Sie finden diese Einstellungsmöglichkeit unter ARTIKEL BEARBEITEN » OPTIONEN » ALTERNATIVES LAYOUT.

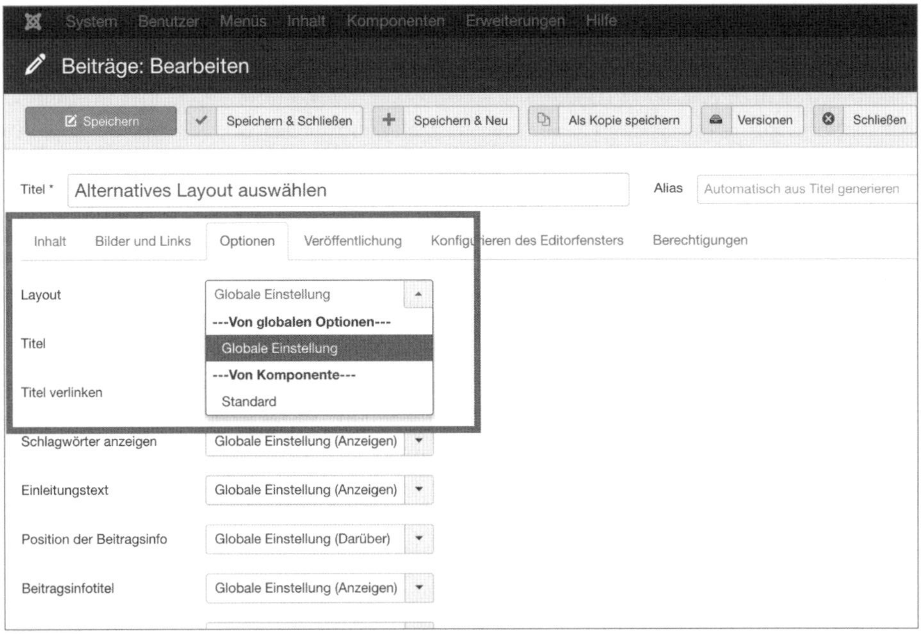

Bild 12.4 Auswahl des Alternativen Layouts für Beiträge in der Artikelbearbeitung

Das gleiche Prinzip gilt für die Kategorie. Sie finden die Auswahl der Alternativen Layouts unter KATEGORIE BEARBEITEN » OPTIONEN » ALTERNATIVES LAYOUT.

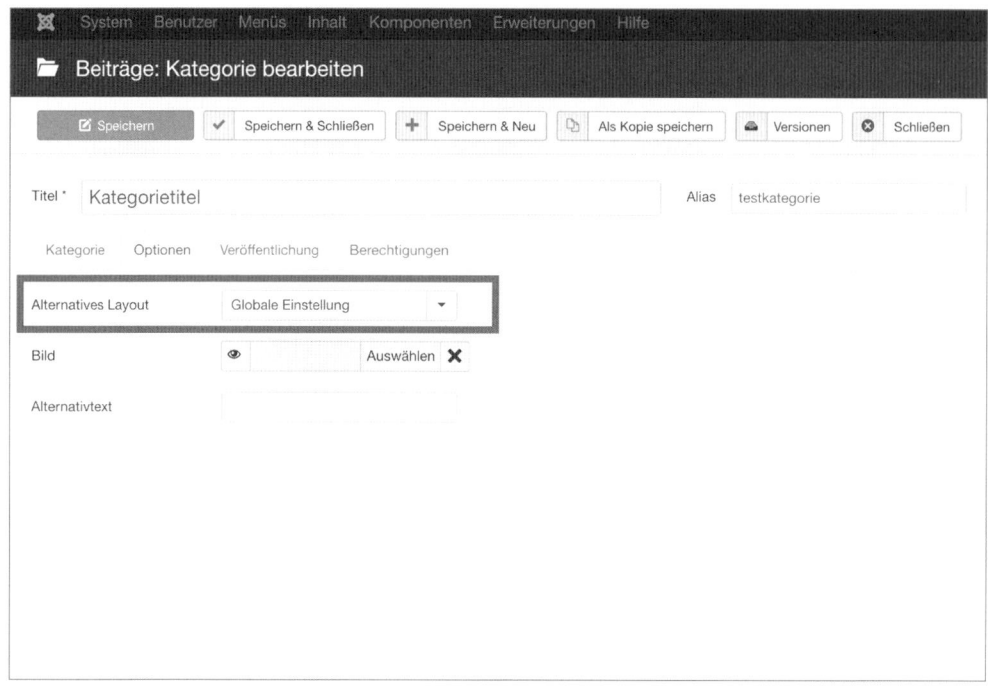

Bild 12.5 Auswahl des Alternativen Layouts für Kategorien in der Kategoriebearbeitung

Für Kontakte und Kontaktkategorien

Die globalen Optionen für die **com_contact**-Komponente, welche die Standardausgabe von Kontakten und Kontaktkategorien festlegen, erreichen Sie im Joomla!-Backend über SYSTEM » KONFIGURATION » KONTAKTE und unter KOMPONENTEN » KONTAKTE über den Button „OPTIONEN". Im Reiter KONTAKT können Sie festlegen welches Layout von Joomla! standardmäßig für die **Kontaktausgabe** verwendet wird.

Im Reiter KATEGORIE können Sie aus Alternativen Layouts für die **Kontaktkategorien** wählen.

Wie bereits im ersten Abschnitt für Artikel und Kategorien beschrieben, können Alternative Layouts auch für **einzelne Kontakte** oder **Kontaktkategorien** verwendet werden.

Die Einstellungen für den Kontakt finden Sie unter KOMPONENTEN » KONTAKTE » KONTAKT BEARBEITEN im Reiter „ANZEIGE".

Die Einstellungen für die Kontaktkategorie finden Sie unter KOMPONENTEN » KONTAKTE » KATEGORIEN » KATEGORIE BEARBEITEN im Reiter „OPTIONEN".

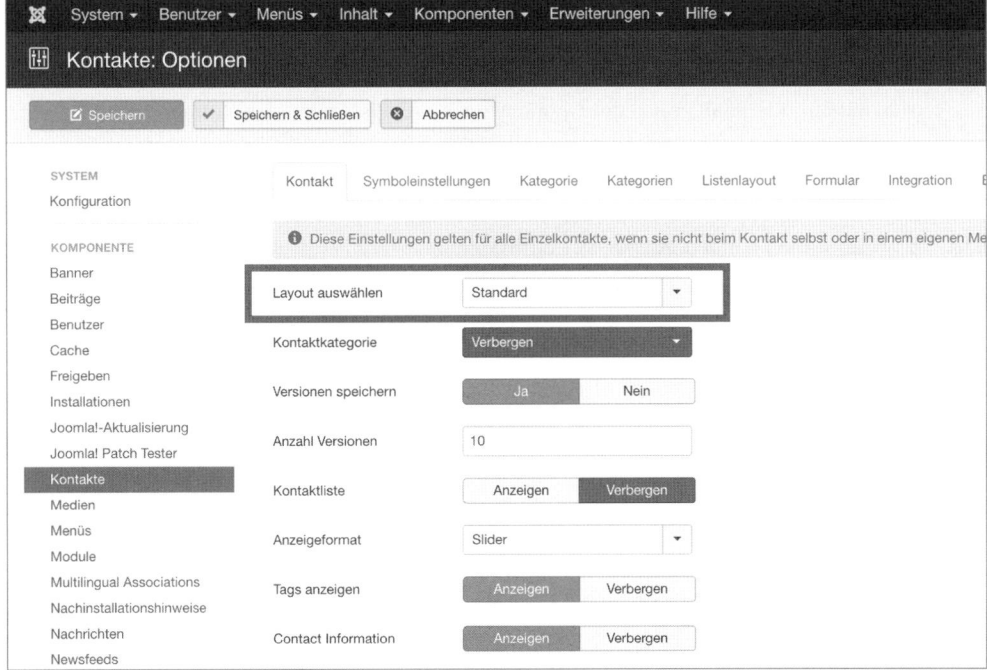

Bild 12.6 Auswahl des Alternativen Layouts für Kontakte in der globalen Konfiguration

Für Newsfeeds

Die globalen Optionen für die **com_newsfeeds**-Komponente erreichen Sie im Joomla!-Backend über SYSTEM » KONFIGURATION » NEWSFEEDS und unter KOMPONENTEN » NEWSFEEDS über den Button „OPTIONEN". Im Reiter NEWSFEED können Sie festlegen welches Layout von Joomla! standardmäßig für die **Newsfeed-Ausgabe** verwendet wird.

Wie auch für die anderen Komponenten beschrieben, können Sie ein Alternatives Layout auch für einen einzelnen Newsfeed auswählen, indem Sie über KOMPONENTEN » NEWSFEEDS » NEWSFEED BEARBEITEN im Reiter „ANZEIGE" das entsprechende Alternative Layout auswählen.

12.1.4 Menütypen für Alternative Layouts anlegen

Nun haben Sie gelernt, wie man Overrides und Alternative Layouts anlegt. Wie Sie gesehen haben, kann man nicht alle Alternativen Layouts über Parameter im Backend zuweisen. Dennoch ist es möglich, auch für andere Ansichten ein Alternatives Layout anzulegen und als **Menütyp** zur Verfügung zu stellen.

12.1.4.1 Struktur

Sehen wir uns dazu nochmal an, wie man im Backend einen Menüpunkt erstellt. Wählen Sie dazu im Backend unter MENÜS » ALLE MENÜEINTRÄGE den grünen NEU-Button. Klicken Sie anschließend neben der Option **Menüeintragstyp** auf den Button AUSWÄHLEN.

Es öffnet sich ein Popup-Fenster mit einem Überblick möglicher Menütyp-Kategorien. Die Einträge in der Liste entsprechen Komponenten, die **Views** zur Verfügung stellen. In Bild 12.7 sehen Sie einen Überblick der Menütypen, die für Beiträge (= com_content) ausgewählt werden können. Alle diese Einträge sind Layoutdateien aus einem tmpl-Verzeichnis mit dazugehöriger XML-Datei.

 HINWEIS: Da ein eigener Menütyp fest definiert, welches Layout gewählt werden soll, wird dieses Layout zwingend gesetzt, auch wenn im Artikel oder in den globalen Optionen eine andere Einstellung vorgenommen wurde.

Bild 12.7 Auswahlfenster für Menütypen

Menütyp anlegen

Wenn Sie Ihren benutzerdefinierten Menütyp im Backend zur Auswahl stellen möchten, müssen Sie, genauso wie Sie es bei den systemeigenen Layouts sehen, zusätzlich zum Alternativen Layout auch die dazugehörige **.xml**-Datei anlegen.

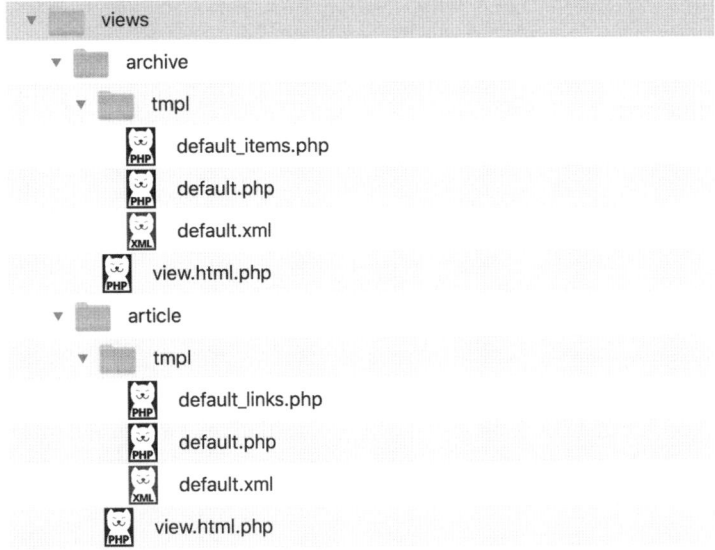

Bild 12.8 Ansicht der Ordnerstruktur innerhalb der tmpl-Order von Views

XML-Datei kopieren

Die erste Möglichkeit ist es, die bereits vorhandene .xml-Datei aus dem Joomla!-tmpl-Ordner zu kopieren und für die eigenen Zwecke anzupassen.

Beispiel: Sie haben für eine Blogansicht ein Alternatives Layout angelegt. Ihr Layout heißt *portfolio.php*.

```
/templates/ihrtemplate/html/com_content/category/portfolio.php
```

Sie finden die originale XML-Datei für diesen Fall unter:

```
/components/com_content/views/category/tmpl/blog.xml
```

Kopieren Sie diese Datei und benennen Sie die Datei genauso wie Ihr neues Layout. In unserem Beispiel würde die xml-Datei also **portfolio.xml** heißen.

```
/templates/ihrtemplate/html/com_content/category/portfolio.xml
```

Im oberen Bereich der kopierten XML-Datei finden Sie die Angaben für den Titel, den Hilfstext und die Beschreibung. Denken Sie daran, die Sprachstrings auszutauschen und in Ihrer Template-Sprachdatei (im *language*-Ordner Ihres Stammverzeichnisses) zu übersetzen.

Listing 12.1 Angaben in der Template-Sprachdatei */de-DE.tpl_ihrtemplate.sys.ini*

```
COM_CONTENT_CATEGORY_VIEW_PORTFOLIO_TITLE="Portfolio Ansicht"
COM_CONTENT_CATEGORY_VIEW_PORTFOLIO_OPTION="Portfolio"
COM_CONTENT_CATEGORY_VIEW_PORTFOLIO_DESC="Mit dieser Auswahl legen Sie ein Blog mit
Portfolio Layout an"
```

Sie haben den Vorteil, dass Sie durch das Kopieren alle Felder und Parameter aus der XML-Datei übernehmen und nicht alles komplett neu schreiben müssen.

Eigene XML-Datei anlegen

Die zweite Möglichkeit wäre, eine eigene .xml-Datei mit diesen Grundangaben anzulegen:

Listing 12.2 Basisangaben in der portfolio.xml-Datei

```xml
<?xml version="1.0" encoding="utf-8"?>
 <metadata>
  <layout title="COM_CONTENT_CATEGORY_VIEW_PORTFOLIO_TITLE">
   <message>COM_CONTENT_CATEGORY_VIEW_PORTFOLIO_DESC</message>
  </layout>
 </metadata>
```

Mithilfe dieser XML-Datei können Sie dann nicht nur Ihr **Alternatives Layout** unter den **Menütypen** auswählbar machen, sondern auch eigene **Parameter** in der .xml-Datei hinzufügen oder entfernen. Damit ergeben sich für die Steuerung der Ausgabe sehr individuelle Möglichkeiten.

12.1.5 Ausgabe von Modulen überschreiben

12.1.5.1 Struktur

Der Aufbau von Joomla!-Modulen ist normalerweise etwas einfacher als bei Komponenten, aber ähnlich wie bei unserem Beispiel im Abschnitt 12.1.3 mit **com_content** finden Sie bei Joomla!-Modulen einen tmpl-Ordner mit Layout-Dateien.

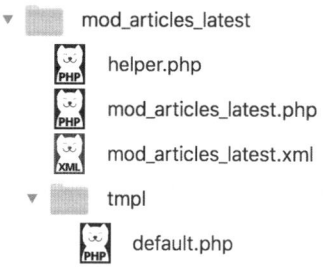

Bild 12.9 Ordnerstruktur des Moduls „Neueste Beiträge" (mod_articles_latest)

12.1.5.2 Overrides anlegen

Die Datei die Sie für den Override benötigen, finden Sie in der Regel unter:

/module/**mod_modulname**/tmpl/default.php

Kopieren Sie diese Datei in Ihr Templateverzeichnis unter:

/templates/**ihrtemplate**/html/**mod_modulname**/default.php

um ein **Override** zu erstellen.

Wenn Sie den ursprünglichen Namen des Layouts beibehalten, z. B. *default.php*, wird die **Standardausgabe** des Views mittels Ihrer neuen Datei im Template überschrieben und **automatisch** aufgerufen – Sie haben ein **Override** erstellt.

Beispiel: Wollen Sie also die Ausgabe von **mod_articles_latest** (Neueste Beiträge) überschreiben, kopieren Sie die Datei

```
/module/mod_articles_latest/tmpl/default.php
```

in Ihr Templateverzeichnis unter:

```
/templates/ihrtemplate/html/mod_articles_latest/tmpl/default.php
```

12.1.5.3 Alternative Layouts anlegen

Bei Modul **Overrides** gilt das gleiche wie bei den Komponenten. Um die Ausgabe bei allen Vorkommen zu überschreiben, legen Sie wie soeben beschrieben eine zur Ursprungsdatei gleichnamige Datei in Ihrem html-Templateordner ab. Ansonsten benennen Sie die Datei um, um lediglich ein Alternatives Layout zu erhalten.

Die Datei, die Sie für das **Alternative Layout** benötigen, finden Sie in der Regel unter:

```
/module/mod_modulname/tmpl/default.php
```

Kopieren Sie diese Datei in Ihr Templateverzeichnis unter:

```
/templates/ihrtemplate/html/mod_modulname/meineigeneslayout.php
```

Indem Sie der Datei einen eigenen Namen geben, erhalten Sie ein **Alternatives Layout**.

Beispiel: Wollen Sie also für die Ausgabe von **mod_articles_latest** (Beiträge – Neueste) ein Alternatives Layout anlegen, kopieren Sie die Datei

```
/module/mod_articles_latest/tmpl/default.php
```

in Ihr Templateverzeichnis unter:

```
/templates/ihrtemplate/html/mod_articles_latest/tmpl/eigenername.php
```

und benennen Sie die Datei um.

Alternative Layouts werden bei Modulen ebenfalls nicht automatisch aufgerufen, sondern müssen im Backend in den Modulparametern ausgewählt werden.

Benennung

Verwenden Sie für die Benennung der Dateien nur ganze Wörter als Dateinamen damit diese später als Override erkannt werden. Sie können Unterstriche dazu verwenden, um Layouts mit einer komplexen Struktur zu erstellen. Dabei trägt die Hauptdatei zum Beispiel den Namen *meinmodul.php* und die Unterdatei den Namen *meinmodul_item.php*.

Übersetzung der Layoutnamen

Auch hier sind die Alternativen Layouts mit der Template-Sprachdatei (im *language*-Ordner Ihres Stammverzeichnisses) übersetzbar: Für das Alternative Layout *mymodulelayout.php* können Sie zum Beispiel mit folgendem String in der *de-DE.tpl_protostar.sys.ini* Datei den Auswahltext übersetzen:

```
TPL_PROTOSTAR_MOD_CUSTOM_LAYOUT_MYMODULELAYOUT="Mein Modul-Layout"
```

12.1.5.4 Auswahl im Backend

Die Alternativen Layouts für Module können im jeweiligen Modul in den Parametern ausgewählt werden. Haben Sie zum Beispiel ein Alternatives Layout für das Modul **mod_articles_latest** (Beiträge – Neueste) angelegt, finden Sie die Auswahl für das Alternative Layout unter ERWEITERUNGEN » MODULE » MODUL BEITRÄGE - NEUESTE BEARBEITEN im Reiter „ERWEITERT".

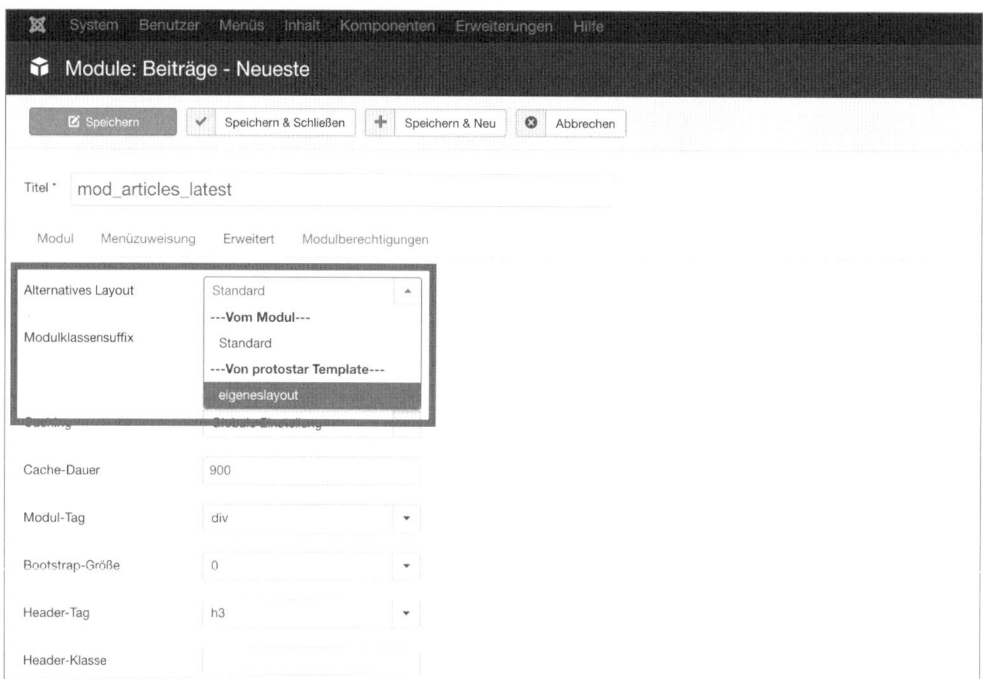

Bild 12.10 Auswahl eines Alternativen Layouts im Modul

12.1.6 Modul Chrome

12.1.6.1 Aufruf

Modul Chrome sind keine Overrides im Sinne des MVC-Pattern. Vielmehr ist damit gemeint, welcher HTML/PHP-Code um das Modul herumgelegt wird.

Sehen wir uns an, wie ein Modul in einem Template grundsätzlich aufgerufen wird. Dazu öffnen wir die *index.php*-Datei des Protostar-Templates.

Sie finden diese Datei unter dem Dateipfad:

```
templates/protostar/index.php
```

Ungefähr in der Zeile 194 (Joomla! 3.7) finden Sie den Aufruf:

```
<jdoc:include type="modules" name="position-7" style="well" />
```

Wer bereits Erfahrung mit Templates hat weiß, hier werden Module geladen, die auf der entsprechenden Unterseite auf position-7 veröffentlicht wurden. Doch hinter der Position ist auch der Standard-Chrome-Stil definiert. In diesem Fall handelt es sich um den Stil „well" des Templates-Protostar.

Alle Module werden durch diesen Aufruf mit dem Stil „well" geladen, außer man stellt in den Modul-Parametern im Reiter „Erweitert" etwas Abweichendes ein. Fehlt diese Angabe im Modulaufruf, gilt automatisch der Stil „none".

12.1.6.2 Definition

Die Chrome-Stile werden seitenübergreifend unter folgendem Dateipfad definiert:

```
templates/system/html/modules.php
```

Die darin enthaltenen Modulstile sind fest vorgegeben und man kann diese nicht überschreiben.

1. rounded
2. none
3. table
4. horz
5. xhtml (deprecated)
6. html5
7. outline

Der Stil „well", den wir gerade im Auszug aus dem Protostar-Template gesehen haben, ist in der folgenden Datei definiert:

```
templates/protostar/html/modules.php
```

Wie Sie am Beispiel des Protostar-Templates sehen, können Sie für Ihr Template eine eigene *modules.php*-Datei anlegen und somit eigene Modulstile definieren.

Wichtig: Sie dürfen keine Modulstil-Namen verwenden, die bereits vom Systemtemplate definiert wurden.

```php
function modChrome_well($module, &$params, &$attribs)
{
    $moduleTag     = $params->get('module_tag', 'div');
    $bootstrapSize = (int) $params->get('bootstrap_size', 0);
    $moduleClass   = $bootstrapSize != 0 ? ' span' . $bootstrapSize : '';
    $headerTag     = htmlspecialchars($params->get('header_tag', 'h3'), ENT_COMPAT, 'UTF-8');
    $headerClass   = htmlspecialchars($params->get('header_class', 'page-header'), ENT_COMPAT, 'UTF-8');

    if ($module->content)
    {
        echo '<' . $moduleTag . ' class="well ' . htmlspecialchars($params->get('moduleclass_sfx'), ENT_COMPAT, 'UTF-8') . $moduleClass . '">';
            if ($module->showtitle)
            {
                echo '<' . $headerTag . ' class="' . $headerClass . '">' . $module->title . '</' . $headerTag . '>';
            }
            echo $module->content;
        echo '</' . $moduleTag . '>';
    }
}
```

Bild 12.11 Code-Ansicht der Datei *templates/protostar/html/modules.php*

Ein Modul Chrome ist eine Funktion, in der das entsprechende Modul mit seinen Parametern und Attributen übergeben wird. Sehen wir uns die *modules.php*-Datei des Templates Protostar im Bild 12.11 mal an, entdecken wir im ersten Abschnitt der function modChrome_well zunächst einige Modulparameter. Dazu gehört zum Beispiel $moduleTag, hier wird der Modulparameter zum Modultag abgefragt. Die Parameter, auf die man aus dem Chrome zugreifen kann, stellen Sie im Backend in der Modulbearbeitung Reiter „ERWEITERT" ein.

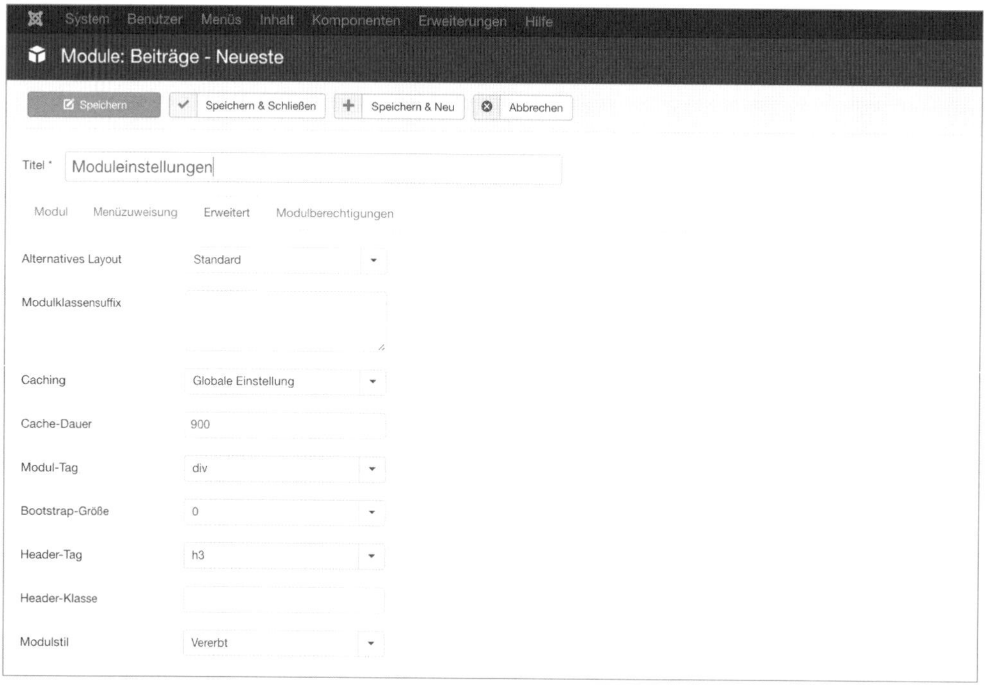

Bild 12.12 Ansicht des Reiters „Erweitert" zur Einstellung von Modulparametern

Im nächsten Abschnitt wird der Modulinhalt mit den entsprechend gezogenen Parametern ausgegeben.

Den Chrome-Stil „well" macht im Grunde lediglich aus, dass die CSS-Klasse well in den umliegenden Container hinzugefügt wird. Diese nutzt man bei Bootstrap 2 für das Styling.

Sehen Sie sich auch die anderen Chrome-Stile an um eine Idee zu bekommen, wie man sie nutzen kann. Im ersten Abschnitt der *modules.php* vom Template Protostar ist ein Stil „function modChrome_no" definiert. Wenn Sie sich diesen Abschnitt ansehen und mit „function modChrome_well" vergleichen, sehen Sie, dass diese Funktion den reinen Modulinhalt ausgibt und keine Rücksicht auf Modultitel oder Parameter nimmt.

12.1.6.3 Eigenen Chrome anlegen

Datei

Um einen eigenen Chrome-Stil anzulegen, erstellen Sie eine *modules.php*-Datei in Ihrem Template unter:

```
templates/ihrtemplate/html/
```

In der ersten Zeile der Datei steht das obligatorische

```php
<?php defined('_JEXEC') or die;
```

Die einfachste Form der Ausgabe wäre nun:

Listing 12.3 Einfache Modul-Chrome-Funktion in der modules.php-Datei

```php
function modChrome_meinstil($module, &$params, &$attribs){
  if ($module->content)
    {
      echo $module->content;
    }
}
```

Sie können mit Ihrem eigenen Chrome ebenso auf Modulparameter zurückgreifen und in Ihrem Modulstil verwenden. Sehen Sie sich dazu einfach die bereits vorhandenen Stile im Protostar oder im Systemtemplate an oder geben Sie alle vorhandenen Parameter im Frontend aus, indem Sie den PHP-Befehl `print_r($params);` in Ihrem Chrome nutzen.

Auswahl im Modul

Nun können Sie den neuen Modulstil in allen Modulen unter dem Reiter „Erweitert" auswählen.

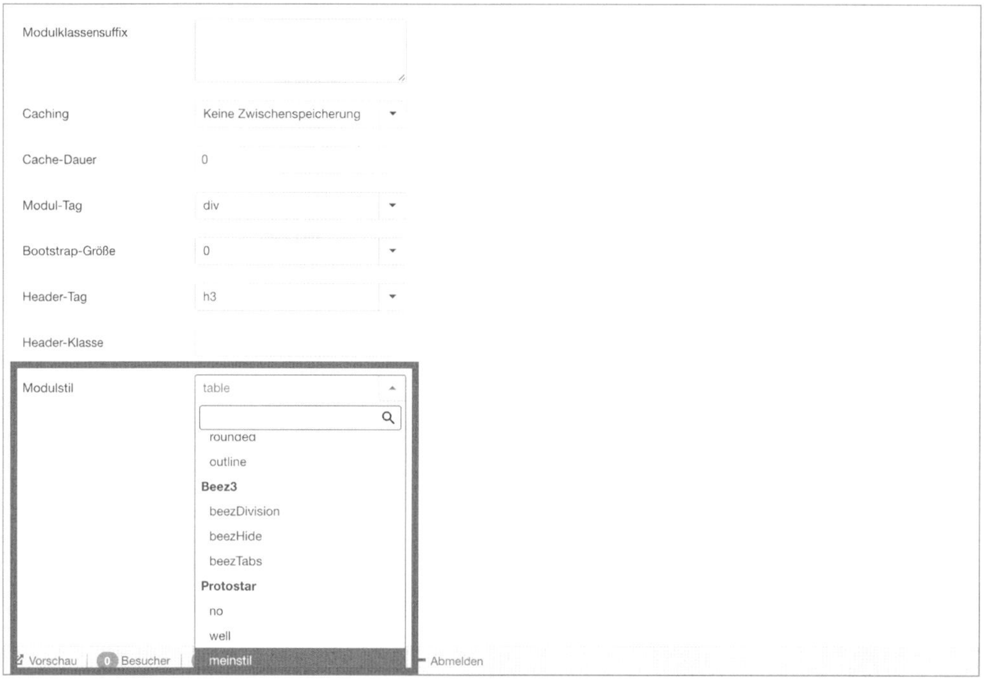

Bild 12.13 Auswahl des Modul Chrome in den Moduleinstellungen

Aufruf über das Template

Sie können diesen Stil auch als Standard festlegen. Dazu tragen Sie im style-Attribut im Modulaufruf ihren gewünschten Stil ein.

```
<jdoc:include type="modules" name="position-7" style="meinstil" />
```

12.1.6.4 Verwendung Modul Overrides vs. Chrome Stile

Ein Alternatives Layout bzw. Override wird verwendet, wenn man einen speziellen Modultyp, wie zum Beispiel **mod_articles_news** anpassen möchte. Modulstile, auch Modul Chrome genannt, werden verwendet um modultypübergreifend den Code zu definieren, der um die Module herum dargestellt wird.

12.1.7 Ausgabe von jLayouts überschreiben

12.1.7.1 Struktur

In Joomla! werden einige Elemente an mehreren Stellen wiederverwendet. Um die Menge der zu pflegenden Dateien zu verringern und doppelt gepflegten Code zu eliminieren, wurden diese Elemente in sogenannte jLayouts ausgelagert. Dazu gehört zum Beispiel die Art und Weise, wie der Autor im Artikel dargestellt wird, wie der Weiterlesen-Button aussieht, wie die Seitenüberschriften im Bloglayout ausgegeben werden u. v. m.

Sehen Sie sich dazu das Layout von einem Blog-Artikel näher an:

```
components/com_content/views/category/tmpl/blog_item.php
```

Dieses Layout enthält zum Beispiel den folgenden Abschnitt, der das **jLayout** für den **Weiterlesen**-Button einbindet.

```
<?php echo JLayoutHelper::render('joomla.content.readmore', array('item' => $this->
item, 'params' => $params, 'link' => $link)); ?>
```

Im Bereich zwischen den Klammern ist definiert, wo wir das jLayout finden: `'joomla.content.readmore'`. Ersetzt man die Punkte gedanklich durch Verzeichnistrenner „/", findet man diese Datei im Layoutordner unter: *layouts/joomla/content/readmore.php*

12.1.7.2 Override anlegen

Möchten Sie ein Override für diese Datei erstellen, dann legen Sie eine Kopie der *readmore.php*-Datei in der gleichen Pfadstruktur im *html*-Ordner Ihres Templates ab und passen Sie diese Kopie entsprechend Ihren Wünschen an.

```
templates/ihrtemplate/html/layouts/joomla/content/readmore.php
```

12.1.7.3 Eigene jLayouts anlegen

Alternative Layouts für jLayouts gibt es im eigentlichen Sinn nicht. Was machen wir nun, wenn wir nicht alle Weiterlesen-Buttons auf der Seite überschreiben wollen, sondern nur die einer speziellen Blogansicht?

Das ist ganz einfach: Zunächst müssen Sie ein Alternatives Layout für die Ausgabe der Blogansicht erstellen und in Ihrem Template ablegen. Binden Sie anschließend Ihr individuelles jLayout in diesem Alternativen Layout ein, indem Sie der erklärten Logik folgen.

Heißt Ihre individuelle jLayout-Datei zum Beispiel

```
templates/ihrtemplate/html/layouts/joomla/content/weiterlesenblog.php
```

rufen Sie die Datei auf diese Art und Weise in Ihrem Alternativen Layout oder Override auf:

```
<?php echo JLayoutHelper::render('joomla.content.weiterlesenblog', array('item' =>
$this->item, 'params' => $params, 'link' => $link)); ?>
```

12.1.8 Overrides über den Template-Manager erstellen

Mir war es wichtig, Ihnen zunächst die Logik hinter den Overrides nahezubringen und zu erläutern, wo Sie die jeweiligen Dateien finden. Doch es gibt auch eine Abkürzung! Sie können Overrides auch über den Templatemanager mit nur einem Klick anlegen. Gehen Sie dazu ins Backend unter ERWEITERUNGEN » TEMPLATES » TEMPLATES und wählen Sie dort Ihr Template aus. Im Reiter „OVERRIDES ERSTELLEN" finden Sie eine Übersicht aller Joomla!-Module, -Komponenten und -jLayouts, die Sie mittels Overrides in Ihrem Template überschreiben können. Wenn Sie zum Beispiel auf „**mod_custom**" klicken, wird automatisch ein Ordner mod_custom in Ihrem html-Ordner mit einer *default.php*-Datei erzeugt. Anschließend können Sie diese Datei nach Belieben anpassen. In der aktuellen Version Joomla! 3.7.x fehlt hier noch die Übersicht der Plug-ins, die überschrieben werden können, daher gehe ich im nächsten Abschnitt darauf ein.

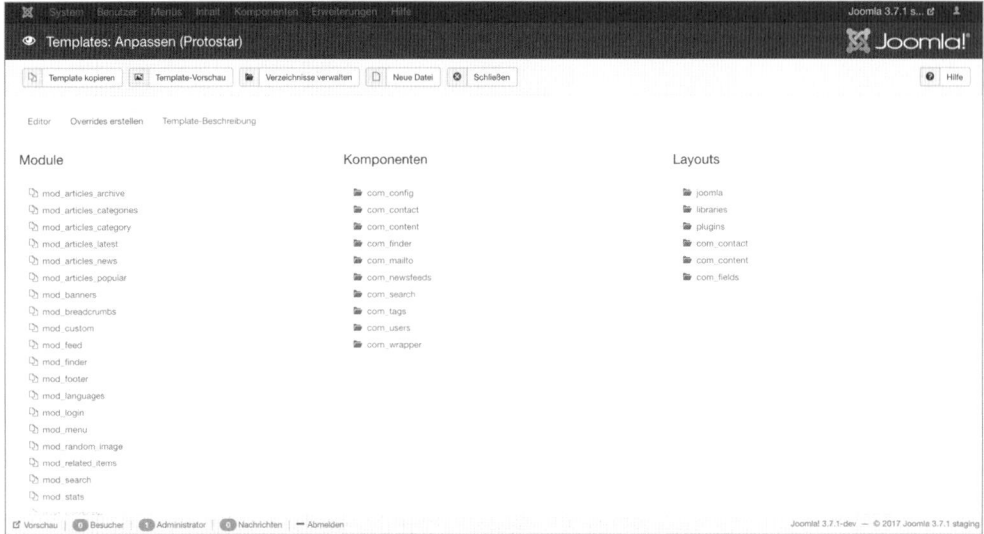

Bild 12.14 Override aus dem Template-Manager heraus erstellen.

12.1.9 Ausgabe von Plug-ins überschreiben

12.1.9.1 Struktur

Auch Plug-ins können nach der bereits vorgestellten Methode überschrieben werden. Das einzige Core-Plug-in, das bisher überschrieben werden konnte, war das Plug-in *Inhalt-Seitennavigation*. Seit den in Joomla! 3.7 neu hinzugekommenen „Eigene Felder", siehe Abschnitt 16.1, nimmt das Überschreiben von Plug-ins in Joomla! eine noch wichtigere Bedeutung ein. Sie erkennen ein überschreibbares Plug-in daran, dass es wie überschreibbare Module über einen *tmpl*-Order verfügt.

12.1.9.2 Overrides anlegen

Um die Datei unter folgendem Pfad zu überschreiben:

```
plugins/content/pagenavigation/tmpl/default.php
```

kopieren Sie die *default.php*-Datei in den html-Ordner Ihres Templates in folgende Struktur:

```
templates/ihrtemplate/html/plg_content_pagenavigation/default.php
```

Sie sehen, hier ist die Struktur etwas anders als bei den Komponenten und Modulen und zwar folgt diese dem Aufbau:

templates/ihrtemplate/html/plg_**PLUGINGRUPPE_PLUGINNAME**/default.php

Im Seitennavigations-Plug-in können Sie zum Beispiel die Font-Awesome-Klassen aus Bootstrap 2 für die Seitennavigation „icon-chevron-left" und „icon-chevron-right" durch die neuen Font-Awesome-Klassen aus Bootstrap 3 „fa fa-chevron-left" und „fa fa-chevron-right" ersetzen.

Eigene Felder

Die Plug-ins, die für die Ausgabe von „Eigene Felder" zuständig sind, finden Sie im Plug-in-Verzeichnis im Verzeichnis fields.

Die Plug-in-Dateien von „Eigene Felder" finden Sie unter:

plugins/fields/**feldname**/tmpl/**dateiname**.php

Um ein Override eines Field-Plug-ins anzulegen, kopieren Sie die PHP-Datei innerhalb des *tmpl*-Ordners in den *html*-Ordner Ihres Templates in folgende Struktur:

templates/**ihrtemplate**/html/**plg_fields_feldname**/**dateiname**.php

Der Aufbau ist für alle Plug-ins gleich.

 HINWEIS: Wägen Sie ab, ob es nicht sinnvoller ist, ein eigenes Plug-in zu erstellen statt ein Override anzulegen. Das hängt grundsätzlich davon ab, was und wie viel Sie ändern möchten.

12.1.10 Ausgabe der Paginierung überschreiben

Die pagination.php ist (teilweise) zu jLayouts umgezogen.

Dieser Override ist für die Anzeige der Anzahl von Seiten und für die Seitennavigation zuständig, wie Sie im folgenden Screenshot sehen können.

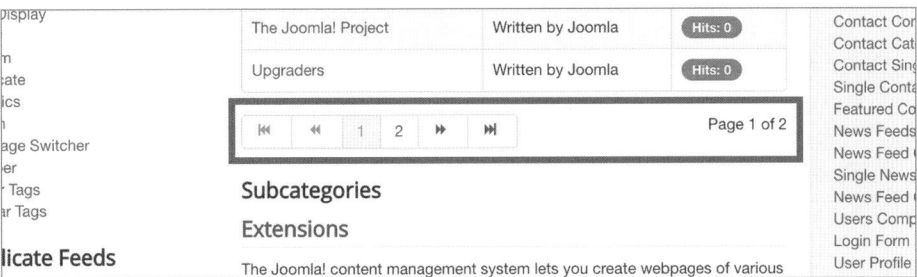

Bild 12.15 Ansicht der Seitennummerierung im Frontend

Früher hat man dafür eine Datei verwendet, die genauso wie Module Chrome, sogenannte Pagination Chromes enthielt. Sie finden die *pagination.php* unter: *templates/protostar/html/pagination.php*. Aus Gründen der Rückwärtskompatibilität funktioniert diese Datei noch in der Joomla!-3.x-Reihe. Stattdessen sollten Sie lieber auf die neue Methode der jLayout Overrides setzen. Die Dateien hierzu finden Sie unter: *layouts/joomla/pagination*. Jedoch ist das jLayout für die Paginierung in den Core-Ausgaben unterschiedlich eingebunden, so dass Sie daran denken müssen, auch die Layouts der Komponenten mit anzupassen. Dazu gehören die Ansichten für com_contact, com_content, com_finder, com_newsfeeds, com_search und com_tags. Wie jLayouts überschrieben werden können, habe ich im Abschnitt 12.1.7 beschrieben.

12.1.11 Media-Dateien überschreiben

12.1.11.1 Der Media-Ordner

Mit Media-Datei-Overrides können Sie Ausgaben von Dateien überschreiben, die von Joomla! und vereinzelten Erweiterungen standardmäßig im Frontend angezeigt werden.

Das funktioniert jedoch nur bei Komponenten, Plug-ins und Modulen, die Skripte nach folgendem Standard in ihren Erweiterungen einbinden:

```
JHtml::_('script', 'com_something/creative.min.js', false, true);
```

Der zweite Parameter in diesem Aufruf (true) lässt die Joomla!-API nach einer Override-Datei in Ihrem Template-Ordner suchen.

Welchen Media-Datei-Override man auch macht – um zu wissen, wo man die jeweilige Datei ablegen muss, kehrt man gedanklich die Ordnerfolge von **Bereich/Art** in **Art/Bereich** um, also zum Beispiel von */system/js/* in */js/system/*.

12.1.11.2 Skripte überschreiben

Für das Überschreiben von Skripten, die Joomla! ausliefert, legen Sie einfach im *js*-Ordner Ihres Template eine gleichnamige Datei ab. Beachten Sie dabei, dass die Datei in einem Unterverzeichnis liegen muss, die den Bereich im media-Ordner identifiziert (z. B. *jui* oder *system*).

Die Dateien, die Sie unter *media/jui/js* finden, können Sie in Ihrem Template folgendermaßen überschreiben:

Listing 12.4 Überschreiben der Dateien aus dem media/jui/js/-Ordner

```
templates/ihrtemplate/js/jui/bootstrap.min.js
templates/ihrtemplate/js/jui/html5.js
templates/ihrtemplate/js/jui/jQuery.min.js
templates/ihrtemplate/js/jui/jQuery-migrate.min.js
templates/ihrtemplate/js/jui/jQuery-noconflict.min.js
```

Die Dateien aus dem Verzeichnis *media/system/js* werden überschrieben, indem Sie Dateien unter folgendem Pfad anlegen.

Listing 12.5 Überschreiben der Dateien aus dem media/system/js-Ordner

```
templates/ihrtemplate/js/system/caption.js
templates/ihrtemplate/js/system/core.js
templates/ihrtemplate/js/system/html5fallback.js
templates/ihrtemplate/js/system/polyfill.event.js
```

Wenn Sie unterdrücken wollen, dass ein einzelnes Skript geladen wird, dann verwenden Sie die *unset*-Methode vor dem Aufruf des *head*.

```
unset($this->_scripts[$this->baseurl.'/media/jui/js/bootstrap.min.js']);
```

Weiterhin ist es möglich, über den seit Joomla! 3.7 eingeführten Befehl

```
JFactory::getDocument()->resetHeadData('scripts');
```

das automatische Laden von Joomla!-Skripten innerhalb Ihres Templates zu deaktivieren.

Diese Methoden sollten Sie mit Bedacht verwenden und nur einsetzen, wenn Sie dringend an den Skripten etwas ändern müssen.

12.1.11.3 Bilder überschreiben

Bilder, die in Joomla! verwendet werden, finden sich ebenso im *media*-Verzeichnis wieder. Dazu gehören zum Beispiel die Trennpfeile bei den Breadcrumbs, die rating-Symbole, das RSS-Symbol und noch viele mehr.

Aktuelle Seite: Home ▸ Beispielunterseite

Bild 12.16 Navigationspfad im Frontend

Den Trennpfeil, der im Bild 12.16 angezeigt wird, finden Sie in folgendem Verzeichnis:

```
media/system/images/arrow.png
```

Genauso wie bei den Skript-Overrides aus Abschnitt 12.1.11.2 können Sie die Bilder überschreiben, indem Sie Ihre eigene Version unter folgendem Pfad ablegen:

```
templates/ihrtemplate/images/system/arrow.png
```

Aktuelle Seite: Home 💜 Beispielunterseite

Bild 12.17 Navigationspfad mit überschriebenem Trennbild im Frontend

Nicht nur das System, sondern auch Module binden Bilder ein. Die Bildflaggen, die über das Modul *mod_languages* ausgegeben werden, befinden sich ebenso im Mediaverzeichnis. Überschreiben Sie diese Bilder aus dem ursprünglichen Verzeichnis

```
media/mod_languages/images/de.gif
```

indem Sie Ihre eigene Version in Ihrem Template unter folgenden Pfad kopieren:

templates/**ihrtemplate**/images/**mod_languages**/de.gif

12.1.11.4 Stile überschreiben

Neben Skripten und Bildern können auch **css**-Dateien angepasst werden. Dazu folgen Sie dem gleichen Muster und legen die Dateien im **css**-Verzeichnis Ihres Templates in einem entsprechenden Unterordner ab.

Wollen Sie also die **css**-Datei anpassen, die das „Eigene Feld" Kalender unter folgendem Pfad zur Verfügung stellt:

media/**system**/css/**fields**/calendar.css

so können Sie diese in Ihr Template unter folgendem Pfad ablegen:

templates/**ihrtemplate**/css/**system/fields**/calendar.css

12.1.11.5 Dateien außerhalb des Media-Ordners

Manche Entwickler von Erweiterungen halten sich nicht an diese Ordnerstruktur und legen Skripte, Stile und Bilder in ihrem eigenen Komponentenordner ab.

Dennoch sind einige dieser Erweiterungen so programmiert, dass man Stile und Skripte über das Template überschreiben kann. Hier hat sich leider kein Standard etabliert. Sie können nur erkennen ob diese Option möglich ist, indem Sie die Programmierlogik des Moduls oder der Komponente inspizieren und danach Ausschau halten, wie die Skripte und Stile eingebunden sind.

Nachfolgend sehen Sie eine solche Codezeile, die darauf hindeutet, dass man ein Override im Template anlegen kann. Der Code legt fest, wo das Override liegen könnte, prüft ob diese Datei existiert, und wenn ja wird ihr angepasstes Stylesheet hinzugefügt.

Listing 12.6 Beispielcode einer Dritterweiterung

```
$css_path = JPATH_THEMES. '/'.$document->template.'/css/'.$module_name;
if(file_exists($css_path.'/'.$style.'.css'))
 {
  $document->addStylesheet(JURI::base(true) .
  '/templates/'.$document->template.'/css/'. $module_name.' /'.$style.'.css');
 }
```

Der Pfad, wie er auch für die Media-Overrides verwendet wird, wird häufig genutzt aber ist nicht die Regel:

/templates/**ihrtemplate**/css/**mod_modulname**/stylename.css

12.1.12 Ausgabe von Sprachdateien überschreiben

Eine große Stärke von Joomla! ist die Mehrsprachigkeit. Ein Team von freiwilligen Übersetzern kümmert sich unter *https://github.com/joomlagerman/joomla* darum, dass das System im Frontend und im Backend ins Deutsche übersetzt wird. Für die individuelle Anpassung der Ausgabe von Sprachstrings gibt es die Sprachen-Overrides.

Einstellungen im Backend

Sie finden die Sprachen-Overrides im Backend unter ERWEITERUNGEN » SPRACHEN » OVERRIDES.

Im unteren linken Bereich finden Sie einen Filter, mit dem Sie den Bereich wählen können, für den Sie ein Sprach-Override anlegen wollen. Dieser Filter wird voraussichtlich in einer zukünftigen Joomla!-Version in den oberen Bereich zur Suche verschoben.

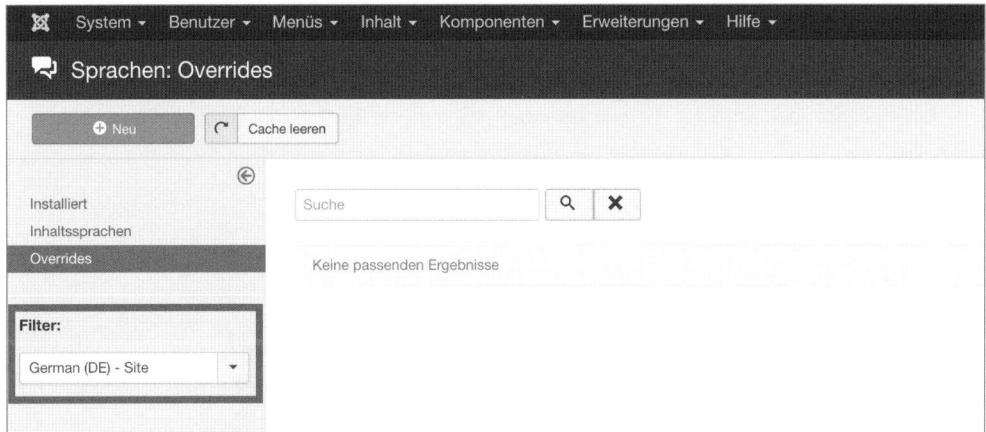

Bild 12.18 Bereich Sprachen-Overrides im Backend

Override anlegen

Als Beispiel möchten wir nun den Text des „Weiterlesen"-Buttons aus dem Bild 12.19 verändern, wie er in verschiedenen Ansichten verwendet wird.

Bild 12.19 Ansicht des Weiterlesen-Buttons im Frontend

Wie Sie im Abschnitt 12.1.7 gelernt haben, wird dieser Button über jLayouts generiert. Der komplette Code, der sich hinter dem Button verbirgt, sieht folgendermaßen aus:

Listing 12.7 Ansicht der Datei *layouts/joomla/content/readmore.php*

```php
<?php
/**
 * @package     Joomla.Site
 * @subpackage  Layout
 *
 * @copyright   Copyright (C) 2005 - 2017 Open Source Matters, Inc. All rights reserved.
 * @license     GNU General Public License version 2 or later; see LICENSE.txt
 */

defined('JPATH_BASE') or die;

$params = $displayData['params'];
$item = $displayData['item'];
?>

<p class="readmore">
    <a class="btn" href="<?php echo $displayData['link']; ?>" itemprop="url">
        <span class="icon-chevron-right"></span>
        <?php if (!$params->get('access-view')) :
            echo JText::_('COM_CONTENT_REGISTER_TO_READ_MORE');
        elseif ($readmore = $item->alternative_readmore) :
            echo $readmore;
            if ($params->get('show_readmore_title', 0) != 0) :
                echo JHtml::_('string.truncate', $item->title, $params->get('readmore_limit'));
            endif;
        elseif ($params->get('show_readmore_title', 0) == 0) :
            echo JText::sprintf('COM_CONTENT_READ_MORE_TITLE');
        else :
```

```
          echo JText::_('COM_CONTENT_READ_MORE');
          echo JHtml::_('string.truncate', $item->title, $params->get('readmore_
limit'));
       endif; ?>
    </a>
</p>
```

Sie sehen anhand der **JText**-Ausgaben, dass an dieser Stelle ein Sprachstring eingebunden wird. Dieser kann in verschiedene Sprachen übersetzt und mittels Sprach-Override individualisiert werden.

Um einen solchen Override anzulegen, wählen Sie im Backend zunächst auf der Seite ERWEITERUNGEN » SPRACHEN » OVERRIDES aus dem Filter-Dropdown GERMAN (DE) – SITE aus, um die Deutsche Sprachdatei im Frontend anzupassen und klicken Sie auf den grünen NEU-Button.

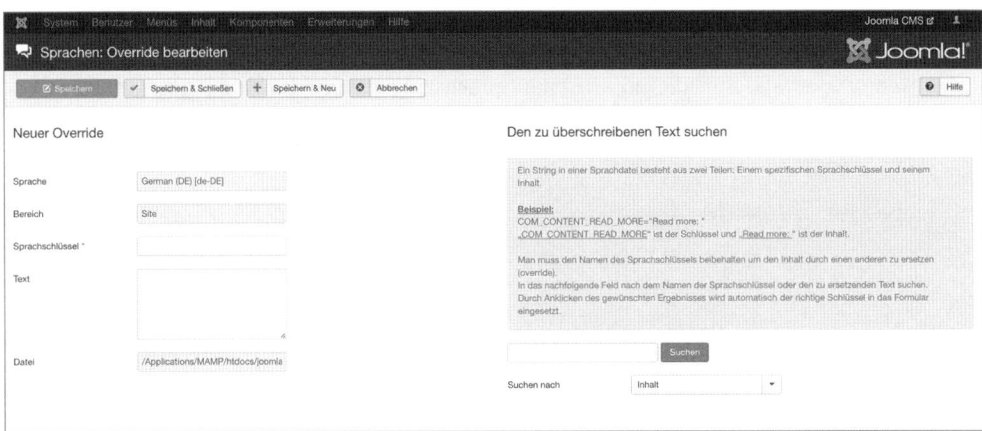

Bild 12.20 Ansicht der Sprachen-Overrides-Bearbeitungsmaske

Zur besseren Veranschaulichung liste ich Ihnen die Sprachstrings nachfolgend auf, die durch das jLayout ausgegeben werden:

COM_CONTENT_REGISTER_TO_READ_MORE

COM_CONTENT_READ_MORE_TITLE

COM_CONTENT_READ_MORE

Was aber, wenn wir zwar den Schlüssel kennen, aber keine Idee haben, ob es der richtige Sprachstring ist?

Oder was ist, wenn wir den Sprachstring wissen, aber keine Ahnung haben, welche Komponente dafür zuständig ist?

Beim Anlegen eines neuen Sprach-Overrides finden Sie auf der rechten Seite ein Hilfswerkzeug mit dem Sie sowohl den Sprachstring zu einem Schlüssel suchen können, als auch den passenden Schlüssel zu einem Sprachstring.

Tragen Sie zum Beispiel rechts den Schlüssel COM_CONTENT_READ_MORE_TITLE ein und wählen Sie aus dem Dropdown „Suchen nach" **Schlüssel**

Bild 12.21 Ansicht der Sprachschlüssel- und Sprachinhalt-Suche in den Sprach-Overrides.

Das System findet den Sprachschlüssel und gibt aus, welche Übersetzung dafür vorliegt. Wenn Sie auf die Box klicken, wird der Sprachschlüssel und Inhalt automatisch im linken Bereich übernommen.

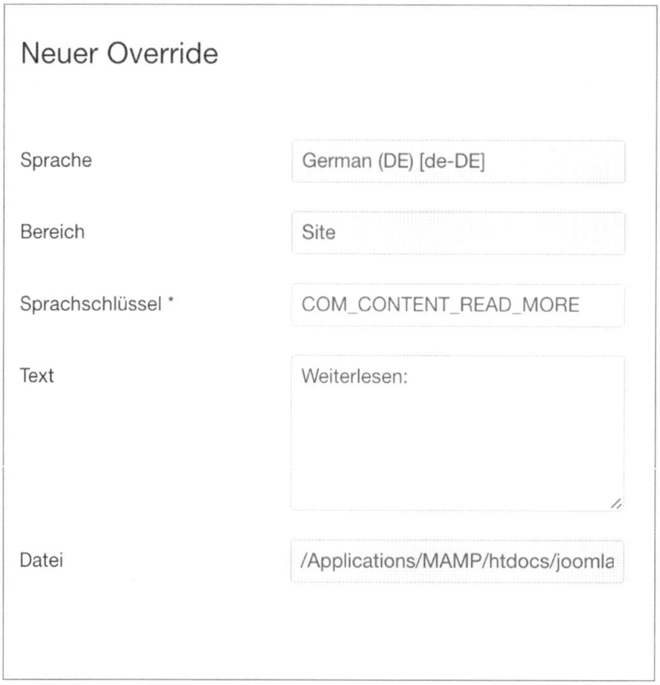

Bild 12.22 Ansicht der Sprachschlüssel- und Sprachinhalt-Bearbeitung in den Sprach-Overrides.

Sie können nun den Text „**Weiterlesen …**" einfach ändern und Ihren eigenen Text eintragen. Nach dem Speichern erscheint Ihr Sprach-Override in der Übersicht. Viele Erweiterungsentwickler benutzen gleiche JText-Strings für das Frontend und das Backend. Legen Sie daher die Overrides am besten für beide Bereiche an.

Bild 12.23 Übersicht der Sprach-Overrides

Wie Sie im Bild 12.24 sehen können, wurde der Sprachstring im Frontend erfolgreich ausgetauscht.

Bild 12.24 Ansicht der geänderten Sprach-Overrides

Der Vorteil von Sprach-Overrides deckt sich mit all den anderen vorgestellten Override-Möglichkeiten. Sie können Systemausgaben verändern, ohne diese beim nächsten Update zu überschreiben.

■ 12.2 Joomla!-Template-Workshop

In diesem Kapitel werden Sie erfahren, wie Sie aus einer HTML-Vorlage ein fertiges Joomla!-Template erstellen. Grundvoraussetzung sind eine existierende Joomla!-Installation in der Mindestversion 3.7.x, die Kenntnisse aus dem Abschnitt 12.1 über Overrides sowie Kenntnisse in HTML und CSS. Es schadet auch nicht, PHP zu erkennen, verstehen und ein bisschen anwenden zu können.

Idealerweise haben Sie sich Ihre Arbeitsumgebung wie im Kapitel 3 beschrieben bereits eingerichtet.

Für unser Übungstemplate werden wir eine *Bootstrap-3*-Vorlage von *http://startbootstrap.com/* nehmen und Schritt für Schritt zu einem funktionierenden Joomla!-Template umbauen.

Die Template-Vorlage vereinfacht den Einstieg, da uns eine gemeinsame Ausgangsbasis mit einem fertigen Layout-Paket vorliegt.

Bootstrap 3 ist ein frei verfügbares CSS-Framework, welches bereits vollständig für responsive Ansichten optimiert ist. Es gibt zahlreiche CSS-Frameworks auf dem Markt und die Umsetzung eines Template für Joomla! setzt nicht voraus, dass Sie ein Framework nutzen. Sie können ihr CSS auch komplett selbst verfassen. Weitere Informationen zu Bootstrap finden Sie unter *http://getbootstrap.com/*

Weitere allgemeine Informationen zu CSS-Frameworks finden Sie unter Abschnitt 12.6, „CSS-Frameworks".

HINWEIS: Die Ausgabe des Joomla!-Core basiert in der Version 3.7 noch auf Bootstrap 2. Das heißt, dass die systemeigenen Layoutausgaben mit einem Bootstrap-2-Layout ausgegeben werden. Das betrifft zum Beispiel unter anderem das Blog-Layout, die Kontaktkomponente, Formulare etc. Dank des sogenannten MVC Patterns (Model-View-Controller Pattern) sind Sie jedoch nicht an die Standardausgabe gebunden und können die Core-Layouts mit sogenannten „Overrides" überschreiben. Die Overrides, die ich bereits im Abschnitts 12.1 umfassend beschrieben habe, werden wir in unserem folgenden Template-Workshop gemeinsam umsetzen.

Bereit? Dann kann es losgehen!

12.2.1 Download der Beispieldateien

Laden Sie das Paket unter *https://startbootstrap.com/template-overviews/creative/* herunter. Sie finden das fertig umgesetzte Projekt auf GitHub unter *https://github.com/coolcat-creations/paula-joomla-template/tree/1.0*.

Sehen wir uns das Template zunächst in der Vorschau unter *https://blackrockdigital.github.io/startbootstrap-creative/* an oder öffnen Sie die *index.html*-Datei aus dem gerade heruntergeladenen Templatepaket in Ihrem Browser.

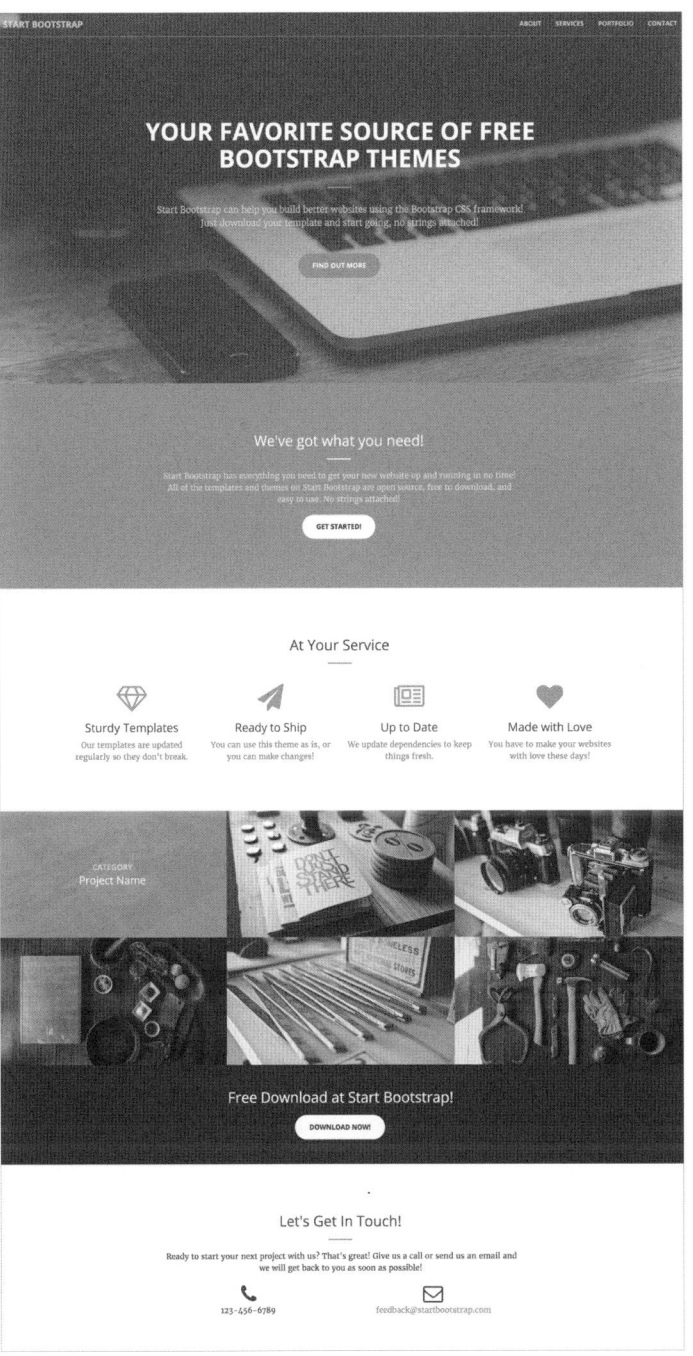

Bild 12.25 Vorschau der Templatevorlage

Das Template ist in folgende Bereiche aufgebaut:

1. Branding/Logo
2. Hauptnavigation
3. Headerbereich mit vollflächigem Hintergrundbild
4. Teaser
5. Service Bereich mit Icons
6. Portfolio
7. Call-to-Action
8. Kontaktinformationen

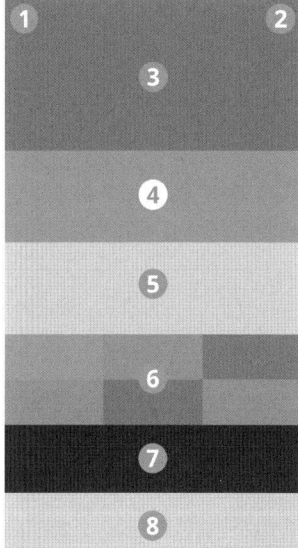

Bild 12.26
Struktur der Template-Vorlage

Der Ordner, den Sie unter *https://startbootstrap.com/template-overviews/creative/* heruntergeladen haben, hat folgenden Inhalt:

Bild 12.27
Ordnerstruktur der Templatevorlage

Wenn Sie Templatevorlagen nutzen, ist es wichtig immer die Lizenzbedingungen zu beachten. Für diese Vorlage finden Sie den Lizenzhinweis in der *Readme.md*-Datei. Passenderweise ist diese [MIT] und wir dürfen die Vorlage laut folgender Erklärung nutzen:

Hiermit wird unentgeltlich jeder Person, die eine Kopie der Software und der zugehörigen Dokumentationen (die „Software") erhält, die Erlaubnis erteilt, sie uneingeschränkt zu nutzen, inklusive und ohne Ausnahme mit dem Recht, sie zu verwenden, zu kopieren, zu verändern, zusammenzufügen, zu veröffentlichen, zu verbreiten, zu unterlizenzieren und/oder zu verkaufen, und Personen, denen diese Software überlassen wird, diese Rechte zu verschaffen, unter den folgenden Bedingungen:

Der obige Urheberrechtsvermerk und dieser Erlaubnisvermerk sind in allen Kopien oder Teilkopien der Software beizulegen.

DIE SOFTWARE WIRD OHNE JEDE AUSDRÜCKLICHE ODER IMPLIZIERTE GARANTIE BEREITGESTELLT, EINSCHLIESSLICH DER GARANTIE ZUR BENUTZUNG FÜR DEN VORGESEHENEN ODER EINEM BESTIMMTEN ZWECK SOWIE JEGLICHER RECHTSVERLETZUNG, JEDOCH NICHT DARAUF BESCHRÄNKT. IN KEINEM FALL SIND DIE AUTOREN ODER COPYRIGHTINHABER FÜR JEGLICHEN SCHADEN ODER SONSTIGE ANSPRÜCHE HAFTBAR ZU MACHEN, OB INFOLGE DER ERFÜLLUNG EINES VERTRAGES, EINES DELIKTES ODER ANDERS IM ZUSAMMENHANG MIT DER SOFTWARE ODER SONSTIGER VERWENDUNG DER SOFTWARE ENTSTANDEN.

(Deutsche Übersetzung der MIT Lizenz, Quelle: https://de.wikipedia.org/wiki/MIT-Lizenz)

https://github.com/BlackrockDigital/startbootstrap-creative/blob/gh-pages/LICENSE

12.2.2 Aufbau eines Joomla!-Templates

Zunächst machen wir uns mit dem Grundaufbau eines Templates vertraut. Haben Sie schon mal in die Dateistruktur von Joomla! geschaut? Falls nicht, wäre jetzt ein guter Zeitpunkt. Sie werden einen Ordner namens *templates* entdecken. Das ist für dieses Kapitel unser Zuhause. Im Template-Ordner befinden sich alle in Joomla! verfügbaren Templates für das *Frontend*. Die Templates für das *Backend* finden Sie unter *administrator/templates*.

Unser Template braucht erstmal einen Namen. In unserem Beispiel nennen wir es **„paula"**.

Legen Sie sich auf Ihrem Computer einen komplett leeren Ordner *„paula"* an. Dieser Ordner wird später alle Unterordner und Dateien enthalten, die unser Template braucht, um mit Joomla! zu funktionieren.

Kopieren Sie nun aus der **html-Vorlage**, die Sie heruntergeladen haben, folgende Ordner samt aller Unterverzeichnisse in den Template-Ordner *„paula"*:

- css
- img
- js
- less
- vendor

Kopieren Sie außerdem die *index.html*-Datei in den Ordner „*paula*" und benennen Sie diese in *index.php* um.

Benennen Sie den Ordner *img* in *images* um, damit man diesen Ordner später auch für Media-Overrides nutzen kann.

Gemäß den Lizenzbestimmungen dieser *html-Vorlage* muss auch die Lizenzdatei *LICENSE* mit im Template-Ordner abgelegt werden.

Das Joomla!-Template ist eine Fusion aus dem, was Sie darstellen möchten (entspricht den Dateien, die wir gerade in den Template-Ordner kopiert haben) und dem, was Joomla! braucht, um ein Template darstellen zu können. In der nachfolgenden Übersicht sehen Sie, welche Dateien Sie schon übernommen haben und welche Dateien für das Template noch fehlen.

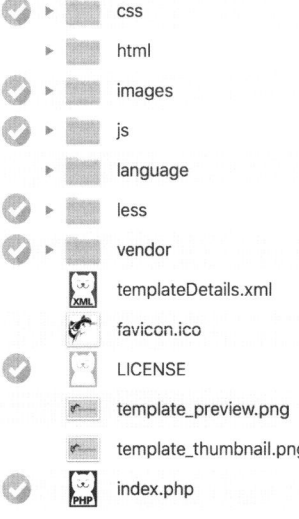

Bild 12.28 Ordnerstruktur des Joomla!-Templates

Wie Sie im Bild 12.28 sehen, sind noch nicht alle Dateien mit einem Häkchen versehen. Denn es sind noch weitere Dateien für das Template wichtig.

Gehen wir nun die fehlenden Bestandteile durch und legen alle notwendigen Dateien an:

templateDetails.xml

Diese Datei ist dafür verantwortlich, dass das Template über den Joomla!-Erweiterungs-Manager installiert werden kann. Außerdem wird die Datei dazu benötigt, um Informationen zum Template, zu den verfügbaren Modulpositionen, zu den Sprachdateien und eventuellen Konfigurationsparametern zu hinterlegen.

- Erstellen Sie zunächst eine leere Datei mit dem Namen *templateDetails.xml* in Ihrem Template-Ordner „*paula*".

index.php

Die Index-Datei ist die Hauptdatei des Templates, in der das HTML-Grundgerüst eingebunden ist. Joomla! verfügt über Platzhalter-Tags die dann in diesem Grundgerüst verwendet werden, um dynamische Inhalte abzurufen. Des Weiteren können wir unser Template per PHP noch flexibler machen.

- Sie haben bereits die *index.html*-Datei aus dem Beispielprojekt in Ihren Ordner *„paula"* kopiert. Falls noch nicht geschehen, benennen Sie diese in *index.php* um.

Sprachdateien

Unabhängig davon, ob Sie ein Template einsprachig oder mehrsprachig aufbauen wollen, sollte man Sprachdateien für das Template anlegen. Die Datei mit der Endung *.ini* ist für die Übersetzungen im Frontend, für die Benennung im Template-Manager und für die Übersetzung von Parametern verantwortlich. Die Datei mit der Endung *.sys.ini* ist unter anderem für die Übersetzungen während und nach dem Installationsvorgang und für die Benennung der Modulpositionen zuständig.

- Erstellen Sie, wie Sie im Bild 12.29 sehen, einen Ordner *„language"* in Ihrem Template Ordner *„paula"*. Für die englischen Sprachdateien, legen Sie in diesem *„language"*-Ordner einen Ordner *„en-GB"* an und erstellen darin zwei leere Dateien: *en-GB.tpl_paula.ini* und *en-GB.tpl_paula.sys.ini*.
- Für die deutschen Sprachdateien, legen Sie im *„language"*-Ordner einen Ordner *„de-DE"* an und erstellen darin zwei leere Dateien: *de-DE.tpl_paula.ini* und *de-DE.tpl_paula.sys.ini*.

> **HINWEIS:** Die Kürzel en-GB und de-DE stehen für die gewählte Sprache. Dabei steht das *„de"* zum Beispiel für *„deutsch"* und das große *„DE"* für *„Deutschland"*. Deutsch wird ja zum Beispiel auch in Österreich gesprochen. Mit dem Kürzel de-AT würden wir dann die Sprachdatei für Österreich festlegen.
>
> Um die Übersetzungen im Frontend und Backend sichtbar zu machen, müssen die Sprachen wie im Abschnitt 14.1.2 beschrieben, aktiviert werden. Wenn Sie sich nicht sicher sind, welchen Sprachtag Sie nutzen müssen, dann können Sie dort nachsehen, welcher Tag für die entsprechende Sprache genutzt werden muss.

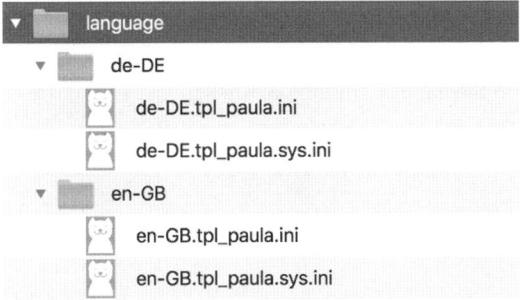

Bild 12.29 Ordnerstruktur der Sprachdateien

Stylesheet-Dateien

Zum Template gehört auch ein Stylesheet-Ordner (z. B. css, less) mit darin enthaltenen Stylesheet-Dateien (z. B. .css, .less oder .scss/.sass).

Das Aussehen wird in einer Stylesheet-Datei definiert, oft heißt die Datei template.css, jedoch ist die Benennung irrelevant. .less, .sass und .scss sind dynamische Style-Sheet-Sprachen, die client- und/oder serverseitig in .css-Dateien kompiliert werden können.

- Den css- und den less-Ordner haben Sie bereits aus der Vorlage in Ihren Ordner „*paula*" kopiert.

Template-Thumbnail und -Preview

Das *Template-Thumbnail* erscheint nach der Installation des Template im Joomla!-Template-Manager links vom Template-Eintrag. Das Bild kann entweder Ihr Logo oder eine Miniaturansicht des Template enthalten. Sie können auch erst ein Platzhalterbild anlegen und dieses Bild später austauschen.

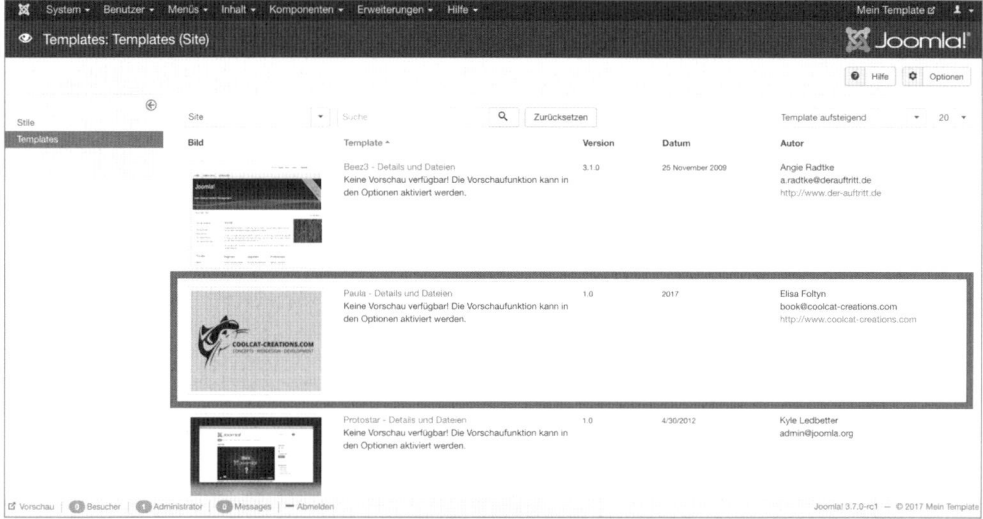

Bild 12.30 Ansicht des Template im Template-Manager

- Legen Sie dazu ein Bild im Format *206 px · 150 px* im .png-Format an, benennen Sie es *template_thumbnail.png* und legen Sie es in unserem Template-Ordner ab. Sie können auch zunächst ein weißes Bild anlegen und später austauschen, wenn Sie möchten.

Das *Template-Preview*-Bild erscheint, wenn Sie auf das Thumbnail klicken.

- Legen Sie dazu ein Bild im Format *640 px · 388 px* im *.png*-Format an, benennen Sie es *template_preview.png* und legen Sie es im *Template-Ordner* ab.

Skripte

Oftmals verfügt ein Template auch über einen Skript-Ordner (z. B. js) mit darin enthaltenen Skriptdateien (z. B. *.js).

- Den *js*-Ordner haben Sie bereits aus der Vorlage in Ihren Ordner „*paula*" kopiert.

Bilder

Einen Bilder-Ordner (z. B. img) mit darin enthaltenen Bilddateien für das Template (z. B. *.jpg, *.png, *.gif).

- Den *img*-Ordner haben Sie bereits aus der Vorlage in Ihren Ordner „*paula*" kopiert. Falls noch nicht geschehen, benennen Sie ihn bitte in *images* um, damit man ihn auch für Media-Overrides nutzen kann.

html-Ordner für Overrides

Für Overrides von Komponenten, Modulen, Plug-ins und Layouts erstellt man in einem Joomla!-Template einen html-Ordner.

Das Thema Overrides wurde bereits umfassend im Abschnitt 12.1 beschrieben. Dieses Kapitel bildet eine Grundlage für unseren Templateabschnitt.

- Legen Sie einen leeren Ordner „*html*" in Ihrem Template-Ordner „*paula*" an.

Weitere Template-Ordner und Dateien

Hat ihr Template noch weitere Ordner/Dateien, die für die richtige Darstellung verantwortlich sind? Dann legen Sie auch diese im Paket bei. Aus unserem Quellprojekt haben wir einen vendor-Ordner kopiert. Es könnte aber auch ein Schriftenordner oder ein anderer wichtiger Bestandteil für Ihr Template sein.

- Den *vendor*-Ordner haben Sie bereits aus der Vorlage in Ihren Ordner „*paula*" kopiert.

PRAXISTIPP: Normalerweise könnten Sie den *vendor*-Ordner auflösen und dessen Inhalt auf die Ordner css, js, images und einen neuen Ordner fonts verteilen. Ich möchte Ihnen das Kapitel zum einen so einfach wie möglich machen und zum anderen würden solche Änderungen den Rahmen sprengen, denn alle Pfadangaben sind in dieser Vorlage auf diese Struktur ausgelegt. Wenn Sie möchten, können Sie das im Nachgang selbst vornehmen.

favicon.ico

Das Favicon ist eine 16 × 16 px Bilddatei, die für die Darstellung des Symbols in Ihrer Browserzeile und in den Lesezeichen verantwortlich ist. Mittlerweile gibt es neben dem ursprünglichen Favicon eine Fülle an weiteren Icondateien für iOS, Android und Windows-Tiles. Dafür benutze ich gerne den realfavicon Generator unter *realfavicongenerator.net*, der nicht nur die verschiedenen Icons generiert, sondern auch den Quelltext vorbereitet.

- Erstellen Sie eine *favicon.ico*-Datei mit einem Grafikprogramm oder einem Online-Generator und legen Sie diese in den Template-Ordner ab.

12.2.3 Bearbeitung der templateDetails.xml

Der Aufbau der XML-Datei ist recht einfach und immer in die gleichen Bereiche aufgeteilt. Hier lohnt es sich, einmalig eine funktionsfähige Vorlage zu erstellen und als Grundlage für Ihre nächsten Templates wieder zu verwenden. Oder nutzen Sie einfach die aus diesem Buch.

Öffnen Sie die von Ihnen angelegte *templateDetails.xml*-Datei und editieren Sie diese, wie im Listing 12.8 dargestellt.

HINWEIS: Bei der *templateDetails.xml*-Datei handelt es sich um eine XML-Datei. Sie benötigen keine Kenntnisse im Umgang mit XML-Dateien, sofern Sie die Informationen aus diesem Kapitel beherzigen. Weitere Informationen zu XML finden Sie unter: *https://www.w3schools.com/xml/*

Listing 12.8 Erster Teil der templateDetails.xml-Datei

```xml
<?xml version="1.0" encoding="utf-8"?>
<extension version="3.7" type="template" client="site">
 <name>paula</name>
 <creationDate>2017</creationDate>
 <author>Elisa Foltyn</author>
 <authorEmail>book@coolcat-creations.com</authorEmail>
 <authorUrl>http://www.coolcat-creations.com</authorUrl>
 <copyright>Copyright 2013-2016 Blackrock Digital LLC</copyright>
 <license>Code released under the [MIT]
 (https://github.com/BlackrockDigital/startbootstrap-creative/blob/gh-pages/LICENSE)
 license.
 </license>
 <version>1.0</version>
 <description>TPL_PAULA_DESC</description>
```

Die XML Datei beginnt mit dem <extension>-Tag und sagt dem System, dass die darin enthaltenen Daten für eine Erweiterung verwendet werden sollen. In dieser Anweisung legen wir fest, für welche Joomla!-Version das Template mindestens geeignet ist. Durch die Attribute `type="template"` und `client="site"` wird festgelegt, dass es sich bei dieser Erweiterung um ein *Template* handelt, das im *Frontend* (site) angezeigt werden soll. Am **Dateiende** befindet sich dann das schließende </extension>-Tag.

Grundinformationen

Nach dem öffnenden <extension>-Tag folgen nun grundsätzliche Informationen zum Template. Dazu zählt der Name, die Template-Version, das Erstellungsdatum, Kontaktinformationen zum Entwickler, Angaben zum Copyright und eine Kurzbeschreibung. Diese Informationen werden im Template-Manager im Backend angezeigt.

```xml
<name>paula</name>
```

Unser Template haben wir *paula* getauft und so legen wir das auch in der xml-Datei fest. Da Joomla! diese Angabe nutzt, um das Templateverzeichnis zu erstellen, sollten Sie hier mit webkompatiblen Namen arbeiten (Kleinbuchstaben, keine Sonderzeichen).

```
<version>1.0</version>
```

Da es sich um die erste Version des Templates handelt, vergeben wir hier die Nummer 1.0.

```
<creationDate>2017</creationDate>
```

Unter creationDate können wir das Datum angeben, an welchem wir das Template erstellt haben. Hier ist kein offizielles Format einzuhalten.

```
<author>Elisa Sophia Foltyn</author>
```

Unter Autor tragen wir unseren Namen ein. Dieser erscheint dann in der Template-Übersicht neben dem Template-Namen.

```
<authorEmail>book@coolcat-creations.com</authorEmail>
<authorUrl>http://book.coolcat-creations.com</authorUrl>
```

Falls jemand Rückfragen zum Template hat, geben wir hier unsere Mailadresse und die Adresse unserer Homepage ein.

```
<copyright>Copyright 2013-2016 Blackrock Digital LLC</copyright>
```

Unter Copyright geben wir an, wer die Urheberrechte am Template besitzt. In diesem Fall nutzen wir eine HTML-Vorlage von Blackrock Digital LLC und geben das auch so im Template an.

```
<description>TPL_PAULA_DESC</description>
```

In der Beschreibung können wir kurz erklären, für welchen Zweck das Template entwickelt wurde oder auch grundsätzliche Informationen zum Aufbau oder zur Nutzung hinterlegen.

Ich habe hier gleich einen übersetzbaren Sprachstring hinterlegt. *TPL* steht hierbei für Template, *PAULA* ist der Name unseres Template und dahinter kommt dann eine beliebige Bezeichnung für diesen Bereich. In der dafür zuständigen Sprachdatei *en-GB.tpl_paula.sys.ini* und *de-DE.tpl_paula.sys.ini* als auch *en-GB.tpl_paula.ini* und *de-DE.tpl_paula.ini* können Sie pro Zeile je eine Sprachkonstante eintragen und übersetzen.

Beispiel für die englischen Sprach-Dateien:

```
TPL_PAULA_DESC="My first Joomla! template"
```

Beispiel für die deutschen Sprach-Dateien:

```
TPL_PAULA_DESC="Mein erstes Joomla! Template"
```

Datei- und Ordnerstruktur

Listing 12.9 Datei- und Ordnerstrukturauflistung in der templateDetails.xml-Datei

```xml
<files>
 <filename>index.php</filename>
 <filename>templateDetails.xml</filename>
 <filename>template_preview.png</filename>
 <filename>template_thumbnail.png</filename>
 <filename>favicon.ico</filename>
 <filename>LICENSE</filename>
 <folder>css</folder>
 <folder>html</folder>
 <folder>images</folder>
 <folder>js</folder>
 <folder>language</folder>
 <folder>less</folder>
 <folder>vendor</folder>
</files>
```

Die *templateDetails.xml*-Datei ist dafür zuständig, dass das Template installiert werden kann. Woher weiß Joomla!, welche Dateien es bei der Installation kopieren soll? Ganz einfach, wir listen alle für unser Template relevanten Dateien und Ordner unter `<files>` auf.

Innerhalb des `<files>`-Tags ist es möglich, mittels `<folder>` ganze Ordner bzw. mittels `<filename>` nur einzelne Dateien anzugeben, die dem Template angehören und daher zu kopieren sind. Dazu geben Sie den Pfad des Ordners und der Dateien aus der ersten Ebene des Templates an. Achten Sie darauf, dass diese Angaben auch tatsächlich den Dateien und Ordnern entsprechen, die Sie zur Verfügung stellen, da die Installation des Templates andernfalls scheitern wird.

Modulpositionen

In der *index.php*-Datei wird definiert, auf welchen Positionen Module angezeigt werden können. Damit diese in einer Auswahlliste im Backend angezeigt werden, müssen Sie unter `<positions>` alle existierenden Modulpositionen definieren.

Listing 12.10 Auflistung der Modulpositionen in der templateDetails.xml-Datei

```xml
<positions>
 <position>mainnav</position>
 <position>header</position>
 <position>teaser</position>
 <position>top</position>
 <position>breadcrumbs</position>
 <position>right</position>
 <position>portfolio</position>
 <position>action</position>
 <position>contact</position>
</positions>
```

Erinnern Sie sich noch an die einzelnen Darstellungsabschnitte unseres Template? Hier definieren wir, wie die Position heißt, an der wir unser Branding/Logo, Hauptnavigation, Headerbereich, Teaser, Servicebereich mit Icons, Portfolio, Call-to-action und Kontaktinformationen ausgeben. Zusätzlich zu den Positionen, die sich aus dem Beispieltemplate ergeben, legen wir hier noch eine Seitenleiste „right" und eine Position für den Navigationspfad „breadcrumbs" fest.

Modulposition-Übersetzungen in die Sprachdateien einbinden

Modulpositionen lassen sich auch über die Template-Sprachdateien übersetzen. Dazu tragen Sie in der *de-DE.tpl_paula.sys.ini*-Datei die Übersetzung wie folgt für alle Sprachen ein:

Listing 12.11 Übersetzung Modulpositionen in der *de-DE.tpl_paula.sys.ini*-Datei

```
TPL_PAULA_POSITION_MAINNAV="Hauptnavigation"
TPL_PAULA_POSITION_HEADER="Headerbereich"
TPL_PAULA_POSITION_TEASER="Teaserbereich"
TPL_PAULA_POSITION_TOP="Oben"
TPL_PAULA_POSITION_BREADCRUMBS="Navigationspfad"
TPL_PAULA_POSITION_RIGHT="Rechts"
TPL_PAULA_POSITION_PORTFOLIO="Referenzen"
TPL_PAULA_POSITION_ACTION="Call to Action"
TPL_PAULA_POSITION_CONTACT="Kontakt"
```

Template-Parameter und -Optionen

Schön wäre es, wenn das Template an verschiedenen Bereichen konfigurierbar wäre. So wäre es denkbar, dass das Logo austauschbar oder Farben angepasst werden können. Hierzu kann man in Joomla! verschiedene Konfigurationsvariablen definieren.

Listing 12.12 Auflistung der Template-Parameter in der templateDetails.xml-Datei

```xml
<config>
 <fields name="params">
  <fieldset name="advanced">

   <field name="templatecolor" type="list" default="orange"
   label="TPL_PAULA_FIELD_THEME" description="TPL_PAULA_FIELD_THEME_DESC"
   filter="word">
    <option value="orange">TPL_PAULA_FIELD_THEME_ORANGE</option>
    <option value="blue">TPL_PAULA_FIELD_THEME_BLUE</option>
   </field>

   <field name="logotype" type="list" default="0" label="TPL_PAULA_FIELD_LOGOTYPE"
   description="TPL_PAULA_FIELD_LOGOTYPE_DESC" filter="word">
    <option value="text">TPL_PAULA_FIELD_LOGOTYPE_TEXT</option>
    <option value="image">TPL_PAULA_FIELD_LOGOTYPE_IMG</option>
   </field>

   <field name="logotext" type="text" default="MEIN LOGOTEXT"
   label="TPL_PAULA_FIELD_LOGOTEXT" description="TPL_PAULA_FIELD_LOGOTEXT_DESC"
   showon="logotype:text" />

   <field name="logoimg" type="media" default="templates/paula/images/logo.jpg"
   label="TPL_PAULA_FIELD_LOGOIMG" description="TPL_PAULA_FIELD_LOGOIMG_DESC"
   showon="logotype:image" />

   <field name="logoimgalt" type="text" default=""
   label="TPL_PAULA_FIELD_LOGOIMG_ALT"
```

```
        description="TPL_PAULA_FIELD_LOGOIMG_ALT_DESC"
        showon="logotype:image" />

    </fieldset>
  </fields>
</config>
```

Im Abschnitt 9.6 haben Sie bereits gesehen, welche Parameter Sie im BeezTemplate ändern können. Durch Template-Parameter können Sie Ihre Webseitenvorlage über Stile individualisierbar machen. Zur Übung fügen wir für unserem Template ein paar Felder hinzu. Diese Felder, die dann in den Template-Parametern gespeichert werden, dienen im Backend dazu, auf nutzerfreundliche Art und Weise Einstellungen vornehmen zu können, die sich dann im Frontend auf die Anzeige auswirken. Für unser Beispiel geben wir dem Templatenutzer die Möglichkeit zwischen zwei Templatefarben zu wählen und einen Logotext oder ein Logobild auszuwählen.

Die Konfiguration wird mit dem Tag <config> eingeleitet. Anschließend definieren wir die Felder mit dem Tag <fields>. Das Attribut name="params" weist Joomla! an, die nun folgenden Felder als Template-Parameter zu behandeln.

Über die Angabe von <fieldset> könnten wir die Template-Parameter noch gruppieren und in verschiedene Bereiche (Layout, Typografie, Farben) aufteilen.

Anschließend definieren wir über <field> verschiedene Eingabefelder. Welche Feldtypen möglich sind, ist im Abschnitt 17.3.10.1, „Verfügbare Feldtypen", aufgelistet.

Mit dem seit Joomla! 3.6 eingeführten *showon*-Parameter kann man sogar Feldeinblendungen voneinander abhängig machen. Beispiel: Wenn die Logoart „Bild" ausgewählt ist, soll der Bildupload eingeblendet werden. Sehen Sie sich dazu das abgebildete Code-Beispiel im Listing 12.12 an. Die Kenntnisse zu Joomla!-Feldern bzw. JForm können Sie im Abschnitt 17.3.10 festigen.

Parameter Übersetzungen in die Sprachdateien einbinden

Machen Sie die Parameter-Benennungen lesbar, indem Sie die Konstanten in den Dateien *de-DE.tpl_paula.ini* und *en-EN.tpl_paula.ini* eintragen.

Listing 12.13 Übersetzung der Template-Parameter in der *de-DE.tpl_paula.ini*-Datei

```
TPL_PAULA_FIELD_THEME="Templatefarbe"
TPL_PAULA_FIELD_THEME_DESC="Wählen Sie hier die Templatefarbe aus"
TPL_PAULA_FIELD_THEME_ORANGE="Orange"
TPL_PAULA_FIELD_THEME_BLUE="Blau"
TPL_PAULA_FIELD_LOGOTYPE="Logoart"
TPL_PAULA_FIELD_LOGOTYPE_DESC="Wählen Sie hier aus ob Sie das Logo als Text oder Bild darstellen wollen"
TPL_PAULA_FIELD_LOGOTYPE_TEXT="Textlogo"
TPL_PAULA_FIELD_LOGOTYPE_IMG="Bildlogo"
TPL_PAULA_FIELD_LOGOTEXT="Logotext"
TPL_PAULA_FIELD_LOGOTEXT_DESC="Tragen Sie hier den Text ein, der als Logo erscheinen soll"
TPL_PAULA_FIELD_LOGOIMG="Bild hochladen"
TPL_PAULA_FIELD_LOGOIMG_DESC="Laden Sie hier ein Bild im Format 200 x 20px hoch"
TPL_PAULA_FIELD_LOGOIMG_ALT="Logo Alt Text"
TPL_PAULA_FIELD_IMGUPLOAD_ALT_DESC="Tragen Sie hier den Alt-tag für das Logobild ein"
```

Sprachdateien

Listing 12.14 Auflistung der Sprachdateien in der *templateDetails.xml*-Datei

```xml
<languages folder="language">
 <language tag="en-GB">en-GB/en-GB.tpl_paula.ini</language>
 <language tag="en-GB">en-GB/en-GB.tpl_paula.sys.ini</language>
 <language tag="de-DE">de-DE/de-DE.tpl_paula.ini</language>
 <language tag="de-DE">de-DE/de-DE.tpl_paula.sys.ini</language>
</languages>
```

Unter dem `<language>`-Tag werden die Sprachdateien gelistet, die Sie bereits zwischendurch bearbeitet haben. Diese Angabe kopiert die Template-Sprachdateien in den globalen Joomla!-Sprachordner (*languages*). Wenn Sie die Sprachdateien ausschließlich im Template haben wollen, reicht es, den Sprachordner in der Ordnerstruktur (`<files>`) unter `<folder>` anzugeben.

Mit dem Attribut `folder="language"` im umschließenden `<language>`-Tag geben wir an, dass die nachfolgend gelisteten Dateien sich in Ordner language befinden.

```xml
</extension>
```

Mit dem schließenden `</extension>`-Tag wird die xml-Datei wie zu Beginn erwähnt abgeschlossen.

Listing 12.15 Vollständige *templateDetails.xml* für unser Template.

```xml
<?xml version="1.0" encoding="utf-8"?>
<extension version="3.7" type="template" client="site">
 <name>paula</name>
 <creationDate>2017</creationDate>
 <author>Elisa Foltyn</author>
 <authorEmail>book@coolcat-creations.com</authorEmail>
 <authorUrl>http://www.coolcat-creations.com</authorUrl>
 <copyright>Copyright 2013-2016 Blackrock Digital LLC</copyright>
 <license>Code released under the [MIT]
 (https://github.com/BlackrockDigital/startbootstrap-creative/blob/gh-pages/LICENSE)
 license.
 </license>
 <version>1.0</version>
 <description>TPL_PAULA_DESC</description>
 <files>
  <filename>index.php</filename>
  <filename>templateDetails.xml</filename>
  <filename>template_preview.png</filename>
  <filename>template_thumbnail.png</filename>
  <filename>favicon.ico</filename>
  <filename>LICENSE</filename>
  <folder>css</folder>
  <folder>html</folder>
  <folder>images</folder>
  <folder>js</folder>
  <folder>language</folder>
  <folder>less</folder>
  <folder>vendor</folder>
 </files>
```

```xml
<positions>
 <position>mainnav</position>
 <position>header</position>
 <position>teaser</position>
 <position>top</position>
 <position>breadcrumbs</position>
 <position>right</position>
 <position>portfolio</position>
 <position>action</position>
 <position>contact</position>
</positions>

<config>
 <fields name="params">
  <fieldset name="advanced">

   <field name="templatecolor" type="list" default="orange"
   label="TPL_PAULA_FIELD_THEME" description="TPL_PAULA_FIELD_THEME_DESC"
   filter="word">
    <option value="orange">TPL_PAULA_FIELD_THEME_ORANGE</option>
    <option value="blue">TPL_PAULA_FIELD_THEME_BLUE</option>
   </field>

   <field name="logotype" type="list" default="0" label="TPL_PAULA_FIELD_LOGOTYPE"
   description="TPL_PAULA_FIELD_LOGOTYPE_DESC" filter="word">
    <option value="text">TPL_PAULA_FIELD_LOGOTYPE_TEXT</option>
    <option value="image">TPL_PAULA_FIELD_LOGOTYPE_IMG</option>
   </field>

   <field name="logotext" type="text" default="MEIN LOGOTEXT"
   label="TPL_PAULA_FIELD_LOGOTEXT" description="TPL_PAULA_FIELD_LOGOTEXT_DESC"
   showon="logotype:text" />

   <field name="logoimg" type="media" default="templates/paula/images/logo.jpg"
   label="TPL_PAULA_FIELD_LOGOIMG" description="TPL_PAULA_FIELD_LOGOIMG_DESC"
   showon="logotype:image" />

   <field name="logoimgalt" type="text" default=""
   label="TPL_PAULA_FIELD_LOGOIMG_ALT"
   description="TPL_PAULA_FIELD_LOGOIMG_ALT_DESC"
   showon="logotype:image" />

  </fieldset>
 </fields>
</config>

 <languages folder="language">
  <language tag="en-GB">en-GB/en-GB.tpl_paula.ini</language>
  <language tag="en-GB">en-GB/en-GB.tpl_paula.sys.ini</language>
  <language tag="de-DE">de-DE/de-DE.tpl_paula.ini</language>
  <language tag="de-DE">de-DE/de-DE.tpl_paula.sys.ini</language>
 </languages>

</extension>
```

Template installieren

Wir haben jetzt den Pflichtteil absolviert, um das Template bereits in unserer Joomla!-Umgebung installieren zu können. Nach der Installation werden wir live am Template arbeiten und nach jedem Arbeitsschritt Zwischenergebnisse sehen.

Für die Installation stehen Ihnen zwei Möglichkeiten zur Verfügung:

1. Komprimieren Sie den Templateordner „*paula*" zu einem *.zip*-Archiv. Fall Sie unter Mac OS bzw. OS X arbeiten, denken Sie dran, ein Programm zu verwenden, das die unsichtbaren Systemdateien (.DS_STORE) nicht mit in das .zip ablegt (z. B. CleanArchiver). Installieren Sie das Template anschließend wie eine übliche Erweiterung über den Joomla!-Erweiterungsmanager unter ERWEITERUNGEN » VERWALTEN.

Bild 12.31 Ansicht des Erweiterungsmanagers

2. Als alternative Möglichkeit kopieren Sie den Ordner *paula* über FTP oder lokal in den *template*-Ordner im Joomla!-Rootverzeichnis. Überprüfen Sie nochmal final, ob alle Dateien, die Sie in der *templateDetails.xml*-Datei versprechen, auch in Ihrem Paket vorhanden sind, da Sie sonst einen Fehler bei der Installation haben werden. Jetzt lassen wir Joomla! nach unserem Template suchen. Dazu klicken Sie auf ERWEITERUNGEN » VERWALTEN » ÜBERPRÜFEN. Sie finden hier unser Template *paula* vor. Klicken Sie in die CHECKBOX vor dem Template-Namen und anschließend oben links auf den INSTALLIEREN-Button.

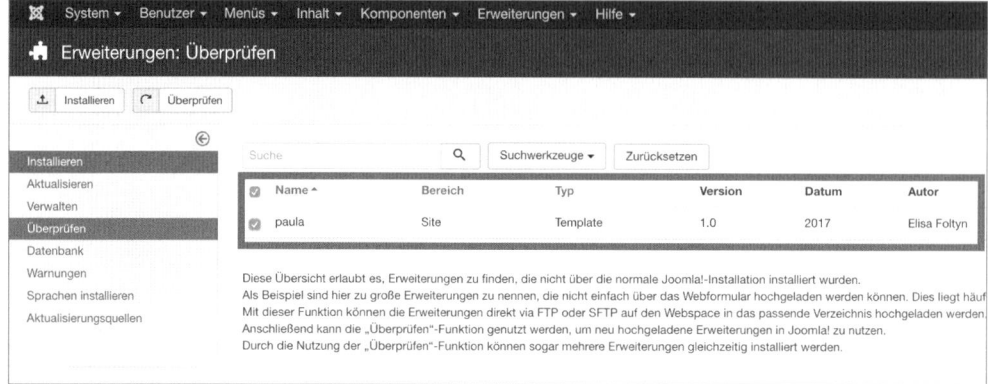

Bild 12.32 Ansicht des Bereiches „Erweiterungen überprüfen"

Sollte die Installation fehlschlagen, haben Sie eventuell einen Schreibfehler in der `templateDetails.xml` oder eine Datei vergessen. Überprüfen Sie sorgfältig die bisher angelegten Daten.

Wenn Sie nun auf ERWEITERUNGEN » TEMPLATES klicken, dann erscheint unser *paula*-Template jetzt auch in der Übersicht der Templatestile. Vergeben Sie dem Template ein Sternchen um es als Standard zu setzen.

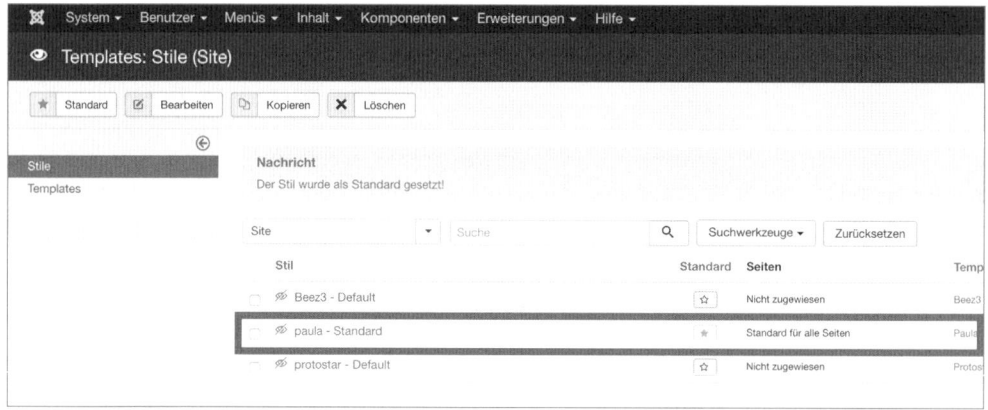

Bild 12.33 Ansicht des Templatestils

Wie sieht nun das, was wir bisher erstellt haben, im Frontend, also aus Besuchersicht, aus? Klicken Sie im Backend auf den Vorschaulink oben rechts, um ein neues Fenster mit der Frontend-Ansicht zu öffnen.

Sie sehen, die Vorlagendatei wird zwar irgendwie geladen, wird jedoch völlig falsch dargestellt, sämtliche Verknüpfungen zu den Stylesheet- und den Skriptdateien sind durch die Integration in Joomla! ungültig geworden. Die Skripte befinden sich ja im Template-Ordner, das CMS sucht aber ab dem Stammverzeichnis nach den Dateien. Das werden wir aber gleich korrigieren.

Der ursprüngliche statische HTML-Code wird nun Schritt für Schritt in unser dynamisches Template umgewandelt.

12.2.4 Basisangaben in der index.php

Entgegen anderer Content-Management-Systeme können Sie in Joomla! sehr einfach mit reinem HTML und einer Handvoll PHP-Befehle ein komplettes Template bauen. Es sind keinerlei eigene Skriptsprachen notwendig.

In diesem Abschnitt erkläre ich Ihnen grundsätzliche *PHP*- und Joomla!-Anweisungen, sogenannte *Jdoc-Anweisungen*, die unsere *index.php* zu einem dynamischen Template für Joomla! machen.

12.2.4.1 Joomla!-spezifische PHP-Anweisungen

Wo auch immer nun ihr Template liegt – gehen Sie über FTP, über den Joomla!-Template-Manager oder lokal in Ihren Template-Ordner und öffnen Sie die *index.php*-Datei zur Bearbeitung. Beginnen wir mit ein paar wichtigen PHP-Codes und arbeiten uns dann zu den Jdoc-Anweisungen vor.

Einleitung der Datei

Mit `<?php defined('_JEXEC') or die; ?>` werden Dateien in Joomla! eingeleitet. Diese Zeile ist eine Konstante und prüft ob diese Datei über Joomla! ausgeführt wird. Falls nicht, wird der Zugriff auf diese Datei gesperrt. Setzen Sie diesen Befehl in die erste Zeile des Templates, um den direkten Zugriff auf die Datei zu unterbinden.

Pfadangaben

Mit der Anweisung `<?php echo $this->baseurl; ?>` geben wir den Basispfad aus und stellen sicher, dass unsere Dateien gefunden werden. Die Variable `$this->baseurl` entspricht dabei dem relativen Pfad zur jeweiligen Joomla!-Installation, so dass wir durch die Verwendung dieses Codes stets eine korrekte Pfadangabe erhalten.

Mit `<?php echo $this->template; ?>` wird der Templatename ausgegeben. Kombiniert mit der **baseurl**-Ausgabe können wir nun unserem Template sagen, wo unsere Bilder liegen.

Da wir den Code

```
<?php echo $this->baseurl ?>/templates/<?php echo $this->template ?>
```

im Template häufiger nutzen werden, können wir diesen Wert einer kürzeren Variable zuweisen, um Fehler zu vermeiden und Zeichen zu sparen.

- Definieren Sie eine Variable:

```
$tplpath = $this->baseurl . '/templates/' . $this->template;
```

Fügen Sie den Pfad `<?php echo $tplpath; ?>` vor allen statischen Bildangaben (.img) im Template ein. Dieses Vorgehen ist nur für unsere Übung gut, denn später ersetzen wir alle statischen Inhalte durch dynamische Inhalte aus dem CMS. Warum also der Spaß? Sobald wir alle Pfade korrigiert haben, erhalten Sie im Frontend ein Abbild der html-Vorlage so wie Sie auf *https://blackrockdigital.github.io/startbootstrap-creative/* angezeigt wird. Ein Motivationsfaktor und eine gute Kontrolle dafür, dass wir auf dem richtigen Weg sind!

Aus unter anderem

```
<img src="img/portfolio/thumbnails/1.jpg" class="img-responsive" alt="">
```

wird also

```
<img src="<?php echo $tplpath; ?>/images/portfolio/thumbnails/1.jpg" class="img-responsive" alt="">
```

HINWEIS: Wir haben den *img*-Ordner im Abschnitt 12.2.2 in *images* umbenannt. Beachten Sie das auch bei der Korrektur der Pfadangaben.

12.2.4.2 Stylesheet-Dateien einbinden

Nun werden wir die Pfadangaben zu den Stylesheet-Dateien korrigieren.

Mit dem Befehl `<?php $this->addStyleSheet($this->baseurl . '/templates/' . $this->template . '/css/creative.css'); ?>` geben wir an, wo unser Stylesheet liegt. Wir kürzen dies ebenso mit unserer Variable ab:

```
<?php $this->addStyleSheet($tplpath . '/css/creative.css'); ?>
```

Wenden Sie dies auf alle Stylesheets an, die in Ihrer *index.php*-Datei angegeben sind und tragen Sie diese unter die Variable für $tplpath ein.

Listing 12.16 Style-Angaben in der index.php-Datei

```
// Laden der Bootstrap CSS
$this->addStyleSheet($tplpath . '/vendor/bootstrap/css/bootstrap.min.css');

// Schriften laden
$this->addStyleSheet($tplpath . '/vendor/font-awesome/css/font-awesome.min.css');
$this->addStyleSheet('https://fonts.googleapis.com/css?family=Open+Sans:300italic,400italic,600italic,700italic,800italic,400,300,600,700,800');
$this->addStyleSheet('https://fonts.googleapis.com/css?family=Merriweather:400,300,300italic,400italic,700,700italic,900,900italic');

// CSS Datei für die Portfolio Popups laden
$this->addStyleSheet($tplpath . '/vendor/magnific-popup/magnific-popup.css');

// CSS Dateien für das Template laden
$this->addStyleSheet($tplpath . '/css/creative.css');
```

12.2.4.3 Skript-Dateien einbinden
HTML5 Support aktivieren

Joomla! bietet verschiedene automatische Optimierungen, wenn wir das Template ausdrücklich als html5 deklarieren. Um den HTML5 Support zu aktivieren, setzen wir die folgende Codezeile in unser Template:

```
$this->setHtml5(true);
```

JQuery-Datei laden

Beginnen wir mit den Ausnahmen: Die jQuery-Datei der Vorlage müssen und sollten Sie nicht einbinden, da Joomla! bereits eine eigene jQuery-Datei zur Verfügung stellt. Berufen Sie sich auf die zentrale Methode, ein Skript aufzurufen, um keine doppelten Dateien zu laden.

Die Joomla!-jQuery-Datei laden Sie mit

```
JHtml::_('jquery.framework');
```

Bootstrap-Skript laden/Media Override

Eine weitere Besonderheit: Eingangs habe ich bereits erklärt, das Joomla! für die Frontend-Ausgabe Bootstrap 2 nutzt. So wird auch standardmäßig die *Bootstrap-2*-Javascript-Datei aus dem Order *media/jui/js* geladen. Wir benötigen für unser Template aber die *Bootstrap-3*-Javascript-Datei aus der Vorlage. **Trick 17**: Verschieben Sie die /vendor/bootstrap/js/ bootstrap.min.js in Ihren Template-Ordner unter templates/paula/js/jui. Joomla! erkennt, dass Sie eine eigene Datei haben, und ruft stattdessen diese auf. Sehen Sie sich dazu auch das Thema Media Overrides im Abschnitt 12.1.11 an.

Das Skript laden Sie mithilfe des Befehls:

```
JHtml::_('bootstrap.framework');
```

Weitere Skripte einbinden

Mit dem Code

```
$this->addScript($tplpath . '/js/creative.min.js', 'text/javascript',
array('defer'=>'defer'));
```

geben wir an, wo unsere Skripte liegen. Um diese, wie in diesem Template erforderlich, erst zu laden, wenn das Dokument fertig geladen ist, geben wir mit *defer* an, dass das Attribut defer="defer" ist. Dank der Deklarierung als HTML5 Template, wandelt Joomla! dieses Attribut in ein einfaches *defer* um. Das gleiche kann, falls benötigt, für das Attribut *async* umgesetzt werden.

- Wenden Sie diese Codes auf die *.js*-Pfade in der Vorlage an und platzieren Sie diese nach den Stylesheet-Angaben.

So sieht dann der nachfolgende Teil in der *index.php* aus:

Listing 12.17 Skript-Angaben in der index.php Datei

```
// Skripte laden

// jQuery Skript von Joomla! laden
JHtml::_('jquery.framework');

// Bootstrap von Joomla! einbinden
// (Die Bootstrap Datei muss nicht extra geladen werden, nur in den richtigen Ordner
verschoben werden)
JHtml::_('bootstrap.framework');

// Laden der Skriptdateien für Easing, Scrolling und Popups
$this->addScript('http://cdnjs.cloudflare.com/ajax/libs/jquery-easing/1.3/jquery.
easing.min.js', 'text/javascript', true, false);
$this->addScript($tplpath . '/vendor/scrollreveal/scrollreveal.min.js', 'text/
javascript', true, false);
$this->addScript($tplpath . '/vendor/magnific-popup/jquery.magnific-popup.min.js',
'text/javascript', true, false);

// Laden der Skriptdateien für das Template
$this->addScript($tplpath . '/js/creative.min.js', 'text/javascript', true, false);
```

CustomTags einbinden

Für manche Einsatzwecke reicht der *addScript*- oder *addStylesheet*-Befehl nicht aus. In unserem Beispiel sind Sie bestimmt gerade über den Teil mit dem konditionellen Kommentar für den Internet Explorer 9 gestolpert. Dafür können Sie *CustomTags* nutzen. Dazu fügen Sie *customTags* mittels $this->addCustomTag($variable); hinzu.

Meta Angaben einbinden

Für die Meta Angabe zum Viewport, können Sie über den Befehl $this->setMetaData-('viewport', 'width=device-width, initial-scale=1'); die Angabe hinzufügen. Auf diese Art und Weise lassen sich auch weitere Meta Angaben im Template definieren.

Listing 12.18 CustomTag und Meta-Angaben in der index.php-Datei

```
// nur für den IE 9 nutzen wir hier customTags
// Custom Tags für den IE9 definieren
$stylelink = '<!--[if lte IE 9]>' . "\n";
$stylelink .= '<script src="https://oss.maxcdn.com/libs/html5shiv/3.7.0/html5shiv.
js"></script>' . "\n";
$stylelink .= '<script src="https://oss.maxcdn.com/libs/respond.js/1.4.2/respond.min.
js"></script>' . "\n";
$stylelink .= '<![endif]-->' . "\n";

// Custom Tags für den IE9 hinzufügen
$this->addCustomTag($stylelink);

// MetaTag für den Viewport definieren
$this->setMetaData('viewport', 'width=device-width, initial-scale=1');
```

- Fügen Sie diesen Codeblock unter die Stil- und Skriptangaben ein.

Ihre *index.php*-Datei sollte nun im oberen Bereich so aussehen:

Listing 12.19 Einleitung der index.php-Datei

```php
<?php defined('_JEXEC') or die('Restricted access');

// Hier definieren wir eine kurze Variable für den aktuellen Templatepfad
$tplpath = $this->baseurl . '/templates/' . $this->template;

// Laden der Joomla! System CSS
$this->addStyleSheet($this->baseurl . '/templates/system/css/system.css');

// Laden der Bootstrap Core CSS
$this->addStyleSheet($tplpath . '/vendor/bootstrap/css/bootstrap.min.css');

// Schriften laden
$this->addStyleSheet($tplpath . '/vendor/font-awesome/css/font-awesome.min.css');
$this->addStyleSheet('https://fonts.googleapis.com/css?family=Open+Sans:300italic,
400italic,600italic,700italic,800italic,400,300,600,700,800');
$this->addStyleSheet('https://fonts.googleapis.com/css?family=Merriweather:400,300,
300italic,400italic,700,700italic,900,900italic');

// CSS Datei für die Portfolio Popups laden
$this->addStyleSheet($tplpath . '/vendor/magnific-popup/magnific-popup.css');

// CSS Datei für das Template laden
$this->addStyleSheet ($this->baseurl . '/templates/' . $this->template . '/css/
creative.css');

// Skripte laden

// jQuery Skript von Joomla! laden
JHtml::_('jquery.framework');

// Bootstrap von Joomla! einbinden
// (Die Bootstrap Datei muss nicht extra geladen werden, nur in den richtigen Ordner
verschoben werden)
JHtml::_('bootstrap.framework');

// Laden der Skriptdateien für Easing, Scrolling und Popups
$this->addScript('http://cdnjs.cloudflare.com/ajax/libs/jquery-easing/1.3/jquery.
easing.min.js', 'text/javascript', true, false);
$this->addScript($tplpath. '/vendor/scrollreveal/scrollreveal.min.js', 'text/
javascript', true, false);
$this->addScript($tplpath . '/vendor/magnific-popup/jquery.magnific-popup.min.js',
'text/javascript', true, false);

// Laden der Skriptdateien für das Template
$this->addScript($tplpath . '/js/creative.min.js', 'text/javascript', true, false);

// Dokument Objekt laden //
$doc = JFactory::getDocument();

// nur für den IE 9 nutzen wir hier customTags
// Custom Tags für den IE9 definieren
$stylelink = '<!--[if lte IE 9]>' . "\n";
$stylelink .= '<script src="https://oss.maxcdn.com/libs/html5shiv/3.7.0/html5shiv.
js"></script>' . "\n";
$stylelink .= '<script src="https://oss.maxcdn.com/libs/respond.js/1.4.2/respond.min.
```

```
js"></script>' . "\n";
$stylelink .= '<![endif]-->' . "\n";

// Custom Tags für den IE9 hinzufügen
$this->addCustomTag($stylelink);

// MetaTag für den Viewport definieren
$this->setMetaData('viewport', 'width=device-width, initial-scale=1');
```

12.2.4.4 Head laden – Jdoc-Anweisung

Nachfolgend lernen wir die erste *Jdoc*-Anweisung kennen. Jdoc-Anweisungen sind dafür verantwortlich, in unserem html-Gerüst *dynamische Inhalte aus Joomla!* abzurufen. Wir ersetzen dabei einfach komplette Inhaltsblöcke aus unserer HTML-Datei mit einer einzigen Zeile Joomla!-eigenen Codes.

<jdoc:include type="head"/> wird einmalig zwischen unseren <head></head> eingefügt und holt sich entsprechend die Joomla!-eigenen Headerangaben zu System und Erweiterungs-Stylesheets, Skripten und Metadaten.

Löschen Sie den Bereich

```
<meta charset="utf-8">
<meta http-equiv="X-UA-Compatible" content="IE=edge">
<meta name="viewport" content="width=device-width, initial-scale=1">
<meta name="description" content="">
<meta name="author" content="">
<title>Creative - Start Bootstrap Theme</title>
```

und ersetzen Sie Ihn mit:

```
<jdoc:include type="head" />
```

Wenn Sie sich die Seite im Browser ansehen und den dazugehörigen Quelltext aufrufen, sehen Sie, dass neben den bereits durch Sie hinzugefügten Angaben *addStylesheet, addscript, customtag* durch das jdoc-Statement für den Header nun auch die Metainformationen von Joomla! als auch zusätzliche Skripte eingebunden werden.

Passen Sie im Zuge dessen auch den html-Tag an, der sich in der Vorlage vor dem head befindet. In der Ursprungsdatei wird das Template mit <html lang="en"> eingeleitet. Um an dieser Stelle die richtige Sprache im lang-Attribut auszugeben, wird der html Tag durch <html xml:lang="<?php echo $this->language; ?>" lang="<?php echo $this->language; ?>"> ersetzt. Der Befehl $this->language zieht dabei die im System festgelegte Inhaltsprache.

Wenn Sie alles richtig gemacht haben, sollte die Ansicht (wieder) der Live-Vorschau der HTML-Vorlage entsprechen. Falls nicht, kontrollieren Sie nochmal Ihre Schritte oder vergleichen Sie Ihren Code mit der Vorlage unter *https://github.com/coolcat-creations/paula-joomla-template/tree/1.0*.

Nun beginnen wir, das Template mit Joomla! zu verkuppeln. Denn bisher haben wir nur Dateiverweise korrigiert. Alles was Sie jetzt sehen, sind noch immer statische Inhalte.

Falls die Ansicht nicht passt, nutzen Sie die Entwicklertools Ihres Browsers (z. B. Firebug, Überprüfen, Prüfen), um Fehler zu identifizieren.

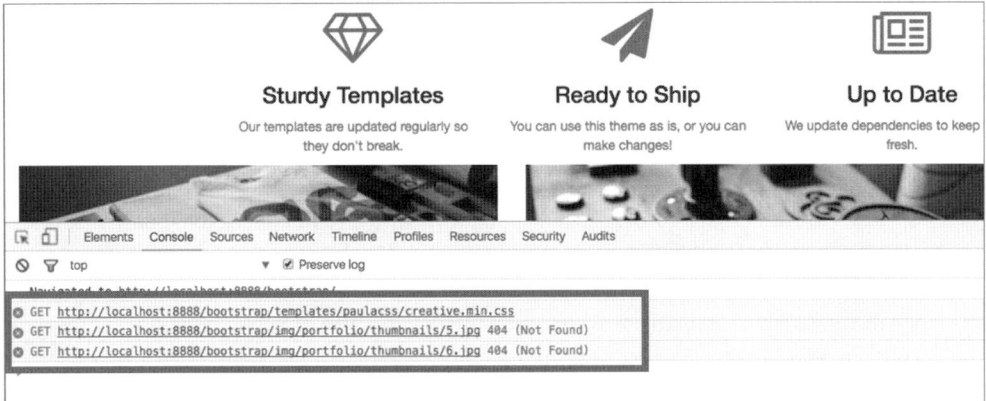

Bild 12.34 Fehler in der Console in den Chrome-Entwicklertools

In Bild 12.34 sehen Sie zum einen, dass der Verzeichnistrenner zwischen *paula* und *css* fehlt und somit die Datei nicht gefunden werden kann. Darunter werden Bilder vermisst, die eigentlich in dem Verzeichnis liegen sollten. Die Entwicklertools der verschiedenen Browser (siehe auch Abschnitt 3.3.1) sind bei der Template-Entwicklung eines der wichtigsten Werkzeuge.

12.2.4.5 Template-Parameter

Erinnern Sie sich noch an die in der *templateDetails.xml* angelegten Felder zur Eingabe von Parametern? Innerhalb der *index.php*-Datei unseres Templates, können wir auf diese Einstellungen mit `$this->params->get('PARAMETERNAME')` zugreifen.

In Kombination mit PHP-if-Abfragen steuern wird dann im Template die Ausgabe. In diesem Template wollen wir zwei Merkmale abändern. Zum einen die Hauptfarbe des Templates von Orange zu Blau wechseln und zum anderen das eingeblendete Logo ändern.

Für die Änderung des Stylesheets kopiere ich in meiner Entwicklungsumgebung die *variables.less* und lege eine *variables-blue.less* an, in der ich die primäre Farbe `@theme-primary` auf ein beliebiges Blau ändere. Weiterhin kopiere ich auch die *creative.less* und lege eine *creative-blue.less* an, hier ändere ich noch den Import der Variablen von `@import "variables.less";` auf `@import "variables-blue.less";` entsprechend ab.

Für nur einen abgeänderten Farbwert gleich zwei verschiedene Dateien zu erstellen, ist natürlich völlig übertrieben. Dieses Vorgehen soll Ihnen nur ein Beispiel vermitteln, wie man mittels Parametern auch .css-Stylesheets zuweisen kann.

Ihnen wird aufgefallen sein, dass im Template-Ordner auch eine *creative.min.css* liegt. Das ist eine komprimierte Version der CSS-Datei. Sie können komprimierte Dateien jedoch nicht direkt in Joomla! erstellen. Dazu würden sich unter anderem Taskrunner eignen, Informationen dazu finden Sie im Abschnitt 12.7 dieses Buchs. Für die Übung brauchen Sie diese komprimierte Datei nicht und können diese daher löschen.

Exkurs zu LESS

LESS ist eine Auszeichnungssprache, die man zu einer *.css*-Datei kompilieren kann. LESS erleichtert uns Template-Entwicklern die Arbeit, indem man unter anderem mit Variablen arbeiten kann. Es ist auch möglich, Anweisungen ineinander zu verschachteln. Sobald man in einer *.less*-Datei Änderungen durchgeführt hat, *kompiliert* man diese zu einer *.css*-Datei.

In Joomla! 3.x wurde ein LESS-Kompilierer im Template-Manager eingeführt. Kompilieren Sie also eine *.less*-Datei im */less*-Verzeichnis, wird eine gleichnamige, kompilierte *.css*-Datei im */css*-Verzeichnis erstellt.

Über Klick auf den Button LESS KOMPILIEREN im Joomla! Template Manager kompilieren Sie die *.less*-Datei automatisch.

Falls Sie bisher noch nicht mit *.less*-Dateien gearbeitet haben, sind jegliche Berührungsängste unbegründet. Sie können sich mit kleinen Schritten an dieses Thema heranwagen. Im Grunde kann man eine *.css*-Datei in *.less* umbenennen und damit starten.

Folgende Hauptvorteile von *LESS* können Sie sich merken:

1) Nutzung von Variablen

Definieren Sie zum Beispiel Ihre Firmenfarbe in einer Variable. Der Compiler setzt dann diesen Wert an den entsprechenden Stellen ein. Der Vorteil: Falls Ihnen die Farbe nun doch zu dunkel ist, oder Sie grundsätzlich die Farbe ändern wollen, dann müssen Sie das nur noch an einer Stelle machen.

```
@firmenfarbe: #152b44;
```

Im Anschluss können Sie dann die Variable in Ihren Stilbeschreibungen verwenden und sogar mit zusätzlichen Anweisungen heller/dunkler/sättigender usw. machen.

```
h1 {color:@firmenfarbe;}
.container {background:lighten(@firmenfarbe,10%);}
```

2) Verschachteln von Selektoren

Statt folgenden Anweisungen

```
header { }
header h1 {}
header hr {}
header p {}
header p a {}
```

kann man den Code folgendermaßen strukturieren:

```
header {
 h1 {}
 hr {}
 p {
  a {}
 }
}
```

3) Wiederverwendung von Code

```
.wiederverwenden {
color:@firmenfarbe
font-weight:bold;
}
```

Sie können Auszeichnungen auf diese Weise wiederverwenden:

```
.neueselement {
.wiederverwenden;
}
```

Das war nur eine kurze Einführung. Möchten Sie mehr zu LESS erfahren, dann machen Sie sich am besten mit der Dokumentation auf *http://lesscss.org/* vertraut. Informationen zur ähnlichen Sprache Sass/Scss finden Sie unter *http://sass-lang.com/*

LESS-Datei im Template kompilieren

Kompilieren Sie die erstellte *creative-blue.less*-Datei. Wählen Sie dazu unter ERWEITERUNGEN » TEMPLATES » TEMPLATES „paula" aus und öffnen Sie die *creative-blue.less*-Datei. In der Symbolleiste oben finden Sie den Button LESS KOMPILIEREN. Wenn Sie auf diesen klicken, erscheint eine *creative-blue.css* im *css*-Ordner.

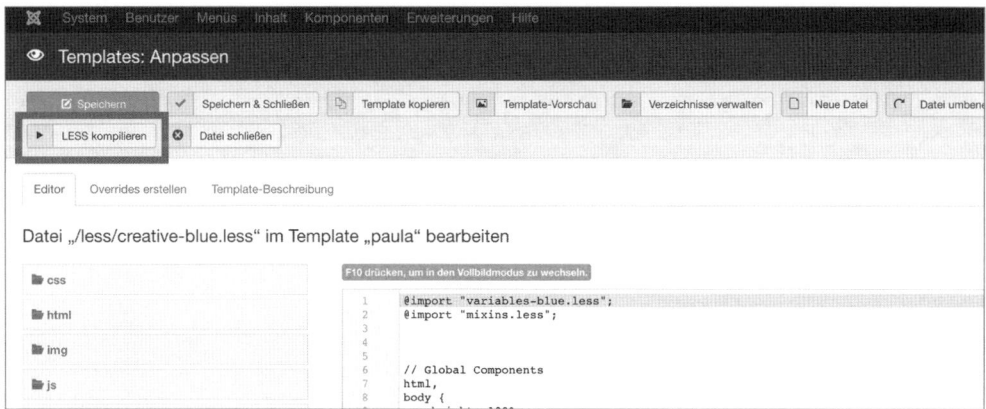

Bild 12.35 Button LESS Kompilieren im Template-Manager

CSS abhängig von der Parametereinstellung aufrufen

Sie haben bereits das Stylesheet mit folgender Zeile im Template eingebunden:

```
$this->addStyleSheet ($tplpath . '/css/creative.css');
```

Um unseren Farbwechsel im Template-Stil funktionsfähig zu machen, ersetzen wir diese Zeile mit neuem Code. Zunächst fragen wir mit PHP den Wert des Parameters ab. Ist die Einstellung *orange*, können wir weiterhin den Standardstil verwenden. Ist der Parameter auf *blau* eingestellt, wollen wir stattdessen die *creative-blue.css*-Datei laden.

Wir ersetzen nun unseren bisherigen Aufruf der CSS-Datei mit folgendem Codeblock:

Listing 12.20 Dynamischer Abruf des Template-Stils in der index.php-Datei

```
// Falls im Stil „orange" als Farbe ausgewählt ist, lade creative.css
if ($this->params->get('templatecolor', 'orange') == 'orange' )
{
  $this->addStyleSheet ('$tplpath . '/css/creative.css');
}

// Andernfalls ist die blaue CSS-Datei zu laden
else
{
  $this->addStyleSheet ($tplpath . '/css/creative-blue.css');
}
```

Hier wird in der PHP-Abfrage die Parametereinstellung des Template-Stils gezogen. Den Parameternamen *templatecolor* haben wir im Abschnitt 12.2.3 bei unseren Templateparametern in der *templateDetails.xml* festgelegt.

Der Code legt fest: Falls *orange* ausgewählt ist, wird die Standard `creative.css`-Datei eingebunden, falls etwas anderes ausgewählt ist, die `creative-blue.css`.

Auf diese Art und Weise können Sie auch zwei völlig unterschiedliche Stylesheets mit anderen Farben, Schriften, Abständen, usw. laden.

Gehen Sie ins Backend unter ERWEITERUNGEN » TEMPLATES » STILE und klicken Sie den Stil *paula* an.

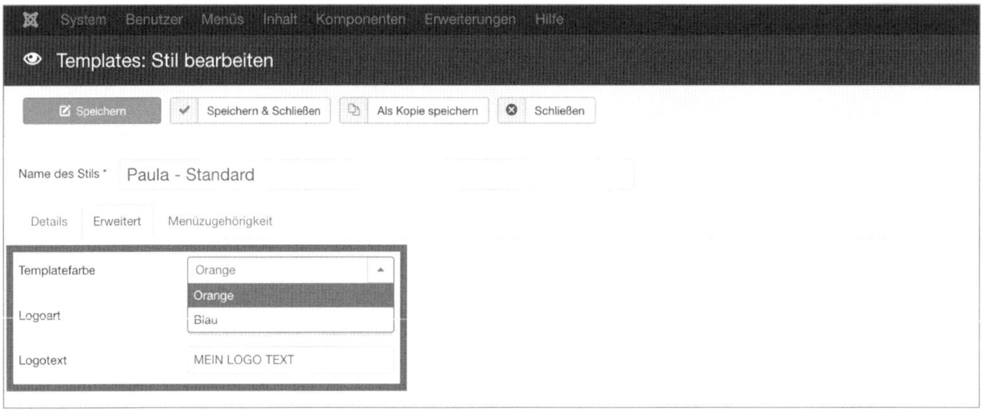

Bild 12.36 Parametereinstellungen im Template-Stil

Im Reiter „Erweitert" sehen wir nun unsere zwei Parameter, die wir in der *templateDetails.xml* festgelegt haben.

Wählen Sie in den Optionen unter *Templatefarbe* den Wert BLAU aus und überprüfen Sie das Template im Frontend.

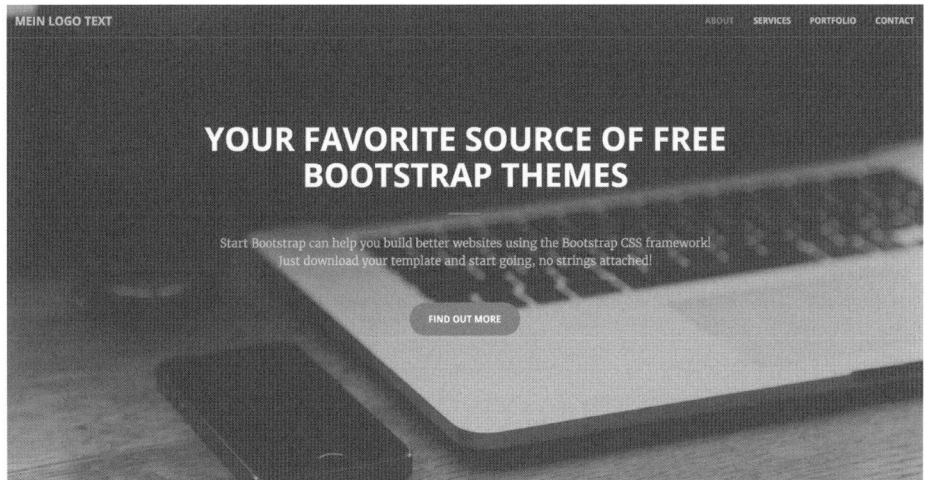

Bild 12.37 Geänderte Hauptfarbe im Frontend

Sehen Sie, Sie können nun über den Template-Stil die Hauptfarbe des Templates dynamisch steuern.

Als nächstes machen wir das gleiche mit unserem anderen Parameter, dem Logo. In dem uns vorliegenden Template haben wir kein Bild, sondern ein Textlogo. Dennoch möchten wir gerne die Wahl zwischen beiden Möglichkeiten haben. Die folgende PHP-if-Abfrage prüft zunächst den hinterlegten Wert im Parameter *logotype*, wenn dieser Wert *image* entspricht, dann geben wir den Wert aus dem Parameter *logoimg* aus. Ansonsten versuchen wir auf den *Logotext* zuzugreifen, der im Parameter *logotext* hinterlegt ist.

Ersetzen Sie daher in Ihrer *index.php*-Datei den Text „*Start Bootstrap*" in der Navigationsleiste mit unserer Parameterabfrage.

Listing 12.21 Dynamischer Abruf der Template-Parameter für das Logo in der index.php

```
<a class="navbar-brand page-scroll" href="#page-top">

<?php if ($this->params->get('logotype', 'text') == 'image')
{ ?>
  <img src="<?php echo $this->params->get('logoimg', ''); ?>" alt="<?php echo $this->params->get('logoimgalt', ''); ?>" width="200px" height="20px" />
<?php }
  else
  { ?>
  <?php echo $this->params->get('logotext', ''); ?>
<?php } ?>

</a>
```

Probieren Sie im Templatestil die Einstellungen für das Logo aus. Laden Sie ein Bild in passender Größe (200 × 20 px) hoch oder ändern Sie den Text.

12.2.5 Module in der index.php laden

12.2.5.1 Jdoc-Anweisung

Einzelne Module laden

```
<jdoc:include type="module" name="mod_breadcrumbs" title="navpath" />
<jdoc:include type="module" name="mod_menu" title="mainnav"/>
```

Durch diese Anweisung wird ein *einzelnes Modul* geladen, wobei der Name mit dem Modultyp und der Titel mit dem gewünschten Modul übereinstimmt. Dieses Modul muss im Backend entsprechend veröffentlicht und konfiguriert sein, um angezeigt zu werden. Durch zusätzliche Attribute kann man das Layout des Moduls beeinflussen.

Diese Methode ist nicht besonders geeignet für mehrsprachige Seiten. Nutzen Sie statt dessen die folgende Methode.

Modulpositionen laden

```
<jdoc:include type="modules" name="links"/>
<jdoc:include type="modules" name="rechts" style="xhtml" />
```

Mit dieser Anweisung rufen wir Modulpositionen in unserem Template auf. Unter type definieren wir mit „modules", dass es sich um eine Modulposition handelt. Diese Module nehmen komplette Bereiche des Templates ein und werden in der `templateDetails.xml`-Datei namentlich festgelegt. Über das Attribut `name=""` legen wir fest, wie die Position heißt, unter der das Modul geladen wird. Die Bezeichnung der Modul-Positionen aus der `index.php` und der `templateDetails.xml` müssen übereinstimmen.

Mit dem Attribut `style=""` können wir sowohl bei der Einzelvariante, als auch bei den Modulpositionen noch den Standard-*Chrome-Stil* (siehe Abschnitt 12.1.6) für diese Modulposition definieren.

12.2.5.2 Menü

Wir beginnen mit der Einbindung des Menüs. Das Menü sieht in der Templatevorlage folgendermaßen aus:

Listing 12.22 Code aus der Template-Vorlage für die Navigation

```
<nav id="mainNav" class="navbar navbar-default navbar-fixed-top">
 <div class="container-fluid">
  <!-- Brand and toggle get grouped for better mobile>
  <div class="navbar-header">
   <button type="button" class="navbar-toggle collapsed" data-toggle="collapse"
   data-target="#bs-example-navbar-collapse-1">
   <span class="sr-only">Toggle navigation</span> Menu
   <i class="fa fa-bars"></i>
   </button>

   <a class="navbar-brand page-scroll" href="<?php echo $this->baseurl ?>">
```

```
    <?php if ($this->params->get('logotype', 'text') == 'image')
    { ?>
        <img src="<?php echo $this->params->get('logoimg', ''); ?>"
        alt="<?php echo $this->params->get('logoimgalt', ''); ?>" width="200px"
height="20px" />
    <?php }
    else
    { ?>
        <?php echo $this->params->get('logotext', ''); ?>
    <?php } ?>

  </a>
 </div>
 <!-- Collect the nav links, forms, and other content for toggling -->
  <div class="collapse navbar-collapse" id="bs-example-navbar-collapse-1">
   <ul class="nav navbar-nav navbar-right">
    <li>
     <a class="page-scroll" href="#about">About</a>
    </li>
    <li>
     <a class="page-scroll" href="#services">Services</a>
    </li>
    <li>
     <a class="page-scroll" href="#portfolio">Portfolio</a>
    </li>
    <li>
     <a class="page-scroll" href="#contact">Contact</a>
    </li>
   </ul>
  div>
  <!-- /.navbar-collapse -->
 </div>
 <!-- /.container-fluid -->
</nav>
```

Bisher ruft das Template die statischen Links aus der Templatevorlage auf. Um die Navigation dynamisch zu machen, müssen wir stattdessen ein Joomla!-Modul laden.

Unser Schlachtplan sieht nun folgendermaßen aus:

1. Wir werden zuerst ein Modul Chrome in *templates/paula/html/modules.php* anlegen.
2. Als nächstes rufen wir das Navigationsmodul mit einem Jdoc-Statement in der *templates/paula/index.php* auf.
3. Wir legen drei Menüpunkte an, um die Ausgabe zu überprüfen
4. Wir richten das Menümodul ein und passen die Einstellungen an.

Modul Chrome für das Menü anlegen

In der Datei *templates/paula/html/modules.php* legen wir für das Menü ein neues Chrome an, wie es im Abschnitt 12.1.6.3 beschrieben wird.

Den Chrome erstellen wir für den Bereich von `<div class="collapse navbar-collapse" id="bs-example-navbar-collapse-1">` bis einschließlich dem dazu schließenden `</div>`.

Listing 12.23 Modul Chrome für die Navigation in der modules.php-Datei

```php
function modChrome_navigation($module, &$params, &$attribs)
{
$moduleTag         = $params->get('module_tag', div);
$moduleclass_sfx   = htmlspecialchars($params->get('moduleclass_sfx'), ENT_COMPAT,
'UTF-8');

if (!empty ($module->content)) : ?>

  <<?php echo $moduleTag; ?> class="collapse navbar-collapse <?php echo $moduleclass_
sfx; ?>" id="bs-example-navbar-collapse-1">
    <?php echo $module->content; ?>
  </<?php echo $moduleTag; ?>>

<?php endif;
}
```

Im oberen Bereich des Chrome *navigation* weisen wir zwei Parametern kürzere Variablen zu. $moduleTag gibt den gewählten Modul-Tag-Parameter aus. Falls nichts definiert sein sollte, wird als Standard „*div*" ausgegeben. $moduleclass_sfx ruft ab, welcher *Modul-Klassen-Suffix* im Modul eingetragen wurde. Sonderzeichen werden dabei herausgefiltert und alles in UTF-8 dargestellt.

So nun haben wir einige Variablen festgelegt. Jetzt fügen wir den HTML-Code ein, der den Navigationsbereich darstellt, und kopieren diese Variablen an die entsprechenden Stellen. Die unsortierte Liste, also der Codeblock von <ul> bis einschließlich </ul> wird durch das Navigationsmodul bereitgestellt und wird im Chrome mit <?php echo $module->content; ?> aufgerufen.

Aufruf des Modules im Template

Nun ersetzen wir in der index.php-Datei den Bereich von <div class="collapse navbar-collapse" id="bs-example-navbar-collapse-1"> bis einschließlich dem dazu schließenden </div> mit einem jdoc-Statement.

```
<jdoc:include type="modules" name="mainnav" style="navigation" />
```

Dieser Code ruft nun die Position **mainnav** auf und bestimmt den Chrome Stil *navigation* als Standardstil.

Durch die Einbindung der Jdoc-Anweisungen haben wir alle statisch vorhandenen Links entfernt und sie mit unserem Menümodul ersetzt. Der Codeblock in der *index.php*-Datei sieht nun folgendermaßen aus:

Listing 12.24 Navigation in der index.php-Datei

```html
<nav id="mainNav" class="navbar navbar-default navbar-fixed-top">
  <div class="container-fluid">
    <!-- Brand and toggle get grouped for better mobile display -->
    <div class="navbar-header">
      <button type="button" class="navbar-toggle collapsed" data-toggle="collapse"
      data-target="#bs-example-navbar-collapse-1">
        <span class="sr-only">Toggle navigation</span> Menu <i class="fa fa-bars"></i>
      </button>
```

```
<a class="navbar-brand page-scroll" href="<?php echo $this->baseurl ?>">

<!-- Abfrage der Parameter für das Logo -->
<?php if ($this->params->get('logotype', 'text') == 'image') { ?>
 <!-- Ausgabe des Logo-Bildes -->
 <img src="<?php echo $this->params->get('logoimg', ''); ?>"
 alt="<?php echo $this->params->get('logoimgalt', ''); ?>" width="200px"
 height="20px" />
<?php }
else { ?>
 <!-- Ausgabe des Logo-Textes -->
 <?php echo $this->params->get('logotext', ''); ?>
<?php } ?>

</a>
</div>

<!-- Hier laden wir nun die Position mainnav mit dem Stil navigation -->
<jdoc:include type="modules" name="mainnav" style="navigation"/>

</div>
```

Inhalte für das Modul erstellen

Legen Sie nun in der Hauptnavigation drei Menüpunkte wie im Abschnitt 8.2 beschrieben an.

Modul einrichten

Richten Sie nun Ihr Modul ein. Gehen Sie dazu im Backend auf ERWEITERUNGEN » MODULE und klicken Sie auf den grünen Button NEU. Als Modultyp wählen Sie „NAVIGATION - MENÜ" aus.

Im ersten Reiter „MODUL" wählen Sie unter Menü auswählen das entsprechende Menü, in dem Sie die Menüpunkte angelegt haben.

Als Titel tragen Sie etwas Beliebiges ein, zum Beispiel „Hauptmenü".

Auf der rechten Seite finden Sie Einstellungen zum Ein- und Ausblenden dieses Titels. Stellen Sie *Titel anzeigen* auf **„Verbergen"**. Darunter finden Sie die Einstellungen zur Position. Wählen Sie hier die Position **„mainnav"** aus.

Weisen Sie das Modul im Reiter „MENÜZUWEISUNG" „Auf allen Seiten" zu.

Im Reiter „ERWEITERT" können wir alle weiteren Parameter einstellen, die in unserem Chrome aufgerufen werden und wie folgt lauten:

Modul-Tag: div

Menüklassensuffix: nav navbar-nav navbar-right

Den Chromstil müssen wir nicht auswählen, da wir den Standard-Chrome-Stil bereits im Modulaufruf festgelegt haben.

Speichern Sie das Modul und werfen Sie einen Blick ins Frontend.

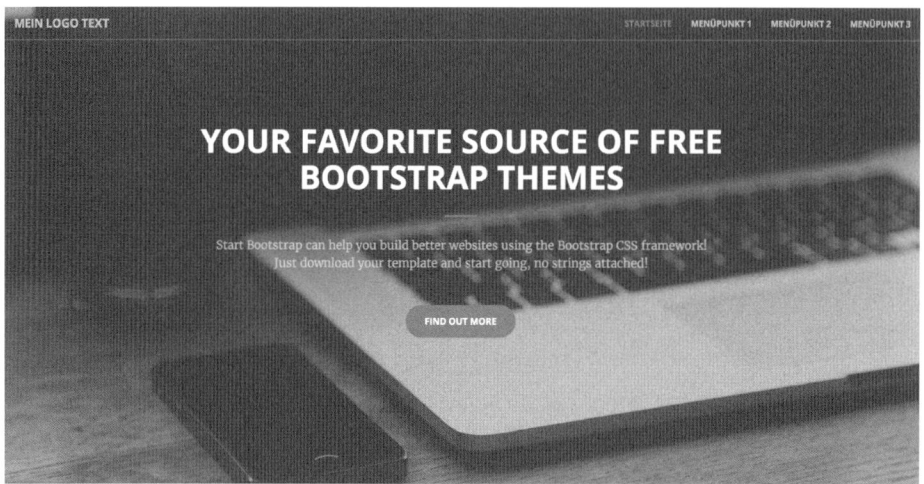

Bild 12.38 Dynamisch generierte Menüpunkte im Frontend

12.2.5.3 Seitenheader

Machen wir uns nun an den Headerbereich der Seite. Hier ersetzen wir ebenso den kompletten Codeblock mit einem Jdoc-Statement für Module. Doch alles der Reihe nach!

Folgender Code stellt in der Vorlage den Header dar:

Listing 12.25 Code für den header-Bereich in der Template-Vorlage

```
<header>
 <div class="header-content">
  <div class="header-content-inner">
   <h1 id="homeHeading">
    Your Favorite Source of Free Bootstrap Themes
   </h1>
   <hr>
   <p>Start Bootstrap can help you build better websites
   using the Bootstrap CSS framework! Just download your
   template and start going, no strings attached!</p>
   <a href="#about" class="btn btn-primary btn-xl page-scroll">
    Find Out More
   </a>
  </div>
 </div>
</header>
```

Nun geht es folgendermaßen weiter:

1. Wir legen wieder ein Modul Chrome in *templates/paula/html/modules.php* an.
2. Wir erstellen ein Override für das mod_custom-Modul (Eigenes Modul) unter *templates/paula/html/mod_custom/*.
3. Wir rufen das Modul per Jdoc-Statement in der *templates/paula/index.php*-Datei auf.
4. Wir legen das Modul im Modulmanager unter ERWEITERUNGEN » MODULE an und stellen es richtig ein.

Modul Chrome für den Header anlegen

Wir legen einen Modul Chrome für den Header an. Dieser Chrome wird einige Modulparameter verwenden. Um den Code im Aufbau selbst lesbarer zu machen, legen wir im oberen Bereich der Funktion wie für das navigation-Chrome ein paar kurze Variablen an und weisen ihnen die Parameter zu, die wir im Chrome wiederverwenden.

Listing 12.26 Teil 1 des Modul Chrome für den Header in der *modules.php*-Datei mit Variablen

```php
function modChrome_header($module, &$params, &$attribs)
{

$moduleTag = $params->get('module_tag', 'header');
$moduleId = $module->position . '-' . $module->id;
$moduleclass_sfx = htmlspecialchars($params->get('moduleclass_sfx'), ENT_COMPAT, 'UTF-8');
$headerTag = htmlspecialchars($params->get('header_tag', 'h1'), ENT_COMPAT, 'UTF-8');
$headerClass = htmlspecialchars($params->get('header_class', ''), ENT_COMPAT, 'UTF-8');
$bgimage = 'style="background-image:url('. $params->get('backgroundimage') .');"';

if ($module->content)
{

?>
```

Die Variablen $moduleTag und $moduleclass_sfx kennen Sie schon, diese haben wir auch für die Navigation im Abschnitt 12.2.5.2 angelegt. Die Variable $moduleId ist eine Eigenkreation und gibt eine eindeutige ID aus. Wir werden sie später dazu verwenden, um mittels Anker-Links zwischen Modulen zu scrollen. $headerTag gibt den gewählten Header-Tag-Parameter, also den Überschriften-Tag aus. Falls nichts definiert sein sollte, wird als Überschrift hier eine „h1"-Überschrift ausgegeben. $headerClass gibt die eingetragene Überschriftenklasse aus und falls ein Hintergrundbild im Modul hinterlegt ist, dann gibt $bgimage dies als Style-Angabe aus.

Nachdem wir einige Variablen festgelegt haben, kopieren wir den HTML-Code, der den Headerbereich darstellt, und tragen diese Variablen an die entsprechenden Stellen ein.

Aus <header> wird zum Beispiel <<?php echo $moduleTag; ?>>. Außerdem nehmen wir in den Modul-Tag noch die Modul-ID, den Modulklassen-Suffix und das Hintergrundbild auf.

Sie werden sich jetzt denken: „Aber das ist doch gar nicht im Ursprungscode enthalten?" Aber ich will Ihnen erklären, warum wir das tun:

Ids werden innerhalb dieses Templates dazu verwendet, um Anker zu setzen. Sie können in einem anderen Modul einen Link einfügen, der zu diesem Anker verweist. Klickt man auf den Link, scrollt man zu dem Modul mit der ID die dem Link entspricht. Füge ich hier eine Modul-ID ein, kann ich jederzeit zu diesem Modul einen Link einfügen.

Der *Modulklassen-Suffix* ist die Einstellung, die Sie im Modul in den Parametern eintragen können. Sie wird als Klasse im Modul ausgegeben. Auch wenn wir in diesem Beispiel keine Klasse brauchen, ist es doch sinnvoll, den Parameter einzubinden. Wenn Sie jemals eine Klasse hinzufügen möchten, werden Sie sich sonst wundern, warum nichts ausgegeben wird.

Das Hintergrundbild wird im Originaltemplate über die Less- bzw. CSS-Datei gesteuert. In der *creative.less*-Datei wird in der *Zeile 168* definiert, dass das Bild *header.jpg* aus dem *img*-Ordner als Hintergrund verwendet wird. Da wir selbst über das Bild bestimmen wollen, ohne im Quellcode arbeiten zu müssen, nehmen wir diese Zeile aus der *.less*-Datei und kompilieren die Datei neu, indem wir im Template-Manager auf den Button „LESS KOMPILIEREN" klicken, so wie wir es bereits im Abschnitt 12.2.4.4 gemacht haben.

Über die Variable $bgimage rufen wir ab, welches Hintergrundbild im Modul eingestellt wurde und binden es als inline-Style ein.

Aus diesen Gründen wird aus <header> nicht nur <<?php echo $moduleTag; ?>> sondern:

Listing 12.27 Teil 2 des Modul Chrome für den Header in der *modules.php*

```
<<?php echo $moduleTag; ?> id="<?php echo $moduleId; ?>" class="<?php echo
$moduleclass_sfx; ?>" <?php echo $bgimage; ?>>
```

Als Nächstes übernehmen Sie die folgenden zwei Zeilen aus der Quelldatei.

Listing 12.28 Teil 3 des Modul Chrome für den Header in der *modules.php*

```
<div class="header-content">
 <div class="header-content-inner">
```

Danach tauchen in der Vorlage folgende Zeilen auf, welche die Überschrift ausgeben:

```
<h1 id="homeHeading">
 Your Favorite Source of Free Bootstrap Themes
</h1>
```

Ersetzen Sie den Header-Tag sowohl im öffnenden Tag, als auch im schließenden Tag mit unserer Variablen. Entfernen Sie die id-Angabe, wir haben diese bereits als Variable in den umliegenden Container eingebaut. Setzen Sie außerdem die header-Klasse ein. Das sieht dann folgendermaßen aus:

```
<<?php echo $headerTag . ' class=" ' . $headerClass . '"'; ?>>
 Your Favorite Source of Free Bootstrap Themes
</<?php echo $headerTag; ?>>
```

Nun wollen wir noch abfragen, ob überhaupt im Modul ausgewählt wurde, dass der Titel angezeigt werden soll, und wenn ja, wie der Titel lautet. Wir legen also eine if-Abfrage um diesen Bereich, die feststellt, ob showtitle einen anderen Wert als 0 hat. Die Zeile „*Your Favorite Source of Free Bootstrap Themes*" wird durch die Ausgabe der Variable $module->title ersetzt.

Listing 12.29 Teil 4 des Modul-Chrome für den Header in der *modules.php*

```
<?php if $module->showtitle) : ?>
 <<?php echo $headerTag . ' class=" ' . $headerClass . '"'; ?>>
  <?php echo $module->title; ?>
 </<?php echo $headerTag; ?>>
<?php endif; ?>
```

Der untere Teil des Headers lautet folgendermaßen:

```
<hr>
<p>Start Bootstrap can help you build better websites using the Bootstrap CSS
framework! Just download your template and start going, no strings attached!</p>
<a href="#about" class="btn btn-primary btn-xl page-scroll">
Find Out More
</a>
  </div>
 </div>
</header>
```

Ersetzen Sie den Textinhalt durch `<?php echo $module->content;?>`. Hierdurch wird das Modul mitsamt seinem Layout geladen. Nun folgen zwei schließende div-Container, welche die oberen divs mit den Klassen `header-content` und `header-content-inner` schließen und das schließende $moduleTag. Am Codeblock-Ende schließen Sie sowohl die if-Abfrage `if ($module->content)`, welche die Ausgabe umfasst, als auch die Funktion mit geschweiften Klammern.

Listing 12.30 Teil 5 des Modul-Chrome für den Header in der *modules.php*

```
    <?php echo $module->content; ?>
   </div>
  </div>
 </<?php echo $moduleTag; ?>>
<?php
}
}
```

Listing 12.31 Fertiggestelltes Modul-Chrome für den Header in der *modules.php*

```
/* Chrome für das Headermodul */
function modChrome_header($module, &$params, &$attribs){
 $moduleTag = $params->get('module_tag', 'header');
 $moduleId = $module->position . '-' . $module->id;
 $moduleclass_sfx = htmlspecialchars($params->get('moduleclass_sfx'), ENT_COMPAT,
'UTF-8');
 $headerTag = htmlspecialchars($params->get('header_tag', 'h1'), ENT_COMPAT, 'UTF-
8');
 $headerClass = htmlspecialchars($params->get('header_class', ''), ENT_COMPAT, 'UTF-
8');
 $bgimage = 'style="background-image:url('. $params->get('backgroundimage') .');"';

 if ($module->content) {
 ?>

 <<?php echo $moduleTag; ?> id="<?php echo $moduleId; ?>" class="<?php echo
$moduleclass_sfx; ?>" <?php echo $bgimage; ?>>
  <div class="header-content">
   <div class="header-content-inner">

    <?php if ($module->showtitle) : ?>

     <<?php echo $headerTag . ' class="' . $headerClass . '"'; ?>>
      <?php echo $module->title; ?>
     </<?php echo $headerTag; ?>>
```

```
        <?php endif; ?>

        <?php echo $module->content; ?>
      </div>
    </div>
  </<?php echo $moduleTag; ?>>
<?php
  }
}
```

Alternatives Layout anlegen

Für unseren Header bietet sich das Modul „Eigenes Modul" (*mod_custom*) an. Wird auf dieser Modulposition in Verbindung mit unserem Modul Chrome *header* ein *mod_custom* geladen, wird laut der Datei *modules/mod_custom/tmpl/default.php* des Modultyps der Code aus dem Listing 12.32 aufgerufen.

Listing 12.32 Ausgabe der *modules/mod_custom/tmpl/default.php*-Datei

```
<?php defined('_JEXEC') or die; ?>
<div class="custom<?php echo $moduleclass_sfx ?>"
  <?php if ($params->get('backgroundimage')) : ?> style="background-image:url(<?php echoparams->get('backgroundimage');?>)"<?php endif;?>>
    <?php echo $module->content;?>
</div>
```

Wenn Sie diesen Codeabschnitt mit der Vorlage vergleichen, sehen sie, dass wir nun im Header Code aufrufen, den wir an dieser Stelle gar nicht haben wollen. Zum einen ist der Div-Container überflüssig, zum anderen wird hier das Hintergrundbild geladen, welches wir schon im Chrome eingebunden haben.

 PRAXISTIPP: Verwenden Sie für den Code, der um Module herum dargestellt werden soll, ein Chrome, um so mehr, wenn der Code für mehrere Modultypen wiederverwendet wird. Erstellen Sie Overrides bzw. Alternative Layouts für spezifische Module, deren Ausgabe Sie ändern möchten.

Viele Wege führen nach Rom. Statt einem Chrome, hätten Sie in diesem Fall auch die kompletten Stilanpassungen im Alternativen Layout für das Modul anlegen können und dafür den Chrome auf „none" setzen müssen, um die Ausgabe sämtlicher Elemente um das Modul herum zu entfernen.

Wir beginnen mit einem sehr einfachen *Alternativen Layout*, da wir einfach sämtlichen Code aus dem *mod_custom*-Modul entfernen, den wir nicht brauchen. Kopieren Sie, wie im Abschnitt 12.1.5 beschrieben, die Datei *default.php* aus dem Verzeichnis *modules/mod_custom/tmpl/* in Ihr Templateverzeichnis unter *templates/paula/html/mod_custom* und benennen Sie die Datei um, damit wir nicht alle Ausgaben von *eigenen Modulen (mod_custom)* überschreiben. Nennen wir die Datei stattdessen *clean.php* und entfernen alle unnötigen Elemente, sodass das eigene Modul nur noch den Inhalt wiedergibt.

Listing 12.33 Code der Datei *templates/paula/html/mod_custom/clean.php*

```
<?php defined('_JEXEC') or die; ?>
<?php echo $module->content;?>
```

Aufruf des Modules im Template

Ersetzen Sie den kompletten <header>-Block in Ihrer index.php-Datei durch:

```
<jdoc:include type="modules" name="header" style="header" />
```

Sie rufen damit die Modulposition **header** mit dem Modul-Chrome **header** auf.

Modul einrichten

Richten Sie nun Ihr Modul ein. Gehen Sie dazu im Backend auf ERWEITERUNGEN » MODULE und klicken Sie auf den grünen Button NEU. Als Modultyp wählen Sie „EIGENES MODUL" aus.

Im ersten Reiter „MODUL" können Sie folgenden HTML-Code in den Editor eintragen:

```
<hr>
<p>Willkommen auf meiner Webseite </p>
<p><a href="#" class="btn btn-primary btn-xl page-scroll">Mehr über mich</a></p>
```

PRAXISTIPP: Um HTML-Code einzufügen, klicken Sie im TinyMCE auf „Editor ein/aus" oder im JCE Editor auf „Toggle Editor" sowie auf das Codesymbol. Sollte Ihr html-Code nach dem Speichern verworfen werden, überprüfen Sie die Plug-in-Einstellungen des Editors, als auch die Textfilter-Einstellungen in der globalen Konfiguration.

Als Titel tragen Sie etwas Beliebiges ein, zum Beispiel *„Mein erstes Template"*.

Auf der rechten Seite finden Sie Einstellungen zum Ein- und Ausblenden dieses Titels. Stellen Sie Titel anzeigen auf **„Anzeigen"**. Darunter finden Sie die Einstellungen zur Position. Wählen Sie hier die Position **„header"** aus.

Weisen Sie das Modul im Reiter „MENÜZUWEISUNG" allen Seiten zu

Wählen Sie im Reiter „OPTIONEN" ein Hintergrundbild Ihrer Wahl aus.

Im Reiter „ERWEITERT" können wir alle weiteren Parameter einstellen, die in unserem Chrome aufgerufen werden und wie folgt lauten:

Modul-Tag: header

Modulklassensuffix: leer

Header-Tag: h1

Header-Klasse: leer

Wir bleiben in diesem Reiter und wählen unser Alternatives Layout aus.

Alternatives Layout: clean

Den Chromestil müssen wir nicht auswählen, da wir den Standard-Chromestil bereits im Modulaufruf festgelegt haben.

Speichern Sie das Modul und werfen Sie einen Blick ins Frontend.

Bild 12.39 Dynamisch generierter Header im Frontend

12.2.5.4 Teaser

Als nächstes nehmen wir uns das Teaser-Modul vor, das ist der Balken direkt unter dem Header mit der vollflächigen primären Templatefarbe (orange oder blau, je nachdem, was Sie im Template in den Parametern ausgesucht haben).

In der Vorlage selbst, also im aktuellen Stand unserer *index.php*, handelt es sich um diesen Codeabschnitt:

Listing 12.34 Code des Teaser-Bereichs in der Template-Vorlage

```
<section class="bg-primary" id="about">
 <div class="container">
  <div class="row">
   <div class="col-lg-8 col-lg-offset-2 text-center">
    <h2 class="section-heading">We've got what you need!</h2>
    <hr class="light">
    <p class="text-faded">Start Bootstrap has everything you need to get your new website up and running inno time! All of the templates and themes on Start Bootstrap are open source, free to download, and easy to use. No strings attached!</p>
     <a href="#services" class="page-scroll btn btn-default btn-xl sr-button">Get Started!</a>
   </div>
  </div>
 </div>
</section>
```

Dazu erledigen wir folgende Schritte:

1. Ein Modul Chrome in *templates/paula/html/modules.php* anlegen.
2. Das Modul mit einem Jdoc-Statement in der Datei *templates/paula/index.php* aufrufen.
3. Das Modul im Modulmanager unter *Erweiterungen » Module* anlegen und einrichten.

Modul Chrome anlegen

Wiederholen wir nun die Schritte, die wir im Abschnitt 12.2.5.3 für den Header angewandt haben. Kopieren Sie sich einfach die Function header und setzen Sie statt dem Namen „header" den Namen „primary" als Funktion ein:

Listing 12.35 Erster Teil des Modul Chrome für den Teaser-Bereich in der Datei *modules.php*

```php
function modChrome_primary($module, &$params, &$attribs)
{
  $moduleTag = $params->get('module_tag', 'header');
  $moduleId = $module->position . '-' . $module->id;
  $moduleclass_sfx = htmlspecialchars($params->get('moduleclass_sfx'), ENT_COMPAT, 'UTF-8');
  $headerTag = htmlspecialchars($params->get('header_tag', 'h1'), ENT_COMPAT, 'UTF-8');
  $headerClass = htmlspecialchars($params->get('header_class', ''), ENT_COMPAT, 'UTF-8');
  $bgimage = 'style="background-image:url('. $params->get('backgroundimage') .');"';

  if ($module->content) {
?>
```

Kopieren Sie anschließend den Code aus der Vorlage in die Ausgabe des Modulstils und ersetzen Sie die statischen Tags durch die Variablen.

Listing 12.36 Zweiter Teil des Modul Chrome für den Teaser-Bereich in der Datei *modules.php*

```php
<<?php echo $moduleTag; ?> class="bg-primary" id="<?php echo $moduleId; ?>" <?php echo $bgimage; ?>>
  <div class="container">
   <div class="row">
    <div class="<?php echo $moduleclass_sfx ?>">

     <?php if ($module->showtitle) : ?>

      <<?php echo $headerTag . ' class="' . $headerClass . '"'; ?>>
       <?php echo $module->title; ?>
      </<?php echo $headerTag; ?>>

     <?php endif; ?>

     <?php echo $module->content; ?>
    </div>
   </div>
  </div>
</<?php echo $moduleTag; ?>>

<?php
  }
}
```

Der Teaser hat die Klasse `bg-primary`, diese Klasse legt fest, dass dieses Modul die Hauptfarbe des Templates als Hintergrund nutzt. Die statische ID-Angabe wurde entfernt und durch unsere selbst konstruierte Variable ersetzt, so wie wir es im Header gemacht haben und die Style-Angabe für das Hintergrundbild wird auch eingebunden, falls wir uns jemals dazu entscheiden, ein Hintergrundbild nutzen zu wollen. In dem div-Container nach dem `<div class="row">` setzen wir als Klasse den *Modulklassen-Suffix* ein. Dieser wird in den Moduleinstellungen dazu verwendet, die Textausrichtung und die Breite des Moduls mit den Angaben `"col-lg-8 col-lg-offset-2 text-center"` zu steuern. Es folgt die Ausgabe des Titels, auf die gleiche Art und Weise wie wir es im header-Chrome umgesetzt haben und anschließend der Content. Zum Schluss werden alle Anweisungen geschlossen.

Modulaufruf im Template

Ersetzen Sie nun den kompletten Block, der den Teaser im Template abbildet, in Ihrer *index.php*-Datei durch

```
<jdoc:include type="modules" name="teaser" style="primary" />
```

Sie rufen damit die Modulposition *teaser* mit dem Modul-Chrome *primary* auf.

Modul einrichten

Richten Sie nun Ihr Modul ein. Gehen Sie dazu im Backend auf ERWEITERUNGEN » MODULE und klicken Sie auf den grünen Button NEU. Als Modultyp wählen Sie wieder „EIGENES MODUL" aus.

Im ersten Reiter „MODUL" können Sie folgenden HTML-Code in den Editor eintragen:

```
<hr class="light">
<p class="text-faded">So bauen Sie das Teasermodul ein</p>
<a href="#" class="page-scroll btn btn-default btn-xl sr-button">Los geht´s!</a>
```

Als Titel tragen Sie etwas Beliebiges ein, zum Beispiel „*Über uns*".

Auf der rechten Seite finden Sie Einstellungen zum Ein- und Ausblenden dieses Titels. Stellen Sie Titel anzeigen auf „**Anzeigen**". Darunter finden Sie die Einstellungen zur Position. Wählen Sie hier die Position „**teaser**" aus.

Weisen Sie das Modul im Reiter „MENÜZUWEISUNG" der Startseite zu.

Im Reiter „ERWEITERT" können wir alle weiteren Parameter einstellen, die in unserem Chrome aufgerufen werden und wie folgt lauten:

Modul-Tag: section

Modulklassensuffix: col-lg-8 col-lg-offset-2 text-center

Header-Tag: h2

Header-Klasse: leer

Wir bleiben in diesem Reiter und wählen unser Alternatives Layout aus.

Alternatives Layout: clean

Den Chromestil primary müssen wir nicht auswählen, da wir den Standard-Chromestil bereits im Modulaufruf festgelegt haben.

Speichern Sie das Modul und werfen Sie einen Blick ins Frontend.

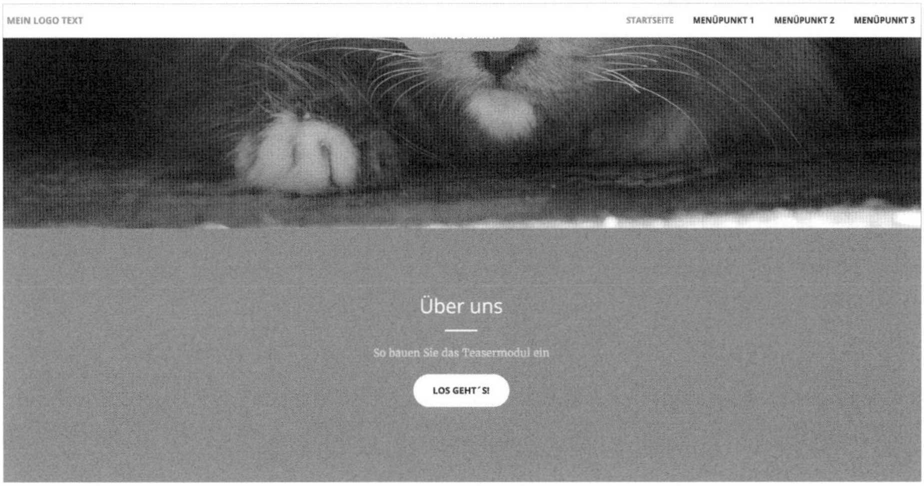

Bild 12.40 Dynamisch generierter Teaser im Frontend

12.2.5.5 Icon-Modul

Für das Modul, das die verschiedenen Servicebereiche in der Vorlage anzeigt, legen wir nur lediglich ein Alternatives Layout für *mod_articles_news* an, ohne einen Chrome-Stil anzulegen. Das Joomla!-Core-Modul *„Beiträge – Newsflash"* ruft für Sie Artikel von bestimmten Kategorien ab und stellt diese in einem Modul dar.

Nachfolgend arbeiten wir an diesen Schritten:

1. Ein Alternatives Layout in *templates/paula/html/mod_articles_news/*(Beiträge - Newsflash) anlegen.
2. Das Modul per Jdoc-Statement in der *templates/paula/index.php* aufrufen.
3. Vier Artikel anlegen, die in diesem Modul angezeigt werden sollen.
4. Das Modul im Modulmanager unter ERWEITERUNGEN » MODULE anlegen und einrichten.

Alternatives Layout anlegen

Wir werden für diesen Aufruf den Chrome *„none"* aus dem System-Template verwenden und die gesamte Ausgabe im Layout des Moduls einbinden.

Kopieren Sie sich aus *modules/mod_articles_news/* die Datei *default.php* und legen Sie diese im Ordner *templates/paula/html/mod_articles_news* ab.

Benennen Sie nun zunächst die *default.php* in *iconmodule.php* um und öffnen Sie diese zur Bearbeitung.

Wir können nun in unserem *Alternativen Layout* die gleichen Variablen nutzen, die wir schon in unseren ersten zwei Chromes verwendet haben.

Listing 12.37 Einsetzen der Variablen in das Alternative Layout für den Iconmodul-Bereich in der Datei *templates/paula/html/mod_articles_news/iconmodule.php*

```php
<?php defined('_JEXEC') or die;
 $moduleTag = $params->get('module_tag', 'section');
 $moduleId = $module->position . '-' . $module->id;
 $headerTag = htmlspecialchars($params->get('header_tag', 'h3'), ENT_COMPAT, 'UTF-8');
 $headerClass = $params->get('header_class');
 $headerClass = !empty($headerClass) ? ' class="section-heading ' . htmlspecialchars($headerClass, ENT_COMPAT, 'UTF-8') . '"' : '';

 $item_heading = $params->get('item_heading', 'h4');
 $iconitems = count($list);
 $lgclass = floor(12 / $iconitems);
?>

<div class="newsflash<?php echo $moduleclass_sfx; ?>">
    <?php foreach ($list as $item) : ?>
       <?php require JModuleHelper::getLayoutPath('mod_articles_news', '_item'); ?>
    <?php endforeach; ?>
</div>
```

Den ersten Abschnitt der Variablen kennen Sie schon aus dem Modul Chrome für den Header. Sie können die gleichen Parameter im Layout abrufen. Nun kommen noch ein paar Variablen hinzu, die spezifisch für dieses Modul verwendet werden:

Über `$item_heading` legen wir den Überschriften-Tag für die dargestellten Artikel fest.

Was hat es mit `$iconitems` auf sich? Im Modul werden wir später einstellen, dass dieser Bereich maximal sechs Artikel aufruft. Dennoch müssen wir feststellen, wie breit unsere Spalten genau sein sollen, damit diese gleichmäßig verteilt sind. Die CSS-Klasse dafür erzeugen wir dynamisch. Dazu zählen Sie zunächst die Anzahl der aufgerufenen Artikel mit `count($list)`. Bei der Variable `$lgclass` runden wir dann das Ergebnis der Spaltenrechnung.

HINWEIS: Bootstrap verfügt standardmäßig über 12 Spalten, in der Variable gehen wir davon aus, dass weniger als 12 Artikel aufgerufen werden. Man kann die Variable durchaus noch komplexer konstruieren und feststellen, was passiert, wenn beispielsweise 18 Artikel aufgerufen werden. Das würde für dieses Kapitel aber eindeutig zu weit gehen.

Wir haben alle notwendigen Variablen angelegt. Nun ersetzen wir die fett abgedruckten Codezeilen durch den Code, den unsere Vorlage vorgibt.

Sehen wir uns dazu nochmal kurz den kompletten Code an, der ausgegeben werden soll:

Listing 12.38 Iconmodul-Bereich in der Template-Vorlage

```html
<section id="services">
 <div class="container">
  <div class="row">
   <div class="col-lg-12 text-center">
    <h2 class="section-heading">At Your Service</h2>
```

```
      <hr class="primary">
    </div>
   </div>
  </div>
  <div class="container">
   <div class="row">
    <div class="col-lg-3 col-md-6 text-center">
     <div class="service-box">
      <i class="fa fa-4x fa-diamond text-primary sr-icons"></i>
      <h3>Sturdy Templates</h3>
      <p class="text-muted">Our templates are updated regularly so they don't break.</p>
     </div>
    </div>
    <div class="col-lg-3 col-md-6 text-center">
     <div class="service-box">
      <i class="fa fa-4x fa-paper-plane text-primary sr-icons"></i>
      <h3>Ready to Ship</h3>
      <p class="text-muted">You can use this theme as is, or you can make changes!</p>
     </div>
    </div>
    <div class="col-lg-3 col-md-6 text-center">
     <div class="service-box">
      <i class="fa fa-4x fa-newspaper-o text-primary sr-icons"></i>
      <h3>Up to Date</h3>
      <p class="text-muted">We update dependencies to keep things fresh.</p>
     </div>
    </div>
   </div>
  </div>
</section>
```

Wenn wir den Code aus der Vorlage inspizieren, sehen wir, dass sich die Bereiche, die mit `<div class="col-lg-3 col-md-6 text-center">` beginnen, immerwährend wiederholen. Dieser Bereich muss folglich innerhalb einer foreach-Schleife aufgerufen werden und alle nicht fett abgedruckten Bereiche werden außerhalb der Schleife aufgerufen.

Gehen Sie beim Alternativen Layout für das Modul genauso vor, wie Sie in einem Modul Chrome arbeiten würden.

Listing 12.39 Fertiggestelltes, Alternatives Layout für den Iconmodul-Bereich in der Datei *templates/paula/html/mod_articles_news/iconmodule.php*

```
<?php defined('_JEXEC') or die;
$moduleTag   = $params->get('module_tag', 'section');
$moduleId    = $module->position . '-' . $module->id;
$headerTag   = htmlspecialchars($params->get('header_tag', 'h2'), ENT_COMPAT, 'UTF-8');
$headerClass = $params->get('header_class');
$headerClass = !empty($headerClass) ? ' class="section-heading ' . htmlspecialchars($headerClass, ENT_COMPAT, 'UTF-8') . '"' : '';

$item_heading = $params->get('item_heading', 'h4');
$iconitems    = count($list);
$lgclass      = floor(12 / $iconitems);
?>
```

```php
<<?php echo $moduleTag; ?> class="<?php echo $moduleclass_sfx; ?>" id="<?php echo
$moduleId; ?>">

<!-- Abfrage ob der Modultitel dargestellt werden soll -->
<?php if ($module->showtitle) : ?>
    <div class="container">
        <div class="row">
            <div class="col-lg-12 text-center">
                <<?php echo $headerTag . ' class=" ' . $headerClass . '"'; ?>>
                    <?php echo $module->title; ?>
                </<?php echo $headerTag; ?>>
                <hr class="primary">
            </div>
        </div>
    </div>
<?php endif; ?>

<div class="container">
    <div class="row">
        <!-- Foreach Schleife - ruft die Artikel aus der gewählten Kategorie in einer Schleife auf -->
        <?php foreach ($list as $item) : ?>
            <div class="col-lg-<?php echo $lgclass; ?> text-center ">
                <div class="service-box">
                    <!-- Abfrage ob der Titel eingeblendet werden soll -->
                    <?php if ($params->get('item_title')) : ?>

                        <!-- Ausgabe des Überschriften-Tags mit Modulklassen-Suffix -->
                        <<?php echo $item_heading; ?> class="newsflash-title<?php echo $params->get('moduleclass_sfx'); ?>">

                            <!-- Abfrage ob der Titel mit Link ausgegeben werden soll -->
                            <?php if ($params->get('link_titles') && $item->link != '') : ?>
                                <a href="<?php echo $item->link; ?>">
                                    <?php echo $item->title; ?>
                                </a>

                            <?php else : ?>
                                <!-- Ansonsten Titel ohne Link ausgeben -->
                                <?php echo $item->title; ?>
                            <?php endif; ?>

                        </<?php echo $item_heading; ?>>

                    <?php endif; ?>

                    <?php if (!$params->get('intro_only')) : ?>
                        <?php echo $item->afterDisplayTitle; ?>
                    <?php endif; ?>

                    <?php echo $item->beforeDisplayContent; ?>

                    <?php if ($params->get('show_introtext', '1')) : ?>
                        <?php echo $item->introtext; ?>
                    <?php endif; ?>
```

```
                <?php echo $item->afterDisplayContent; ?>

                <?php if (isset($item->link) && $item->readmore != 0 && $params-
>get('readmore')) : ?>
                    <?php echo '<a class="readmore" href="' . $item->link . '">' .
$item->linkText . '</a>'; ?>
                <?php endif; ?>
            </div>
        </div>
    <?php endforeach; ?> <!-- Ende der foreach Schleife -->
    </div> <!--Row Ende-->
</div> <!-- Container Ende -->
</<?php echo $moduleTag; ?>>
```

 PRAXISTIPP: Es empfiehlt sich bei Alternativen Layouts, immer die Originallayouts der jeweiligen Erweiterung zu inspizieren und zu verstehen. Dadurch können Sie den Code wie im Listing 12.39 gesehen sehr einfach ableiten. Der Bereich in der Foreach-Schleife ist eine Mischung aus dem Code der Template-Vorlage und den Möglichkeiten, die das Modul *mod_articles_news* bietet. Den Teil der zwischen der foreach-Schleife wiedergegeben wird, finden Sie im Original in der Datei *item.php* unter *modules/mod_articles_news/tmpl*

Modul im Template aufrufen

Ersetzen Sie jetzt den kompletten Service-Block in Ihrer *index.php*-Datei durch:

```
<jdoc:include type="modules" name="top" style="none" />
```

Sie rufen damit die Modulposition *top* mit dem Modul-Chrome *none* (= kein Markup) auf.

Inhalte für das Modul erstellen

Legen Sie eine neue Kategorie, z. B. „**Iconmodul**", an und erstellen Sie mindestens vier Artikel in dieser Kategorie. Die folgenden Inhalte habe ich aus der html-Vorlage übernommen:

1. Artikel

```
<i class="fa fa-4x fa-diamond text-primary sr-icons"></i>
<h3>Sturdy Templates</h3>
<p class="text-muted">Our templates are updated regularly so they don't break.</p>
```

2. Artikel

```
<i class="fa fa-4x fa-paper-plane text-primary sr-icons"></i>
<h3>Ready to Ship</h3>
<p class="text-muted">You can use this theme as is, or you can make changes!</p>
```

3. Artikel

```
<i class="fa fa-4x fa-newspaper-o text-primary sr-icons"></i>
<h3>Up to Date</h3>
<p class="text-muted">We update dependencies to keep things fresh.</p>
```

4. Artikel

```
<i class="fa fa-4x fa-heart text-primary sr-icons"></i>
<h3>Made with Love</h3>
<p class="text-muted">You have to make your websites with love these days!</p>
```

Modul einrichten

Richten Sie nun Ihr Modul ein. Gehen Sie dazu im Backend auf ERWEITERUNGEN » MODULE und klicken Sie auf den grünen Button NEU. Als Modultyp wählen Sie „BEITRÄGE - NEWSFLASH" aus.

Im ersten Reiter „MODUL" finden Sie nun ein paar Einstellungsmöglichkeiten für die Anzeige der Artikel.

Als Titel tragen Sie etwas Beliebiges ein, zum Beispiel „Iconmodule".

Auf der rechten Seite finden Sie Einstellungen zum Ein- und Ausblenden dieses Titels. Stellen Sie Titel anzeigen auf „**Anzeigen**". Darunter finden Sie die Einstellungen zur Position. Wählen Sie hier die Position „**top**" aus.

Weiterhin sind hier einige Parameter, die wir festlegen müssen:

Kategorie: Iconmodul

Plugin-Ereignisse ausführen: Nein

Einleitungstext: Anzeigen

Anzahl von Beiträgen: 6 *(Sie können dann max. 6 Artikel anzeigen)*

Weisen Sie das Modul im Reiter „MENÜZUWEISUNG" der Startseite zu.

Im Reiter „ERWEITERT" können wir alle weiteren Parameter einstellen, die in unserem Chrome aufgerufen werden und wie folgt lauten:

Modul-Tag: section

Header-Tag: h3

Wir bleiben in diesem Reiter und wählen unser Alternatives Layout aus.

Alternatives Layout: Iconmodule

Den Chromestil none müssen wir nicht auswählen, da wir den Standard-Chromestil bereits im Modulaufruf festgelegt haben.

Speichern Sie das Modul und werfen Sie einen Blick ins Frontend.

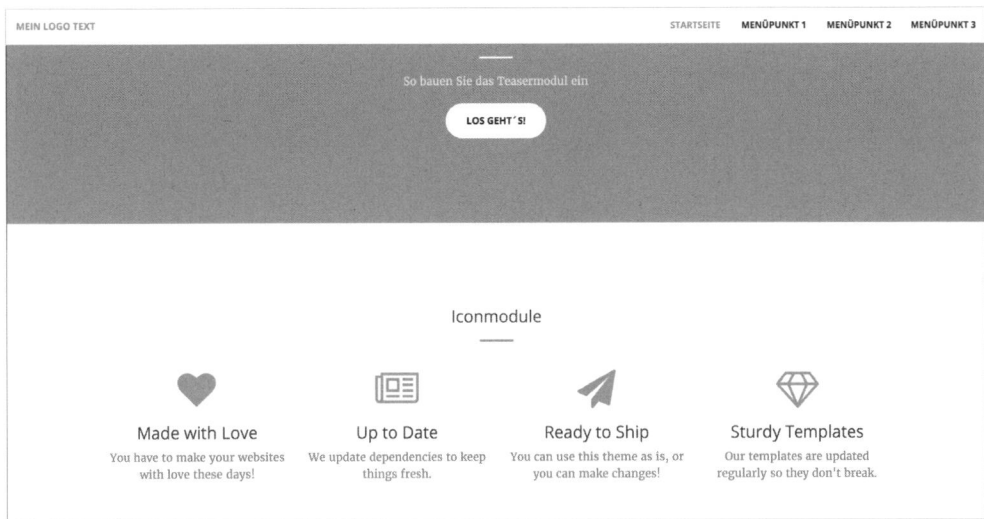

Bild 12.41 Dynamisch generierter Iconbereich im Frontend

12.2.5.6 Portfolio-Modul

Weiter geht es mit dem nächsten Abschnitt unserer Webseite, es handelt sich um den schicken Portfolio-Bereich. Wenn wir mit der Maus über die Bilder fahren, färbt sich der Hintergrund und wir sehen die Kategorie und einen Titel.

Um dieses Aussehen zu erreichen, nehmen wir wieder das Modul *mod_articles_news* zur Hilfe, um die folgenden Schritte abzuarbeiten:

1. Ein weiteres Alternatives Layout in *templates/paula/html/mod_articles_news/* (Beiträge - Newsflash) anlegen.
2. Das Modul über ein Jdoc-Statement der Datei *templates/paula/index.php* aufrufen.
3. Mindestens drei Artikel anlegen, die in diesem Modul angezeigt werden sollen.
4. Das Modul im Modulmanager unter ERWEITERUNGEN » MODULE anlegen und einrichten.

Alternatives Layout anlegen

So sieht der Code für das Portfolio in unserer Vorlage aus:

Listing 12.40 Portfolio-Bereich in der Template-Vorlage

```html
<section class="no-padding" id="portfolio">
 <div class="container-fluid">
  <div class="row no-gutter popup-gallery">
   <div class="col-lg-4 col-sm-6">
    <a href="img/portfolio/fullsize/1.jpg" class="portfolio-box">
     <img src="img/portfolio/thumbnails/1.jpg" class="img-responsive" alt="">
     <div class="portfolio-box-caption">
      <div class="portfolio-box-caption-content">
       <div class="project-category text-faded">
        Category
```

```html
        </div>
        <div class="project-name">
         Project Name
        </div>
       </div>
      </div>
     </a>
    </div>

    <div class="col-lg-4 col-sm-6">
     <a href="img/portfolio/fullsize/2.jpg" class="portfolio-box">
      <img src="img/portfolio/thumbnails/2.jpg" class="img-responsive" alt="">
       <div class="portfolio-box-caption">
        <div class="portfolio-box-caption-content">
         <div class="project-category text-faded">
          Category
         </div>
         <div class="project-name">
          Project Name
         </div>
        </div>
       </div>
      </a>
     </div>

     <div class="col-lg-4 col-sm-6">
      <a href="img/portfolio/fullsize/3.jpg" class="portfolio-box">
       <img src="img/portfolio/thumbnails/3.jpg" class="img-responsive" alt="">
        <div class="portfolio-box-caption">
         <div class="portfolio-box-caption-content">
          <div class="project-category text-faded">
           Category
          </div>
          <div class="project-name">
           Project Name
          </div>
         </div>
        </div>
       </a>
      </div>

<div class="col-lg-4 col-sm-6">
 <a href="img/portfolio/fullsize/4.jpg" class="portfolio-box">
  <img src="img/portfolio/thumbnails/4.jpg" class="img-responsive" alt="">
   <div class="portfolio-box-caption">
    <div class="portfolio-box-caption-content">
     <div class="project-category text-faded">
      Category
     </div>
     <div class="project-name">
      Project Name
     </div>
    </div>
   </div>
  </a>
 </div>
```

```
    <div class="col-lg-4 col-sm-6">
      <a href="img/portfolio/fullsize/5.jpg" class="portfolio-box">
        <img src="img/portfolio/thumbnails/5.jpg" class="img-responsive" alt="">
        <div class="portfolio-box-caption">
          <div class="portfolio-box-caption-content">
            <div class="project-category text-faded">
              Category
            </div>
            <div class="project-name">
              Project Name
            </div>
          </div>
        </div>
      </a>
    </div>

    <div class="col-lg-4 col-sm-6">
      <a href="img/portfolio/fullsize/6.jpg" class="portfolio-box">
        <img src="img/portfolio/thumbnails/6.jpg" class="img-responsive" alt="">
        <div class="portfolio-box-caption">
          <div class="portfolio-box-caption-content">
            <div class="project-category text-faded">
              Category
            </div>
            <div class="project-name">
              Project Name
            </div>
          </div>
        </div>
      </a>
    </div>

  </div>
 </div>
</section>
```

Sie sehen auch hier, dass sich im Portfolio-Modul die Bereiche innerhalb des `<div class="row no-gutter popup-gallery">`-Tags wiederholen.

Wir legen ein neues Alternatives Layout im Ordner *templates/paula/html/mod_articles_news* mit dem Namen *portfolio.php* an. Ähnlich wie beim *iconmodul* leiten wir die Datei mit ein paar Variablen ein:

Listing 12.41 Ausschnitt aus der Variablen-Definition in der Datei *templates/paula/html/mod_articles_news/portfolio.php*.

```
<?php defined('_JEXEC') or die;
$moduleTag    = $params->get('module_tag', 'section');
$moduleId     = $module->position . '-' . $module->id;
?>
```

Im Gegensatz zum Iconmodul lassen wir hier Parameter weg und behalten einige statischen Angaben im Code bei. In diesem Fall müssen wir uns darauf verlassen, dass die dargestellte Artikelmenge immer durch 3 teilbar ist. Wenn Sie möchten, können Sie das im Nachgang perfektionieren.

HINWEIS: Merken Sie sich, dass die im Modul getätigten Parametereinstellungen nur Einfluss haben, wenn sie auch im Override bzw. Alternativen Layout abgefragt und ausgegeben werden.

Ersetzen Sie den Container um die foreach-Schleife durch den im Listing 12.42 angezeigten Codeabschnitt.

Listing 12.42 Bereich um die Foreach-Schleife in der Datei *templates/paula/html/mod_articles_news/portfolio.php*

```
<<?php echo $moduleTag; ?> class="no-padding" id="<?php echo $moduleId; ?>">
 <div class="container-fluid">
  <div class="row no-gutter popup-gallery <?php echo $moduleclass_sfx; ?>">
   <?php foreach ($list as $item) : ?>
    <!-- Hier werden im nächsten Schritt die Artikel geladen -->
   </div><!-- Row Ende -->
 </div><!--Container Ende -->
</<?php echo $moduleTag; ?>>
```

Kopieren Sie einen der sich wiederholenden Codeblöcke aus Ihrer Template-Vorlage in die foreach-Schleife und ergänzen Sie fehlende Variablen. Sehen Sie sich dazu den kompletten Code im Listing 12.43 an.

Listing 12.43 Fertiggestelltes Alternatives Layout für *mod_articles_news* in der Datei *templates/paula/html/mod_articles_news/portfolio.php*

```
<?php defined('_JEXEC') or die;
$moduleTag = $params->get('module_tag', 'section');
$moduleId = $module->position . '-' . $module->id;
?>

<<?php echo $moduleTag; ?> class="no-padding" id="<?php echo $moduleId; ?>">
 <div class="container-fluid">
  <div class="row no-gutter popup-gallery <?php echo $moduleclass_sfx; ?>">

   <!-- Foreach Schleife - ruft die Artikel aus der gewählten Kategorie in einer Schleife auf -->
    <?php foreach ($list as $item) : ?>
    <!-- Zuweisung der Variablen für das Einleitungsbild und das Bild, welches im Popup aufgeht -->

    <?php
    $images = json_decode($item->images);
    $introimg = $images->image_intro;
    $introimgalt = $images->image_intro_alt;
    $fullimg = $images->image_fulltext;
    ?>
    <!-- Ausgabe der Bildkacheln -->
    <div class="col-lg-4 col-sm-6">
     <a href="<?php echo $fullimg; ?>" class="portfolio-box">
      <img src="<?php echo $introimg; ?>" class="img-responsive" alt="<?php echo $introimgalt; ?>">

      <div class="portfolio-box-caption">
```

```php
      <div class="portfolio-box-caption-content">
        <div class="project-category text-faded">
          <!-- Ausgabe des Kategorietitels -->
          <?php echo $item->category_title; ?>
        </div>
        <div class="project-name">
          <!-- Ausgabe des Artikeltitels -->
          <?php echo $item->title; ?>
        </div>
      </div>
    </a>
  </div>
  <?php endforeach; ?>
</div><!-- Row Ende -->
</div><!-- Container Ende -->
</<?php echo $moduleTag; ?>>
```

Modul im Template aufrufen

Ersetzen Sie nun den kompletten Portfolio-Block in Ihrer *index.php*-Datei durch:

```
<jdoc:include type="modules" name="portfolio" style="none" />
```

Sie rufen damit die Modulposition *portfolio* mit dem Modul-Chrome *none* auf.

Inhalte für das Modul erstellen

Legen Sie eine Kategorie „*Portfolio*" an (INHALT » KATEGORIEN » NEUE KATEGORIE)

Erstellen Sie innerhalb dieser Kategorie ein paar Artikel für das Portfolio. Für den Anfang reichen drei Artikel. Weisen Sie dem Artikel im Reiter „BILDER UND LINKS" ein „*Einleitungsbild*" (*Anzeige im Kästchen auf der Seite*) und ein „*Komplettes Beitragsbild*" (*Anzeige nach Klick auf das Kästchen*) zu.

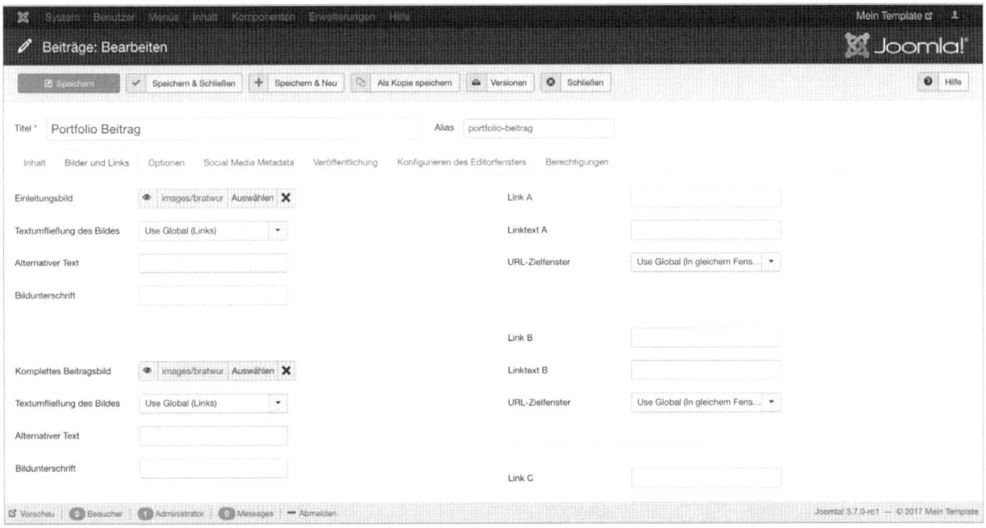

Bild 12.42 – Bearbeitung der Portfolio-Beiträge

Modul einrichten

Richten Sie nun Ihr Modul ein. Gehen Sie dazu im Backend auf ERWEITERUNGEN » MODULE und klicken Sie auf den grünen Button NEU. Als Modultyp wählen Sie „BEITRÄGE – NEWSFLASH" aus.

Im ersten Reiter „MODUL" finden Sie nun ein paar Einstellungsmöglichkeiten für die Anzeige der Artikel.

Als Titel tragen Sie etwas Beliebiges ein, zum Beispiel „*Portfolio*".

Auf der rechten Seite finden Sie Einstellungen zum Ein- und Ausblenden dieses Titels. Stellen Sie Titel anzeigen auf „**Verbergen**". Darunter finden Sie die Einstellungen zur Position. Wählen Sie hier die Position „**portfolio**" aus.

Weiterhin sind hier einige Parameter, die wir festlegen müssen:

Kategorie: Portfolio

Beitragsbilder anzeigen: Ja

Beitragstitel anzeigen: Nein

Plugin-Ereignisse ausführen: Ja

Einleitungstext: Anzeigen

Weiterlesen-Link: Verbergen

Anzahl von Beiträgen: 3

Weisen Sie das Modul im Reiter „MENÜZUWEISUNG" der Startseite zu.

Im Reiter „ERWEITERT" können wir alle weiteren Parameter einstellen, die in unserem Chrome aufgerufen werden und wie folgt lauten:

Modul-Tag: section

Header-Tag: h3

Wir bleiben in diesem Reiter und wählen unser Alternatives Layout aus.

Alternatives Layout: Portfolio

Den Chromestil none müssen wir nicht auswählen, da wir den Standard-Chromestil bereits im Modulaufruf festgelegt haben.

Speichern Sie das Modul und werfen Sie einen Blick ins Frontend.

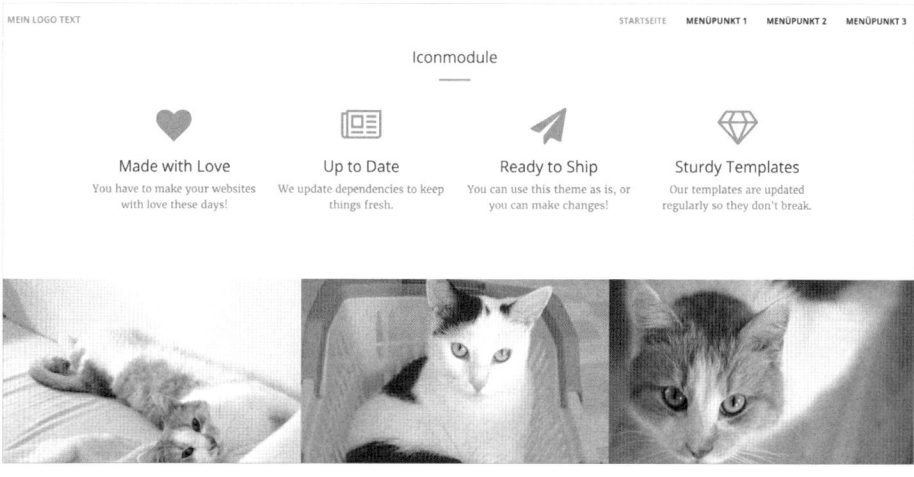

Bild 12.43 Dynamisch generierter Portfolio-Bereich im Frontend

12.2.5.7 Call-to-Action-Bereich

Für den Call-to-action-Bereich haben wir die Position *action* in der *templateDetails.xml* vorgesehen.

Wir werden folgende Schritte abarbeiten:

1. Den Modul Chrome *primary* kopieren und geringfügig anpassen.
2. Das Modul per Jdoc-Statement in der Datei *templates/paula/index.php* aufrufen.
3. Das Modul im Modulmanager unter ERWEITERUNGEN » MODULE anlegen und einrichten.

Modul Chrome anlegen

Der Code für den Call-to-Action-Bereich sieht in unserer Vorlage so aus:

Listing 12.44 Call-to-Action-Bereich in der Template-Vorlage

```html
<aside class="bg-dark">
  <div class="container text-center">
    <div class="call-to-action">
      <h2>Free Download at Start Bootstrap!</h2>
      <a href="http://startbootstrap.com/template-overviews/creative/" class="btn btn-default btn-xl sr-button">Download Now!
      </a>
    </div>
  </div>
</aside>
```

Sie sehen, dass sich dieser Bereich nur geringfügig von dem *primary*-Chrome unterscheidet, den wir schon angelegt haben.

Kopieren Sie den bereits angelegten *primary*-Chrome und benennen ihn in *dark* um. Ersetzen Sie noch die CSS-Klasse `bg-primary` für den umliegenden Tag und benennen Sie diese `bg-dark`.

Alles andere können Sie so lassen wie gehabt.

Modul im Template aufrufen

Ersetzen Sie nun den kompletten Call-to-Action-Block in Ihrer index.php-Datei durch:

```html
<jdoc:include type="modules" name="action" style="dark" />
```

Sie rufen damit die Modulposition **action** mit dem Modul-Chrome **dark** auf.

Modul einrichten

Richten Sie nun Ihr Modul ein. Gehen Sie dazu im Backend auf ERWEITERUNGEN » MODULE und klicken Sie auf den grünen Button NEU. Als Modultyp wählen Sie „EIGENES MODUL" aus.

Im ersten Reiter „MODUL" können Sie für die Übung einfach den Inhalt aus der Vorlage eintragen:

```html
<a href="http://startbootstrap.com/template-overviews/creative/" class="btn btn-default btn-xl sr-button">Download Now!</a>
```

Als Titel tragen Sie etwas Beliebiges ein, zum Beispiel „*Call to Action*"

Auf der rechten Seite finden Sie Einstellungen zum Ein- und Ausblenden dieses Titels. Stellen Sie Titel anzeigen auf „**Anzeigen**". Darunter finden Sie die Einstellungen zur Position. Wählen Sie hier die Position „**action**" aus.

Weisen Sie das Modul im Reiter „MENÜZUWEISUNG" der Startseite zu.

Im Reiter „ERWEITERT" können wir alle weiteren Parameter einstellen, die in unserem Chrome aufgerufen werden und wie folgt lauten:

Modul-Tag: aside

Modulklassensuffix: call-to-action text-center

Header-Tag: h3

Wir bleiben in diesem Reiter und wählen unser Alternatives Layout aus.

Alternatives Layout: clean

Den Chromestil dark müssen wir nicht auswählen, da wir den Standard-Chromestil bereits im Modulaufruf festgelegt haben.

Speichern Sie das Modul und werfen Sie einen Blick ins Frontend.

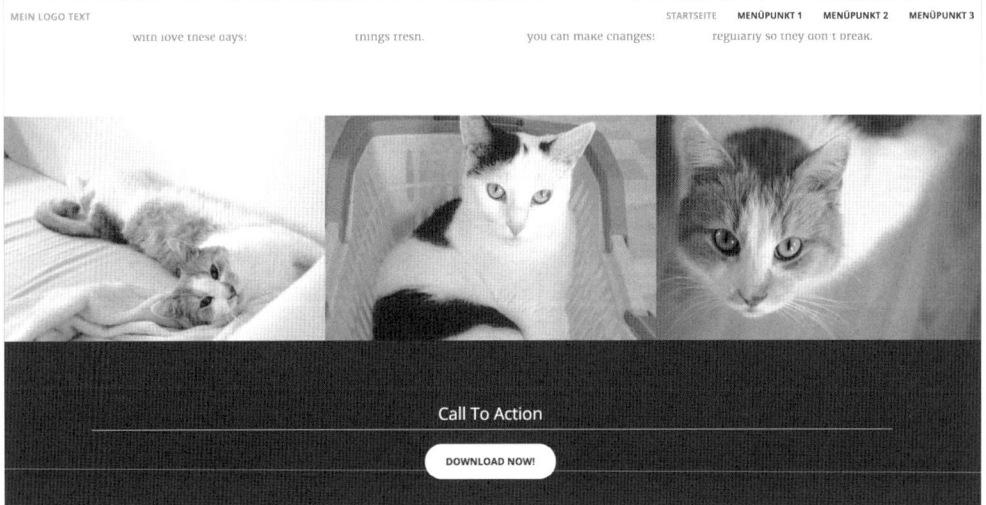

Bild 12.44 Dynamisch generierter Call-to-Action-Bereich im Frontend

12.2.5.8 Kontaktbereich im Footer

Nun haben Sie eigene Chromes und eigene Overrides angelegt. Für den Kontaktbereich im Footer erstellen wir lediglich ein paar einfache PHP-if-Abfragen, um keinen leeren Container auf der Seite zu haben, falls dieser Bereich nicht genutzt wird.

In der *TemplateDetails.xml* haben wir für den Fußbereich die Position *contact* vorgesehen.

Der Code aus der Vorlage sieht folgendermaßen aus:

Listing 12.45 Kontaktbereich in der Template-Vorlage

```
<section id="contact">
 <div class="container">
  <div class="row">
   <div class="col-lg-8 col-lg-offset-2 text-center">
    <h2 class="section-heading">Let's Get In Touch!</h2>
    <hr class="primary">
    <p>Ready to start your next project with us? That's great! Give us a call or
    send us an email and we will get back to you as soon as possible!</p>
   </div>
   <div class="col-lg-4 col-lg-offset-2 text-center">
    <i class="fa fa-phone fa-3x sr-contact"></i>
    <p>123-456-6789</p>
   </div>
   <div class="col-lg-4 text-center">
    <i class="fa fa-envelope-o fa-3x sr-contact"></i>
     <p>
      <a href="mailto:your-email@your-domain.com">
       feedback@startbootstrap.com
      </a>
     </p>
   </div>
  </div>
 </div>
</section>
```

Modul im Template aufrufen

Mit dem Befehl `<?php if ($this->countModules('contact')) : ?>` können wir feststellen, ob für diesen Abschnitt überhaupt ein Modul im Backend eingerichtet wurde und ob wir folglich diesen Abschnitt überhaupt im Template ausgeben wollen. Das Template gibt den innenliegenden Code nur dann aus, falls ein Modul auf der Position *contact* veröffentlicht wurde. Die in Listing 12.45 fett abgedruckten Zeilen mit den statischen Inhalten für den Kontaktbereich können wir komplett entfernen und setzen statt dessen `<jdoc:include type="modules" name="`**contact**`" style="none" />` ein.

Der Code für die `index.php` sieht dann folgendermaßen aus:

Listing 12.46 Aufruf des Kontaktbereichs in der *index.php*-Datei

```
<?php if ($this->countModules('contact')) : ?>
<section id="contact">
<div class="container">
<div class="row">
<jdoc:include type="modules" name="contact" style="none" />
</div>
</div>
</section>
<?php endif; ?>
```

Module einrichten

Richten Sie nun drei Module ein.

Gehen Sie dazu im Joomla!-Backend auf ERWEITERUNGEN » MODULE und klicken Sie auf den grünen Button NEU. Als Modultyp wählen Sie „EIGENES MODUL" aus.

Im ersten Reiter „MODUL" können Sie für unsere Übung in der Codeansicht des Editors einfach folgenden Quellcode eintragen:

```
<h3>Kontaktieren Sie uns!</h3>
<p>Wir freuen uns auf Ihren Anruf oder Ihre Email! </p>
```

Als Titel tragen Sie etwas Beliebiges ein, zum Beispiel „*Kontaktieren Sie uns*".

Auf der rechten Seite finden Sie Einstellungen zum Ein- und Ausblenden dieses Titels. Stellen Sie Titel anzeigen auf „**Verbergen**". Darunter finden Sie die Einstellungen zur Position. Wählen Sie hier die Position „**contact**" aus.

Weisen Sie das Modul im Reiter „MENÜZUWEISUNG" „Auf allen Seiten" zu.

Im Reiter „ERWEITERT" können wir alle weiteren Parameter einstellen, die in unserem Chrome aufgerufen werden und wie folgt lauten:

Modul-Tag: div

Modulklassensuffix: col-lg-8 col-lg-offset-2 text-center

Header-Tag: h2

Header-Klasse: section-Heading

Wir wählen hier kein Alternatives Layout aus.

Speichern Sie das erste Modul und legen Sie ein zweites vom gleichen Typ an:

Im ersten Reiter „MODUL" können Sie für die Übung einfach den Inhalt aus der Vorlage eintragen:

```
<span class="fa fa-phone fa-3x sr-contact"></span><p>123-456-6789</p>
```

Als Titel tragen Sie etwas Beliebiges ein, zum Beispiel „*Telefon*".

Auf der rechten Seite finden Sie Einstellungen zum Ein- und Ausblenden dieses Titels. Stellen Sie Titel anzeigen auf „**Verbergen**". Darunter finden Sie die Einstellungen zur Position. Wählen Sie hier die Position „**contact**" aus.

Weisen Sie das Modul im Reiter „MENÜZUWEISUNG" „Auf allen Seiten" zu.

Im Reiter „ERWEITERT" können wir alle weiteren Parameter einstellen, die in unserem Chrome aufgerufen werden und wie folgt lauten:

Modul-Tag: div

Modulklassensuffix: col-lg-4 col-lg-offset-2 text-center

Header-Tag: h3

Header-Klasse: section-heading

Wir wählen hier wieder kein Alternatives Layout aus.

Nun legen wir das letzte Kontakt-Modul an, erstellen Sie wieder ein neues Modul vom Typ „Eigenes Modul".

Im ersten Reiter „MODUL" können Sie für die Übung einfach den Inhalt aus der Vorlage eintragen:

```
<span class="fa fa-envelope-o fa-3x sr-contact"></span>
<p><a href="mailto:your-email@your-domain.com">feedback@startbootstrap.com</a></p>
```

Als Titel tragen Sie etwas Beliebiges ein, zum Beispiel „E-Mail".

Auf der rechten Seite finden Sie Einstellungen zum Ein- und Ausblenden dieses Titels. Stellen Sie Titel anzeigen auf „**Verbergen**". Darunter finden Sie die Einstellungen zur Position. Wählen Sie hier die Position „**contact**" aus.

Weisen Sie das Modul im Reiter „MENÜZUWEISUNG" „Auf allen Seiten" zu.

Im Reiter „ERWEITERT" können wir alle weiteren Parameter einstellen, die in unserem Chrome aufgerufen werden und wie folgt lauten:

Modul-Tag: div

Modulklassensuffix: col-lg-4 text-center

Header-Tag: h3

Header-Klasse: section-heading

Wir wählen hier wieder kein Alternatives Layout aus.

Gehen Sie nun im Backend unter ERWEITERUNGEN » MODULE und klicken Sie auf die Reihenfolge-Pfeile in der Spaltenüberschrift, um die Sortierung zu aktivieren. Stellen Sie sicher, dass das „Kontaktieren Sie uns"-Modul bei den contact-Modulen ganz oben steht.

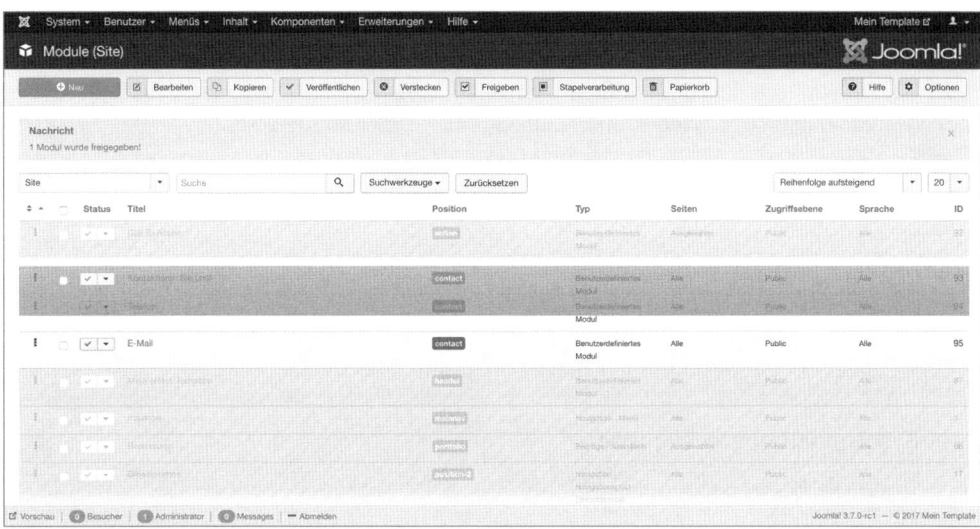

Bild 12.45 Sortierung der Module im Modulmanager

12.2.6 Verweise korrigieren

Wir haben in den verschiedenen Modul Chromes eine individuelle Modul-ID in den Modulcontainer eingebunden. Diese ermöglicht uns, zwischen den Containern zu scrollen, so wie man es in der Template-Vorlage sehen kann. Sie können die bisher eingebundenen leeren href-Verweise (#) in den Modulen um den Ankerlink ergänzen, zu dem Sie springen wollen. Wie Sie im Listing 12.26 sehen wird die Modul-ID aus der Modulposition und der Modul-ID konstruiert.

Beispiel   : Das Headermodul hat folgenden HTML-Inhalt:

```
<hr />
 <p>Willkommen auf meiner Webseite </p>
 <a href="#" class="btn btn-primary btn-xl page-scroll">Mehr über mich</a>
```

Wenn wir nun zum ersten Modul auf der Position *teaser* scrollen wollen, bedienen wir uns entweder den Entwicklertools unseres Browsers, um die id des Teaser-Moduls zu ermitteln oder wir werfen einen Blick ins Backend in den Modul-Manager. Hier sind alle Module mit ihren entsprechenden IDs aufgelistet. Hat der Teaser die *ID 23*, nutzen wir statt der Raute im href-Attribut `href="#teaser-23"`.

Führen Sie das bei allen Modulen durch, die Sie zu einer anderen Position verlinken wollen.

Wir haben im vorhergehenden Kapitel das letzte Modul ersetzt und sind somit fast fertig. Wenn Sie nun das Ergebnis im Frontend ansehen, haben Sie die ganze Vorlage erfolgreich in ein Joomla!-Template umgewandelt.

Dennoch fehlt bisher ein sehr wichtiger Bereich für ein Joomla!-Template, wenn nicht sogar der wichtigste!

Wir sollten noch den sogenannten Komponenten-Bereich ergänzen, das ist der Bereich in dem die Inhalte von Artikeln und Komponenten geladen werden.

Im „Onepage"-Konzept der Vorlage ist dieser Bereich nicht vorgesehen. Das hält uns aber nicht zurück, das Template gemeinsam zu erweitern.

12.2.7 Weitere Jdoc-Anweisungen

Folgende Jdoc-Anweisungen fehlen noch in unserem Dokument:

Systemmeldungen ausgeben

```
<jdoc:include type="message" />
```

Über dieses Element definiert man die Position, an der die Systemmeldungen von Joomla! und von Joomla!-Komponenten ausgegeben werden. Das kann zum Beispiel eine Meldung sein, dass der Login nicht erfolgreich war, da das Passwort und der Benutzername nicht übereinstimmen oder eine Nachricht, dass das Kontaktformular erfolgreich abgesandt wurde.

Navigationspfad ausgeben

```
<jdoc:include type="modules" name="breadcrumbs" style="none" />
```

Der Navigationspfad, auch Breadcrumbs genannt, gibt wieder, auf welcher Seite man sich gerade befindet und bietet dem Besucher somit Orientierung. Im Grunde ist das nichts anderes als der bereits gelernte Modulpositionen-Aufruf.

12.2.8 Inhaltsbereich/Komponente

Artikel bzw. Komponente ausgeben (Hauptcontent)

```
<jdoc:include type="component" />
```

Mit dieser Anweisung legen Sie fest, an welcher Stelle der Hauptinhalt (Artikel und Komponenten) ausgeben wird.

Den Bereich für die Komponente setzen wir zwischen den Aufruf der Postion *top* und *portfolio*. Außerdem fügen wir noch den Aufruf für das *Joomla! Breadcrumbs Modul* ein, welches automatisch den Navigationspfad ausgibt. Um auch rechts vom Content eine Möglichkeit zu haben, Module darzustellen, zum Beispiel für eine Unternavigation, fügen wir rechts vom *Inhaltsbereich* noch die Modulposition *right* hinzu.

Spaltenbreiten definieren

Zunächst behelfen wir uns mit ein paar if-Abfragen, um die richtigen Spaltenbreiten zu ermitteln. Den Befehl *countModules* haben Sie bereits im Abschnitt 12.2.8 kennengelernt. Dieser Befehl eignet sich auch prima dazu, Spaltenbreiten zu definieren.

Der Plan: Unser Inhaltsbereich nimmt acht von zwölf Spalten ein und wird mittig dargestellt, also um zwei Spalten nach innen verschoben. Wenn eine rechte Spalte eingeblendet wird, dann bleibt der Inhaltsbereich achtspaltig, beginnt aber schon in der ersten Spalte.

Die Bootstrap-CSS-Klassen dafür sehen wie folgt aus:

Rechte Spalte eingeblendet:

Klasse für den Inhalt: `col-lg-8`, Rechte Spalte: `col-lg-4`

Rechte Spalte ausgeblendet:

Klasse für den Inhalt: `col-lg-8 col-lg-offset-2`, Rechte Spalte: entfällt

Diesen Plan setzen wir nun in PHP um. Wir müssen jeweils nur wissen, ob die rechte Spalte da ist oder nicht. Fügen Sie also zwischen dem Aufruf der *top*- und der *portfolio*-Position folgenden Code ein.

Listing 12.47 Aufruf des Komponentenbereichs in der *index.php*-Datei

```
<main class="container" id="maincontent">
   <div class="row">

<?php
```

```
/* Variable für Spaltenprüfung */
$rechtespalte = ($this->countModules('right'));

/* Wenn die rechte Spalte existiert, dann wird der Inhalt nicht verschoben */
if($rechtespalte == '1'):
   $inhaltsklasse = 'class="col-lg-8"';

/* Wenn die rechte Spalte nicht existiert, dann wird der Inhalt um 2 Spalten
verschoben */
else :
$inhaltsklasse = 'class="col-lg-8 col-lg-offset-2"';
endif;

?>
<div <?php echo $inhaltsklasse;?>>
   <!-- Hier wird die Systemnachricht ausgegeben -->
   <jdoc:include type="message"/>
   <!-- Navigationspfad-->
   <jdoc:include type="module" name="breadcrumbs" title="Navigationspfad"/>
   <!-- Bereich für die Komponentenausgabe -->
   <jdoc:include type="component"/>
</div>

<?php if ($rechtespalte) : ?>
   <div class="col-lg-4">
      <jdoc:include type="modules" name="right" style="xhtml"/>
   </div>
<?php endif; ?>

 </div>
</main>
```

Ausgabe des Komponentenbereichs per Parameter steuern

Sinnigerweise sollten wir diesen Bereich nur ausgeben, wenn er gewünscht ist. Daher ist es ratsam, einen Parameter im Templatestil anzulegen, der festlegt ob der „Komponentenbereich" eingeblendet werden soll oder nicht.

Dazu fügen wir in die existierende *templateDetails.xml* ein weiteres Parameter-Feld hinzu:

Listing 12.48 Ergänzung der Template-Parameter in der *templateDetails.xml*-Datei

```
<field name="mainoutput" type="radio" default="yes"
       label="TPL_PAULA_FIELD_MAINOUTPUT"
       description="TPL_PAULA_FIELD_MAINOUTPUT_DESC">
   <option value="yes">JSHOW</option>
   <option value="no">JHIDE</option>
</field>
```

Vergessen Sie nicht, die Strings *TPL_PAULA_FIELD_MAINOUTPUT* und *TPL_PAULA_FIELD_ MAINOUTPUT_DESC* in der *.ini*-Datei zu übersetzen. *JSHOW* und *JHIDE* sind globale Sprachstrings, die überall in Joomla! wiederverwendet werden und nicht neu angelegt werden müssen.

Listing 12.49 Ergänzung der Template-Parameterübersetzungen in der *de-De.tpl_paula.xml*-Datei

```
TPL_PAULA_FIELD_MAINOUTPUT="Komponentenbereich ausgeben"
TPL_PAULA_FIELD_MAINOUTPUT_DESC="Wählen Sie aus ob die Komponente und die rechte
Seitenleiste angezeigt werden sollen."
```

Jetzt legen wir um den Code aus dem Listing 12.47 eine PHP-Abfrage und schreiben dazu vor den Codeblock:

```
<?php if ($this->params->get('mainoutput', 'yes') == 'yes') : ?>
```

Und nach dem Codeblock:

```
<?php endif; ?>
```

Jetzt ist unser Template komplett! Glückwunsch zum abgeschlossenen Workshop.

So sieht die fertige *index.php*-Datei aus, den Code können Sie sich unter GitHub unter *https://github.com/coolcat-creations/paula-joomla-template/tree/1.0* herunterladen. Eine weiterentwickelte Version finden Sie unter *https://github.com/coolcat-creations/paula-joomla-template*.

Listing 12.50 Fertiggestellte *index.php*-Datei

```
<?php defined('_JEXEC') or die('Restricted access');

// Hier definieren wir eine kurze Variable für den aktuellen Templatepfad
$tplpath = $this->baseurl . '/templates/' . $this->template;

// Laden der Bootstrap CSS
$this->addStyleSheet($tplpath . '/vendor/bootstrap/css/bootstrap.min.css');

// Schriften laden
$this->addStyleSheet($tplpath . '/vendor/font-awesome/css/font-awesome.min.css');
$this->addStyleSheet('https://fonts.googleapis.com/css?family=Open+Sans:300italic,
400italic,600italic,700italic,800italic,400,300,600,700,800');
$this->addStyleSheet('https://fonts.googleapis.com/css?family=Merriweather:400,300,
300italic,400italic,700,700italic,900,900italic');

// CSS Datei für die Portfolio Popups laden
$this->addStyleSheet($tplpath . '/vendor/magnific-popup/magnific-popup.css');

// CSS Dateien für das Template laden und hinterlegten Parameter prüfen.
// Bevor die CSS Dateien per Parameter eingebunden wurden, wurden die CSS
// folgendermaßen geladen:
// $this->addStyleSheet ($this->baseurl . '/templates/' . $this->template . '/css/
creative.css');

if ($this->params->get('templatecolor', 'orange') == 'orange')
{
 $this->addStyleSheet($tplpath . '/css/creative.css');
}
else
{
 $this->addStyleSheet($tplpath . '/css/creative-blue.css');
}

// Skripte laden
```

```php
// jQuery Skript von Joomla! laden
JHtml::_('jquery.framework');

// Bootstrap von Joomla! einbinden
// (Die Bootstrap Datei muss nicht extra geladen werden, nur in den richtigen Ordner
verschoben werden)
JHtml::_('bootstrap.framework');

// Laden der Skriptdateien für Easing, Scrolling und Popups
$this->addScript('http://cdnjs.cloudflare.com/ajax/libs/jquery-easing/1.3/jquery.
easing.min.js', 'text/javascript', true, false);
$this->addScript($tplpath . '/vendor/scrollreveal/scrollreveal.min.js', 'text/
javascript', true, false);
$this->addScript($tplpath . '/vendor/magnific-popup/jquery.magnific-popup.min.js',
'text/javascript', true, false);

// Laden der Skriptdateien für das Template
$this->addScript($tplpath . '/js/creative.min.js', 'text/javascript', true, false);

/* Dokument Objekt laden */
$doc = JFactory::getDocument();

// Custom Tags für den IE9 definieren
$stylelink = '<!--[if lte IE 9]>' . „\n";
$stylelink .= '<script src="https://oss.maxcdn.com/libs/html5shiv/3.7.0/html5shiv.
js"></script>' . „\n";
$stylelink .= '      <script src="https://oss.maxcdn.com/libs/respond.js/1.4.2/respond.
min.js"></script>' . „\n";
$stylelink .= '<![endif]-->' . „\n";

// Custom Tags für den IE9 hinzufügen
$doc->addCustomTag($stylelink);

// Custom Tag für den Viewport definieren
$metaviewport = „<meta name=\"viewport\" content=\"width=device-width, initial-
scale=1\">";
$doc->addCustomTag($metaviewport);
// Beginn Template
?>


<!DOCTYPE html>

<html xml:lang="<?php echo $this->language; ?>" lang="<?php echo $this->language;
?>">

<head>
  <!-- Hier werden die Joomla! Headerdaten geladen-->
  <jdoc:include type="head"/>
</head>

<body id="page-top">

<nav id="mainNav" class="navbar navbar-default navbar-fixed-top">
  <div class="container-fluid">
    <!-- Brand and toggle get grouped for better mobile display -->
    <div class="navbar-header">
```

```php
    <button type="button" class="navbar-toggle collapsed" data-toggle="collapse"
    data-target="#bs-example-navbar-collapse-1">
      <span class="sr-only">Toggle navigation</span> Menu <i class="fa fa-bars"></i>
    </button>
    <a class="navbar-brand page-scroll" href="<?php echo $this->baseurl ?>">

    <?php if ($this->params->get('logotype', 'text') == 'image') { ?>
      <img src="<?php echo $this->params->get('logoimg', ''); ?>"
        alt="<?php echo $this->params->get('logoimgalt', ''); ?>" width="200px"
height="20px" />
    <?php }
    else { ?>
      <?php echo $this->params->get('logotext', ''); ?>
    <?php } ?>
    </a>
  </div>

  <!-- Hier laden wir nun die Position mainnav mit dem Stil navigation -->
    <jdoc:include type="modules" name="mainnav" style="navigation"/>
  </div>
  <!-- /.container-fluid -->
</nav>

<!-- Hier laden wir die Position header mit dem Stil header-->
<jdoc:include type="modules" name="header" style="header"/>

<!-- Hier laden wir die Position teaser mit dem Stil primary -->
<jdoc:include type="modules" name="teaser" style="primary"/>

<!-- Hier laden wir die Position top mit dem Stil primary -->
<jdoc:include type="modules" name="top" style="no"/>

<!-- Hier folgt der Inhaltsbereich -->
<?php if ($this->params->get('mainoutput', 'yes') == 'yes') : ?>
 <main class="container">
  <div class="row">

    <?php
    /* Variable für Spaltenprüfung */
    $rechtespalte = ($this->countModules('right'));

    /* Wenn die rechte Spalte existiert, dann wird der Inhalt nicht verschoben */
    if($rechtespalte == '1'):
      $inhaltsklasse = 'class="col-lg-8"';

    /* Wenn die rechte Spalte nicht existiert, dann wird der Inhalt um 2 Spalten
verschoben */
    else :
      $inhaltsklasse = 'class="col-lg-8 col-lg-offset-2"';

    endif; ?>

    <div <?php echo $inhaltsklasse;?>>

      <!- Hier wird die Systemnachricht ausgegeben –>
      <jdoc:include type="message"/>

      <!- Navigationspfad–>
```

```
      <jdoc:include type="modules" name="breadcrumbs" style="none"/>

      <!-- Bereich für die Komponentenausgabe -->
      <jdoc:include type="component"/>

    </div>

  <?php if ($rechtespalte) : ?>
    <div class="col-lg-4">
      <jdoc:include type="modules" name="right" style="xhtml"/>
    </div>
  <?php endif; ?>

 </div>
</main>
<?php endif; ?>

<!-- Hier laden wir die Position portfolio mit dem Stil none -->
<jdoc:include type="modules" name="portfolio" style="none"/>

<!-- Hier laden wir die Position action mit dem Stil dark -->
<jdoc:include type="modules" name="action" style="dark"/>

<!-- Hier prüfen wir ob ein Modul auf der Position contact veröffentlicht wurde -->
<?php if ($this->countModules('contact')) : ?>
  <section id="contact">
    <div class="container">
     <div class="row">
      <!-- Hier laden wir die Position contact mit dem Stil none -->
      <jdoc:include type="modules" name="contact" style="none"/>
     </div>
    </div>
  </section>
<?php endif; ?>

</body>

</html>
```

PRAXISTIPP: Sie sehen, der komplette Bereich in dem die Skripte und Stile abgerufen werden, umfasst um die 60 Zeilen. Sie können diese Zeilen auch in eine Datei auslagern, um mehr Übersicht zu erreichen. Legen Sie zum Beispiel eine Datei mit dem Namen *header.php* an und laden Sie diese in Ihrer *index.php*-Datei über folgenden Befehl:

```
include_once JPATH_THEMES . '/' . $this->template . '/header.php';
```

Vergessen Sie nicht, dass sowohl die *index.php* als auch die *header.php* mit der Codezeile <?php defined('_JEXEC') or die; ?> eingeleitet werden **müssen.**

12.3 Weitere Joomla!-Template-Dateien

12.3.1 component.php

Die Datei *component.php* wird von Joomla! genutzt, um ausschließlich die Ausgabe einer einzelnen Komponente ohne das umliegende Template zu erhalten. Diese kann dann, z. B. in einem Popup, ohne das störende „Drumherum" ausgegeben werden.

Dazu kopieren Sie einfach Ihre *index.php*-Datei und entfernen dort jegliches Markup innerhalb des <body>-Tags, bis auf die jdoc-Anweisung für message und die Komponente. Der Bereich <body> sieht dann so aus:

Listing 12.51 Darstellung des Hauptinhalts einer vereinfachten *com7ponent.php*-Datei

```
<body>
<jdoc:include type="message" />
<jdoc:include type="component" />
</body>
```

Die *component.php* ist eine vereinfachte Form des Templates. Sie können diese gestalten, wie Sie möchten.

12.3.2 offline.php

Die *offline.php* Datei wird dazu verwendet, um den Wartungsscreen auf der Webseite anzuzeigen, wenn die Seite über SYSTEM » KONFIGURATION *Seite offline* auf „Ja" gestellt wurde.

Der einfachste Weg, um eine *offline.php*-Datei anzulegen ist es, sie aus dem Joomla!-Protostar-Template zu kopieren und für die eigenen Bedürfnisse anzupassen.

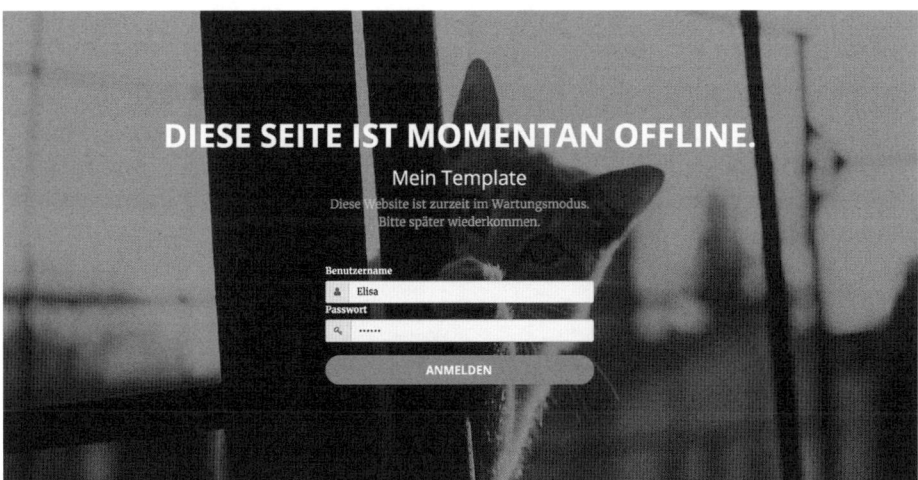

Bild 12.46 Offline.php

HINWEIS: In dieser Datei müssen Sie die Stile und Skripte per JHtml-Befehle einbinden. Für das Beispieltemplate habe ich eine *offline.php*-Datei angelegt, die Sie nach Ihren Wünschen anpassen können. Sie finden diese auf GitHub unter *https://github.com/coolcat-creations/paula-joomla-template*

12.3.3 error.php

Sie können die Standard-Fehlerseite, die unter *templates/system/error.php* abgerufen wird, für Ihre eigenen Bedürfnisse individualisieren. Diese Fehlerseite erscheint dann, wenn eine Seite nicht gefunden wurde (z. B. 404 Not Found) oder ein Serverfehler auftritt u. s. w.

Kopieren Sie diese Datei und legen Sie diese in Ihrem Template-Stammverzeichnis ab. Joomla! erkennt dies und nutzt die Datei des Templates, sofern eine vorhanden ist. Die Datei können Sie dann entsprechend formatieren und eigene Stylesheets einbinden, sodass Sie zu dem Gesamterscheinungsbild Ihrer Webseite passt. Weiterhin können auch über if-Abfragen Fehlermeldungen benutzerdefiniert ausgeben.

Bild 12.47 Error.php

Beispiel für einen 404-Fehler:

Listing 12.52 Codebeispiel für eine abhängige Fehlermeldung in der *error.php*-Datei

```
<?php if ($this->error->getCode() == '404') { ?>
<h1>Ups ... </h1>
<p>Die Seite die Sie aufgerufen haben, konnte nicht gefunden werden.<p>
<?php } ?>
```

HINWEIS: Diese Datei ist im weitesten Sinne unabhängig und Sie können nicht die bekannten *addStyleSheet*-Befehle etc. nutzen, sondern müssen Ihre Styles und Skripte statisch einbinden. Für das Beispieltemplate habe ich eine *error.php*-Datei angelegt, die Sie nach Ihren Wünschen anpassen können. Sie finden diese auf GitHub unter *https://github.com/coolcat-creations/paula-joomla-template*

12.3.4 pagination.php

Wie im Abschnitt 12.1.10 erwähnt, wird die *pagination.php* nicht mehr verwendet. Stattdessen sollte man das jLayout anpassen sowie Overrides für die Views von Komponenten anpassen, welche die Paginierung ausgeben. Die Anpassung aller Dateien würde für diesen Workshop den Rahmen sprengen, eine verfeinerte Version des Übungstemplates finden Sie unter *https://github.com/coolcat-creations/paula-joomla-template/tree/master* und sind auch herzlich dazu eingeladen „Issues" und „Pull Requests" zu erstellen.

■ 12.4 Übersicht Joomla!-Befehle

Um Ihnen die Arbeit mit Joomla! und Ihrem Template zu erleichtern, sollten Sie sich mit den Möglichkeiten des CMS auseinandersetzen. Das Template nutzt die Klasse *Jdocument*, auf die Sie in der *index.php*-Datei über *$this* zugreifen.

Tabelle 12.2 Übersicht von nützlichen Joomla!-Templatebefehlen

$this->baseurl;	Gibt den Basispfad der Joomla!-Installation aus.
$this->params;	Gibt die Parametereinstellungen des Templates aus.
$this->language;	Ausgabe der aktuellen Sprache.
$this->template;	Ausgabe des Template-Namen.
$this->setHtml5(true);	Aktiviert den Joomla! html5 Support und fügt dafür notwendige Angaben hinzu.
$this->getTitle();	Gibt den Browsertitel der Seite aus.
$this->setTitle('Hier steht der Titel');	Setzt den Browsertitel.
$this->getDescription();	Gibt die Metabeschreibung der Seite aus.
$this->setDescription('Hier steht die Beschreibung');	Setzt die Metabeschreibung der Seite.
$this->getGenerator();	Gibt den Generator aus. Standard ist: „Joomla! – Open Source Content Management"
$this->setGenerator();	Setzt den Generator.

$this->getMetaData();	Ruft die gesetzten Metadaten ab.
$this->setMetaData();	Fügt dem Dokument Meta Angaben hinzu.
JFactory::getDocument()->resetHeadData('scripts');	Entfernt alle vom Core geladenen Skripte aus dem Head.
$this->addScript();	Fügt dem Dokument ein Skript hinzu.
Beschreibung: addScript(string $url, array $options = array(), array $attribs = array()); $url - URL zu dem Script $options - Ein Array mit Optionen: z. B. array('version' => 'auto', 'conditional' => 'lt IE 9') $attribs = Ein Array mit Attributen. z. B. array('id' => 'scriptid', 'async' => 'async', 'data-test' => 1)	
addScriptVersion();	Fügt dem Dokument ein Skript mit Versionierung hinzu.
$this->addScriptDeclaration();	Fügt dem Dokument ein internes Skript hinzu.
$this->addStyleSheet();	Fügt im Dokument ein Stylesheet hinzu.
Beschreibung: addStyleSheet(string $url, array $options = array(), array $attribs = array()); $url - URL zum Stylesheet $options - Ein Array mit Optionen. Zum Beispiel: array('version' => 'auto', 'conditional' => 'lt IE 9') $attribs - Ein Array mit Attributen. Zum Beispiel: array('id' => 'stylesheet', 'data-test' => 1)	
$this->addStyleSheetVersion();	Fügt im Dokument ein Stylesheet hinzu.
$this->addStyleDeclaration();	Fügt dem Dokument ein internes Stylesheet hinzu.
$app = JFactory::getApplication();	Laden des Applikation-Objekts.
$option = $app->input->getCmd('option', '');	Weist der Variable *$option* die aktuelle Erweiterung zu. Zum Beispiel: *com_content*
$view = $app->input->getCmd('view', '');	Weist der Variable *$view* den aktuellen View zu. Zum Beispiel: article
$layout = $app->input->getCmd('layout', '');	Weist der Variable *$layout* das aktuelle Layout zu. Zum Beispiel: *edit*
$task = $app->input->getCmd('task', '');	Weist der Variable *$task* den aktuellen Task zu. Zum Beispiel: *edit*
$itemid = $app->input->getCmd('Itemid', '');	Weist der Variable *$itemid* die aktuelle Item-ID zu.
$sitename = $app->get('sitename');	Weist der Variable *$sitename* den im Backend hinterlegten Seitennamen zu.

Eine komplette Einführung mit detaillierten Beschreibungen der Befehle der Joomla!-API können Sie unter *https://api.joomla.org/cms-3/index.html* einsehen.

PRAXISTIPP: Es lohnt sich, sich mit den Funktionen die das Joomla!-Framework zur Verfügung stellt, auseinander zu setzen. In der Praxis können Sie mit dem Befehl

```
<pre><?php print_r($this); ?></pre>
```

alle zur Verfügung stehenden Parameter und Daten im Frontend ausgeben lassen. Schreiben Sie diesen Befehl während der Entwicklungsphase einfach temporär in die *index.php*-Datei Ihres Templates.

12.5 Template-Frameworks und Template-Generatoren

Wie wir festgestellt haben, sind viele kleine Handgriffe nötig, um ein statisches HTML-Design in ein Joomla!-Template umzuwandeln. Manchmal fragt man sich selbst, ob man alles mühevoll selbst aufbauen muss, wenn es Wege gibt, das abzukürzen. Template Frameworks helfen Ihnen, den Weg leichter und schneller zu meistern und dadurch viel Arbeit abzunehmen. Jedoch nicht unbedingt besser, da Template-Frameworks oftmals mit zu vielen Funktionen überladen sind, die man unter Umständen gar nicht braucht. Die Menge an Code und Skripten spiegelt sich in einer längeren Ladezeit wieder, was sich nicht zuletzt auch auf die **Suchmaschinenoptimierung** negativ auswirkt.

Ein Template-Framework ist gewissermaßen ein Grundgerüst für die Realisierung eigener Templates. Derzeit befindet sich eine ganze Reihe von Joomla!-kompatiblen Frameworks auf dem Markt, wobei nahezu alle Frameworks auf einen ähnlichen Funktionsumfang zurückgreifen können:

- **GridSystem**
  dient der schnellen und einfachen Realisierung von responsiven Mehrspalten-Layouts.
- **BasisStylesheet**
  gewährleistet einheitliche Formatierungen in den Browsern.
- Einbindung zahlreicher Modulpositionen innerhalb des Grids
- Komprimierungsfunktionen für JavaScript und CSS-Code
- Einbindung eines JavaScript-Frameworks (i. d. R. jQuery)
- Responsive

Neben diesen Basisfunktionen liefern die einzelnen Frameworks oftmals noch Besonderheiten, wie eine eingebundene Social-Media-Unterstützung, Eingabefelder für Google Analytics, Auswahl von Google Webfonts, …

Einige der bekanntesten Template-Frameworks sind derzeit:

Gantry

http://gantry.org/

Helix

https://www.joomshaper.com/joomla-templates/helix3/

JA T3

http://www.t3-framework.org/

Vertex

http://www.shape5.com/joomla/framework/vertex_framework.html

Warp

https://yootheme.com/themes/warp-framework

Yootheme/Yootheme Pro

https://yootheme.com/pro/

Wenn man regelmäßig Joomla!-Templates erstellt, lohnt es sich definitiv, einen genaueren Blick auf diese Frameworks zu werfen – jedoch sollte man sich auch über die Nachteile im Klaren sein, die ich anfangs erwähnt hatte. Wägen Sie daher gut ab, ob die Arbeitserleichterung die längeren Ladezeiten bei der Nutzung eines Frameworks in Ihrem Projekt rechtfertigt.

12.6 CSS-Frameworks

In unserem Template-Workshop unter 12.3 haben wir ein Template auf Basis des CSS-Frameworks **Bootstrap 3** erstellt. Ein CSS-Framework ist im Grunde ein Katalog an vorgefertigten User-Interface-Designs, responsiven Werkzeugen sowie Stilen und Skripten, den man in der eigenen Webentwicklung nutzen kann. Wie bei Template-Frameworks gilt hier zwar auch, dass weitaus mehr Code produziert wird, als eigentlich notwendig ist. Dennoch ein eigenes responsives Gerüst aufzubauen, ist vom Aufwand her gesehen kaum in einem vernünftigen Kostenrahmen durchsetzbar.

Nachfolgend liste ich Ihnen einige der derzeit beliebten CSS-Frameworks auf:

Bootstrap

Bootstrap ist eines der beliebtesten HTML-, CSS- und JS-Frameworks zur Entwicklung von responsiven Webprojekten. Aktuell wurde bereits der Support für Bootstrap 3 eingestellt, um den Weg für Bootstrap 4 zu ebnen. Bootstrap zeichnet sich durch ein verständliches Gridsystem aus und ist einfach in eigene Projekte einzubinden. Für die Erstellung von CSS nutzt Bootstrap 3 LESS oder SASS, Bootstrap 4 nutzt SASS.

http://getbootstrap.com/

Semantic UI

Die Struktur von Semantic UI ist etwas komplizierter als die von Bootstrap. Das fängt bereits bei der Installation an. Während Bootstrap bereits mit einem Standardlayout ausgestattet ist, verfügt Semantic UI über mehr als 20 Vorlagen im Basispaket, wie auch CSS, JS und Schriftdaten. „Semantic UI" wird idealerweise über „Gulp" und „Composer" installiert. Siehe dazu auch Abschnitt 12.8. Für die Erstellung von CSS nutzt „Semantic UI" LESS.

https://semantic-ui.com/

Materialize

Materialize ist ein featurereiches responsives Framework und basiert auf Googles Material-Design. Es fokussiert sich sehr darauf, wie sich User-Interface-Elemente verhalten und visuell interagieren. Für die Erstellung von CSS nutzt Materialize SASS.

http://materializecss.com/

Foundation

Foundation ist ein responsives Framework mit hohem Anspruch auf Semantik und Barrierefreiheit. Das Gridsystem von „Foundation" ist etwas sauberer aufgebaut als zum Beispiel bei Bootstrap, da es auf „rows" basiert und keine Container benötigt. Im Bereich der Seitennavigation bietet es tolle Features. Für die Erstellung von CSS nutzt Foundation SASS.

http://foundation.zurb.com/

UIkit

UIKit von Yootheme ist hervorragend für Animationen und Effekte. Genauso wie die anderen gelisteten Frameworks ist es responsiv und bietet ein eigenes Gridsystem. Für die Erstellung von CSS nutzt „UIKit" LESS.

https://getuikit.com/

Milligram

Milligram ist absolut minimalistisch. Gezippt ist es nur 2 kb groß und bietet eine solide Ausgangsbasis für Ihre Projekte. Für die Erstellung von CSS nutzt Milligram SASS.

Sie sehen, es gibt eine Fülle an Frameworks, die Wahl fällt dann meist nicht leicht, daher empfehle ich Ihnen ein Framework zu nutzen, das häufig verwendet wird, sodass bei auftretenden Fragen auch eine Möglichkeit besteht, Antworten im Internet zu finden. Manchmal ergibt sich die Wahl des Frameworks bereits aus Briefingvorgaben des Kunden oder aus der Komplexität des zu erstellenden Layouts.

https://milligram.github.io/

■ 12.7 Taskrunner

Um Projekte effizient und mit wenig Code zu verwirklichen, wiederholen wir häufig gewisse Arbeitsschritte. Wir optimieren Bildmaterial, kompilieren LESS oder SASS in minimierte CSS-Dateien. Das kostet viel Zeit und ist ineffizient.

Taskrunner nehmen uns diese wiederkehrenden Prozesse ab, indem sie die von uns vorgegebenen Arbeitsschritte abarbeiten. Unter anderem können das sein:

1. CSS
   - SASS oder LESS in CSS kompilieren.
   - Autoprefixer im CSS anwenden, um eventuelle Browserpräfixe zu ergänzen.
   - Komprimierung der CSS-Dateien.
2. Javascript
   - Javascript-Fehler identifizieren.
   - Scripte zu einer Datei zusammenfassen.
   - Komprimierung der Skripte.
3. Bilddaten
   - Bildmaterial optimieren und die Dateigröße verringern.

Taskrunner bieten die Möglichkeit, Dateiänderungen zu beobachten und Aufgaben auszuführen, sobald Sie notwendig sind. Über Browsersync kann man seine Entwicklung auf mehreren Browsern und Endgeräten gleichzeitig testen, ohne die Seite neu laden zu müssen.

Die zwei bekanntesten Taskrunner sind zum Beispiel Gulp und Grunt.

Für weitere Informationen zu den Taskrunnern empfehle ich Ihnen einen Einstieg in die jeweilige Projekt-Dokumentation.

- Grunt: *https://gruntjs.com/*
- Gulp: *https://gulpjs.com/*
- Broccoli: *http://broccolijs.com/*
- Cake: *http://cakebuild.net/*

12.8 Barrierefreiheit

Barrierefreiheit ist ein Begriff, den man im Alltag wohl am ehesten aus Einrichtungen kennt, die man mit dem Rollstuhl oder mit Behinderungen problemlos erreichen kann. Übertragen auf den Webbereich bedeutet Barrierefreiheit, Webseiten so zu gestalten, dass Menschen mit körperlichen oder geistigen Einschränkungen Inhalte der Webseite abrufen können.

Dabei sind eine Fülle and technischen, gestalterischen und inhaltlichen Dingen zu beachten. Darunter fallen:

- Die Erzeugung von validem, semantisch korrektem HTML.
- Einsatz von kontrastreichen Farben.
- Klar strukturierte Navigation.
- Das Setzen von Alternativtexten, Labeln und weiteren Beschreibungselementen.
- Die Formulierung von leicht verständlichen Texten.
- Der Verwendung von WAI-ARIA-Attributen (*https://www.w3.org/WAI/*).

Wie verhält sich Joomla! auf diesem Feld? Kann ich mein eigenes Template barrierefrei erstellen? Dank der Bemühungen der deutschen Entwicklerin Angie Radtke ist bereits seit Joomla! 1.5 das barrierefreie Template Beez in den Joomla!-Kern integriert, das mit zahlreichen Template-Overrides für eine semantisch korrekte und unter dem Gesichtspunkt der Barrierefreiheit optimierte Ausgabe sorgt. So wurde beispielsweise das Kontaktformular um die entsprechenden WAI-ARIA-Attribute ergänzt oder der Code des Templates mit unsichtbaren Sprungmarken erweitert.

Technisch gesehen stehen also einer hinsichtlich Barrierefreiheit optimierten Website mit Joomla! keinerlei Hindernisse im Weg. Machen Sie sich jedoch klar, dass es keine „universelle Implementierung" für Barrierefreiheit geben kann, sondern dass sich aus dem jeweiligen Inhalt und Design hochindividuelle Anforderungen ergeben, die von Fall zu Fall geprüft und realisiert werden müssen. Außerdem erfordert eine barrierefreie CMS-Installation auch speziell geschulte Nutzer, denn ohne Alternativtexte und sinnvoll gesetzte Access-Keys ist auch die sauberste Templateumsetzung nur bedingt nützlich.

HINWEIS: Das Standard Joomla!-Backendtemplate Isis ist nur eingeschränkt barrierefrei und daher mit Screenreadern kaum bedienbar. Das mitgelieferte Hathor-Template bietet hier (ähnlich wie Beez im Frontend) jedoch eine gute Basis, um auch das Backend möglichst barrierefrei zu gestalten.

HINWEIS: Übrigens, je besser Sie Ihre Webseite hinsichtlich Barrierefreiheit optimieren, desto bessere Voraussetzungen haben Sie auch im Bereich der Suchmaschinenoptimierung.

■ 12.9 Backend-Template

In diesem Kapitel haben Sie kennengelernt, wie man die Frontend-Ausgabe mit Overrides und Alternativen Layouts beeinflusst und wie man ein Frontend-Template erstellt.

Grundsätzlich ist es möglich auch ein eigenes Backend-Template zu erstellen. Jedoch würde ich Ihnen davon abraten. Das Internet und zahlreiche Bücher verfügen über eine Menge an Ressourcen zum Thema Joomla!. Alle Trainings, Tutorials und Erklär-Screenshots werden mit dem Standard-Template erstellt. Nun ist es für manche schon eine Hürde von englischsprachigen Bildern auf das deutsche Backend zu schließen. Doch wenn Sie das Backend-Template komplett verändern, dann wird es für den Bediener schwierig, sich in die neue Struktur reinzudenken. Zum anderen ist das Backend-Template sehr komplex und bei Joomla!-Updates müssen häufig Anpassungen vorgenommen werden.

Um das Backend-Template ein bisschen zu individualisieren, bietet das installierte Standardtemplate „isis" einige Parameter, um die Templatefarben zu ändern.

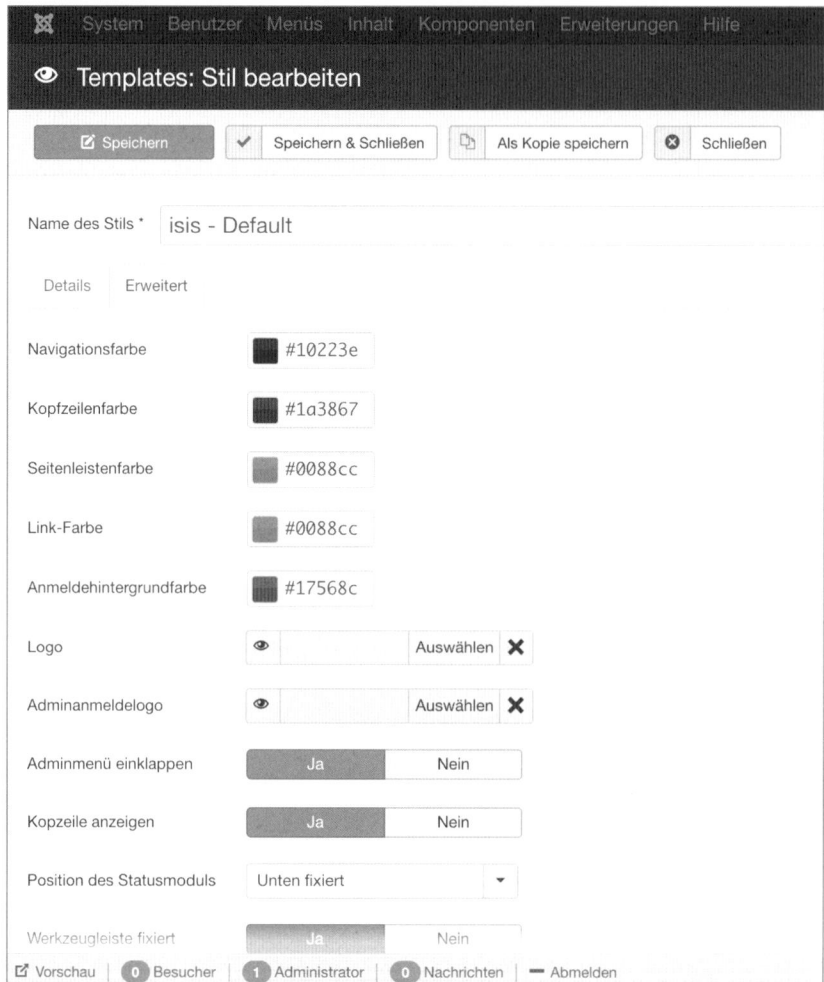

Bild 12.48 Parameter Einstellungen des Backend-Templates isis

Sollten Sie dennoch ein eigenes Backend-Template erstellen wollen, finden Sie das Template-Verzeichnis für den *administrator*-Bereich unter *administrator/templates*.

Folgende Besonderheiten sind beim Administrator-Template zu beachten:

- In der Datei *templateDetails.xml* für das Backend wird bei *client* statt *client="site"* der *client="administrator"* eingetragen
- Die Datei *login.php* ist für den Login-Screen zuständig.
- Die Datei *cpanel.php* ist für das Kontrollpanel verantwortlich.Listing 12.1 Angaben in der Template-Sprachdatei */de-DE.tpl_ihrtemplate.sys.ini*

13 Suchmaschinenoptimierung

Unsere Beispielseite läuft, Inhalte und Design sind fertig, die Seite ist online, aber wird durch Suchmaschinen nicht oder nur schlecht gefunden? Dann sollten Sie sich näher mit dem Thema Suchmaschinenoptimierung beschäftigen. Ich möchte in diesem Kapitel nicht auf die allgemeinen Grundlagen, Techniken und Vorgehensweisen der Suchmaschinenoptimierung eingehen – dazu haben andere Autoren bereits regelrechte Buchreihen veröffentlicht, die das Thema wesentlich besser abdecken. Stattdessen möchte ich einige Joomla!-spezifische Dinge erläutern.

■ 13.1 Meta-Daten

Bei Suchmaschinenoptimierung denkt man im ersten Schritt oft an die bekannten Meta-Keywords und die Meta-Description, die eine für Suchmaschinen optimierte Kurzfassung der Inhalte der jeweiligen Seite bieten sollen. Inzwischen ist es jedoch so, dass nahezu alle größeren Suchmaschinen die Meta-Keywords und die -Description nicht mehr in das Suchmaschinenranking einbeziehen, sondern nur die Meta-Description zur Darstellung in Suchergebnissen nutzen (siehe Bild 13.1). Weiterhin verfügt Joomla! über einen Meta-Eintrag, der den Autor des jeweiligen Inhalts sowie seine Lizenz ausgibt.

Die Meta-Daten einer Joomla!-Seite können wir nun an drei verschiedenen Stellen anpassen, wobei sich die einzelnen Einträge in bekannter Art und Weise überschreiben:

- Festlegung allgemeiner Meta-Daten in der Joomla!-Konfiguration unter SYSTEM > KONFIGURATION. Diese Daten fungieren als Vorgabe, falls keine individuellen Meta-Daten auf *Eintrags-* oder *Menüebene* festgelegt sind (Bild 13.2).
- Eingabe der Meta-Daten für einen bestimmten Eintrag (*Beitrag, Kategorie, Kontakt* etc.) im Bearbeitungsformular des jeweiligen Eintrags. Diese Daten überschreiben die allgemeinen Meta-Daten (Bild 13.3).
- Eingabe der Meta-Daten für einen bestimmen *Menüeintrag* im Editierungsformular des Eintrags. Diese Daten überschreiben die allgemeinen und die eintragsspezifischen Daten (Bild 13.4).

13 Suchmaschinenoptimierung

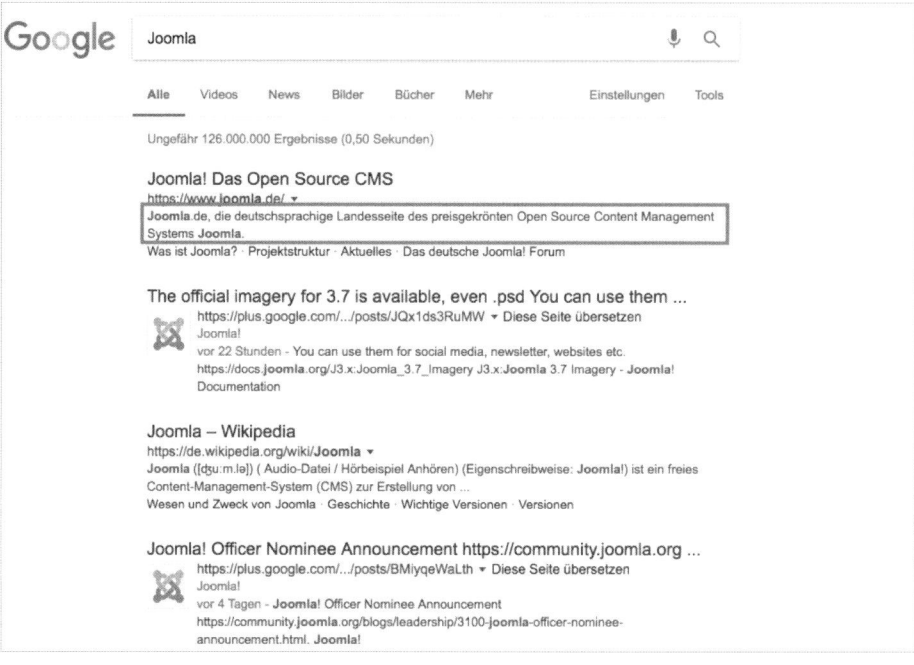

Bild 13.1 Meta-Description von *joomla.de*, die in den Suchergebnissen dargestellt wird

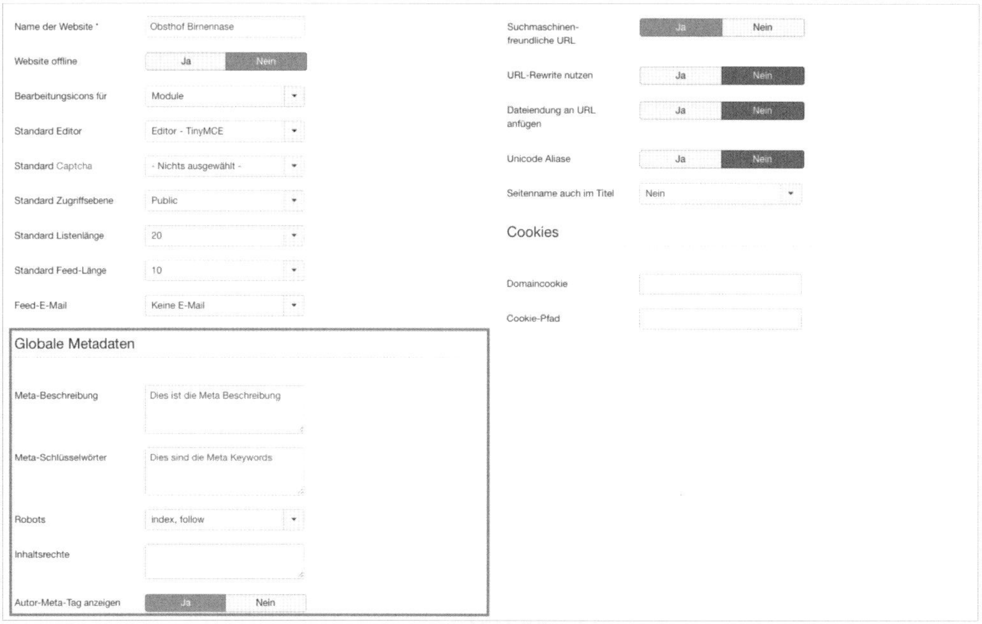

Bild 13.2 Meta-Daten der globalen Konfiguration unter SITE > KONFIGURATION

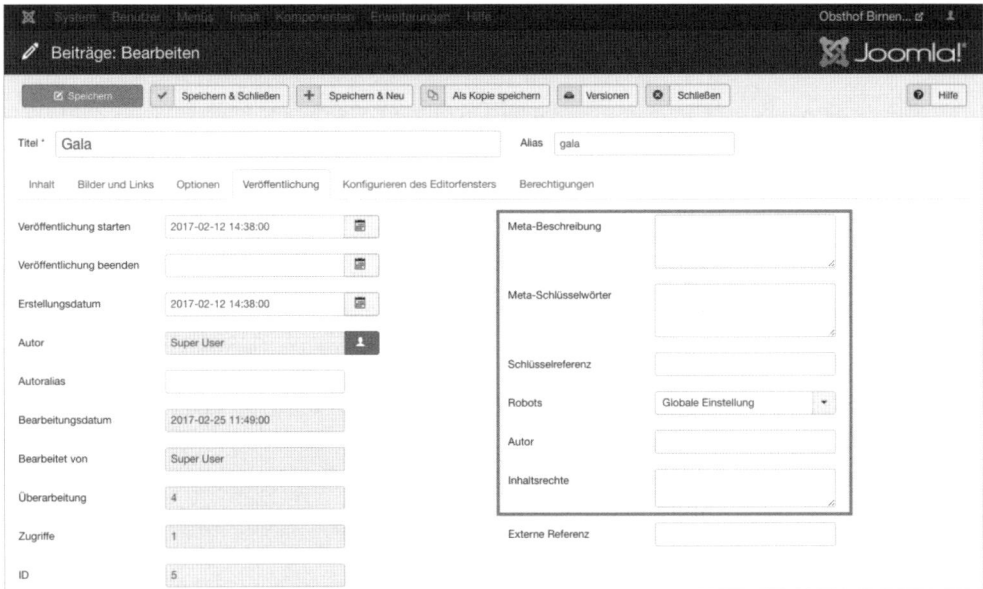

Bild 13.3 Meta-Daten im Formular zur Editierung eines Beitrags

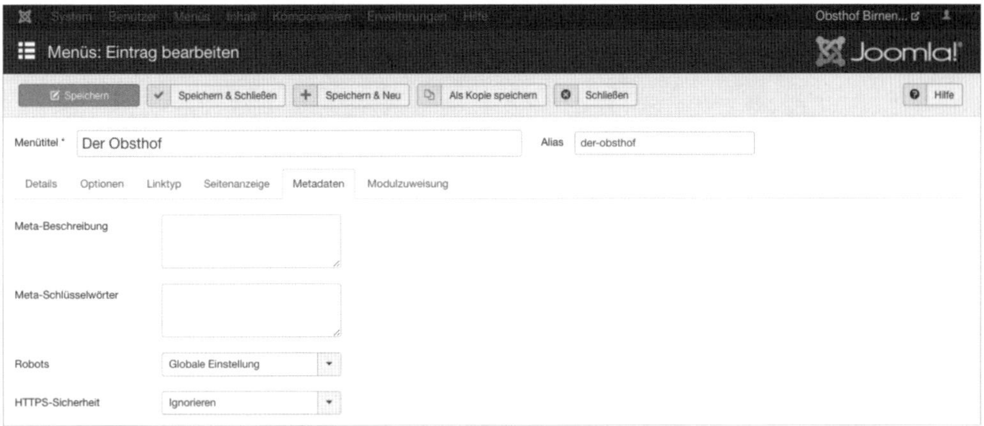

Bild 13.4 Meta-Daten im Formular zur Editierung eines Menüeintrags

Über dieses System der sich überschreibenden Meta-Daten ist es möglich, allgemeine Daten zu setzen, die nur falls nötig überschrieben werden.

13.2 SEF URLs

Öffnen Sie die Beispielseite unseres Bauern in Ihrem Webbrowser, navigieren Sie zur Unterseite *Obstsorten* und werfen Sie einen Blick in die Adresszeile Ihres Browsers. Dort sollten Sie eine URL finden können, die in etwa */index.php/obstsorten* lautet. Diese Art URL, bei der man aus der Adresse direkt auf den dort gezeigten Inhalt schließen kann, nennt sich *sprechende URL* und ist sowohl für Nutzer als auch für Suchmaschinen praktisch.

Das Gegenbeispiel wäre eine solch kryptische URL wie */index.php?option=com_content&view=categories&id=7&Itemid=104*. Was verbirgt sich wohl dahinter? Der Pragmatiker würde sagen: „Klar, da finde ich alle Kategorien (*categories*) der Elternkategorie mit der ID *7* der Inhaltskomponente (*com_content*), die im Menüeintrag (*Itemid*) mit der ID *104* verlinkt sind." Aber jetzt mal im Ernst: Wirklich lesbar im Sinne von „Ich kann lesen, was mich erwartet" sind diese URLs nicht.

Bild 13.5 Beispiel-URL einer Joomla!-Installation

Der Umstand, dass diese URLs für Menschen nicht lesbar sind, macht sie auch für Suchmaschinen ungeeignet, da diese gezielt nach Suchbegriffen in der URL der jeweiligen Seite suchen – mit anderen Worten: Wenn jemand nach „Obstsorten" sucht, wäre es für uns praktisch, wenn hier statt der kryptischen Zeichenkette eine URL wie /obstsorten.html angezeigt werden würde, da dies unser Ranking verbessert. Um dies zu bewerkstelligen, bringt Joomla! ein System zur Generierung von genau diesen *suchmaschinenfreundlichen URLs* (kurz SEF URLs) mit, das standardmäßig bereits aktiv ist und uns eine schöne URL generiert.

Die Konfiguration der URLs erfolgt über die globalen Einstellungen unserer Joomla!-Installation, die wir über den Link SYSTEM > KONFIGURATION im Backend erreichen. Dort finden wir in der rechten Spalte des Reiters *Site* die Parameter für die *Suchmaschinenoptimierung*.

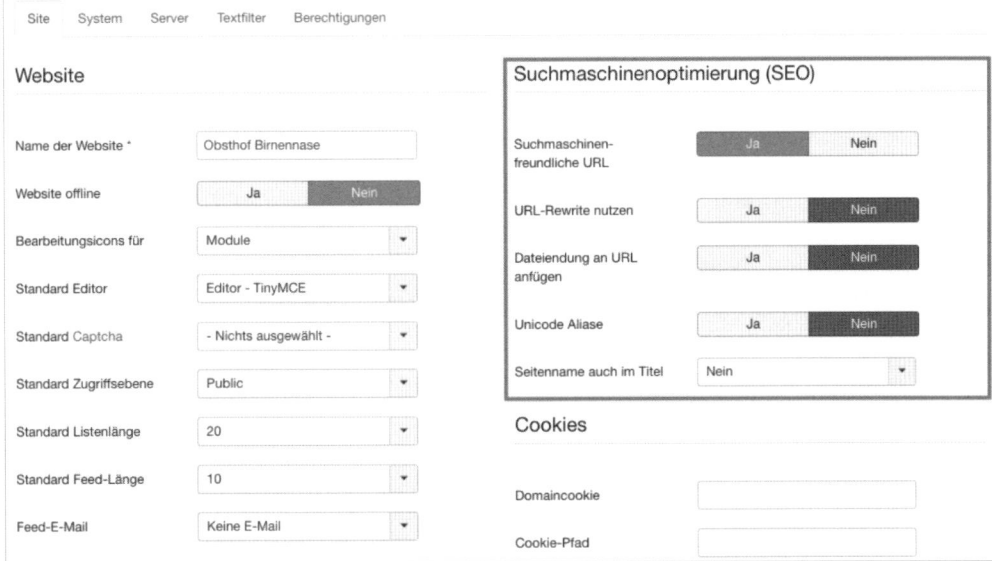

Bild 13.6 Suchmaschinenoptimierungsparameter

In Abschnitt 6.4 haben wir die einzelnen Parameter zwar schon kurz kennengelernt, es bietet sich aber an, die verschiedenen Parameter und ihre Auswirkungen nun nochmals genauer zu betrachten. In der nachfolgenden Tabelle habe ich eine Auflistung der verschiedenen Parameter und ihre Auswirkung auf URLs zusammengestellt.

Aktivierte Parameter	URL
keine	/index.php?option=com_content&view=categories&id=7...
Suchmaschinenfreundliche URL	/index.php/obstsorten/aepfel
Suchmaschinenfreundliche URL, Dateiendung an URL anfügen	/index.php/obstsorten/aepfel.html
Suchmaschinenfreundliche URL, Dateiendung an URL anfügen, Unicode-Aliasse	/index.php/obstsorten/äpfel.html
Suchmaschinenfreundliche URL, URL-Rewrite nutzen	/obstsorten/aepfel
Suchmaschinenfreundliche URL, URL-Rewrite nutzen, Dateiendung an URL anfügen	/obstsorten/aepfel.html
Suchmaschinenfreundliche URL, URL-Rewrite nutzen, Dateiendung an URL anfügen, Unicode-Aliasse	/obstsorten/äpfel.html

13.2.1 URL-Rewriting

Jeder der Parameter beeinflusst also die generierte URL, wobei die wichtigste Entscheidung die Nutzung oder Nichtnutzung des *URL-Rewriting* ist. Dieses entfernt das störende */index.php* aus der URL, wodurch die entstehenden URLs besser zu merken sind. Wie aber funktioniert die Technik dahinter? Werden tatsächlich Ordner und HTML-Dateien im Dateisystem erzeugt? Die Antwort ist natürlich ein Nein – stattdessen nutzt der *URL-Rewriting*-Modus eine Funktion von gängigen Webservern (Apache, Nginx, Lighttpd, IIS), die einen bestimmten URL-Aufruf an eine andere Datei weiterleiten. Werfen Sie beispielsweise einen Blick in die Datei *htaccess.txt*, die Sie im Joomla!-Hauptverzeichnis oder in gekürzter Form in Listing 13.1 finden.

Listing 13.1 Durch Joomla! mitgelieferte htaccess.txt

```
IndexIgnore *
Options -Indexes

Options +FollowSymlinks


RewriteEngine On

RewriteCond %{QUERY_STRING} base64_encode[^(]*\([^)]*\) [OR]
RewriteCond %{QUERY_STRING} (<|%3C)([^s]*s)+cript.*(>|%3E) [NC,OR]
RewriteCond %{QUERY_STRING} GLOBALS(=|\[|\%[0-9A-Z]{0,2}) [OR]
RewriteCond %{QUERY_STRING} _REQUEST(=|\[|\%[0-9A-Z]{0,2})
RewriteRule .* index.php [F]


RewriteBase /

RewriteRule .* - [E=HTTP_AUTHORIZATION:%{HTTP:Authorization}]
RewriteCond %{REQUEST_URI} !^/index\.php
RewriteCond %{REQUEST_FILENAME} !-f
RewriteCond %{REQUEST_FILENAME} !-d
RewriteRule .* index.php [L]
```

Hier finden wir im letzten Textblock (nach `RewriteBase`) eine Reihe von Parametern für das Apache-Modul *mod_rewrite*. Sie weisen das Modul an, alle Anfragen an den Webserver, die eine Datei (`RewriteCond %{REQUEST_FILENAME} !-f`) oder einen Ordner (`RewriteCond %{REQUEST_FILENAME} !-d`) abrufen wollen, die bzw. der nicht existiert, an die Datei *index.php* (`RewriteRule .* index.php [L]`) weiterzugeben. Joomla! kann diese ursprüngliche Anfrage dann auswerten und so die korrekte interne URL aufrufen. Durch URL-Rewriting werden also alle Anfragen an nicht vorhandene Dateien an Joomla! weitergeleitet, sodass geprüft werden kann, ob eine zugehörige interne Seite existiert.

Um diese Funktion nutzen zu können, müssen mehrere Voraussetzungen erfüllt sein:

1. Es muss ein Webserver verwendet werden, der über eine entsprechende Rewriting-Funktion verfügt: *Nginx, Apache, IIS, Lighttpd* – den von Ihrem Hoster verwendeten Webserver sollten Sie erfragen, wenn Sie sich unsicher sind.
2. Die Rewriting-Funktion muss aktiviert sein. In einigen Fällen lässt sich dies über die Ausgabe der *PHP-Informationen* (SYSTEM > SYSTEMINFORMATIONEN) auslesen, jedoch

stellt dies eher die Ausnahme dar (siehe Bild 13.7). Im Zweifelsfalle hilft auch hier eine Anfrage beim Hoster.

3. Der Hoster muss die Nutzung eigener Steuerdateien für den Webserver (*.htaccess* für den *Apache*, *web.config* für den *IIS*) erlauben. Auch hier hilft der Hoster weiter.

Sind all diese Voraussetzungen erfüllt, so reicht es im Normalfall, die *htaccess.txt* im Joomla!-Verzeichnis in *.htaccess* umzubenennen, sodass die Datei mit den darin enthaltenen Rewrite-Regeln aktiviert wird. Für den *IIS* muss hier natürlich die Datei *webconfig.txt* in *web.config* umbenannt werden, da dieser mit *.htaccess*-Dateien nichts anfangen kann.

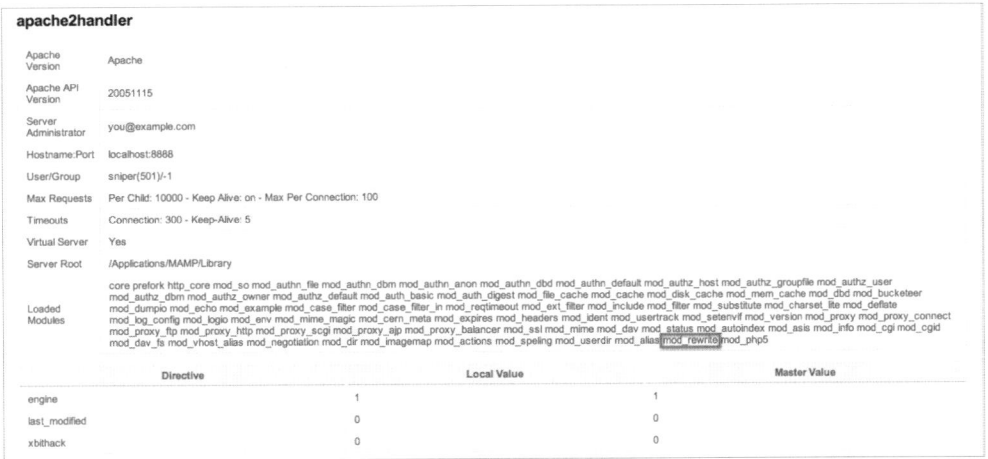

Bild 13.7 *mod_rewrite* in der Auflistung der Loaded Modules des Apache

Anschließend können Sie die *URL-Rewriting*-Funktion in der globalen *Konfiguration* aktivieren.

 PRAXISTIPP: Bei vielen Hostern kommt es an dieser Stelle immer wieder zu Schwierigkeiten im Zusammenhang mit dem *URL-Rewriting*, die sich in zwei Fälle einteilen lassen:

Nach dem Umbenennen der *.htaccess* erzeugt die Seite beim Aufruf einen Fehler 500. Hier können Sie im ersten Schritt versuchen, den Eintrag Options +FollowSymLinks in der *.htaccess* mit einer Raute auszukommentieren: #Options +FollowSymLinks

Sollte sich der gewünschte Erfolg noch nicht einstellen, so liegt das daran, dass der Hoster die eben genannten Voraussetzungen nicht erfüllt. Hier hilft kein Basteln, sondern nur eine Konfigurationsänderung, die ausschließlich vom Hoster vorgenommen werden kann.

Der zweite Fall erzeugt einen Fehler 404, woraufhin Sie versuchen sollten, den Eintrag RewriteBase in der *.htaccess* einzukommentieren. Reicht dies immer noch nicht, so liegt Ihre Joomla!-Installation vermutlich in einem Unterverzeichnis, das Sie dann zur RewriteBase hinzufügen müssen: RewriteBase /Unterverzeichnis/

13.2.2 Das Duplicate-Content-Problem

Wenn Sie sich ein wenig mit dem Thema der Suchmaschinenoptimierung auseinandersetzen, werden Sie irgendwann zwangsläufig auf den Begriff *Duplicate Content* treffen, der den Fall beschreibt, dass ein bestimmter Inhalt über mehrere URLs erreichbar ist. Dabei wird jedoch gerne vernachlässigt, dass es streng genommen mehrere Arten von *Duplicate Content* gibt:

1. Ein identischer Inhalt ist unter verschiedenen **Domains** erreichbar: Dies passiert beispielsweise, wenn man versehentlich oder absichtlich eine Kopie der Joomla!-Installation unter einer anderen, öffentlich einsehbaren Domain ablegt oder diese Domain auf die bestehende Installation routet. Dieser Fall entspricht der Art von Duplicate Content, die unter Umständen von Suchmaschinen abgestraft wird.

2. Ein identischer Inhalt ist unter mehreren **Subdomains** erreichbar: Bekanntestes Beispiel ist die Erreichbarkeit der Seite unter *www.domain.tld* und *domain.tld*, also mit und ohne das Präfix *www*. Dieser Fall wird von Suchmaschinen nicht gezielt negativ bewertet, es kann jedoch für die Suchmaschinenoptimierung ratsam sein, die URL ohne www auf die URL mit www weiterzuleiten.

3. Ein identischer Inhalt ist innerhalb einer Domain über verschiedene URLs erreichbar. Dies ist ein Problem, das insbesondere bei einem dynamischen CMS-System wie Joomla! auftritt. Sie wollen ein Beispiel? Öffnen Sie dazu Ihre Beispielinstallation von Bauer Birnennase, deaktivieren Sie die suchmaschinenfreundlichen URLs und rufen Sie den Beitrag *Über den Obsthof* auf. Sie erhalten nun eine URL wie diese hier: *http://localhost:8888/JoomlaBuch/index.php?option=com_content&view=article&id=2&Itemid=109*. Jetzt kürzen Sie die URL so, dass nur noch der Parameter *Itemid* übrig bleibt: *http://localhost:8888/JoomlaBuch/index.php?Itemid=109*. Und siehe da, der Aufruf funktioniert trotzdem, womit wir einen Inhalt unter mehreren URLs innerhalb unserer Domain aufrufen können. Bevor Sie jetzt in Panik ausbrechen: Auch diese Art von Duplicate Content wird von Suchmaschinen nicht abgestraft, sondern als CMS-typisches Problem erkannt. Die Suchmaschinen wählen dann eine der URLs für den jeweiligen Inhalt aus und zeigen die anderen URLs in ihren Ergebnissen nicht an. Leider ist diese Problematik durch die Grundarchitektur von Joomla! bedingt und lässt sich daher nur dadurch umgehen, dass man „versehentlich" indizierte URLs über die Datei *robots.txt* aus dem Index entfernen lässt bzw. die Umleitungs-Erweiterung (Siehe 13.4) nutzt.

Im Grunde genommen ist die Problematik im Fall 2 und 3 also, auch wenn oft anders dargestellt, nicht direkt nachteilig für das Ranking, sie kann jedoch die Optimierung in einigen Fällen erschweren.

13.3 Umleitungen

Eine weitere gängige Problemstellung bei der Suchmaschinenoptimierung ist das Umleiten von ehemaligen URLs, damit diese weder für Nutzer noch für Suchmaschinen ins Leere laufen. Glücklicherweise gibt uns Joomla! auch hier das passende Werkzeug an die Hand, denn es gibt die Core-eigene Komponente *Umleitungen*, die man unter dem Punkt KOMPONENTEN > UMLEITUNGEN findet.

Beim ersten Aufruf der Komponente weist diese uns darauf hin, dass zuerst das zugehörige Plug-in *System – Umleitungen* aktiviert werden muss, damit die Erweiterung funktionieren kann. Öffnen wir die Einstellungen dieses Plug-ins (siehe Bild 13.8), finden wir dort neben den „üblichen" Einstellungen für Plug-ins und der gesuchten Möglichkeit, den *Status* zu verändern, auch den standardmäßig aktivierten Parameter *URLs sammeln*.

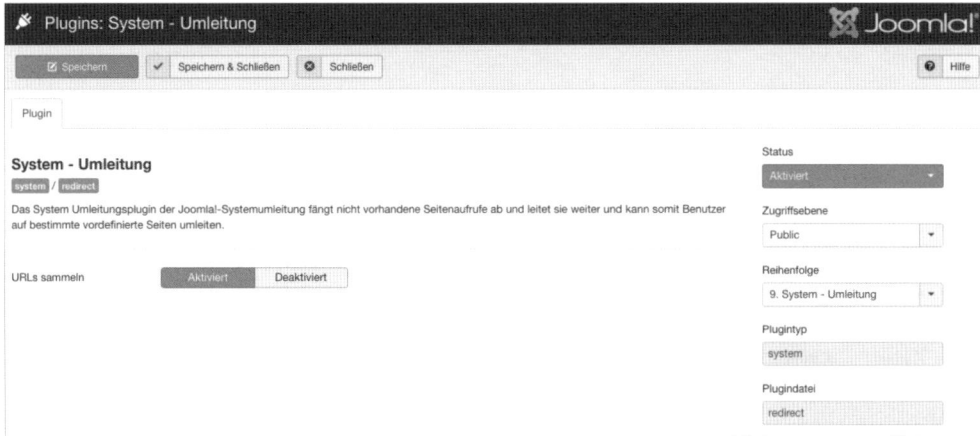

Bild 13.8 Parameter des Plug-ins *System – Umleitung*

Ist der Parameter aktiviert, wird jeder „falsche" Aufruf auf einer Joomla-Seite, der einen 404-Fehler erzeugt, in einer Datenbanktabelle gespeichert und kann so anschließend geprüft und falls gewünscht auf die korrekte URL weitergeleitet werden (siehe Bild 13.9).

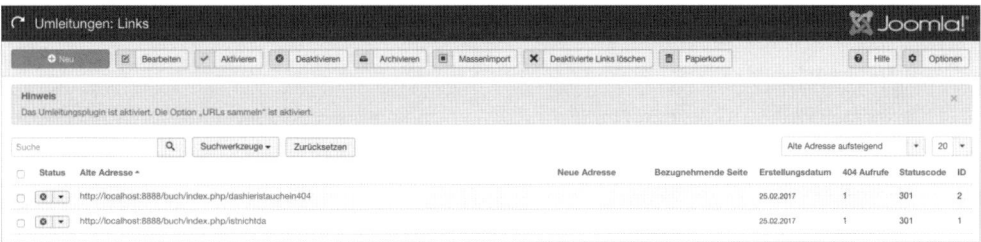

Bild 13.9 Umleitungs-Erweiterung mit zwei aufgezeichneten 404-Aufrufen

Der entsprechende Eintrag kann nun angeklickt werden, um im zugehörigen Formular die gewünschte *Neue Adresse* zu setzen. Eine Alternative zum Aufzeichnen von 404-Aufrufen ist das manuelle Anlegen von Umleitungen über die entsprechende Schaltfläche *Neu* in der Toolbar.

 Die Option „URLs sammeln" sollte auf Live-Seiten nicht dauerhaft aktiv sein, da es in der Erweiterung keine Begrenzung für eine Maximalanzahl an URLs gibt. Man kann sich somit unbeabsichtigt die Datenbank vollmüllen.

Bei einer größeren Anzahl von Umleitungen ist die manuelle Weiterleitung natürlich etwas unpraktisch. Daher verfügt die Erweiterung über den Toolbar-Button *Massenimport*, über den eine ganze Liste von Einträgen importiert werden kann, die dabei im Format

alte-url1|neue-url1

alte-url2|neue-url2

vorliegen müssen.

13.4 Erweiterungen

Neben diesen integrierten Funktionen bieten externe Anbieter eine Unzahl an Erweiterungen für die Suchmaschinenoptimierung von Joomla!-Installationen.

13.4.1 sh404SEF

sh404SEF (*https://weeblr.com/*) ist die wohl umfangreichste SEO-Erweiterung für Joomla!, die derzeit verfügbar ist, und bietet eine riesige Anzahl von Features:

- Generierung von suchmaschinenfreundlichen URLs – ersetzt den Joomla!-internen Algorithmus und erlaubt so die manuelle Anpassung von URLs,
- Unterstützung von zahlreichen externen Komponenten,
- vermeidet seiteninternen *Duplicate Content*, indem verschiedene interne URLs, die auf den gleichen Inhalt verlinken, die gleiche suchmaschinenfreundliche URL erhalten,
- Generierung eigener 404-Seiten,
- Weiterleitung von fehlerhaften auf korrekte URLs,
- Pflege von zahlreichen Meta-Daten und Robot-Einstellungen,
- integrierte Auswertungsmöglichkeiten mit Google Analytics.

Die Erweiterung ist also unheimlich mächtig und verfügt über zahlreiche Features, hat jedoch in vielen Fällen die nervige Angewohnheit, fehlerhafte URLs zu erzeugen, die dann manuell gelöscht werden müssen. Zudem ist sie nur in einem kostenpflichtigen Abonnement erhältlich. Dennoch ist *sh404SEF* meine klare Empfehlung, wenn man denn wirklich volle Kontrolle über die URLs benötigt.

13.4.2 OSMap

Mit der Erweiterung *OSMap* ist es möglich, sog. XML-Sitemaps zu erstellen, die anschließend von Suchmaschinen ausgelesen werden können. Mehr Informationen hierzu finden Sie in Abschnitt 18.1.1, „OSMap".

13.4.3 Easy Frontend SEO

Die Erweiterung *EFSEO – Easy Frontend SEO* (*https://joomla-extensions.kubik-rubik.de/*) erlaubt die bequeme Verwaltung von *Meta-Daten* direkt aus dem Frontend heraus und ist somit ein interessantes Werkzeug, wenn man mit speziellen Dienstleistern für die Optimierung zusammenarbeitet, denen man im Frontend eine einfache und schnelle Möglichkeit zur Bearbeitung geben möchte. Darüber hinaus verfügt die Erweiterung über einen Automatik-Modus, der die entsprechenden Daten automatisch aus dem entsprechenden Inhalt generiert – naturgemäß ist die Qualität dieser Automatik aber natürlich beschränkt.

14 Mehrsprachigkeit

In diesem Kapitel wollen wir uns mit den Funktionen zur Umsetzung *mehrsprachiger Webseiten* beschäftigen. Dieses Thema ist insbesondere deshalb interessant, weil es eines der am häufigsten nachgefragten Features im professionellen Umfeld ist. Denn schließlich sind viele Unternehmen mittlerweile auch international tätig und wollen ihre Seite daher zumindest in den beiden obligatorischen Sprachen Deutsch und Englisch anbieten. Joomla! bietet uns hierfür eine großartige Lösung: die in Joomla! integrierte Funktion zur Realisierung mehrsprachiger Seiten.

Wichtig ist: Das System bietet uns nur eine Oberfläche zur Eingabe der entsprechenden Übersetzung und fungiert nicht als automatisches Übersetzungstool – Sie werden um die entsprechende Übersetzungsarbeit also nicht herumkommen.

■ 14.1 Integrierte Mehrsprachigkeit

14.1.1 Prinzip

Seit Joomla! 1.6 existiert ein integriertes System zur Verwaltung mehrsprachiger Inhalte. Dabei ist wichtig zu verstehen, dass wir bei der Nutzung dieser Funktion nicht einen Eintrag (Menüeintrag, Beitrag, Modul, Kontakt etc.) anlegen, den wir dann über eine Oberfläche in die beiden Sprachen übersetzen, sondern stattdessen jeweils eine komplett separate Seitenversion für jede Sprache erzeugen. Dadurch ist es möglich, bestimmte Inhalte in einer Sprache ein- oder auszublenden und so nur die Inhalte anzuzeigen, die für die jeweilige Sprache auch wirklich interessant sind. Klingt das alles zu kompliziert und abstrakt? Keine Sorge, das System ist relativ leicht verständlich, wenn man die einzelnen Schritte betrachtet.

14.1.2 Aktivierung der Sprachen

Im ersten Schritt müssen wir auswählen, in welchen Sprachen wir unsere Website anbieten wollen. Dies tun wir im Backend über den Menüpunkt ERWEITERUNGEN > SPRACHEN > INHALTSSPRACHEN, wo wir die verfügbaren Sprachen aufgelistet finden.

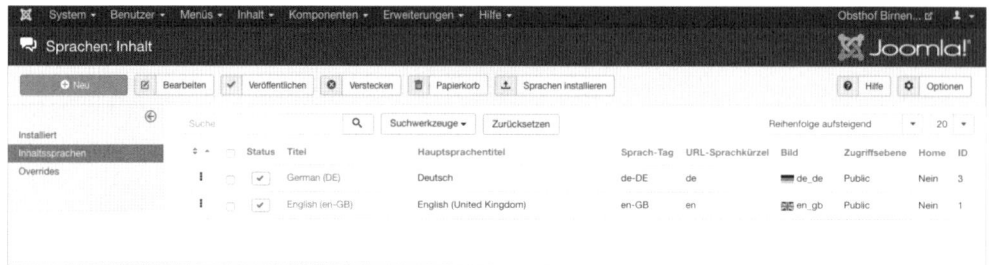

Bild 14.1 Installierte Inhaltssprachen

Die verschiedenen *Sprachen*, die hier aufgelistet sind, entsprechen den installierten Sprachdateien für das Frontend, wobei wir zusätzliche Sprachen in der entsprechenden Kategorie im Joomla! Extensions Directory finden und über den Erweiterungsmanager nachinstallieren können.

Wichtig ist nun, dass alle *Sprachen*, in denen wir unsere Website anbieten wollen, in der Übersichtsliste aktiviert sind (siehe Spalte *Status*), da diese andernfalls später nicht ausgewählt werden können.

Ein Klick auf den *Titel* der jeweiligen *Sprache* bietet uns zudem die Möglichkeit, an die Sprache angepasste *Metadaten* bzw. einen systemweiten *Seitennamen* zu vergeben – denn was nützt uns eine englischsprachige Seitenversion mit deutschen *Metadaten*.

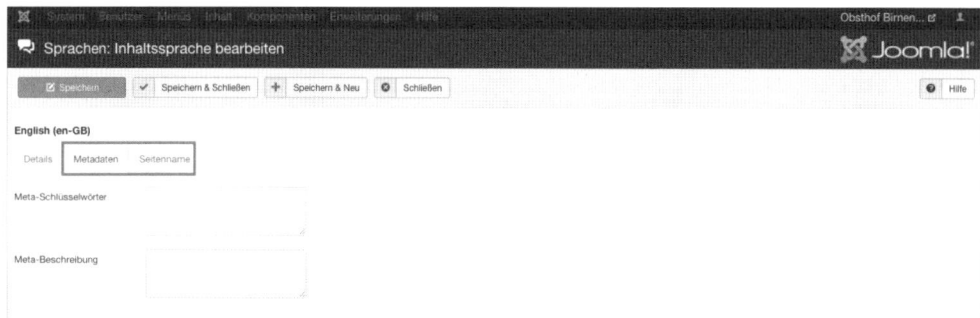

Bild 14.2 Eingabemöglichkeit für sprachspezifische Metadaten

14.1.3 Aktivierung des Plug-ins

Nachdem dieser Schritt erledigt ist, müssen wir noch das eigentliche Plug-in zur Aktivierung der Mehrsprachigkeit einschalten, das wir in der Plug-in-Verwaltung unter ERWEITERUNGEN > PLUGINS finden.

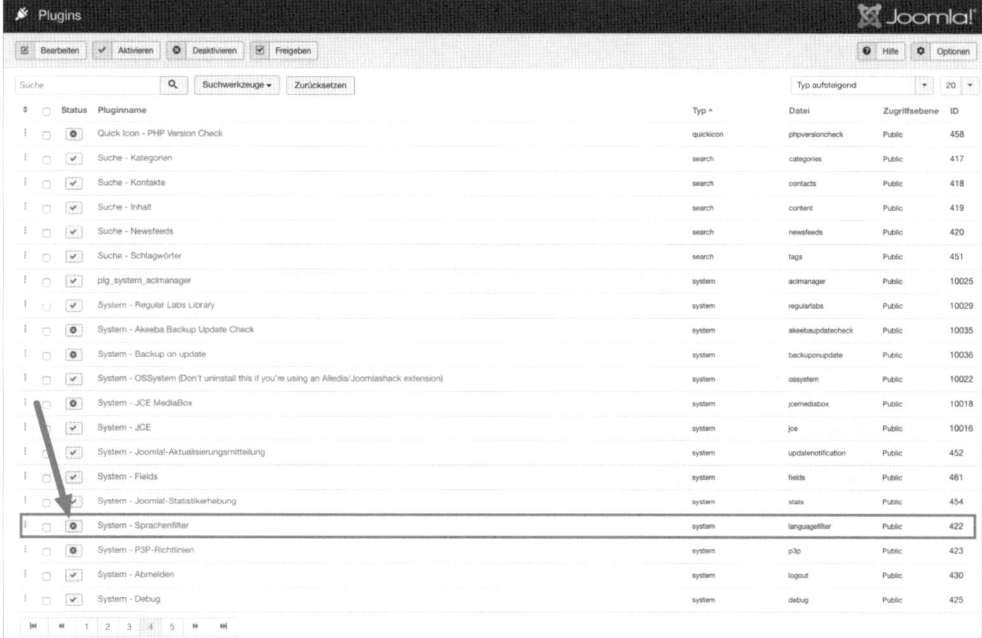

Bild 14.3 Plug-in *System – Sprachenfilter* vor der Aktivierung in der Plug-in-Übersicht

Dort aktivieren wir das Plug-in *System – Sprachenfilter* durch einen Klick auf das entsprechende Icon und öffnen anschließend das Editierungsformular des Plug-ins durch einen Klick auf den Titel. Hier finden wir verschiedene Parameter, die ich in Tabelle 14.1 kurz erläutert habe.

Tabelle 14.1 Beschreibung der Parameter des Sprachenfilter-Plug-ins

Parameter	Erläuterung
Sprachauswahl für neue Benutzer	Falls der Parameter auf Browsereinstellungen gesetzt wird, versucht das System, die im Browser eingestellte *Sprache* zu erkennen und als *Seitensprache* zu verwenden. Ist dies nicht erfolgreich, wird die *Standardsprache* der Seite verwendet.
Automatischer Sprachwechsel	Wechselt die *Inhaltsprache* der Seite, wenn ein Nutzer die *Seitensprache* in seinem Profil verändert.
Verknüpfte Einträge	Erlaubt uns, bei der Editierung eines Objekts auszuwählen, welches Objekt die Übersetzung dieses Eintrags ist. Dadurch kann ein Nutzer beim Umschalten der *Sprache* direkt zur Übersetzung dieses Eintrags weitergeleitet werden.
„Alternate"-Meta-Tag hinzufügen	Beeinflusst, ob Joomla einen `Alternate` Meta-Tag setzt, der Suchmaschinen über die anderen Sprachversionen einer bestimmten Seite informiert.
„X-Default"-Meta-Tag hinzufügen	Steuert, ob ein `X-Default` Meta-Tag gesetzt wird, der Suchmaschinen über die Standardsprache einer Seite informiert.
„X-Default"-Sprache	Stellt die Standardsprache ein, die Suchmaschinen mitgeteilt wird.

Parameter	Erläuterung
URL-Sprachkürzel entfernen	Entfernt das entsprechende Sprachkürzel (z. B. *domain.tld/de/* bzw. *domain.tld/en/*) aus der URL. Nicht empfehlenswert, da es dabei zu Problemen durch identische Aliase kommen kann.
Cookie-Lebensdauer	Stellt ein, ob das Cookie, das die jeweils gewählte Sprache speichert, bis zum Schließen des Browsers (*Sitzung*) oder für ein *Jahr* gespeichert werden soll.

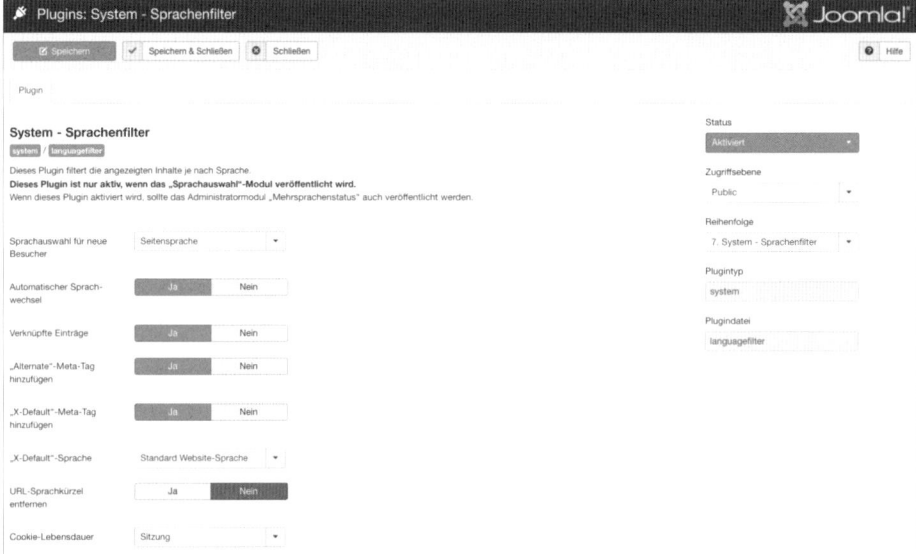

Bild 14.4 Einstellungen des Plug-ins *System – Sprachenfilter*

14.1.4 Aktivierung des Moduls

Im letzten Konfigurationsschritt müssen wir nun noch ein Modul hinzufügen, das dem Benutzer erlaubt, selbstständig die Sprache der Seite zu bestimmen. Dafür wechseln wir in die Modulverwaltung (ERWEITERUNGEN > MODULE) und legen dort mit einem Klick auf den Toolbar-Button NEU ein neues Modul vom Typ Sprachauswahl an.

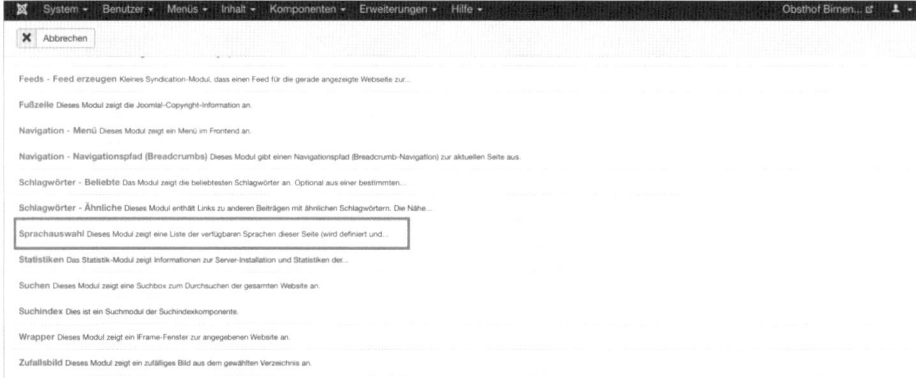

Bild 14.5 Anlegen eines neuen Moduls für die Sprachauswahl

14.1 Integrierte Mehrsprachigkeit

Dieser *Modultyp* bietet uns im nun erscheinenden Formular zahlreiche Einstellungsmöglichkeiten an, die in Tabelle 14.2 kurz erläutert sind.

Tabelle 14.2 Parameter des Sprachauswahl-Moduls

Parameter	Erläuterung
Text davor	Zeigt einen frei wählbaren Text vor bzw. über dem Feld zur *Sprachauswahl* an.
Text danach	Zeigt einen frei wählbaren Text nach bzw. unter der *Sprachauswahl* an.
Drop-Down benutzen	Nutzt ein Drop-down-Feld zur Auswahl der *Sprache*. Andernfalls wird eine anklickbare Liste ausgegeben.
Bildflaggen benutzen	Nutzt kleine Flaggensymbole statt des Namens der jeweiligen *Sprache*.
Horizontale Anzeige	Ordnet die Flaggen horizontal statt vertikal an.
Aktive Sprache	Fügt der aktiven *Sprache* die CSS-Klasse *lang-active* an.

Vergeben Sie einen Titel für das neue Modul und wählen Sie eine passende Modulposition. Anschließend verlassen Sie den Dialog mittels Klick auf SPEICHERN & SCHLIESSEN.

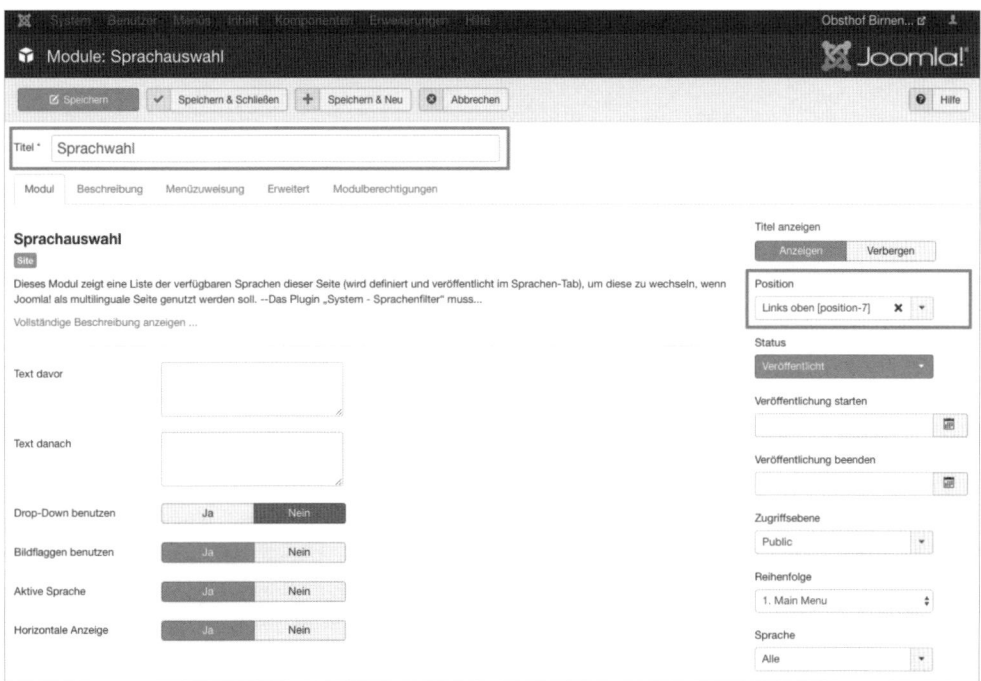

Bild 14.6 Dialog zum Anlegen des neuen Sprachauswahl-Moduls

14.1.5 Sprachzuweisung der Beiträge

Wechseln Sie nun zur Beitragsübersicht und wählen Sie dort unseren Beitrag *Willkommen* aus der Beispielseite von Bauer Birnennase aus. Es öffnet sich das Formular zur Bearbeitung des Inhalts, wo Sie in der linken Spalte den Parameter *Sprache* finden, den wir bisher stets ignoriert haben – das ändert sich nun! Wählen Sie als *Sprache* für den Beitrag „German" und speichern Sie die Änderung mittels Klick auf SPEICHERN & SCHLIESSEN.

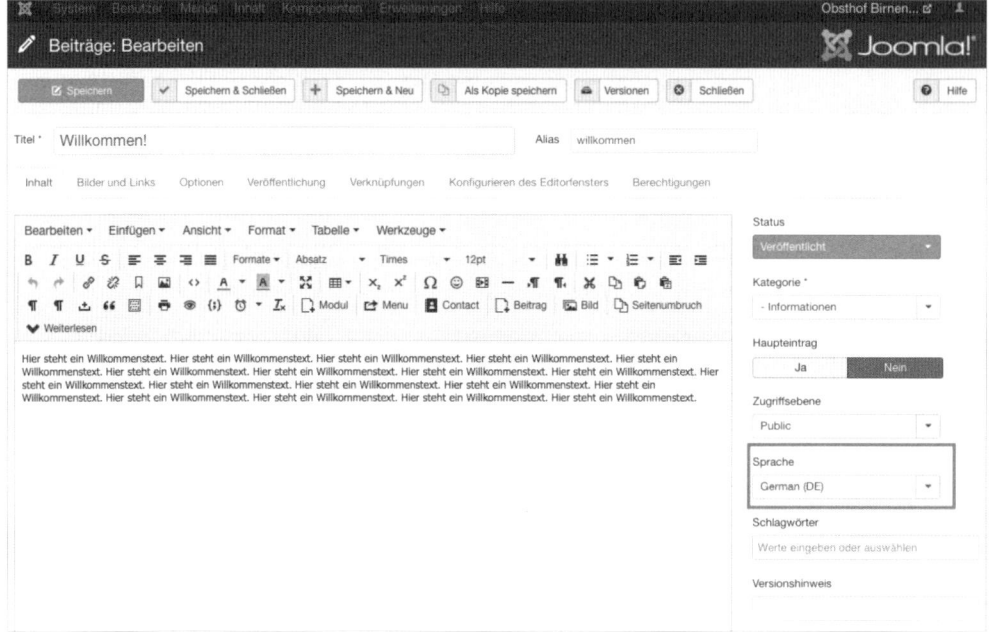

Bild 14.7 Sprachzuordnung des Beitrags *Willkommen*

Legen Sie nun einen neuen Beitrag mit dem *Titel* „Welcome" an und geben Sie eine entsprechende englische Übersetzung des Willkommenstexts im Feld *Beitragsinhalt* ein. Anschließend wählen Sie als Sprache für diesen neuen Beitrag „English" und wechseln in den Tab *Verknüpfungen*. Dort können wir, falls gewünscht und vorhanden, für jede Sprache die entsprechende anderssprachige Version wählen, was wir in unserem Beispiel für *German* natürlich mit dem Beitrag *Willkommen* tun. Anschließend speichern wir diesen Beitrag durch einen Klick auf den entsprechenden Toolbar-Button. Daraufhin finden Sie in der Übersichtsliste die beiden gerade editierten Beiträge, die der jeweiligen Sprache (siehe gleichnamige Spalte) zugeordnet sind und bei denen das jeweilige Sprachkürzel in der Sprache *Verknüpfung* anzeigt, dass es den Beitrag auch in einer anderen Sprache gibt.

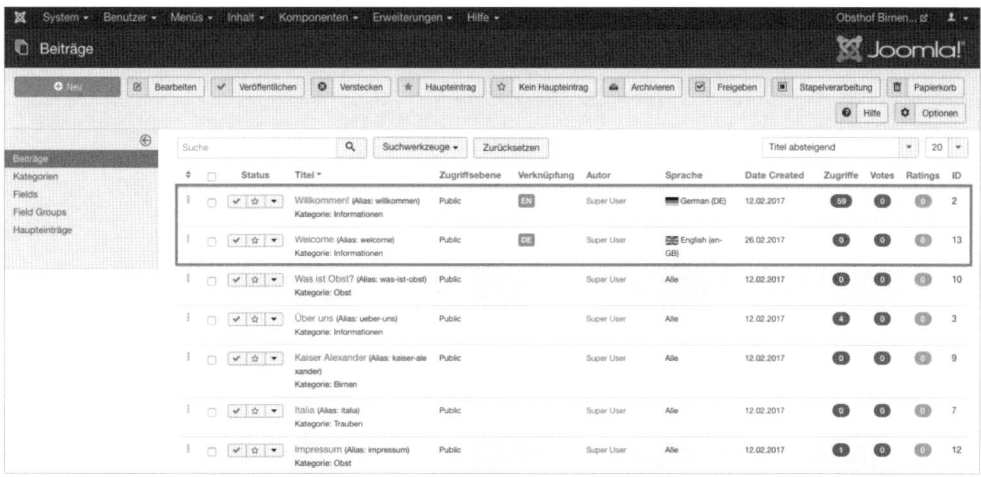

Bild 14.8 Beitragsübersicht mit den zugeordneten Willkommenstexten

14.1.6 Sprachzuweisung der Menüeinträge

Wechseln Sie nun durch einen Klick auf MENÜS > MENÜS HINZUFÜGEN im Backend zur Übersicht der angelegten *Menüs* und legen Sie dort ein neues Menü an, das Sie z. B. „Dummy" nennen.

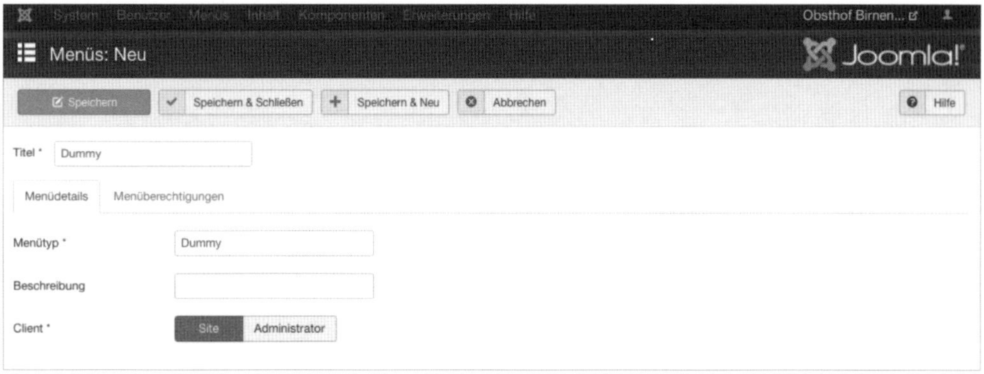

Bild 14.9 Neu angelegtes Menü „Dummy"

Im nächsten Schritt wechseln Sie über das Backend-Menü mittels MENÜS > DUMMY in die Übersicht der angelegten Menüpunkte des *Dummy*-Menüs. Legen Sie dort einen neuen Menüeintrag vom Typ *Hauptbeiträge* an, vergeben Sie als Titel erneut unseren Platzhalter „Dummy" und beenden Sie den Vorgang mittels Klick auf SPEICHERN & SCHLIESSEN.

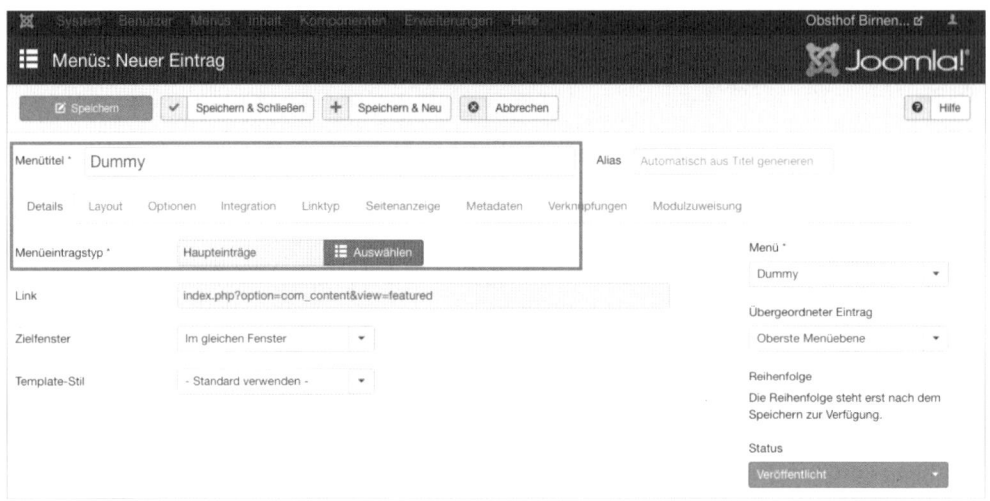

Bild 14.10 Anlegen des Dummy-Menüeintrags

Fragen Sie sich gerade, wozu dieser Schritt gut gewesen sein soll? Die in Joomla! integrierte Mehrsprachigkeitsfunktion hat eine Eigenheit, welche die Bedienung ohne vorherige Einführung erschwert. Kleine Demonstration gefällig? Dann wechseln Sie doch einmal in die Liste der *Menüeinträge* für das *Main Menu* und öffnen Sie das Editierungsformular des Eintrags *Willkommen*. Ändern Sie nun den Parameter *Sprache* auf *German* und klicken Sie anschließend auf SPEICHERN. Daraufhin begrüßt Joomla! Sie mit der Fehlermeldung: „Spcichern fehlgeschlagen! Fehler: Der Parameter „Sprache" für dieses Menü muss auf „Alle" stehen. Mindestens ein Standard-Menüpunkt muss auf „Alle" stehen, auch wenn die Webseite mehrsprachig ist.". Wieso erscheint diese Meldung?

Stellen Sie sich vor, wir hätten unsere Seite auf die beiden *Sprachen* Englisch und Deutsch umgestellt, sodass jede der *Sprachen* auch eine eigene *Startseite* zugewiesen bekommen hätte. Wenn Sie nun aus einer Laune heraus die *Mehrsprachigkeit* durch Deaktivierung des entsprechenden *Plug-ins* wieder abschalten würden, könnte Joomla! keine *Startseite* mehr ausliefern. Es wäre kein als *Startseite* markierter *Menüeintrag* mehr für *alle Sprachen* zuständig, wie wir es standardmäßig als Vorgabe finden. Folglich würde der Aufruf der Seite mit einer Fehlermeldung scheitern. Um dies zu verhindern, besteht Joomla! darauf, dass stets mindestens ein *Menüeintrag* als *Startseite* markiert ist, dessen Parameter *Sprache* auf „Alle" steht.

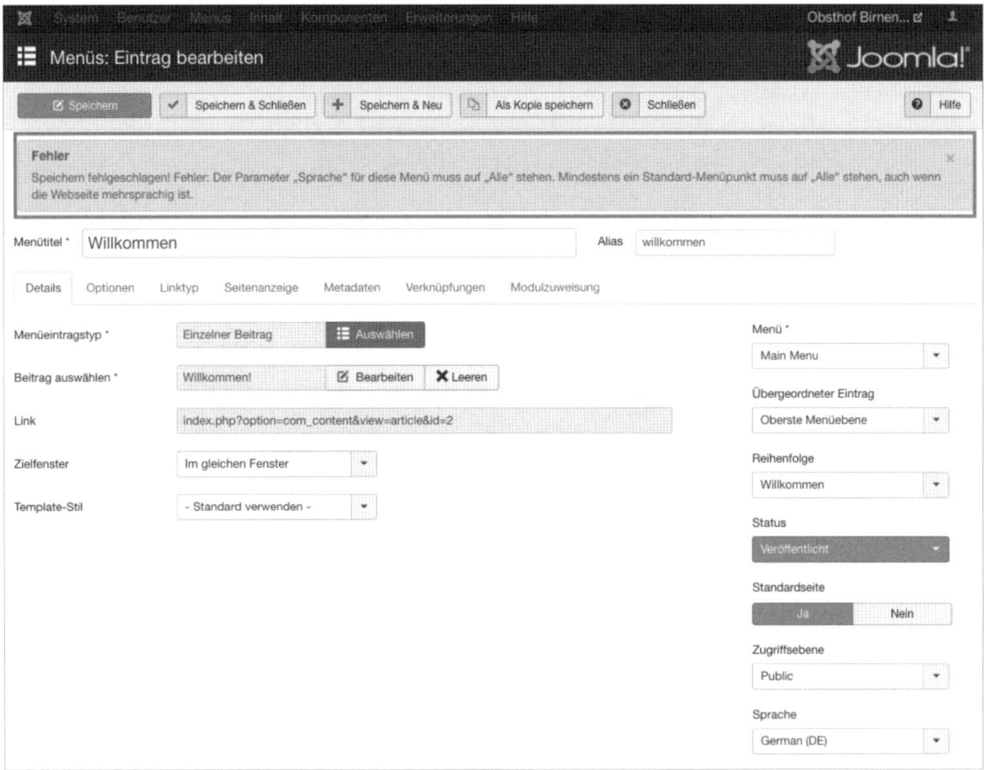

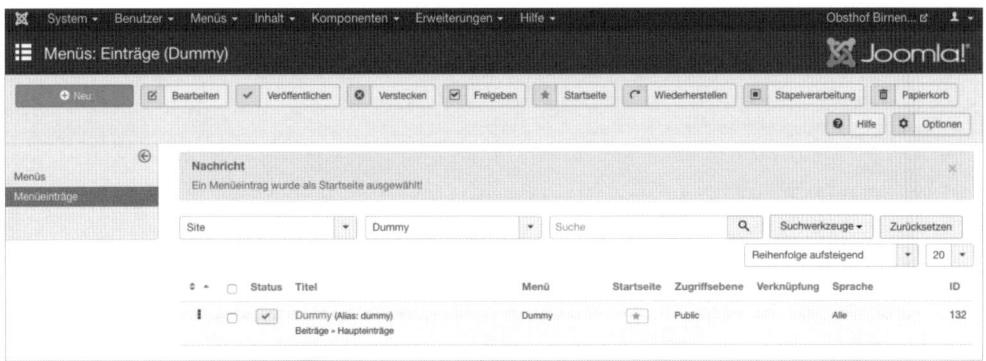

Bild 14.11 Fehlermeldung beim Ändern der Sprache des *Menüeintrags* „Willkommen"

Aufgrund dieser Tatsache müssen wir uns jedoch einen kleinen Workaround über ein auf der Seite nicht sichtbares Hilfe-*Menü* (Dummy) mit einem entsprechenden *Menüpunkt* (Dummy) schaffen, den wir nun durch Editierung der Parameter des *Menüeintrags* zur *Startseite* machen.

Bild 14.12 Menüpunkt *Dummy* nach der Markierung als Startseite

Wenn Sie bereits bei der Installation wissen, dass eine Seite später einmal mehrsprachig wird, sollten Sie die Mehrsprachigkeit schon am Ende des Installationsdialogs (siehe Abschnitt 4.1.2, Mehrsprachige Installation) vornehmen. Das erspart Ihnen das etwas unintuitive Arbeiten mit den Dummy-Menüs, da diese dann automatisch erzeugt werden.

Jetzt können wir zurück zum *Menüeintrag* „Willkommen" wechseln und diesem erfolgreich die Sprache *German* zuweisen. Nach dem Speichern der Änderung können wir den *Eintrag* dann über einen Klick auf das entsprechende Toolbar-Icon zur *Startseite* unserer deutschen Seitenversion machen, was durch ein entsprechendes Flaggensymbol angezeigt wird.

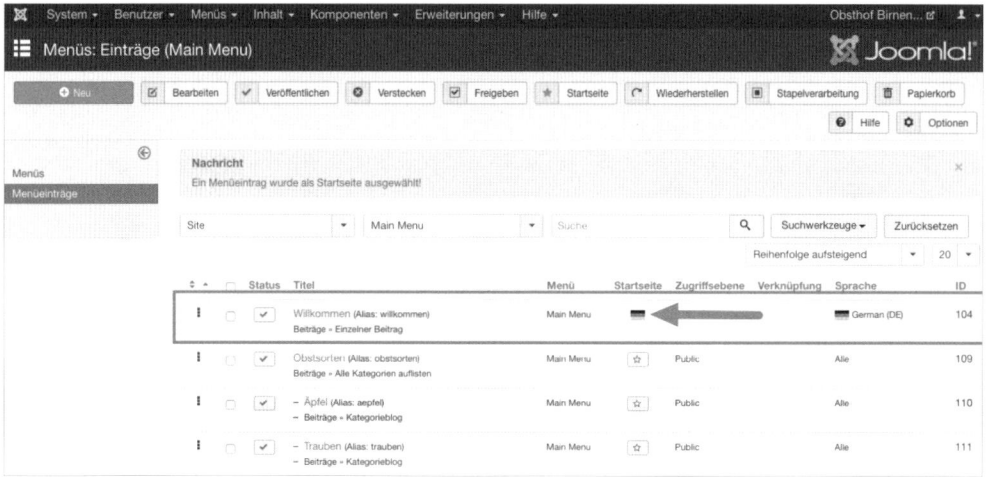

Bild 14.13 Flaggensymbol nach erfolgreicher Markierung als Startseite der deutschen Sprachversion

Nun können wir auch allen weiteren *Menüeinträgen* unseres offensichtlich deutschsprachigen Menüs, z. B. durch Nutzung der *Stapelverarbeitungsfunktion* in der Toolbar, die deutschsprachige Seitenversion zuweisen (siehe Bild 14.14).

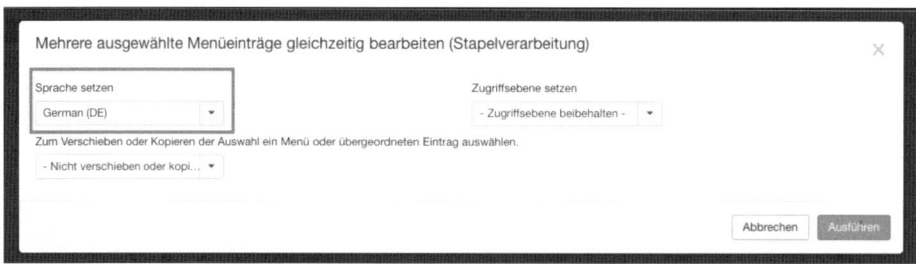

Bild 14.14 Zuweisen der restlichen Menüeinträge zur gewählten Sprache über die Stapelverarbeitung

Wie bauen wir nun unsere englischsprachige Willkommensseite hier ein? Dafür legen wir wieder ein neues *Menü* an, das wir zum Beispiel „Main Menu Englisch" nennen, und wechseln über den entsprechenden Menüeintrag MENÜS > MAIN MENU ENGLISCH zur Übersicht der Menüpunkte. Dort legen wir einen neuen Menüeintrag für unsere englischsprachige Startseite an.

Als Menütyp wählen wir logischerweise *Einzelner Beitrag* und vergeben als Titel z. B. *Welcome*. Anschließend wählen wir über den entsprechenden Parameter den gleichnamigen *Beitrag* und ordnen den neuen *Eintrag* der Sprache „English" zu. Anschließend markieren wie ihn als *Standardseite* und beenden den Vorgang mittels Klick auf SPEICHERN & SCHLIESSEN. Damit haben wir auch diesen Menüeintrag erfolgreich erzeugt.

Bild 14.15 Englischer Startseiten-Menüpunkt

14.1.7 Sprachzuweisung der Module

Betrachten wir nun das *Frontend* unserer Seite, so stellen wir zunächst erfreut fest, dass das *Modul* für die Sprachwahl nun wie gewünscht zwei Flaggensymbole darstellt; tatsächlich werden wir per Klick auf das Symbol für die englische Sprachversion zur entsprechenden *Startseite* „Welcome" weitergeleitet.

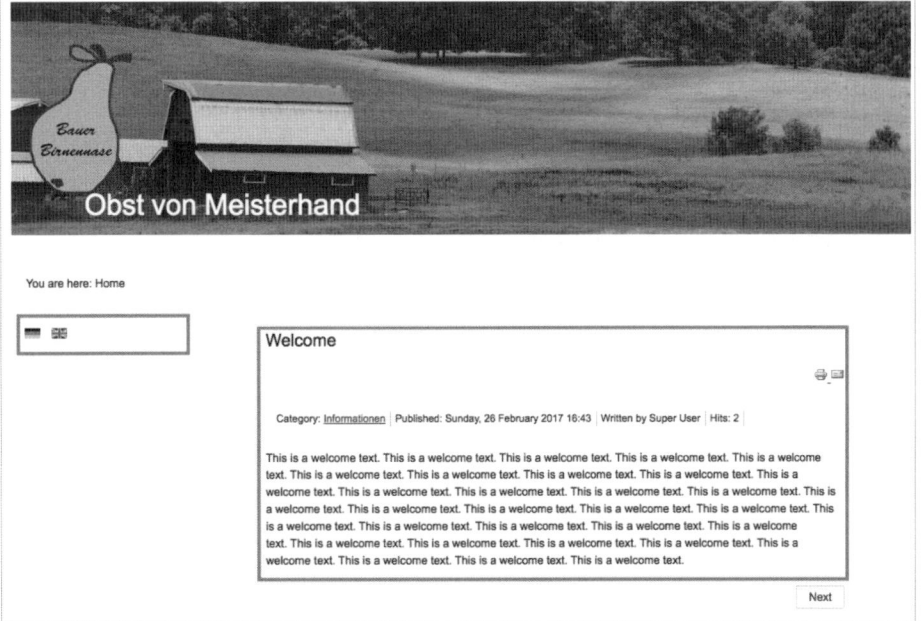

Bild 14.16 Wahlmöglichkeit für die gewünschte Seitensprache nach Erstellung der beiden Startseiten

Aber fällt Ihnen etwas auf? Ja, genau, das Menü fehlt! Um dieses Manko zu beheben, müssen wir erst ein *Modul* zur Anzeige unseres englischsprachigen *Menüs* erzeugen und dieses dann der entsprechenden *Sprache* zuweisen. Wechseln Sie dafür wieder ins *Backend*, öffnen Sie die *Modulverwaltung* via ERWEITERUNGEN > MODULE und legen Sie per Klick auf das Toolbar-Icon NEU ein neues *Modul* vom Typ „Navigation-Menü" an.

Vergeben Sie einen *Titel* wie „Main Menu Englisch" und blenden Sie, falls gewünscht, den *Titel* im Frontend über den entsprechenden Parameter aus. Danach wählen Sie als *Modulposition* die bereits bekannte „position-7", an der wir auch unser deutschsprachiges Menü finden, und weisen Sie das Modul der korrekten *Sprache* zu.

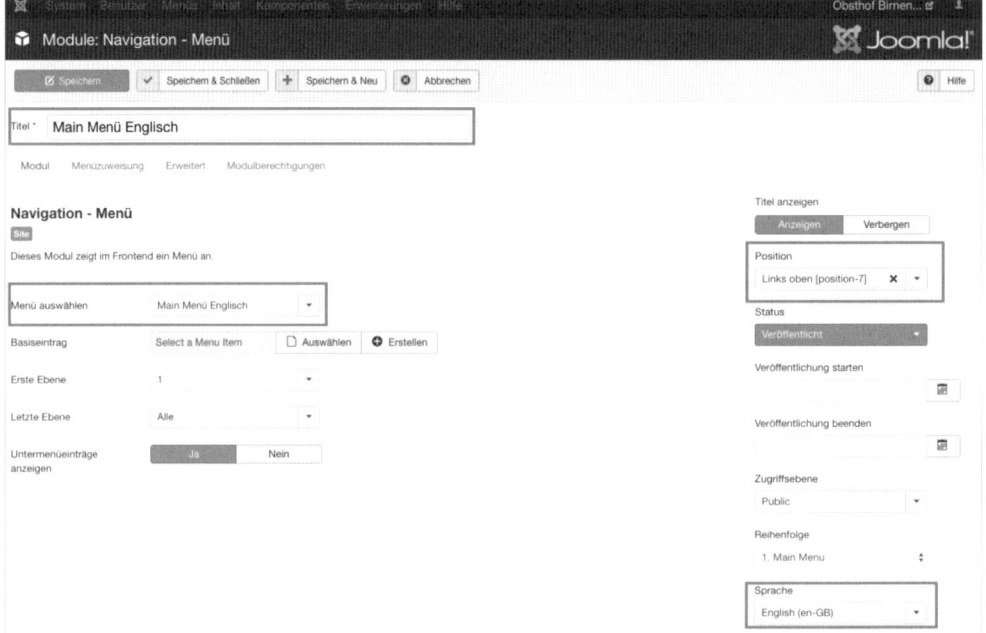

Bild 14.17 Anlegen des neuen Moduls zur Darstellung des englischsprachigen Menüs

Nun schauen wir uns noch die anderen, bereits angelegten Module an und weisen diese über das Editierungsformular einer Sprache zu.

Modul	Sprache	Begründung
Breadcrumbs	Alle	Ist in beiden Sprachversionen von Interesse und enthält keine Inhalte, die separat übersetzt werden müssen.
Neuigkeiten des Bauernverbands	Deutsch	Ergibt nur auf der deutschen Seite Sinn, da englischsprachige Nutzer mit den deutschsprachigen Meldungen nichts anfangen können.
Main Menu Englisch	Englisch	selbsterklärend
Main Menu Deutsch	Deutsch	selbsterklärend
Sprachauswahl	Alle	Ist in beiden Sprachversionen von Interesse und enthält, wenn der *Modultitel* im *Frontend* ausgeblendet ist, keine Inhalte, die separat übersetzt werden müssen.

Nun ist die Modulkonfiguration abgeschlossen und wir können nach dem bekannten Muster auch die weiteren *Beiträge*, *Kategorien* und *Kontakte* in einer englischsprachigen Version ablegen und im englischsprachigen *Menü* verlinken.

14.1.8 Sprachverknüpfungen

Somit ist unsere mehrsprachige Seite im Grunde genommen vollendet, es gibt jedoch noch ein Problem, um das wir uns kümmern müssen. Klicken Sie dazu im *Frontend* der englischen Seitenversion auf den *Menüeintrag* „Imprint" (Impressum) und wechseln Sie anschließend zur deutschen Seitenversion. Wir finden hier zwar nun wie gewünscht die deutsche Version des Texts, aber die URL weicht von der „normalen" URL des Impressums ab. Dies ist der Fall, weil wir bisher zwar die *Sprachverknüpfung* der einzelnen Beiträge vorgenommen haben, die für eine korrekte Zuordnung der Menüpunkt notwendige *Menüverknüpfung* zwischen den einzelnen Sprachen aber noch fehlt. Das wollen wir nun nachholen.

Öffnen Sie dazu das Editierungsformular des *Menüeintrags* „Imprint" im *Backend* der Seite und öffnen Sie den Tab *Verknüpfungen*. Dort kann, analog wie bei den Beiträgen, der Menüeintrag gewählt werden, der als Übersetzung des aktuellen Eintrags in der jeweiligen Sprache fungiert.

Nach dem Speichern dieser Änderung ist die Verknüpfung zwischen den Seitensprachen (übrigens in beide Richtungen) erfolgreich hergestellt und die URL-Umschaltung funktioniert wie gewünscht.

Die Sprachverknüpfungen steuern somit die korrekte Funktionsweise der Sprachumschaltung im Frontend und sollten, wenn es eine Entsprechung des jeweiligen Inhalts in der anderen Sprache gibt, somit konsequent auf alle Elemente angewendet werden, bei denen das entsprechende Feature verfügbar ist. Im Joomla-Core betrifft dies z. B. die Beiträge, die Kategorien, die Kontakte, die Newsfeeds sowie die Menüeinträge.

Die disziplinierte Pflege der Verknüpfungen kommt uns dabei noch in einem anderen Bereich zugute, nämlich bei der Nutzung der Komponente *Sprachverknüpfungen*, die uns ein spezielles Pflegeinterface für die Mehrsprachigkeit zur Verfügung stellt.

Nach Aufruf der Komponente über den Menüeintrag KOMPONENTEN > SPRACHVERKNÜPFUNGEN sind der Typ des jeweiligen Inhalts und die sog. Referenzsprache über die entsprechenden Auswahllisten zu wählen (siehe Bild 14.18).

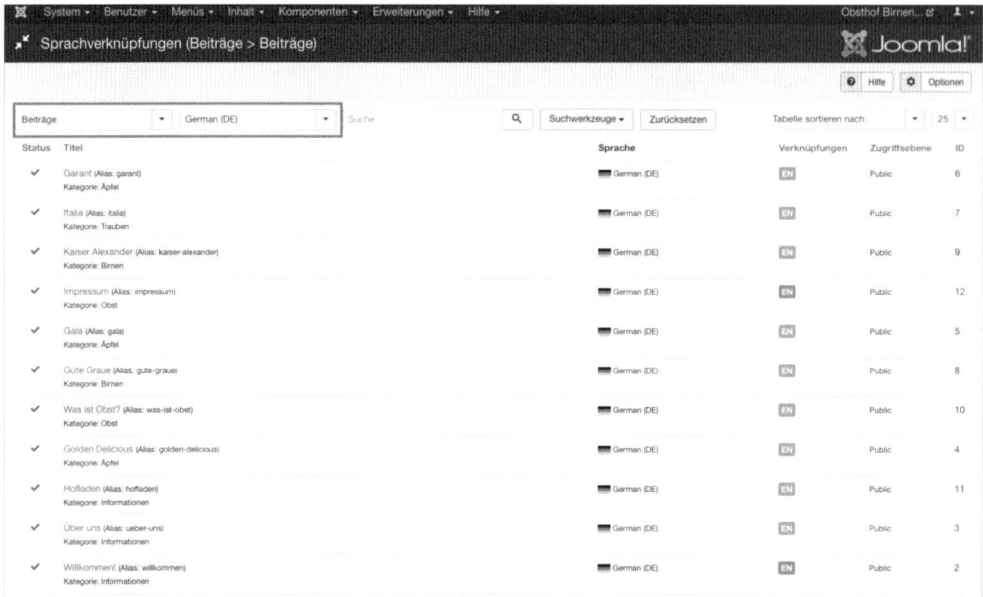

Bild 14.18 Übersicht über die deutschen Beiträge in der Beispielinstallation

Die jeweilige farbliche Hinterlegung des Sprachkürzels in der Spalte *Verknüpfungen* gibt dabei an, ob der jeweilige Eintrag bereits mit einem entsprechenden Eintrag in der Sprache des Kürzels hinterlegt ist. Ist dies der Fall, können beide Einträge in einer zweispaltigen Ansicht nebeneinander betrachtet, verändert und gespeichert werden, womit die Komponente eine sehr bequeme Möglichkeit ist, umfangreiche mehrsprachige Seiten zu verwalten (siehe Bild 14.19).

Wird das Kürzel eines Eintrags ohne Verknüpfung angeklickt, erhält man ebenfalls eine zweispaltige Ansicht und kann hier eine neue Übersetzung eingeben bzw. einen existierenden Eintrag als Übersetzung wählen. Die Verknüpfung erfolgt dann automatisch im Hintergrund.

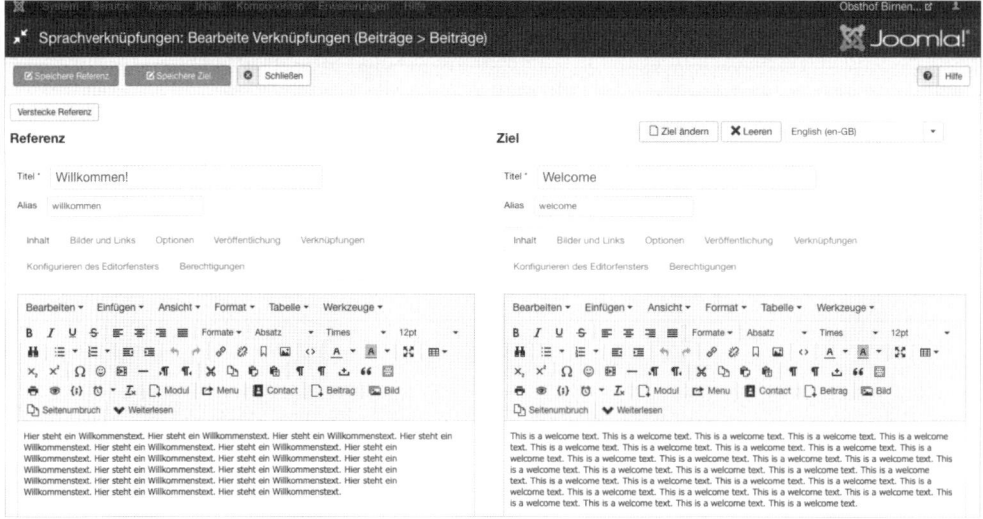

Bild 14.19 Zweispaltige Übersetzungsansicht in der Sprachverknüpfungskomponente

Somit lassen sich in der Joomla-eigenen Mehrsprachigkeit sowohl voneinander losgelöste Seitenbäume mit sprachspezifischen Inhalten als auch 1-zu-1-Übersetzungen aller Inhalte auf angenehme Art und Weise verwalten.

14.2 FaLang

14.2.1 Prinzip

Eine Alternative zur Verwaltung mehrsprachiger Inhalte ist die Joomla!-Erweiterung *FaLang*, die als Fork aus der Joomla-1.5-Erweiterung JoomFish entstanden ist. FaLang arbeitet nicht mit mehreren, unabhängigen Seitenbäumen für die unterschiedlichen Sprachen, sondern ist eine Oberfläche zur 1-zu-1-Übersetzung der Inhalte an zentraler Stelle. Dabei werden ebenfalls über eine einheitliche GUI alle nur erdenklichen Inhaltstypen übersetzt, jedoch ohne dass diese Übersetzungen in den entsprechenden Joomla-Originallisten auftauchen.

FaLang arbeitet somit gewissermaßen losgelöst von Joomla selbst, woraus sich auch direkt der große Nachteil dieser Lösung ableiten lässt: Wird die Entwicklung FaLang irgendwann einmal eingestellt, sitzt man in der Falle und muss die entsprechenden Inhalte umständlich per Hand in ein anderes System bzw. die Core-Mehrsprachigkeitsfunktion übertragen. Der große Vorteil von FaLang, nämlich das intuitive 1-zu-1-Übersetzungsinterface, ist durch die Sprachverknüpfungen von Joomla 3.7 größtenteils obsolet geworden, weshalb ich bei neuen Projekten davon abraten würde, FaLang einzusetzen.

15 Spezialisierte Erweiterungen

Joomla! bietet für nahezu jeden Anwendungsbereich eine passende Erweiterung an, wobei die Qualität und Stabilität der einzelnen Erweiterungen stark schwankt. Ich möchte Ihnen in diesem Kapitel einige bekannte Erweiterungen für häufig benötigte Funktionen vorstellen und dabei über meine ganz subjektiven Erfahrungen berichten, welche Sie dann in Ihre eigenen Entscheidungen mit einfließen lassen können.

Letzten Endes ist es jedoch so, dass ich diese Erweiterungen oftmals durch ein *CCK* ersetze, weshalb Sie, bevor Sie sich intensiver mit den Dritterweiterungen auseinandersetzen, unbedingt Kapitel 16, „CCK-Systeme", studieren sollten.

15.1 Shop-Systeme

Joomla! ist nach wie vor ein beliebtes System zur Realisierung von Webshops, wobei das CMS dabei häufig in einem Atemzug mit der Shop-Erweiterung *VirtueMart* genannt wird. Dabei sollten Sie, bevor Sie sich dafür entscheiden, ein CMS-System wie Joomla! durch eine Shopping-Erweiterung zu ergänzen, grundsätzlich fragen, ob Sie sich selbst und dem entsprechenden Projekt einen Gefallen damit tun. Hintergrund dieser Überlegung ist, dass Shop-Erweiterungen in den seltensten Fällen den Funktionsumfang und die Community-Größe eines vollwertigen Stand-alone-Systems wie Magento, Shopware oder Prestashop erreichen und damit insbesondere bei komplexeren Anforderungen deutlich früher an ihre Grenzen stoßen, als es spezialisierte Stand-alone-Applikationen tun.

Somit ist die Grundfrage oftmals „habe ich eine Website mit einem kleinen Shop oder einen großen Shop mit ein bisschen Website" – bei Letzterem, wenn also der Shop-Anteil überwiegt, sind Stand-alone-Shops oftmals die bessere Wahl.

Sind die Anforderungen jedoch überschaubar, kann auch ein Joomla-Shop eine legitime Wahl sein. Im Folgenden möchte ich Ihnen einige der Erweiterungen vorstellen.

Da die Joomla-Shopping-Erweiterungen für den internationalen Markt entwickelt werden, sind landesspezifische „Spezialitäten" insbesondere im rechtlichen Bereich in den meisten Fällen nicht berücksichtigt. Eine professionelle Prüfung auf die Einhaltung der rechtlichen Vorgaben ist daher insbesondere im komplexen deutschen E-Commerce-Recht unumgänglich.

15.1.1 VirtueMart

VirtueMart (*www.virtuemart.net*) ist das meistgenutzte und älteste Shop-System für Joomla!. Ursprünglich war *VirtueMart* eine Portierung der Mambo-Komponente *mambo-phpShop* auf das Joomla!-Framework, wobei jedoch große Teile des Codes erhalten geblieben sind, weshalb *VirtueMart* lange Zeit als Code-Albtraum bekannt war. Mit der im Dezember 2011 erschienenen Version 2.0 haben die Entwickler daher große Teile des Codes von Grund auf neu geschrieben und dabei die Fähigkeiten des Joomla!-Frameworks ausgenutzt.

VirtueMart wird von zahlreichen Drittentwicklern unterstützt, verfügt über eine große Community und zahlreiche Funktionen, wodurch es nach wie vor auf vielen Seiten im Einsatz ist – die Weiterentwicklung des Systems scheint jedoch zu stagnieren und die Nutzer- und Popularitätswerte gehen konstant zurück, weshalb neue Projekte nur nach reiflicher Überlegung auf *VirtueMart*-Basis erstellt werden sollten.

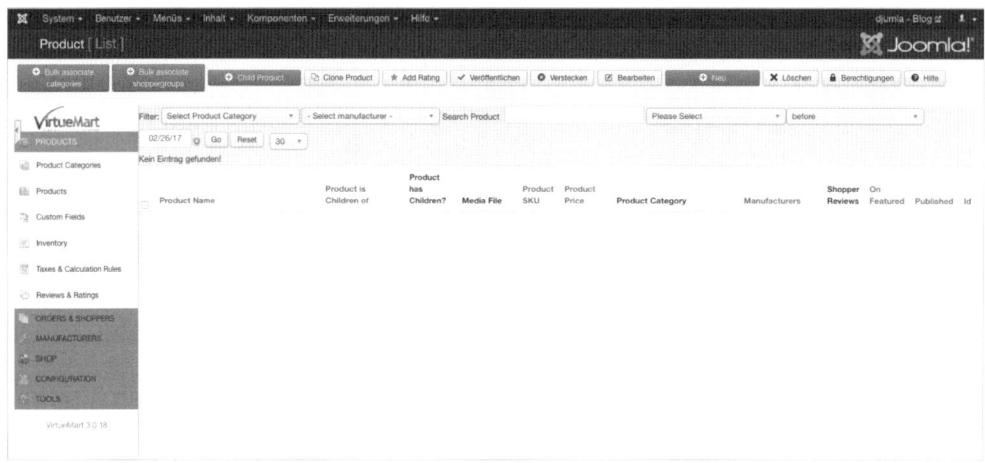

Bild 15.1 Backend der VirtueMart-Erweiterung

15.1.2 HikaShop

HikaShop (*www.hikashop.com*) schickt sich inzwischen an, der Quasi-Nachfolger von VirtueMart zu werden. Die Erweiterung verfügt über eine wachsende Community, eine Vielzahl von Funktionen, die auch komplexere Shops möglich machen, und ist dabei technisch so angelegt, dass eine Erweiterbarkeit an vielen Stellen möglich ist.

Aus der Tatsache, dass die Erweiterung noch jetzt Joomla-Versionen unterstützt, die bereits längst veraltet sind, resultieren jedoch einige Defizite in der Code-Qualität und -Aktualität, die insbesondere bei Entwicklern für das ein oder andere Stirnrunzeln sorgen dürften.

15.1.3 *J2Store*

Die Erweiterung *J2Store* ist mein persönlicher Tipp für die Realisierung kleinerer Shops mit einer überschaubaren Anzahl an Produkten und Funktionen. Die Erweiterung versucht, anders als viele Konkurrenzprodukte, gar nicht erst eine allumfassende Lösung für jeden Bedarf zu sein, sondern konzentriert sich auf die gängigsten Anwendungsfälle. Das macht die Erweiterung sehr übersichtlich und angenehm in der Bedienung.

15.1.4 JoomShopping

Eine Sonderrolle nimmt das Shop-System *JoomShopping* ein. Die Software eines deutschen Herstellers verfügt standardmäßig nur über einen verhältnismäßig kleinen Funktionsumfang, der dann durch kostenpflichtige Erweiterungen ergänzt werden kann. Dieses Grundprinzip gibt es zwar auch bei anderen Systemen, JoomShopping verfolgt diesen Ansatz jedoch besonders konsequent.

Die Erweiterung ist von Haus aus an einigen Stellen bereits für Shops im deutschen Rechtsraum vorbereitet, was eine Besonderheit im Joomla!-Shop-Umfeld darstellt, nichtsdestotrotz ist auch hier eine rechtliche Prüfung unumgänglich.

 Die Entwicklerfirma von JoomShopping ist in der Vergangenheit durch eine etwas eigensinnige Auslegung der GPL-Lizenz aufgefallen und verlangt zum Beispiel den Kauf einer Lizenz, um den Backlink im Shop entfernen zu dürfen. Es gab hier in der Vergangenheit bereits daraus resultierende Streitigkeiten mit Nutzern und dem Joomla-Projekt selbst, weshalb Sie dies bei der Nutzung der Erweiterung berücksichtigen sollten.

15.2 Formulare

Eine häufige Aufgabenstellung im professionellen Umfeld ist das Anlegen spezieller Formulare, die vom Benutzer ausgefüllt und abgesendet werden können. Denken Sie beispielsweise an individuelle Kontaktformulare, speziell angepasste Formulare für Supportanfragen oder ein Formular zur Bewerbung auf ein Stellenangebot. Um diese Formulare flexibel anlegen und verwalten zu können, bieten zahlreiche Hersteller entsprechende Tools an.

Eine Besonderheit im Bereich der Formulare ist, dass viele populäre, kostenfreie Erweiterungen wie BreezingForms oder Proforms schon seit Jahren auf dem Markt sind und dabei häufig aus Vorgängererweiterungen weiterentwickelt wurden – leider sind diese Erweiterungen dabei „unter der Haube" auch nie grundlegend erneuert worden, weshalb sich dort teilweise haarsträubende Altlasten verbergen, die weit von einer modernen, systemnahen Umsetzung entfernt sind. Daher sollten Sie insbesondere in diesem Erweiterungssegment einen genauen Blick in den Code der jeweiligen Erweiterung werfen.

15.2.1 RSForm Pro

Die Formularerweiterung *RSForm* überzeugt durch ihre Funktionsvielfalt und gute Anpassbarkeit an die eigenen Bedürfnisse, wodurch auch komplexere Formulare gut abzubilden sind. Trotzdem bleibt die Erweiterung gut bedienbar und ist, nach einer Einführung, selbst für Endkunden zu beherrschen, die sich somit selbst neue Formulare erstellen können.

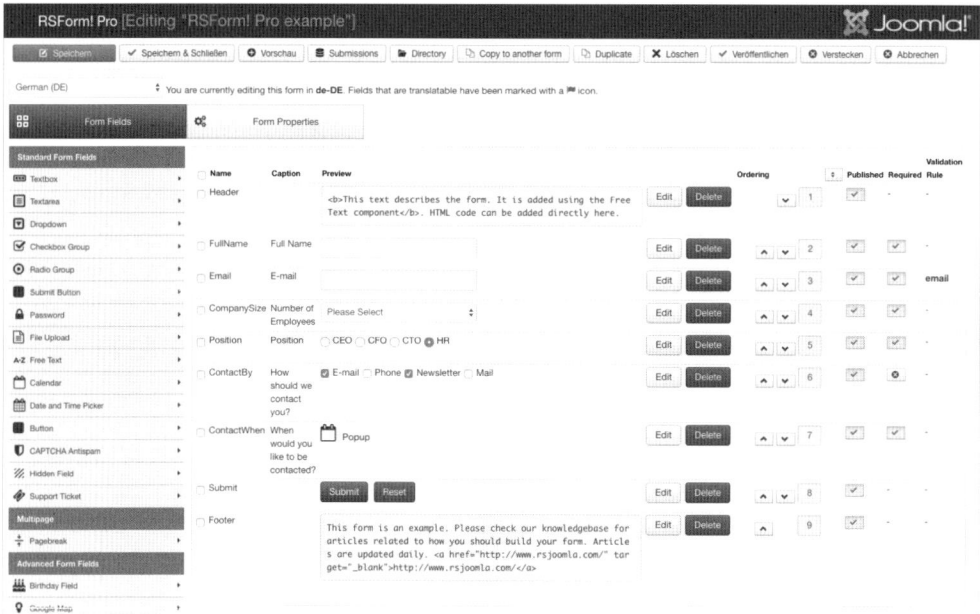

Bild 15.2 *RSForm Pro* zum Anlegen neuer Formulare mittels Drag & Drop

15.2.2 FlexForms

Insbesondere im professionellen Umfeld haben Entwickler häufig spezielle Anforderungen an das generierte HTML-Markup des Formulars, um zum Beispiel der vorgegebenen Struktur eines bestimmten Frontend-Frameworks zu entsprechen oder Besonderheiten im Bereich der Barrierefreiheit abzubilden. Viele Formularerweiterungen bieten hier zwar grundsätzlich die Möglichkeit, den Formularcode mittels Template-Override anzupassen, häufig betrifft dies dann aber alle Formulare der Erweiterung – eine gezielte Steuerung ist nicht möglich.

Für diesen spezielleren Bedarf habe ich, aufgrund der Unzufriedenheit mit den existierenden Lösungen, die Erweiterung FlexForms (*https://github.com/SniperSister/ComFlexforms*) entwickelt, eine Formularerweiterung von Entwicklern für Entwickler. Die Erweiterung hat kein grafisches Benutzerinterface zur Erstellung des Formulars, sondern arbeitet mit den bereits aus den Vorkapiteln bekannten XML-basierten Formulardateien von Joomla!. Pro Formular ist dabei die Nutzung eines eigenen, selbst gestalteten Templates möglich.

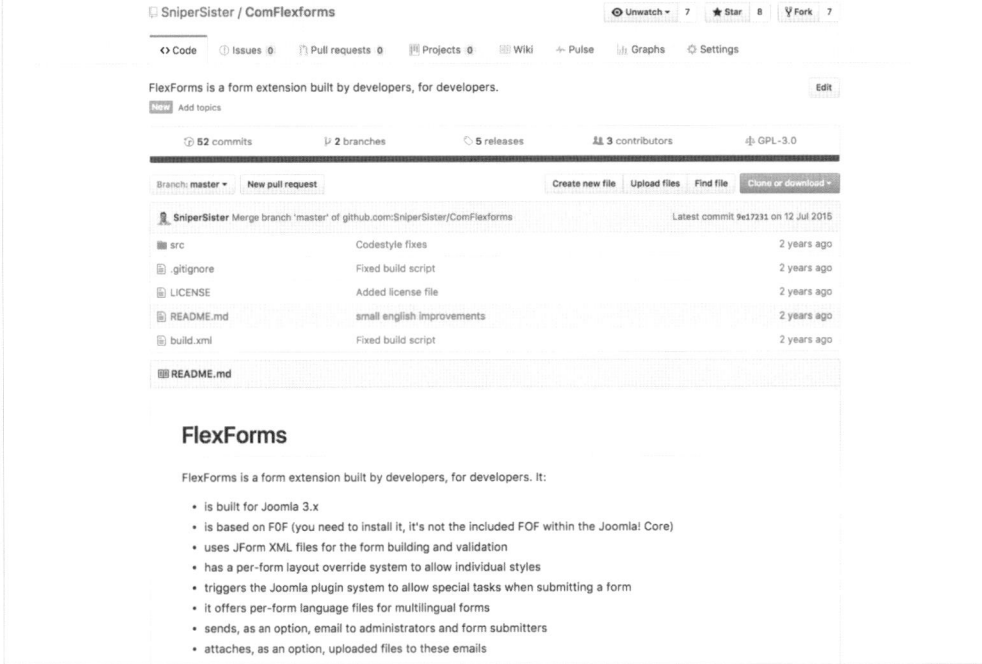

Bild 15.3 FlexForms-Seite bei Github

15.3 Dokumentenmanagement

15.3.1 jDownloads

Beim Aufbau komplexerer Download-Verzeichnisse setze ich im Regelfall auf die Erweiterung *jDownloads*, die ausreichend Features bietet, um gängige Anwendungsfälle abzudecken und sich dank zahlreicher Parameter und guten Codes auch leicht anpassen lässt.

15.4 Kalender

15.4.1 JEvents

JEvents ist der derzeitige De-facto-Standard der nichtkommerziellen Kalendererweiterungen. *JEvents* ist zwar technisch an einigen Stellen etwas in die Jahre gekommen, deckt jedoch durch seine zahlreichen Features die meisten Anwendungsfälle ab und wird von einer sehr regen Community unterstützt.

15.4.2 DPCalendar

Technisch etwas jünger ist die Erweiterung *DPCalendar*. Sie kann, wie JEvents, mit einem großen Funktionsumfang aufwarten, ist jedoch deutlich näher am Joomla-Core entwickelt, was die Nutzung insbesondere für Benutzer mit Programmierhintergrund intuitiver macht.

15.5 Galerien

Eine weitere, oft benötigte Funktion ist eine Galerie zur Anzeige verschiedener Bilder, bei denen es aufgrund ihrer Anzahl nicht mehr vertretbar ist, diese manuell in einen Inhalt einzupflegen. Dabei ist es wichtig zu wissen, dass sich die Joomla!-Galerieerweiterungen in zwei Typen aufteilen:

- Galerie-**Komponenten** bringen eine komplette Administrationsoberfläche zur Einpflege der Bilder, zahlreiche Einstellungen und verschiedene Ansichtstypen mit.
- Galerie-**Plug-ins** werden über einen spezifischen Tag in einen Inhalt eingebunden und zeigen in diesem Bilder an, die zuvor über FTP oder den Medien-Manager hochgeladen wurden. Sie verfügen über keine eigene Upload-Möglichkeit, sind dafür aber sehr flexibel einsetzbar.

15.5.1 Komponente: PhocaGallery

Die Komponente *PhocaGallery* eignet sich gut für die Realisierung umfangreicher Galerien, da sie zahlreiche Parameter und Anzeigemöglichkeiten mitbringt. Die Bilder können bequem über das Backend der Komponente hochgeladen werden, woraufhin sie direkt an die spätere Ausgabeauflösung angepasst werden.

15.5.2 Plug-in: Simple Image Gallery

Das *Simple Image Gallery*-Plug-in des griechischen Entwicklerteams JoomlaWorks wird nach der Installation über den simplen Tag {gallery}meinefotos{/gallery} eingebunden, wobei der Ordner *meinefotos* in einem frei konfigurierbaren Verzeichnis existieren muss. Beim Aufruf des Artikels erzeugt das Plug-in dann eine auf Lightbox basierende Galerie.

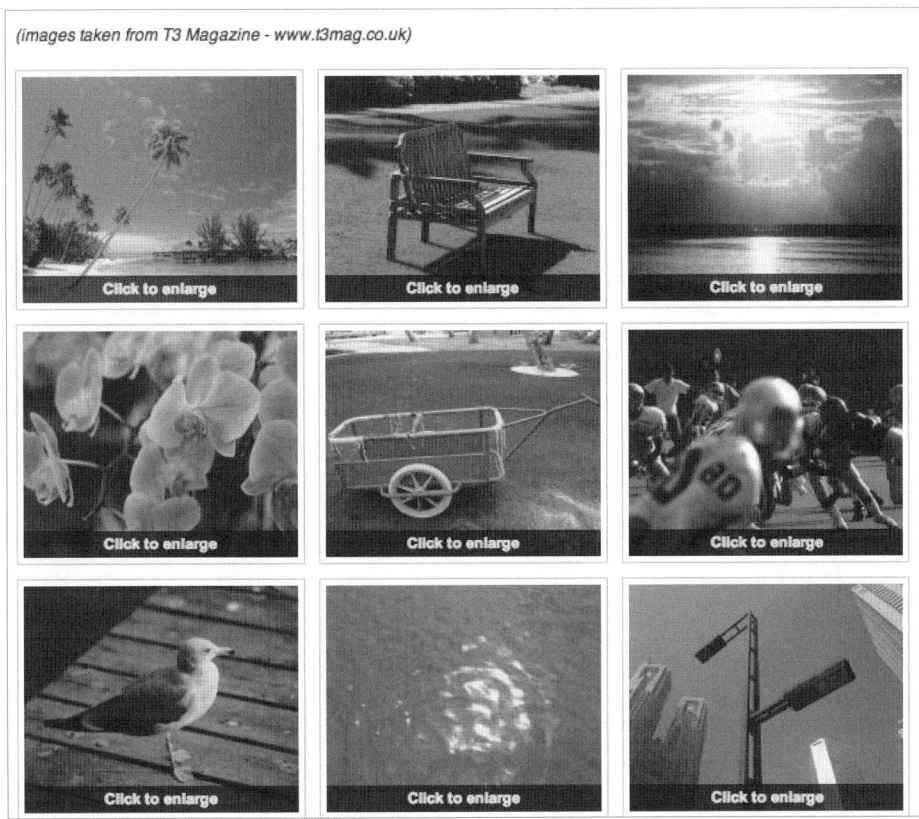

Bild 15.4 Simple Image Gallery beim Aufruf

15.6 Community-Lösungen

Ein beliebter Anwendungsbereich für Joomla! ist der Aufbau von Community-Portalen zu bestimmten Themen (Spiele-Communitys, Koch-Communitys etc.) oder Regionen, wofür die in Joomla! integrierte Profilverwaltung bei Weitem nicht mehr ausreicht. Daher bietet sich auch hier die Nutzung von externen Erweiterungen an.

15.6.1 JomSocial

JomSocial ist die jüngere der beiden Community-Komplett-Lösungen für Joomla! und nutzt, anders als die meisten anderen Joomla!-Erweiterungen, nicht das Joomla!-eigene Framework, sondern das Stand-alone-PHP-Framework *Zend*. Dadurch ergibt sich ein erster Nachteil des Systems, das durch die Nutzung von *Zend* ein wenig ressourcenhungriger wird, weil zwei Frameworks parallel geladen werden müssen.

Davon abgesehen überzeugt *JomSocial* durch Funktionsvielfalt, Erweiterbarkeit (derzeit mehr als 300 Erweiterungen für *JomSocial* dank zahlreicher Schnittstellen), Code-Qualität und zahlreiche Anbindungsmöglichkeiten an externe Dienste (*Facebook*, *Twitter*, *Amazon S3*), wodurch *JomSocial* definitiv zur Nummer 1 der derzeit verfügbaren Community-Lösungen wird. Einzig die relativ happigen Preise (derzeit 149 $ für den Einsatz auf einer Seite ohne Backlink) trüben den überragenden Gesamteindruck. Ich kann jedoch guten Gewissens sagen, dass die Erweiterung jeden Euro wert ist.

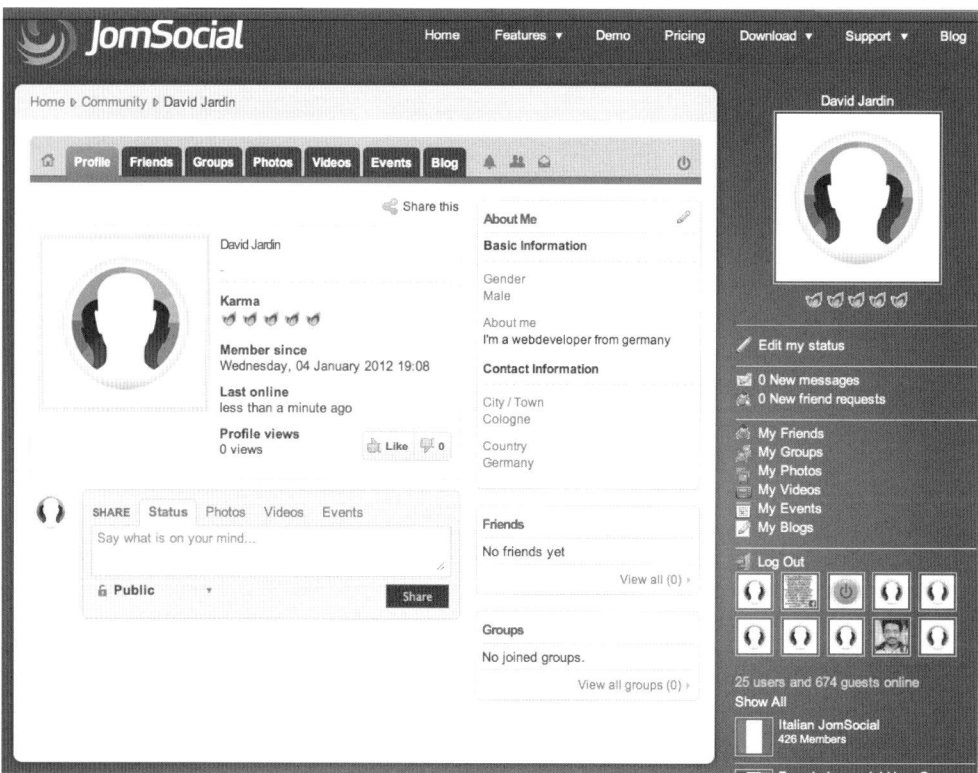

Bild 15.5 Beispiel-Community mit JomSocial

15.6.2 Community Builder

Die zweite bekannte Community-Lösung ist der *Community Builder*, der Entwickler von *Joomlapolis.com*. Der *Community Builder* existierte schon zu Mambo-Zeiten und wurde seitdem konsequent auf die neueren Joomla!-Versionen portiert, jedoch ohne die Erweiterung auf die neuen Framework-Vorgaben von Joomla! 1.5 umzustellen, sodass der Code leider ein wenig undurchschaubar ist.

Davon abgesehen handelt es sich beim *Community Builder* um eine umfangreiche, gut bedienbare und leicht erweiterbare Erweiterung, die zudem kostenlos erhältlich ist, dabei jedoch gut supportet wird, was den *Builder* zur Empfehlung für kleinere Projekte ohne Budget macht.

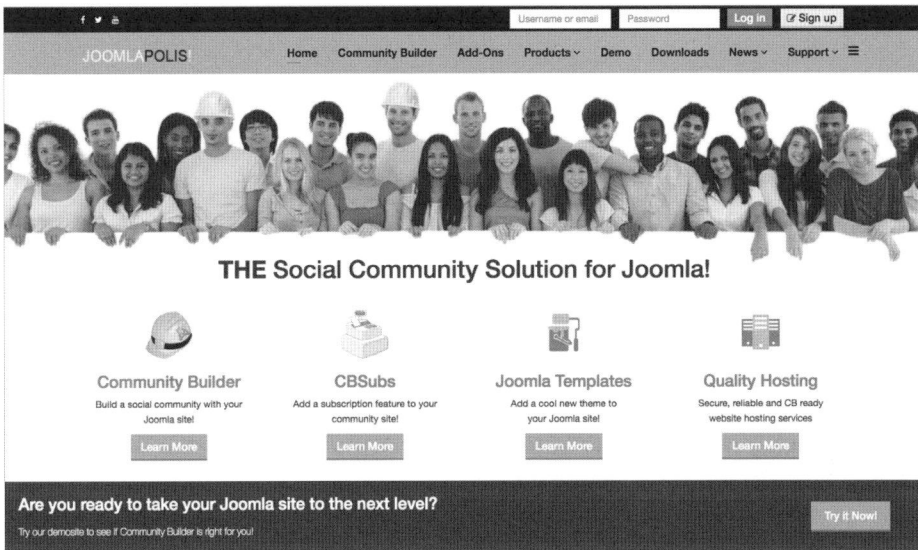

Bild 15.6 *Joomlapolis.com* ist gleichzeitig Entwickler und Referenzprojekt mit mehreren 10 000 Nutzern.

15.6.3 Kunena

Da in vielen Communitys auch eine Forensoftware benötigt wird, aber weder *JomSocial* noch *Community Builder* von Haus aus eine entsprechende Lösung mitbringen, empfiehlt sich hier der Einsatz der Joomla!-Forenkomponente *Kunena*. *Kunena* wird aktiv weiterentwickelt, ist dank zahlreicher Optimierungen auch bei vielen Posts noch sehr performant und lässt sich über unzählige Parameter gut an die eigenen Bedürfnisse anpassen.

16 Eigene Felder/SEBLOD®

■ 16.1 Eigene Felder

Altes Feature – neues Gewand

Seit Joomla! 1.6 war es Entwicklern dank *JForm* (siehe auch Abschnitt 17.3.10) bereits möglich, Joomla!-Eingabeformulare mittels Plug-ins um Felder zu erweitern.

Die nun in Joomla! 3.7 eingeführte Eigene-Felder-Funktionalität (Custom Fields) ermöglicht es Ihnen, benutzerdefinierte Felder ohne Programmieraufwand auf intuitive Art und Weise zu Formularen hinzuzufügen.

Diese Felder ersetzen zwar noch kein *Content Construction Kit* (CCK), aber geschickt eingesetzt bieten Eigene Felder viele Möglichkeiten, um die Pflege von Inhalten für Endnutzer zu vereinfachen und vielleicht auch verrückte neue Sachen damit anzustellen.

„Eigene Felder" sind momentan für *Benutzer, Beiträge, Beitragskategorien, Kontakte, Kontaktkategorien* und das *Kontaktformular* verfügbar. Zusätzlich können Entwickler diese bei Bedarf in eigene Komponenten integrieren.

16.1.1 Diese Joomla!-Komponenten unterstützen „Eigene Felder"

Benutzer (com_user)

Bei der Benutzerregistrierung gibt es standardmäßig die Felder: Name, Benutzername, Passwort und E-Mail. Wollte man bisher weitere Nutzerdaten abfragen, war dies mit dem Plug-in „Benutzer-Profil" möglich, welches zudem kopiert und für eigene Zwecke angepasst werden konnte. Auch wenn es dieses Plug-in noch gibt, wird es mit „Eigene Felder" im Grunde überflüssig, denn Sie können künftig jedes Feld für die Benutzeranmeldung individuell festlegen.

Beiträge (com_content)

Joomla!-Beiträge bieten die Möglichkeit, neben dem Titel und dem Beitragstext Schlagwörter, ein Einleitungsbild, ein Beitragsbild, Links (A, B und C), einen alternativen Weiterlesen-Text, einen Browsertitel und Meta-Informationen zu definieren. Legt man Wert darauf, alle Inhalte strukturiert einzugeben, bieten diese Eingabefelder begrenzte Möglichkeiten.

Mit „Eigene Felder" können Sie Beitragsformularen beliebig viele weitere Felder hinzufügen und im Inhalt ausgeben. Die Möglichkeiten für die Darstellung von Inhalten erreicht damit neue Sphären.

Kontakte (com_contact)

Die Kontaktkomponente bietet eine Vielzahl an vordefinierten Feldern, deren Aufzählung ich Ihnen hier erspare. Doch auch wenn man versucht, systemseitig alle möglichen Felder zur Verfügung zu stellen, das Feld das Sie für Ihren möglichen Einzelfall brauchen, wird oftmals fehlen. Mit „Eigene Felder" können Sie nun die Joomla!-Kontaktkomponente durch beliebige Felder erweitern und ermöglichen somit eine individuelle Darstellung von Kontakten.

Denkbar wären Google-Maps-Karten, spezielle Eingabefelder für Social-Media-Profile, Galerien und vieles mehr. Ihre Kreativität ist gefragt.

Kontaktformular (com_contact)

Für ein einfaches Kontaktformular war das Joomla!-Kontaktformular immer gut genug. Doch kaum brauchte man nur ein einziges weiteres Eingabefeld zur Kontaktaufnahme, griff man schnell zu Formularkomponenten, obwohl es ein Plug-in wohl auch getan hätte.

Mit „Eigene Felder" können Sie nun dem Joomla!-Kontaktformular weitere Felder hinzufügen und somit vermeiden, wegen kleinen Zusatzfunktionen wartungsaufwändige Dritterweiterungen zu installieren.

16.1.2 Feldtypen

Die Grundausstattung, die Sie gegenwärtig in Joomla! 3.7 mit „Eigene Felder" erhalten, ist eine kleine Auswahl von Eingabefeldern, die auf *JForm* (siehe Abschnitt 17.3.10.1) basieren. Sie können sowohl weitere *JForm*-Felder für „Eigene Felder" verfügbar machen, als auch eigene Custom-Fields-Plug-ins entwickeln.

16.1.2.1 Gemeinsame Grundeinstellungen

Die Eigenen Felder haben einige gemeinsame Einstellungen. Folgende Basiseinstellungen können im ersten Reiter „ALLGEMEIN" vorgenommen werden.

Titel

Im Titel geben Sie den Feldtitel ein. Dieser dient Ihnen zur Wiedererkennung in der Feldübersicht. Außerdem übernimmt das Label den Titel, falls kein Label festgelegt wurde.

Typ

In diesem Feld wählen Sie einen Feldtyp aus. Sobald Sie einen Typ festgelegt und das Feld gespeichert haben, wird dieser Typ festgesetzt und kann nicht mehr geändert werden. Die verschiedenen Joomla!-Core Feldtypen-werden im Abschnitt 16.1.2.3 näher beschrieben.

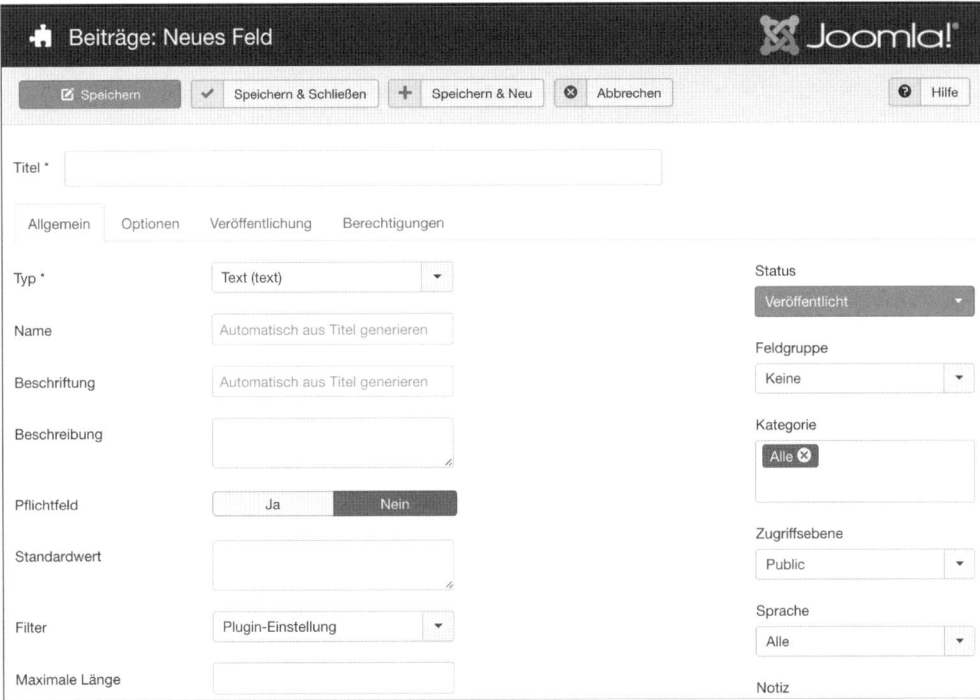

Bild 16.1 Grundeinstellungen der Felder

Name

Der Name ist neben der Feld-ID ein eindeutiger Feldindikator. Sie können diesen automatisch aus dem Feldtitel generieren lassen. Wenn jedoch der Titel nicht eindeutig ist, müssen Sie den Namen manuell festlegen.

Beschriftung

Die Beschriftung, auch Label genannt, steht links vom Eingabefeld. Es soll dem Benutzer eine Orientierung bieten, welche Eingabe im Feld erwartet wird. Wenn Sie dieses Eingabefeld leer lassen, dann übernimmt die Feldbeschriftung den Inhalt aus dem Feldtitel.

Beschreibung

Der hier eingegebene Beschreibungstext erscheint im Formular in einem Tooltip, wenn man mit der Maus über die Feldbeschriftung fährt.

Pflichtfeld

Wenn Sie nicht möchten, dass vergessen wird, ein Feld auszufüllen, können Sie es als Pflichtfeld kennzeichnen. Das Formular wird erst gespeichert, wenn alle obligatorischen Felder ausgefüllt sind.

Standardwert

Der Standardwert definiert den Wert, mit dem das Feld vorausgefüllt ist, wenn das Formular geladen wird. Welche Werte möglich sind, hängt vom Feldtyp ab.

Status

Mit dem Status kann der Veröffentlichungsstatus (Veröffentlicht, Unveröffentlicht, Archiviert, Papierkorb) definiert werden.

Feldgruppe

Das Feld kann einer oder mehreren Feldgruppen zugewiesen werden. Feldgruppen erlauben es, Felder zu gruppieren und im Formular in verschiedenen Reitern (sogenannten Tabs) darzustellen. Der Titel der Feldgruppe ist dann der Bezeichner des Tabs beziehungsweise die Überschrift der Feldgruppe im Benutzerprofil und im Kontaktformular.

Kategorie

Wenn die Erweiterung, in der Sie „Eigene Felder" nutzen, Kategorien unterstützt, können Sie das Feld in der Kategorie-Auswahl an bestimmte Kategorien binden. So können Sie noch punktgenauer definieren, in welchem Formular spezielle Felder eingeblendet werden.

Zugriffsebene

Über die Einstellung zum Zugriff, legen Sie fest, welche Benutzergruppe das Feld sehen kann.

Sprache

Über die Sprache kann bei mehrsprachigen Seiten die Sprachzuweisung des Felds definiert werden.

Notiz

Wollen Sie sich merken, für welchen Zweck Sie ein bestimmtes Feld hinzugefügt haben? Über die Notiz können Sie interne Kommentare zum Feld hinterlegen.

16.1.2.2 Gemeinsame Feldoptionen

Im Reiter „OPTIONEN" können detaillierte Feldeinstellungen vorgenommen werden. Diese Einstellungen sind ebenso für alle Felder gleich.

Platzhalter

Ein Platzhaltertext, der innerhalb des Felds als Eingabehilfe angezeigt wird. Diese Einstellung greift nur bei Feldern, die eine Texteingabe erwarten und nicht bei Mehrfach-Auswahlen oder Dropdown Feldern.

Ausgabe Klasse

Die Ausgabe-Klasse wird in den Container hinzugefügt, der um das Feld in der Ausgabe herumgelegt wird.

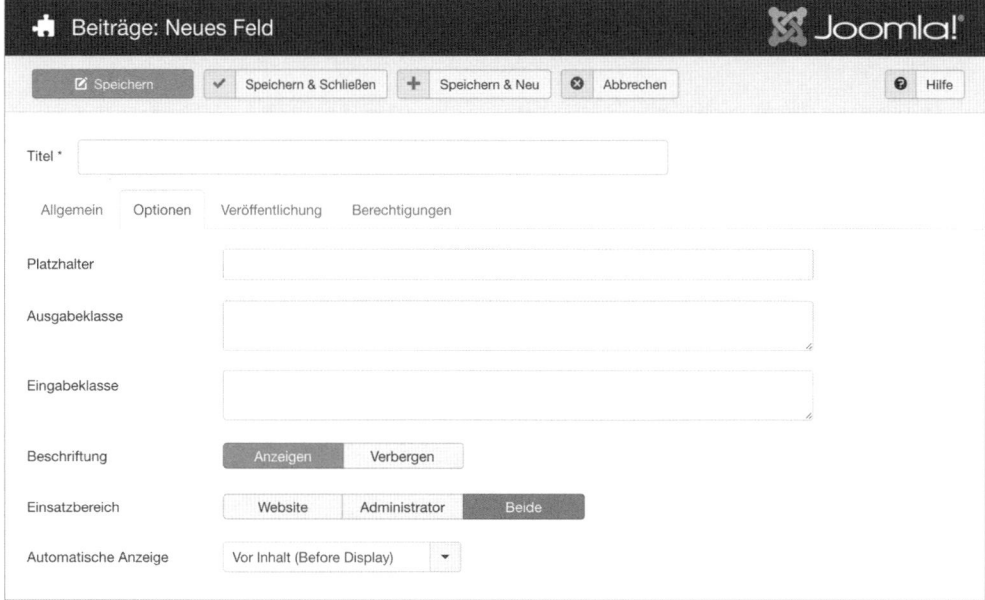

Bild 16.2 Generelle Feldeinstellungen im Reiter „OPTIONEN"

Eingabefeld Klasse

Die Eingabeklasse wird dem Container hinzugefügt, der um das Eingabefeld herum ausgegeben wird.

Beschriftung anzeigen

Legen Sie fest ob die Feldbeschriftung bzw. das Label in der Feldausgabe dargestellt oder ausgeblendet werden soll.

Einsatzbereich

Sie können das Feld nur im Frontend, also auf der Seite, im Backend oder in beiden Bereichen anzeigen. Wählen Sie an dieser Stelle Ihre gewünschte Option aus.

Automatische Anzeige

Die Felder können auf Wunsch bei verschiedenen Trigger Events automatisch angezeigt werden. Wählen Sie zwischen „Nach Inhalt (After Display)", „vor Inhalt (Before Display)", „nach Titel (After Title)" oder keiner automatischen Anzeige. Mehr zur automatischen Anzeige finden Sie auch im Abschnitt 16.1.5.1

16.1.2.3 Beschreibung der einzelnen Feldtypen

Sehen wir uns nun die Feldtypen an, die Joomla! in der Version 3.7 für uns bereithält.

Kalender (Date-Picker)

Dieses Feld stellt ein JavaScript-Datum-Auswahlfeld zur Verfügung. Sobald man in das Feld klickt, öffnet sich ein Kalender-Popup zur Auswahl des Datums. Dieser Kalender wurde speziell für Joomla! 3.7 neu gestaltet. In den Feldeinstellungen kann man einen Standardwert, eintragen und festlegen, ob die Zeit angezeigt werden soll oder nicht. Das Datumsformat wird seit Joomla! 3.7 über Sprachstrings gesteuert.

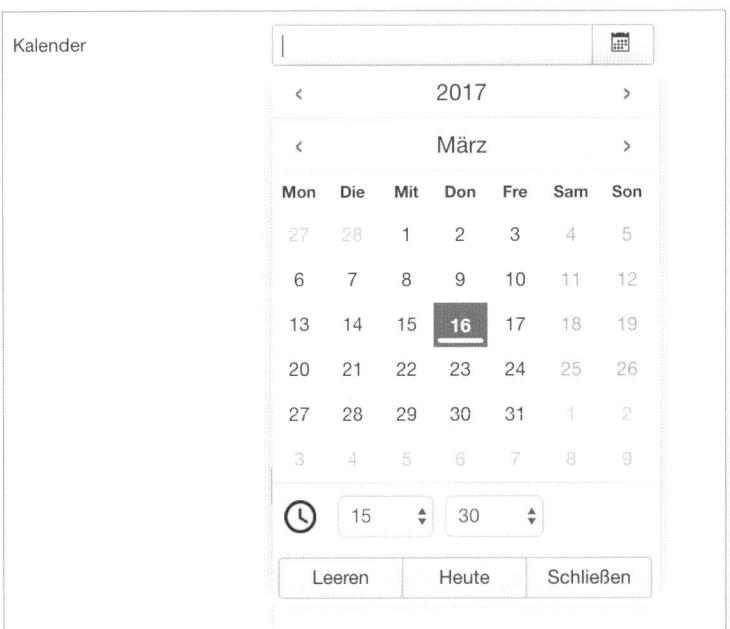

Bild 16.3 Das neue Joomla!-Kalenderfeld

Kontrollkästchen

Dieses Feld erlaubt die Erzeugung von Kontrollkästchen (auch Checkboxen genannt). In den Feldeinstellungen können Sie im Text definieren, wie die Kontrollkästchen heißen und welchen hinterlegten Wert sie haben. Bei Checkboxen ist es üblich, dass mehrere Werte ausgewählt werden können. Wenn Sie eine Auswahl mit ODER-Bedingung anbieten wollen, bietet sich ein Feld vom Typ „Liste" oder ein „Optionsfeld" an.

Farbe

Dieses Feld stellt einen Farbwähler dar und speichert die gewählte Farbe als Hex-Wert in der Datenbank. Wenn Sie wollen, können Sie im Standard-Parameter (Default) einen Wert hinterlegen (zum Beispiel #ff0000).

Bild 16.4 Der Farbwähler

Editor (WYSIWYG)
Dieses Feld stellt ein WYSIWYG-Eingabefenster dar. Dabei kann eingestellt werden, ob alle oder spezifische Editorbuttons ausgeblendet werden sollen und wie groß das Editorfenster eingebunden werden soll.

Ganze Zahl (Dropdown und Mehrfachauswahl)
Dieses Feld stellt ein numerisches Listen-Auswahlfeld zur Verfügung. Dabei kann man den Wert „Erster", also das Minimum sowie den Wert „Letzter", also das Maximum, sowie die Schritte definieren.

Liste (Dropdown und Mehrfachauswahl)
Über das Listenfeld können Sie eine Dropdownliste oder ein Feld für eine Mehrfachauswahl erstellen. Für die Werte, die im Feld zur Auswahl stehen sollen, definieren Sie den Text und den dazugehörigen Wert, der in der Datenbank gespeichert werden soll, in den Feldeinstellungen.

Liste von Bildern (Dropdown und Mehrfachauswahl)
Beim Imagefeld können Sie ein übergeordnetes Bild-Verzeichnis definieren. Darauf basierend stellt dann das Eingabefeld eine Liste der Bildnamen zur Auswahl, aus denen man wählen kann. Sie können auch eine Klasse definieren, die dann in der Ausgabe im img-Tag hinzugefügt wird.

Media (Medienmanager)
Das Mediafeld greift auf den Joomla!-Mediamanager zu. Sie können in den Feldoptionen ein Startverzeichnis aussuchen und festlegen, in welcher Art und Weise ein Vorschaubild im Formular dargestellt werden soll. Sie können auch die Klasse definieren, die bei der Ausgabe im <img>-Tag hinzugefügt werden soll. Im Formular öffnet sich bei Klick auf *auswählen* das Popup-Fenster des Mediamanagers. Beachten Sie, dass der Benutzer über das Feld auf das komplette Joomla!-*image*-Verzeichnis zugreifen kann.

Optionsfeld (Radio Buttons)

Beim Optionsfeld (Radio Buttons) definieren Sie den Feldschlüssel und den dazugehörigen Wert, dazu ist es bei Radio Buttons üblich, dass nur eine Auswahl möglich ist. Ihre festgelegten Optionen werden dann in einem modernden „Switcher"-Design dargestellt.

Bild 16.5 Das Design des Optionsfelds

SQL (Dropdown und Mehrfach-Auswahl)

Mit dem SQL-Feld können Sie SQL-Abfragen durchführen und in einer Dropdown-Liste wiedergeben. Dabei müssen Sie darauf achten, die Werte in zwei Spalten auszugeben. Für den Textwert als *text* und für den Wert als *value*. Möchten Sie zum Beispiel eine Beitragsliste darstellen, verwenden Sie:

```
SELECT `title` AS `text`, `id` AS `value` FROM #__content
```

 HINWEIS: Dieses Feld darf nur von Super Usern erstellt werden, da die Nutzung durch nicht autorisierte Personen ansonsten eine potenzielle Sicherheitslücke darstellen würde.

Text (Textinput)

Das Textfeld ist ein Standard-Texteingabefeld. Als wohl eines der meistgenutzten Felder, die Sie brauchen werden, ist es bei der Erstellung eines neuen Felds vordefiniert. Sie können dem Texteingabefeld Joomla!-Textfiltermethoden hinzufügen und die maximale Zeichenlänge bestimmen.

Textbereich

Wenn Sie mehr als nur eine Zeile Text eingeben wollen, können Sie mit dem Feld „Textbereich" eine mehrzeilige Texteingabe ohne WYSIWYG-Editor einbinden. Zu den Feldoptionen gehören die Angabe der Eingabe-Feldgröße in Zeilen und Spalten sowie eine maximale Zeichenlänge.

URL (Texteingabe mit URL-Validierung)

Das URL-Feld ist ein Texteingabefeld welches zusätzlich noch validiert, ob der eingegebene Wert einer URL entsprechen kann. Durch zusätzliche Parameter im Feld lässt sich festlegen, ob die Eingabe einem bestimmten Schema entsprechen soll. Dazu gehören *HTTP*, *HTTPS*, *FTP*, *FTPS*, *URL*, *FILE* und *MAILTO*. In einem separaten Feld kann man die Eingabe von relativen Links erlauben. Die Eingabe wird beim Speichern in Punycode umgewandelt, um zu garantieren, dass die URL richtig verarbeitet wird.

„Punycode ist ein im RFC 3492 standardisiertes Kodierungsverfahren zum Umwandeln von Unicode-Zeichenketten in ASCII-kompatible Zeichenketten"

Quelle: https://de.wikipedia.org/wiki/Punycode

Benutzer (Dropdown)

Auswahlfeld, um einen bereits registrierten Nutzer auszuwählen. Als Standardwert können Sie die Benutzer-ID des entsprechenden Benutzers eintragen.

Benutzergruppen (Dropdown oder Mehrfach-Auswahl)

Beim Benutzergruppen-Feld können Sie eine Dropdown-Liste mit verfügbaren Benutzergruppen erstellen. Wenn Sie die Mehrfachauswahl aktivieren, können hier mehrere Gruppen eingegeben werden. Als Standardwert kann die ID der Benutzergruppe eingegeben werden. Bei einer Mehrfach-Auswahl geben Sie diese Werte durch Komma getrennt ein.

16.1.3 Felder anlegen – so geht es!

Im Abschnitt 16.1.2 haben Sie bereits alle Einstellungsmöglichkeiten und Feldtypen kennengelernt. Bevor Sie ein neues Feld anlegen, ist es sinnvoll zunächst eine Feldgruppe anzulegen, der das Feld zugeordnet wird. Es erscheint dann je nach Komponente, in der es eingebunden ist, bei der Bearbeitung von Inhalten in einem eigenen Reiter oder in einer Feldgruppe mit dem Feldgruppen-Titel als Überschrift.

Felder, die keiner Feldgruppe zugeordnet wurden, werden in einem Reiter namens *Felder* untergebracht.

16.1.3.1 Anlegen einer Feldgruppe

Feldgruppen können Sie in der jeweiligen Komponente unter dem Menüpunkt *Feldgruppen* erstellen. Klicken Sie dort auf den grünen Button NEU. Tragen Sie in den Feldgruppen-Einstellungen einen Titel ein. Wenn Sie möchten, können Sie auch eine Beschreibung hinzufügen, die dann über den eingeblendeten Feldern im entsprechenden Tab erscheint.

Neue Feldgruppe im Benutzer-Manager

Klicken Sie auf BENUTZER » FELDGRUPPEN und dann auf den grünen Button NEU.

Neue Feldgruppe für Beiträge und Kategorien

Um eine neue Feldgruppe für Beiträge oder Kategorien anzulegen, klicken Sie auf INHALT » FELDGRUPPEN. Links vom Suchfeld befindet sich eine sogenannte *Kontextauswahl*. Hier können Sie wählen, ob Sie die Feldgruppe für *Beiträge* anlegen wollen oder für *Kategorien*.

Neue Feldgruppe für Kontakte, Kontaktformular und Kontaktkategorien

Feldgruppen für *Kontakte*, das *Kontaktformular (E-Mail)* und *Kategorien* können über KOMPONENTEN » KONTAKTE » FELDGRUPPEN erstellt werden. Wählen Sie links vom Suchfeld aus, welchem Bereich die Gruppe zugeordnet werden soll.

16.1.3.2 Neues Feld anlegen

Neue Felder können Sie in der jeweiligen Komponente unter Felder erstellen. Klicken Sie auf den grünen Button NEU und bearbeiten Sie die Feldeinstellungen wie im Abschnitt 16.1.2 beschrieben.

HINWEIS: Denken Sie daran, die Berechtigungen für das Feld je nach Einsatzzweck entsprechend einzustellen. Aus Sicherheitsgründen ist das Bearbeiten der Felder für die Gruppe *Öffentlich* standardmäßig nicht erlaubt.

Neues Feld im Benutzer-Manager

Wollen Sie bei der Benutzerregistrierung weitere Informationen vom Nutzer abfragen, dann klicken Sie im Backend auf BENUTZER » FELDER und dann auf den Button NEU.

Neues Feld für Beiträge und Kategorien

Um ein neues Feld für Beiträge oder Kategorien anzulegen, klicken Sie auf INHALT » FELDER. Links vom Suchfeld befindet sich die *Kontextauswahl*. Hier können Sie wählen, ob Sie das Feld für *Beiträge* anlegen wollen oder für *Kategorien*.

Neues Feld für Kontakte, Kontaktformular und Kontaktkategorien

Sie können neue Felder für *Kontakte*, das *Kontaktformular (E-Mail)* und *Kategorien* über KOMPONENTEN » KONTAKTE » FELDER erstellen. Wählen Sie links vom Suchfeld aus, welchem Bereich das Feld zugeordnet werden soll.

16.1.3.3 Feld-Reihenfolge ändern

In der Übersicht unter FELDER können Sie die Reihenfolge der angezeigten Felder nachträglich beeinflussen. Klicken Sie dazu auf die Sortierpfeile im Tabellenkopf und sortieren Sie dann die Felder per *Drag & Drop* an die gewünschte Position.

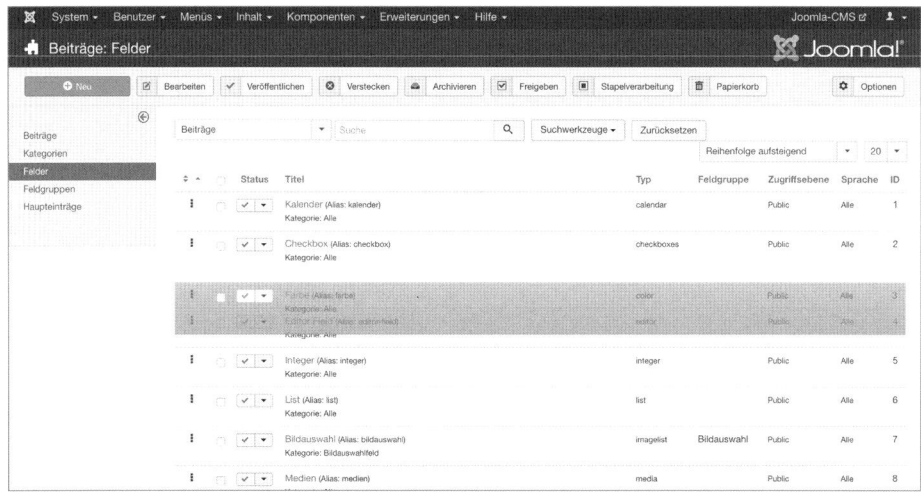

Bild 16.6 Reihenfolge der Feldanzeige ändern

16.1.3.4 Mehrsprachigkeit

Alle Feldbeschriftungen und Werte sind über Sprach-Overrides übersetzbar.

Nehmen wir an, Sie möchten eine Auswahlliste mit der Feldbeschriftung *Anrede* und den Werten *Herr* und *Frau* anlegen und für Mehrsprachigkeit verfügbar machen. Schreiben Sie statt Anrede in das Feld z. B. *COM_FIELDS_ANREDE* und in die Werte *COM_FIELDS_HERR* und *COM_FIELDS_FRAU*. Tragen Sie dann diese Werte in den Sprach-Overrides (siehe Abschnitt 12.1.12) für den Administrator-Bereich und für das Frontend ein.

> **PRAXISTIPP:** Es gibt einige bereits festgelegte Joomla!-Sprachparameter. Wenn Sie zum Beispiel **JYES** als Text einfügen, haben Sie gleich die multilinguale Version von „*Ja*" (analog **JNO** für „*Nein*"). Die verfügbaren Sprachstrings die Joomla! bereits zur Verfügung stellt, finden Sie in der globalen Sprachdatei */language/de-DE/de-DE.ini*.

16.1.4 Override der Eingabefelder

Jedes Eingabefeld hat sein eigenes Layout im Verzeichnis */layouts/joomla/form/field/*. Sie können die *Ausgabe* der Eingabefelder anpassen, indem Sie ein jLayout-Override (Abschnitt 12.1.7) in Ihrem Template-Ordner erstellen.

Es kann durchaus auch sein, dass das Plug-in, welches das Feld steuert, ebenso Einfluss auf die Ausgabe hat. Hier bietet es sich an, das Plug-in zu kopieren und für die eigenen Bedürfnisse anzupassen, oder ein Plug-in-Override (12.1.9) im eigenen Template-Ordner zu erstellen.

16.1.5 Felder ausgeben – so geht es!

Felder können auf verschiedene Arten ausgeben werden. Nachfolgend lernen Sie kennen, wie man die Ausgabe der Felder in den verschiedenen Joomla!-Komponenten genau steuern kann.

16.1.5.1 Automatische Anzeige

Die Option *Automatische Anzeige*, die im Abschnitt 16.1.2.2 bereits aufgezählt wurde, gibt das Feld an vorgegebenen Stellen in Verbindung mit Trigger-Events aus.

Um das besser zu verstehen, öffnen Sie am besten den Standard-Beitrags-View unter */components/com_content/views/article/tmpl/default.php* und sehen sich den Code an.

In der Originaldatei (Joomla! Version 3.7.X) finden Sie:

- In *Zeile 81* den *AfterDisplayTitle*-Trigger (Nach Titel)

```
<?php echo $this->item->event->afterDisplayTitle; ?>
```

- In *Zeile 94* den *BeforeDisplayContent*-Trigger (Vor Inhalt)

   ```
   <?php echo $this->item->event->beforeDisplayContent; ?>
   ```

- In *Zeile 170* den *AfterDisplayContent*-Trigger (Nach Inhalt)

   ```
   <?php echo $this->item->event->afterDisplayContent; ?>
   ```

Wenn Sie eine dieser Anzeigemöglichkeiten wählen, werden die Felder an entsprechender Stelle mit dem Standard-Layout ausgegeben. Sie können entweder einen dieser Vorschläge wählen oder die *Automatische Anzeige* ausschalten.

> **HINWEIS:** Die Automatische Anzeige trifft nur bei Feldern in Erweiterungen zu, die diese Plug-in bzw. Trigger-Events einbinden. Aktuell sind das die Felder in Beiträgen, Kategorien, Kontakten und Kontaktkategorien.

16.1.5.2 Benutzerprofil

Die Felder werden im Frontend in einer Feldgruppe unter den bereits bestehenden Benutzerfeldern im Profil ausgegeben. Dieses Profil ist jeweils nur dem jeweiligen Benutzer selbst zugänglich. An dieser Stelle gibt es von Haus aus keine Möglichkeit, die Ausgabe über die *Automatische Anzeige* zu kontrollieren. Die Einstellungen, die Sie hier also vornehmen, haben keine Auswirkung.

Wenn nun aber keine automatische Anzeige möglich ist und uns die Möglichkeit verwehrt bleibt, die Ausgabe der Felder zu steuern, wie können wir nun ein individuelles Layout mit den eigenen Feldern erstellen? Das kann über ein Override oder Alternatives Layout gelöst werden.

Override/Alternatives Layout

Um die Ausgabe des Benutzerprofils zu individualisieren, müssen Sie wie im Abschnitt 12.1 beschrieben ein Override oder ein Alternatives Layout von der Datei */components/com_users/views/profile/tmpl/default.php* anlegen.

Kurz in Ihre Erinnerung zurückgerufen, kopieren Sie dazu diese Datei und die damit verknüpften Unterdateien in Ihren Template-Ordner unter */templates/**ihrtemplate**/html/com_users/profile/default.php* und verändern den Code nach Ihren Vorstellungen.

Einzelne Felder können Sie mit Hilfe der Feld-ID durch folgende Zeile abrufen. Die Feld-ID ist die eindeutige Identifikation des Felds. Sie finden diese in der Feldübersicht rechts in der Spalte „ID".

```
<?php echo $this->data->jcfields[21]->value; ?>
```

Des Weiteren finden Sie im *View* des Benutzerprofils, in der Datei *default_custom.php* (siehe Listing 16.1), eine foreach-Schleife, die es ermöglicht, Felder anhand ihres Namens folgendermaßen auszugeben:

```
<?php echo $customFields['firmenfarbe']->value; ?>
```

Listing 16.1 Ausschnitt aus der Datei */components/com_users/views/profile/tmpl/ defaultcustom.php* – hier werden die Feld-Namen der Variable $customFields zugeordnet

```
$tmp = isset($this->data->jcfields) ? $this->data->jcfields : array();
$customFields = array();

foreach ($tmp as $customField)
{
  $customFields[$customField->name] = $customField;
}
```

16.1.5.3 Im Beitrag

Neben der Automatischen Anzeige aus Abschnitt 16.1.5.1 können eigene Felder auch über *Shortcodes* im Editor eingebunden werden. Dazu finden Sie im Joomla!-Core-Editor *tinyMCE* einen Button. Klicken Sie, wie im Bild 16.7 gezeigt, bei den Editor-Schaltflächen auf FELDER. Es öffnet sich ein modales Fenster mit einer Feldübersicht, wie im Bild 16.8. Sobald Sie ein Feld anklicken, setzt diese Schaltfläche einen Plug-in-Code in Ihren Beitrag, der das Feld dann im Frontend an der entsprechenden Stelle ausgibt. Zum Beispiel lädt *[field 1]* das Feld mit der *ID 1*.

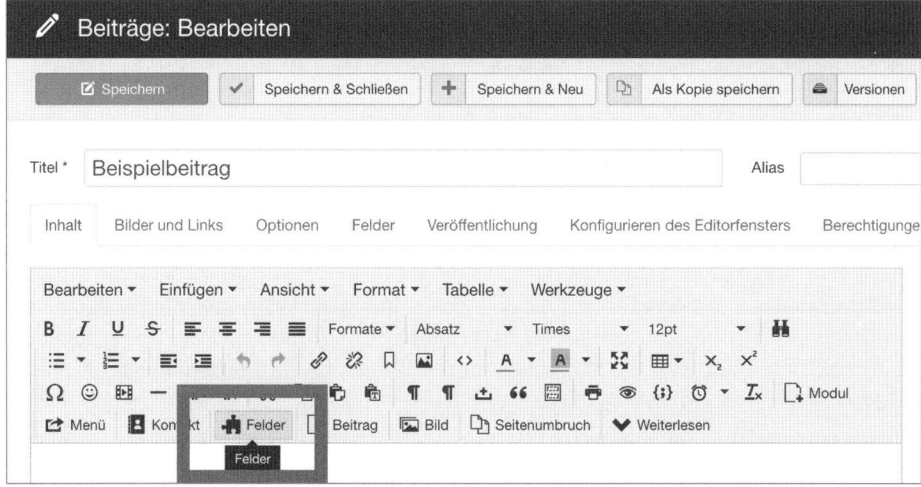

Bild 16.7 Schaltfläche im *tinyMCE*-Editor

Bild 16.8 Fenster zur Auswahl von Modulen

 HINWEIS: Das Fenster dient Ihnen zur Hilfe, die richtigen Felder zu finden. Es werden alle für diese Erweiterung verfügbaren Felder angezeigt. Sie müssen selbst darauf achten, dass das Feld auch diesem Beitrag, dieser Kategorie und diesem Kontext zugeordnet und befüllt sein muss, damit Sie mithilfe des Codes, den der Button einsetzt, Inhalte darstellen können. Wollen Sie sichergehen, dass die Felder ausgefüllt werden, dann konfigurieren Sie diese als Pflichtfelder.

Sie können auch eine ganze Feldgruppe über dieses Popup-Fenster auswählen, indem Sie in der Spalte „Feldgruppe" auf den orangefarbigen Button klicken, der den Feldgruppennamen trägt. Daraufhin wird ein Shortcode mit der Feldgruppen-ID eingebunden. Beispielsweise: {fieldgroup 1}.

Für die Ausgabe über den Shortcode können Sie ein Alternatives Layout anlegen. Kopieren Sie dazu die Datei: /components/com_field/layouts/field/render.php in Ihr Template unter /templates/**ihrtemplate**/html/layouts/com_fields/field/**layoutname.php**

Um das Feld mit dem alternativen Layout im Inhalt aufzurufen, schreiben Sie den Dateinamen hinter die Feldid. Zum Beispiel: {field 1, layoutname}

Ausgabe der Felder in einem Override/Alternativen Layout

Sie können eigene Felder auch in einem Override oder Alternativen Layout vom Beitragslayout, siehe Abschnitt 12.1.3, ausgeben. Notieren Sie sich zu jedem Feld die dazugehörige ID oder den Feldnamen. Der Feldwert kann dann in Ihrem Override über folgenden Code eingebunden werden. Beachten Sie dabei die Zahl in den eckigen Klammern, die der Feld-ID entsprechen muss.

```
<?php echo $this->item->jcfields[3]->value; ?>
```

Neben dem Feldwert (*value*) können Sie auch die Beschriftung (*label*) und weitere Feldparameter in Ihrem Override oder Alternativen Layout abrufen.

 PRAXISTIPP: Wenn es Ihnen zu mühsam ist, sich die IDs der Felder zu merken, können Sie über PHP zunächst die Feldnamen abrufen und zuordnen. Anschließend können Sie dann den Namen nutzen, um die Felder auszugeben. Dazu tragen Sie diesen Code vor dem Feldabruf in Ihre Datei ein:

```
// Beitrags-Felder Mapping
$customFields = $this->item->jcfields;
foreach ($customFields as $customField){
 $customFields[$customField->name] = $customField;
}
```

Anschließend können Sie den Feldwert mit folgender Zeile aufrufen:

```
echo $customFields['feldname']->value;
```

Sie können sich dadurch alle zur Verfügung stehenden Werte und Parameter eines Felds während der Entwicklung über folgenden Code ausgeben lassen.

```
<pre><?php print_r($customFields['feldname']); ?></pre>
```

Benutzer-Felder im Beitrag wiedergeben

Grundsätzlich ist es auch möglich, dem Benutzer zugeordnete Felder im Beitrag anzuzeigen. So können Sie als Abspann in einem Beitrag zum Beispiel Informationen zum Autor darstellen. Dazu müssen Sie aber zunächst sicherstellen, dass Ihr Layout über den im Listing 16.2 angezeigten Code Zugriff auf das Userobjekt, den Beitragsautor und die dazugehörigen Felder hat.

Listing 16.2 Abrufen des Benutzers im Beitragslayout

```
$user = JFactory::getUser($this->item->created_by);
JEventDispatcher::getInstance()->trigger('onContentPrepare', array(
'com_users.user',&$user,&$user->params,0 ));
```

Anschließend können Sie über folgende Zeile Ihren Feldwert ausgeben. Beachten Sie erneut, dass die Zahl in eckigen Klammern der *ID* des Felds im *Benutzer-Manager* entsprechen muss.

```
<?php echo $user->jcfields[3]->value; ?>
```

PRAXISTIPP: Wie auch bei den Beitragsfeldern, können Sie beim Benutzer die Felder mithilfe des Feldnamens ausgeben.

```
//Benutzer-Felder Mapping
$userFields = $user->jcfields;
foreach ($userFields as $userField){
$userFields[$userField->name] = $userField;
}
```

Anschließend können Sie den Feldwert mit folgender Zeile aufrufen:

```
echo $userFields['firmenfarbe']->value;
```

Sie können sich dann auch alle zur Verfügung stehenden Werte und Parameter eines Felds während der Entwicklung über folgenden Code ausgeben lassen.

```
<pre><?php print_r($userFields['firmenfarbe']); ?></pre>
```

16.1.5.4 Im Kontakt

Für die Ausgabe der Kontaktinformationen können Sie im Kontakt die Parameter aus der Automatischen Anzeige aus Abschnitt 16.1.4.1 verwenden, um die Ausgabe der Felder zu steuern oder unter KOMPONENTEN » KONTAKT » KONTAKT BEARBEITEN im Reiter WEITERE INFORMATIONEN den Editor-Button (16.1.4.3) nutzen, um Felder an entsprechender Stelle auszugeben – so wie Sie es auch aus dem Beitrag kennen.

Für ein Override der Kontaktanzeige notieren Sie sich zu jedem Feld die dazugehörige ID. Sie können den Feldwert dann in Ihrem Override über folgenden Code einbinden, beachten Sie dabei die Zahl in den eckigen Klammern, die der Feld-ID entsprechen muss.

```
<?php echo $this->item->jcfields[18]->value; ?>
```

PRAXISTIPP: Auch hier können Sie Kontaktinformationen der Felder mithilfe des Feldnamens ausgeben.

```
//Kontaktfelder Mapping
$contactFields = $this->item->jcfields;
foreach ($contactFields as $contactField)
{
 $contactFields[$contactField->name] = $contactField;
}
```

Anschließend können Sie dann den Feldwert mit folgender Zeile aufrufen:

```
echo $contactFields['kontaktinfo']->value;
```

Benutzerfelder im Kontakt wiedergeben

Wenn der Kontakt mit dem Nutzer verbunden ist, gibt es zwei Möglichkeiten, die Daten aus dem Benutzerprofil innerhalb der Kontaktinformationen einzublenden:

Wenn Sie den Kontakt-Menüpunkt bearbeiten, finden Sie im Reiter KONTAKTANZEIGEOPTIONEN die Einstellung *Eigene Felder anzeigen*. Die gleiche Einstellung ist im Kontakt selbst im Reiter „ANZEIGE" und in den globalen Optionen der Kontakt-Komponente zu finden.

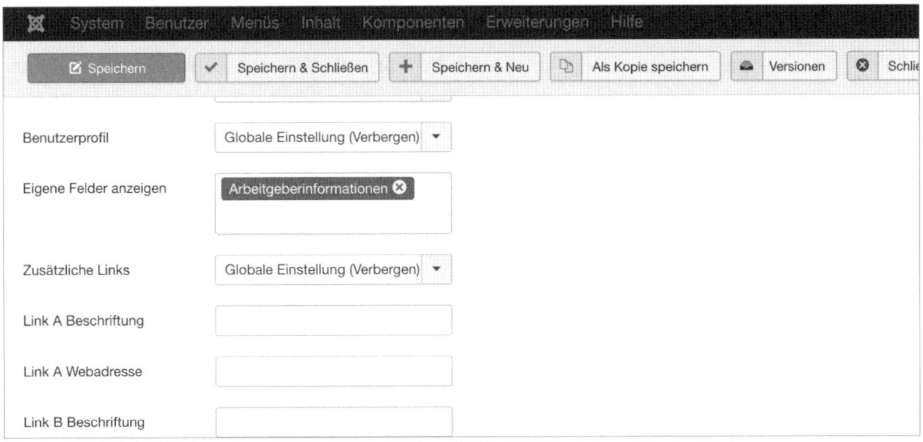

Bild 16.9 Einstellung der Anzeige von Benutzer-Feldern im Kontakt

Außerdem ist es möglich, die Benutzerfelder in Ihrem eigenen Kontakt-Override/Layout über folgende Zeile auszugeben:

```
<?php echo $this->contactUser->jcfields[20]->value; ?>
```

Beachten Sie dabei, die Anzeige der Benutzer-Felder in den Optionen zu aktivieren, und passen Sie das Layout von /components/com_contact/views/contact/tmpl/default_user_custom_fields.php mit Hilfe eines Overrides oder Alternativen Layouts in Ihrem Template an.

16.1.5.5 Im Kontaktformular

Das Joomla!-Kontaktformular verfügt bereits über die Felder *Name, Email, Betreff, Nachricht, E-Mail-Kopie* und optional *Captcha*. Wenn Sie eigene Felder hinzufügen, werden diese standardmäßig in einer eigenen Feldgruppe mit dem Titel *Felder* dargestellt. Sind die Felder einer Feldgruppe zugeordnet, wird der Feldgruppen-Name als Überschrift über den Feldern dargestellt. Die Einstellungen für die „Automatische Anzeige" haben im Kontaktformular keinen Einfluss auf die Position der Felder.

Felder individuell per Override ausgeben

Wenn Sie die Reihenfolge aller Felder im Kontaktformular individuell bestimmen wollen, dann müssen Sie ein Override der Datei *components/com_contact/views/contact/tmpl/default_form.php* anlegen.

Sehen wir uns die Datei *default_form.php* im Listing 16.3 an. In dem Formular befindet sich in den Zeilen 18–33 eine foreach-Schleife, die innerhalb des form-Tags alle Felder abruft. Wenn wir nun die foreach-Schleife löschen, werden natürlich auch die Core-Felder nicht mehr ausgegeben.

Doch wie ruft man die Felder einzeln im Layout ab?

Dazu kann man sowohl die *renderField*-Methode, als auch die *getField*-Methode anwenden.

Der Unterschied zwischen diesen Methoden besteht darin, dass *renderField* das komplette Feld inkl. Label ausgibt, so wie es im *Layout* für die Formfelder festgelegt ist. Die Methode *getField* ist hingegen imstande, das Label und das Formularfeld selbst unabhängig voneinander auszugeben.

Listing 16.3 Anzeige der Datei *components/com_contact/views/contact/tmpl/default_form.php*

```php
<?php
/**
 * @package     Joomla.Site
 * @subpackage  com_contact
 *
 * @copyright   Copyright (C) 2005 - 2017 Open Source Matters, Inc. All rights reserved.
 * @license     GNU General Public License version 2 or later; see LICENSE.txt
 */
defined('_JEXEC') or die;
JHtml::_('behavior.keepalive');
JHtml::_('behavior.formvalidator');
?>
<div class="contact-form">
  <form id="contact-form" action="<?php echo JRoute::_('index.php'); ?>" method="post" class="form-validate form-horizontal well">
    <?php foreach ($this->form->getFieldsets() as $fieldset) : ?>
      <?php if ($fieldset->name === 'captcha'&& !$this->captchaEnabled) : ?>
        <?php continue; ?>
      <?php endif; ?>
      <?php $fields = $this->form->getFieldset($fieldset->name); ?>
      <?php if (count($fields)) : ?>
        <fieldset>
          <?php if (isset($fieldset->label) && ($legend = trim(JText::_($fieldset->label))) !== '') : ?>
            <legend><?php echo $legend; ?></legend>
          <?php endif; ?>
          <?php foreach ($fields as $field) : ?>
            <?php echo $field->renderField(); ?>
          <?php endforeach; ?>
        </fieldset>
      <?php endif; ?>
    <?php endforeach; ?>
    <div class="control-group">
      <div class="controls">
        <button class="btn btn-primary validate" type="submit"><?php echo JText::_('COM_CONTACT_CONTACT_SEND'); ?></button>
        <input type="hidden" name="option" value="com_contact" />
        <input type="hidden" name="task" value="contact.submit" />
        <input type="hidden" name="return" value="<?php echo $this->return_page; ?>" />
        <input type="hidden" name="id" value="<?php echo $this->contact->slug; ?>" />
```

```
        <?php echo JHtml::_('form.token'); ?>
      </div>
    </div>
  </form>
</div>
```

Eine Übersicht, wie Sie die Kontaktfelder mit der *renderField*-Methode aufrufen, können Sie der Tabelle 16.1 entnehmen. Der Einsatz von *renderField* übernimmt alle Feldeinstellungen aus dem Backend (z. B. die Feldbeschriftung nicht anzuzeigen).

Tabelle 16.1 Aufruf der Felder über die *renderField*-Methode

`<?php echo $this->form->renderField('contact_name'); ?>`	Absendername
`<?php echo $this->form->renderField('contact_email'); ?>`	E-Mail des Absenders
`<?php echo $this->form->renderField('contact_subject', null); ?>`	E-Mail-Betreff
`<?php echo $this->form->renderField('contact_message', null); ?>`	Nachricht
`<?php echo $this->form->renderField('contact_email_copy', null); ?>`	Kopie an den Absender senden
`<?php echo $this->form->renderField('captcha', null); ?>`	Captcha Feld (beim aktivierten und konfigurierten Plug-in)
`<?php echo $this->form->renderField('feldname', 'com_fields'); ?>`	Ausgabe Ihres Eigenen Felds

Wenn Sie komplett individuell auf die Felder zugreifen möchten, um somit zum Beispiel das HTML-Layout der Ausgabe punktgenau zu definieren, dann können Sie sich der *getField*-Methode bedienen. Eine weitere Besonderheit ist es, dass man mithilfe von *getField* im Layout eigene Attribute setzen kann:

```
$field = $this->form->getField('feldname', 'com_fields');
$field->class = 'ihreindividuelle_klasse';
echo $field->renderField();
```

Tabelle 16.2 Aufruf der Felder über die *getField*-Methode

`<?php $contactName = $this->form->getField('contact_name'); echo $contactName->label; echo $contactName->input; ?>`	Absendername
`<?php $contactEmail = $this->form->getField('contact_email'); echo $contactEmail->label; echo $contactEmail->input; ?>`	E-Mail des Absenders

```php
<?php
$contactSubject = $this->form->getField('contact_subject');

echo $contactSubject->label;
echo $contactSubject->input;

?>
```
E-Mail-Betreff

```php
<?php
$contactMessage = $this->form->getField('contact_message');
echo $contactMessage->label;
echo $contactMessage->input;

?>
```
Nachricht

```php
<?php
$contactEmailCopy = $this->form->getField('contact_email_copy');
echo $contactEmailCopy->label;
echo $contactEmailCopy->input;

?>
```
Kopie an den Absender senden

```php
<?php
$fieldName = $this->form->getField('feldname', 'com_fields');
echo $fieldName->label;
echo $fieldName->input;

?>
```
Ausgabe Ihres Eigenen Felds

16.1.5.6 Override der Feldausgabe

Alle hinterlegten Feldwerte werden im Inhalt mit dem <dd>-Tag in einer Definitionsliste <dl> dargestellt. Wenn Sie dieses Markup verändern und an Ihre Wünsche anpassen wollen, können Sie dies mit einem Override in Ihrem Template überschreiben oder als alternatives Layout anlegen.

Für Beiträge und Kategorien:

Für die Definitionsliste, die um alle Felder herum dargestellt wird, kopieren Sie die Datei *components/com_fields/layouts/fields/render.php* in Ihren Templateordner unter *templates/ihrtemplate/html/layouts/com_fields/fields/render.php*. Sie können die Datei nach Ihren Wünschen anpassen.

Für das Markup, welches um die einzelnen Felder herum dargestellt wird, kopieren Sie die Datei *components/com_fields/layouts/field/render.php* in Ihren Templateordner unter *templates/ihrtemplate/html/layouts/com_fields/field/render.php* und passen das Markup entsprechend an.

Für Kontakte:

Für die Definitionsliste, die um alle Felder herum dargestellt wird, kopieren Sie die Datei *components/com_contact/layouts/fields/render.php* in Ihren Templateordner unter *templates/ihrtemplate/html/layouts/com_contact/fields/render.php*. Sie können die Datei nach Ihren Wünschen anpassen.

Für das Markup, welches um die einzelnen Felder herum dargestellt wird, kopieren Sie die Datei *components/com_contact/layouts/field/render.php* in Ihren Templateordner unter *templates/ihrtemplate/html/layouts/com_contact/field/render.php* und passen das Markup entsprechend an.

In anderen Bereichen:

Die Ausgaben für die Benutzer-Felder im Kontakt und Benutzer-Felder im Profil werden direkt im jeweiligen Layout der Komponente beeinflusst.

16.1.6 Zugriff und Berechtigungen für „Eigene Felder"

Sie können für jedes Feld eigene Einstellungen für den Zugriff und die Berechtigungen vornehmen.

Die Anzeige des Felds steuern Sie über den Parameter *Zugriffsebene* im Reiter ALLGEMEIN. Hier ist sowohl die Anzeige des Eingabefelds als auch des Ausgabefelds gemeint.

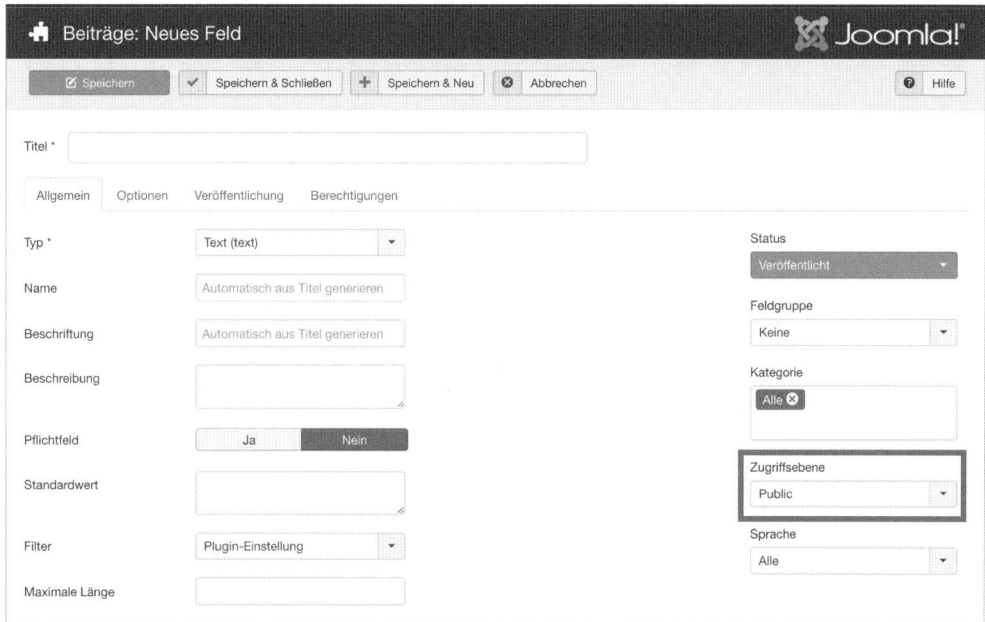

Bild 16.10 Zugriff für die Anzeige eines Felds und dessen Ausgabe

In der Feldbearbeitung unter dem Reiter BERECHTIGUNGEN finden Sie die Benutzergruppen-Einstellungen für das *Löschen, Bearbeiten, Status bearbeiten* und *Bearbeiten eigener Felder*. Das Bearbeiten eines Felds für die Benutzergruppe *Public* freizuschalten ist insbesondere beim Kontaktformular notwendig.

Dennoch sollten Sie bei diesen Einstellungen sicher wissen, was Sie tun. Wenn Sie das Mediafeld für die Öffentlichkeit zur Verfügung stellen, kann jeder auf Ihren *image*-Ordner zugreifen.

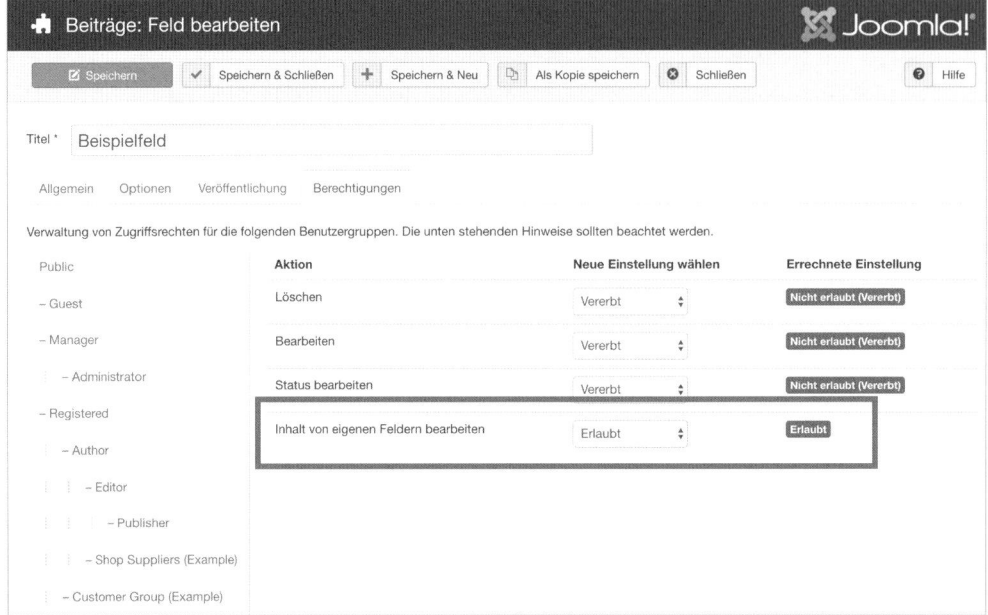

Bild 16.11 Berechtigungen für das Editieren eines Felds

16.1.7 Weitere Funktionen und ihre Grenzen

Suchen

Die Feldinhalte können alle über die Joomla!-Suche gefunden werden. Wer sich aber nach einer Suche im Joomla!-Core sehnt, die spezielle Filter auf Basis der eigenen Felder zur Verfügung stellt, wie man es aus „Content Construction Kits" kennt, der hat damit leider kein Glück. Dafür sind „Eigene Felder" nicht ausgelegt. Dennoch werden Drittanbieter-Erweiterungen diese Lücke füllen. Die Komponente „JA Megafilter Component" von *joomlart.com* bietet bereits eine vielversprechende Lösung.

Erweiterbarkeit

„Eigene Felder" können durch eigene Plug-ins erweitert werden. Das eröffnet neue Möglichkeiten und ebnet einen Weg für einen komplett neuen Workflow in Joomla!. Man kann schon sehr gespannt darauf sein, welche verschiedenen Feldtypen auf dem freien und dem kommerziellen Markt erscheinen werden.

Die neue Komponente EasyLayouts (*https://www.easylayouts.net*) bietet ein interessantes Werkzeug um Layouts mit Eigenen Felder per Drag and Drop zu erstellen.

Versionierung

Auch wenn „Eigene Felder" in Erweiterungen mit aktiver Versionierung eingebunden sind, ist die Versionierung der Feldinhalte selbst **NICHT** möglich.

„Eigene Felder" deaktivieren

Benötigen Sie die Funktion „Eigene Felder" nicht, kann diese über die Konfiguration der jeweiligen Komponente deaktiviert werden.

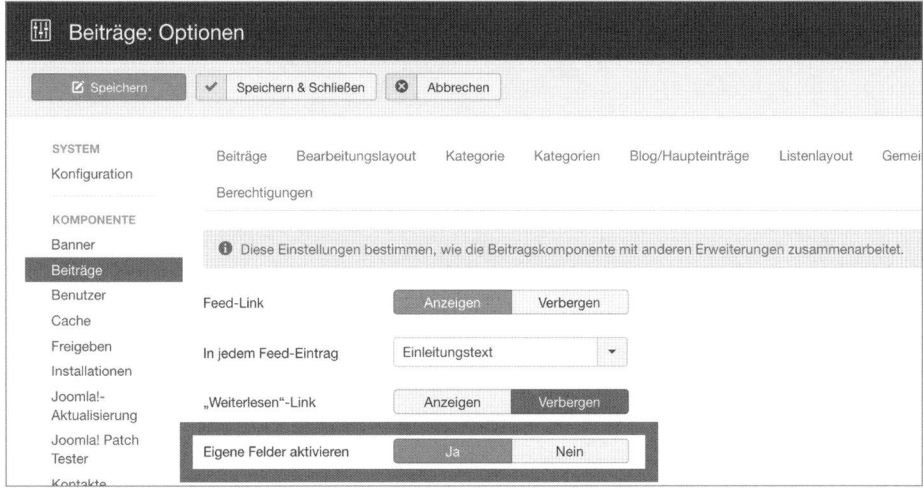

Bild 16.12 Deaktivieren „Eigene Felder" in den globalen Optionen der Komponente

16.1.8 Beispielprojekt: Jobportal

Theorie ist gut. Aber die Praxis lehrt, es selbst anzuwenden. Aus diesem Grund bietet es sich an, ein gemeinsames kleines Projekt umzusetzen und somit „Eigene Felder" live kennenzulernen. Bitte beachten Sie, dass das Beispielprojekt mit dem Joomla!-Frontend-Template Protostar umgesetzt wurde. Falls Sie es mit einem eigenen Template umsetzen, müssen Sie gegebenenfalls individuelle Anpassungen am Code, insbesondere bei der Individualisierung der Ausgabe vornehmen.

16.1.8.1 Aufgabenstellung

Es soll ein Jobportal im Bereich Webprogrammierung erstellt werden. Nutzer, die sich registrieren, geben bei der Registrierung Ihren *Firmennamen*, Ihre *Adresse*, eine *Kurzbeschreibung* und eine *Firmenfarbe* an.

Die Nutzer erhalten die Möglichkeit, über das Frontend Stellenanzeigen einzureichen. Die Stellenanzeigen umfassen einen *Titel*, eine *Kurzbeschreibung, Arbeitszeit, Einstellungsdatum* und gewünschte *Programmiersprachen*.

Die angezeigten Stellen im Frontend zeigen den *Titel*, die *Kurzbeschreibung*, die *Arbeitszeit*, das *Einstellungsdatum* sowie die *Programmiersprachen*. Weiterhin wird auf der Stellenseite ein kurzes Arbeitgeberprofil mit *Google Maps* angezeigt.

Weiterhin kann der Benutzer über eine allgemeine Kontaktliste alle Arbeitgeber kontaktieren und über ein Kontaktformular einen Link zum *Lebenslauf* hinterlassen.

16.1.8.2 Arbeitgeberinformationen

Feldgruppe anlegen

Zunächst erstellen wir eine Feldgruppe für Benutzer. Dazu klicken wir im Backendmenü auf BENUTZER » VERWALTEN, im Seitenmenü auf FELDGRUPPEN und legen die Gruppe *Arbeitgeberinformationen* an.

Unter *Titel* geben wir den Titel der Feldgruppe an. Dieser wird als Überschrift in der *Registrierung* und im *Benutzerprofil* erscheinen.

Nun navigieren wir zu BENUTZER » VERWALTEN » FELDER und legen unser erstes Feld an.

Firmenname (Feldtyp Text)

Geben Sie im Titel **Firmenname** ein, unter Typ belassen wir die Voreinstellung „*Text*". Unter Feldgruppe wählen wir „*Arbeitgeberinformationen*" aus.

Klicken Sie auf den Button *speichern*. Sie sehen nun, dass der Typ ausgegraut ist.

> **HINWEIS:** Sie können ein angelegtes Feld hinsichtlich des Typs nicht mehr nachträglich ändern. Wenn Sie den Feldtyp ändern wollen, müssen Sie das bisherige Feld löschen und ein neues anlegen.

Klicken Sie nun im Reiter Berechtigungen auf den seitlichen Reiter „*Public*" und gewähren Sie die Bearbeitung von „Eigene Felder".

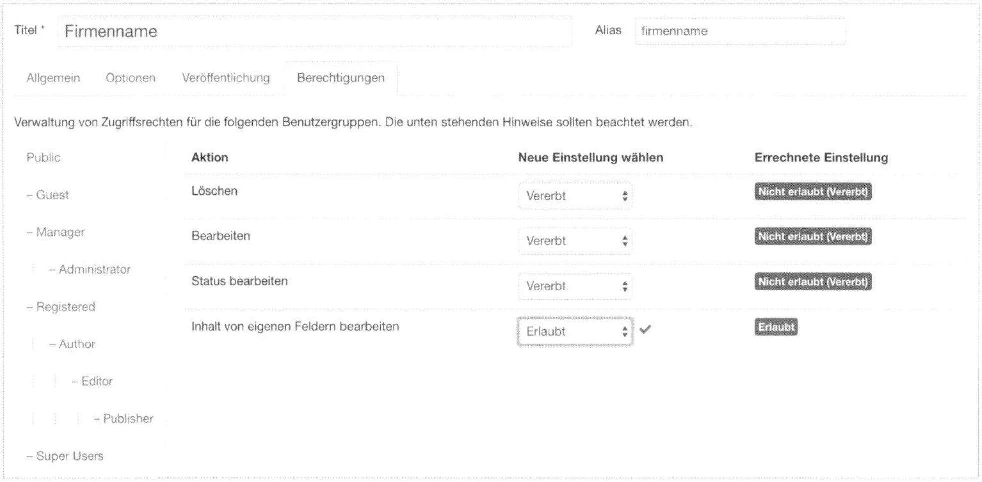

Bild 16.13 Berechtigungen für das Feld einstellen

Klicken Sie jetzt auf SPEICHERN & SCHLIESSEN.

Werfen wir nun einen Blick im Frontend auf die Registrierungsmaske, erscheint hier ein neuer Bereich mit dem Titel *Arbeitgeberinformationen* und unserem ersten eigenen Feld „*Firmenname*"

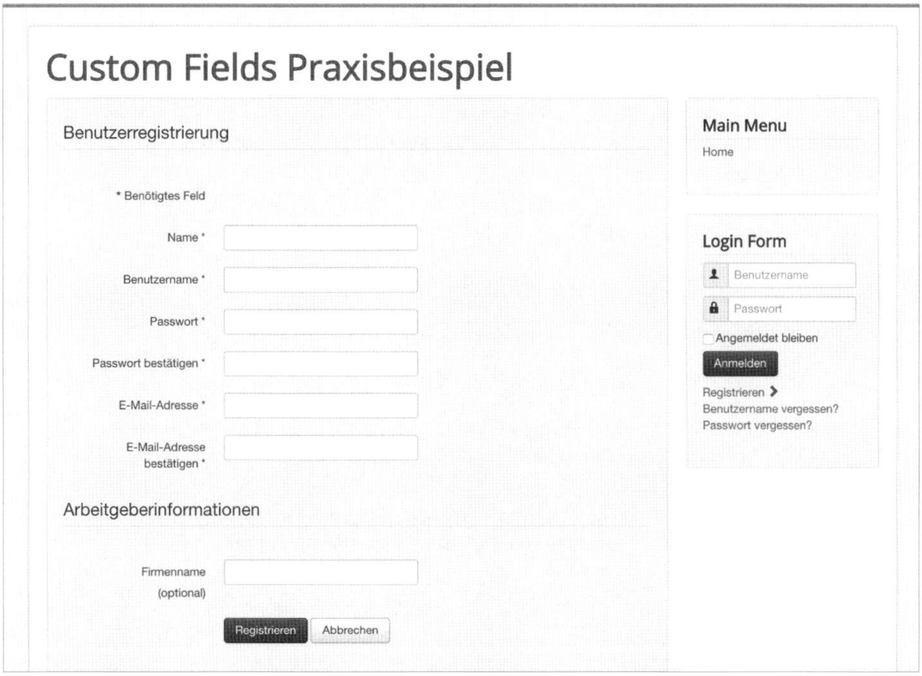

Bild 16.14 Unser eigenes Feld in der Benutzerregistrierung

Wir wechseln wieder in die Ansicht BENUTZER » VERWALTEN » FELDER und legen die nächsten Felder analog zum ersten an.

Adresse (Feldtyp Text)

Neben den Arbeitgeberinformationen möchten wir mittels eines Adressfelds auch eine Google-Maps-Ansicht im Frontend anzeigen. Hierfür legen Sie wieder ein Feld vom Typ *Text* mit dem Titel *Adresse* an. Den Filter stellen Sie auf *text* ein. In der *Feldbeschreibung* und im *Platzhaltertext* bietet es sich an, anzugeben welches Format vom Benutzer erwartet wird. Wechseln Sie in den Reiter OPTIONEN und tragen Sie als Platzhalter zum Beispiel „Musterstraße 123, 12345 Musterstadt, Deutschland" ein.

Speichern Sie das Feld und stellen Sie anschließend im Reiter BERECHTIGUNGEN wieder ein, dass dieses Feld von der Gruppe *Public* bearbeitet werden kann.

Für Fortgeschrittene:

Mit der Google-Maps-API und dessen Autovervollständigen-Funktion können Sie aus einem normalen Texteingabefeld im Handumdrehen eine Adress-Suche erstellen. Entweder entwickeln Sie hierfür ein eigenes Plug-in oder Sie nutzen zur Initialisierung die individuelle ID des Textfelds, die Sie über die Browser-Entwicklertools ermitteln.

Als Skript muss folgender Codeblock in dem Template eingebunden werden, welcher das Formular anzeigt. Der fett abgedruckte Wert muss der Feld-ID entsprechen.

```
jQuery(document).ready(function() {

var input = document.getElementById('jform_com_fields_adresse');

autocomplete = new google.maps.places.Autocomplete(input);
});
```

Weiterhin muss auch die Google-API in Ihrem Template aufgerufen werden. Denken Sie daran Ihren API-Schlüssel (Key) einzubinden.

```
$this->addScript('https://maps.googleapis.com/maps/api/js?key=HierMuss
IhrApiKeyStehen&libraries=places', 'text/javascript', true, false);
```

Arbeitgeberbeschreibung (Feldtyp Textarea)

Unsere Arbeitgeber bekommen die Möglichkeit, sich beschreiben zu können, aber vorzugsweise sollen keinerlei eigene Formatierungen verwendet werden. Auch soll die Textlänge unter Kontrolle gehalten werden. Wir legen dafür ein Feld vom Typ *Textarea* mit dem Titel *Arbeitgeberbeschreibung* an und weisen es der Gruppe Arbeitgeberinformationen zu. Die Größe des Felds benennen wir mit 40 Spalten und 4 Zeilen und einer Maximallänge von 400 Zeichen. Speichern Sie das Feld, stellen Sie die Zugriffsrechte entsprechend ein und klicken Sie auf *speichern & neu*.

Firmenfarbe (Feldtyp Farbe)

Um ein bisschen Pfiff und Abwechslung auf unsere Seite zu bringen, geben wir dem Arbeitgeber die Möglichkeit seine primäre Firmenfarbe zu definieren. In der Ausgabe verwenden wir dann die Farbe als Hervorhebung in den Arbeitgeberinformationen. Legen Sie dafür ein Feld vom Typ *Farbe* mit dem Titel *Firmenfarbe* an. Wählen Sie wieder die Feldgruppe *Arbeitgeberinformationen* aus. Speichern Sie das Feld, stellen Sie die Zugriffsrechte entsprechend ein und klicken Sie auf *speichern & schließen*.

16.1.8.3 Stellenanzeigen

Bevor wir gleich alles im Frontend konfigurieren, erstellen wir Felder für die Stellenanzeigen selbst, welche als Joomla!-Beiträge vom Benutzer über das Frontend eingereicht werden. Für den *Titel* der Stellenanzeige werden wir das reguläre Joomla!-Beitragstitel-Feld nutzen.

Kategorie anlegen

Die Stellenanzeigen sollen später in einer Kategorie-Liste angezeigt werden. Legen Sie eine Joomla!-Kategorie mit dem Titel *Stellenangebote* an.

Feldgruppe anlegen

Für die Stellenanzeigen-Felder legen wir eine Feldgruppe für Beiträge an. Klicken Sie dazu auf BEITRÄGE » FELDGRUPPEN, stellen Sie sicher, dass links vom Suchfeld der Kontext *Beiträge* ausgewählt ist und legen Sie eine neue Gruppe mit dem Titel *Stelleninformationen* an.

Stellenbeschreibung

Im Beitrag soll die Stelle, um die es sich handelt, kurz beschrieben werden, es sollen wieder keine eigenen Formatierungen erlaubt sein. Wir legen dafür ein Feld vom Typ Textbereich mit dem Titel *Stellenbeschreibung* an und weisen es der Gruppe *Stelleninformationen* als auch der Kategorie *Stellenangebote* zu. Die Größe des Felds benennen wir mit 40 Spalten und 4 Zeilen und einer Maximallänge von 400 Zeichen. Speichern Sie das Feld und erlauben Sie anschließend im Reiter BERECHTIGUNGEN das Bearbeiten der Felder für die Gruppe *Registered*.

Arbeitszeit

Für die *Arbeitszeit*, im konkreten Sinne meine ich hier *Vollzeit*, *Teilzeit* und *Aushilfe*, legen Sie ein Feld vom Typ „*Optionsfeld*" an.

Über den grünen Plus-Button im Reiter ALLGEMEIN im Bereich Feld und Werte können Sie dann die Auswahloptionen wie im Bild 16.15 hinzufügen.

Weisen Sie das Feld der Feldgruppe *Stelleninformationen* und der Kategorie *Stellenangebote* zu. Speichern Sie das Feld und erlauben Sie anschließend im Reiter BERECHTIGUNGEN das Bearbeiten der Felder für die Gruppe *Registered*.

Einstellungsdatum

Der Nutzer soll später als *Einstellungsdatum* ein Datum aus einem Kalender wählen. Nichts bietet sich besser an, als das Kalender-Feld selbst zu nutzen.

Legen Sie also ein Feld vom Typ *Kalender* an, weisen Sie es der Gruppe *Stelleninformationen* und der Kategorie *Stellenangebote* zu, speichern Sie das Feld und stellen Sie die Zugriffsrechte ein.

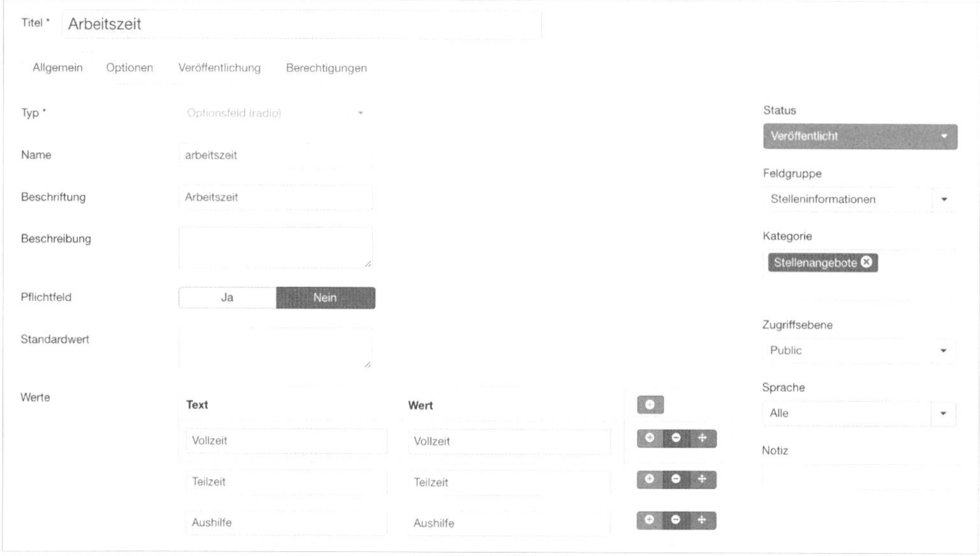

Bild 16.15 Einstellungen der Werte im Radio-Feld.

Programmiersprachen

Da es sich um Stellenanzeigen im Bereich Programmierung handelt, erstellen wir hier ein Feld vom Typ *Kontrollkästchen* mit Programmiersprachen. Tragen Sie, genauso wie Sie es beim Radio-Feld gemacht haben, eine Liste von Programmiersprachen in den Feldoptionen ein. Diese könnten zum Beispiel sein: *JavaScript, Java, C#, C, C++, Python, PHP, R, Perl, Ruby*. Vergessen Sie nicht die Zugriffsrechte für registrierte Benutzer einzustellen.

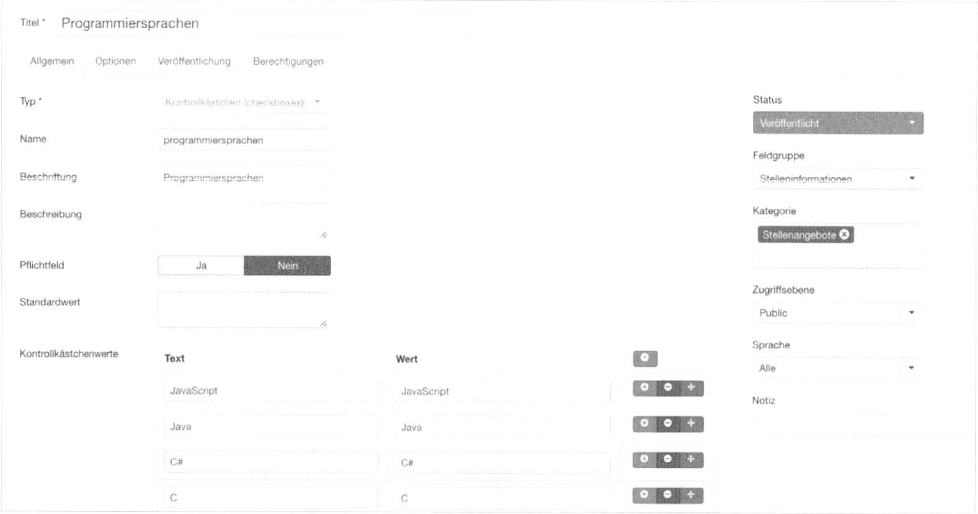

Bild 16.16 Abbildung der Optionen für das Checkbox-Feld

16.1.8.4 Bewerbungsformular

Der Bewerber soll auch eine Möglichkeit haben, sich bei den entsprechenden Arbeitgebern zu bewerben. Daher kümmern wir uns jetzt um die Kontaktaufnahme.

Kategorie für Arbeitgeberkontakte anlegen

Erstellen Sie eine Kontaktkategorie *Arbeitgeber* unter KOMPONENTEN » KONTAKTE » KONTAKTKATEGORIEN.

Feldgruppe anlegen

Nun legen wir noch ein Feld für das Kontaktformular an. Zunächst legen Sie wieder eine Feldgruppe an. Dazu klicken Sie auf KOMPONENTEN » KONTAKTE und anschließend auf FELDGRUPPEN. Links vom Suchfeld müssen Sie den Kontext *E-Mail* auswählen, wie im Bild 16.17 angezeigt. Nennen Sie die Gruppe *Weitere Informationen*.

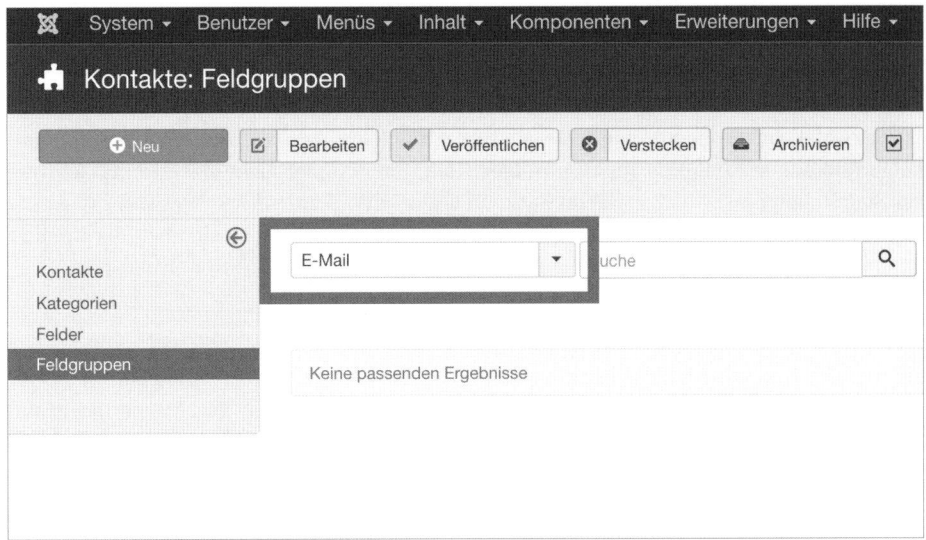

Bild 16.17 Auswahl des Kontext E-Mail

Link zum Lebenslauf

Wir wollen, dass der Benutzer uns einen Link zu seinem Lebenslauf senden kann. Das kann eine URL oder ein Link zu einer Datei sein, die er für uns bereitgestellt hat. Wechseln Sie nun im Seitenmenü zu FELDER. Wählen Sie links vom Suchfeld den Kontext *E-Mail* aus und erstellen Sie ein Feld vom Typ *URL* mit dem Titel *Link zum Lebenslauf*. Unter Schemata legen wir fest, dass der eingegebene Wert eine *URL* sein muss und stellen die *relativen URLs* auf *Nein*. Weisen Sie das Feld der Gruppe *Weitere Informationen* und der Kategorie *Arbeitgeber* zu.

Nach dem Speichern müssen Sie in den Berechtigungen wieder das Bearbeiten des Felds für die Gruppe *Public* auf *erlaubt* stellen.

16.1.8.5 Frontend konfigurieren

Nachdem wir nun alle Felder für das Praxisbeispiel vorbereitet haben, konfigurieren wir das Frontend.

Arbeitgeberprofil

Legen Sie einen neuen Menüpunkt vom Typ BENUTZER » BENUTZERPROFIL an und benennen Sie den Menüpunkt *Arbeitgeberprofil*. Hier wird später der angemeldete Benutzer sein eigenes Profil anzeigen und bearbeiten können. Stellen Sie die Zugriffsebene für diesen Menüpunkt auf *Registriert*, damit er nur eingeblendet wird, wenn der Benutzer eingeloggt ist.

Menüpunkt für Kategorieliste einrichten

Richten Sie einen Menüpunkt ein, der später eine Beitragsliste der Kategorie Stellenangebote darstellt. Wählen Sie dazu den Menü-Typ KATEGORIELISTE aus und benennen Sie den Menüpunkt „*Stellenangebote*".

Kontakterstellung aktivieren

Wir möchten im Frontend eine Liste aller angemeldeten Arbeitgeber mit ihren Kontaktdaten und einem Kontaktformular anzeigen. Damit der Nutzer nicht jeden Kontakteintrag selbst erstellen muss, klicken Sie im Backend unter ERWEITERUNGEN » PLUGINS und aktivieren Sie das „*Benutzer - Kontakterstellung*"-Plug-in. Stellen Sie es so ein, dass der Kontakt automatisch veröffentlicht und in die Kategorie *Arbeitgeber* verschoben werden soll.

Menüpunkt für Kontaktliste anlegen

Die Arbeitgeber werden in einer Kontaktliste im Frontend angezeigt. Erstellen Sie dafür einen neuen Menüpunkt vom Typ KONTAKTE » KONTAKTE IN KATEGORIE auflisten und wählen Sie die Kategorie *Arbeitgeber* aus. Benennen Sie den Menüpunkt „*Arbeitgeberliste*".

Zugriffsrechte für das Erstellen von Beiträgen einstellen

Damit der registrierte Nutzer eine Stellenanzeige überhaupt einreichen kann, müssen Sie in der globalen Konfiguration nun auch für die Gruppe Registriert die Rechte *Erstellen* und *Eigene Felder bearbeiten* für Beiträge auf *erlaubt* stellen.

Optional: Alternatives Layout und Menütyp für das Einreichen von Stellenanzeigen

Der Arbeitgeber, der über dieses System seine Stellenanzeigen einreichen wird, soll möglichst einfach Stellenanzeigen erstellen können. Hierfür ist das Joomla!-Beitrags-Eingabeformular etwas umfangreich. Es reicht, wenn im Eingabeformular die Felder für den Titel und den Alias des Beitrags angezeigt werden, sowie die Felder, die wir angelegt haben.

Wir können für das Erstellen von Stellenanzeigen ein eigenes Layout anlegen. Dazu erstellen wir ein Alternatives Layout und einen eigenen Menütyp zum Einreichen der Beiträge.

Um das geplante Formularlayout in der Beitragseingabemaske anzubieten, kopieren Sie die Datei *com_content/views/form/tmpl/edit.php* sowie *com_content/views/form/tmpl/edit.xml* in Ihr Template-Verzeichnis unter *templates/ihrtemplate/html/com_content/form*. Benennen Sie die Datei *edit.php* in *stellenanzeigen.php* um. Benennen Sie die Datei *edit.xml* in *stellenanzeigen.xml* um.

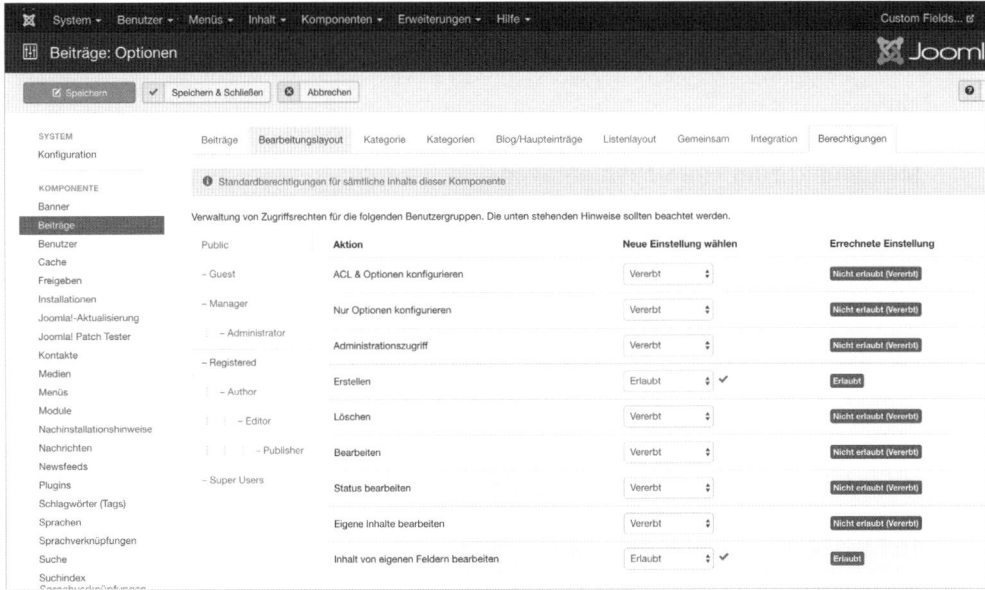

Bild 16.18 Rechte für das Erstellen von Beiträgen einstellen

HINWEIS: Alle Informationen zu Overrides und Alternativen Layouts finden Sie im Abschnitt 12.1.

Öffnen Sie nun die Datei *stellenanzeigen.php* und entfernen Sie zunächst alle Felder von `<?php echo JHtml::_('bootstrap.startTabSet', $this->tab_name, array('active' => 'editor')); ?>` bis `<?php echo JHtml::_('bootstrap.endTabSet'); ?>`. In der Joomla!-Version 3.7.X wären das die Zeilen 53 bis 145. Ersetzen Sie diese durch den Inhalt von Listing 16.4.

Listing 16.4 Ausgabe des Titels, des Alias und aller eigenen Felder im Formular

```
<?php echo $this->form->renderField('title'); ?>

  <?php if (is_null($this->item->id)) : ?>
    <?php echo $this->form->renderField('alias'); ?>
    <?php endif; ?>

<?php foreach ($this->form->getFieldsets('com_fields') as $name => $fieldSet) : ?>
  <?php foreach ($this->form->getFieldset($name) as $field) : ?>
    <?php echo $field->renderField(); ?>
  <?php endforeach; ?>

<?php endforeach; ?>
```

Nun müssen Sie noch die Datei *stellenanzeigen.xml* anpassen:

Tauschen Sie in der Zeile 3 den Sprachstring im title-Attribut COM_CONTENT_FORM_ VIEW_DEFAULT_TITLE durch COM_CONTENT_FORM_VIEW_**STELLEN**_TITLE aus.

Erstellen Sie ein neues Sprach-Override im *Kontext Admin* unter ERWEITERUNGEN » SPRACHEN » OVERRIDES und übersetzen Sie diesen Sprachschlüssel mit *Stellenanzeige einreichen*. Oder fügen Sie diesen String in Ihrer Sprachdatei unter *administrator/languages/* hinzu.

Menüpunkt zum Einreichen anlegen

Damit der registrierte Nutzer nun eine Stellenanzeige einreichen kann, erstellen Sie einen Menüpunkt vom Typ BEITRÄGE » STELLENANZEIGE EINREICHEN. Das ist der Menütyp den wir soeben angelegt haben. Stellen Sie in den Menüpunkteinstellungen im Reiter „Optionen" ein, dass der Beitrag automatisch in die *Standardkategorie Stellenangebote* abgelegt werden soll. Stellen Sie die Zugriffsebene dieses Menüpunkts auf *Registered*.

Falls Sie keinen eigenen Menütyp zum Einreichen der Beiträge erstellt haben, wählen Sie in diesem Fall den Menütyp BEITRÄGE » BEITRAG ERSTELLEN und stellen Sie in den Menüpunkteinstellungen im Reiter „Optionen" ein, dass der Beitrag automatisch in die Kategorie *Stellenangebote* abgelegt werden soll. Stellen Sie die Zugriffsebene auf *Registered*.

16.1.8.6 Ausgabe im Frontend

Sehen wir uns zunächst das Ergebnis unserer Vorbereitung an. Falls noch nicht geschehen, aktivieren Sie in der *globalen Konfiguration* unter Benutzer die Benutzerregistrierung.

Wenn Sie sich nun im Frontend als neuer Benutzer registrieren wollen, werden Sie auf eine Anmeldemaske mit den neu hinzugefügten Benutzerfeldern stoßen. Legen Sie zum Testen einen Testbenutzer an.

Je nach eingestellter Registriermethode müssen Sie nun Ihren Testbenutzer noch im Backend freigeben. Loggen Sie sich anschließend als dieser neue Benutzer im Frontend ein.

Sie finden nun die von Ihnen angelegten Menüpunkte *Arbeitgeberprofil* und *Stellenanzeige einreichen*. Wenn Sie auf *Arbeitgeberprofil* klicken, können Sie Ihre Arbeitgeberinformationen einsehen und bearbeiten. Wenn Sie auf *Stellenanzeige einreichen* klicken, sehen Sie ein Eingabeformular zum Einreichen der Anzeigen. Füllen Sie das Formular aus und speichern Sie den Beitrag.

Klicken Sie nun auf den Link *Stellenangebote*. Die von Ihnen eingereichte neue Stellenanzeige sollte nun in der Übersicht aufgeführt werden. Falls nicht, müssen Sie diese im Backend als Administrator noch freigeben. Klicken Sie auf den Titel der Stellenanzeige.

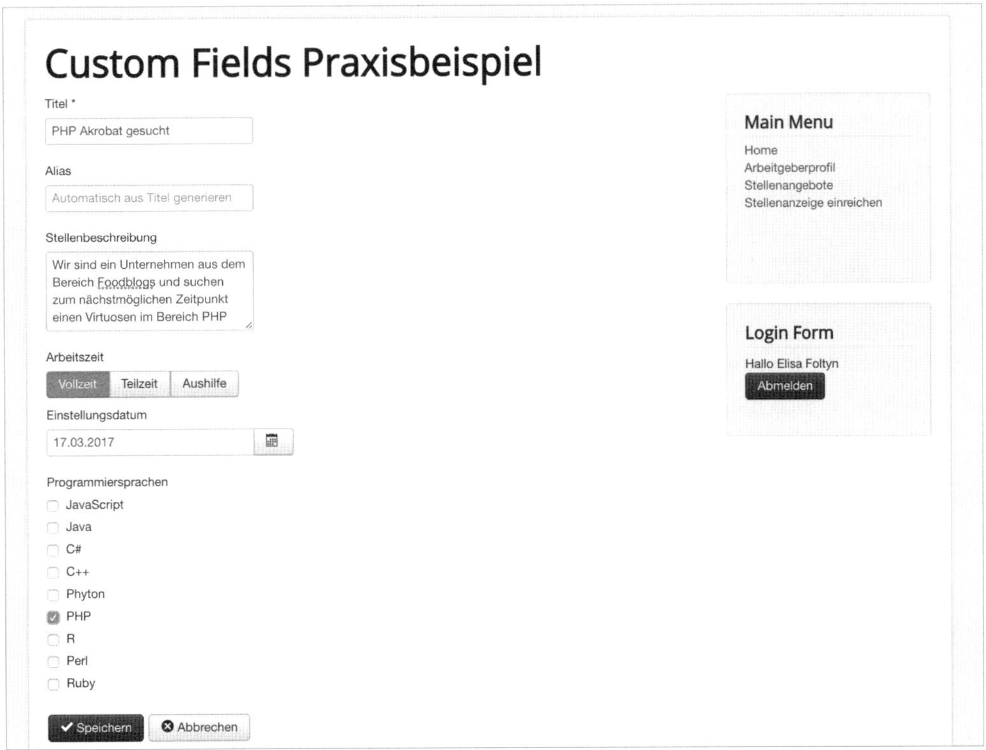

Bild 16.19 Eingabeformular im Frontend

Im Bild 16.20 sehen Sie jetzt wie die eigenen Felder mithilfe der *Automatischen Anzeige* im Beitrag ausgegeben werden.

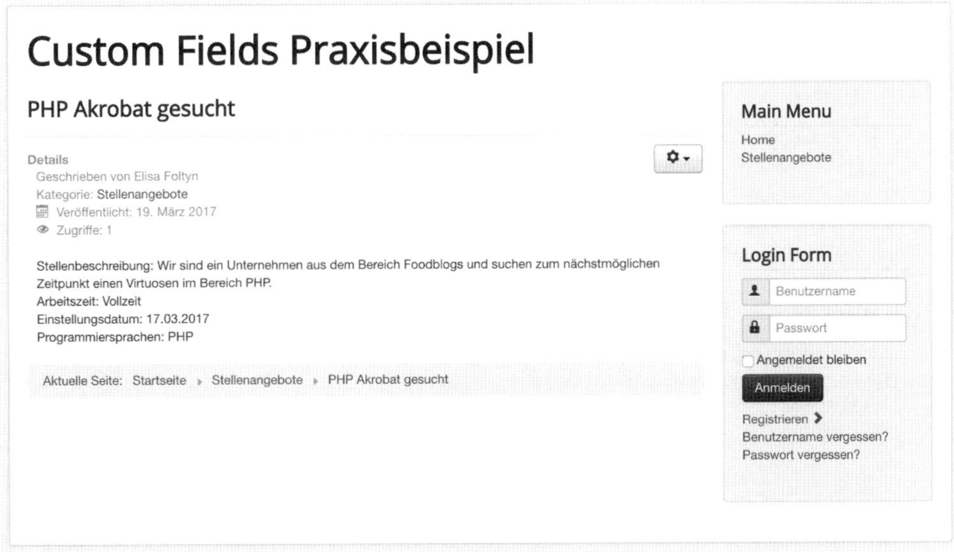

Bild 16.20 Automatische Anzeige der Felder im Frontend.

Diese Anzeige mag in manchen Fällen zufriedenstellend sein, doch für das Stellenportal zeigt sich diese Ausgabe nicht wirklich einladend.

Was können wir nun machen, um die Eingaben unseres Testbenutzers noch ansprechender im Frontend auszugeben?

Individualisierung der Ausgabe

Wie im Abschnitt 16.1.5 erwähnt, können Sie Felder aus dem Beitrag entweder *automatisch*, über den Editor mittels *Plugin-Code* oder in einem *Override/Alternativen Layout* individuell ausgeben.

Für ein ansprechendes Erscheinungsbild, das einen Mix aus Arbeitgeberinformationen und eigenen Feldern anzeigt, legen wir ein Alternatives Layout für die Beitragsausgabe an.

Sehen Sie sich unbedingt Abschnitt 12.1 nochmal an, falls Sie im Umgang mit Overrides und Alternativen Layouts noch nicht geübt sind.

Erstellen Sie in Ihrem Template-Ordner unter *templates/protostar/html/com_content_article/* eine Datei namens *stellenanzeigen.php*.

Öffnen Sie die Datei zur Bearbeitung und leiten Sie die Datei mit folgendem Code ein:

Listing 16.5 Einleitung des Alternativen Layouts

```
<?php defined('_JEXEC') or die;

JHtml::addIncludePath(JPATH_COMPONENT . '/helpers');

// Kürzel zum Abrufen der Artikelparameter
$params = $this->item->params;
```

Zunächst wollen wir, wie im Abschnitt 16.1.5.3 beschrieben, die Beitrags-Felder dem jeweiligen Feldnamen zuweisen. Dazu fügen Sie im oberen Teil der Datei den Code aus Listing 16.6 hinzu:

Listing 16.6 Code zum Einbinden der eigenen Felder per Feldnamen

```
// Beitrags-Felder Mapping
$customFields = $this->item->jcfields;
foreach ($customFields as $customField){
 $customFields[$customField->name] = $customField;
}
```

Das gleiche wollen wir mit den Angaben aus dem Benutzerprofil machen. Fügen Sie also den Code aus Listing 16.7 ebenso in den oberen Bereich der Datei.

Listing 16.7 Einbinden der eigenen Felder des Benutzers im Beitrag

```
//Userobjekt aufrufen
$user = JFactory::getUser($this->item->created_by);
JEventDispatcher::getInstance()->trigger('onContentPrepare', array(
'com_users.user',&$user,&$user->params,0 ));

//Benutzer-Felder Mapping
$userFields = $user->jcfields;
foreach ($userFields as $userField){
 $userFields[$userField->name] = $userField;
}
```

Was wäre eine individuelle Ausgabe ohne ein paar Spielereien?

Wir haben in der Benutzerregistrierung die Firmenfarbe des Arbeitgebers abgefragt. Diese wollen wir jetzt nutzen, um den CSS-Stil der Ausgabe zu beeinflussen. Um auf verschiedene Schattierungen der Firmenfarbe zugreifen zu können, wandeln wir zunächst den hexadezimalen Wert, den der User eingetragen hat, in RGB-Werte um.

Listing 16.8 Umwandeln der Firmenfarbe in RGB

```
//Farbe in rgb Liste umwandeln
$farbe = $userFields['firmenfarbe']->value;
list($r, $g, $b) = sscanf($farbe, "#%02x%02x%02x");
$rgbcolor = $r.','.$g.','.$b;
```

Anschließend bedienen wir uns der Farbe und erstellen ein paar CSS-Definitionen für die Ausgabe.

Listing 16.9 Erstellen von CSS Definitionen

```
// CSS Definieren
$css = "body.site { background:".$farbe ."; }\n";
$css .= ".page-header, a { color:".$farbe ."; }\n";
$css .= ".arbeitgeberbox { background-color:rgba(". $rgbcolor .",0.1); border:1px
solid " . $farbe . "; padding:20px; }\n";
$css .= ".merkmale { text-align:center; font-size:1.2em; font-weight:bold;
background-color:rgba(". $rgbcolor .",0.3); border:1px solid " . $farbe . "; color:"
. $farbe . "; padding:10px; }\n";
```

Dieses css muss dann als lokale Stildefinition im Beitrag aufgerufen werden, wie im Listing 16.10 zu sehen ist.

Listing 16.10 Einbinden der CSS-Definitionen

```
// Dokumenten Objekt aufrufen
$doc = JFactory::getDocument();

// Lokale CSS Definitionen hinzufügen
$doc->addStyleDeclaration($css, $type= 'text/css');
```

Nun können Sie mit dem Code in Listing 16.11 die Felder individuell ausgeben. Wie Sie sehen, wurden im Beispiel sogar *Rich Snippets* nach *Schema.org* mit in die Ausgabe eingebunden.

Listing 16.11 Ausgabe der Eigenen Felder in einem eigenen Layout

```
<div class="item-page<?php echo $this->pageclass_sfx; ?>" itemscope itemtype=
"http://schema.org/JobPosting">

 <div class="row-fluid">
  <div class="span12 page-header">
   <h1 itemprop="title">
    <?php echo $this->escape($this->item->title); ?>
   </h1>
  </div>
 </div>

 <div class="row-fluid">
  <div class="span6">
   <p itemprop="description">
```

```
   <?php echo $customFields['stellenbeschreibung']->value; ?>
  </p>
 </div>
 <div class="span2 merkmale">
  <p itemprop="employmentType">
   <?php echo $customFields['arbeitszeit']->value; ?>
  </p>
 </div>
 <div class="span2 merkmale">
  <p itemprop="datePosted" content="<?php echo date(c, strtotime($customFields
  ['einstellungsdatum']->value)); ?>">
   <?php echo $customFields['einstellungsdatum']->value; ?>
  </p>
 </div>
 <div class="span2 merkmale">
  <p itemprop="skills">
   <?php echo $customFields['programmiersprachen']->value; ?>
  </p>
 </div>
</div>

<div class="row-fluid">
 <div class="span6">
  <iframe width="600" height="450" frameborder="0" style="border:0"
   src="https://www.google.com/maps/embed/v1/place?q=
   <?php echo $userFields['adresse']->value; ?>&key=IHRAPIKEY"
   allowfullscreen>
  </iframe>
 </div>
 <div class="span6 arbeitgeberbox"  >
  <h3>
   <?php echo $userFields['firmenname']->value; ?>
  </h3>
  <span itemprop="jobLocation">
   <?php echo $userFields['adresse']->value; ?>
  </span>
  <p>
   <?php echo $userFields['arbeitgeberbeschreibung']->value; ?>
  </p>
 </div>

</div>

<?php if (!empty($this->item->pagination) && $this->item->pagination && $this->item->
paginationposition && !$this->item->paginationrelative) :
 echo $this->item->pagination;?>
<?php endif; ?>

</div>
```

Da wir als registrierter Nutzer über das Frontend in Joomla! 3.7 nicht kontrollieren können, in welchem Layout eine Stellenanzeige erscheinen soll, stellen wir in der *Globalen Konfiguration* von Joomla! ein, dass Beiträge grundsätzlich mit diesem Alternativen Layout „Stellenanzeigen" ausgegeben werden sollen, es sei denn, man definiert etwas anderes.

Gehen Sie dazu ins Backend unter SYSTEM » KONFIGURATION » BEITRÄGE und wählen Sie im Reiter BEITRÄGE unser Layout *„Stellenanzeigen"* aus.

Wenn Sie nun die Stellenanzeigen aufrufen, werden diese im alternativen Layout dargestellt.

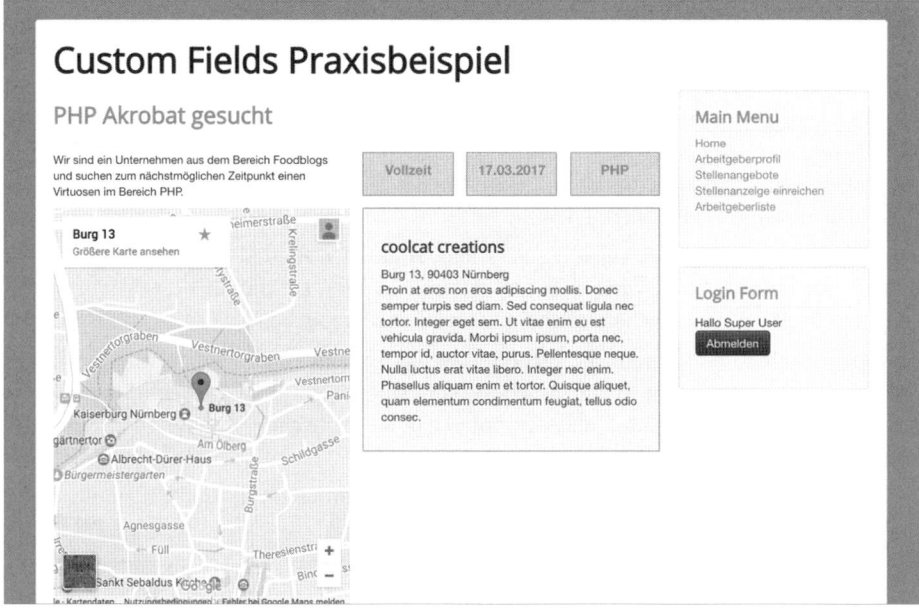

Bild 16.21 Individuelle Ausgabe der Anzeige.

In der Einleitung dieses Kapitels habe ich Sie darauf hingewiesen, dass „Eigene Felder" kein CCK sind. Sie sind ein fantastisches Mittel, um Inhalte strukturiert einzugeben und mithilfe der verschiedenen Ausgabemethoden nach eigenen Wünschen auszugeben. Eher kleinere Aufgabenstellungen, für die man früher sehr schnell zu einem Content Construction Kit, wie zum Beispiel SEBLOD® gegriffen hat, sind nun mit Joomla!-Bordmitteln umsetzbar. Das ist sehr erfreulich, da man mit möglichst wenig Dritterweiterungen immer am sichersten fährt, wenn sich irgendwann die Frage stellt, ob man das CMS ohne hohe Aufwände aktualisieren kann.

Doch mit „Eigene Felder" stößt man zumindest aktuell noch an viele Grenzen.

Schön wäre es, wenn es nun zum Beispiel eine Jobsuche geben würde, bei der man speziell nach Jobs zum Thema *PHP* suchen kann. Außerdem wäre es noch besser, innerhalb jeder Stellenanzeige direkt ein Bewerbungsformular zu haben, bei dem man Lebenslauf und Bild gleich als Datei an den Arbeitgeber senden kann. Es wäre auch toll, die beim Seitenbetreiber ankommende E-Mail zu individualisieren und dem Bewerber eine Mail zu senden, dass die Bewerbung eingegangen ist.

Das alles und noch viel mehr ist unter anderem mit dem CCK SEBLOD® möglich.

16.2 SEBLOD®

16.2.1 Was ist SEBLOD®?

SEBLOD® ist ein Content Construction Kit (CCK), entwickelt von dem französischen Unternehmen Octopoos und ein international registriertes Warenzeichen. Ein CCK ist, vereinfacht gesagt, ein Baukastensystem. Das Grundprinzip eines CCK besteht darin, kein zentrales Eingabefeld wie den Editor beim Anlegen neuer Beiträge zu haben, sondern sämtliche Inhalte in einzelne Felder aufzuteilen.

Der Vorteil von solchen Systemen ist, dass man zum einen dem Redakteur nur die Felder anzeigt, die er tatsächlich sehen soll, und die Inhalte dann auf der anderen Seite strukturiert und in einem ordentlichen Erscheinungsbild wiederzugeben.

SEBLOD® ist eine Komponente, die sich mittels Plug-ins komplett in Joomla! integriert. Dies hat den Vorzug, dass man die Joomla!-Beitragskomponente ganz einfach weiternutzen kann. Es hat aber auch den Nachteil, dass es mit erhöhtem Aufwand verbunden ist, SEBLOD® wieder von einer Seite zu deinstallieren.

Eine große Stärke von SEBLOD® ist auch die Möglichkeit, Inhalte vollständig über das Frontend zu verwalten.

Mit diesem Kapitel möchte ich Ihnen so viel Grundwissen wie möglich übermitteln. Wenn Sie möchten, können Sie, nachdem Sie das Kapitel über die Installation gelesen haben, auch sofort mit dem Workshop im Abschnitt 16.2.17 loslegen und die Kapitel dazwischen als Dokumentation und Nachschlagewerk betrachten. Nach eigener Erfahrung lernt man durch Mitmachen mehr, als durch eine Flut an Informationen.

16.2.2 SEBLOD® installieren

Wenn Sie SEBLOD® vorerst nur testen wollen, würde ich Ihnen empfehlen, die Komponente zunächst in einer Testumgebung zu installieren und sich damit vertraut zu machen, bevor Sie sich für den Live-Einsatz entscheiden. Falls Sie SEBLOD® dennoch auf einem laufenden System installieren, denken Sie in jedem Fall daran, vorher ein Backup zu erstellen. Hierfür empfehle ich Ihnen *Akeeba Backup*, welches im Abschnitt 18.1.5 näher beschrieben wird.

Systemvoraussetzungen

Laden Sie sich die Komponente unter *https://www.SEBLOD.com/* herunter.

Gehen Sie anschließend im Backend auf ERWEITERUNGEN » VERWALTEN und wählen Sie unter Paketdatei hochladen das Paket *pkg_seblod.zip* auf Ihrem Rechner aus und klicken Sie auf HOCHLADEN UND INSTALLIEREN.

Nach erfolgreicher Installation von SEBLOD® erscheint eine Meldung zu den Systemvoraussetzungen.

Bild 16.22 SEBLOD®-Anzeige der Systemvoraussetzungen nach der Installation

Stellen Sie sicher, dass das SEBLOD®-Content-Plug-in das erste in der Content-Plug-in-Liste ist. Gehen Sie dazu auf ERWEITERUNGEN » PLUGINS und filtern Sie bei den Suchfiltern auf der linken Seite unter „Content" bei „Typ auswählen" nach Content-Plug-ins. Klicken Sie auf die Spaltenüberschrift auf der linken Seite und sortieren Sie das SEBLOD®-Plug-in an die erste Stelle.

Bild 16.23 SEBLOD®-Content-Plug-in in der Plug-in-Verwaltung

Systemvoraussetzungen

An dieser Stelle möchte ich nochmal auf die Systemvoraussetzungen aus Bild 16.22 zurückkommen.

```
max_file_uploads = 50
max_input_vars = 3000
```

Diese Einstellungen müssen Sie bei Ihrem jeweiligen Hosting-Anbieter oder lokal in der *php.ini*-Datei anpassen. Sollte Ihr Anbieter keine Möglichkeit zur Verfügung stellen, diese Datei zu bearbeiten, ist eventuell eine Einstellungsmöglichkeit hierfür im Kundenbereich vorgesehen. Ansonsten müssten Sie sich an den Support Ihres Dienstleisters wenden.

Ohne diese Einstellungen könnte es sein, dass die Funktionen der Komponente beeinträchtigt sind – insbesondere beim Einsatz von vielen Feldern.

Deutsche Sprachdateien

SEBLOD® wurde vollständig ins Deutsche übersetzt. Um die deutsche Sprachdatei zu laden, gehen Sie unter *https://www.SEBLOD.com/resources/translations* und laden Sie sich das deutsche Sprachpaket herunter. Installieren Sie die Sprache anschließend genauso wie eine Erweiterung. Diese Übersetzungen werden von dem Übersetzungsprojekt auf der Seite *https://www.transifex.com/JoomlaTranslators/SeblodCCK/dashboard/* übernommen. Sie können sich dort als Übersetzer beteiligen und Änderungsvorschläge einreichen.

Updates

Vor jedem Update sollten Sie wie immer ein Backup durchführen. Normalerweise zeigt Ihnen Joomla! im Backend an, ob eine Aktualisierung vorhanden ist. Klicken sie auf den Aktualisierungslink oder unter ERWEITERUNGEN » VERWALTEN » AKTUALISIEREN wählen Sie die Checkbox vor *SEBLOD* aus und klicken dann auf AKTUALISIEREN. Leeren Sie anschließend Ihren Browser-Cache.

Wenn Sie kostenpflichtige Erweiterungen von SEBLOD® einsetzen, können Sie in Ihrem SEBLOD®-Benutzermenü die Domain registrieren, auf der die Erweiterung genutzt wird. Laden Sie sich zudem die Erweiterung *SEBLOD Updater* unter *https://www.seblod.com/store/extensions/634* herunter und installieren Sie diese auf Ihrer Joomla!-Seite – dort können Sie dann in den Erweiterungsoptionen die Download-ID hinterlegen, die Sie auf der SEBLOD®-Webseite in Ihrem Benutzerprofil finden.

SEBLOD® deinstallieren

Falls Sie SEBLOD® deinstallieren möchten, erstellt das System Sicherungskopien Ihrer SEBLOD®-SQL-Tabellen. Diese Option können Sie unter KOMPONENTEN » SEBLOD 3.X » OPTIONEN » KOMPONENTE » WÄHREND DEM DEINSTALLIEREN … deaktivieren.

Wenn Sie sich doch wieder entscheiden, SEBLOD® zu installieren, haben Sie eine komplett neue Installation, können aber die gesicherten Tabellen manuell wiederherstellen, falls es notwendig ist.

16.2.3 Erste Orientierung

Machen wir nun einen ersten kleinen Rundgang mit einer Joomla!+SEBLOD®-Installation.

Klicken Sie im Backend auf BEITRÄGE » INHALTE, um zur Beitragsübersicht zu gelangen. Wenn Sie auf den grünen Button NEU klicken, öffnet sich ein modales Fenster, das Sie auffordert, ein Formular zu wählen. Das Formular „Beitrag" ist ein bereits vorkonfigurierter Inhaltstyp von SEBLOD®, der sich stark an die Joomla!-eigenen Beitragsoptionen anlehnt. Klicken Sie auf das Icon Beitrag, um einen Blick auf das Eingabeformular zu erhalten (Bild 16.24).

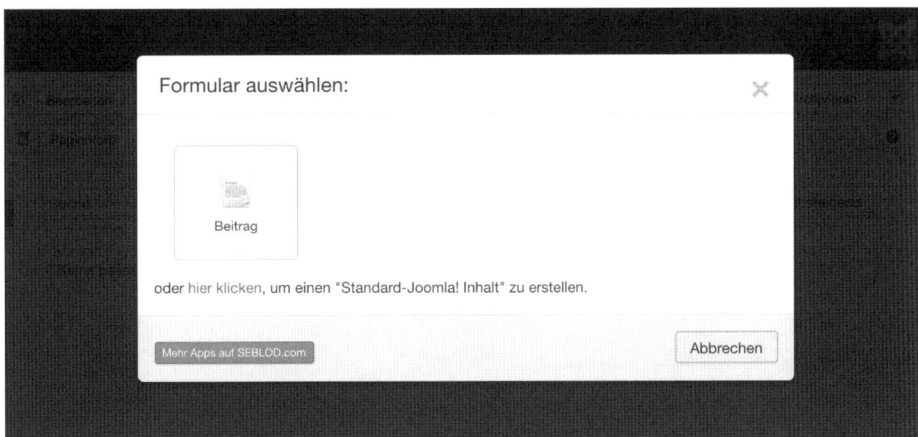

Bild 16.24 Modales Fenster beim Erstellen eines neuen Beitrags

Sie sehen ein etwas verändertes Layout der Beitragseingabemaske, bei der auch zwischen Einleitungstext (Intro) und weiterführendem Text unterschieden wird.

Schließen Sie dieses Formular, gehen Sie auf KOMPONENTEN » SEBLOD und klicken Sie anschließend auf FORMULAR- UND INHALTSTYP MANAGER. Sie sehen wie in Bild 16.25 eine Übersicht an Formular- und Inhaltstypen: Article, Category, User und User Group. Diese Formular- und Inhaltstypen repräsentieren die Joomla!-Core-Formulare und -Ausgaben für den Beitrag, die Kategorie, den Benutzer und die Benutzergruppe. Öffnen Sie den Article-Inhaltstyp, indem Sie auf den blauen Titel klicken.

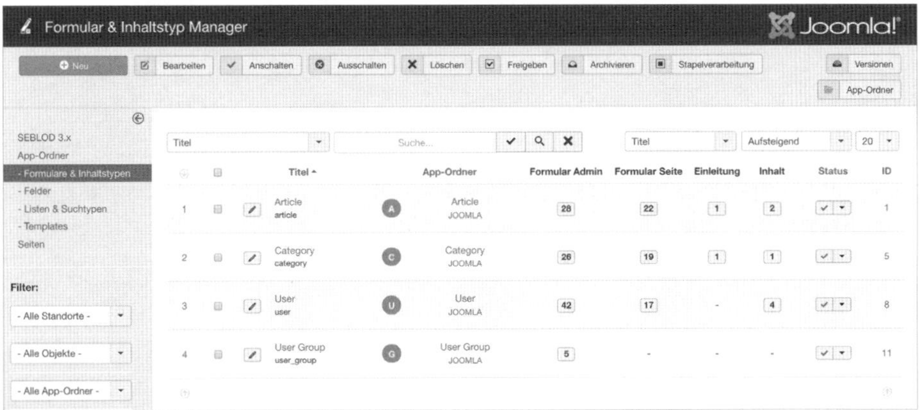

Bild 16.25 Übersicht der installierten Inhaltstypen

Sie sehen in dem großen Feld Konstruktion nun eine Reihe von Feldern und Div-Containern. Dieses Konstruktionsfenster ist jenes, um das sich bei SEBLOD® alles drehen wird. Verändern Sie hier eine Kleinigkeit – schreiben Sie zum Beispiel in der Spalte Beschriftung Konstruktion neben dem Eintrag „Tab Details (Start) (Tabs)" *Beitrag* statt *Content* in das weiße Feld, wie im Bild 16.26 angezeigt. Speichern und schließen Sie dieses Formular und kehren Sie zurück zum Beitragsformular.

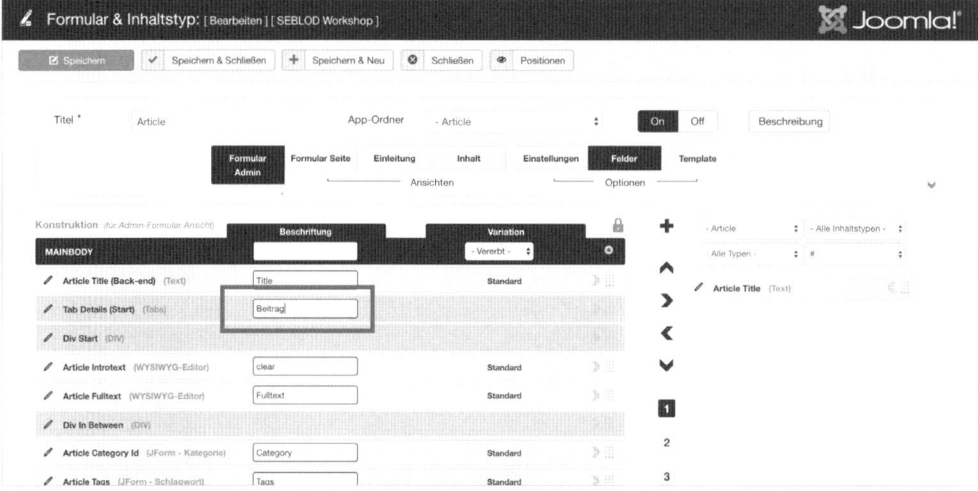

Bild 16.26 Verändern eines Feldlabels im Formular- und Inhaltstyp

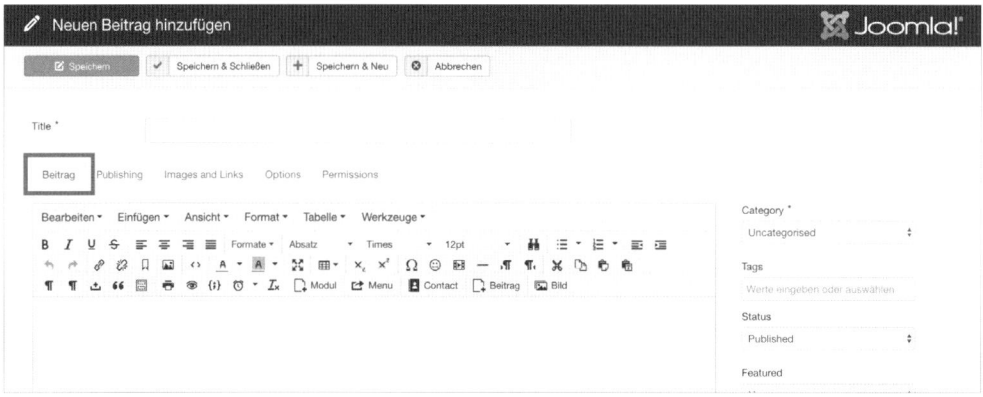

Bild 16.27 Verändertes Label im Beitrag

Sie können vorhandene Formulare anpassen oder – noch besser – eigene Formular- und Inhaltstypen erstellen.

16.2.4 Globale Konfiguration

In diesem Abschnitt erläutere ich Ihnen die Einstellungsmöglichkeiten von SEBLOD®. Sie finden die Optionen für SEBLOD® sowohl in der globalen Konfiguration unter SYSTEM » KONFIGURATION, wenn Sie in der linken Seitenleiste SEBLOD auswählen. Oder über KOMPONENTEN » SEBLOD über den Optionsbutton oben rechts.

Allgemein

Im Reiter Allgemein finden Sie generelle Einstellungen für Formulare und Listen.

Formular

Autospeichern: Ja/Nein

Autospeichern Intervall (in Min)

Wählen Sie unter Autospeichern, ob das Formular im Backend automatisch zwischengespeichert werden soll und wenn ja, in welchem Rhythmus.

Berechnungsformat: 1,234,567.89/1 234 567.89/1 234 567,89/1.234.567,89

Berechnungsformat (Ausgabe): Ja/Nein

Je nach nationalem Standard werden Zahlen verschieden interpunktiert. Wenn Sie in Ihren Feldern später Berechnungen durchführen, stellen Sie hier das Zahlenformat ein und legen fest, ob dieses Format auf das Ergebnis angewandt werden soll.

Standard-Autor: Falls das Feld *art_created_by* nicht im Formular eingebunden wurde, wird im Standard-Autor der Ersteller des Beitrags vordefiniert.

Validierung: SEBLOD® bietet umfangreiche Möglichkeiten zur Validierung. Sie können festlegen, ob die Validierung durch JavaScript im Browser durchgeführt wird oder per PHP serverseitig ausgeführt wird.

- *Client (JS):* Diese Option führt die Eingabe-Validierung mit JavaScript durch. Bevor das Formular gespeichert beziehungsweise gesendet werden kann, müssen alle Felder richtig ausgefüllt sein. Man kann Korrekturen im Formular vornehmen, ohne bereits eingegebene Inhalte zu verlieren.
- *Server (PHP):* Diese Option prüft das Formular nach dem Absenden. Bei Eingabefehlern wird der Nutzer mit einer Fehlermeldung zurück zum Formular geleitet. Vorsicht, denn hier wird das ausgefüllte Formular verworfen.
- *Beide:* Es wird empfohlen, beide Validierungsmethoden gleichzeitig anzuwenden, da es sein kann, dass der Benutzer JavaScript im Browser deaktiviert hat. Im Fall der Fälle greift dann die zweite Methode.
- *Keine:* Mit der Option Keine schalten Sie die Validierung aus. Alle Nutzereingaben werden gespeichert bzw. gesendet.

Validierungs-Position: Sollten Fehler auftreten, werden diese neben dem Eingabefeld angezeigt. Die Position können Sie in diesem Parameter bestimmen.

Validierungs-Präfix: Das Validierungspräfix wird den Fehlermeldungen vorangestellt.

Validierung Scroll: Ja/Nein

Wenn Sie Validierung Scroll auf Ja stellen, scrollt das Formular zum jeweils ersten auftretenden Fehler.

Validierungs-Hintergrundfarbe: (Farbwähler)

Validierungs-Farbe: (Farbwähler)

In diesen Einstellungen können Sie per Farbwähler die Hintergrundfarbe und Schriftfarbe der Fehlermeldung bestimmen.

Liste

Seitenzahlen: Unter Seitenzahlen können Sie festlegen, wie viele Beiträge normalerweise auf einer Seite in einer Liste dargestellt werden. Diese globale Einstellung kann in Listen und Suchtypen individuell eingestellt und überschrieben werden.

Inhalte vorbereiten: Inhalte vorbereiten dient dazu, Plug-ins in einem Listentyp ausführbar zu machen. Es wird jedoch aus Performancegründen empfohlen, diese Option global zu deaktivieren und falls es notwendig ist, in den entsprechenden Listen zu aktivieren.

Komponente

App-Ordner

Datum hinzufügen: Ja/Nein

Versions-Nr. hinzufügen: Ja/Nein

Hier können Sie festlegen, ob beim Exportieren des App-Ordners ein Datum und/oder eine Versions-Nummer hinzugefügt werden soll oder nicht.

Konstruktion

Konstruktions-Präfix:

Über ein globales Präfix können Sie festlegen, dass vor jeden Ordner, Inhaltstyp, Such- und Listentyp und vor Feldern ein Kürzel eingefügt wird. Grundsätzlich empfiehlt es sich aber, den Präfix App-spezifisch zu vergeben.

Benutzerdefinierte Attribute:

Hier können Sie die Anzahl möglicher Optionen innerhalb Checklisten, Radioboxen und Auswahllisten beschränken.

User Group: Diese Gruppe wird für alle eingeloggten Benutzer auf alle Backend-URLs angewendet, außer für view=form und view=list. Sie müssen dieser Benutzergruppe keinen Nutzer zuweisen. Das ist besonders hilfreich, wenn Sie für SEBLOD® ein eigenes tinyMCE Profil für den Editor angelegt haben und auf alle Editoren in SEBLOD® anwenden wollen.

Loading-Overlay anzeigen: Hier können Sie das animierte SEBLOD-Logo beim Laden der verschiedenen Backend-Ansichten aktivieren oder deaktivieren.

Entwicklung

Speicherung Entwicklung: Ja/Nein: Diese Option ist nur für den Super User verfügbar. Wenn Sie die Option aktivieren, können Sie die Aliase von Feldern nachträglich verändern. Diese sind normalerweise nach dem Speichern gesperrt.

Deinstallation

Bei Deinstallation v. SEBLOD: SQL-Tabellen sichern/SQL-Tabellen löschen

Hier können Sie einstellen, ob die SEBLOD®-SQL-Tabellen bei Deinstallation gesichert werden sollen. Oder nicht.

Versionen

Versionen erstellen: Nein/Nach jeder Speicherung/Nach Speicherung, falls die vorherige erstellt wurde vor mehr als …

Versionen bieten Ihnen den Vorteil, eine ehemalige Version herzustellen, falls Sie sich anders entscheiden oder das Formular oder der Beitrag aus unerfindlichen Gründen nicht mehr funktioniert. Stellen Sie ein, wie oft Versionen Ihrer Beiträge, Formular- und Inhaltstypen und Listen- und Suchtypen erstellt werden.

Wenn Sie die dritte Option „*Nach Speicherung, falls …*" auswählen, können Sie zudem noch das Intervall in *Minuten/Stunden und Tagen* einstellen.

Version vor Wiederherstellen Ja/Nein

Wenn Sie eine ältere Version wiederherstellen, kann es sein, dass Sie doch wieder zu der ursprünglich neuesten Version zurückkehren wollen. Stellen Sie dies auf Ja ein, um die letzte Version beizubehalten.

Versionen entfernen: Ja/Nein

Versionen behalten

Stellen Sie hier ein, ob ältere Versionen automatisch entfernt werden sollen und wenn ja, wie viele letzte Versionen Sie beibehalten wollen.

Integration

Die Integration steuert, wie die Komponente SEBLOD® sich in Joomla! integriert.

Gemeinsame Optionen für Artikel (Beiträge)/Kategorien/Benutzer und Benutzergruppen:

Standard-Inhaltstyp

Sie können hier festlegen, welcher Inhaltstyp beim Erstellen neuer Inhalte verwendet wird.

Button „Neu"(alternativ)

Beim Erstellen eines neuen Inhalts öffnet sich ein modales Fenster, in dem Sie den Inhaltstyp auswählen können. In dieser Einstellung legen Sie fest, ob dieses Popup mit Icons oder Listenansicht erscheint oder ob eine Dropdownliste angezeigt wird, wenn man auf den *Neu*-Button klickt.

Button „Neu"(alternativ)

Beim Erstellen eines neuen Inhalts erscheint im Popup der Text *oder hier klicken, um einen „Standard-Joomla! Inhalt" zu erstellen*. Wählen Sie hier, ob der Text über den SEBLOD®-Content-Typ eingeblendet werden soll (alternativ darunter oder gar nicht).

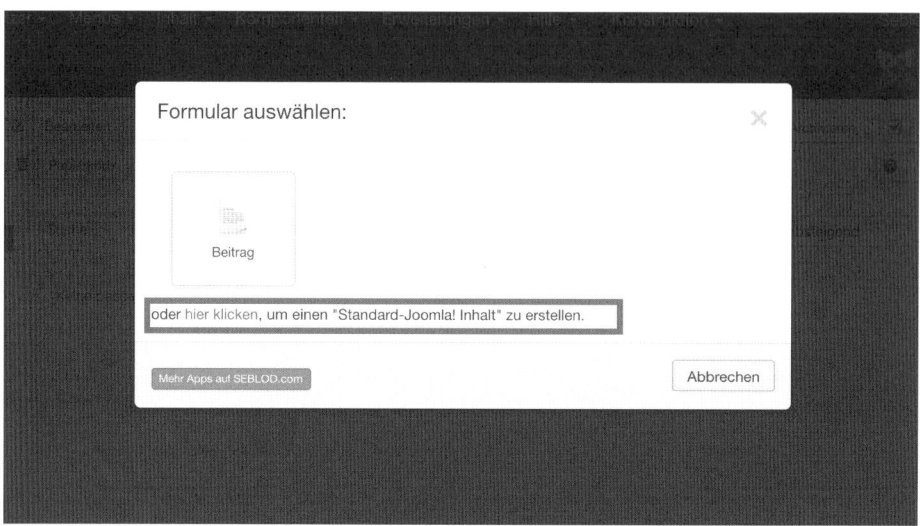

Bild 16.28 Modales Fenster bei der Erstellung eines neuen Beitrags

Button „Neu" weiterleiten

Wenn Sie diese Funktion aktivieren, wird beim Erstellen eines neuen Inhalts über das Untermenü INHALT » BEITRÄGE » NEUER BEITRAG/INHALT » KATEGORIEN » NEUE KATEGORIE/ BENUTZER » VERWALTEN » NEUER BENUTZER/BENUTZER » GRUPPEN » NEUE GRUPPE grundsätzlich ein SEBLOD®-Inhalt angelegt, statt eines Joomla!-Standard-Inhalts.

Link bearbeiten/Link bearbeiten (alternativ)

Hier legen Sie fest, ob bei der Bearbeitung eines Inhalts grundsätzlich ein SEBLOD®-Inhaltstyp verwendet wird oder ob das System automatisch ermittelt, ob der Inhalt ein Standard-Joomla!-Inhalt ist oder nicht. Link bearbeiten (alternativ) legt fest, ob in dem Abwärtspfeil neben dem Inhaltstitel (siehe Bild 16.29) der Link zum Bearbeiten als Joomla!-Inhalt angezeigt wird oder nicht.

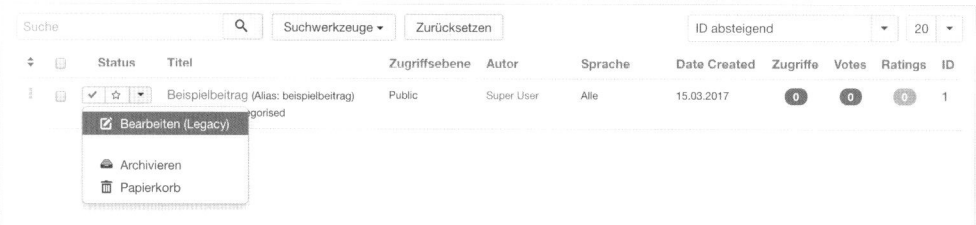

Bild 16.29 Link-bearbeiten-Alternative bei einer Kategorie

Zusätzliche Einstellungen beim Artikel/Beitrag

Mehrsprachigkeit

Wenn Sie eine mehrsprachige Seite betreiben, aktivieren Sie diese Option, um die Beiträge untereinander verknüpfen zu können, wie Sie es aus Joomla! gewohnt sind. Hierfür muss zum einen die Mehrsprachigkeit richtig konfiguriert sein, wie Sie im Kapitel 14 lesen können, und zum anderen müssen Sie die Felder Inhaltssprache und Verknüpfung in Ihrem SEBLOD®-Formular einfügen.

Zusätzliche Einstellungen bei der Kategorie

Komponenten ausschließen

Kategorien gibt es auch bei Kontakten, Bannern, Newsfeeds und Weblinks. Hier können Sie Komponenten aus der SEBLOD®-Integration ausschließen, indem Sie die Komponente mit einem Komma getrennt eintragen. Tragen Sie zum Beispiel *com_contact, com_banners* ein, um Kontakte und Banner für SEBLOD®-Kategorien zu deaktivieren.

Zusätzliche Einstellungen beim Benutzer

Registrierung

Legen Sie fest, ob SEBLOD® für die Nutzerregistrierung verwendet werden soll oder der Joomla!-Standard. Wenn Sie Nein auswählen, wird das normale Joomla!-Formular verwendet.

Menüeintrag Registrieren

Wählen Sie hier den Menüpunkt aus, unter dem die Registrierungsmaske veröffentlicht wird.

Menüeintrag Profil

Wählen Sie hier den Menüpunkt aus, unter dem das Benutzerprofil veröffentlicht wird.

Sprache

JText: Hier können Sie einstellen, ob Feldbeschriftungen, Auswahltext und Optionen als Sprachstrings wiedergegeben werden sollen. Sie können die Sprachstrings dann den jeweiligen Sprachen unter ERWEITERUNGEN » SPRACHEN » OVERRIDES hinzufügen.

Übersetze SEBLOD: Falls Sie die Komponente in einer anderen Sprache vermissen, die nicht unter https://www.SEBLOD.com/resources/translations gelistet ist, können Sie die Sprachdatei hier herunterladen und mit der Übersetzung loslegen.

Medien

In den Optionen für Medien wird festgelegt, wie SEBLOD® mit hochgeladenen Dateien umgeht. Das betrifft zum Beispiel das Bild-Upload-Feld wie auch das Datei-Upload-Feld.

(Erlaubte) Schreibweise: Hier wird die erlaubte Schreibweise festgelegt. Wählen Sie Kleinbuchstaben aus, werden Dateinamen, die Großbuchstaben enthalten automatisch in Kleinbuchstaben umgewandelt.

Erlaubte Zeichen: Hier werden Sonderzeichen definiert, die in einem Dateinamen erlaubt sind. Enthält der Dateiname Leerzeichen, ist das erste hier eingetragene Zeichen das, was das Leerzeichen ersetzt.

Erlaubte Pfade: Sie können hier eine Liste von Pfaden festlegen, aus welchen Ihr Besucher über *task=download&file=*dateipfad** eine Datei herunterladen kann.

JPEG-Qualität: Legen Sie hier fest, welcher Komprimierungsgrad bei JPEGs angewandt wird. 90 bedeutet 10 % Qualitätsverlust bei geringerer Dateigröße.

PNG-Komprimierung: Legen Sie hier fest, welcher Komprimierungsgrad bei PNG-Dateien angewendet wird. 0 bedeutet keine Komprimierung, 9 bedeutet höchste Komprimierung und geringste Dateigröße.

Archiv/Audio/Dokument/Bild/Video/Allgemeine Dateitypen: Bei Feldern, die einen Dateiupload erlauben, kann man zwischen diesen verschiedenen Gruppen wählen. Geben Sie im jeweiligen Feld die Dateinamenserweiterungen an, die hochgeladen werden dürfen. Die Einträge müssen durch ein Komma getrennt werden und einmal mit Klein- sowie einmal mit Großbuchstaben aufgeführt werden. Unter *Preset 1 bis Preset 3* können Sie eigene Voreinstellungen eintragen und im rechten kleinen Feld die jeweilige Gruppe benennen.

Unzulässige Dateitypen in Archiv/Inhalt-Dateien

Unzulässige Dateitypen/Whitelist: Hier können Sie einstellen, ob gewisse Dateinamenserweiterungen innerhalb eines Archivs überprüft werden sollen. Diese Option müssen Sie jedoch im jeweiligen Feld selbst auch nochmal explizit definieren.

Multi-Sites

Sehen Sie sich die Beschreibung zu den Optionen direkt im Abschnitt 16.2.11, „Seitenmanager/Multidomain" an.

Berechtigungen

Hier können Sie die globalen Berechtigungen für verschiedene Aktionen einstellen. Diese Einstellungen können im jeweiligen Inhaltstyp überschrieben werden.

Webseite

Debug: Hier können Sie die Anzeige von Debug-Informationen für Administratoren oder für alle im Frontend aktivieren. Wenn ihre Suchliste zum Beispiel nicht die erwarteten Ergebnisse ausgibt, können Sie hierdurch den SQL Query und weitere relevante Debug-Informationen anzeigen.

Bearbeiten – Icon verbergen: Hier können Sie den Bearbeiten-Button von Joomla! im Frontend ausblenden.

Optimierungen (Speicher): Hier können Sie festlegen, ob der Speicher für SEBLOD®-basierte Listen beim Rendern optimiert werden soll. Dafür stehen Ihnen für PHP Umgebungen unter 7 die Optionen *Niedrigstes Level, Höchstes Level* und *Nein* zur Auswahl. Für Installationen über PHP 7 wurden diese Optimierungen in Seblod 3.12 noch weiter optimiert. Diese Option verringert die Anzahl der Anfragen, die von Templates, Positions-Overrides und Variationen gemacht werden können und über den Syntax *$cck->get* aufgerufen werden. Diese Funktion ist vollkommen abhängig von der Konfiguration, testen Sie Ihre Formulareingaben und -ausgaben mit der Optimierung. Falls Fehldarstellungen auftreten, müssen Sie die

Optimierung ausschalten. Für die meisten Seiten sollte zumindest die Option auf dem niedrigen Level funktionieren. Insbesondere, wenn Sie die neueste PHP-Version (>7.x) nutzen.

Responsive (RWD): Durch diese Einstellung können Sie die SEBLOD®-eigene responsive Template-Unterstützung aktivieren. Dadurch wird ein weiteres Stylesheet mit Media-Anweisungen geladen, die das „*Fluid Grid*" für SEBLOD®-Klassen unterstützt.

SEF: Hier können Sie global ein URL-Routing-Format für SEBLOD®-Inhaltslinks festlegen. Wenn Sie eine Option wählen, die der Gruppe SEBLOD® zugeordnet ist, dann sollten Sie nicht das Joomla!-Navigationspfad-Modul, sondern das SEBLOD®-Breadcrumb-Modul verwenden (siehe auch Abschnitt 16.2.14).

SEF (Canonical URLs): SEBLOD® kann automatisch Canonical URLs im head-Bereich der Seite einfügen. Bei Nutzung eines Routing-Formats der SEBLOD®-Gruppe muss diese Option deaktiviert sein. Nutzen Sie in diesem Falle das kostenfreie Canonical-URL-Feld aus dem SEBLOD®-Shop unter *https://www.SEBLOD.com/store/extensions/1850*.

SEF (Root für AJAX): Hier können Sie eine spezifische Menü-Eintrags-ID wählen, die für AJAX-Aufrufe genutzt werden soll. Das ist nur für spezifische Anwendungsfälle notwendig. Zum Beispiel, wenn ein benutzerdefiniertes Verhalten für die Basis-URL der Webseite angewendet wird. Mit dieser Einstellung kann man die Zuweisung zu einem bestimmten */segment* erzwingen.

Skripte und Stile

Klasse (Titel): Hier können Sie eine Klasse festlegen, die bei Formularen und Listen für die Überschrift verwendet wird.

Standard Variation Inhalt/Standard Variation Formular: Sie können hier die Standard-Variation auswählen, mit der die Inhalte oder Formulare gerendert werden.

Modal-Box: Hier können Sie auswählen, ob modale Boxen im Colorbox-Stil aufgehen oder als Bootstrap Popups.

Popup-Box Stil: Das Bild-Typografie-Plug-in bietet die Möglichkeit, Bilder in einem Popup darzustellen. Sie können hier zwischen fünf verschiedenen Stilen wählen.

Bild 16.30
Abbildung des Standard-Popup-Stils

Bild 16.31
Abbildung des Popup-Stils „Stil 1"

Bild 16.32
Abbildung des Popup-Stils „Stil 2"

Bild 16.33
Abbildung des Popup-Stils „Stil 3"

Bild 16.34
Abbildung des Popup-Stils „Stil 4"

Bild 16.35
Abbildung des Popup-Stils „Stil 5"

CSS Definitionen: Durch diese Option können Sie zusätzliche Stildefinitionen im Frontend laden. Wenn Sie „Benutzerdefiniert" auswählen, erhalten Sie die Möglichkeit, eine Kombination von Basis, Margin, Padding, Text und Font einzustellen. Die CSS-Dateien dazu finden Sie im Ordner */media/cck/css/definitions*. Wenn Sie „Alle" auswählen, wird die Datei all.css geladen, bei „Basis" wird base.css geladen, bei „margin & padding" wird *spacing.css* geladen, bei „Text & Schrift" wird *writing.css* geladen. Wenn Sie zwei Optionen auswählen, wird die Kombinationsdatei geladen, zum Beispiel *basic-writing.css*.

CSS Stylesheets: SEBLOD®-Formulare, -Inhaltstypen und -Listen werden mit zusätzlichen css-Dateien ausgegeben, die das Layout steuern. Diese Dateien finden Sie unter *media/cck/css*. Wenn Sie *„Basis"* auswählen, wird die Datei cck.css in *allen* Ansichten geladen. Wenn Sie *„Alle"* auswählen, werden alle CSS-Dateien geladen. Wenn Sie bei einem speziellen SEBLOD®-Typ „Alle" auswählen, wird sowohl die CSS-Datei der speziellen Ansicht als auch die cck.css-Datei geladen. Dieser Parameter kann in allen Ihren Formularen und Listen individuell unter den Template-Optionen eingestellt werden.

CSS: Hier können Sie benutzerdefinierten CSS-Code (ohne Style-Tags) direkt eingeben, der auf allen SEBLOD®-Seiten verwendet werden soll.

JS: Hier können Sie benutzerdefinierten JavaScript-Code (ohne Script-Tags) direkt eingeben, der auf allen SEBLOD®-Seiten verwendet werden soll.

16.2.5 Der App-Ordner Manager

Der App-Ordner Manager ist dafür da, Ihre entwickelten SEBLOD®-Erweiterungen in Ordnung zu halten. Weiterhin ist er dafür da, die Anwendungen exportieren zu können. Sie können diese dann auf einer anderen Joomla!-Seite, auf der SEBLOD® installiert ist, wie eine Erweiterung installieren und wiederverwenden. Sollten Sie keinen eigenen Ordner erstellen, werden Ihre Felder alle in den sogenannten *Schnell-Ordner* verschoben.

16.2.5.1 Struktur

Sehen wir uns die grundsätzliche Struktur innerhalb des App-Ordner Managers mal an.

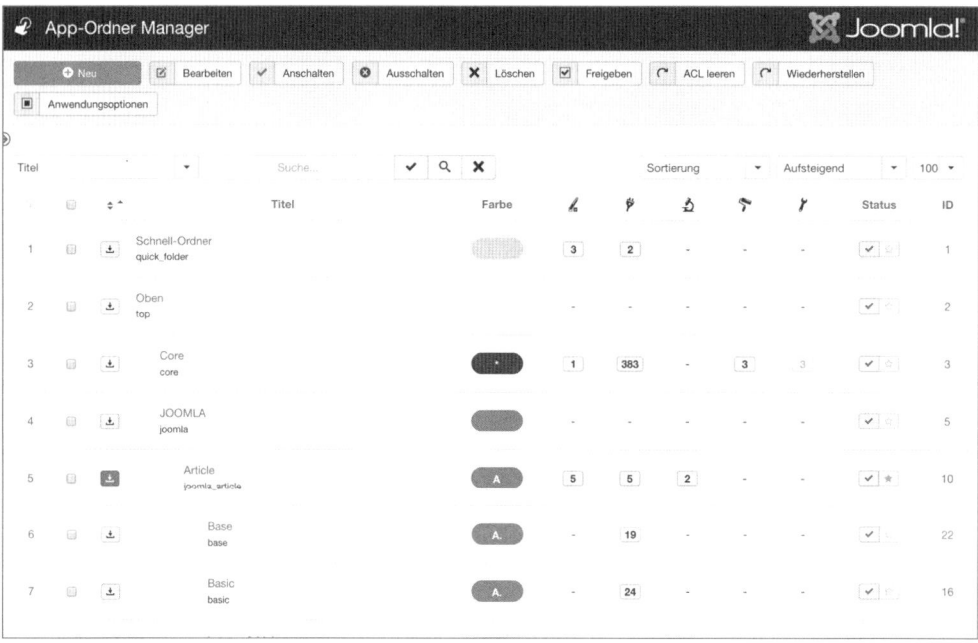

Bild 16.36 Ordnerstruktur im App-Ordner Manager

Der oberste Ordner (mit der gelben Markierung) ist der Schnell-Ordner. Hier werden alle Formular- und Inhaltstypen, Felder, Listen- und Suchtypen, Templates und Prozesse zugeordnet, die keiner speziellen App zugeordnet sind.

Darauf folgt in der Struktur der „Oben"-Ordner. Er beinhaltet den Bereich Core, den Bereich Joomla! mit Artikel (Beitrag), Kategorie, Benutzer und Benutzergruppen sowie einen SEBLOD®-Ordner mit einem *Apps-* und einem *Demo*-Ordner.

Rechts von dieser Übersicht haben Sie fünf Spalten. Wenn Sie mit der Maus über die Icons im Tabellenkopf fahren, sehen Sie, dass jede Spalte einen der SEBLOD®-Bereiche repräsentiert:

1. Formulare
2. Felder

3. Listen
4. Templates
5. Verarbeitungen

Wenn Sie neben der App-Ordner-Bezeichnung auf die Zahlen in der Spalte klicken, kommen Sie direkt zu einer Übersicht der hier zugeordneten Elemente. Ist keine Zahl angezeigt, bedeutet das, dass diesem Bereich nichts zugeordnet ist.

16.2.5.2 Die eigene App

Anlegen

Wenn Sie ein neues Projekt mit SEBLOD® starten, empfehle ich Ihnen dringend, das Projekt im Voraus gründlich zu planen. Des Weiteren ist eine ordentlich angelegte Struktur das A und O. Legen Sie zunächst einen App-Ordner für Ihre SEBLOD®-Anwendung an. Dazu klicken Sie auf den grünen Button NEU innerhalb des App-Managers, den Sie über KOMPONENTEN » SEBLOD » APP-ORDNER MANAGER erreichen.

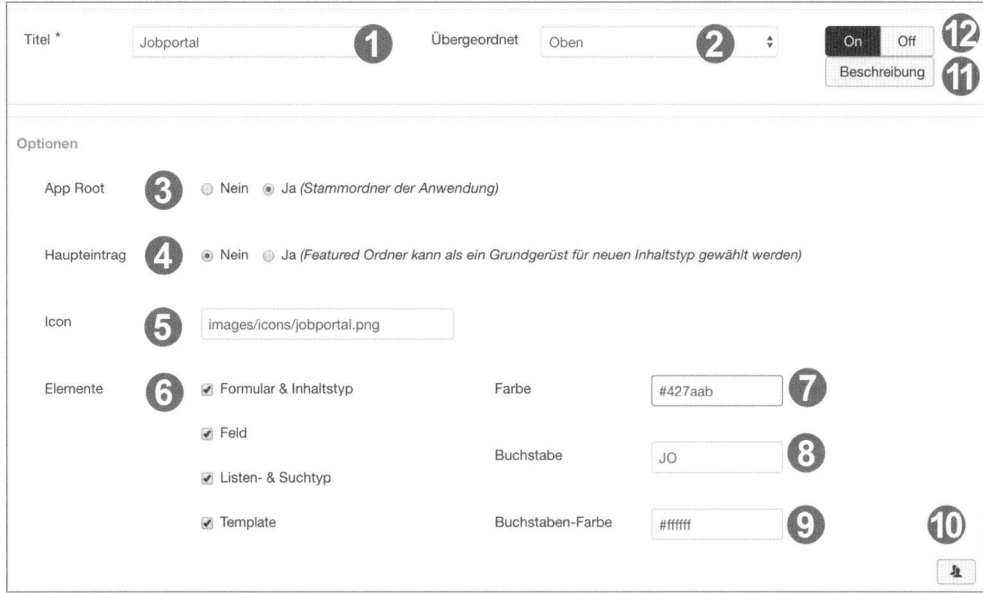

Bild 16.37 Anlegen einer App

1. Unter Titel geben Sie den Namen der App an. Um für unser Praxisbeispiel im Abschnitt 16.2.15 vorauszugreifen, geben wir hier als Beispiel *Jobportal* ein.
2. Als Elternelement geben wir hier zum Beispiel „Oben" an. Später, wenn Sie weitere App-Ordner erstellen, die zur gleichen App gehören, können Sie jenen Jobportal-Ordner als übergeordneten Ordner auswählen.
3. App Root: Hier legen Sie fest, ob diese Anwendung später exportiert werden kann. Diese Funktion setze ich grundsätzlich auf ja, denn man kann nie wissen, ob man diese Anwendung mal auf einer anderen Seite braucht.

4. **Haupteintrag:** Wenn diese Einstellung aktiviert ist, dann können Sie auf Basis dieser App neue Formular- und Inhaltstypen erstellen. Die App erscheint dann beim Erstellen eines neuen Formular- und Inhaltstyps im ersten Auswahlfenster (siehe Abschnitt 16.2.6.2)
5. **Icon:** Sie können hier ein eigenes Icon festlegen. Dieses erscheint, wenn Sie einen neuen Inhalt für diese App anlegen. Geben Sie dazu den relativen Pfad zum Bild im image-Ordner Ihrer Joomla!-Installation, zum Beispiel *images/icons/jobicon.png*, an. Das Icon erscheint dann im Popup mit der Inhaltstypen-Auswahl, wenn Sie einen neuen Beitrag erstellen wollen.
6. **Elemente:** Für welche Elemente ist diese App gültig? Da ich mich nicht einschränken möchte, wähle ich hier jeden Bereich aus.
7. **Farbe:** Im App-Ordner Manager gibt es eine Spalte mit farbigen Identifizierungen für jede App, wie Sie im Bild 16.38 sehen können. Hier können Sie die Hintergrundfarbe dieser Farbmarkierung festlegen.
8. **Buchstabe:** Es ist möglich, dieser Farbidentifizierung zwei Buchstaben hinzuzufügen. Für das Jobportal gebe ich hier JO ein.
9. **Buchstaben-Farbe:** Hier legen Sie die Schriftfarbe des Buchstabens fest.
10. Wenn Sie auf das Benutzer-Icon klicken, können Sie bereits vorab Zugriffsrechte für diese App festlegen. Dies können Sie aber auch im jeweiligen Formular- und Inhaltstyp oder Listen- und Suchtypen machen.
11. Unter Beschreibung können Sie diese App dokumentieren.
12. Mit ON/OFF aktivieren oder deaktivieren Sie die App in Ihrem System.

Wenn Sie die App nun so speichern, erscheint diese wie im Bild 16.38 angezeigt in der App-Ordner Übersicht.

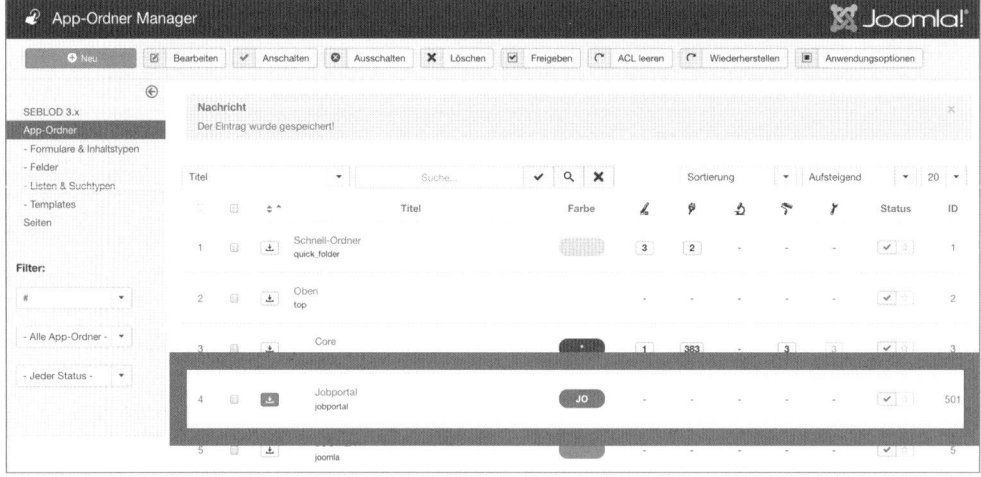

Bild 16.38 Anzeige des eigenen App-Ordners

App exportieren

Wenn Sie auf den Download-Pfeil links vom App-Titel klicken, können Sie jederzeit den aktuellen Stand der App herunterladen. Diese neu erstellte App hat zu diesem Zeitpunkt jedoch noch keinerlei Elemente und Funktionen, wie Sie in den Elementspalten rechts sehen.

App importieren/installieren

Eine App, die Sie exportiert haben, können Sie auf einer beliebigen anderen Joomla!**+SEBLOD**®-Installation wie eine übliche Erweiterung über ERWEITERUNGEN » VERWALTEN installieren.

16.2.6 Formular- und Inhaltstypen

16.2.6.1 Orientierung

Der Aufbau der Formular- und Inhaltstypen sowie Listen- und Suchtypen wirkt auf den ersten Blick sehr komplex. Doch sobald man erst mal versteht, wie die Benutzeroberfläche aufgebaut ist, kommt man sehr gut damit zurecht.

Sehen wir uns dazu den Aufbau eines Formular- und Inhaltstyps näher an.

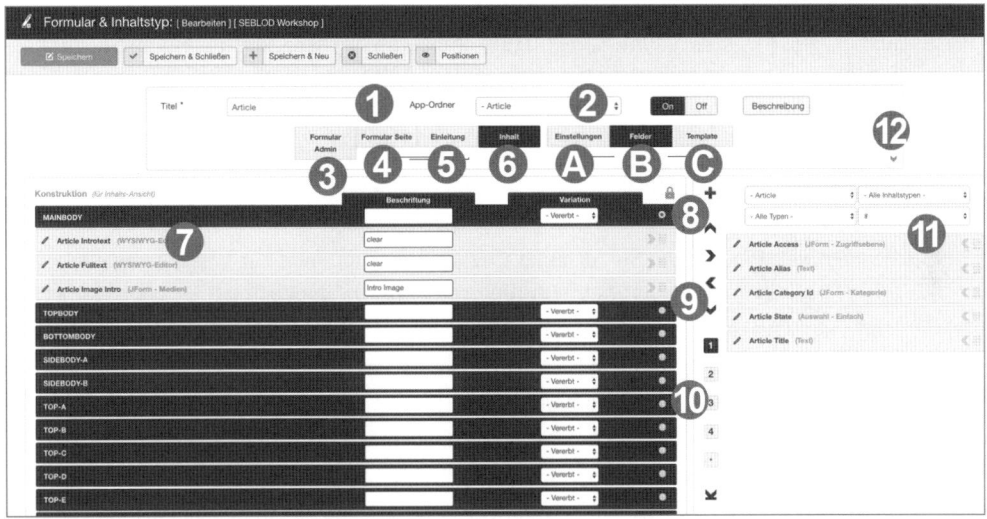

Bild 16.39 Formular- und Inhaltstyp

1. Im Titel wird der Name des Formular- und Inhaltstyps festgelegt, beim ersten Abspeichern wird dieser Name als fester Alias des Formulars festgelegt.
2. Wählen Sie unter App-Ordner aus, welcher Anwendung der Inhaltstyp zugeordnet werden soll.
3. Im Formular Admin, werden alle Optionen für das Administrator-Eingabeformular festgelegt. Sehen Sie sich die Beschriftungen 3, 4, 5, 6 und A, B, C an. Jede Ansicht, die sich hinter den Zahlen 3–6 verbirgt, hat je drei verschiedene Konfigurationsansichten.
    a) In den Einstellungen zum Administrator-Formular können Sie folgende Parameter zuweisen:

Einstellungen (für Admin-Formular Ansicht)
- *Nachrichten-Stil: Keine/Fehler/Nachricht/Hinweis*
- *Nachricht (Danke): Redirection (Toolbar Auswahl)*
- Wählen Sie aus, welcher Nachrichtentext nach dem Absenden/Speichern eines Formulars angezeigt wird und in welchem Stil (als Fehler, als Nachricht oder als Hinweis)
- Unter Redirection legen Sie fest, wohin Sie nach dem Speichern weitergeleitet werden, im Backend wird das durch die Aktion in der Toolbar festgelegt (Speichern und schließen zum Beispiel).
- *Datenintegrität*
- Felder ausschließen. Der Datenintegritäts-Prüfungsprozess prüft, ob ein Feld gespeichert werden kann. Dies dient vor allem Sicherheitszwecken. Wenn Sie einen Fehler beim Speichern eines Formulars haben, könnte es daran liegen, dass Sie in Ihrem Override (siehe Abschnitt 16.2.11.2) zum Beispiel vergessen haben, einen Div-Container zu schließen oder mehrere Browserfenster mit Formularen offen haben. In dieser Option können Sie einzelne Felder von diesem Prüfungsprozess ausschließen.
- *Kein Zugriff*
- *Nachrichten Stil/Nachricht/Redirection*
- Hier legen Sie fest, welche Nachricht ein Benutzer sieht, wenn er versucht, ein Formular aufzurufen, für das er keine Berechtigungen hat. Im Nachrichtenstil können Sie auswählen, ob die Nachricht überhaupt angezeigt wird und wenn ja, ob es im Stil eines Fehlers, einer Nachricht oder eines Hinweises gestaltet werden soll.
- *Stufen: Anzahl*
- Sie können mit SEBLOD® mehrseitige Formulare erstellen. In der Einstellung „Stufen" legen Sie fest, wie viele Stufen das Formular haben soll.
- *Validierung:* Hier können Sie formularspezifisch die Optionen zur Validierung einstellen, wie es auch in der globalen Konfiguration von SEBLOD® möglich ist.

  b) In der Ansicht *Felder* können Sie im Hauptfenster (Nr. 7) Felder hinzufügen oder entfernen und Zusatzoptionen für diese Felder festlegen.

  c) In der Template-Ansicht können Sie verschiedene Einstellungen zum Template festlegen. Diese hängen vom gewählten Template ab

4. Hinter **Formular Seite** verbirgt sich das Frontend-Eingabeformular.

    a) In den **Einstellungen** im Frontend-Formular können Sie die gleichen Einstellungen vornehmen, wie unter 3a. Selbstredend werden diese dann für das Seitenformular im Frontend angewandt.

    b) In der Ansicht **Felder** sehen Sie wieder das Konstruktionsfenster. Hier können Sie unabhängig vom Backend bzw. Admin-Formular Felder hinzufügen oder entfernen und deren Zusatzoptionen festlegen. Das hat den Vorteil, dass Sie zum Beispiel für den Administrator mehr Felder anzeigen können, als für einen Redakteur, der im Frontend arbeitet.

    c) In der Template-Ansicht können Sie verschiedene Einstellungen zum Template festlegen, die Einstellungen sind vom Aufbau des Templates abhängig.

5. **Ausgabeansicht:** Mit *Einleitung* ist der Introbereich gemeint, den man klassisch in einer Blogübersicht sieht. Hier wird definiert, welche Felder ausgegeben werden, die vom Redakteur im Backend-Eingabeformular (3) oder im Frontend-Formular (4) befüllt wurden.

    a) In den Einstellungen zum Einleitungsbereich können Sie über die Option *Überschreibe Titel* den Browsertitel überschreiben. Tragen Sie dazu einfach den Feldnamen ein, der anstelle des Beitragstitels für den Browsertitel verwendet werden soll. Wenn Sie den Browsertitel mehrsprachig aufrufen wollen, orientieren Sie sich an folgendem Beispiel: `{"en-GB":"titelenglisch_feld","de-DE":" titeldeutsch_feld "}`. Außerdem können Sie auch eine individuelle Routing-Einstellung vornehmen.

    b) Die Feldansicht im Bereich Einleitung ist dazu da, um festzulegen, welche Feldinhalte auf dieser Seite dargestellt werden.

    c) In den Template-Einstellungen können Sie festlegen, mit welchem Template diese Ansicht ausgegeben wird, und die jeweiligen Parameter dazu ausfüllen.

6. **Ausgabeansicht:** Mit *Inhalt* ist die Beitrags-Detailansicht gemeint. Hier wird die Ausgabe der Felder definiert, die vom Redakteur unter 3 oder 4 befüllt wurden.

    a) In den Einstellungen zum Inhaltsbereich können Sie die gleichen Einstellungen vornehmen, wie unter 5a erläutert.

    b) Die Feldansicht im Bereich Inhalt ist dazu da, um zu bestimmen, welche Feldinhalte auf der Detailseite dargestellt werden. Wenn Sie in einer Liste, siehe Abschnitt 16.2.7, eine Datei zum Download einblenden, muss diese auf jeden Fall als Feld in der Detailansicht eingebunden werden.

    c) In den Template-Einstellungen können Sie festlegen, mit welchem Template diese Ansicht ausgegeben wird und die Template-Optionen festlegen.

7. Dieser Bereich wechselt je nach gewählter Ansicht. Unter **Einstellungen** und **Template** finden Sie eine Eingabemaske mit Parametern wieder. Unter **Felder** erscheint das Feld *Konstruktion*, in dem Sie Ihren Feld-Baukasten sehen.

8. Über das Plus-Symbol werden neue Felder erstellt. Das Schloss links von diesem Plus-Symbol legt fest, ob das Feld exklusiv für diesen Inhaltstyp angelegt wird oder nicht (siehe auch Abschnitt 16.2.5.3).

9. Mit diesen Pfeilen können Sie mehrere Felder auf einmal von einer Seite auf die andere schieben oder deren Position innerhalb des Konstruktionsfelds verändern.

10. Die Zahlen rechts vom Konstruktionsfeld blenden innerhalb des Hauptfensters verschiedene Zusatzoptionen ein, die unter Abschnitt 16.2.6.3 näher erläutert werden.

11. Im rechten Bereich finden Sie die zur Verfügung stehenden Felder. Mithilfe der Dropdownfelder können Sie die Feldtypen (siehe Abschnitt 16.2.7) filtern und sie damit eventuell schneller finden.

12. Wenn Sie auf den blauen Abwärtspfeil klicken, öffnet sich ein Konfigurationsbereich, den Sie im Bild 16.40 sehen.

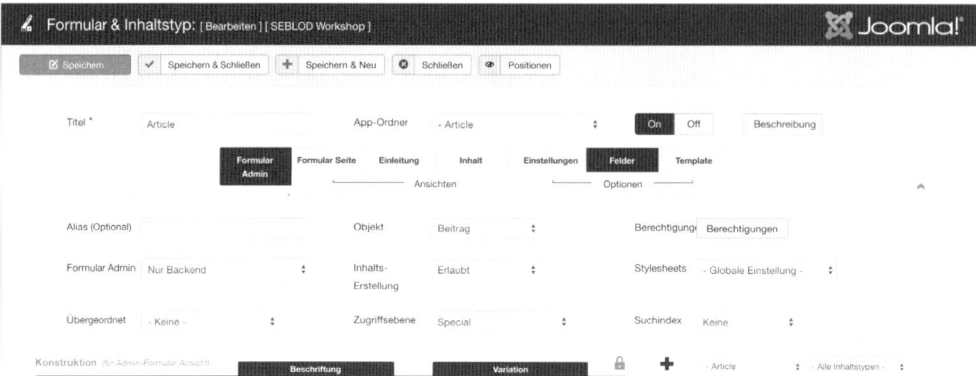

Bild 16.40 Detail-Konfiguration des Formular- und Inhaltstyps

Formular Admin: Hier können Sie festlegen, ob das Administrator-Formular nur im Backend gültig ist oder auch zusätzlich im Frontend mit entsprechenden Zugriffsrechten erreichbar ist. So können Sie die Administrator-Eingaben auch im Frontend vornehmen.

Übergeordnet: Bei Übergeordnet können Sie einen anderen *Formular- und Inhaltstyp* als Elternelement angeben. Das hat den Vorteil, dass Sie im übergeordneten Formular- und Inhaltstyp alle Felder anlegen und dann in den Kind-Elementen nutzen können. Haben Sie zum Beispiel eine Oberkategorie *Produkte*, können Sie als Kindelement *Waschmaschinen* und *Kühlschränke* angeben. Beide Kindelemente können sich das Feld Energieklasse und Farbe teilen, jedoch ist die Anzahl der Waschprogramme nur für die Waschmaschinen interessant und die Anzahl der Fächer nur bei den Kühlschränken.

Objekt: Unter Objekt wird ausgewählt, wo die Formulareingaben abgespeichert werden. Entweder im *Beitrag*, im *Benutzer*, in der *Benutzergruppe* oder in der *Kategorie*. Sie können auch *keine* für Formular- und Inhaltstypen auswählen, die nicht gespeichert werden sollen oder auch *frei* auswählen.

Inhalts-Erstellung: Hier können Sie festlegen, ob mit diesem Formular Inhalte erstellt werden können und wenn ja, im Frontend, im Backend oder überall.

Zugriffsebene: Legen Sie hier fest, wer Zugriff auf das Formular haben soll.

Berechtigungen: Unter Berechtigungen können Sie speziell für diesen Formular- und Inhaltstyp einstellen, welche Benutzergruppe welche Aktionen ausführen kann. Diese Option finden Sie ebenso in den globalen Einstellungen von SEBLOD®.

Stylesheets: Hier können Sie einstellen, welche Stylesheet-Dateien mit dem Formular geladen werden sollen. Diese Parameter können Sie auch in den globalen Optionen definieren.

Suchindex: In der Joomla!-com_finder-Komponente können Sie festlegen, ob Inhalte beim Speichern indiziert werden. Unter Suchindex legen Sie fest, ob jene Inhalte, die durch das Formular eingereicht werden, indiziert werden sollen.

16.2.6.2 Formular- und Inhaltstyp erstellen

Um einen eigenen Formular- und Inhaltstypen zu erstellen, gehen Sie unter KOMPONENTEN » SEBLOD auf das Icon FORMULAR- UND INHALTSTYP MANAGER.

Klicken Sie auf den grünen Button NEU. Es öffnet sich ein Popup in dem Sie auswählen können, ob Ihr Formular- und Inhaltstyp auf einem der Vorschläge basiert, oder einen komplett leeren Typ anlegen. Wählen Sie hier LEER ERSTELLEN.

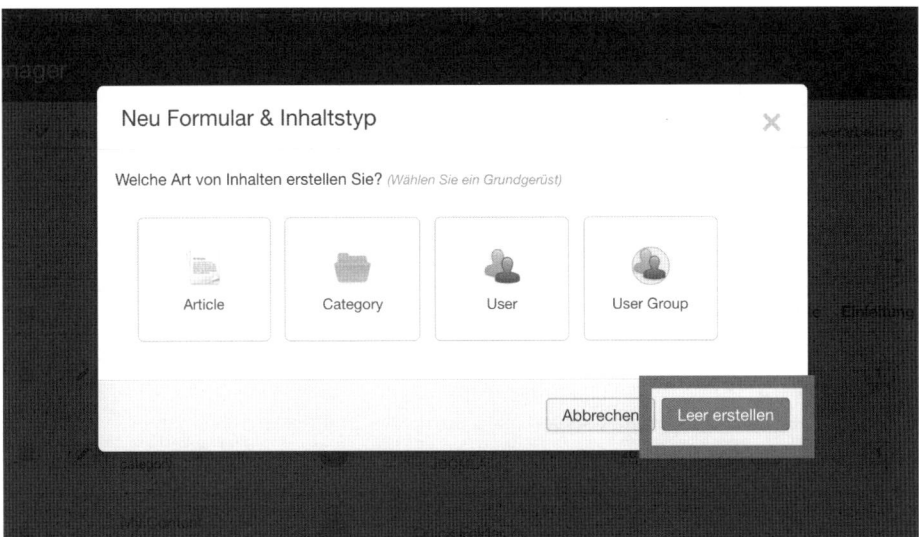

Bild 16.41 Auswahlfeld bei der Erstellung eines neuen Inhaltstyps

PRAXISTIPP: Es ist wichtig zu wissen, dass der Name bei der Erstellung automatisch als Alias festgelegt wird. Der Alias ist später für das Überschreiben der Ausgaben von Bedeutung. Es bietet sich also an, zunächst einen Namen einzugeben, der den Inhalt noch besser beschreibt. Zum Beispiel *uebersicht_stellenangebote_frontend*. Sobald Sie diesen Namen abgespeichert haben, wird der Alias fest generiert und Sie können den Namen des Inhaltstyps in *Stellenangebote* umändern.

Zunächst müssen Sie für Ihren Inhaltstyp einen Titel vergeben. Wählen Sie nun unter App-Ordner aus, welcher Applikation der Inhaltstyp zugeordnet werden soll. Jetzt ist ein guter Zeitpunkt, um den Formular- und Inhaltstyp zwischenzuspeichern. Alle nun folgenden Einstellungen werden dann der gewählten App automatisch zugeordnet. Sie können damit beginnen, das Formular wie im Abschnitt 16.2.8 erklärt mit Feldern zu befüllen.

16.2.6.3 Formular- und Inhaltstypen im Frontend darstellen

Formulare

Um ein Formular im Frontend darzustellen, erstellen Sie im Joomla! Menüpunkt Manager einen neuen Menüpunkt und wählen Sie den Menütyp SEBLOD » FORMULAR.

Wählen Sie anschließend in den Menüpunkt-Optionen aus, welches Formular Sie darstellen wollen.

Nach dem Speichern können Sie im Reiter OPTIONEN Einstellungen aus dem Formulartyp überschreiben. Im Reiter OVERRIDES (LIVE/VARIATION) können Sie in den Eingabefeldern *Livewerte* vorbelegen und die Variation ändern, wie Sie es auch im Formular in den *Zusatzoptionen* (siehe Abschnitt 16.2.10) machen können. Im Reiter ERWEITERT können Sie bestimmen, dass der Inhalt auf Wunsch komplett ohne Markup ausgegeben werden soll oder Variablen über URL benutzerdefiniert übertragen.

Einleitung

Um die Einleitungs-Ansicht darzustellen, können Sie einen Menüpunkt vom Typ BEITRÄGE » KATEGORIEBLOG verwenden.

PRAXISTIPP: Legen Sie anstelle eines Kategorie-Blogs einen SEBLOD®-Listen- und Suchtyp an und verlinken Sie diesen im Frontend. Sie haben dadurch noch individuellere Möglichkeiten, Inhalte darzustellen.

Detailansicht

Um einen einzelnen Beitrag im Menü darzustellen, können Sie einen Joomla!-Menüpunkt vom Typ BEITRÄGE » EINZELNER BEITRAG verwenden.

16.2.7 Listen- und Suchtypen anlegen

16.2.7.1 Orientierung

Listen und Suchtypen dienen dazu, bereits erstellte Inhalte, die über Inhaltstypen erstellt wurden, in einer Liste auszugeben. Es ist außerdem möglich, ein Suchformular mit individuellen Feldern und Filtern abzubilden. Der Aufbau der Listen- und Suchtypen ähnelt dabei den Formular- und Inhaltstypen.

Sehen wir uns dazu den Aufbau eines Listen- und Suchtyps im Bild 16.42 näher an.

16.2 SEBLOD® 411

Bild 16.42 Ansicht des Listen- und Suchtyps

1. Im Titel wird der Name des Inhalts- und Suchtyps festgelegt.
2. Wählen Sie unter App-Ordner aus, welcher Applikation der Listentyp zugeordnet werden soll.
3. Im Suchformular werden alle Suchfelder hinterlegt, die Sie später für die Liste verwenden wollen. Das CCK-Feld ist dabei obligatorisch, Entfernen Sie es nicht, denn es definiert, welchen Inhaltstyp Sie suchen möchten. Ohne dieses Feld wird das Suchformular nicht funktionieren.
   a) In den Einstellungen können Sie zahlreiche Parameter zuweisen, sie greifen bei Listen- und Suchtypen immer auf die **gleichen** Einstellungsmöglichkeiten zu.

Einstellungen (für alle Suchtypen):

- *Limit/Anzahl:* Begrenzung der Suchergebnisse auf eine bestimmte Anzahl.
- *Cache (bei Suche)/Cache (beim Rendern):* Mit dieser Einstellung können Sie die Suche cachen lassen, auch wenn der Joomla!-Cache deaktiviert ist. Hierfür können Sie sowohl die Suchabfrage als auch die Ausgabe der Suchergebnisse für einzelne oder für alle Benutzer cachen.
- *Optionale Stufen:* Mit dieser Option können Sie eine mehrstufige Suche einrichten.
- *Seitenzahlen:* Stellen Sie hier ein, wie viele Einträge pro Seite dargestellt werden sollen.
- *Debug:* Funktioniert etwas in der Suche nicht, können Sie den Debug-Modus für diese Suche einschalten und anhand der dadurch angezeigten SQL-Querys im Frontend ermitteln, wo der Fehler liegt.
- *SEF URLs:* Hier können Sie die Routingeinstellungen individuell ändern.
- *Dauerhafte Suche:* Hier können Sie festlegen ob bereits vorgenommene Sucheingaben/Auswahlen für einen Benutzer so lange beibehalten werden sollen, bis diese von ihm zurückgesetzt werden.

- *SEF Inhaltstyp(en):* Bei Beiträgen mit gleichen Aliasen und unterschiedlichen Inhalttypen könnte es unter Umständen zu Fehlern im Routing kommen, tragen Sie hier die Inhaltstypen ein, um dies zu vermeiden. Bei mehreren Inhaltstypen, geben Sie hier den Alias des Inhaltstyps kommagetrennt und ohne Leerzeichen an.
- *Inhalte vorbereiten:* Legen Sie fest, ob Plug-ins innerhalb des Suchformulars gerendert werden sollen.
- Global (oder überschrieben im Menüeintrag oder Modul)
- *Automatische Weiterleitung:* Wenn Sie anhand Ihres Suchkonzepts nur ein Ergebnis erwarten, kann bei Aufruf der Suche automatisch die Beitrags-Detailansicht oder das Eingabeformular aufgerufen werden.
- *Titel anzeigen:* Steht diese Option auf *Anzeigen*, wird der Titel des Listen- und Suchtyps über der Ausgabe angezeigt. Sie können dann im Feld rechts davon bestimmen, mit welchem *Überschriften-Tag* und welcher Klasse der Titel ausgegeben wird.
- *Beschreibung anzeigen:* Sie können die Beschreibung, die Sie zum Suchtyp eintragen, in Ihrer Liste darüber oder darunter ausgeben oder verbergen.
- *Listenansicht anzeigen:* Falls Sie nur die Suche darstellen wollen, können Sie hier die Ausgabeliste verbergen.
- *Eintrags-Nummern anzeigen:* Wenn Sie die Anzahl der Suchergebnisse ausgeben möchten, können Sie diese Option auf Anzeigen setzen. Daraufhin erscheint rechts davon ein Feld, in dem Sie eine eigene Beschreibung für die Ergebnisse eingeben können.
- *Seitenzahlen anzeigen:* Hierbei handelt es sich um die Paginierung. Sie können diese entweder darunter, darüber oder an beiden Stellen ausgeben. Mit Klick und unendlich stellen Sie keine Seitenpaginierung dar, sondern das momentan angesagte *unendliche Scrollen*. Das heißt, die weiteren Listeninhalte werden per Klick oder automatisch nachgeladen, sobald Sie das Ende der Liste erreicht haben. Wenn notwendig, geben Sie im rechts erscheinenden Feld *Seitenzahlen (Callback)* eine Funktion an, die per *Ajax* aufgerufen werden soll. Zum Beispiel: `$(window).trigger("resize");`
- *Standard Sortierung:* Bei der Sortierung können Sie festlegen, in welcher Reihenfolge die Ergebnisse ausgegeben werden.
- *Suchformular anzeigen:* Legen Sie fest, ob das Suchformular angezeigt wird und wenn ja, ob über der Liste oder darunter.
- *Seiten-Nummern anzeigen:* Wenn Sie die Anzahl der Seiten ausgeben wollen, welche die Suche erbracht hat, setzen Sie diese Option auf Anzeigen.
- *Seitenzahlen (Klasse):* Hier können Sie für die Darstellung der Paginierung eine CSS-Klasse festlegen.

Kein Zugriff

- *Nachrichten-Stil/Aktion/Nachricht und Weiterleitungs-URL*
- Wenn das Suchformular von jemanden aufgerufen wird, der eigentlich keinen Zugriff auf diese Suche haben soll, können Sie hier den Stil der Fehlermeldung, den textlichen Inhalt als auch falls gewünscht eine Weiterleitung auf eine andere Seite festlegen.

Kein Resultat

- *Nachrichten-Stil/Aktion/Nachricht und Beschreibung anzeigen*
- Wenn aus der Suche keine Ergebnisse resultieren, können Sie hier den Stil der Meldung, den textlichen Inhalt als auch falls gewünscht eine Weiterleitung auf eine andere Seite festlegen. Wenn Sie in der Aktion *Render Template* auswählen, wird das Template der Suchergebnisse geladen, auch wenn keine Suchergebnisse vorhanden sind. Wenn Sie die Option Datei einschließen auswählen, wird die Datei *templates/***ihrseblodtemplate/** *includes/no_result.php* geladen.

Keine Suche

- Keine Suche legt fest, was passiert, wenn Sie die Initialsuche im Menüpunkt deaktivieren. Wenn Sie in der Aktion *Render Template* auswählen, wird das Listen-Template geladen, auch wenn keine Suchergebnisse dargestellt werden.
- *Resource als Fragment* Seit SEBLOD 3.11 können Sie einen Link in einer Liste so konfigurieren, dass dieser in einem Popup aufgeht. Der Clou ist, dass Sie auch einen Link zu dieser Ansicht erstellen können. Nehmen wir an, im Artikelmanager haben Sie einen Artikel „Beispielartikel" mit der Adresse *https://www.ihredomain.de/artikelmanager/ beispielartikel*. Wenn Sie diese Option hier aktivieren, dann können Sie über *https://www. ihredomain.de/artikelmanager/#beispielartikel* den Artikelmanager mit einem Overlay öffnen, auf welchem der Beispielartikel in einem Popup geöffnet ist. Diese Einstellung gilt für die Links die aufgerufen werden. In *Tmpl* legen Sie fest mit welchem Layout der Artikel geladen wird. Bei *Component* und *Raw* muss eine entsprechende *component.php* oder *raw.php* Datei im Frontend-Template vorhanden sein.

Validation

- Hier können Sie abweichend zur globalen Konfiguration Einstellungen der Darstellungsweise von Validierungsmeldungen vornehmen.

  b) In der Ansicht Felder können Sie im Hauptfenster (Nr. 7) Suchfelder hinzufügen oder entfernen und Optionen für die Felder festlegen.

  c) In der Template-Ansicht können Sie verschiedene Einstellungen zum Template festlegen. Diese hängen vom gewählten Template ab.

4. In der Ansicht Sortierung können Sie festlegen, in welcher Reihenfolge die Liste ausgegeben wird.

   a) Die Ansicht **Einstellungen** ist wie unter 3a erwähnt bei Listen- und Suchtypen in jeder Zuordnung gleich.

   b) In der Ansicht **Felder** sehen Sie wieder das Konstruktionsfenster. Hier können Sie die Felder hinzufügen, welche die Sortierung beeinflussen sollen. Stellen Sie in der Spalte *Richtung* ein, ob nach diesem Wert aufsteigend oder absteigend sortiert werden soll.

   c) Die Funktion Template gibt es bei der Sortierung nicht und zeigt nur einen leeren Einstellungsbereich.

5. **Ausgabeansicht:** Abhängig vom eingesetzten Template können Sie die Ausgabe der Liste in einer Listenansicht oder in einer Blogübersicht ausgeben. Sie finden unter diesem Punkt die Listenausgabe.

   a) Die Ansicht **Einstellungen** ist wie unter 3a erwähnt bei Listen- und Suchtypen überall gleich.

b) In der Feldansicht im Bereich Liste finden Sie zum Beispiel beim Einsatz des Templates *seb_table* Spaltenangaben *colum-a* bis *column-z*. Fügen Sie hier die Felder der Spalte hinzu, in der Sie diese darstellen wollen.

c) In den Template-Einstellungen können Sie festlegen, mit welchem Template diese Ansicht ausgegeben wird, und die jeweiligen Parameter dazu ausfüllen.

6. **Ausgabeansicht:** Mit *Eintrag* ist die Ansicht eines einzelnen Beitrags innerhalb einer Blogansicht gemeint.

   a) Die Ansicht **Einstellungen** ist wie unter 3a erwähnt bei Listen- und Suchtypen überall gleich.

   b) Die Feldansicht im Bereich Eintrag dient dazu, zu bestimmen, welche Felder innerhalb einer Blogansicht dargestellt werden. Diese Ansicht ist aktiv, wenn Sie zum Beispiel das Template *seb_blog* einsetzen.

   c) In den Template-Einstellungen können Sie festlegen, mit welchem Template diese Ansicht ausgegeben wird, und die Template-Parameter bearbeiten. Wenn Sie das Template *seb_blog* einsetzen, finden Sie im Bereich mit der Beschriftung 5c) die Einstellungen zur Anzahl der eingeblendeten Spalten.

7. Dieser Bereich wechselt je nach gewählter Ansicht. Unter Einstellungen und Template finden Sie eine Eingabemaske mit Parametern. Unter Felder erscheint hier das Feld *Konstruktion*, in dem Sie Ihre Felder hinzufügen können.

8. Über das Plus-Symbol werden neue Felder erstellt. Dies ist sinnvoll, wenn Sie für die Suche ein Feld erstellen wollen, mit dessen Hilfe dann über abhängige Status das tatsächliche Suchfeld befüllt wird. Nehmen wir an, Ihr Inhaltstyp verfügt über ein Feld „Wochentage", in dem angegeben wird, ob ein Geschäft Montag, Dienstag, Mittwoch, Donnerstag, Freitag, Samstag oder Sonntag offen hat. In Ihrem Suchformular wollen Sie jedoch nur die Suchmöglichkeit nach Werktags/Wochenende in einem Dropdown zur Verfügung stellen. Wenn der Besucher über das Hilfsfeld „Werktags" auswählt, können Sie über abhängige Status das Feld „Wochentage" automatisch mit allen Wochentagen befüllen. Falls Sie Eingabefelder für den Inhaltstyp selbst hinzufügen wollen, wechseln Sie zum Inhaltstyp.

9. Mit diesen Pfeilen können Sie mehrere Felder auf einmal von einer Seite auf die andere schieben oder deren Position innerhalb des Konstruktionsfelds verändern.

10. Die Zahlen rechts vom Konstruktionsfeld blenden innerhalb des Hauptfensters verschiedene Zusatzoptionen ein, die unter Abschnitt 16.2.6.3 näher erläutert werden.

11. Im rechten Bereich finden Sie die zur Verfügung stehenden Felder. Mithilfe der Dropdown-Felder können Sie die verschiedenen Feldtypen (siehe Abschnitt 16.2.9) filtern und sie damit schneller finden.

12. Wenn Sie auf den blauen Abwärtspfeil klicken, öffnet sich ein Konfigurationsbereich, den Sie im Bild 16.43 sehen.

Bild 16.43 Detailkonfiguration des Listen- und Suchtyps

Objekt: Unter Objekt wird ausgewählt, wo die Formulareingaben abgespeichert werden. Entweder im *Beitrag*, im *Benutzer*, in der *Benutzergruppe* oder in der *Kategorie*. Sie können auch *keine* für Formular- und Inhaltstypen auswählen, die nicht gespeichert werden sollen, oder auch *frei* auswählen.

Liste Orte: Hier können Sie festlegen, ob diese Liste für das Frontend, das Backend oder für beide Bereiche gedacht ist.

Zugriffsebene: Legen Sie hier fest, wer Zugriff auf das Formular haben soll.

Stylesheets: Hier können Sie einstellen, welche Stylesheet-Dateien mit dem Formular geladen werden sollen. Diese Parameter können Sie auch in den globalen Optionen definieren.

16.2.7.2 Listen- und Suchtypen erstellen

Um einen eigenen Listen- und Suchtyp zu erstellen, gehen Sie unter KOMPONENTEN » SEBLOD auf das Icon LISTEN- & SUCHTYPEN MANAGER.

Klicken Sie auf den grünen Button NEU. Es öffnet sich ein Popup, in dem Sie zunächst auswählen müssen, auf welchen Inhaltstyp sich diese Liste bezieht. Sie können hier auch das Template wählen, mit dem die Liste ausgegeben werden soll. Klicken Sie anschließend auf ERSTELLEN.

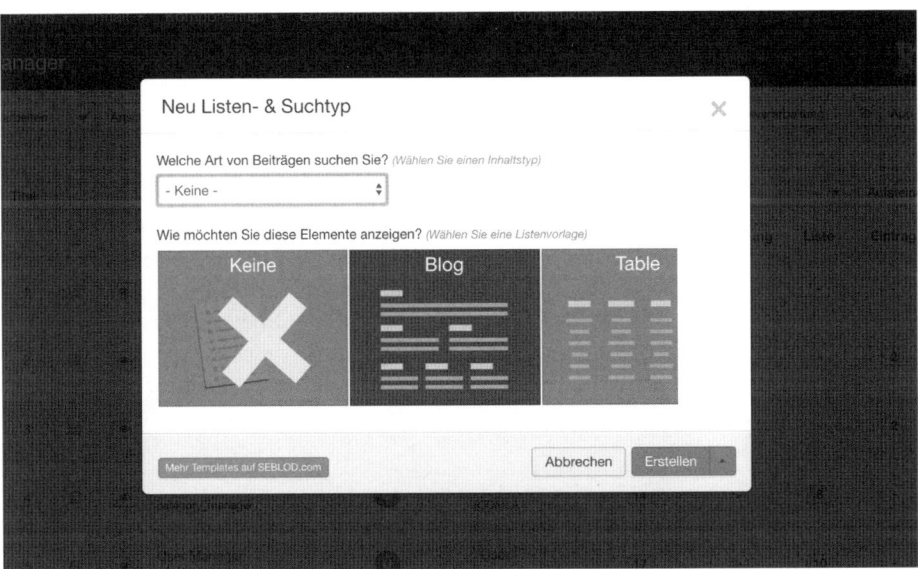

Bild 16.44 Auswahlfeld bei der Erstellung einer neuen Suche/Liste

Zunächst müssen Sie für Ihren Listen- und Suchtyp einen Titel vergeben.

Wählen Sie nun unter App-Ordner aus, welcher Applikation der Listentyp zugeordnet werden soll. Jetzt ist ein guter Zeitpunkt um den *Listen- und Suchtyp* zwischenzuspeichern. Alle nun folgenden Einstellungen werden dann der gewählten App automatisch zugeordnet. Sie können damit beginnen, die Suche und die Ausgabeliste mit Feldern zu befüllen, die Sie in dem dafür zugeordneten Inhaltstyp erstellt haben.

16.2.7.3 Listen- und Suchtypen im Frontend darstellen

Um einen Listen- und Suchtyp im Frontend darzustellen, erstellen Sie im Joomla! Menüpunkt Manager einen neuen Menüpunkt und wählen Sie den Menütyp SEBLOD » LISTE & SUCHE.

Wählen Sie anschließend in den Menüpunkt-Optionen aus, welche *Suchtypen (Liste)* Sie darstellen wollen. Unter *Suche? (beim ersten Laden)* können Sie festlegen, ob sofort eine Liste mit allen möglichen Ergebnissen angezeigt werden soll oder zunächst erstmal nur ein Suchfeld. Nach dem Speichern können Sie im Reiter OPTIONEN die Einstellungen des Listen- und Suchtyps überschreiben. Im Reiter OVERRIDES (LIVE/VARIATION) können Sie in den Eingabefeldern Live-Werte vorbelegen und die Variation ändern, wie Sie es auch im Suchformular in den Zusatzoptionen (siehe Abschnitt 16.2.10) machen können. Im Reiter ERWEITERT können Sie einen *alternativen Suchtypen* wählen, ein anderes *Suchergebnis-Limit* angeben, bestimmen, dass der Inhalt auf Wunsch komplett ohne Markup ausgegeben werden soll, eigene *Routingoptionen* festlegen, festlegen, welcher *Titel* angezeigt werden soll und Variablen über URL benutzerdefiniert übertragen.

 PRAXISTIPP: Sie können mehrfach die gleiche Suchliste im Frontend im Menü verlinken und mithilfe der Live-Werte Einstellungen im Menüpunkt die anzuzeigenden Beiträge vorfiltern.

16.2.8 Felder hinzufügen

16.2.8.1 Vorhandene Eingabefelder hinzufügen

In der Felder-Ansicht des Formular- und Inhaltstyps sowie des Listen- und Suchtyps finden Sie im rechten Bereich Dropdown-Filter für die einfachere Feldsuche. Wenn Sie die Filtereinstellungen ändern, können Sie aus einer Vielzahl bereits vorhandener Felder wählen. Ein Beitrag benötigt zum Beispiel einen Beitragstitel. Dieses Feld müssen wir nicht neu erfinden, sondern können uns des bereits vorhandenen Felds bedienen. Filtern Sie dazu im linken Feld nach *Joomla Article*. Nun können Sie das Feld markieren und über den Pfeil oder per Drag & Drop in Ihr Formular verschieben. Sobald Sie das Formular speichern, wird das Feld im Formular angezeigt.

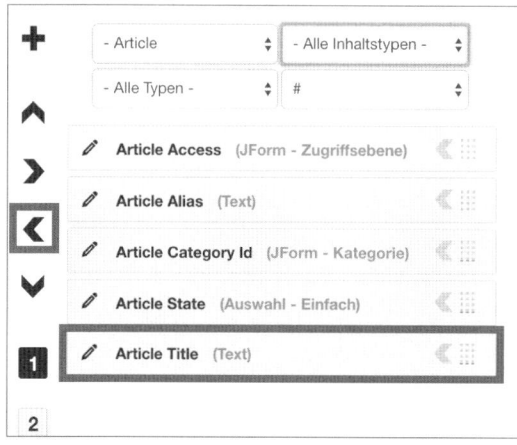

Bild 16.45
Nach der Filterung erscheint das Feld *Article Title* in der Übersicht

HINWEIS: Ändern Sie die vom System zur Verfügung gestellten Felder nicht, wenn Sie nicht komplett Ihren Vorstellungen entsprechen, sondern legen Sie ein eigenes Feld an, wie im nächsten Abschnitt 16.2.8.2 beschrieben.

16.2.8.2 Eigene Felder hinzufügen

Wenn Sie ein eigenes Feld hinzufügen wollen, dann können Sie zum einen ein Feld erstellen, das an den Inhaltstyp gebunden ist, aus dem Sie das Feld erstellen, oder ein Feld anlegen, welches global genutzt werden kann. Links vom Plus-Button finden Sie ein Schloss. Ist es geschlossen, wird das Feld inhaltsgebunden hinzugefügt. Wenn Sie auf das Schloss klicken, können Sie diese Bindung aufheben und ein Feld erstellen, das in jedem Inhaltstyp verwendet werden kann.

 HINWEIS: Es ist grundsätzlich empfehlenswert, eigene Felder inhaltsgebunden zu erstellen, sie werden dann wie im nächsten Abschnitt unter 6. beschrieben in der Tabelle gespeichert, die dem Inhaltstyp zugewiesen ist.

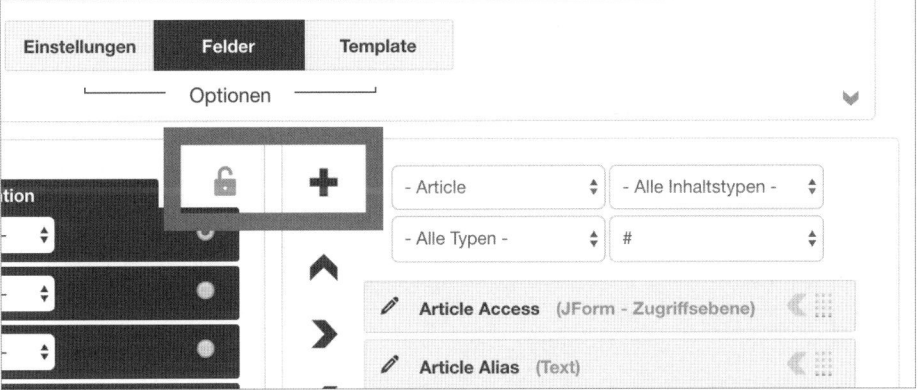

Bild 16.46 Neues Feld hinzufügen – mit dem Schloss bestimmen Sie die Zuordnung des Felds.

Wenn Sie nun auf das Plus-Symbol klicken, öffnet sich ein Fenster mit der Konfigurationsmaske für ein Feld (Bild 16.47).

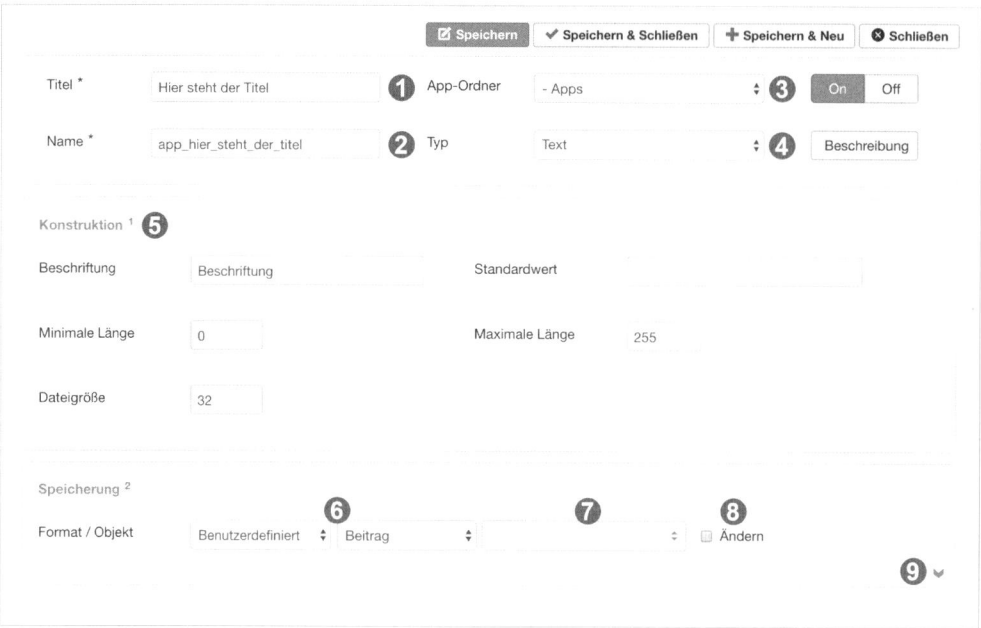

Bild 16.47 Konfiguration des Felds

1. Hier tragen Sie den Feldtitel ein.
2. Im Feld Name wird automatisch der Feldtitel webkonform übernommen. Diesen Alias können Sie zum Beispiel in einem Override (Abschnitt 16.2.11.2) oder in einem Typografie-Plug-in (Abschnitt 16.2.10.7) verwenden, um an die Feldwerte zu gelangen.

> **PRAXISTIPP:** Fügen Sie beim Namen bestenfalls ein Präfix ein, welches Ihren aktuellen Inhaltstyp repräsentiert. Sie werden es so später viel leichter haben, das richtige Feld wiederzufinden. Wenn Ihr Inhaltstyp zum Beispiel „Stellenanzeigen" ist, könnten Sie *stellen_* vor den Namen setzen. Da der Alias auch immer eindeutig sein muss, vermeiden Sie es somit, irgendwann Bezeichnungen zu haben wie vorname1, vorname2 und so weiter.

3. Hier wählen Sie den App-Ordner aus, zu dem die App zugeordnet ist. Wenn Sie den Inhaltstyp bereits einer App zugewiesen und gespeichert haben, erscheint hier automatisch Ihr gewählter App-Ordnername.
4. Hier wählen Sie den Feldtyp aus. Die Feldtypen, die in SEBLOD® bereits integriert sind, sehen Sie im Abschnitt 16.2.9 in der Übersicht.
5. Im Konstruktionsfeld werden feldtypspezifische Einstellungen vorgenommen. Oftmals kommt hier das Feld Beschriftung vor, das entspricht dem Label, das neben dem Feld ausgegeben wird. Weitere Einstellungsmöglichkeiten können Sie ebenso der Feldtypen-Übersicht aus Abschnitt 16.2.9 entnehmen.

6. Im unteren Bereich der Feldeinstellungen wird der jeweilige Feldspeicherort ausgewählt. Hier legen Sie fest, in welcher Datenbanktabelle das Feld abgelegt wird.

   SEBLOD® arbeitet hierbei mit den Joomla!-Datenbanktabellen von Beiträgen, Kategorien, Benutzern und Benutzergruppen, um Inhalte zu speichern. Beim Erstellen eines neuen Inhaltstyps wird automatisch eine neue Datenbanktabelle namens #__cck_store_form_ inhaltstyp_name erstellt. Alle eigenen Felder, die Sie **inhaltsgebunden** mit der Standard-Speichermethode hinzufügen, werden dieser Tabelle hinzugefügt.

   Nehmen wir an, Sie erstellen einen Inhaltstyp mit dem Namen *Stellenanzeigen*. Wenn Sie später einen Beitrag mit diesem Inhaltstyp erstellen, wird zum einen ein neuer Eintrag in der #__content-Datenbanktabelle erstellt, in der auch sonst alle Joomla!-Beiträge abgelegt werden. In diesem Eintrag wird dann auf die Felder in der Datenbank #__cck_store_ form_*stellenanzeigen* verwiesen.

   Mit der Einstellung **Standard** wird die Feldeingabe direkt in die Datenbank eingetragen.

   Bei **Benutzerdefiniert** fügt SEBLOD® eigene Kürzel um die Eingabe hinzu, um die Eingaben in der Datenbank zu speichern. Dieses Speicherformat muss zum Beispiel für das Speichern von *Feld X* und *Gruppe X* verwendet werden.

   JSON wandelt die eingegebenen Feldwerte in ein JSON-Format um und speichert es so in der Datenbank. Dieses Format ist für Parameter zu empfehlen.

   -**Keine**- Keine Informationen werden in der Datenbank gespeichert. Das wird zum Beispiel bei Kontaktformularen angewendet, die nur per E-Mail übermittelt werden sollen, aber nicht gespeichert werden müssen.

   Im zweiten Auswahlfenster wählen Sie aus, in welcher Joomla!-Core-Objekt-Tabelle ein Inhalt erstellt werden soll, der mit dem SEBLOD®-Eintrag verbunden ist. Wenn Sie *Beitrag* wählen, werden neue Einträge in der Tabelle #__content erstellt Wählen Sie *Kategorie*, dann erfolgen die Einträge in der Tabelle #__categories, bei *Benutzer* in #__users und bei *Benutzergruppen* in #__usergroups. Die Einstellung Frei ermöglicht Ihnen, das Feld in einer beliebigen Joomla!-Datenbanktabelle zu speichern.

    HINWEIS: Wenn Sie eine eigene Datenbank-Tabelle nutzen, muss diese Tabelle zumindest über eine ID-Spalte verfügen, zu der SEBLOD® dann einen Querverweis erstellen kann.

7. Datenbankspalte: Hier legen Sie den Datenbank-Spaltennamen fest, in der Ihre Feldwerte gespeichert werden. Wenn Sie dieses Feld leer lassen, wird als Spaltenname automatisch der Feldname (Alias) verwendet. Es empfiehlt sich, den Alias zu nehmen, es sei denn, Sie möchten mit diesem Feld eine vorhandene Joomla!-Datenbankspalte befüllen. Wenn Sie die Feldeingabe in einer bestehenden Joomla!-Spalte speichern wollen, klicken Sie auf den blauen Doppelpfeil im Feld. Sie erhalten dann eine Liste von vorhandenen Spalten.

8. **Ändern**: Wenn Sie das Kontrollkästchen nebst *Ändern* aktivieren, können Sie zusätzlich noch den Datentyp festlegen. Je nach Feldtyp werden hier automatisch passende Datenbankformatierungen hinterlegt. Bei einem Textfeld handelt es sich normalerweise um eine Varchar(255)-Formatierung, bei einem numerischen Feld ist die Grundeinstellung int(11) und so weiter. Wenn Sie die Speicherung, insbesondere bei Tabellen mit vielen

Feldern, optimieren wollen, können Sie hier den Datentyp feinjustieren. In der zweiten Einstellungsmöglichkeit können Sie festlegen, ob die Spalte geändert oder hinzugefügt werden soll. Wenn Sie hinzufügen auswählen, wird eine neue Spalte in Ihren Joomla!-Core-Tabellen hinzugefügt, statt die Inhalte in #__cck_store_form_*inhaltstyp_name* zu speichern. Diese Einstellung entspricht im Grunde dem Schloss-Symbol in der Felderstellung.

 HINWEIS: Einen Feldspeicherort nachträglich zu ändern, kann zu unerwünschten Ergebnissen führen. Sie sollten daher, falls Sie diese Einstellung ändern wollen, das Feld komplett neu anlegen. Die SEBLOD®-Erweiterungen *Exporter* und *Importer* können Ihnen dabei helfen, bereits eingegebene Inhalte schnell wieder einzugeben.

9. Durch Klick auf den blauen Abwärts-Pfeil öffnen sich Zusatzoptionen für das Feld. Wie Sie im Bild 16.48 sehen, können Sie Feldklassen hinzufügen, benutzerdefinierte Attribute und JavaScript-Code im Feld anfügen.

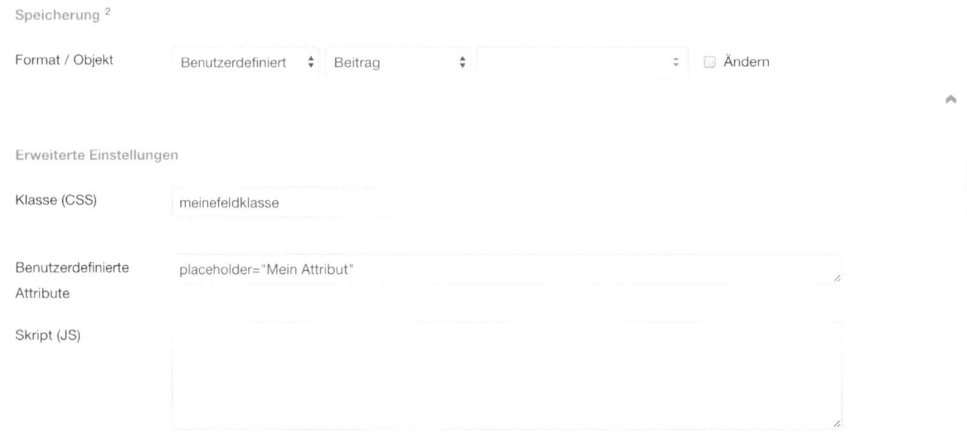

Bild 16.48 Zusatzoptionen innerhalb eines Felds

Sobald Sie das Feld speichern, wird es in der Position eingefügt, die per Radiobutton in der Positionsübersicht (siehe Bild 16.49) markiert ist.

Bild 16.49 Positionsmarkierung

Sie können allen Feldern über die Nummern-Buttons verschiedene Zusatzfunktionen geben. Eine Übersicht über diese Zusatzfunktionen finden Sie im Abschnitt 16.2.10.

16.2.8.3 Ausgabefelder festlegen

Die Felder, die Sie vorher im Formular festgelegt haben, können nun auch in der Ausgabe als Ausgabefelder hinterlegt werden. Dazu filtern Sie einfach auf der rechten Seite den entsprechenden Bereich oder Ihren App-Ordner und ziehen das Feld per Drag & Drop oder über die Pfeilicons in Ihren Konstruktions-Bereich.

Auch in den Ausgabeansichten können Sie über die Nummern-Buttons (Abschnitt 16.2.10) die Ausgabe der Felder auf verschiedene Arten und Weisen mit Zusatzfunktionen versehen.

16.2.8.4 Feld-Manager

Der Feld-Manager, den Sie über KOMPONENTEN » SEBLOD erreichen, bietet Ihnen eine Übersicht und Verwaltung aller vorhandenen Felder. Beachten Sie, dass alle Felder, die Sie über den Feld-Manager hinzufügen, grundsätzlich global angelegt werden und nicht inhaltsgebunden sind.

16.2.9 Feldtypen/Feldgruppen

In der Grundinstallation von SEBLOD® wird eine Vielfalt an Feldtypen mitinstalliert. Die nachfolgende Übersicht soll Ihnen Orientierung geben, welche Funktionen diese Feldtypen bieten.

16.2.9.1 Auswahl

Feldgruppe für Auswahllisten.

Folgende Optionen sind für alle Felder in der Feldgruppe gleich:

Beschriftung: Geben Sie hier die Feldbeschriftung (Label) an.

Standardwert: Hier können Sie einen Standard definieren, der in der Liste vorausgewählt ist, wenn das Formular geöffnet wird.

Auswahl Label: Hier können Sie einen Text definieren, der in der Auswahlliste steht, wenn kein Standardwert definiert wurde.

Dynamisch

Dieses Feld generiert eine Auswahlliste aus Ihrer Datenbankabfrage. Das bietet sich an, wenn Sie eine große Länderauswahl oder ähnliches zur Verfügung stellen wollen.

Unter *Abfrage* wählen Sie, wie Sie die Datenbankabfrage erstellen wollen. Mit *Konstruktion* hilft Ihnen SEBLOD®, durch vordefinierte Felder die Abfrage zu konstruieren. Mit der Einstellung *Frei* können Sie ein freies SQL Query eingeben, in dem Sie dann die benötigten Werte zurückgeben. Die Auswahlliste benötigt einen Textwert „text", das sind die Werte, die in der Auswahlliste zu sehen sind, und einen dazugehörigen Speicherwert „value", das entspricht dem Wert der in der Datenbank gespeichert und auch in der Suche verwendet wird.

Tabelle: Tragen Sie hier den Namen der Tabelle ein, aus der Sie die Werte ziehen wollen. Ersetzen Sie dabei den Tabellenpräfix mit **#_**. Für die Beitragstabelle Ihrer Joomla!-Installation wäre das zum Beispiel **#__content**.

Optionen Name: Tragen Sie den Namen der Datenbank-Spalte ein, die für die Auswahl (text) verwendet werden soll.

Wo (Where): Hier können Sie Abhängigkeit in Form von einem SQL-Befehl definieren.

Optionen Wert: Tragen Sie den Wert der Datenbank-Spalte ein, die für die Speicherung in der Tabelle (value) verwendet werden soll.

Sortierung nach (Order By): Hier können Sie die Sortierung der Auswahlliste per SQL-Befehl definieren. Zum Beispiel den Namen der Spalte.

Mehrfach: Wenn Sie die Option Mehrfach aktivieren, erstellen Sie statt einer Auswahl-Dropdownliste eine Mehrfachauswahl. In diesem Fall können Sie bestimmen, mit welchem Trenner die Werte in der Datenbank abgelegt werden.

Sprach-Erkennung: Wenn Ihre Datenbanktabelle ein Sprachfeld enthält, können Sie entweder die automatische Spracherkennung aktivieren oder GeoIP verwenden. Für GeoIP muss diese Funktion in Ihrem Server aktiviert sein.

Statische Optionen hinzufügen: Zusätzlich zu der dynamisch generierten Auswahl aus der Datenbank können Sie hier statische Optionen und deren Position definieren.

Einfach

Dieses Feld generiert eine Auswahlliste aus Ihren Vorgaben.

Sortierung: Hier können Sie die Feldoptionen automatisch alphabetisch auf- oder absteigend sortieren lassen. Falls nichts gewählt ist, gilt die Reihenfolge der eingegebenen Werte.

Optionen: Aktivieren Sie die Flagge (grün), um Ihre Feldoptionen in JTEXT einzugeben und somit mehrsprachenfähig zu machen. Tragen Sie in den Optionsfeldern Ihre Auswahlmöglichkeiten ein. Sie können entweder die Auswahlmöglichkeit selbst angeben oder die Auswahl im Format TEXT=WERT eintragen. Zum Beispiel Männlich = Herr und Frau = Frau.

Mehrfach

Dieses Auswahlfeld entspricht von den Einstellungsmöglichkeiten her dem *Einfach-Auswahlfeld*, nur wie der Name schon sagt, kann der Benutzer mehrere Werte gleichzeitig wählen. Die Einstellung *Reihen* legt fest, wie viele Auswahlmöglichkeiten ohne Scrollen zu sehen sind, der *Separator* legt fest, mit welchem Trennzeichen die ausgewählten Werte in der Datenbank abgespeichert werden.

Benutzerdefinierte Attribute bei Auswahlfeldern

Sie können bei den Auswahllisten noch bis zu sechs zusätzliche benutzerdefinierte Attribute je Option hinzufügen. Wenn Sie das Kontrollkästchen *Benutzerdefinierte Attribute* aktivieren, können Sie, wie Sie im Bild 16.50 sehen, unter dieser Einstellung einen Attributnamen festlegen. Tragen Sie im korrespondierenden Feld unter den Optionen den Attributwert ein.

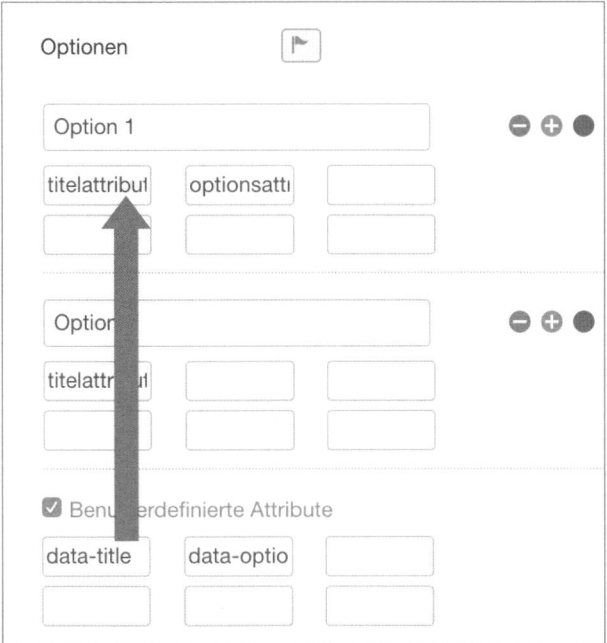

Bild 16.50 Benutzerdefinierte Attribute für Optionen in Auswahllisten

Die *benutzerdefinierten Attribute* können Sie zum Beispiel in der Zusatzoption *Abhängige Status* 16.2.10.5 zur Befüllung eines anderen Felds nutzen.

Numerisch

Dieses Feld erstellt für Sie eine Liste aus Zahlen.

Im Feld *Mathematik* wird festgelegt, wie die Liste zustande kommt (Summe durch Addition, Produkt durch Multiplikation, Unterschied durch Division und Quotient durch Division).

Start: Hier legen Sie den ersten Zahlenwert der Liste fest.

Schritt: Hier legen Sie fest, wie hoch die Zwischenschritte sind.

Ende: Hier legen Sie den letzten Zahlenwert fest.

Erstes (optional)/Letztes (optional): Hier können Sie, wenn Sie möchten, einen abweichenden Feldwert eintragen, der nicht in der Liste generiert wurde. Ist Ihre Liste zum Beispiel 1 bis 100, können Sie ins erste Feld < 1 (kleiner eins) und ins letzte Feld > 100 (größer hundert) eintragen.

Ziffern erzwingen: Mit dieser Einstellung können Sie führende Nullen vor die numerische Auswahl setzen. Statt 1 wird zum Beispiel 00001 angezeigt.

16.2.9.2 Button

Feldgruppe für Buttons.

Folgende Optionen sind für alle Felder in der Feldgruppe gleich:

Beschriftung: Geben Sie hier die Feldbeschriftung an.

Button/Typ: Hier legen Sie fest, ob der Button ein Button (`<button>`) oder eine Eingabe (`<input>`) sein soll.

Beschriftungssymbol: Hier können Sie wählen, ob im Button ein *icon* angezeigt werden soll, und wenn ja, ob es vor dem Text, anstelle des Texts oder nach dem Text angezeigt werden soll. Die Icons werden durch Joomla!-Core-icon-Klassen eingebunden. Im Backend werden diese angezeigt, im Frontend müssen Sie sicherstellen, dass Sie diese Klassen in Ihrem Template verwenden.

Alternative anzeigen: Neben dem Button können alternative Links dargestellt werden. Mit *oder anzeigen* legen Sie fest, ob der Text „oder" zwischen den Möglichkeiten dargestellt werden soll.

Frei

Link: Hier können Sie festlegen, wohin der Button verlinkt. Zur Ansicht der Inhalts-Detailseite (Frontend) oder Löschen des Inhalts, zum Eingabeformular oder zur Suchliste. Für jede dieser Möglichkeiten können Sie weitere Einstellungen über das Plus-Symbol vornehmen, welches dann rechts vom Auswahlfeld erscheint.

Im „Freien Button" können Sie bis zu zwei *Alternativlinks* darstellen. Unter *Text/Link* können Sie einen Link wählen.

Senden

Der Senden-Button beschränkt sich auf die Aufgabe, eine Aktion durchzuführen. Die Einstellungsmöglichkeiten sind ähnlich dem „Freien Button", jedoch werden hier *Aufgaben* (Abbrechen, Zurücksetzen, Speichern usw.) statt Links definiert.

In den *Benutzerdefinierten Variablen* können Sie Werte mit dem Button übergeben.

16.2.9.3 Formular

Feldgruppe für Formularfelder.

Beschriftung: Geben Sie hier die Feldbeschriftung an.

Checkbox

Ein Checkbox-Feld ist eine Auswahlliste mit Kontrollkästchen, die eine Mehrfachauswahl bietet.

Sortierung: Hier können Sie die Feldoptionen automatisch alphabetisch auf- oder absteigend sortieren lassen. Falls nichts gewählt ist, gilt die Reihenfolge Ihrer Einträge.

Optionen: Ähnlich wie bei den Auswahllisten erstellen Sie hier die Auswahlmöglichkeiten, die im Formular angezeigt werden, indem Sie TEXT=WERT in der Liste eintragen. Der Wert wird in der Datenbank gespeichert und in der Ausgabe ausgegeben, während der Text in der

Liste zur Auswahl angezeigt wird. Wenn Sie nur einen Text in die Liste eintragen, wird dieser zugleich als Text angezeigt wie auch als Wert abgespeichert.

Richtung: Legen Sie hier fest, ob die Auswahl in einer horizontalen oder vertikalen Anordnung dargestellt wird.

Alle wählen: Stellen Sie einen „Alle wählen"-Link zur Verfügung, mit dem der Nutzer alle Optionen auswählen kann, wenn er will.

E-Mail

Dieses Feld ist dazu da, Formulareingaben per E-Mail zu versenden.

Die Beschriftung ist im Grunde nicht relevant, da dieses Feld normalerweise ausgeblendet wird.

In der Einstellung *E-Mail senden* können Sie festlegen, wann eine E-Mail versendet werden soll. Zum Beispiel *„Nie"*, um die Funktion zu deaktivieren, beim *Hinzufügen* eines Beitrags, nur beim *Bearbeiten* oder *immer*. Sie können diese Funktion auch *dynamisch* von einem anderen Feldwert abhängig machen. Dazu tragen Sie im leeren Feld neben der Option *E-Mail senden* einen Feldnamen ein. Der Feldwert muss dabei folgenden Werten entsprechen: Nie senden = 0, Beim Hinzufügen = 1, Beim Bearbeiten = 2 und Immer = 3.

Von legt fest, welcher Absender in der E-Mail steht. Die Einstellung *Standard* zieht sich die E-Mail-Adresse aus der Joomla!-Konfiguration. Wenn Sie E-Mail auswählen, können Sie eine Absenderadresse im Feld rechts davon manuell festlegen. Mit der Option *Feld* können Sie diesen Wert abhängig von einem eingegebenen Feld festlegen.

Die Option *Absendername* verhält sich ähnlich. Standard übernimmt die Einstellungen aus der globalen Konfiguration. Wenn Sie *Name* wählen, können Sie den Namen im Feld rechts von der Option eintragen und bei *Feld* können Sie den Namen aus einer vorherigen Formulareingabe ziehen.

Im *Betreff* tragen Sie den Betreff der E-Mail ein. Sie können im Betreff auch Formulareingaben einbinden. Tragen Sie dazu den Feldnamen umschlossen von Rauten ein. Zum Bespiel: „Betreff: Neue Nachricht von #absender_vorname# #absender_nachname#"

Außerdem können Sie auch folgende Joomla!-Variablen verwenden: [sitename][siteurl] [username]

Im Feld *An* können Sie die Empfänger-E-Mail-Adressen eintragen, sind es mehrere Empfängeradressen, müssen diese mit einem Komma getrennt eingegeben werden.

Sie können auch die Empfängeradresse(n) aus einem Feld beziehen. Tragen Sie dazu den Feldnamen unter *An (Felder)* ein.

Oder Sie senden die Nachricht an einen oder mehrere Administratoren. Wählen Sie dann den *Administrator* aus der zur Verfügung stehenden Liste aus.

Die Einstellung Nachricht öffnet sich durch Klick auf den Editor-Button in einem weiteren Popup. Sie können so wie im E-Mail-Betreff Joomla!-Werte wie *[sitename][siteurl][username] [activation]* eintragen, alle Felder durch *[fields]* einbinden oder den Feldnamen umschlossen von Rauten verwenden. Sie können auch einzelne Feld-Attribute abrufen. Sehen Sie sich dazu die Tabelle 16.3 an. Sie können zudem auch Sprachvariablen (JText) eingeben indem Sie *J(Wort*) eingeben. Das Wort, das übersetzt werden soll, steht in den Klammern nach dem J.

[date(format)] bindet das PHP-Datum ein.

Eine weitere Möglichkeit ist **{del feldname}**. Wenn der Feldinhalt von *feldname* den Wert **0** hat oder **leer** ist, wird dieser Text ausgeblendet. Mit **{del}** können Sie komplette Zeilen abhängig von einem Feldwert einblenden/ausblenden.

Alternativ können Sie die Nachricht aus einem Feldwert konstruieren. Geben Sie dann in der Einstellung *Nachricht (Feld)* den entsprechenden Feldnamen ein.

Unter *Anhang senden (Feld)* können Sie eine Abhängigkeit einstellen. Wenn das eingetragene Feld den Wert 0 hat, wird der Anhang nicht gesendet, auch wenn er vorhanden ist. Lassen Sie diese Einstellung leer, wenn Sie den Anhang immer senden wollen.

Anhang (Felder): Sie können hier einen oder mehrere Feldnamen eingeben, die als Anhang mitgesendet werden sollen. Das könnte ein Bildfeld oder ein Dateiupload-Feld sein. Trennen Sie mehrere Eingaben mit einem Komma.

Weiterhin können Sie einstellen, ob eine *Kopie* oder *Blindkopie* versendet wird, und falls zutreffend, die Adressen dazu hinterlegen.

Unter *Format* können Sie das Format (HTML, HTML als normaler Text, normaler Text) der E-Mail einstellen.

Mit „*Größe*" ist die Feldgröße gemeint, doch da das Feld normalerweise ausgeblendet wird, ist diese Einstellung nicht relevant.

Password

Mit diesem Feld können Sie ein Passwort-Eingabefeld erstellen und die *minimale* als auch *maximale Länge* des einzugebenden Passworts festlegen. In „*Größe*" legen Sie die Größe des Felds fest.

Radiobox

Radiobox entspricht dem Checkboxen-Feld, nur dass es bei diesen Optionsfeldern üblich ist, dass nur Einfach-Auswahlen vorgenommen werden können.

Text

Text ist ein einfaches Texteingabefeld. Hier können Sie wieder eine *Minimale* als auch eine *Maximale Textlänge* festlegen und unter *Größe* die Größe des Felds definieren.

Versteckt

Mit Versteckt können Sie ein verstecktes Feld mit einem Standardwert anlegen.

16.2.9.4 HTML
Feldgruppe für Html-Tags.

DIV

Mit diesem Feld können Sie `<div>`-Tags in Ihr Formular einfügen. Mit dem *Verhalten Start* fügen Sie ein `<div>` ein. Mit *Dazwischen* ein `</div><div>` mit *Ende* ein schließendes `</div>` und mit *Beide* einen leeren div-Container `<div></div>`. Es sind bereits einige DIV-Felder vorab im Core angelegt, so dass Sie zunächst die vorhandenen Felder nutzen können, bevor Sie eigene anlegen.

Icon

Mit *Icon* stellen Sie ein Icon dar. Die Auswahlliste enthält alle in Joomla! integrierten Icons. Die Icons werden durch Joomla!-Core-icon-Klassen eingebunden. Im Backend werden diese angezeigt, im Frontend müssen Sie sicherstellen, dass Sie diese Klassen in Ihrem Template verwenden. Auch hier sind bereits einige Icon-Felder vorab im Feldmanager vorhanden, die Sie nicht selbst anlegen müssen.

Tabs

Mit Tabs können Sie Reiter erstellen, wie man Sie aus Bootstrap kennt.

In der *Beschriftung* legen Sie die Beschriftung des Reiters fest.

Mit dem *Verhalten Start* erstellen Sie den Container um die Reiter herum. *Panel* fügen Sie zu Beginn jedes neuen Reiters ein. Mit *Ende* schließen Sie den Container um die Panels.

Bei *Gruppenbezeichner* müssen Sie einen beliebigen aber eindeutigen Gruppenwert eingeben, den alle zugehörigen Panel-Felder haben müssen.

16.2.9.5 Inhalt
Feldgruppe für Inhalte.

Author/Autor

Dieses Feld zeigt die Ansicht „Einleitung" des Inhaltstypen „User" an beliebiger Stelle. Hierfür müssen Sie im Plugin „Joomla! Benutzer Objekt Plug-in für SEBLOD" die Brücke aktivieren. Mit dieser Einstellung wird ein korrespondierender Beitragsartikel angelegt, sobald sich ein neuer Nutzer registriert.

Freier Text

Mit dem Feld *Freier Text* können Sie einen eigenen Text zwischen den Formularfeldern einfügen. Das könnte eine Hilfestellung, eine Beschreibung oder ein Einleitungstext sein. Durch Klick auf den *Editor*-Button öffnet sich ein neues Fenster, in dem Sie mit dem WYSIWYG-Editor Ihren Text eintragen können.

Möchten Sie den Text *mehrsprachig* einbinden, klicken Sie auf das Fahnensymbol und aktivieren Sie es (grün). Tragen Sie anschließend über Klick auf Editor nur einen Text zur Wiedererkennung ein (z. B. EINLEITUNG_KONTAKTFORMULAR) und pflegen Sie die Übersetzung über Sprach-Overrides (COM_CCK_EINLEITUNG_KONTAKTFORMULAR).

Link

Über Link kann der Benutzer einen Link eingeben. Unter *Link anzeigen* geben Sie die Beschriftung des Linkfelds ein. Unter *Standard-Link* können Sie einen Link als Standard festlegen.

Text anzeigen: Hier kann der Nutzer eingeben, welcher Text als Link angezeigt wird. Möchten Sie die Möglichkeit deaktivieren, wählen Sie hier verbergen aus.

Standard Text: Hier können Sie einen Standardtext für den Link vorgeben. Zum Beispiel *Zur Webseite*, wenn Sie vom Benutzer erwarten, dass er einen Webseitenlink im Formular hinterlässt.

Ziel anzeigen/Klasse anzeigen/Beziehung anzeigen: Hier können Sie einstellen, ob der Benutzer diese Linkattribute selbst festlegen kann oder nicht, und Standardwerte bestimmen.

16.2.9.6 Joomla!-Bibliothek (JForm)

Feldgruppe für Joomla!-Core-Felder.

Diese Felder werden vom Joomla! Core übernommen. Bis auf ein paar Ausnahmen haben diese Felder lediglich die Zusatzeinstellungen *Beschriftung* und *Standardwert*.

Benutzer

Zeigt ein Auswahlfeld an, in dem der Benutzer gewählt werden kann. Als Standardwert können Sie eine User-ID eintragen.

Benutzer Elterngruppe

Dieses Feld stellt eine Auswahlliste mit Joomla!-Benutzergruppen dar, die als übergeordnete Gruppe ausgewählt werden können.

Benutzergruppen

Dieses Feld erstellt einen Benutzergruppen-Baum mit Auswahlfeldern. Der Formular-Bearbeiter kann mehrere Benutzer gleichzeitig auswählen.

Berechtigungen

Dieses Feld stellt das Berechtigungspanel dar, bei dem je Nutzergruppe die Berechtigungen für Löschen, Bearbeiten und Status bearbeiten eingestellt werden können. Sie können über Ort festlegen, ob die Berechtigungen in einem modalen Fenster bearbeitet werden, und über *Erweiterung* die Erweiterung eintragen, für die diese Berechtigungen gültig sind.

Editoren

Hier wird eine Liste von verfügbaren Editoren angezeigt, die dem Nutzer zugewiesen werden können.

Hilfeseite

Hier kann je Nutzer ausgewählt werden, welche Hilfeseiten ihm angezeigt werden.

Inhaltssprache

Dieses Feld zeigt eine Liste verfügbarer Inhaltssprachen, die dem Beitrag zugewiesen werden können.

Kalender

Dieses Feld zeigt den neuen Joomla!-Kalender an, der in Joomla! 3.7 eingeführt wurde. In den Optionen kann man wählen, ob die Zeit, die Kalenderwochen und der heutige Tag angezeigt werden sollen.

Kategorie

Dieses Feld zeigt eine Auswahl zur Verfügung stehender Kategorien an, in denen der Inhalt gespeichert werden soll. Unter *Erweiterung* können Sie die Erweiterung der Kategorie angeben, zum Beispiel *com_content*, und ein Auswahllabel für das Dropdown definieren.

Komponenten-Layout

Dieses Feld blendet eine Auswahlliste ein, in der ein Alternatives Layout gewählt werden kann. Unter *Erweiterung* können Sie die Erweiterung der Kategorie angeben, zum Beispiel *com_content*.

Medien

Blendet ein Auswahlfester ein, in dem der Medienmanager aufgerufen wird.

Menüeintrag

Zeigt eine Auswahlliste mit verfügbaren Menüpunkten. Unter *Auswahl-Label* können Sie eine Beschriftung des Dropdown-Menüs festlegen.

Schlagwörter (Tags)

Zeigt ein Auswahlfeld an, in dem Schlagwörter (Tags) definiert und ausgewählt werden können. In den Feldeinstellungen können Sie festlegen, ob Tags nur ausgewählt oder auch hinzugefügt werden können.

Template-Stil

Zeigt eine Liste verfügbarer Templates an.

Verknüpfungen

Zeigt bei richtig konfigurierter Mehrsprachigkeit ein Feld an, in dem der entsprechende Beitrag oder die Kategorie der anderen Sprache verknüpft werden können.

Zeitzone

Zeigt eine Auswahlliste von Zeitzonen an.

Zugriffsebene

Zeigt eine Auswahlliste mit verfügbaren Zugriffsebenen an. Im Auswahl-Label können Sie die Beschriftung des Dropdown Menüs definieren

16.2.9.7 Joomla!
Feldgruppe für Joomla!-Funktionen.

Modul
Mit diesem Feld kann ein Modul aus dem Modulmanager eingeblendet werden. Unter *Modus* können Sie festlegen, ob das Modul gemäß Position eingeblendet werden soll oder gemäß Titel. Im Feld *Position oder Name, Titel* geben Sie dann den entsprechenden Wert ein. Im *Stil* definieren Sie den Modul-Chromestil. Mit *Inhalte vorbereiten* legen Sie fest, ob Plug-ins im Modul ausgeführt werden sollen oder nicht.

16.2.9.8 Kollektion
Feldgruppe für Gruppenfelder.

Field X
Dieses Feld wiederholt ein von Ihnen definiertes Feld im Formular. Dazu geben Sie unter *Feld* den Alias des Felds ein, das wiederholt werden soll. Unter *Standard* geben Sie die Anzahl der Felder ein, die von Anfang an angezeigt werden sollen. In der Einstellung *Maximum* stellen Sie ein, wie viele Felder dieser Art erstellt werden können. Unter *Minimum* geben Sie ein, wie viele Felder mindestens bearbeitet werden müssen. Field-X-Felder enthalten im Formular standardmäßig die Möglichkeit, *hinzugefügt*, *sortiert* und *entfernt* zu werden. In den Feldeinstellungen können Sie diese Möglichkeiten jeweils deaktivieren.

Gruppe
Dieses Feld zeigt eine Feldgruppe an. Dazu müssen Sie die Felder in einem **eigenen** Formular- und Inhaltstyp definieren und anschließend unter *Inhaltstyp (Formular)* in diesem Feld auswählen.

Gruppe X
Dieses Feld wiederholt eine von Ihnen definierte Feldgruppe im Formular. Dazu müssen Sie die Felder in einem **eigenen** Formular- und Inhaltstyp definieren und anschließend unter *Inhaltstyp (Formular)* in diesem Feld auswählen.

Zusätzlich zu den Einstellungen, die Sie bereits aus *Feld X* kennen, können Sie unter *Richtung* noch festlegen, ob die Gruppe vertikal, horizontal oder in einer Tabelle angezeigt werden soll.

16.2.9.9 Suche
Feldgruppe für Suchfelder.

Allgemein
Das Feld Allgemein kann für eine feldübergreifende Suche in *Listen- und Suchtypen* verwendet werden. Wählen Sie dabei unter *Felder* aus, welche Felder in dieses generelle Suchfeld mit einbezogen werden sollen.

Sortierung

Mit diesem Feld können Sie in *Listen- und Suchtypen* einen Filter mit Werten anzeigen, nach welchen der Webseitenbetrachter die Ausgabeliste sortieren kann. Wählen Sie dazu einfach unter Felder ein Feld aus. Wenn Sie diese Auswahl selbst beschriften wollen, tragen Sie zum Beispiel *Erstellungsdatum=art_created* ein. *art_created* entspricht dabei dem Feldnamen (Alias) des gewählten Felds. Unter Mode wählen Sie, ob die Werte als Text behandelt werden sollen oder numerisch. Wenn Sie *Reihenfolge: asc oder desc* aktivieren, können Sie anschließend über ASC oder DESC definieren, ob die Sortierung aufsteigend oder absteigend sein soll. Im dritten Feld können Sie eine andere Sortierung voranstellen. Beispiel: Sie möchten nach Beitragstitel absteigend sortieren, doch mit der gleichen Auswahl im Vorfeld nach der Kategorie-ID aufsteigend gruppieren. Dann tragen Sie im ersten Feld *Beitrags-Titel absteigend=art_title*, im zweiten Feld *DESC* im dritten Feld *art_catid asc* ein.

16.2.9.10 Textbereich

Feldgruppe für Texteingabe-Bereiche.

Textbereich

Dieses Feld zeigt einen Textbereich ohne Formatierungsmöglichkeiten an. In den Einstellungen können Sie über *Spalten* und *Reihen* die Feldgröße definieren. In der *Minimalen Länge* und in der *Maximalen Länge* können Sie die Texteingabemenge beeinflussen. In der Einstellung „*verbleibende Zeichen*" können Sie zudem die verbleibenden Zeichen für den Nutzer einblenden. Unter *Verarbeitung* können Sie festlegen, wie neue Zeilen verarbeitet werden und ob leere Zeilen entfernt werden sollen.

WYSIWYG-Editor

Mit diesem Feld zeigen Sie einen WYSIWYG-Editor an. In der Einstellung *Editor* können Sie auswählen, welcher Editor verwendet werden soll. Unter *Show Buttons/Buttons anzeigen* können Sie bestimmen, ob die erweiterten Editorbuttons angezeigt werden sollen oder nicht.

16.2.9.11 Upload

Feldgruppe für Uploadfelder.

Bild

Dieses Feld ermöglicht dem Formularbearbeiter, ein Bild auf den Server hochzuladen. Ein mächtiges Feature von diesem Feld ist es, dass SEBLOD® damit auch automatisch Vorschaubilder/Minitaturbilder erstellen kann.

Legen Sie unter *Ordner* fest, in welchen Ordner die Bilder hochgeladen werden. Dieser Pfad muss mit einem/enden. Zum Beispiel: **images/arbeitgeber/**. Unter *Speicherungs-Format* können Sie einstellen, ob der relative Pfad in der Datenbank hinterlegt werden soll oder der vollständige Pfad zum Bild. Wenn Sie die Option *1 Ordner/Inhalt* aktivieren, dann wird das Bild in einen zusätzlichen Unterordner geladen, der die ID des Beitrags trägt. Wenn Sie die Option *1 Ordner/Benutzer* aktivieren, dann wird das Bild in einen weiteren Unterordner geladen, der die ID des Benutzers trägt.

PRAXISTIPP: Sorgen Sie für eine bessere Übersicht, indem Sie die Bilder je Inhaltstyp in einem Unterordner ablegen, der dem Namen Ihres Inhaltstyps entspricht. Ansonsten enden Sie mit Hunderten von Ordnern mit der ID des Beitrags und/oder Benutzers im Bilder-Stammverzeichnis.

Im Standardwert können Sie den vollständigen Pfad zu einem Bild angeben, der beim Laden des Formulars als Standard dienen soll. Dieser Wert wird von dem tatsächlich ausgefüllten Wert überschrieben.

Unter *Zulässige Dateitypen* können Sie entweder eine der Voreinstellungen aus der globalen Konfiguration von SEBLOD® wählen oder feldspezifisch benutzerdefinierte Formate hinterlegen.

In der Einstellung *Maximale Größe* können Sie die Dateigröße festlegen. Dieser Wert muss kleiner oder gleich dem Uploadlimit Ihres Servers sein. Mit 0 legen Sie fest, dass automatisch das Serverlimit greifen soll.

Unter *Vorschau anzeigen* können Sie wählen, ob das hochgeladene Bild im Formular angezeigt werden soll. Dabei können Sie das Bild selbst in der Vorschau anzeigen, nur einen Dateinamen darstellen, ein Icon einblenden oder eines der Vorschaubilder verwenden.

Löschen-Checkbox: Anzeigen/Verbergen. Sie können ein hochgeladenes Bild mit einem anderen Bild überschreiben. Wenn Sie die Möglichkeit haben wollen, das bereits hochgeladene Bild zu entfernen, ohne ein neues auswählen zu müssen, dann aktivieren Sie diese Funktion. Wenn die Checkbox/das Kontrollkästchen ausgewählt ist, wird das Bild dann beim Speichern automatisch ohne Warnmeldung entfernt.

Eigenen Pfad anzeigen: Wenn Sie diese Option aktivieren, kann der Ordnerpfad zum Ablegen des Bilds vom Benutzer angepasst werden.

Größe: Größe des Eingabefelds.

Erweiterter Modus: Sie können über den erweiterten Modus ein Feld zur Eingabe eines Titels und eine Alt-Beschreibung zum hochgeladenen Bild einblenden. Diese Eingaben werden dann als JSON-formatierter Wert hinterlegt. Überschreiben Sie die Feldbeschriftung neben der Anzeigeoption.

Verarbeitung

Vorschaubild erstellen: Wählen Sie aus, wann die Vorschaubilder generiert werden sollen. *Beim Upload* schont die Performance am meisten. Die Vorschaubilder werden dabei beim Hochladen erstellt. Die Option *Immer, falls nicht vorhanden* ist nur sinnvoll, wenn Sie feststellen, dass Sie noch zusätzliche Vorschaubilder benötigen, das Bild wird dann beim Bearbeiten des Formulars, aber auch beim Aufruf des Beitrags/Inhalts erstellt. Die Einstellung *Immer* eignet sich eher nur für die Entwicklungsphase einer Webseite.

Als Standard anzeigen: Hier legen Sie fest, welches Bild normalerweise in der Ausgabe angezeigt werden soll. Sie können diese Einstellung mit den *Typografie-Optionen* aus 16.2.10.7 überschreiben.

Sie können bis zu elf verschiedene Bildformate erstellen. Wählen Sie dazu zunächst neben der Bezeichnung (Bild, Vorschaubild 1 bis 10) aus, wie das Bild beschnitten werden soll:

Originalgröße: Das Bild wird nicht zugeschnitten.

Mittig zuschneiden: Das Bild wird von der Mitte aus gerechnet auf die von Ihnen vorgegebene Bildgröße zugeschnitten.

Verkleinern/Maximale Ausmaße: Verändern der Größe unter Berücksichtigung der maximalen Ausnutzung des Seitenverhältnisses. Das Bild wird nicht zugeschnitten.

Strecken: Verzerren des Bilds nach den angegebenen Funktionen.

Die Optionen unter *dynamisch* berücksichtigen zudem noch, ob Sie Ihre Bilder im Hoch- oder Querformat hochladen.

Tragen Sie dazu unter Breite und Höhe Ihre gewünschten Bildmaße in Pixeln ein.

Datei

Dieses Feld ermöglicht dem Formularbearbeiter, eine Datei hochzuladen. Die Optionen in der Feldkonstruktion entsprechen den Einstellungen für das Bild-Feld.

16.2.9.12 Wähler

Feldgruppe für Wahlfelder.

Farbwähler

Dieses Feld stellt im Formular einen Farbwähler dar.

Kalender

Dieses Feld stellt im Formular einen Datum-Wähler dar. Im *Format* können Sie das Datumsformat auswählen. Unter *Date-Range* können Sie die Datumsauswahl auf gewisse Zeitspannen begrenzen. In *Zeige Wochennummer* können Sie die Kalenderwochen im Kalender einblenden. Unter *Zeige Zeit* können Sie wählen, ob Sie ein Uhrzeit-Wahlfeld unter dem Kalender einblenden wollen und wenn ja, in welchem Zeitformat. Das *Speicherungs-Format* legt fest, ob das Datum als Datum und Zeit oder als Zeitstempel in der Datenbank abgespeichert wird. Sie können unter *Theme* einen vordefinierten Kalenderstil einblenden. Unter *Größe* ist die Feldgröße gemeint und unter Texteingabe können Sie wählen, ob der Nutzer das Datum auch händisch wählen kann oder nur über das Kalender-Wahlfeld.

16.2.9.13 #Core

#42

Mit dem Feld #42 können Sie Skripte und Code einbinden, die bei den Events *PrepareContent*, *PrepareForm* oder *PrepareStore* getriggert werden. Tragen Sie dazu Ihre Skripte in das entsprechende Feld ein.

16.2.10 Feld-Zusatzoptionen

Bei *Listen- und Suchtypen* als auch bei *Formular- und Inhaltstypen* finden Sie neben dem Konstruktionsfeld, unserem Felder-Baukasten, einen Bereich mit Zahlen-Buttons. Diese Zahlen haben in jeder Ansicht eine andere Bedeutung. Sie können auch bequem mit den Nummern-Tasten auf Ihrer Tastatur durch die Optionen wechseln. Nachfolgend finden Sie eine Übersicht aller Zusatzoptionen und deren Aufgabe.

16.2.10.1 Beschriftung und Variation

Bei Formularen (Admin, Seite) und Suchformularen, Nummer [1].

Bei Beschriftung und Variation können Sie das angezeigte Bildlabel anpassen. Sie sehen bei Bild 16.51 steht in der Spalte Beschriftung im weißen Feld *„Access"*. Wenn Sie stattdessen Zugriff eintragen, dann wird das Feld mit diesem individuellen Titel dargestellt. Unabhängig davon, wie die Beschriftung im Feld selbst festgelegt ist. Wenn Sie in dieses Feld das Wort *clear* schreiben, dann wird das Label nicht ausgegeben.

Bild 16.51 Ansicht der Zusatzoptionen Beschriftung und Variation

Bild 16.52 Ansicht der Variationen

Wenn Sie auf den blauen Link in der zweiten Spalte klicken, werden Ihnen verschiedene Feldvariationen angeboten. Sie können das Feld verstecken oder nur verstecken, wenn es einen Wert hat, das Feld als Wert einblenden, normal einblenden (Standard) oder schreibgeschützt darstellen. Alle Felder mit einem Stern sind gesichert. Wenn Sie zum Beispiel das Feld Kategorie ausblenden, aber darin einen Live-Wert mit der Kategorie-ID 8 eintragen, ist dieser Wert von außen nicht manipulierbar.

16.2.10.2 Live + Live Wert

Bei Formularen (Admin, Seite) und Suchformularen, Nummer [2].

Mit der Zusatzoption Live und Live Wert können Sie Felder automatisch mit einem Wert befüllen. Über „Joomla! Benutzer" können Sie beispielsweise automatisch den aktuellen Benutzer zuweisen, über „Site (Multi-Site)" können Sie einen Domainparameter an das Feld übergeben und über „URL Variable" können Sie eine bestimmte Variable aus der URL ziehen und weiterverarbeiten. Im Feld rechts können Sie entweder einen Feldwert händisch eintragen oder, falls das Feld ein Auswahlfeld ist, per Klick auf die Doppelpfeile Werte aus dem Feld auswählen.

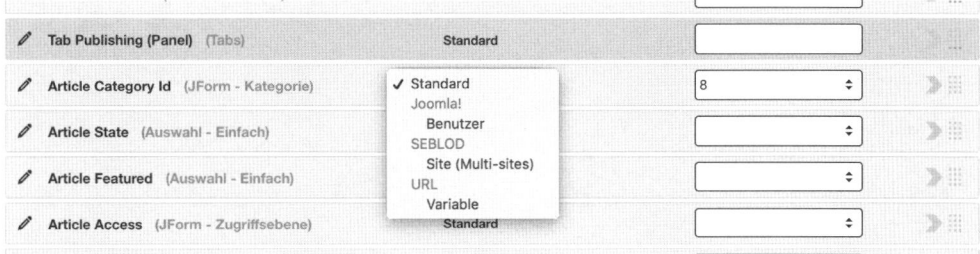

Bild 16.53 Ansicht der Zusatzoptionen Live und Live Wert

16.2.10.3 Erforderlich/Validierung + Stufe

Bei Formularen (Admin, Seite), Nummer [3].

In der Validierung können Sie festlegen, ob gewisse Felder Pflichtfelder sein sollen, oder Validieren, ob die Eingabe Ihren Vorgaben entspricht. Wenn Sie auf den Link *Optional* bzw. *Erforderlich* klicken, öffnet sich ein Detailfenster, in dem Sie weitere Einstellungen vornehmen können.

Wie Sie im Bild 16.54 sehen, gibt es zum einen den Bereich *Erforderlich*. Hier können Sie einstellen, ob das Feld ein Pflichtfeld ist (Ja) oder zumindest ein Feld einer bestimmten Gruppierung ausgefüllt sein soll. Im rechten Feld *Alarm* schreiben Sie Ihre individuelle Fehlermeldung, wenn das Feld nicht ausgefüllt wurde. Im Bereich *Validierung* können Sie aus verschiedenen Validierungsmethoden wählen. Die Methode „Ajax Verfügbarkeit" prüft zum Beispiel, ob dieser Wert bereits in der Datenbank vorhanden ist. Wenn ja, wird ein Fehler ausgegeben. Unter Alarm können Sie wieder Ihre individuelle Fehlermeldung eintragen, wenn die Validierung fehlschlägt.

Wenn Sie diese Einstellungsmöglichkeit verlassen, finden Sie in der zweiten Spalte „Stufe" den Link „Final". Diese Einstellung ist für ein mehrseitiges Formular dienlich. Bei Klick auf den Link *Final* öffnet sich ein Auswahlfeld mit der Wahl einer Stufe zwischen 1 und 5 und dem Wert *Final*.

Wenn Sie ein mehrseitiges Formular anlegen wollen, müssen Sie den Feldern die jeweiligen Stufen zuordnen, als auch als letztes Feld in jeder Stufe ein *Next/Weiter*-Feld einfügen.

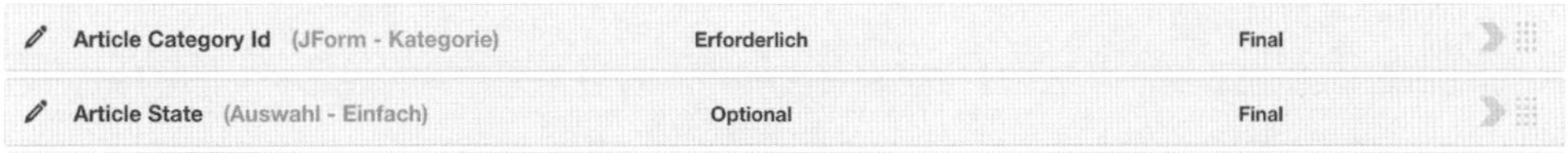

Bild 16.54 Ansicht der Zusatzoptionen Validierung und Stufe

Bild 16.55 Detailansicht der Validierungseinstellungen

16.2.10.4 Zugriffsebene und Beschränkung

In allen Ansichten, Nummer **[4]**.

Sie können jedem einzelnen Feld eigene Zugriffsebenen zuweisen. Wenn Sie auf den Link „Public" klicken, öffnet sich eine Übersicht mit Zugriffsgruppen. Sie können eine spezielle Gruppe wählen, die das Feld sehen darf. Wenn Sie rechts auf den Link „keine" klicken, haben Sie eine Auswahl zwischen *Workflow* und *URL-Variable*. Sobald Sie eine der Methoden wählen, erscheint rechts davon ein Pluszeichen. Durch einen Klick auf das Plus gelangen Sie in eine Ansicht, in der Sie weitere Parameter definieren können. Bei „Workflow" können Sie das Feld zum Beispiel nur bei der Ersteinreichung (Hinzufügen) einblenden und ansonsten ausblenden. Bei „URL-Variable" können Sie auswählen, ob das Feld abhängig von einer übermittelten URL-Variable angezeigt werden soll oder nicht.

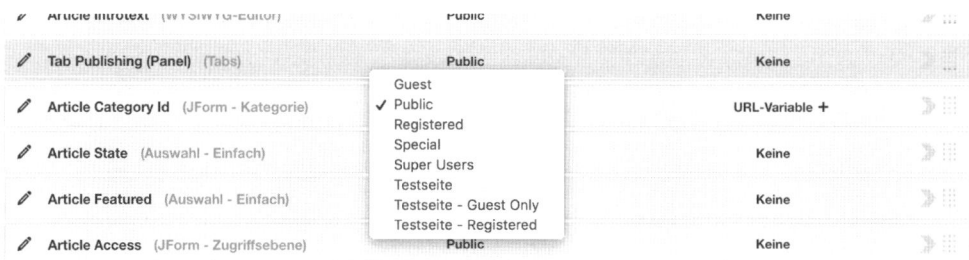

Bild 16.56 Ansicht der Zugriffseinstellungen für Felder

16.2.10.5 Abhängige Status (+ Berechnung)

Abhängige Status (+ Berechnung) im Administrator- und im Seiten-Formular unter [5], Abhängige Status im Suchformular unter [5].

Mit Abhängige Status können Sie Felder in Abhängigkeit voneinander einblenden, ausblenden, u. v. m. Wenn Sie auf den blauen Link Hinzufügen klicken, sehen Sie die Konfiguration der Abhängigkeit wie im Bild 16.57.

1. Zunächst wählen Sie aus, was genau mit diesem Feld passieren soll. Wählen Sie zwischen sichtbar, verborgen, ausgefüllt, ausgefüllt mit, leer, aktiviert, deaktiviert, hat Klasse, keine Klasse, Auslöser.
2. Dieses Feld hat verschiedene Funktionen, abhängig von der Wahl im ersten Feld: *Sichtbar/Verborgen*: Füllen Sie das Feld mit Fade, Slide, um einen Effekt zu erzielen oder lassen Sie es leer.
   - *Ausgefüllt*: Schreiben Sie in dieses Feld den Wert, den es erhalten soll.
   - *Ausgefüllt mit*: Der Name eines anderen Felds, aus dem Sie einen Wert beziehen wollen. Wenn Sie ein benutzerdefiniertes Attribut aus dem benannten Feld ziehen wollen (siehe auch Abschnitt 16.2.9.1), dann schreiben Sie in das Feld feldname@benutzerdefiniertes Attribut.
   - *Leer/Aktiviert/Deaktiviert*: Hier können Sie dieses Feld leer lassen.
   - *Klasse/keine Klasse*: Tragen Sie die Klasse ein, die das Feld erhalten soll.
   - *Auslöser*: Schreiben Sie hier den Trigger-Event rein, zum Beispiel „change", „click", „focus".
3. Hier können Sie, falls notwendig, eine ID, Klasse oder einen Tag eingeben, um auf ein beliebiges Element zuzugreifen. Manche Aktionen füllen dieses Feld automatisch mit #form# aus, dieser Wert wird automatisch mit der eigentlichen ID ersetzt.
4. Automatische Umkehrung: Die Abhängigkeiten funktionieren so, dass ein Feld unter bestimmten Bedingungen zum Beispiel automatisch ausgeblendet wird. Trifft die Bedingung nicht zu, gilt das Gegenteil: das Feld wird eingeblendet. Wenn Sie diese automatische Umkehrung deaktivieren wollen, entfernen Sie das gesetzte Kästchen.
5. Unter dem WENN-Feld wählen Sie aus, ob beide Bedingungen unter Auslöser zutreffen müssen oder nur eine davon.
6. Im Auslöser wählen Sie das entsprechende Feld.
7. Hier wählen Sie den Auslöser aus. Sie können wählen zwischen gleich/enthält, ist anders, ist ausgefüllt, ist leer, ist geändert, ist gedrückt, ist gesendet, Funktion aufrufen.
8. In diesem Feld tragen Sie bei den Auslösern *gleich/enthält* und *ist anders* den Wert des Auslösers ein. Wenn das Feld eine Auswahlliste ist, können Sie den Wert über die blauen Doppelpfeile auswählen. Bei den Auslösern *ausgefüllt*, *leer* und *geändert* können Sie dieses Feld leer lassen, bei *Funktion aufrufen* tragen Sie hier den JavaScript-Funktionsnamen ein.

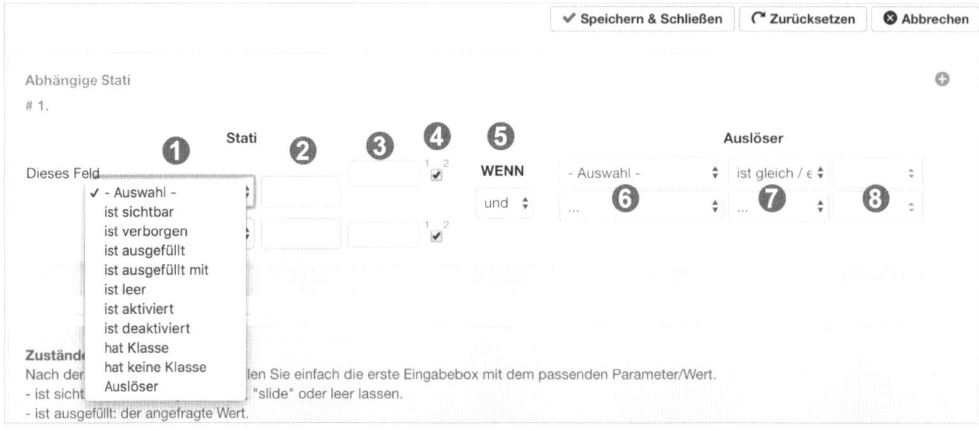

Bild 16.57 Abhängige Status

Im Administrator- und Seitenformular steht Ihnen zudem noch die Funktion *Berechnung* in dieser Option zu Verfügung. Klicken Sie dazu in der rechten Spalte *Berechnungsregel* auf den Link *Hinzufügen*.

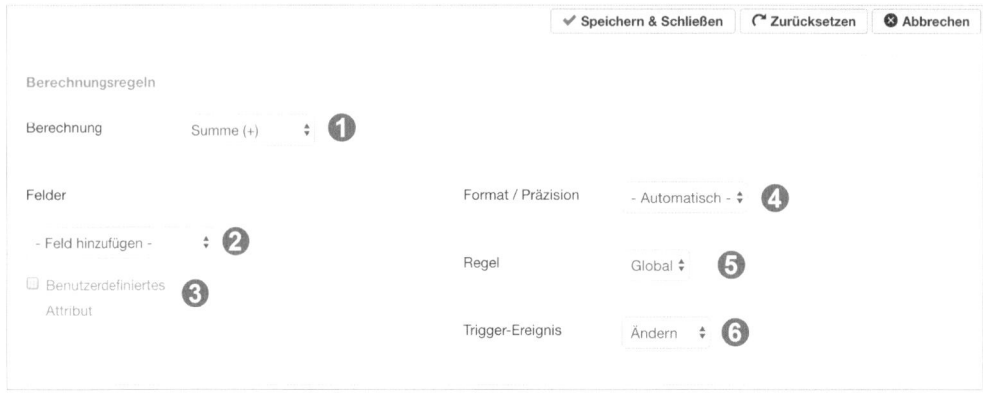

Bild 16.58 Detailfenster zu den Berechnungsregeln

1. Im Feld *Berechnung* können Sie die Art der Kalkulation festlegen, die in diesem Feld vorgenommen werden soll.

    a) *Durchschnitt:* Berechnet den Durchschnittswert der unter 2. ausgewählten Felder.

    b) *Anzahl/Count*: Zeigt die Anzahl der Felder an, die ausgewählt wurden.

    c) *Format*: Nimmt keine Kalkulation vor, sondern formatiert die Felder gemäß den Einstellungen unter Punkt 4.

    d) *Max*: Zeigt den höchsten Wert der Felder an, die ausgewählt wurden.

    e) *Min*: Zeigt den kleinsten Wert der Felder an, die ausgewählt wurden.

    f) *Produkt*: Multipliziert die Felder, die ausgewählt wurden und zeigt das Ergebnis an.

    g) *Summe*: Addiert die Felder, die ausgewählt wurden und zeigt deren Summe an.

h) *Verketten*: Verkettet Felder miteinander. Wenn also ein Feld den Wert *Hallo* hat und ein anderes Feld den Wert *Welt* dann ist das Ergebnis *HalloWelt*.

i) *Benutzerdefiniert*: Die Option ermöglicht es komplett, mittels üblichen PHP-Operatoren individuelle Berechnungen durchzuführen. Diese Option bezieht sich auf die unter 2. ausgewählten Felder in alphabetischer Reihenfolge. Das erste ausgewählte Feld ist zum Beispiel a, das zweite b, das dritte c und so weiter. Wenn Sie die Option benutzerdefiniert auswählen, erscheint ein weiteres Feld in dem Sie ein paar Voreinstellungen zur Hilfe nehmen können oder komplett frei konstruieren können.

2. In dieser Auswahlliste können Sie die Felder hinzufügen, die berechnet werden sollen.
3. Wenn Sie die Checkbox *Benutzerdefiniertes Attribut* anklicken, erscheint neben der Feldauswahl ein weiteres Feld. Sie können hier Ihr benutzerdefiniertes Attribut eintragen, welches anstelle des Feldwerts zur Berechnung hinzugezogen werden soll. Bleibt dieses Feld leer, wird der Feldwert gezogen.
4. *Format/Präzision*: Die Werte, die in dieser Liste stehen sollen, entsprechen mathematischen Funktionen.

    a) *ceil* liefert die nächste ganze Zahl, die größer oder gleich bezogen auf den Wert ist.

    b) *floor* liefert die nächste ganze Zahl, die kleiner oder gleich bezogen auf den Wert ist.

    c) *round* rundet Ihren Wert auf vier Nachkommastellen nach gängigem Standard auf oder ab.

    d) *toFixed* rundet Ihren Wert zu einer bestimmten Anzahl von Nachkommastellen die in dem Feld rechts von der Option eingetragen werden können, wenn diese Option ausgewählt ist. Tragen Sie zum Beispiel 2 für zwei Nachkommastellen ein

5. *Regel*: Hier können Sie die globalen Regeln übernehmen.
6. *Trigger-Ereignis*: Mit *Keyup* wird die Berechnung unverzüglich ausgeführt, sobald Sie die Taste loslassen. Mit *Change* wird die Berechnung ausgeführt, wenn der Feldwert sich verändert hat.

16.2.10.6 Markup + Markup-Klassen

Im Administrator-Formular, im Seiten-Formular und im Suchformular, Nummer [6].

In der Einleitung, im Inhalt, in der Liste und im Eintrag, Nummer [3].

Mit dieser Option können Sie das voreingestellte Markup eines Felds entfernen. Klicken Sie dazu auf den Link „Standard" und wählen Sie *Keine* aus. In dem rechten Feld „Markup Klasse" können Sie eine eigene Klasse vergeben. Wenn Sie Bootstrap nutzen, können Sie hier zum Beispiel die Spaltenklassen einfügen.

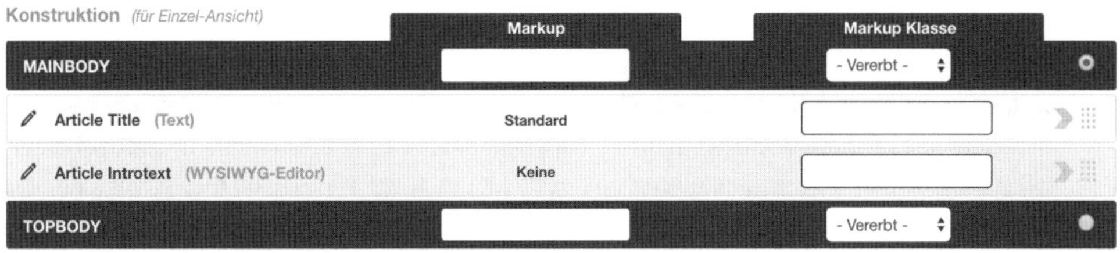

Bild 16.59 Einstellungsmöglichkeiten bei der Zusatzoption Markup + Markup-Klassen

16.2.10.7 Link + Typografie

In der Einleitung, im Inhalt, in der Liste und im Eintrag, Nummer [2].

Sie können ein Textfeld, einen Link oder einen Button über die Option Link mit einem anderen Inhalt verlinken. Dazu wählen Sie in der Liste zwischen Ansicht, Löschen, Formular und Liste & Suche. *Ansicht* verlinkt Sie zur Beitrags-Detailansicht (kann also nur im Frontend genutzt werden). Der Link *Löschen* löscht den Inhalt. Der Link *Formular* leitet Sie zum Eingabeformular dieses Inhaltstyps. Der Link *Liste & Suche* leitet Sie zur Liste des Inhaltstyps. Sobald Sie eine Variante wählen, erscheint rechts davon ein blaues Plus-Icon. Durch Klick darauf können Sie weitere Einstellungen für den Link vornehmen. Seit der Version SEBLOD 3.11.x kann man hier zum Beispiel den Link auch in einem modalen Fenster (Pop-Up) öffnen lassen.

In der rechten Spalte finden Sie Typografieoptionen.

Leeren: Zeigt ein leeres Feld an.

HTML: Diese Einstellung ermöglicht Ihnen den Inhalt des Felds mit Ihrem individuellen HTML-Code auszugeben. Nach der Auswahl der Option HTML, können Sie über das +-Symbol Ihr Markup im modalen Fenster eingeben. Sie können Variablen nutzen, um bestimmte Werte aufzurufen:

Wert: ***value*** oder **$cck->getValue('feldalias');**

Beschriftung: ***label*** oder **$cck->getLabel('feldalias');**

Textwert: ***text*** oder **$cck->getText('feldalias');**

Link: ***link*** oder **$cck->getLink('feldalias');**

Bestimmter Thumbnail: ***thumb1*** oder **$cck->getThumb1('feldalias');**

Verwendung in Field-X-Feldern:

Übergeben Sie die Feldnummer, die Sie aufrufen wollen: Z. B. **$cck->getValue('feldname,0');** für das erste Feld und **$cck->getValue('feldname,1');** für das zweite Feld

Verwendung in Group-X-Feldern:

Übergeben Sie die Feldnummer, die Sie aufrufen wollen: Z. B. mit **$cck->getValue('groupx_name',[x],'feldname')** setzen Sie den entsprechenden Group-X-Namen sowie den Feldnamen ein. Das [x] bleibt so stehen.

Sie können mit HTML auch Werte aus anderen Feldern mitabrufen:

Beispiel: **<a href="/$cck->getValue('feldname');">*value*</a>**

Fett/Kursiv/Unterstrichen: Mit diesen Optionen weisen Sie dem Feld die gewählte Formatierung zu.

Überschrift: Mit dieser Option definieren Sie, dass das Feld als Überschrift formatiert werden soll. Klicken Sie anschließend auf das Plus neben Ihrer Auswahl, um die Überschriftentiefe festzulegen.

Bild: Wenn die Art des Felds ein Bildfeld ist, können Sie über dieses Plug-in festlegen, welches Bild standardmäßig angezeigt werden soll und welche Größe es hat. Über *Standard (x2)* und *(x3)* können Sie auswählen, welches Bild bei höheren Bildschirmauflösungen angezeigt werden soll. In der Einstellung *Modal Box* können Sie wählen, ob durch Klick auf das Bild ein Fenster mit dem Bild in einer anderen Größe aufgeht, und ebenso die Dimension angeben (falls notwendig). Den Stil der Modal Box definieren Sie übrigens in der globalen Konfiguration wie im Abschnitt 16.2.4 beschrieben. Unter *Bild Alt (Feld)* können Sie ein Alt-

Attribut hinzufügen. Unter *Bildtitel* wählen Sie ob ein automatischer Bildtitel angezeigt werden soll oder nicht. Über *Pfad(e)* wählen Sie, ob der Pfad relativ oder absolut ausgegeben werden soll. Im unteren Bereich finden Sie unter Konstruktion die Möglichkeit, *Benutzerdefinierte Attribute* und *eigene Klassen* einzugeben.

Datum: Mit dieser Option können Sie ein in der Datenbank gespeichertes Datum in einem beliebigen Format ausgeben. Wenn Sie auf das Konfigurations-Plus klicken, öffnet sich ein Feld mit vorgegebenen Werten. *Über vergangene Zeit seitdem*, können Sie die Dauer in Tagen, Stunden oder Minuten ermitteln, die seit dem Datum verstrichen ist. Wenn Sie *Frei* wählen, können Sie das ausgegebene Datum frei konstruieren.

JGrid: Diese Typographie-Option stellt Ihnen einige Joomla!-Funktionen zur Verfügung, die Sie zum Verwalten von Beiträgen in Listen benötigen. Wählen Sie JGrid und definieren Sie anschließend über das Plus-Icon, welche Aktion über dieses Feld ausgeführt werden soll.

Aktivierung/Sperren: Wird zum Beispiel im Benutzermanagement verwendet, um zu ermitteln, ob dieser Nutzer aktiviert ist oder gesperrt ist.

Checkbox: Kann zum Beispiel auf das CCK-ID-Feld angewandt werden, um eine Checkbox für jeden Eintrag darzustellen.

Checkbox umschalten: Mithilfe dieses „Toggles" können Sie alle Checkboxen aktivieren/deaktivieren.

Dropdown-Menü: Dieser Button zeigt die Werte in einem Dropdown Fenster an, wenn man darauf klickt. Im Frontend muss das Template entsprechend angepasst werden, damit das Fenster an richtiger Position aufgeht.

Haupteintrag: Mit diesem JGrid können Sie die Stern-Icons anzeigen, die Sie aus der Joomla!-Beitragsverwaltung kennen, um Haupteinträge festzulegen.

Erhöhung: Zeigt ein Feld an, das eine Rangnummer darstellt.

Neuordnung: Wird in der Reihenfolge-Spalte verwendet, um die Reihenfolge zu bestimmen.

Status: Wird verwendet, um den Veröffentlichungsstatus anzuzeigen.

Formular: Gibt das Feld als Formularfeld aus.

Versteckt: Gibt das Feld versteckt aus.

Nur Lesen: Gibt das Feld schreibgeschützt aus.

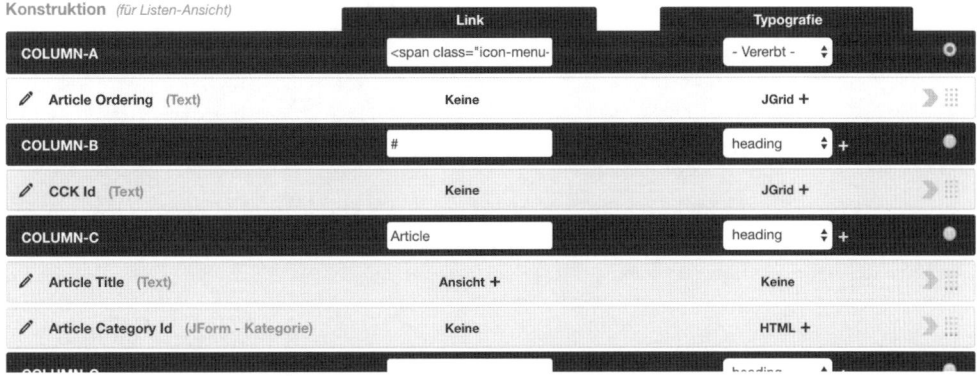

Bild 16.60 Anzeige der Zusatzoptionen Link und Typografie

16.2.10.8 Treffer + Stufen

Im Suchformular unter Nummer [3].

Im Suchformular können Sie verschiedene Trefferkriterien zuweisen. Das ist wichtig, wenn Ihr Feld, nach dem Sie suchen, zum Beispiel eine PS-Angabe für Autos ist, Sie aber in der Suche nicht exakt nach dieser Zahl suchen wollen, sondern nach allen Einträgen, die mindestens diese PS-Zahl haben. Weiterhin können Sie nach Datumsbereichen suchen, nach Radien und vielem mehr. Stellen Sie die Suchfelder nach Ihren Bedürfnissen ein.

Über *Stufe* können Sie ein mehrseitiges Suchformular aufbauen. Definieren Sie dazu in der rechten Spalte die Stufe und fügen Sie nach jeder Stufe ein Weiter-Feld (Next) ein.

16.2.10.9 Positionen

In allen Ansichten über den Button mit dem Punkt [•] erreichbar.

Hier können Sie Breiten und Höhen für jede Position definieren, indem Sie einen Prozent- oder einen Pixelwert angeben.

Bild 16.61 Darstellung der Größenangaben für die Positionen

16.2.10.10 Der Zuweisen-Button

Im Administrator-Formular und im Seitenformular in den Zusatzoptionen ganz unten.

Dieser Button nimmt uns viel Arbeit ab. Stellen Sie sich vor, Sie bauen ein Administrator-Formular mühsam auf und müssen nun ein Seitenformular aufbauen, das sich in großen Teilen mit dem Admin-Formular deckt. Dies nun alles erneut aufzubauen, können Sie sich sparen. Denn durch Klick auf den „magischen" Button werden alle Felder von einem Formular in das andere übernommen.

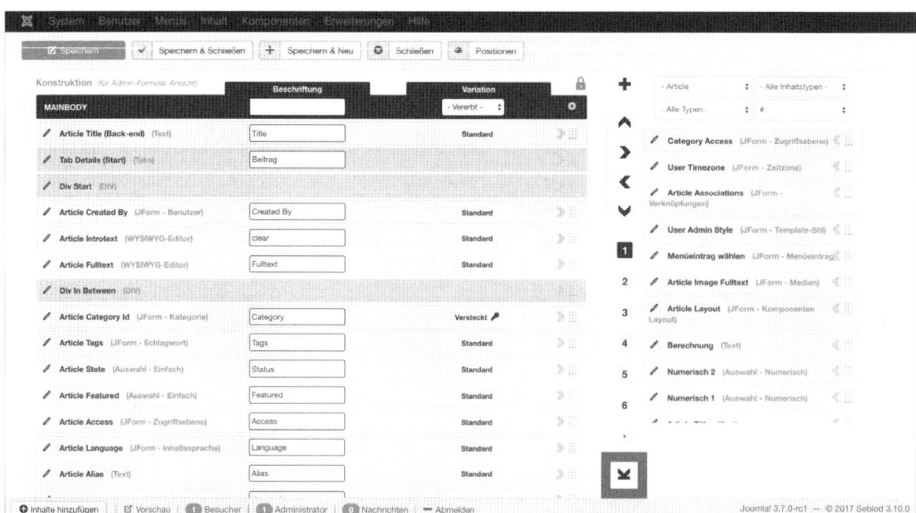

Bild 16.62 Darstellung des Zuweisen-Buttons

16.2.11 Templates

Unter Templates versteht man in SEBLOD® nicht das Frontend-Template an sich. Sie steuern die Ausgabe **innerhalb** des Komponentenaufrufs und können nicht als Standard-Frontend-Template zugewiesen werden.

Bei der Installation von SEBLOD® werden einige Templates mitinstalliert. Wie Sie in der Übersicht in Ihrem Joomla!-Template-Manager sehen, handelt es sich um drei verschiedene Templates *seb_one*, *seb_blog* und *seb_table*. Hinter jedem Template-Namen ist vermerkt, wo dieses spezielle Template im Einsatz ist. In Ihrer Ordnerstruktur finden Sie die SEBLOD®-Templates im Ordner *templates/*, wo auch die Frontend-Templates ihr Zuhause haben.

Sehen wir uns die Positionen eines Templates nun an: Gehen Sie dazu unter KOMPONENTEN » SEBLOD » FORMULAR & INHALTSTYP MANAGER auf den Inhaltstyp *Article* und öffnen Sie ihn.

In der Button-Toolbar ganz oben, rechts vom Schließen-Button finden Sie einen Button „*Positionen*". Wenn Sie hier klicken, öffnet sich ein Popup mit der Positionsaufteilung des Templates *seb_one*. Diese Positionen entsprechen den dunkelblauen Überschriftsbalken im Konstruktionsfenster, in dem Sie Ihre Felder verwalten.

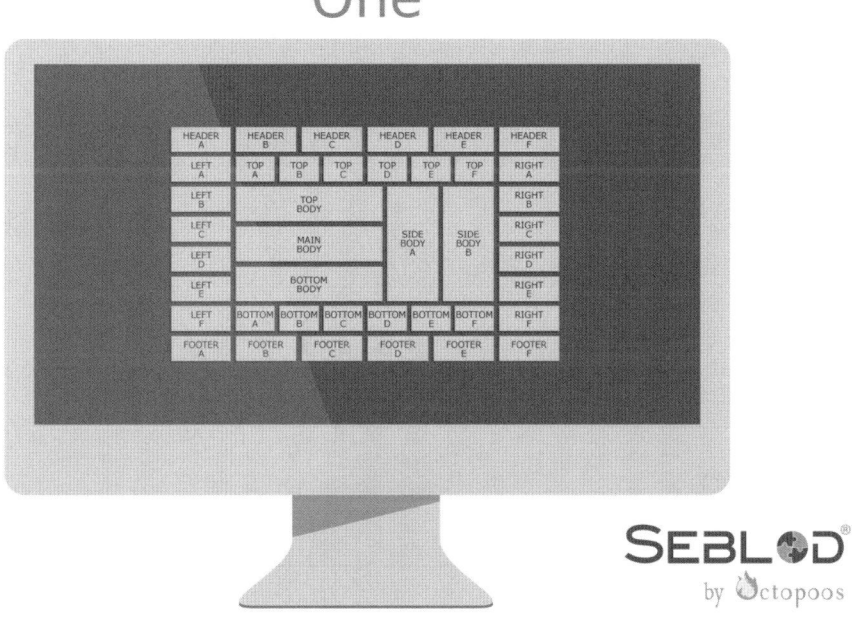

Bild 16.63 Positionen des seb_one-Templates

16.2.11.1 Templates installieren

Sie finden neue Templates unter anderem auch auf der SEBLOD®-Webseite unter *https://www.SEBLOD.com/store/extensions*.

Sie können das Template wie ein übliches Template über den Joomla!-Erweiterungsmanager installieren. Zusätzlich dazu müssen Sie im Template-Manager von SEBLOD® das Template zuweisen.

Klicken Sie unter KOMPONENTEN » SEBLOD auf das Icon TEMPLATE-MANAGER und dort auf den grünen Button NEU.

Vergeben Sie diesem Template einen *Titel* und wählen Sie das soeben installierte Template unter *Name* aus. Unter *App-Ordner* empfiehlt es sich, den Ordner der Anwendung auszuwählen, für die Sie dieses Template nutzen wollen. Unter *Typ* wählen Sie aus, für welche Ansicht das Template gedacht ist (Inhaltstyp oder Liste).

16.2.11.2 Template-Overrides

Sie können für jedes SEBLOD®-Template Overrides anlegen. Dazu müssen Sie zunächst den richtigen Ablegeort für Ihren Override ermitteln. Wenn Sie die englische Sprachversion von SEBLOD® nutzen, ist dies etwas leichter, da die Ansichten jeweils den Namen tragen, den der finale Override-Ordner tragen muss.

Sehen wir uns zunächst die Ordnerstruktur des Templates *seb_one* im Verzeichnis *templates* an:

- css
- **fields**
- images
- **includes**
- languages
- **positions**
- **variations**
- config.php
- index.html
- index.php
- template_picker.png
- template_preview.png
- template_thumbnail.png
- templateDetails.xml

Sie können im SEBLOD®-Template die Ausgabe von Feldern (fields), Positionen (positions) und Variationen (variations) überschreiben sowie die include-Dateien anpassen.

Felder-Ausgabe (Rendering) überschreiben

Felder werden mithilfe der Datei */libraries/cck/rendering/fields/markup.php* ausgegeben. Diese Datei enthält Anweisungen dazu, wie jedes einzelne Feld gerendert wird. Dabei werden die Klassen ermittelt und hinzugefügt, die wichtig sind, das Feld so auszugeben, wie Sie es in Ihren Inhaltstypen festlegen.

Im Unterordner *fields* des *seb_one*-Templates finden Sie eine *_markup.php*-Datei. Diese Datei deckt sich vom Inhalt her mit der Datei unter */libraries/cck/rendering/fields/markup.php* und ist durch den führenden Unterstrich deaktiviert.

Wenn Sie die Ausgabe von Feldern beeinflussen wollen, können Sie dies zum einen generell machen, indem Sie den führenden Unterstrich entfernen und den Inhalt der Datei nach Ihren Wünschen abändern.

Sie können aber auch Felder abhängig vom Inhaltstyp verschieden ausgeben. Legen Sie dazu im *fields*-Ordner ein Unterverzeichnis mit dem Alias Ihres Inhaltstyps an. Kopieren Sie anschließend die *_markup.php*-Datei in diesen Ordner und entfernen Sie den Unterstrich.

Nun müssen Sie den Funktionsnamen in der Datei noch anpassen:

Der Aufbau des Funktionsnamen folgt den Regeln:

fields/markup.php => cckMarkup_[templatename]

fields/[InhaltstypAlias]/markup.php => cckMarkup_[templatename]_[InhaltstypAlias]

fields/[SuchtypAlias]/markup.php => cckMarkup_[templatename]_[SuchtypAlias]

Wenn Sie also das Markup für die Felder im Inhaltstyp *Article* verändern wollen und das *seb_one*-Template nutzen, lautet der Pfad *fields/seb_one/article/markup.php* und der Funktionsaufruf innerhalb dieser Datei muss *cckMarkup_seb_one_article* heißen.

Positionsausgaben überschreiben

Was ist nun, wenn Sie Ihre Ausgabe vollkommen individualisieren wollen und selbst bestimmen wollen, wo welches Feld dargestellt wird, welches Markup um ein Feld herum erscheint und welche Klassen verwendet werden oder sogar weitere, eigene umfangreiche PHP- oder JavaScript-Funktionen einbinden möchten?

Sie können in Ihrem Template innerhalb des *Positions*-Ordner auch ganze Positionen überschreiben.

Hierfür müssen Sie dieser Pfadstruktur folgen:

positions/**[AliasDesTypen]**/**[Ansicht]**/**[positionsname]**.php

Mit *AliasDesTypen* ist der Alias Ihres Formular- und Inhaltstyps oder Ihres Listen- und Suchtyps gemeint.

Der Name der *Ansicht* ist etwas leichter zu merken, wenn man die englische SEBLOD®-Version nutzt. Nachfolgend sehen Sie eine Übersicht über die richtige Benennung der Ansicht-Ordner:

- Administrator-Formular = admin
- Seiten Formular = site
- Einleitung = intro
- Inhalt = content
- Suche = search
- Liste = list
- Eintrag = item

Den Namen der Position sehen Sie in Ihrem Formular- und Inhaltstyp oder im Listen- und Suchtyp im Konstruktionsfenster als dunkelblaue Trenner mit weißem Titel.

Wollen Sie zum Beispiel bei der *Beitrag-Detailansicht (content)* die Position *mainbody* im Inhaltstyp *article* im Template *seb_one* überschreiben, legen Sie den Override unter folgendem Dateipfad an: *templates/seb_one/positions/article/content/mainbody.php*.

Die Datei müssen Sie wie alle Dateien mit dem bekannten `<?php defined( '_JEXEC' ) or die; ?>` einleiten.

Sobald Sie die Datei im richtigen Ordner angelegt haben, wird dies von SEBLOD® erkannt und im Backend angezeigt (Bild 16.64).

Bild 16.64 Anzeige des Override-Pfads im Konstruktions-Baukasten

Doch wie rufen Sie nun die Felder im Override auf? Dafür gibt es unter anderem folgende PHP-Befehle, wie in Tabelle 16.3 angezeigt.

Tabelle 16.3 PHP-Befehle zum Aufrufen bestimmter Feldbestandteile

`<?php echo $cck->renderField('feldalias'); ?>`	Rendert das komplette Feld gemäß der zentralen markup.php-Datei oder des jeweiligen Overrides.
`<?php echo $cck->getValue('feldalias'); ?>`	Gibt den Wert des Felds aus. Wenn Sie zum Beispiel eine Auswahlliste haben, bei der JA=1 und NEIN=0 ist, werden hier die zugeordneten Werte, also die Zahlen ausgegeben. Bei Bild- oder Dateiuploadfeldern entspricht Value dem Dateipfad.
`<?php echo $cck->getText('feldalias'); ?>`	Gibt den Text des Felds aus. Wenn Sie zum Beispiel eine Auswahlliste haben, bei der JA=1 und NEIN=0 ist, werden hier die Wörter JA oder NEIN, also die Texte ausgegeben.
`<?php echo $cck->getDescription('feldalias'); ?>`	Gibt die Beschreibung des Felds aus.
`<?php echo $cck->getHtml('feldalias'); ?>`	Gibt das Feld mit dem Typografie-Plug-in Html aus.
`<?php echo $cck->getTypo('feldalias'); ?>`	Gibt das Feld so aus, wie es in den Typografie-Einstellungen festgelegt wurde.
Spezifisch für Bild-Felder	
`<?php echo $cck->getImage_title('bilduploadfeldAlias') ?>`	Mit diesem Befehl können Sie den Bildtitel eines Felds vom Typ Bild ausgeben.
`<?php echo $cck->getThumb1(' bilduploadfeldAlias ') ?>`	Mit diesem Befehl können Sie das Vorschaubild Nr. 1 eines Felds vom Typ Bild ausgeben.
`<?php echo $cck->getImage_alt(' bilduploadfeldAlias ') ?>`	Mit diesem Befehl können Sie den BildAlt-Text eines Felds vom Typ Bild ausgeben.

Spezifisch für FeldX oder GroupX	Sie können ein Feld X oder einer Gruppe X ganz normal über `<?php echo $cck->renderField( 'gruppenalias' ); ?>` ausgeben. Wenn Sie jedoch einzelne Werte ausgeben wollen, können Sie nachfolgende PHP Befehle nutzen.

`<?php foreach($cck->get( 'feldxAlias' ) ->value as $fx){ ?>`
 `<img src="/<?php echo $fx->value; ?>"`
 `alt="<?php echo $fx->image_alt; ?>"`
 `title ="<?php echo $fx->image_title; ?>" />`
 `<?php } ?>`
	Dieses Codebeispiel zeigt die Ausgabe von Bild-Feldern vom Typ Feld X in einer Schleife ohne Formatierung.

`<?php foreach($cck->get( 'groupxAlias' ) ->value as $gx){ ?>`
 `<p><img src="/<?php echo $gx['bildfeldAlias']->value; ?>" alt="<?php echo $gx['bildfeldAlias']->image_alt; ?>" title ="<?php echo $gx['bildfeldAlias']->image_title; ?>" /></p>`
 `<p><?php echo $gx['textfeldAlias']->value; ?></p>`
 `<p><?php echo $gx['anderestextfeldAlias']->value; ?></p>`
 `<?php } ?>`
	Dieses Codebeispiel zeigt die Ausgabe von Bild- und Textfeldern vom Typ Group X in einer Schleife ohne Formatierung.

`$cck->getValue( 'groupx_feldalias', 0, 'feldalias' );`
 	
 `$cck->getTypo( 'groupx_feldalias ', 1, 'feldalias' );`
	An Hand dieser Beispiele sehen Sie, wie Sie ein spezifisches Feld aus seiner Gruppe X abrufen können.

Variationen

Variationen sind eigene Layouts innerhalb einer Position. Sie legen fest, wie eine Position mit Ihren Feldern ausgegeben wird.

Die Variationen, die SEBLOD® standardmäßig ausliefert, finden Sie unter *libraries/cck/rendering/variations/*. Jede Variation hat einen eigenen Ordner, der eine gleichnamige .php-Datei und eine *options.xml*-Datei enthält. Die *options.xml*-Datei kann Parameter beinhalten, die dann in der Variations PHP-Datei abgerufen werden können.

Wenn Sie eine eigene Variation anlegen möchten, verändern Sie keine Systemdateien, sondern legen einen Ordner im Pfad *templates/seb_one/variations* an – oder je nachdem, für welches Template Sie die Variation nutzen möchten.

Den Namen der Variation können Sie frei wählen. Nehmen wir an, dass wir eine Variation *MeineVariation* anlegen wollen. Erstellen Sie dazu also einen Ordner *templates/seb_one/variations/meinevariation* und darin die Dateien *options.xml* und *meinevariation.php*.

Die *options.xml*-Datei bauen wir für das Beispiel sehr simpel auf und fügen einen Parameter ein, mit dem wir die Schriftfarbe der Ausgabe bestimmen können.

Listing 16.12 Einfache *options.xml*-Datei mit Feld zum Bestimmen der Schriftfarbe.

```xml
<?xml version="1.0" encoding="utf-8"?>
<form addfieldpath="/libraries/cck/construction/field">
  <fieldset name="position_legend" label="VAR_MEINEVARIATION_LEGEND_POSITION_LEGEND">
    <field name="font" type="color" default="#000"
      label="VAR_MEINEVARIATION_FONTCOLOR_LABEL"
```

```
            description=" VAR_MEINEVARIATION_FONTCOLOR_DESC" />
    </fieldset>
</form>
```

Die Datei *meinevariation.php* kann im Grunde ebenso sehr simpel aufgebaut werden. Wie Sie im Listing 16.13 sehen, wird zunächst der Parameter aus der *options.xml*-Datei über `$option->get(`fontcolor`);` abgerufen. Als nächstes wird diese Variable in eine CSS-Anweisung eingebunden. Mittels `$cck->addCSS($css);` wird dieser Stil lokal auf der Ausgabeseite eingebunden.

Listing 16.13 Beispielcode für eine Variation

```
<?php defined( '_JEXEC' ) or die;

// Parameter für die Schriftfarbe abrufen
$fontcolor = $options->get('fontcolor' );

//Einbindung des Farbparameters in eine css Variable
$css      = '.meinevariation { color:'.$fontcolor.'; }'."\n";

//Css Stil lokal einbinden
$cck->addCSS($css);

?>

<div class="meinevariation">
    <!-- Ausgabe aller Felder -->
    <?php echo $content; ?>
</div>
```

Mit `$content` werden alle Felder ausgegeben. Doch Sie können auch die gleichen PHP-Befehle nutzen, die Sie in einem Positions-Override verwenden können um einzelne Felder aufzurufen. Sehen Sie sich dazu die Tabelle 16.3 zu den Positions-Overrides an.

Sie sehen, Sie können mittels Feld-Overrides, Positions-Overrides und Variationen Ihre Ausgabe stark individualisieren. Wenn diese Möglichkeiten nicht ausreichen, hilft es, ein komplett eigenes Template zu erstellen.

Includes

Im Ordner includes finden Sie zwei Dateien: *no_access.php* und *no_results.php*. Diese Dateien werden automatisch eingebunden, wenn Sie in Ihrem Formular- und Inhaltstyp oder im Listen- und Suchtyp unter Einstellungen die Funktion *Datei einschließen* gewählt haben. Sie können diese Dateien nach eigenem Belieben anpassen. Doch Vorsicht ist hier geboten, wenn Sie ein SEBLOD®-Update durchführen. Legen Sie in diesem Falle lieber eine Kopie des Templates an und verändern Sie dort die Dateien.

16.2.11.3 Eigenes Template erstellen

Die Anleitung, ein eigenes Template für SEBLOD® zu erstellen, würde leider den Rahmen sprengen. Für einen schnellen Start, können Sie die Ordnerstruktur von *seb_one* kopieren und die dazugehörige Datei *templateDetails.xml* anpassen.

16.2.12 Seiten-Manager (Joomla!-Multidomain)

SEBLOD® bietet eine Integration für *Multisites/Multidomains* an. Mit diesem Feature können Sie mit einer Joomla!-Installation mehrere Domains oder Subdomains zentral verwalten. Gleichzeitig können die Zugänge für Administratoren individuell oder domainübergreifend eingestellt werden.

Diese Option ist interessant, wenn Sie Inhalte auf verschiedenen Domains oder Subdomains teilen wollen oder verschiedene Domains für nationale Webauftritte eines Unternehmens verwenden möchten.

SEBLOD®-Multi-Sites hebelt das Joomla!-eigene ACL und Benutzergruppen-System aus, um domainabhängig festzulegen, welche Inhalte welchen Webseitenbesuchern angezeigt werden. Wenn über die Option neue Domains hinzugefügt werden, wird ein neuer Baum für Benutzergruppen und Zugriffsebenen erstellt, in dem Sie dann die Rechte individuell einstellen können.

Multidomain aktivieren

In der globalen Konfiguration von SEBLOD® können Sie im Reiter Multisite die *Multi-Seiten*-Option *aktivieren* oder *deaktivieren*. Sobald Sie das System aktivieren, können Sie Ihre erste „Seite" erstellen.

Erlaube Login auf allen Seiten: Hier können Sie festlegen, ob registrierte Benutzer sich auf allen dazugehörigen Domains anmelden können oder nicht.

Informationsmail an Admin: Hier wird festgelegt, ob der Admin eine Informationsmail bei neuen Registrierungen bekommt. Hierbei gilt die Adresse, die in der globalen Konfiguration definiert wird.

Berechtigungen: Im Besitz/vererbt

Der „Im Besitz"-Modus erstellt einen neuen Zugriffsbaum für jede neue Seite, der „vererbt"-Modus erstellt die Benutzergruppen je Seite direkt unter dem Hauptbenutzer. Letzteres ist sinnvoll, wenn Sie die Rechte eines Hauptadministrators größtenteils an die „Unteradministratoren" vererben wollen.

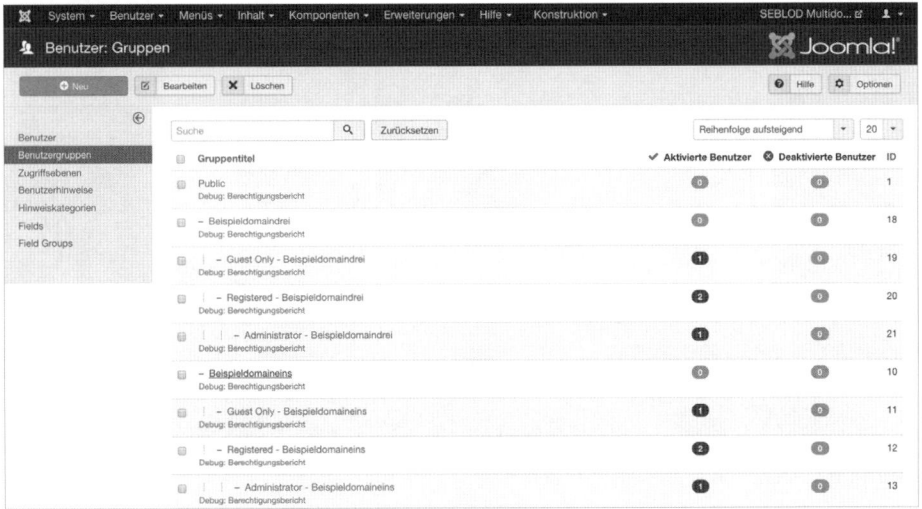

Bild 16.65 Strukturbaum bei einer *Im Besitz*-Konfiguration

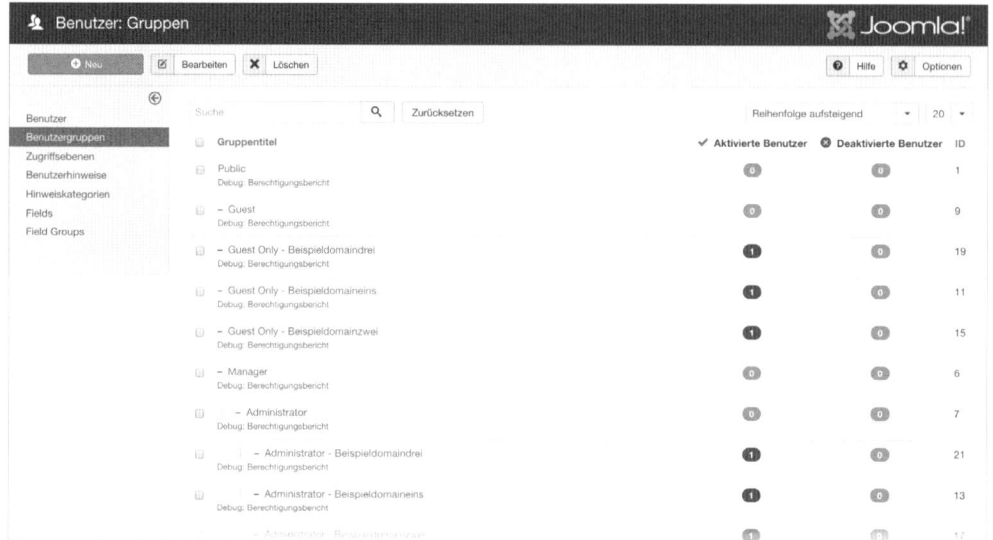

Bild 16.66 Strukturbaum bei einer *Vererbt*-Konfiguration

Neue Seite (Domain) hinzufügen

Um eine neue Seite hinzuzufügen, klicken Sie im Backend unter KOMPONENTEN » SEBLOD auf den SEITEN-MANAGER. Klicken Sie auf den grünen Button NEU oben links.

Es öffnet sich ein Popup mit verschiedenen Auswahlmöglichkeiten. Diese Optionen unterscheiden sich lediglich dadurch, wie viele Benutzer, Benutzergruppen und Zugriffsebenen automatisch erstellt werden, wenn Sie eine neue Domain hinzufügen. Klicken Sie auf Erstellen.

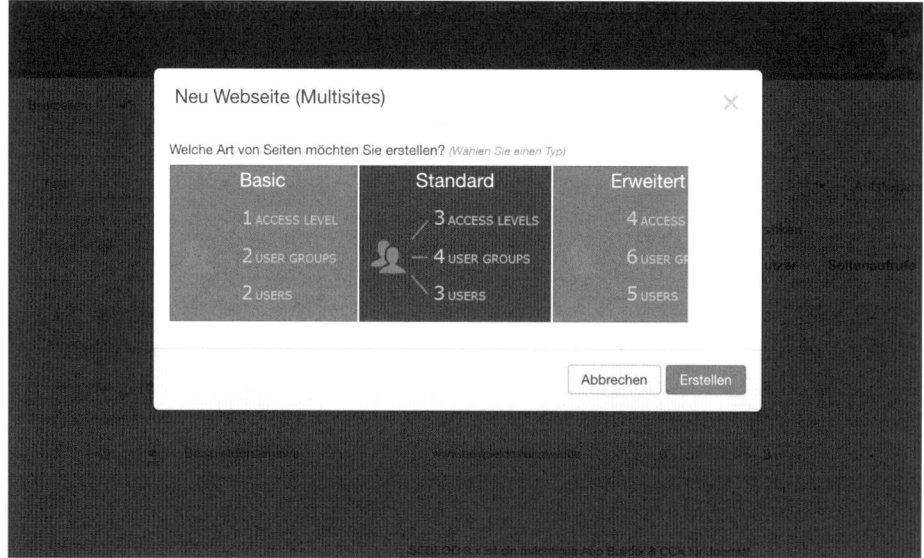

Bild 16.67 Popup mit Auswahlmöglichkeiten

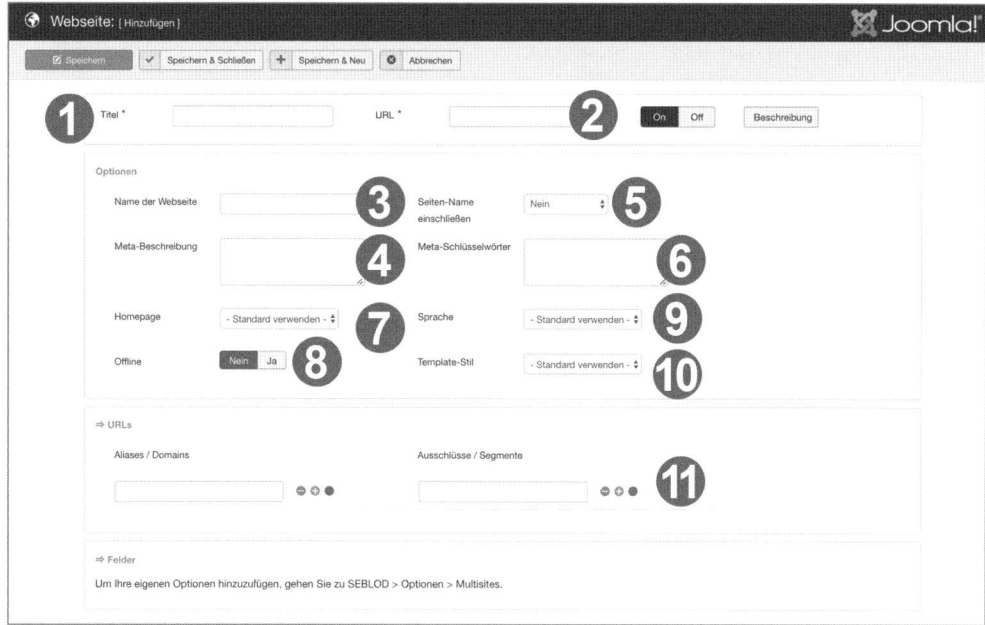

Bild 16.68 Konfiguration der neuen Domain

1. Unter diesem Punkt können Sie Ihrer Seite einen Titel geben. Diese Einstellung ist nur zur Verwaltung der Seiten notwendig und wird nicht im Frontend ausgegeben. Dieser Titel wird in der Benennung Ihrer Benutzergruppen, Nutzer und Zugriffsebenen verwendet.
2. Fügen Sie hier die Domain Ihrer Seite ein. Sie können hier sowohl die www-Variante als auch ohne www eintragen. Aber denken Sie daran, alternative Zugriffspunkte in der Aliasliste unter 11. einzutragen.
3. Fügen Sie hier den Seitentitel ein, der für diese Domain genutzt werden soll. Diese Eingabe entspricht der Funktion des Seitentitels in der globalen Konfiguration.

> **HINWEIS:** Aus Sicht der Suchmaschinenoptimierung sollte Ihre Domain nur über eine Adresse erreichbar sein. Sollte die Seite über www und nicht-www erreichbar sein, erwägen Sie statt dem Eintragen der Aliase eine Domainweiterleitung. Auch eine generelle Meta-Beschreibung ist aus SEO-Sicht nicht sinnvoll. Tragen Sie lieber Meta-Informationen je Beitrag ein. Meta-Keywords/Schlagwörter werden schon seit langem nicht mehr zur Suchmaschinenoptimierung genutzt. Diese Eingabe können Sie sich sparen.

4. Fügen Sie hier die globale Metabeschreibung ein, die für diese Domain verwendet werden soll. Dies entspricht ebenso der Einstellung der Meta-Beschreibung in der globalen Konfiguration.
5. Wählen Sie hier aus, ob der Seitenname vor oder hinter den Browsertitel gestellt werden soll oder nicht.

6. Hier können Sie – falls Sie möchten – Meta-Keywords, also Schlagworte festlegen.
7. Hier können Sie auswählen, welches Template für die Domain genutzt werden soll.
8. Offline: Legen Sie fest, ob die Seite erstmal offline geschaltet werden soll.
9. Sprache: Definieren Sie hier die Inhaltssprache
10. Template-Stil: Wählen Sie hier den Template-Stil aus, der für diese Domain gilt.
11. Aliase/Domains: Das sind Alias-URLS oder andere URLs durch diese Seite erreichbar sein sollen. Hier können Sie zum Beispiel die Entwicklungs-Domain festlegen, z. B. *relaunch.ihredomain.de*. Sie können hier auch die www oder nicht-www-Version ihrer URL angeben, jedoch beachten Sie dazu den Hinweis zur Suchmaschinenoptimierung. Unter Ausschlüsse können Sie Domainsegmente ausschließen und somit URLs mit Joomla!-Standardsprache erzwingen.

Startseite festlegen

Pro Installation kann in Joomla! nur ein Standard- bzw. Default-Menüpunkt festgelegt werden. Dieser Menüpunkt repräsentiert die Startseite der Joomla!-Installation und ist über die Eingabe der reinen URL erreichbar. Diese Einschränkung kann mit SEBLOD® nicht umgangen werden.

Normalerweise hätten Sie also bei Ihrer Multidomain-Konfiguration folgende URLS für ihre Startseiten:

www.erstedomain.de

www.zweitedomain.de/startseite

www.drittedomain.de/willkommen

Um dies zu umgehen, müssen Sie die Startseite so planen, dass diese **allen Seiten** zugeordnet ist. Anschließend stellen Sie die Zugriffsberechtigungen für Module so ein, dass diese entsprechend ein- und ausgeblendet werden, um unterschiedliche Inhalte darzustellen.

Domainoptionen festlegen

Optionen sind dazu da, um für jede einzelne Domain eigene Parameter zu hinterlegen. Das könnte zum Beispiel ein besonderer Schrifttyp, ein Firmenname oder eine Hintergrundfarbe sein, die auf dieser Domain genutzt werden soll. Um diese Optionen nutzen zu können, müssen Sie zunächst in der globalen Konfiguration von SEBLOD® die Option *Speicherung Entwicklung* im Reiter KOMPONENTE auf *Ja* stellen. Anschließend müssen Sie im Feldmanager ein Feld für diese Option erstellen. Für Hintergrundfarbe erstellen Sie ein normales **Textfeld**, zum Beispiel mit dem Titel *Domainoption Hintergrundfarbe*. Als Speicherung wählen Sie unter *Format/Objekt Entwicklung* aus und tragen in dem Feld neben dem Dropdown *json[options]/***ihrfeldalias/** ein. Sie können das Feld auf „Off" stellen, da es ohnehin nur für die Domainoptionen verwendet wird.

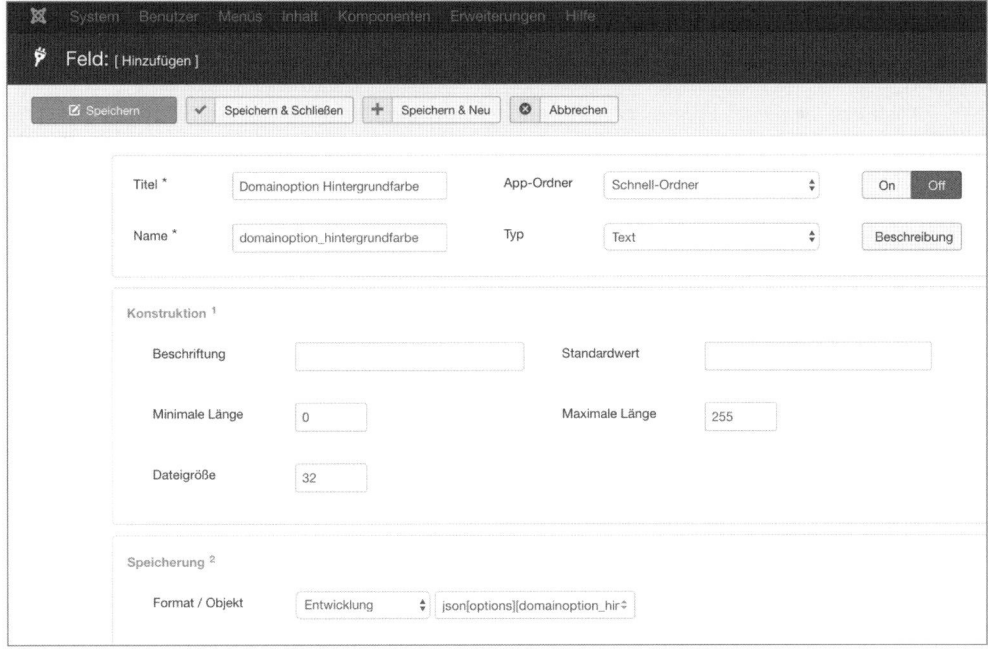

Bild 16.69 Anlegen des Optionsfelds

Anschließend können Sie, wie Sie im Bild 16.70 sehen, dieses Feld in den globalen Optionen von SEBLOD® als Domainparameter auswählen.

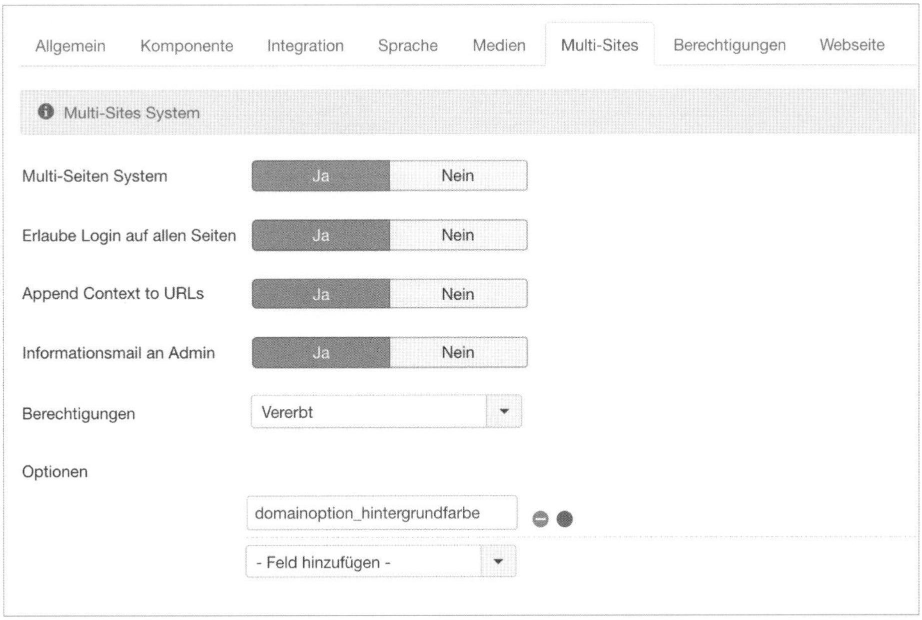

Bild 16.70 Auswahl der zusätzlichen Domainoptionen

Um die Optionen dann in Ihren Formular- und Inhaltstypen verwenden zu können, benötigen Sie das kostenfreie Live-Plug-in SEBLOD® Site (Multi-Site), erhältlich unter *https://www.SEBLOD®.com/store/extensions/1720*.

Nachdem Sie dieses Plug-in installiert haben, erscheint es als Sites (Multisites) in den Live-Optionen, siehe Abschnitt 16.2.10.2. Erstellen Sie in Ihrem Formular ein Feld, das sich die Einstellungen aus den Domaineinstellungen ziehen soll. Wählen Sie das Live-Plug-in *Sites* aus und konfigurieren Sie es.

16.2.13 SEBLOD® Module

Bei der Installation von SEBLOD® werden folgende Module mit installiert. Diese können auch mit dem SEBLOD® Feld „Modul" innerhalb einer Liste oder eines Inhalttyps eingebunden werden.

Breadcrumbs

Das Breadcrumbs-Modul entspricht dem Navigationspfad von Joomla!, wobei hier die Routingoptionen von SEBLOD® berücksichtigt werden.

Form

Das Form-Modul kann ein SEBLOD®-Formular auf einer Modulposition darstellen. Sie können in den Moduleinstellungen abweichende Live-Werte und Variationen festlegen.

List

Das List-Modul kann eine SEBLOD®-Liste auf einer Modulposition darstellen. Sie können in den Moduleinstellungen abweichende Live-Werte und Variationen festlegen.

Search

Das Search Modul kann eine Sucheingabemaske auf einer Modulposition darstellen. Auch hier können Sie in den Modulparametern abweichende Live-Werte und Variationen festlegen.

16.2.14 Backend-Menü erstellen

SEBLOD® eignet sich sehr gut dazu, alle administrativen Tätigkeiten direkt über das Frontend zu erledigen. So können Sie Formulare für Redakteure im Frontend freigeben und ein Login im Backend ist nicht notwendig.

Wenn Sie dennoch Inhalte über das Backend verwalten möchten, ist es dienlich, ein eigenes Admin-Menü dafür zu erstellen. Gehen Sie dazu auf ERWEITERUNGEN » MODULE und wählen Sie zunächst links vom Suchformular den Kontext *Administrator* (statt Site) aus.

Klicken Sie anschließend auf den grünen Button NEU und wählen Sie *SEBLOD - Admin Menü* als Modultyp. Wählen Sie als *Modus* Listen oder Formulare aus und veröffentlichen Sie das

Modul auf der *Position menu*. Sie finden anschließend die Listen im Joomla!-Backendmenu rechts oder links von den normalen Einträgen, je nachdem wie Sie es im Admin-Modul eingestellt haben. Zusätzlich dazu können Sie im Modul im Reiter Komponenten Links und eigene Links komplett individuelle Menüpunkte für das Admin-Menü erstellen.

Als weitere Möglichkeit können Sie die seit Joomla! 3.7 eingeführte neue Funktion nutzen, ein Admin-Menü über den Menü-Manager zu erstellen.

16.2.15 SEBLOD® Erweiterungen

Auf der SEBLOD®-Webseite finden Sie unter *https://www.SEBLOD*.com/store einen Shop, in dem verschiedene Felder, Plug-ins, Templates usw. gekauft werden können. Einige Plug-ins sind sogar kostenfrei. Nachfolgend möchte ich Ihnen in Kurzform einige einzelne Erweiterungen vorstellen. Sehen Sie sich selbst im SEBLOD®-Store um, um eine nähere Beschreibung der Erweiterungen zu finden.

SEBLOD®-Importer (Add-On)

Über den Importer können Sie eine csv-Liste in Ihren SEBLOD®-Formular- und -Inhaltstyp importieren. Sie können somit Hunderte von Beiträge, Kategorien und Benutzer auf einen Schlag erstellen.

Adress to Coordinates (Feld)

Dieses Feld stellt das Google-Autovervollständigen-Feld für die Adresssuche dar. Außerdem befüllt es andere Felder automatisch mit den Längen und Breitengraden des eingetragenen Orts.

Random Uniq ID (Live-Plug-in)

Mit diesem Live-Plug-in können Sie einen Zufallswert erstellen. Dieser eignet sich prima für die Erstellung von Tokens oder anderen Werten, die zwingend individuell sein müssen.

Joomla! User (Restriction)

Mit diesem Restriktions-Plug-in können Sie Felder für einen bestimmten einzelnen Benutzer anzeigen oder ausblenden.

PHP String (Typografie)

PHP String ist ein Feld, welches verschiedene String-Funktionen in einem Feld ausführen kann.

Minima (Template)

Das Minima-Template verfügt über nur eine Position und hat ein reduziertes Markup.

16.2.16 Beispielprojekt: Jobportal

Sie sehen, im Gegensatz zu „Eigene Felder" sind die Einstellungsmöglichkeiten bei einem CCK weitaus individueller. Nicht zuletzt die umfangreiche Art, Inhalte miteinander zu verknüpfen und komplexe Suchformulare zu erstellen, machen SEBLOD® zu einer mächtigen Komponente, die man auch mit sehr geringen Programmierkenntnissen zähmen kann. Nachfolgend wiederholen wir das Beispielprojekt aus „Eigene Felder" (Abschnitt 16.1.8) mit der SEBLOD®-Erweiterung.

16.2.16.1 App-Ordner anlegen

Zunächst erstellen Sie einen neuen *App-Ordner* mit dem Namen *Jobportal*, so wie es im Abschnitt 16.2.5.2 beschrieben ist.

16.2.16.2 Arbeitgeberinformationen

Die Arbeitgeberinformationen wollen wir über die Benutzer-Registrierung abfragen. Hierfür erweitern wir den vorhandenen FORMULAR- UND INHALTSTYP User. Da sich die neuen Nutzer im Frontend registrieren, klicken Sie neben dem Inhaltstyp User auf die Zahl in der zweiten Spalte, um direkt zum *Seitenformular* zu gelangen.

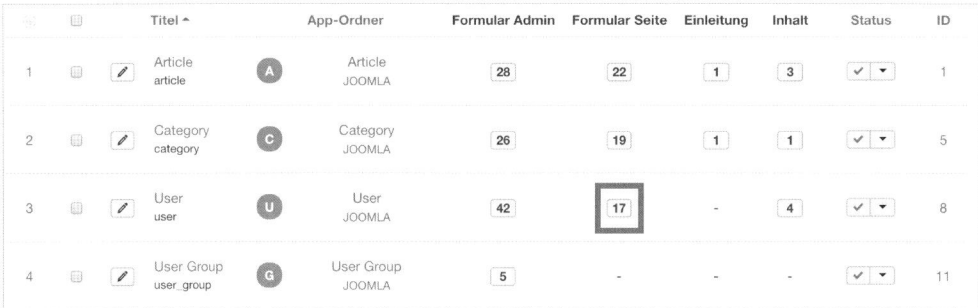

Bild 16.71 Klicken Sie in der Übersicht auf die zweite Spalte, um direkt zum Seiten-Formular zu gelangen

Im Seitenformular sehen Sie nun in der Spalte Beschriftung einige englische Bezeichnungen.

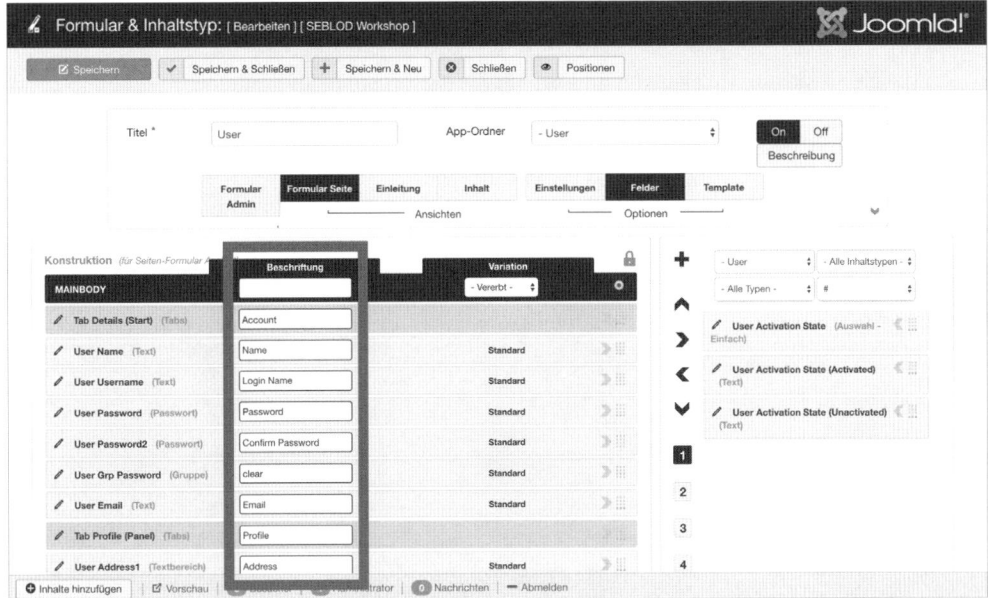

Bild 16.72 Das Seitenformular für Benutzer im Ursprungszustand

Sie können in die weißen Felder Ihre eigene deutschsprachige Beschriftung eintragen. Wir sparen uns die Erstellung einiger Felder, indem wir vorhandene Felder sofern möglich alternativ beschriften.

Firmenname

Der Name eignet sich gut als Firmenname-Feld. Geben Sie daher in dem weißen Feld neben User Name statt Name **Firmenname** ein.

Speichern Sie den Inhaltstyp und werfen Sie einen Blick auf die Registrierungsmaske im Frontend.

Sie sehen, statt Name wird hier nun das Feld mit Firmenname abgefragt.

Adresse

Wie im Custom-Fields-Beispiel wollen wir eine Adresse abfragen. Wie Sie sehen, werden die Felder User Adress1, User City, User Postal Code und User Country zwar im Inhaltstyp angezeigt, jedoch nicht in der Registrierung. Woran liegt das? Wie im Abschnitt 16.2.10.4 beschrieben kann man je Feld verschiedene Zugriffsebenen einstellen.

Wenn Sie in den Zusatzoptionen auf der rechten Seite auf die Nummer **[4]** klicken, sehen Sie, dass der *Reiter Tab Profile (Panel)* mit allen Feldern auf „*Registriert*" gestellt ist. Um diese Felder bereits bei der Registrierung anzuzeigen, klicken Sie inklusive diesem Tab überall auf den Link „*Registriert*" und ändern ihn zu „*Public*". Ändern Sie auch das Feld Tab Details (Start) zu *Public*. Das bedeutet, dass diese Eingabefelder **öffentlich** angezeigt und bearbeitet werden können.

Klicken Sie zurück auf die Nummer **[1]** in den Optionsfeldern und ändern Sie die Feldbezeichnungen nach Ihren Wünschen vom Englischen ins Deutsche.

Speichern Sie die Änderungen und prüfen Sie das Ergebnis im Frontend.

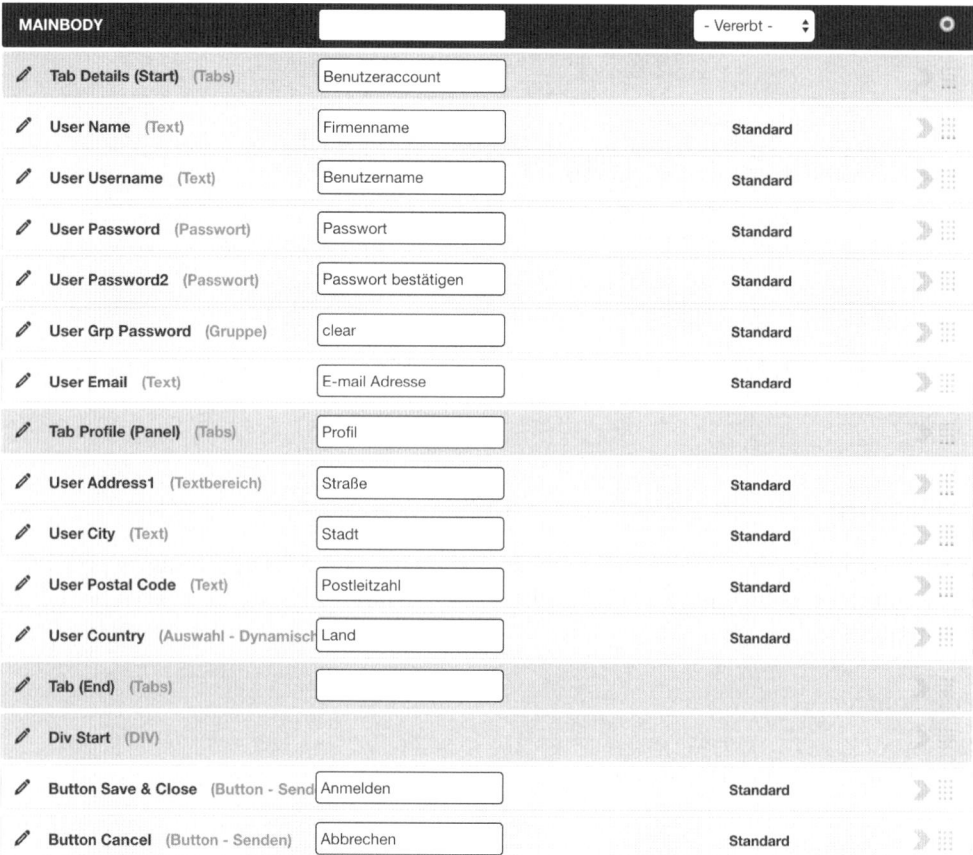

Bild 16.73 Neue Beschriftungen für die vorhandenen Felder im Benutzer-Inhaltstyp

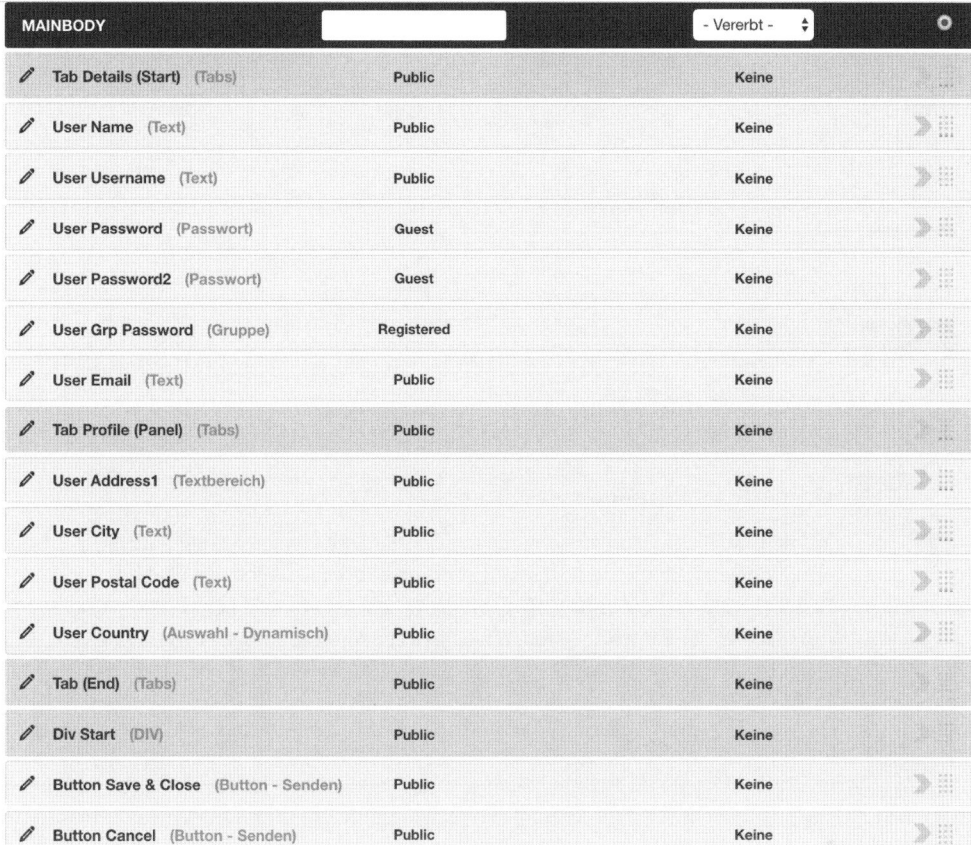

Bild 16.74 Neue Zugriffsebenen für die vorhandenen Felder im Benutzer-Inhaltstyp

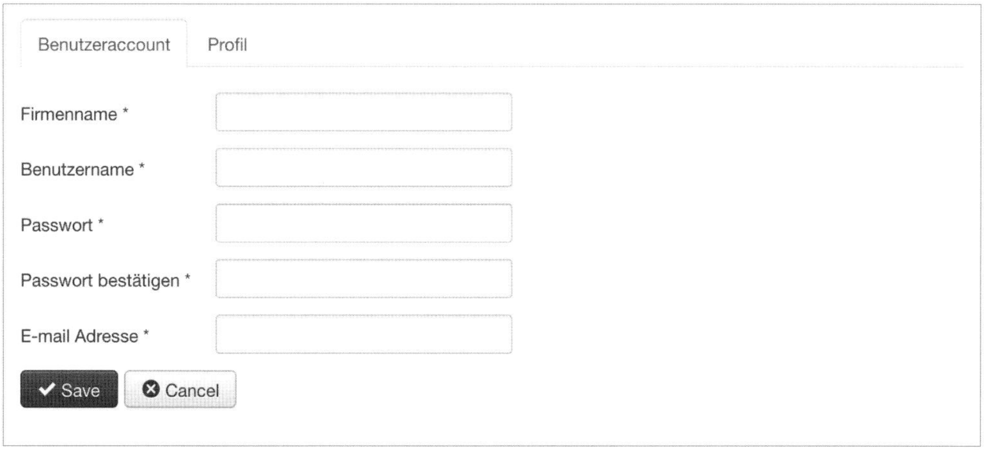

Bild 16.75 Resultat im Frontend

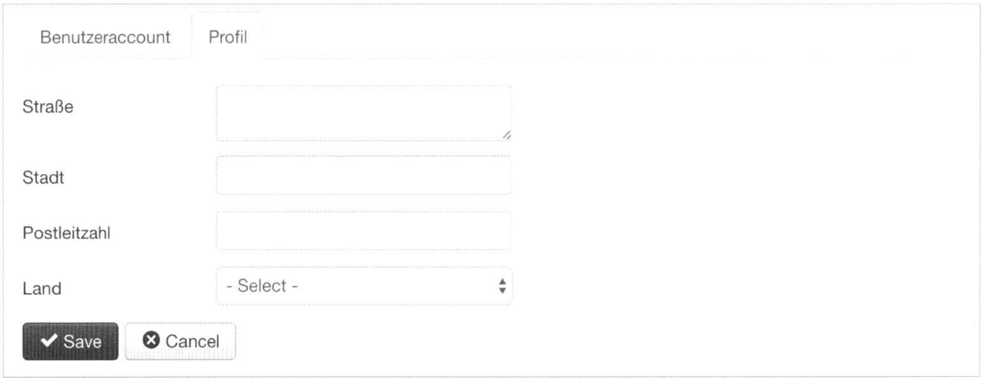

Bild 16.76 Resultat im Frontend

> **Für Fortgeschrittene:**
>
> Mit dem SEBLOD-Feld-Plug-in Adress to Coordinates können Sie ein Autovervollständigen-Feld für die Adresseingabe einbinden. Sie finden das Feld im SEBLOD®-Store unter *https://www.SEBLOD.com/store/extensions/920*. Informationen zur Einrichtung finden Sie direkt in der Produktbeschreibung.

Arbeitgeberbeschreibung

Wie beim Praxisbeispiel im Eigene-Felder-Kapitel sollen unsere Arbeitgeber die Möglichkeit haben, sich beschreiben zu können. Wir legen dafür ein neues Feld für den Inhaltstyp *User* an.

Klicken Sie dazu auf das blaue Pluszeichen, wie im Abschnitt 16.2.8 beschrieben, und legen Sie ein neues Feld vom Typ *Textbereich* mit dem Titel *Arbeitgeberbeschreibung* an. Als App-Ordner belassen Sie es beim User-Ordner. Im Namen (=Alias) können Sie vor das automatisch generierte *arbeitgeberbeschreibung* ein *user_* setzen, um das Feld später noch einfacher zu identifizieren.

Die Breite des Felds benennen wir mit 40 Spalten und 4 Reihen und einer Maximallänge von 400 Zeichen. Klicken Sie auf *Speichern*.

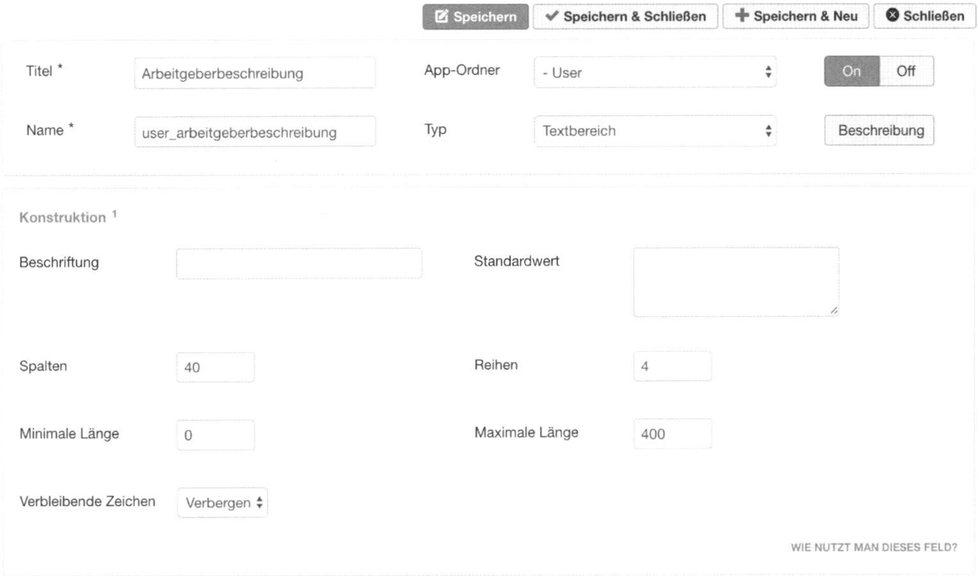

Bild 16.77 Konfiguriertes Feld für die Arbeitgeberbeschreibung

Wenn Sie nun Ihr Konstruktionsfeld betrachten, werden Sie sehen, dass das neue Feld automatisch hinter dem letzten DIV-Feld eingefügt wurde. Sie können das Feld über die Pfeil-Icons rechts oder per *Drag & Drop* an eine andere Stelle verschieben.

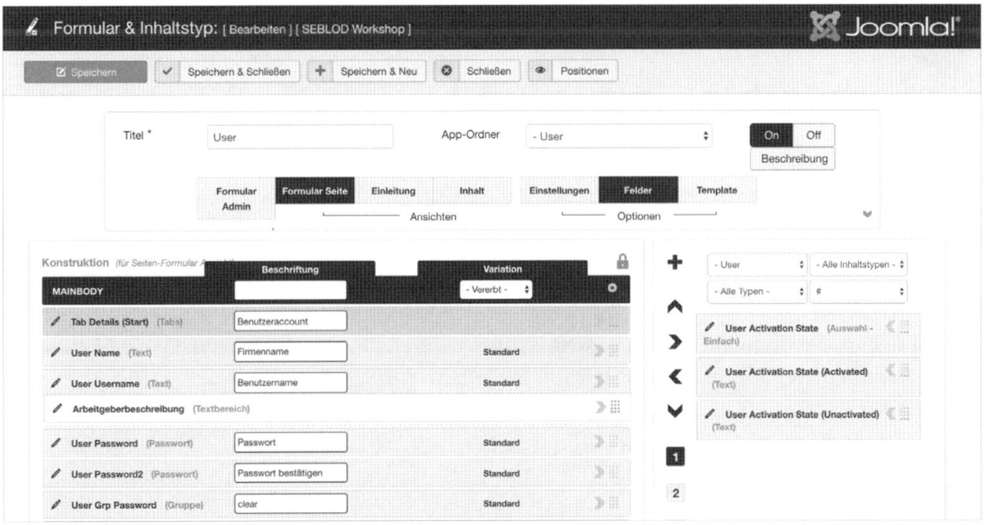

Bild 16.78 Verschieben des Felds an die gewünschte Position

Firmenfarbe (Feldtyp Farbe)

Als nächstes steht das Feld für die Firmenfarbe an. Klicken Sie wieder auf das blaue Plussymbol und legen Sie dafür ein Feld vom Typ *Farbwähler* mit dem Titel *Firmenfarbe* an. Schreiben Sie vor den automatisch generierten Namen (Alias) *firmenfarbe* den Präfix *user_*.

Klicken Sie auf SPEICHERN & SCHLIESSEN und verschieben Sie das Feld an die gewünschte Position.

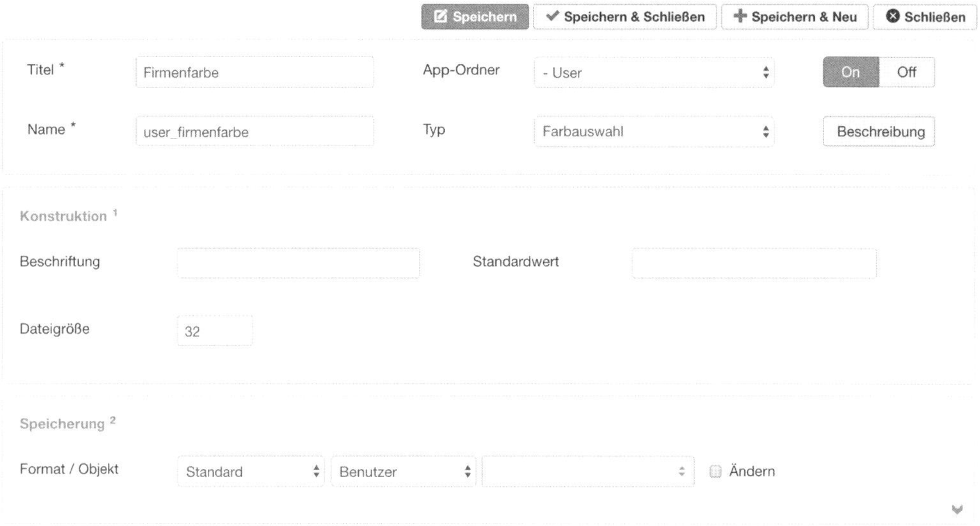

Bild 16.79 Konfiguration des Feldes Firmenfarbe

Benutzerprofile im Frontend anzeigen

Um Benutzerprofile auch vom Frontend aus erreichbar zu machen, sodass sich die Job-Interessenten zum Beispiel die Arbeitgeberprofile ansehen können, müssen Sie im Plug-in JOOMLA! BENUTZER OBJEKT PLUG-IN FÜR SEBLOD die Option *Brücke aktivieren* auf *Ja* stellen.

Mit dieser Brücken-Option wird bei der Registrierung für jeden Nutzer ein Beitrag angelegt, in dem die Benutzerinformationen hinterlegt sind.

Die Benutzeranmeldung wäre soweit fertig. Nun erstellen wir den ersten eigenen Formular- und Inhaltstyp für das Einreichen von Stellenanzeigen.

16.2.16.3 Stellenanzeigen
Joomla!-Kategorie anlegen

Legen Sie eine Joomla!-Kategorie mit dem Namen *Stellenangebote* an.

Formular- und Inhaltstyp anlegen

Legen Sie einen neuen Formular- und Inhaltstyp an, wie es im Abschnitt 16.2.6.2 beschrieben wird. Benennen Sie den Formular- und Inhaltstyp *Stellenanzeige einreichen* und wählen Sie als App-Ordner *Jobportal*. Klicken Sie zunächst auf SPEICHERN.

Titel

Für den Titel der Stellenanzeige bedienen Sie sich eines vorhandenen Joomla!-Felds, wie in Abschnitt 16.2.8.1 beschrieben. Wählen Sie dazu in den Feld-Filtern JOOMLA » ARTICLE und verschieben Sie das Feld *Article Title* in den Konstruktionsbereich. Schreiben Sie in das Beschriftungsfeld *Jobtitel*.

Bild 16.80 Bereits vorhandenes Feld in der Konstruktion mit überschriebenen Label

Beschreibung

Für die Beschreibung der Stelle legen Sie ein neues Feld vom Typ Textbereich an. Tragen Sie als Titel *Jobbeschreibung* ein und als Name *stelle_jobbeschreibung*.

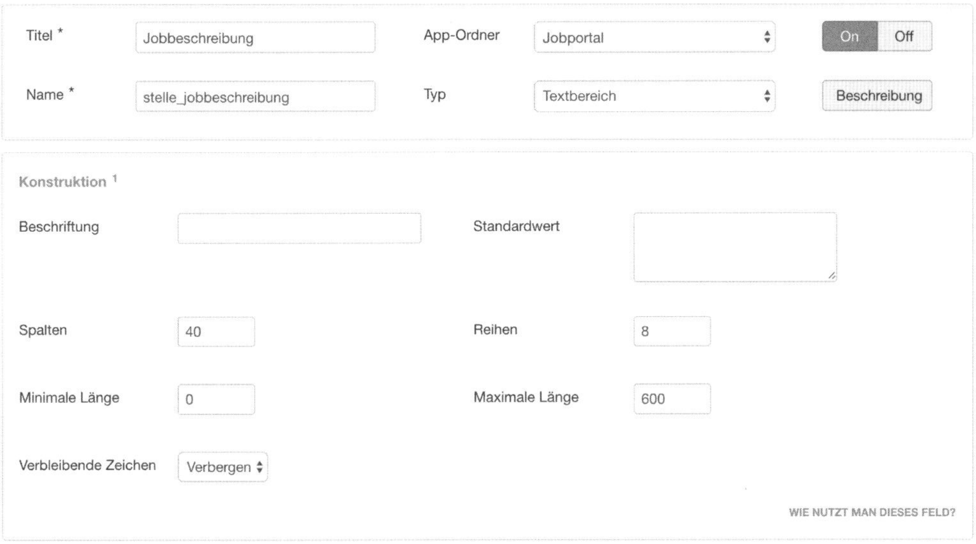

Bild 16.81 Konfiguration des Felds Jobbeschreibung

Arbeitszeit

Legen Sie als nächstes Feld die *Arbeitszeit* vom Typ Radiobox an. Stellen Sie vor das automatisch generierte *arbeitszeit* im Namen (Alias) ein *stelle_*. Tragen Sie in den Feldoptionen folgende Möglichkeiten ein: Vollzeit, Teilzeit und Aushilfe.

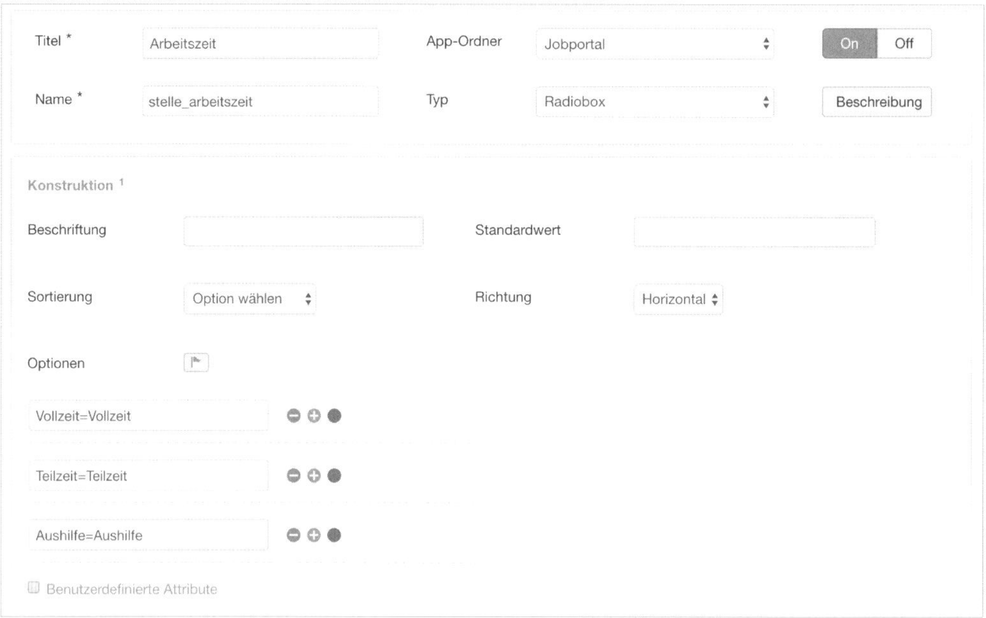

![Einstellungen der Werte im Radio-Feld]

Bild 16.82 Einstellungen der Werte im Radio-Feld.

Einstellungsdatum

Für das Einstellungsdatum legen Sie ein neues Feld vom Typ Kalender (16.2.9.12) an. Vergeben Sie den Titel *Einstellungsdatum* und den Namen *stelle_einstellungsdatum*. Idealerweise konfigurieren Sie das Feld so, dass es nur zukünftige Termine zur Auswahl stellt. Speichern Sie das Feld.

Sie können auch den in Joomla! 3.7 eingeführten Kalender nutzen, der Ihnen seit SEBLOD 3.11 als Feld in der Feldgruppe „Joomla Bibliothek (JForm)" zur Verfügung steht. Dieser ist vom Layout her moderner, hat jedoch weniger Einstellungsmöglichkeiten.

>
> **PRAXISTIPP:** Wenn Ihnen der Stil des SEBLOD-Kalenders nicht zusagt, können Sie für den Kalender ein reines Textfeld nutzen und mittels eines anderen Datepicker-Skripts die Funktion eines Datum-Wählers einbinden. Folgender Datepicker eignet sich zum Beispiel für Seiten mit Bootstrap:
> *https://bootstrap-datepicker.readthedocs.io*

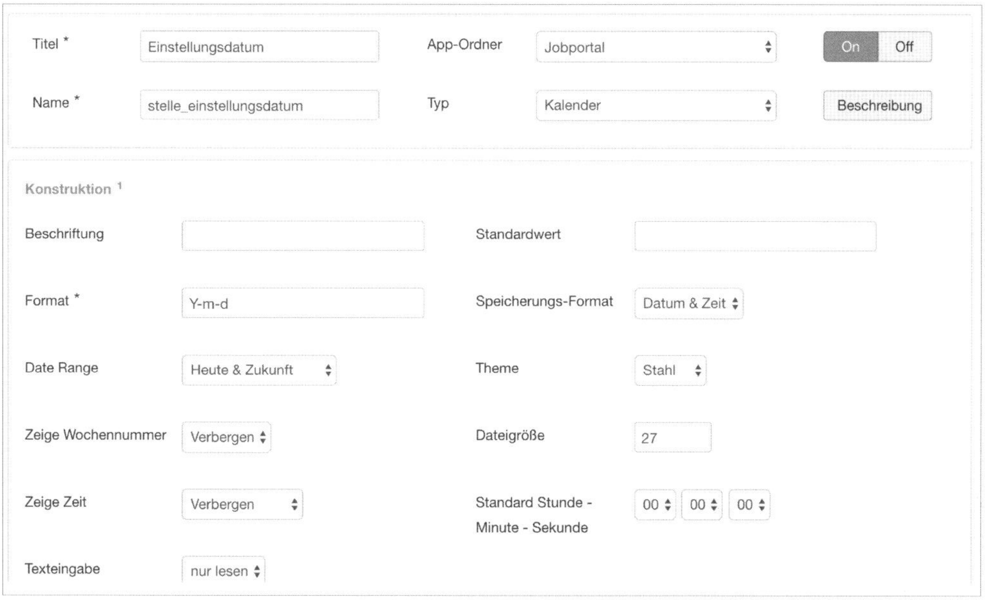

Bild 16.83 Konfiguration des Felds Einstellungsdatum

Programmiersprachen

Für die Programmiersprachen erstellen Sie ein neues Feld vom Typ *Checkbox*. Der Titel des Felds ist *Programmiersprachen* und der Name *stelle_programmiersprachen*.

Tragen Sie in den Optionen die Auswahlmöglichkeiten ein. Diese könnten zum Beispiel sein: *JavaScript, Java, C#, C, C++, Python, PHP, R, Perl, Ruby*.

Als *Richtung* wählen Sie *Vertikal*. Speichern Sie das Feld

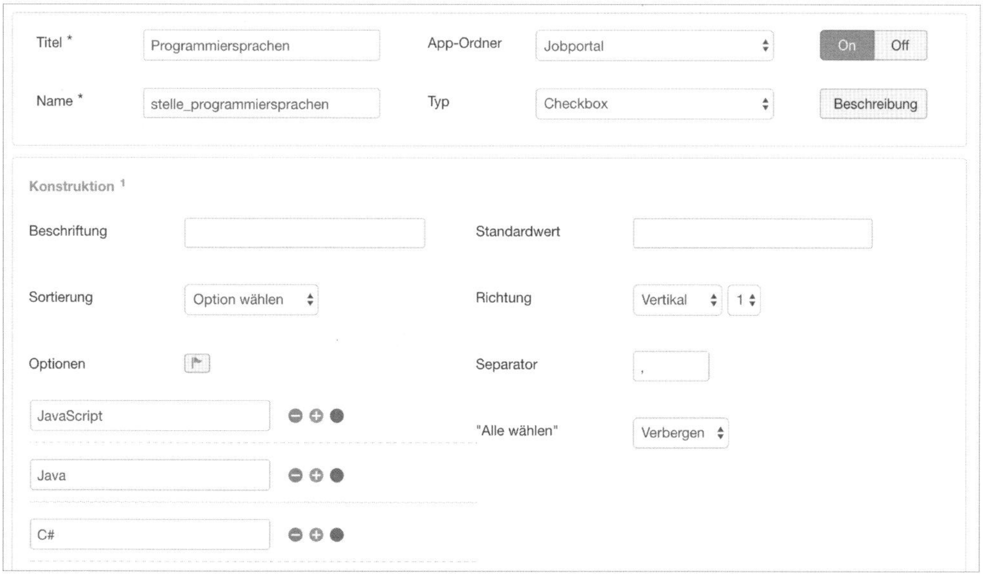

Bild 16.84 Konfiguration des Felds Programmiersprachen

Stellenangebote automatisch in der richtigen Kategorie ablegen

Um zu erreichen, dass dieser Inhaltstyp automatisch in der Kategorie Stellenanzeigen abgelegt wird, müssen wir noch das Beitragskategorie-Feld unserem Inhaltstyp hinzufügen und konfigurieren.

Suchen Sie dazu das Feld Article Category ID (im Feldfilter unter JOOMLA » ARTICLE zu finden) und fügen Sie es dem Formular in die Position *Hidden* hinzu.

Klicken Sie als nächstes auf die Zusatzoptionen unter [2] und wählen Sie beim Kategoriefeld in der rechten Spalte die Kategorie Stellenangebote aus.

Bild 16.85 Automatisches Ablegen in der Kategorie Stellenangebote im Live-Wert festlegen

Felder in das Frontend-Formular verschieben

Wir haben die Felder im Admin-Formular angelegt. Um die gleichen Felder auch im Formular Seite anzuzeigen, wechseln Sie die Ansicht zum Formular Seite und klicken Sie unter den Optionsnummern auf den Zuweisen-Button, wie im Abschnitt 16.2.10.10 beschrieben.

Speichern-Button hinzufügen

Im Gegensatz zum Backend, bei dem die Werkzeugleiste mit dem Speichern-Button standardmäßig integriert ist, müssen wir im Frontend noch einen Speichern-Button hinzufügen. Filtern Sie dazu in der Feldsuche nach Core und verschieben Sie den Button *Save & View* in Ihr Seiten-Formular. Ändern Sie die Beschriftung von *Save & View* zu *Speichern*. Mit diesem Button wird der Beitrag nach dem Absenden angezeigt. Sie könnten auch einen Speichern-Button einfügen, der nach dem Speichern zu einer Dankeseite weiterleitet.

Felder in der Beitrags-Detailansicht anzeigen

Wir haben nun das Eingabeformular für Admin und Frontend eingerichtet. Damit die Felder in der Beitrags-Detailansicht ausgegeben werden können, müssen Sie die Felder in der Ansicht *Inhalt* hinzufügen. Dank der App, die wir angelegt haben, finden wir alle Felder in der Feld-Filterung *Jobportal* wieder. Verschieben Sie alle Felder in das Konstruktionsfenster in der Inhalts-Ansicht.

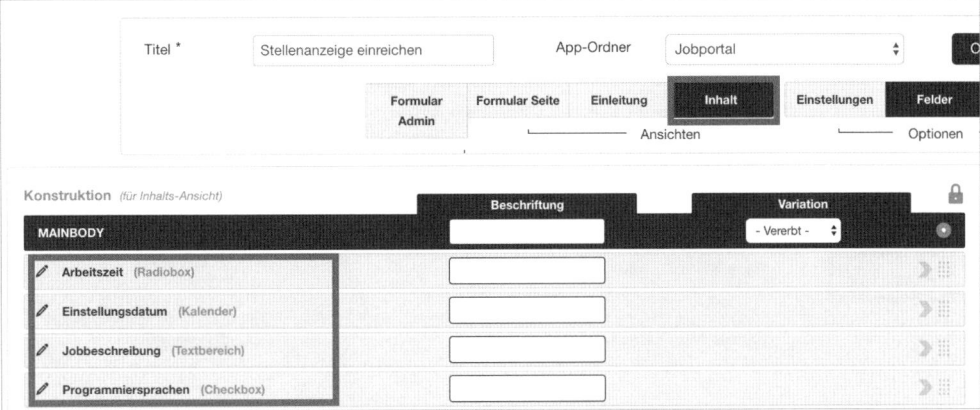

Bild 16.86 Felder in der Inhalts-Ansicht

Zugriffsrechte einstellen

Nun müssen Sie dieses Eingabeformular noch für registrierte Nutzer zugänglich machen. Klicken Sie dazu auf den blauen Pfeil oben rechts im Formular und anschließend auf den Berechtigungen-Button. Erlauben Sie für die Gruppe Registriert die Erstellung von Inhalten, die Löschung von eignen Inhalten und die Bearbeitung von eigenen Inhalten und speichern Sie diese Einstellung.

Bild 16.87 Zugriffsoptionen einblenden

Bild 16.88 Berechtigungen für die Gruppe Registriert einstellen

Formular im Frontend anzeigen

Um das Formular im Frontend anzuzeigen, erstellen Sie einen neuen Menüpunkt mit dem Menütitel *Stellenanzeige einreichen* vom Typ SEBLOD » FORMULAR und wählen Sie als Inhaltstyp *Stellenanzeige einreichen* aus. Stellen Sie die *Zugriffsebene* des Menüpunkts auf *Registriert*.

Wenn Sie sich nun als Benutzer im Frontend anmelden, sehen Sie einen Menüpunkt *Stellenanzeige einreichen* und können dort Ihre Stellenanzeige eintragen.

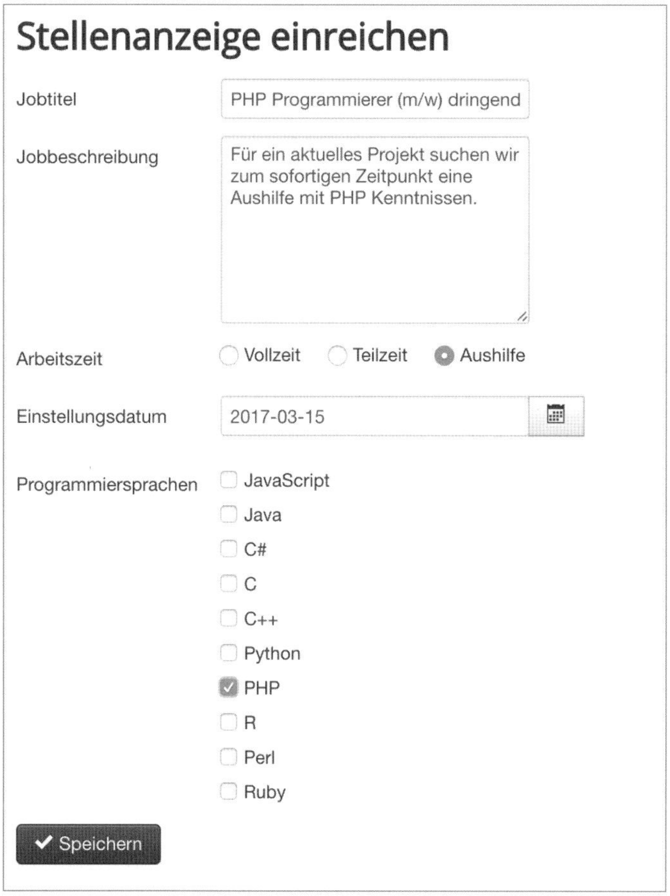

Stellenanzeige einreichen

Jobtitel	PHP Programmierer (m/w) dringend
Jobbeschreibung	Für ein aktuelles Projekt suchen wir zum sofortigen Zeitpunkt eine Aushilfe mit PHP Kenntnissen.
Arbeitszeit	◯ Vollzeit ◯ Teilzeit ⬤ Aushilfe
Einstellungsdatum	2017-03-15
Programmiersprachen	☐ JavaScript ☐ Java ☐ C# ☐ C ☐ C++ ☐ Python ☑ PHP ☐ R ☐ Perl ☐ Ruby

✔ Speichern

Bild 16.89 Formular im Frontend

Wenn der Nutzer nun das Formular speichert, erscheint über dem Formular die Meldung. *Erfolgreich gespeichert* und es wird die Stellenanzeige angezeigt.

JavaScript Virtuose/in in Teilzeit

Details
Geschrieben von Coolcat Creations
👁 Zugriffe: 4

Arbeitszeit	Teilzeit
Einstellungsdatum	2017-06-01
Jobbeschreibung	Wir suchen für die Frontend-Entwicklung eine/n JavaScript Virtuose/in in Teilzeit.
Programmiersprachen	JavaScript

Bild 16.90 Anzeige der Stelle im Frontend

Sie können die Ausgabe und das Layout der Felder über ein Positions-Override komplett individualisieren. Dazu erstellen Sie eine Datei unter: *templates/seb_one/positions/stellenanzeige_einreichen/content/mainbody.php* wie im Abschnitt 16.2.11.2 beschrieben.

16.2.16.4 Jobsuche konfigurieren

Mit einem Listen- und Suchtyp können Sie alle eingetragenen Jobangebote im Frontend sehr einfach in einer Liste mit Suchmaske ausgeben.

Neuen Suchtyp erstellen

Gehen Sie unter KOMPONENTEN » SEBLOD in den *Listen- und Suchtypen Manager* und erstellen Sie einen neuen Suchtyp. Wählen Sie unter „Welche Art und Beiträgen suchen Sie?" den Inhaltstyp *Stellenanzeige einreichen*.

Bei der Frage „*Wie möchten Sie diese Elemente anzeigen?*" wählen Sie das Template *Table* aus und klicken Sie anschließend auf ERSTELLEN.

Als Titel geben Sie nun *Jobsuche* ein und wählen den App-Ordner *Jobportal* aus. SPEICHERN Sie diesen Suchtyp.

Such-Formular konfigurieren

Im ersten Reiter Such-Formular fügen wir nun die Suchfelder hinzu. Da wir die App *Jobportal* zugeordnet haben, werden alle wichtigen Felder auf der rechten Seite bereits angezeigt.

Fügen Sie die Felder *Arbeitszeit*, *Einstellungsdatum* und *Programmiersprachen* in das Suchfeld hinzu.

Nun müssen wir auf jeden Fall die Suchkriterien feinjustieren. Klicken Sie dazu auf die Nummer [3] neben dem Konstruktionsfeld.

Klicken Sie bei Einstellungsdatum in der linken Spalte „Treffer" auf den Link *Nachgiebig (Standard)* und wählen Sie stattdessen *Zukünftig > oder =*. Was bewirken wir hiermit? Mit diesem Abgleichkriterium werden auch Treffer angezeigt, die nach dem eigentlichen Suchfeldwert liegen.

Bei den Programmiersprachen wählen Sie die Einstellung *Beliebige Worte exakt*. Das stellt sicher, dass nur eine der angeklickten Checkboxen in den Suchangaben zutreffen muss.

Nun fehlt noch ein Suchbutton. Diesen können wir aus den vorhandenen Feldern hinzufügen. Sie finden das Feld *Button Search* in der Feld-Filterung unter „*Core*"

Fügen Sie es in das Suchformular ein und ändern Sie die Beschriftung zu „*Suchen*".

Ausgabeliste

Als nächstes muss noch die Suchausgabe konfiguriert werden.

Klicken Sie dazu in den Reiter LISTE.

Den Beitrags-Titel finden Sie im Feld-Filter wieder unter JOOMLA! » ARTICLE – *Article Title*, fügen Sie diesen in die erste Spalte hinzu.

Die weiteren Inhaltsfelder finden Sie in der Feld-Filterung unter *Jobportal*. Fügen Sie jeder Spalte eines der Felder hinzu.

Um über diesen Listeneintrag auf die Beitrags-Detailansicht zu gelangen, müssen wir nun entweder einen Button einfügen, der zum Inhalt verlinkt, oder eines der vorhandenen Felder mit dem Inhalt verknüpfen. Klicken Sie auf die Nummernoption [2], um die *Link- und Typografieoptionen* anzuzeigen. Klicken Sie anschließend in der linken Optionsspalte auf den Link „*Keine*" beim Feld Titel und wählen Sie *Ansicht* aus.

Speichern und schließen Sie den diesen Listen und Suchtypen und fügen Sie nun einen Menüpunkt für das Frontend vom Typ *SEBLOD-Listen- und Suchtyp* hinzu. Wählen Sie die Jobsuche in den Optionen aus.

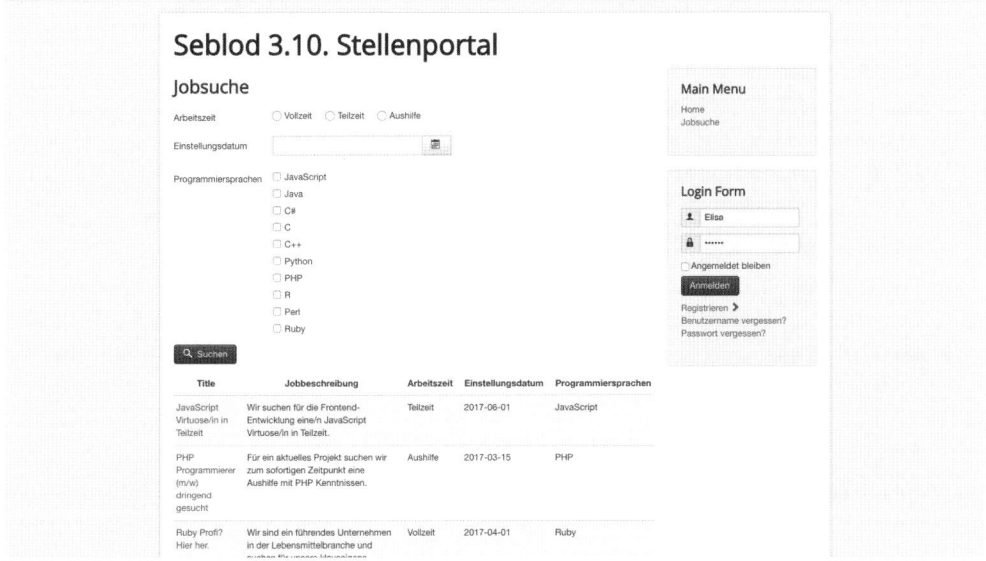

Bild 16.91 Anzeige des Listen- und Suchtyps im Frontend

16.2.16.5 Bewerbungsformular anlegen

In diesem Abschnitt lernen Sie, wie man ein Kontaktformular ohne Speicherung erstellt. In diesem Fall handelt es sich genauer gesagt um ein Bewerbungsformular.

Legen Sie dazu einen neuen, leeren Inhaltstyp mit dem Titel *Bewerbungsformular* an und weisen Sie es der App *Jobportal* zu. Wechseln Sie sogleich in die Ansicht *Formular Seite*, weil wir das Formular im Backend nicht brauchen werden.

Name

Für den Namen des Absenders legen Sie ein neues Feld vom Typ Text an. Tragen Sie als Titel *Name* ein und als Namen *bewerbung_name*. In den Speicherungsoptionen wählen Sie **Keine** aus. Klicken Sie auf SPEICHERN & NEU.

E-Mail Adresse

Für die E-Mail-Adresse des Absenders legen Sie ein neues Feld vom Typ *Text* an. Tragen Sie als Titel *E-Mail Adresse* ein und als Namen *bewerbung_email_adresse*. In den Speicherungsoptionen wählen Sie **Keine** aus. Klicken Sie auf SPEICHERN & NEU.

Stelle

Für die Angabe, um welche Stelle es sich handelt, fügen Sie wieder ein neues Feld vom Typ *Text* hinzu. Tragen Sie als Titel *Stelle* ein und als Namen *bewerbung_stelle*. In den Speicherungsoptionen wählen Sie **Keine** aus. Klicken Sie auf SPEICHERN & NEU.

Anschreiben

Für das Anschreiben legen Sie ein neues Feld vom Typ *Textbereich* an. Tragen Sie als Titel *Anschreiben* ein und als Namen *bewerbung_anschreiben*. In den Speicherungsoptionen wählen Sie **Keine** aus. Klicken Sie auf SPEICHERN & NEU.

Lebenslauf Upload

Für den Lebenslauf legen Sie ein neues Feld vom Typ *Upload - Datei* an. Tragen Sie als Titel *Lebenslauf hochladen* ein und als Namen *bewerbung_lebenslauf_hochladen*. Als Dateipfad geben Sie *images/lebenslaeufe* an. In den Speicherungsoptionen wählen Sie **Keine** aus. Klicken Sie auf SPEICHERN & NEU.

E-Mail Feld

Damit das Formular versendet werden kann, müssen Sie das E-Mail-Feld einrichten. Erstellen Sie das Feld mit dem Titel *E-Mail an Seitenbetreiber* und dem Namen *bewerbung_email_an_seitenbetreiber* und konfigurieren Sie es so, wie es im Abschnitt 16.2.9.3 beschrieben ist. Stellen Sie sicher, dass das E-Mail-Feld vor dem Senden-Button positioniert ist, und stellen Sie es in der Variation auf „*Versteckt*".

Auf Wunsch können Sie auch ein zweites E-Mail-Feld einbinden, welches eine Mail an den Absender sendet, sobald das Formular gespeichert wurde.

Senden-Button

Den Senden-Button können Sie aus den vorhandenen Core-Feldern verwenden. Filtern Sie die Felder nach Core und verschieben Sie das Feld Button-Submit in Ihren Konstruktionsbereich nach dem E-Mail-Feld. Ändern Sie die Beschriftung in „*Jetzt bewerben*".

Zugriffsrechte einstellen

Damit der nicht angemeldete Benutzer die Bewerbung absenden kann, müssen Sie die Berechtigungen für das Hinzufügen von Inhalten anpassen. Klicken Sie dazu auf den rechten oberen blauen Pfeil im Inhaltstyp und anschließend auf den Button BERECHTIGUNGEN, wie es bereits im Abschnitt 16.2.16.3 beschrieben wurde.

Setzen Sie für die Benutzergruppe *Public* die Aktion *Erstellen* auf erlaubt.

Somit wäre unser Bewerbungsformular fertig. Speichern und schließen Sie den Inhaltstyp.

Bewerbungsformular im Inhaltstyp Stellenanzeige einreichen einbinden

Jetzt haben wir eine Ausgabe für die Stellenanzeigen und ein Bewerbungsformular. Gut wäre es nun, das Formular innerhalb der Ausgabe der Stellenanzeige anzuzeigen.

Dazu müssen wir zunächst ein Joomla!-Modul anlegen. Klicken Sie auf ERWEITERUNGEN » MODULE und dort auf den grünen Button NEU und erstellen Sie ein neues Modul vom Typ *SEBLOD - Formular*.

Schreiben Sie in den Modultitel „Jetzt bewerben" und wählen Sie unter Inhaltstyp (Formular) das *Bewerbungsformular* aus.

Veröffentlichen Sie dieses Formular auf allen Seiten und schreiben Sie in das Feld Position *bewerbungsformular*.

SPEICHERN Sie das Modul und wechseln Sie zu den Formular- und Inhaltstypen in SEBLOD.

Öffnen Sie den Inhaltstyp *Stellenanzeige einreichen* und die Konstruktion für den Bereich *Inhalt*. Fügen Sie hier ein neues Feld vom Typ *Joomla!-Modul* auf der Position *Bottombody* hinzu, vergeben Sie den Titel *Jetzt bewerben* und den Namen *stelle_jetzt_bewerben*. Wählen Sie als Modus Position aus und tragen Sie im Feld *Position oder Name, Titel bewerbungsformular* ein.

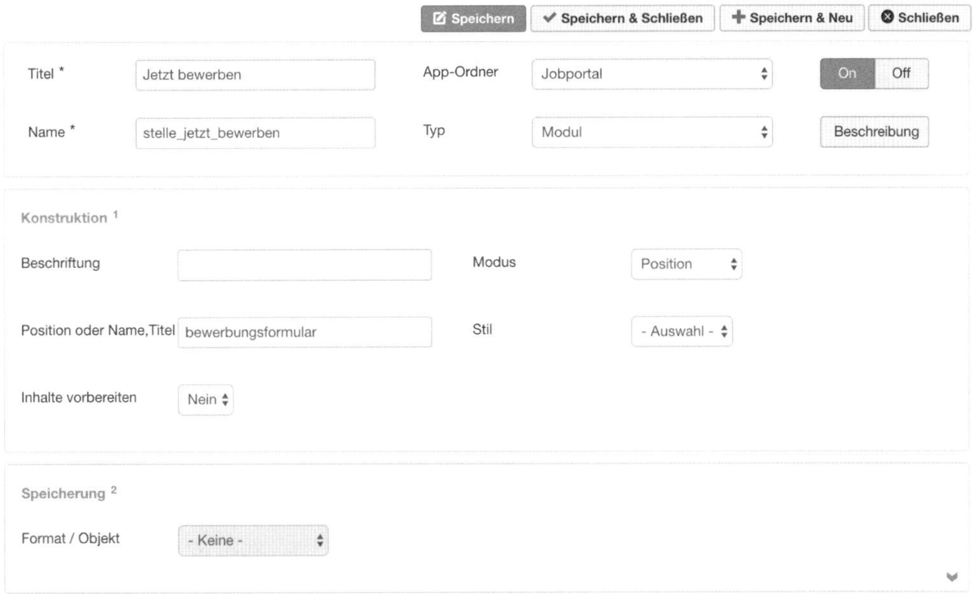

Bild 16.92 Konfiguration des Modul Feldes

SPEICHERN UND SCHLIESSEN Sie das Feld und tragen Sie in der Spalte Beschriftung *clear* ein, um das Label auszublenden.

Wenn Sie sich nun die Stelle im Frontend ansehen, erscheint das Bewerbungsformular unter der Stellenanzeige.

Ideal wäre nun, wenn das Feld Stelle mit dem Stellentitel vorausgefüllt wäre. Hier können Sie mit einem einfachen Skript das Feld befüllen.

Gehen Sie dazu nochmal in den Inhaltstyp *Bewerbungsformular* und öffnen Sie das Feld *Stelle* zur Bearbeitung. Klicken Sie auf den blauen Abwärts-Pfeil unten rechts und fügen Sie folgendes Skript in das Feld mit ein:

```
jQuery(document).ready(function(){
var $temp = jQuery("h2").text()
jQuery("input#bewerbung_stelle").val($temp);
jQuery("#bewerbung_stelle").attr('readonly','readonly');
});
```

Das Skript zieht sich den Artikel Titel aus dem h2-Tag, fügt diesen in das Feld bewerbung_stelle ein und setzt das Feld auf „Readonly".

Arbeitgeberinformationen im Inhaltstyp anzeigen

Um die Arbeitgeberinformationen im Inhaltstyp anzuzeigen, müssen Sie wie im Abschnitt 16.2.16.2 erwähnt im Plug-in JOOMLA! BENUTZER OBJEKT PLUG-IN FÜR SEBLOD die Option *Brücke aktivieren* auf *Ja* stellen.

Befüllen Sie die Ansicht „Einleitung des Inhaltstyps User. Anschließend können Sie mithilfe des Author-Felds von SEBLOD, die dort eingebundenen Felder in der Inhaltsansicht von *Stellenanzeige einreichen* einbinden.

Gehen Sie über Ihren Inhaltstypen-Manager in die Inhaltsansicht von *Stellenanzeige einreichen* und fügen Sie das Feld *Author* an Ihrer gewünschten Position hinzu.

16.2.17 Weitere CCK

Content Construction Kits sind eine große Hilfe, um ohne großen Programmieraufwand verschiedene Anwendungen zu erstellen. Dennoch ist die Lernkurve sehr steil, sodass es nahezu unmöglich ist, detaillierter auf weitere CCKs einzugehen. Mit SEBLOD haben Sie sowohl einen Tausendsassa mit unendlichen Konfigurations-Möglichkeiten als auch ein sehr komplexes System das sich vollständig in Joomla! integriert.

Was in manchen Augen ein großer Vorteil und ein Alleinstellungsmerkmal ist, kann für andere wiederum abschreckend sein. Die große Frage, wie man ein solches System wieder „loswird", wenn man sich dazu entscheidet, es nicht mehr nutzen zu wollen, kann ich nur damit beantworten, dass es zwar mit einem erhöhten Aufwand verbunden, aber machbar ist. Da SEBLOD® komplett auf Plug-ins aufgebaut ist, geht das „System" an sich selbstverständlich nicht kaputt.

Dennoch können die Beiträge die nicht mehr Joomla! allein gehören, sondern zum großen Teil von SEBLOD® verwaltet werden, in Mitleidenschaft gezogen werden. Sie müssten zunächst alle Inhalte exportieren und dann auf die Art und Weise wieder in Joomla! importieren, wie Sie diese benötigen.

Ein weiterer Nachteil dieser hohen Integration ist die Updatesicherheit. Mit SEBLOD® sind Sie stark darauf angewiesen, dass die Komponente sich mit dem System gut versteht, das setzt auch voraus, dass bei Updates oder Updates von Joomla! selbst immer eine funktionierende, neue Version von SEBLOD® bereitstehen müsste. Sie sind hier noch mehr auf den Hersteller angewiesen als bei ausgekoppelten Komponenten.

Es gibt noch CCKs, die als Komponenten eingesetzt werden. Einer meiner Favoriten dazu ist die Komponente SobiPro. Sie können SobiPro kostenlos unter *https://www.sigsiu.net/center/sobipro-component* herunterladen.

Ursprünglich war SobiPro eine Verzeichniskomponente, doch durch die hohe Flexibilität der Komponente kann mit SobiPro jegliche Aufgabe gelöst werden. SobiPro bringt bereits eine Vielzahl an Feldern mit, schließt sich an das Joomla!-ACL-System an und die Codebasis ist auf einer MVC-Architektur aufgebaut. Die Performance kann sich sehen lassen und die Ausgabe ist von Haus aus responsive (auf Bootstrap-Basis) aufgebaut.

Sie finden einige interessante Einsatzbeispiele unter *https://www.sigsiu.net/showcase*.

Weiterhin gibt es noch ein paar weitere CCK-Komponenten wie *Fabrik*, *Flexi-Content*, *Zoo* und *K2*. Sie finden diese Komponenten über *https://extensions.joomla.org/category/authoring-a-content/content-construction/*.

17 Eigene Erweiterungen

Die Entwicklung eigener Erweiterungen stellt gewissermaßen die Königsdisziplin in der Webentwicklung mit Joomla! dar. Das Programmieren setzt gute *MySQL*-, *PHP*-, *HTML*- und *PHP*-Kenntnisse sowie gute Kenntnisse der Eigenheiten der Joomla!-*API* voraus und kostet deshalb unter Umständen sehr viel Zeit und Nerven. Auf der anderen Seite ist es schwer, komplexere Anwendungen mit Joomla! umzusetzen, ohne das System mit individuell programmierten Erweiterungen anzupassen.

Ich möchte Ihnen nichts vormachen: Ohne Kenntnisse in den genannten Sprachen wird dieses Kapitel für Sie vermutlich relativ schwer verständlich sein. Ich möchte Sie aber dennoch ermutigen. Beißen Sie sich durch, denn durch das Lesen des Codes können Sie auch ohne Programmierkenntnisse die grundlegenden Zusammenhänge der *API* begreifen und dadurch etwaige Modifikationen an bestehenden Erweiterungen leichter durchführen.

■ 17.1 Die Joomla!-API

Als Joomla!-*API* bezeichnet man eine Sammlung verschiedener Klassen und Methoden in Joomla!, die häufig auftretende Aufgaben in der Programmierung bereits lösen und von Erweiterungsentwicklern verwendet werden können. Beispielsweise muss ein Entwickler, der in seiner Erweiterung eine Mail verschicken möchte, nicht auf die standardmäßig integrierte `mail()`-Funktion von PHP zurückgreifen, sondern kann stattdessen die Klasse `JMail` verwenden, die automatisch die Mailzugangsdaten in der Joomla!-Konfiguration verwendet. Die *API* ist also gewissermaßen ein Grundgerüst, auf das wir als Entwickler beim Programmieren eigener Erweiterungen zurückgreifen können, um uns Arbeit zu ersparen.

Die Joomla!-API hat seine Wurzeln in der Joomla!-Version 1.5 und setzt in hohem Maße auf das auch aus anderen Frameworks (Zend, Symfony, Cake, Ruby on Rails) bekannte Pattern *Model View Controller* (kurz *MVC*).

Das Joomla!-Projekt hat einige Klassen der API in ein separates und unabhängig vom CMS verwendbares Framework ausgelagert, das derzeit unter dem Namen *Joomla! Framework* entwickelt wird. Dieses separate Projekt wurde dabei früher unter dem Namen *Joomla! Plattform* betrieben und erst später umbenannt. Leider verwenden einige Online- wie Offline-Quellen die Begriffe *API*, *Framework* und *Plattform* nicht korrekt, sondern vermischen die losgelösten Projekte miteinander, somit sollten Sie bei entsprechenden Quellen immer prüfen, auf welches Projekt sich diese beziehen.

■ 17.2 Das MVC-Pattern

Das *Model-View-Controller*-Pattern beschreibt eine Art und Weise zur Strukturierung des Codes der eigenen Anwendung. Diese Strukturierung ist notwendig, um auch in größeren Projekten eine gewisse Übersichtlichkeit beizubehalten und dadurch schnell die jeweils relevante Code-Stelle zu finden. Das Pattern ist inzwischen der Quasi-Standard in den gängigen Web-Applikations-Frameworks und beschreibt eine Gliederung des Codes in drei Teile:

- Der *Controller* nimmt die Anfrage des Nutzers entgegen und führt die zur Anfrage passende Aktion aus.
- Das *Model* übernimmt die Verwaltung der dargestellten Daten und kann diese abrufen und manipulieren.
- Die *View* stellt die durch das Model bereitgestellten Daten in verschiedenen Ausgabeformaten dar.

Die Relation der drei Bestandteile untereinander verdeutlicht Bild 17.1.

Verinnerlichen Sie dieses Pattern, denn es ist die Basis für alle auf der Joomla!-*API* basierenden Erweiterungen.

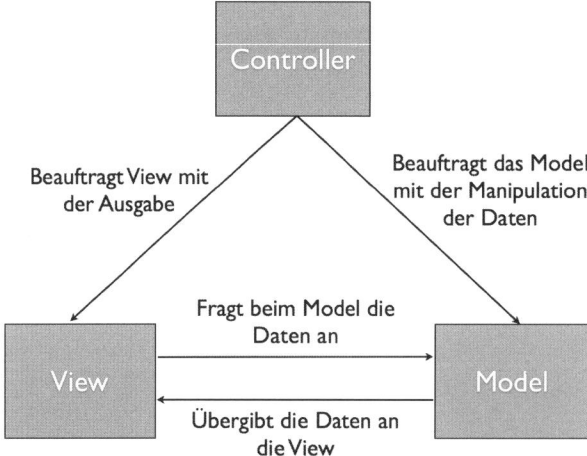

Bild 17.1 Schematische Abbildung der sog. *MVC*-Triade

17.3 Wichtige Klassen

Bevor wir nun mit der Programmierung unserer Beispielkomponenten loslegen, lohnt es sich, einen kleinen Überblick über die verschiedenen Klassen der *API* und die damit verbundenen Möglichkeiten zu gewinnen. Neben den wichtigsten Klassen finden Sie auch eine kurze Beschreibung der zur Verfügung stehenden und am häufigsten genutzten Methoden.

Eine automatisch generierte API-Dokumentation mit allen Klassen und Methoden der API finden Sie in der Joomla!-API-Dokumentation unter *https://api.joomla.org/cms-3/index.html*.

HINWEIS: In den folgenden Auflistungen der wichtigsten Methoden finden Sie ausschließlich die jeweiligen Pflichtparameter der Methode – die optionalen Parameter entnehmen Sie bitte der vollständigen API-Beschreibung unter *api.joomla.org*.

17.3.1 JFactory

Die Klasse `JFactory` implementiert das sogenannte *Factory*-Pattern in der Joomla!-*API*. Dieses Pattern soll dafür sorgen, dass von bestimmten Objekten jeweils nur eine Instanz existiert, und dadurch die Nutzung dieser Objekte vereinfachen und zugleich Arbeitsspeicher einsparen.

Ein Beispiel gefällig? Wenn Sie mit Ihrer Erweiterung eine Mail versenden wollen, bietet Ihnen die *API* dazu die Klasse `JMail` an. Ohne `JFactory` würde der entsprechende Code wie in Listing 17.1 aussehen.

Listing 17.1 Direkter Aufruf der JMail-Klasse mittels Konstruktor

```
$mail = new JMail();
$mail->addRecipient("test@example.com");
$mail->setSubject("Testmail");
$mail->send();
```

Bei der Nutzung des *Factory*-Patterns nutzen wir, wie in Listing 17.2 abgebildet, anstelle des direkten Aufrufs des Konstruktors die entsprechende Methode der *Factory*.

Listing 17.2 Erzeugung der Instanz über die Nutzung der Factory-Methode

```
$mail = JFactory::getMailer();
$mail->addRecipient("test@example.com");
$mail->setSubject("Testmail");
$mail->send();
```

Tabelle 17.1 Wichtige Methoden der JFactory-Klasse

Methode	Beschreibung
JFactory::getMailer();	Erzeugt eine Instanz des JMail-Objekts zum Versand von E-Mails
JFactory::getDBO();	Erzeugt eine Instanz des JDatabase-Objekts zur Ausführung von Datenbankabfragen
JFactory::getConfig();	Erzeugt eine Instanz des JConfig-Objekts, das die Werte der configuration.php aus dem Joomla!-Hauptverzeichnis enthält
JFactory::getDocument();	Erzeugt eine Instanz des jeweiligen JDocument-Objekts (JDocumentHTML, JDocumentFeed), das uns erlaubt, das ausgegebene Dokument zu manipulieren
JFactory::getUser();	Gibt das JUser-Objekt zurück, das zum derzeit angemeldeten Benutzer gehört
JFactory::getLanguage();	Erzeugt eine Instanz des JLanguage-Objekts zur Abfrage der aktuellen Sprachversion
JFactory::getDate();	Erzeugt eine Instanz des JDate-Objekts zur Datumsverarbeitung und -ausgabe
JFactory::getApplication();	Erzeugt eine Instanz des aktuellen JApplication-Objekts

17.3.2 JDatabase

Die Klasse JDatabase übernimmt mit ihren diversen Treibern für unterschiedliche Datenbanken die direkte Kommunikation mit der verwendeten Datenbank und stellt uns dabei einheitliche Methoden zur Verfügung, die wir in unserer Erweiterung nutzen können. Zugleich ersetzt die Klasse automatisch den Platzhalter #__ in unseren Datenbankabfragen durch das Datenbank-Präfix der jeweiligen Joomla!-Installation.

Listing 17.3 Beispiel für die Nutzung der Klasse JDatabase

```
$db = JFactory::getDBO();
$query = "SELECT email FROM #__users WHERE username = 'admin'";
$db->setQuery($query);
$email = $db->loadResult();
```

Tabelle 17.2 Wichtige Methoden der JDatabase-Klasse

Methode	Beschreibung
loadObject();	Lädt eine einzelne Zeile als Ergebnis einer vorher definierten SQL-Abfrage aus der Datenbank
loadObjectList();	Lädt mehrere Zeilen als Ergebnis einer zuvor definierten SQL-Abfrage
loadResult();	Lädt den Inhalt einer einzelnen Zeile und Spalte (sozusagen ein „Feld") aus der Datenbank aufgrund einer zuvor definierten SQL-Abfrage

Methode	Beschreibung
quote($string);	Versieht einen übergebenen String mit korrekten Anführungszeichen (Quotes) und escaped den Inhalt zur sicheren Verwendung in der Datenbankabfrage
quoteName($string);	Versieht den übergebenen String mit korrekten Anführungszeichen zur Verwendung als Spaltenname in einer Datenbankabfrage
insertid();	Gibt die ID des letzten per auto_increment hinzugefügten Eintrags zurück
execute();	Führt die vorher per setQuery gesetzte SQL-Abfrage aus
setQuery($query);	Übergibt eine auszuführende per JDatabaseQuery definierte SQL-Abfrage an JDatabase

17.3.3 JDatabaseQuery

Die Klasse JDatabaseQuery übernimmt über diverse Treiber die Generierung der Datenbankabfragen, die an die jeweils verwendete Datenbanksoftware angepasst werden müssen. Daher sollten Sie, wie in Listing 17.4 abgebildet, niemals manuell Datenbankabfragen „an der API vorbei" definieren.

Listing 17.4 Beispiel für die Nutzung von JDatabaseQuery

```
$db = JFactory::getDBO();

$query = $db->getQuery(true);
$query->select("email, username");
$query->from("#__users");
$db->setQuery((string)$query);

$users = $db->loadObjectList();

foreach($users as $user) {
    echo '<a href="'.$user->email.'">'.$user->username.'</a>';
}
```

Tabelle 17.3 Wichtige Methoden der Klasse JDatabaseQuery

Methode	Beschreibung
delete($tabelle)	Erzeugt ein DELETE FROM-Statement
from($tabelle)	Erzeugt ein FROM-Statement
group($spalten)	Erzeugt ein GROUP BY-Statement
insert($tabelle)	Erzeugt ein INSERT INTO-Statement
join($typ,$bedingung)	Erzeugt ein JOIN-Statement
order($spalten)	Erzeugt ein ORDER BY-Statement
select($spalten)	Erzeugt ein SELECT-Statement
update($tabellen)	Erzeugt ein UPDATE-Statement

Methode	Beschreibung
where($bedingung, $glue)	Erzeugt ein WHERE-Statement, wobei die Variable $glue definiert, welchem Vergleichsoperator (AND, OR etc.) das Statement verkettet werden soll
set($condition)	Erzeugt ein SET-Statement

17.3.4 JInput

Die Klasse JInput dient zur Abfrage und Manipulation der ursprünglichen Nutzerabfrage – insbesondere zur Abfrage der Werte, die mittels URL (*index.php?schluessel=wert*) oder Formular an die Seite übergeben werden. Der „normale" Weg für diese Aufgabe wäre die Abfrage der globalen Arrays $_GET, $_POST und $_REQUEST, die API hingegen sieht dafür die Methode get() der JInput-Klasse vor, die dabei, je nach Filter (3. Parameter), bereits eine Bereinigung der Eingaben vornimmt.

Der große Vorteil dieses im ersten Moment umständlich wirkenden Verfahrens ist die Tatsache, dass die JInput-Klasse über verschiedene Adapter auch dafür verwendet werden kann, andere Eingabeformate (JSON-Objekt, Kommandozeilen-Parameter beim Aufruf via Shell) zu parsen und dann über die einheitliche Methode get() zur Verfügung zu stellen. Dadurch ist es nicht mehr nötig, Anpassungen an der eigenen Anwendung vorzunehmen, wenn das System in einer anderen Umgebung (Webservice, CLI) ausgeführt wird.

Die get()-Methode verfügt über drei Parameter:

- Der erste Parameter dient zur Angabe des Variablennamens.
- Der zweite Parameter definiert einen Defaultwert, der zurückgegeben wird, wenn die entsprechende Variable nicht gesetzt ist.
- Der dritte Parameter dient zur Auswahl des anzuwendenden Eingabefilters (siehe Tabelle 17.4).

Listing 17.5 Beispiel für die Nutzung der JInput-Klasse

```
//Abfrage des Parameters id aus dem $_REQUEST Array
$input = JFactory::getApplication()->input;
$id = $input->get('id','0','INT');

//Abfrage des Parameters name aus dem $_POST Array
$input = JFactory::getApplication()->input;
$name = $input->post->get('name','','STRING');
```

Tabelle 17.4 Filter der JInput Klasse

Filter	Beschreibung
INT	Gibt nur ganzzahlige Werte zurück
INTEGER	Siehe INT
UINT	Gibt nur positive ganzzahlige Werte zurück

Filter	Beschreibung
FLOAT	Gibt nur Fließkommazahlen zurück
DOUBLE	Siehe FLOAT
BOOL	Gibt nur boolesche Werte (TRUE, FALSE) zurück
BOOLEAN	Siehe BOOL
WORD	Gibt nur einzelne Wörter (Buchstaben A-Z) zurück
ALNUM	Gibt nur alphanumerische Strings (Buchstaben A-Z, Zahlen) zurück
CMD	Gibt nur Strings zurück, die aus Buchstaben (A-Z), Zahlen, Punkten und Minuszeichen bestehen
BASE64	Gibt nur gültige mit base64 encodierte Strings zurück
STRING	Gibt nur Strings (ohne HTML) zurück
HTML	Gibt von möglicherweise schädlichen Tags befreiten HTML-Code zurück
ARRAY	Führt keine Filterung durch, sondern gibt ein ungefiltertes Array zurück
PATH	Stellt sicher, dass es sich bei dem String um eine gültige Pfadangabe handelt
TRIM	Entfernt Leerzeichen am Beginn und Ende des Eingabestrings
USERNAME	Entfernt alle Zeichen, die nicht in einem Benutzernamen verwendet werden können
RAW	Gibt die rohen Eingabedaten ohne Filterung zurück

17.3.5 JDocument

JDocument ist die in Joomla! integrierte Klasse zur Generierung eines Dokuments, das an die API zur Ausgabe an den Benutzer übergeben wird. Joomla! unterstützt bereits von Haus aus verschiedene Dokumententypen, die dann wiederum über einige individuelle Methoden angepasst werden können:

- RSS- bzw. Atom-Feed
- HTML
- JSON
- XML
- OpenSearch XML-Dokument
- Raw (reine Ausgabe der Komponente)

Der jeweilige Dokumententyp kann über die Angabe des Parameters *format=DOKUMENTEN-TYP* in der jeweiligen URL gewählt werden, wobei zu beachten ist, dass die entsprechende Komponente den gewählten Ausgabetyp unterstützen muss.

Da eine Joomla!-Erweiterung in der Regel HTML-Code ausgeben wird, möchte ich mich in meinem Beispiel und in der Methodenübersicht auf die dazu passende Klasse JDocumentHTML beschränken.

Listing 17.6 Beispiel zur Nutzung von JDocumentHTML

```
$document = JFactory::getDocument();

$document->addStyleSheet("/media/com_jobs/jobs.css");
$document->setGenerator("Joomla 7.0");
```

Tabelle 17.5 Wichtige Methoden der Klasse JDocumentHTML

Methode	Beschreibung
addScript($url)	Fügt eine Verlinkung zum unter $url abgelegten JS-Dokument zum Head der Seite hinzu
addStyleSheet($url)	Fügt eine Verlinkung zum unter $url abgelegten CSS-Dokument zum Head der Seite hinzu
addHeadLink($href, $relation)	Fügt einen <link>-Tag zum Head der Seite hinzu
getTitle()	Gibt den Titel des Dokuments zurück
setTitle($title)	Setzt den Titel des Dokuments
setLanguage($language)	Setzt die Sprache des Dokuments
getLanguage()	Gibt die Sprache des Dokuments zurück
setDescription($description)	Setzt die Beschreibung des Dokuments
getDescription()	Gibt die Beschreibung des Dokuments zurück

17.3.6 JFile/JFolder

Die Klassen JFile und JFolder dienen zur Interaktion mit dem Dateisystem der Seite. Joomla! greift dafür auf eigene Klassen zurück, um dem Entwickler einen leichten Zugriff auf die Ordner und Dateien der Installation zu erlauben, ohne dass dieser sich um die zwei verschiedenen Zugriffsarten (direkter Dateizugriff mit den PHP-eigenen Dateioperationen oder Nutzung des in Joomla! integrierten FTP-Modus) kümmern muss.

Listing 17.7 Beispiel zur Nutzung der Klassen JFile und JFolder

```
jimport('joomla.filesystem.file');
jimport('joomla.filesystem.folder');

$path = JPATH_SITE."/images/";

if(JFolder::exists($path))
{
    $files = JFolder::files($path);
    foreach ($files as $file)
    {
        echo "Datei: ".$file." | Dateityp: ".JFile::getExt($file);
    }
}
```

Tabelle 17.6 Wichtige Methoden von JFile und JFolder

Methode	Beschreibung
JFile	
copy($quelle, $ziel)	Kopiert die Datei $quelle nach $ziel
delete($datei)	Löscht die Datei $datei
exists($datei)	Prüft, ob die Datei $datei existiert
getExt($datei)	Gibt die Dateierweiterung (.jpg, .html etc.) der jeweiligen Datei zurück
makeSafe($datei)	Bereinigt den übergebenen String um alle Zeichen, die zu Problemen mit dem Dateisystem führen könnten (Sonderzeichen, Umlaute etc.)
move($quelle, $ziel)	Verschiebt die Datei $quelle nach $ziel
read($datei)	Veraltet, file_get_contents verwenden
upload($quelle, $ziel)	Verschiebt die ins temporäre Verzeichnis der PHP-Installation hochgeladene Datei $quelle an die Stelle $ziel
write($datei, $inhalt)	Schreibt den übergebenen Inhalt $inhalt in die jeweilige Datei $datei
JFolder	
copy($quelle, $ziel)	Kopiert den Ordner $quelle inklusive Inhalte nach $ziel
create($ordner)	Erstellt den Ordner $ordner
delete($ordner)	Löscht den Ordner $ordner
exists($ordner)	Prüft, ob der Ordner $ordner existiert
Files($ordner)	Gibt ein Array der in $ordner enthaltenen Dateien zurück
folders($ordner)	Gibt ein Array der in $ordner enthaltenen Ordner zurück
listFolderTree($ordner, $filter, $tiefe)	Gibt ein mehrdimensionales Array der in $ordner enthaltenen Ordner bis zu einer gewissen $tiefe zurück
makeSafe($ordner)	Bereinigt den übergebenen String um Zeichen (Umlaute, Sonderzeichen etc.), die in einem Ordnernamen zu Problemen führen könnten
move($quelle, $ziel)	Verschiebt einen Ordner $quelle nach $ziel

17.3.7 JControllerLegacy

Die Klasse JControllerLegacy dient bereits seit Jahren als Basisimplementierung des *Controllers* im bereits erwähnten *MVC*-Pattern. Der *Controller* verarbeitet die Anfrage des Nutzers und führt, basierend auf dieser Anfrage, weitere Aktionen aus. Da die Implementierung bereits etwas in die Jahre gekommen ist, gab es eine Initiative, die damals noch als JController benannte Klasse durch einen moderneren Nachfolger zu ersetzen, weshalb die Klasse zu JControllerLegacy umbenannt wurde. Fakt ist jedoch, dass sich die „neue" Implementierung nie durchgesetzt hat, weshalb JControllerLegacy bis heute der De-facto-Standard in der API ist. Die API bringt dafür als Besonderheit bereits zwei zusätzliche Implementierungen mit, die gängige Anwendungsfälle in der Programmierung abdecken und dadurch zur Reduzierung von Code-Dopplungen beitragen. Diese Controller heißen `JControllerAdmin` und `JControllerForm`.

17.3.7.1 JControllerAdmin

Die Klasse `JControllerAdmin` implementiert erweiterungsunabhängige Funktionen zum Bearbeiten und Anzeigen von Listenansichten im Backend:

- Veröffentlichen
- Sperren
- Archivieren
- Verschieben in den Papierkorb
- Verändern der Eintragsreihenfolge
- Löschen
- Anzeigen der Liste

17.3.7.2 JControllerForm

Die Klasse `JControllerForm` implementiert Funktionen, die zum Editieren eines einzelnen Eintrags in einer Formularansicht notwendig sind:

- Anzeigen des Formulars
- Hinzufügen eines Inhalts
- Editieren eines Inhalts
- Validierung der Eingaben

17.3.8 JModelLegacy

Die Klasse `JModelLegacy` implementiert ein rudimentäres Model für das Joomla!-eigene *MVC*-Pattern. Wie bei `JControllerLegacy` gilt auch hier, dass die schon relativ alte Implementierung durch eine moderne Klasse mit einem anderen Ansatz ersetzt werden sollte, sich dieser Versuch aber nicht durchgesetzt hat. Zudem gibt es auch hier bereits Unterklassen, die für spezifische Anwendungsfälle optimiert sind:

17.3.8.1 JModelAdmin

`JModelAdmin` implementiert alle administrativen Funktionen, die im Regelfall im Model notwendig sind:

- Verschieben
- Löschen
- Zuweisen der Sprache
- Abrufen von Inhalten
- Reihenfolge verändern
- Speichern

17.3.8.2 JModelForm

JModelForm implementiert die Funktionen zur Generierung und Validierung der verwendeten Formulare mittels JForm.

17.3.9 JViewLegacy

Die Klasse JViewLegacy implementiert die View der MVC-Triade. Dabei ist es möglich, basierend auf JViewLegacy verschiedene Views zu definieren, um unterschiedliche Ausgabemedien (HTML, CSV, JSON) bedienen zu können. Die Klasse unterstützt zudem die Nutzung von Templates, um Logik und Ausgabe voneinander trennen zu können. Die Anmerkungen zum Legacy-Suffix können dabei ebenfalls von JContollerLegacy übernommen werden.

17.3.10 JForm

Die Klasse JForm dient zur Generierung und Validierung von Eingabeformularen jeglicher Art, wobei das jeweilige Formular in einem XML-Dokument abgelegt und dann durch die Klasse geparst wird. Dabei stehen bereits von Haus aus verschiedene Feldtypen sowie Filtermöglichkeiten zur Verfügung, wodurch es sehr leicht wird, binnen kürzester Zeit eigene Formulare generieren zu lassen.

Eine Besonderheit von JForm ist, dass es durch die geschickte Verwendung von Plug-ins möglich wird, jedes bestehende Formular der Joomla!-Installation zu modifizieren, ohne dabei in den Code der ursprünglichen Komponente eingreifen zu müssen.[1]

17.3.10.1 Verfügbare Feldtypen

Tabelle 17.7 Standardmäßig verfügbare Feldtypen der Klasse JForm

Feldtyp	Beschreibung
Author	Select-Liste der Nutzer, die als Autor eines Beitrags hinterlegt sind
Accesslevel	Select-Liste der verfügbaren Zugriffsebenen
Aliastag	Select-Liste der verfügbaren Schlagwort-Typen
Cachehandler	Select-Liste der verfügbaren Caching-Methoden (Datei, memcache, xcache etc.) – siehe Abschnitt 20.1.3, „Integriertes Joomla!-Caching"
Calendar	Einzeiliges Textfeld mit JavaScript-Widget zur Auswahl eines Datums
Category	Select-Liste der verfügbaren Kategorien
Captcha	Gibt ein Captcha auf Basis der Joomla!-Captcha-Plug-ins aus
Checkbox	Stellt eine einzelne Checkbox für simple Ja-/Nein-Abfragen dar
Checkboxes	Gibt mehrere Checkboxen zur Auswahl des gewünschten Werts aus
Chromestyle	Select-Liste der verfügbaren Modul-Chromes

---

[1] Voraussetzung für die Modifikation ist, dass das entsprechende Formular mittels JForm generiert wird und die entsprechende Erweiterung auf JModelForm bzw. JModelAdmin zurückgreift.

Feldtyp	Beschreibung
Color	Einzeiliges Eingabefeld mit auf JavaScript basierendem Color-Picker
Combo	Freitextfeld, bei dem Werte entweder manuell eingegeben oder aus einer Dropdown-Liste ausgewählt werden können
Components	Select-Liste der verfügbaren Komponenten
Componentlayout	Select-Liste der verfügbaren Layouts einer Komponente
Contentlanguage	Select-Liste der verfügbaren Sprachen zur Inhaltsübersetzung
Contenttype	Select-Liste der verfügbaren Inhaltstypen
Contenthistory	Generiert einen Button zur Betrachtung der Inhaltsversionen eines bestimmten Inhalts
Database-connection	Select-Liste der verfügbaren Datenbanktreiber (MySQL, MySQLi, Azure etc.)
Editor	Textarea mit WYSIWYG-Editor
Email	Textfeld zur Eingabe einer E-Mail-Adresse
File	Erzeugt ein Eingabefeld zum Hochladen einer Datei
Filelist	Erzeugt eine Select-Liste der Dateien eines bestimmten Verzeichnisses
Folderlist	Erzeugt eine Select-Liste der Ordner eines bestimmten Verzeichnisses
Frontend_language	Select-Liste der veröffentlichten Sprachversionen im Frontend

Groupedlist	Erzeugt eine Select-Liste mit gruppierten Einträgen.
	Beispiel: Wählen Sie Ihr Bundesland:
	• Deutschland
	  ▪ NRW
	  ▪ Hessen
	  ▪ Bayern
	  ▪ usw.
	• Österreich
	  ▪ Tirol
	  ▪ usw.

Headertag	Select-Liste für HTML-Überschrift-Tags
Helpsite	Erzeugt eine Select-Liste der verfügbaren Hilfe-Server für den Abruf der in Joomla! integrierten Hilfe-Funktion
Hidden	Verstecktes Feld
Imagelist	Erzeugt eine Select-Liste der Bilder in einem bestimmten Verzeichnis
Integer	Erzeugt eine Select-Liste mit ganzzahligen Werten, deren Ober- und Untergrenze zu definieren ist
Lastvisitdaterange	Select-Liste mit vordefinierten Datumsbereichen (heute, letzte Woche, letzter Monat etc.)
Language	Erzeugt eine Select-Liste der in Joomla! installierten Sprachdateien
List	Erzeugt eine Select-Liste
Media	Erzeugt einen Button zur Auswahl einer Datei aus dem Medien-Manager mittels Popup
Meter	Eingabeelement zur Auswahl eines Werts auf einer vorgegebenen Skala
Menu	Erzeugt eine Select-Liste der verfügbaren Menüs
Menuitem	Erzeugt eine Select-Liste der verfügbaren Menüeinträge
Modulelayout	Erzeugt eine Select-Liste der Layouts eines bestimmten Moduls

Feldtyp	Beschreibung
Moduleorder	Bedienelement zur Veränderung der Reihenfolge eines Moduls auf einer bestimmten Modulposition
Moduleposition	Select-Liste der Modulpositionen
Moduletag	Erzeugt eine Select-Liste von HTML-Elementen, die als umgebender Tag für Module verwendet werden können
Note	Gibt anstelle eines Eingabefelds einen Beschreibungstext aus, der zur besseren Gliederung des Formulars genutzt werden kann
Number	Erzeugt ein HTML5-Number-Feld zur Eingabe eines ganzzahligen Werts
Ordering	Erzeugt ein Bedienelement zur Anpassung der Reihenfolge
Password	Erzeugt ein Eingabefeld zur Eingabe eines Passworts
Plugins	Erzeugt eine Select-Liste der verfügbaren Plug-ins
Plugin_status	Erzeugt eine Select-Liste mit den beiden Status *Veröffentlicht* und *Gesperrt*
Predefinedlist	Erweiterung des *List*-Typs, erlaubt die Filterung und Übersetzung der Listen-Werte
Radio	Erzeugt Radiobuttons zur Auswahl eines Werts
Range	1.2 Siehe *Meter*
Registration-daterange	1.3 Siehe *Lastvisitdaterange*
Repeatable	Erzeugt einen Feldtyp, bei dem ein Eingabefeld auf Knopfdruck dupliziert bzw. gelöscht werden kann – veraltet, daher siehe *Subform*
Rules	Erzeugt eine Select-Liste der verfügbaren Aktionen in einer Komponente. Wird im Kontext der Rechteverwaltung genutzt.
Sessionhandler	Erzeugt eine Select-Liste der auf dem Webspace nutzbaren Session-Handler (Datei, Datenbank etc.)
Spacer	Trenner mit frei wählbarem Text
Sql	Erzeugt eine Select-Liste aus einer frei definierbaren SQL-Abfrage
Status	Generiert eine Select-Liste für die Auswahl des Veröffentlichungsstatus
Subform	Ermöglicht es, ein anderes JForm-Formular ein- oder mehrfach in das aktuelle Formular einzubetten. Bei Mehrfacheinbettung ist dabei das Hinzufügen von Duplikaten per Knopfdruck sowie das Sortieren per Drag & Drop möglich.
Tag	Bedienelement zur Zuweisung von Tags
Tel	Erzeugt ein Eingabefeld zur Eingabe einer Telefonnummer
Templatestyle	Erzeugt eine Select-Liste der installierten Template-Stile
Text	Erzeugt ein einzeiliges Feld zur Texteingabe
Textarea	Erzeugt ein mehrzeiliges Feld zur Texteingabe
Timezone	Erzeugt eine Select-Liste zur Auswahl einer Zeitzone
url	Eingabefeld zur Angabe einer URL
User	Erzeugt eine Select-Liste der vorhandenen Benutzer
Usergroup	Erzeugt eine Select-Liste der vorhandenen Benutzergruppen
Useractive	Erzeugt eine Select-Liste mit den Freigabewerten eines Nutzers
Usergrouplist	1.4 Siehe *Usergroup*
Userstate	Erzeugt eine Select-Liste mit den Aktivierungswerten eines Nutzers

17.3.11 JLayout

JLayout dient innerhalb der API zur Trennung von HTML-Markup und sonstigem Code. Das entsprechende Markup wird dafür in sogenannte Layouts ausgelagert und die dort anzuzeigenden Daten werden über die JLayout-API übergeben. Dadurch lassen sich außerdem, quasi als Nebeneffekt, Layouts an mehreren Stellen verwenden und trotzdem zentral verwalten. In Kapitel 12, „Templates", haben wir bereits gelernt, dass JLayout zudem die Nutzung von Overrides unterstützt.

17.3.12 Weitere Klassen in der Kurzübersicht

Tabelle 17.8 Weitere wichtige Klassen der Joomla!-API

Klasse	Beschreibung
JHttp	Führt GET-, POST-, PUT- und DELETE-Abfragen im HTTP-Protokoll aus und greift dabei automatisch auf die jeweils zur Verfügung stehende PHP-Funktion (CURL, Socket, Stream) zurück
JImage	Führt diverse Bildmanipulationsoperationen auf Basis der GD-Bibliothek durch. Ist durch Filter-Plug-ins erweiterbar.
JHTML	Erzeugt häufig benötigten HTML-Code für Listen, Formulare, Menüs, Tabellen, Select-Listen, Tabs und Slider
JArchive	Unterstützt das Entpacken der Dateiformate *bzip2*, *gzip*, *tar* und *zip*
JAccess	Dient zur Prüfung und Vergabe der Zugriffsrechte des jeweiligen Benutzers
JLog	Schreibt Logdateien in wählbaren Formaten und Zielen (Datei, Datenbank, Syslog)
JMail	Dient zum Versand von E-Mails
JBrowser	Enthält Informationen zum Browser des jeweiligen Benutzers
JUser	Erlaubt die Abfrage und Manipulation von Benutzerdaten sowie das Anlegen neuer Benutzer
JURI	Erlaubt das Parsen von URLs
JRoute	Generiert und parst suchmaschinenfreundliche URLs
JSession	Dient zum Lesen und Schreiben der aktuellen Session-Daten
JText	Übersetzt Strings mithilfe der installierten Sprachdateien
JDate	Parst Datumsangaben
JXMLElement	Dient zum Parsen und Erzeugen von XML-Dokumenten

17.3.13 Zur Verfügung stehende Konstanten

Innerhalb der API stehen verschiedene Konstanten zur Verfügung, die zur Definierung von absoluten Pfadinformationen genutzt werden. Eine Auflistung der Konstanten finden Sie in Tabelle 17.8.

Tabelle 17.9 Zur Verfügung stehende Konstanten

Konstante	Pfad
JPATH_BASE	Root-Verzeichnis der jeweiligen Applikation (/*administrator* im Backend,/im Frontend)
JPATH_ROOT	Root-Verzeichnis der Joomla!-Installation (/)
JPATH_SITE	Root-Verzeichnis der Joomla!-Installation (/)
JPATH_ADMINISTRATOR	Administratorverzeichnis /*administrator*
JPATH_LIBRARIES	Libraries-Verzeichnis /*libraries*
JPATH_PLUGINS	Plug-ins-Verzeichnis /*plugins*
JPATH_INSTALLATION	Installationsverzeichnis /*installation*
JPATH_THEMES	Template-Verzeichnis /*templates*
JPATH_CACHE	Cache-Verzeichnis /*cache*
JPATH_MANIFESTS	Manifests-Verzeichnis /*manifests*

■ 17.4 Tutorial: Wir programmieren eine Komponente für Stellenanzeigen

Da Sie nun die Grundlagen der Joomla!-API kennen, können wir mit der Programmierung unserer ersten eigenen Joomla!-*Komponente* beginnen. In diesem kleinen Tutorial gehen wir davon aus, dass wir eine Komponente zur Anzeige von Stellenangeboten programmieren möchten, die uns erlaubt, im *Frontend* je ein einzelnes Stellenangebot im Menü zu verlinken und dieses Stellenangebot im *Backend* über eine Listenansicht zu pflegen. Jedes Stellenangebot soll über einen Titel und einen kleinen Beschreibungstext verfügen.

 Den gesamten Quellcode dieses Beispiels finden Sie auch in meinem Github-Account unter *https://github.com/SniperSister/ComJobs*.

17.4.1 Anlegen der Verzeichnisstruktur

Wir starten mit dem Anlegen der Verzeichnisstruktur. Legen Sie dafür an einem Ort Ihrer Wahl das Verzeichnis *com_jobs* an und erzeugen Sie darin die folgende Verzeichnisstruktur:

- *admin*
  - *controllers*
  - *helpers*
  - *language*
    - *de-DE*
  - *models*
    - *fields*
    - *forms*
    - *rules*
  - *sql*
    - *updates*
    - *updates/mysql*
  - *tables*
  - *views*
    - *job*
    - *job/tmpl*
    - *jobs*
    - *jobs/tmpl*
- *media*
  - *images*
- *site*
  - *language*
    - *de-DE*
  - *models*
  - *views*
    - *job*
    - *job/tmpl*

17.4.2 Anlegen der XML-Definition

Anschließend legen Sie ins Wurzelverzeichnis (*com_jobs*) der Erweiterung die Datei *jobs.xml*, die im Listing 17.8 abgebildet ist. Diese Datei enthält Informationen zum Erweiterungspaket, ist im XML-Format aufgebaut und erscheint in anderer Form auch in anderen Paketverwaltungssystemen (z. B. *Package.json* im Composer-Universum).

Listing 17.8 jobs.xml

```xml
<?xml version="1.0" encoding="utf-8"?>
<extension type="component" version="3.7.0" method="upgrade">
    <name>COM_JOBS</name>
    <creationDate>March 2017</creationDate>
    <author>David Jardin</author>
    <authorEmail>d.jardin@djumla.de</authorEmail>
    <authorUrl>http://www.djumla.de</authorUrl>
    <copyright>Copyright 2017 David Jardin</copyright>
    <license>GPL v2 or later</license>
    <version>0.0.1</version>
    <description>COM_JOBS_DESCRIPTION</description>

    <!-- PHP-Skript wird ausgeführt bei Installation, Deinstallation und Update -->
    <scriptfile>script.php</scriptfile>

    <!-- SQL-Skript für die Installation -->
    <install>
        <sql>
            <file driver="mysql" charset="utf8">sql/install.mysql.utf8.sql</file>
        </sql>
    </install>
    <!-- SQL-Skript für die Deinstallation -->
    <uninstall>
        <sql>
            <file driver="mysql" charset="utf8">sql/uninstall.mysql.utf8.sql</file>
        </sql>
    </uninstall>
    <!-- SQL-Skripte für die Aktualisierung der Erweiterung -->
    <update>
        <schemas>
            <schemapath type="mysql">sql/updates/mysql</schemapath>
        </schemas>
    </update>

    <!-- Kopieranweisungen für das Frontend -->
    <files folder="site">
        <filename>jobs.php</filename>
        <filename>controller.php</filename>
        <folder>views</folder>
        <folder>models</folder>
        <folder>language</folder>
    </files>

    <!-- Kopieranweisungen für das Media-Verzeichnis -->
    <media destination="com_jobs" folder="media">
        <filename>index.html</filename>
        <folder>images</folder>
    </media>

    <languages folder="site">
        <language tag="de-DE">language/de-DE/de-DE.com_jobs.ini</language>
    </languages>

    <administration>
        <!-- Administrations Menü -->
        <menu img="../media/com_jobs/images/jobs-16x16.png">COM_JOBS</menu>
```

```xml
        <!-- Kopieranweisungen für das Backend -->
        <files folder="admin">
            <filename>config.xml</filename>
            <filename>access.xml</filename>
            <filename>jobs.php</filename>
            <filename>controller.php</filename>
            <folder>sql</folder>
            <folder>tables</folder>
            <folder>models</folder>
            <folder>views</folder>
            <folder>controllers</folder>
            <folder>helpers</folder>
        </files>

        <languages folder="admin">
            <language tag="de-DE">language/de-DE/de-DE.com_jobs.ini</language>
            <language tag="de-DE">language/de-DE/de-DE.com_jobs.sys.ini</language>
        </languages>
    </administration>

    <!-- UPDATESERVER DEFINITION -->
    <updateservers>
        <server type="extension" priority="1" name="Jobs Update Site">http://yourdomain.com/update/jobs-update.xml</server>
    </updateservers>

</extension>
```

Diese Datei dient als zentrale Definitionsdatei und enthält daher verschiedene Informationen zur Erweiterung:

- Angaben zum Erweiterungstyp, zur unterstützten Joomla!-Version und zu der Installationsmethode: `<extension type="component" version="3.7.0" method="upgrade">`
- Allgemeine Angaben zum Titel der Komponente (`<name>`), zum Autor (`<author>`, `<authorEmail>`, `<authorUrl>`), zum Copyright (`<copyright>`), zur Lizenz (`<license>`), zur Version (`<version>`) und einen kurzen Beschreibungstext (`<description>`), wobei die Verwendung von Platzhaltern (COM_JOBS_...) möglich ist. Diese Platzhalter werden bei Aufruf im Backend durch den entsprechenden String in den Sprachdateien ersetzt.
- Angaben zu einem PHP-Skript, das bei Installation, Deinstallation und Update ausgeführt wird: `<scriptfile>script.php</scriptfile>`
- Informationen zu den SQL-Dateien, die bei der Installation (`<install />`) und Deinstallation (`<uninstall />`) auszuführen sind. Dabei ist es möglich, unterschiedliche SQL-Dateien für verschiedene Datenbanktypen (MySQL, MSSQL etc.) und Charsets (UTF-8 etc.) anzugeben.
- Den `<update>`-Tag, der uns erlaubt, für jeden Datenbanktyp ein Verzeichnis anzugeben, das SQL-Dateien enthält, die beim Update ausgeführt werden
- Angaben zu den Dateien, die bei der Installation in das Frontend-Verzeichnis der Komponente (/components/com_jobs) zu kopieren sind, wobei wir sowohl einzelne Dateien (`<file>`) als auch ganze Ordner (`<folder>`) angeben können. Durch das folder-Attribut sucht der Installer die angegebenen Dateien im Unterverzeichnis *site*: `<files folder="site">...</files>`.

- Angaben zu den Dateien und Ordnern, die in das Medienverzeichnis der Joomla!-Installation kopiert werden sollen. Das `destination`-Attribut dient dabei dazu, den Installer anzuweisen, die Dateien im Verzeichnis */media/com_jobs* abzulegen. Das `folder`-Attribut lässt den Installer die angegebenen Dateien im Unterverzeichnis */media* des Installationsarchivs suchen: `<media destination="com_jobs" folder="media">...</media>`
- Angaben zu den im Frontend verwendeten Sprachdateien mit dem bekannten `folder`-Attribut sowie einer Angabe zur zugehörigen Sprache: `<languages folder="site"> <language tag="de-DE">...</language></languages>`
- Angaben zu den Dateien, Ordnern (`<files>`), Sprachdateien (`<languages>`) und Menüeinträgen (`<menu>`) des Administrationsbereichs (`<administration>`).
- Eine Angabe zum XML-Dokument, das der Joomla!-Erweiterungsmanager zur Überprüfung auf neue Erweiterungsversionen nutzt: `<updateservers><server type="extension" priority="1" name="Jobs Update Site">...</server></updateservers>`

Über diese XML-Datei werden also alle wichtigen Informationen über die Erweiterung an den Joomla!-Installer übergeben, der diese Informationen dann einliest und auswertet.

17.4.3 Anlegen des Installationsskripts

Im nächsten Schritt legen wir im Verzeichnis *com_jobs* das Installationsskript *script.php* an, das in Listing 17.9 abgebildet ist.

Listing 17.9 script.php

```php
<?php
defined('_JEXEC') or die;

/**
 * Installation class to perform additional changes during install/uninstall/update
 *
 * @since  0.0.1
 */
class Com_JobsInstallerScript
{
    /**
     * Function to perform changes during install
     *
     * @param   JInstallerAdapterComponent  $parent  The class calling this method
     *
     * @return  void
     */
    public function install($parent)
    {
        // Initialize a new category
        /** @type JTableCategory $category */
        $category = JTable::getInstance('Category');

        // Check if the Uncategorised category exists before adding it
        if (!$category->load(array('extension' => 'com_jobs', 'title' => 'Uncategorised')))
```

```php
        {
            $category->extension = 'com_jobs';
            $category->title = 'Uncategorised';
            $category->description = '';
            $category->published = 1;
            $category->access = 1;
            $category->params = '{"category_layout":"","image":""}';
            $category->metadata = '{"author":"","robots":""}';
            $category->metadesc = '';
            $category->metakey = '';
            $category->language = '*';
            $category->checked_out_time = JFactory::getDbo()->getNullDate();
            $category->version = 1;
            $category->hits = 0;
            $category->modified_user_id = 0;
            $category->checked_out = 0;

            // Set the location in the tree
            $category->setLocation(1, 'last-child');

            // Check to make sure our data is valid
            if (!$category->check())
            {
                JFactory::getApplication()->enqueueMessage($category->getError());

                return;
            }

            // Now store the category
            if (!$category->store(true))
            {
                JFactory::getApplication()->enqueueMessage($category->getError());

                return;
            }

            // Build the path for our category
            $category->rebuildPath($category->id);
        }
    }

    /**
     * method to uninstall the component
     *
     * @param   JInstallerAdapterComponent  $parent  The class calling this method
     *
     * @return void
     */
    public function uninstall($parent)
    {
        // $parent is the class calling this method
        echo '<p>' . JText::_('COM_JOBS_UNINSTALL_TEXT') . '</p>';
    }

    /**
     * method to update the component
     *
     * @param   JInstallerAdapterComponent  $parent  The class calling this method
```

```
    *
    * @return void
    */
    public function update($parent)
    {
        // $parent is the class calling this method
        echo '<p>' . JText::_('COM_JOBS_UPDATE_TEXT') . '</p>';
    }

    /**
    * method to run before an install/update/uninstall method
    *
    * @param    string                      $type     process type
    * @param    JInstallerAdapterComponent  $parent   The class calling this method
    *
    * @return void
    */
    public function preflight($type, $parent)
    {
        // $parent is the class calling this method
        // $type is the type of change (install, update or discover_install)
        echo '<p>' . JText::_('COM_JOBS_PREFLIGHT_' . $type . '_TEXT') . '</p>';
    }

    /**
    * method to run after an install/update/uninstall method
    *
    * @param    string                      $type     process type
    * @param    JInstallerAdapterComponent  $parent   The class calling this method
    *
    * @return void
    */
    public function postflight($type, $parent)
    {
        // $parent is the class calling this method
        // $type is the type of change (install, update or discover_install)
        echo '<p>' . JText::_('COM_JOBS_POSTFLIGHT_' . $type . '_TEXT') . '</p>';
    }
}
```

Das Skript beginnt wie alle weiteren Skripte, die wir im Verlauf der Entwicklung anlegen werden, mit dem Aufruf `defined('_JEXEC') or die('Restricted access')`, durch den sichergestellt wird, dass das Skript nur innerhalb der Joomla!-Umgebung aufgerufen wird. Dies ist eine Sicherheitsmaßnahme, um den direkten Aufruf der Datei via HTTP zu unterdrücken, da dieser Aufruf ansonsten zu Fehlermeldungen führen könnte, die interne Pfadangaben ausgeben.

Innerhalb der Datei finden wir die Klasse `com_JobsInstallerScript`, die vom Installer während der Installation aufgerufen wird. Wichtig ist dabei, dass die Klasse der Namenskonvention `com_KomponentennameInstallerScript` entspricht, damit die autoloader-Funktion des Systems korrekt arbeiten kann.

In der Klasse finden wir nun fünf verschiedene Methoden:

- `install`: Wird bei der Installation der Erweiterung aufgerufen
- `uninstall`: Wird bei der Deinstallation der Erweiterung aufgerufen

- `update`: Wird bei der Aktualisierung der Erweiterung aufgerufen
- `preflight`: Dient zum Ausführen von Prüfungen und Aktionen VOR der Installation (`return false;` bricht die Installation ab)
- `postflight`: Dient zum Ausführen von Prüfungen und Aktionen NACH der Installation

Im konkreten Fall nutzen wir die Methoden `uninstall`, `update`, `preflight` und `postflight` zum Ausgeben von Texten mittels `JText::_('SPRACHSTRING')` und erzeugen in der `install`-Methode eine leere Standard-Kategorie für unsere Erweiterung. Im Regelfall werden diese Methoden jedoch für Systemprüfungen und umfangreichere Update-Routinen genutzt, die sich nicht allein mittels SQL-Abfrage realisieren lassen.

17.4.4 Anlegen der SQL-Dateien für Installation, Deinstallation und Update

Nun wechseln wir ins Verzeichnis */admin/sql* und legen dort die beiden Dateien *install.mysql.utf8.sql* und *uninstall.mysql.utf8.sql* an, auf die wir uns bereits in unserem XML-Dokument bezogen haben. Diese Dateien enthalten das Datenbankschema unserer Erweiterung, das für den Betrieb unter einem MySQL-Server benötigt wird. Wollen wir unsere Komponente unter einem anderen SQL-Server betreiben, so muss für jedes System ein eigener `<file>`-Tag mit dem entsprechenden `driver`-Attribut in der *jobs.xml* angegeben werden.

Wir benötigen in unserer späteren Komponente fünf Spalten in unserer Datenbanktabelle:

- `id`: enthält eine eindeutige ID für jeden Eintrag und wird unter MySQL per `auto_increment` erhöht
- `title`: enthält den Titel des jeweiligen Jobangebots
- `description`: enthält eine per WYSIWYG-Editor definierte Beschreibung
- `catid`: enthält die ID der zugewiesenen Kategorie des Eintrags
- `params`: enthält JSON-kodierte Parameter – in unserem konkreten Fall wird dort hinterlegt, ob die Kategorie des jeweiligen Eintrags angezeigt werden soll

Die API geht an dieser Stelle standardmäßig davon aus, dass bestimmte Datenbankspalten auch einen bestimmten Titel tragen, und baut in verschiedenen Klassen (insbesondere `JModel` und `JTable`) auf die Konventionen auf, die Sie in Tabelle 17.9 aufgelistet finden.

Tabelle 17.10 Konventionen für die Spaltenbenennung in der Joomla!-API

Spalte	Beschreibung
Id	Enthält eine eindeutig identifizierbare ID für jeden Eintrag (Primary Key)
Title	Enthält den Titel des Eintrags
Alias	Dient zur Speicherung des Alias, der als URL-Bestandteil für suchmaschinenfreundliche URLs genutzt wird
Catid	Enthält die ID der zugewiesenen Kategorie
Language	Enthält den Tag der zugewiesenen Sprache für die Inhaltsübersetzung
checked_out	Enthält die ID des Nutzers, der den Eintrag derzeit bearbeitet

Spalte	Beschreibung
checked_out_time	Enthält den Zeitpunkt des Bearbeitungsbeginns
asset_id	Wird zur Verknüpfung mit der Rechteverwaltung genutzt
Hits	Zugriffszähler, wird beim Aufruf hochgezählt
Ordering	Enthält eine Angabe zur Eintragsreihenfolge in der jeweiligen Kategorie
Published	Enthält den Veröffentlichungsstatus (*veröffentlicht*, *gesperrt*, *gelöscht*, *archiviert*)
parent_id	Wird von der Klasse `JTableNested` zur Zuordnung des übergeordneten Beitrags genutzt
Lft	Wird von der Klasse `JTableNested` zur Generierung der Baumstruktur genutzt
Rgt	Wird von der Klasse `JTableNested` zur Generierung der Baumstruktur genutzt
Level	Wird von der Klasse `JTableNested` zur Generierung der Baumstruktur genutzt
Params	Enthält die Parameter des jeweiligen Eintrags

Aus der gewünschten Datenbankstruktur ergeben sich die Dateien *install.mysql.utf8.sql* (Listing 17.10) und *uninstall.mysql.utf8.sql* (Listing 17.11), die den Platzhalter #__ nutzen. Dieser Platzhalter wird beim Ausführen der Abfrage automatisch durch das Datenbankpräfix der jeweiligen Joomla!-Installation ersetzt.

PRAXISTIPP: Achten Sie darauf, dass Sie sämtliche SQL-Dateien unbedingt UTF-8-codiert abspeichern, da es ansonsten zu unerwarteten Verhaltensweisen während der Installation kommen kann.

Listing 17.10 install.mysql.utf8.sql

```
DROP TABLE IF EXISTS `#__jobs`;

CREATE TABLE `#__jobs` (
  `id` int(11) NOT NULL AUTO_INCREMENT,
  `title` varchar(25) NOT NULL,
  `description` mediumtext NOT NULL,
  `catid` int(11) NOT NULL DEFAULT '0',
  `params` TEXT NOT NULL DEFAULT '',
  PRIMARY KEY (`id`)
) ENGINE=MyISAM AUTO_INCREMENT=0 DEFAULT CHARSET=utf8;
```

Listing 17.11 uninstall.mysql.utf8.sql

```
DROP TABLE IF EXISTS `#__jobs`;
```

Nun möchten wir uns noch mit dem Unterverzeichnis */admin/sql/updates/mysql* beschäftigen. In diesem Verzeichnis, das wir in der *jobs.xml* als Update-Verzeichnis für MySQL-Datenbanken hinterlegt haben, können wir für **jede Version** unserer Erweiterung eine eigene SQL-Datei ablegen, welche die in dieser Version vorgenommenen Datenbankänderungen enthält. Ein Beispiel gefällig?

Stellen Sie sich vor, wir würden nun die erste Version 0.0.1 unserer Erweiterung auf unserer Seite installieren, die Stellenangebote einpflegen und dabei merken, dass uns eigentlich noch ein zusätzliches Eingabefeld „Verfügbar ab" fehlt, in dem wir eintragen möchten, ab wann die jeweilige Stelle frei ist. Dazu ergänzen wir den entsprechenden Code zur Darstellung und Editierung des Felds in unserer Erweiterung, setzen die Versionsnummer der Erweiterung in der *jobs.xml* auf 0.0.2 und legen eine Datei */admin/sql/updates/mysql/0.0.2.sql* an. In dieser SQL-Datei können wir das benötigte ALTER TABLE-Statement ablegen, welches das neue Feld in der bereits bestehenden Tabelle ergänzt. Und wissen Sie, was das Schöne ist? Dieser Prozess funktioniert beim Update einer Erweiterung vollautomatisch und das sogar über mehrere Versionen hinweg. Habe ich also z. B. noch Version 0.0.1 auf der Seite im Einsatz und installiere Version 0.0.4, prüft der Installer, ob im angegebenen Update-Verzeichnis die Dateien *0.0.2.sql, 0.0.3.sql* oder *0.0.4.sql* existieren, und führt diese dann aus. In unserem Fall reicht es aus, eine leere Datei *0.0.1.sql* im Verzeichnis abzulegen, da wir noch keine Updates durchzuführen haben.

17.4.5 Anlegen des MVC-Patterns im Backend

17.4.5.1 Dispatcher

Nun geht es ans Eingemachte: Wir legen das MVC-Pattern für das Backend an. Dazu starten wir mit der Datei, die beim Aufruf der Komponente im Backend als Erstes geladen wird: mit dem sogenannten Dispatcher.

Diese Datei liegt nach der Installation im Backend-Ordner der jeweiligen Komponente (*/administrator/components/com_jobs/*) und ist nach dem Muster *KOMPONENTEN.php* benannt. Daraus ergibt sich in unserem konkreten Fall, dass wir im Ordner *admin* die Datei *jobs.php* anlegen, deren Inhalt in Listing 17.12 angegeben ist.

Listing 17.12 Backend-Dispatcher jobs.php

```php
<?php
// No direct access to this file
defined('_JEXEC') or die('Restricted access');

// Access check.
if (!JFactory::getUser()->authorise('core.manage', 'com_jobs'))
{
    new RuntimeException(JText::_('JERROR_ALERTNOAUTHOR'), 403);
}

// Require helper file
JLoader::register('JobsHelper', dirname(__FILE__) . '/helpers/jobs.php');

// Import joomla controller library
jimport('joomla.application.component.controller');

// Get an instance of the controller prefixed by Jobs
$controller = JControllerLegacy::getInstance('Jobs');
```

```
// Perform the Request task
$controller->execute(JFactory::getApplication()->input->get('task', '', 'CMD'));

// Redirect if set by the controller
$controller->redirect();
```

Auch diese Datei beginnt mit dem üblichen Check, ob die Datei innerhalb des Frameworks aufgerufen wird. Anschließend wird über die Abfrage der Methode `authorise` des JUser-Objekts geprüft, ob der entsprechende User zum allgemeinen Aufruf (`core.manage`) unserer Jobs-Erweiterung (`com_jobs`) berechtigt ist – sollte dies nicht der Fall sein, wird eine entsprechende Exception erzeugt.

Diverse Quellen werden anstelle von Exceptions die Nutzung von JError demonstrieren, diese API ist jedoch veraltet und wird in Zukunft durch Exceptions ersetzt. Sie sollten also bereits jetzt auf Exceptions setzen.

Im weiteren Verlauf werden wir eine Funktion benötigen, die mehrfach verwendet und daher in einer zentralen Datei, einem sog. *Helper*, ausgelagert wird. Damit die *Autoloader*-Klasse der API (`JLoader`) diese *Helper*-Klasse bei Bedarf aufrufen kann, müssen wir diese durch den Aufruf der `register`-Methode an den Loader übergeben. Der erste Parameter `JobsHelper` übergibt dabei den Namen der entsprechenden Klasse, der zweite Parameter enthält den Pfad zu der Datei, in der die Klasse abgelegt ist.

HINWEIS: Ein *Autoloader* erlaubt uns, eine Klasse zu nutzen, ohne dass diese vorher explizit mittels `require_once` in das laufende Programm eingebunden wurde. Dafür analysiert der Autoloader den Namen der aufgerufenen Klasse und bindet automatisch die entsprechende Datei ein, wenn er korrekt funktioniert.

Durch den Aufruf der statischen Methode `getInstance('Jobs')` können wir nun eine *ControllerLegacy*-Instanz für unsere Komponente erstellen, an die wir die auszuführende Aufgabe (`task`) aus der Nutzer-Anfrage zur Ausführung (`execute`) übergeben. Da im Verlauf dieser Ausführung eventuell Weiterleitungen gesetzt werden, müssen wir diese, nachdem der Controller die `execute`-Aufgabe abgeschlossen hat, noch mittels `redirect`-Methode ausführen. Dabei beachtet die `getInstance`-Methode automatisch, welcher *Controller* (durch die `controller`-Parameter in der Nutzer-Anfrage) zurückgegeben werden muss.

Die Rolle des Dispatchers ist also relativ klar definiert: Er prüft, ob ein Nutzer berechtigt ist, die Komponente auszuführen, ruft den *Controller* auf und übergibt diesem die Aufgabe, die jeweils zu erledigen ist. Damit ist dann auch der Aufruf unseres MVC-Pattern gestartet, sodass wir uns nun dem nächsten Puzzleteil widmen können: dem Controller.

17.4.5.2 Die Backend-Controller

Legen Sie zuerst eine neue Datei *controller.php* im Verzeichnis */admin* an. Diese Datei dient uns als Standard-Controller, der zum Einsatz kommt, wenn nicht explizit ein anderer Controller aufgerufen wird.

Anderer Controller? Ja, davon gibt es tatsächlich mehrere! Es hat sich eingebürgert, bei kleineren Erweiterungen drei Arten von Controllern zu unterscheiden:

- Der *Haupt-Controller* (*controller.php*), der im Stammverzeichnis der jeweiligen Komponente liegt. Dieser ist dafür zuständig, eine Listenansicht der Einträge zu generieren.
- Der *Listen-Controller*, welcher der Namenskonvention *PLURALDESVERWALTETENOBJEKTS.php* folgt (konkret also *jobs.php*) und im Unterverzeichnis */controllers* liegt. In diesem Controller werden alle Aufgaben verarbeitet, die mehrere Einträge betreffen (Löschen, Sortieren, Veröffentlichen etc.).
- Der *Eintrags-Controller*, der nach dem Muster *SINGULARDESVERWALTETENOBJEKTS.php* benannt ist und ebenfalls im Unterverzeichnis */controllers* liegt. Dieser verarbeitet Aufgaben, die einen einzelnen Eintrag betreffen (Generieren der Formularansicht, Neu anlegen, Editieren, Speichern).

Wir starten mit dem *Haupt-Controller*, den wir in der gerade angelegten *controller.php* definieren wollen. Den Code des Controllers finden Sie in Listing 17.13.

Listing 17.13 controller.php

```php
<?php
// No direct access to this file
defined('_JEXEC') or die('Restricted access');

/**
 * General Controller of Jobs component
 *
 * @since  0.0.1
 */
class JobsController extends JControllerLegacy
{
    /**
     * The generic display task
     *
     * @param   bool   $cachable   is this view a cachabel one
     * @param   array  $urlparams  url parameters
     *
     * @return  void
     */
    public function display($cachable = false, $urlparams = array())
    {
        $input =& JFactory::getApplication()->input;

        // Set default view if not set
        $input->set('view', $input->get("view", "Jobs", "CMD"));

        // Call parent behavior
        parent::display($cachable, $urlparams);
    }
}
```

17.4 Tutorial: Wir programmieren eine Komponente für Stellenanzeigen

Wir leiten unseren `JobsController` von der Klasse `JControllerLegacy` ab. Diese Klasse implementiert bereits alle nötigen Grundfunktionen eines Controllers, sodass wir uns nur noch auf die einzelnen Funktionen konzentrieren müssen, die der Controller einmal ausführen soll. Im konkreten Fall reicht dafür die Methode `dispay()`, da der Controller ja ausschließlich zur Anzeige der Listenansicht dient.

PRAXISTIPP: Joomla! arbeitet bei der Benennung der Controller nach der Konvention `KomponentennameControllerControllername`, wobei beim *Haupt-Controller* (*controller.php*) der Controllername weggelassen wird.

HINWEIS: Die `display()`-Methode fungiert als Standard-Task und wird immer ausgeführt, wenn kein gesonderter Task über die `execute`-Methode im Dispatcher übergeben wurde.

Innerhalb der Methode setzen wir durch den Aufruf von `$input->set('view', $input->get("view","Jobs","CMD"))` die View Jobs als Standard-View, die aber durch Angabe des URL-Parameters `view` auch manuell überschrieben werden kann. Diese View wird durch den Aufruf von `parent::display()` aktiviert, woraufhin die Ausführung des Programms in die jeweilige View springt.

Anschließend kümmern wir uns um die *Listen-* bzw. *Eintrags-Controller,* die wir in die Dateien */admin/controllers/jobs.php* (Liste) bzw. */admin/controllers/job.php* (Eintrag) ablegen. Der *Listen-Controller* ist schnell definiert und findet sich in Listing 17.14.

Listing 17.14 Listen-Controller jobs.php

```php
<?php
/**
 * @package    ComJobs
 * @copyright  2017 David Jardin
 * @license    GNU GPLv2 <http://www.gnu.org/licenses/gpl.html>
 * @link       http://www.djumla.de
 */

// No direct access to this file
defined('_JEXEC') or die('Restricted access');

/**
 * Jobs Controller
 *
 * @since  0.0.1
 */
class JobsControllerJobs extends JControllerAdmin
{
    /**
     * Description
     *
     * @param   string  $name    model name
     * @param   string  $prefix  model prefix
     *
```

```
     * @return bool|JModelLegacy
     */
    public function getModel($name = 'Job', $prefix = 'JobsModel')
    {
        $model = parent::getModel($name, $prefix, array('ignore_request' => true));

        return $model;
    }
}
```

Wir leiten den *Listen-Controller* von der Klasse `JControllerAdmin` ab, wodurch wir auf die bereits definierten Methoden zum Löschen, Veröffentlichen, Sperren, Archivieren und Sortieren von Einträgen zurückgreifen können, ohne diese erneut in unserem Controller definieren zu müssen. Cool, oder?

Wir müssen allerdings das von diesem Controller verwendete Model manuell „umbiegen", da ein Controller standardmäßig das Model verwendet, das den gleichen Namen trägt wie er selber (*jobs.php*). Da wir unsere Bearbeitungsmethoden jedoch im Job-Model (Singular!) untergebracht haben, überschreiben wir die Methode `getModel` und setzen dort unseren gewünschten Namen im Singular (`$name = 'Job'`) ein.

Nun fehlt nur noch der Eintrags-Controller, der dankenswerterweise sogar noch viel unkomplizierter ist, wie Sie in Listing 17.15 sehen können.

Listing 17.15 Eintrags-Controller job.php

```php
<?php
/**
 * @package   ComJobs
 * @copyright 2017 David Jardin
 * @license   GNU GPLv2 <http://www.gnu.org/licenses/gpl.html>
 * @link      http://www.djumla.de
 */

// No direct access to this file
defined('_JEXEC') or die('Restricted access');

/**
 * Job Controller
 *
 * @since  0.0.1
 */
class JobsControllerJob extends JControllerForm
{
}
```

Der Eintrags-Controller wird lediglich von der Klasse `JControllerForm` abgeleitet, da diese bereits alle benötigten Methoden zur Generierung und Speicherung der Editierungsformulare mitbringt.

17.4.5.3 Die Backend-Models

So weit, so gut, wir kommen jetzt zu den Backend-Models, die wir im Verzeichnis */admin/models* ablegen.

Auch hier gibt es zwei Modelle:

- *job.php* enthält alle Methoden, die zur Änderung eines Eintrags (Abrufen, Speichern, Löschen, Status verändern, Formular generieren etc.) nötig sind.
- *jobs.php* ruft die Daten für die Listenansicht ab und bringt keine Methoden zur Veränderung der Daten mit.

Diese Trennung unterscheidet sich auf den ersten Blick von der Unterteilung im *Controller* (betrifft einen Eintrag vs. betrifft mehrere Einträge). Das ergibt aber durchaus Sinn, da auch das Löschen von mehreren Einträgen auf Ebene des *Models* nicht „in einem Rutsch", sondern Eintrag für Eintrag durchgeführt wird. Dadurch wird aus einer Operation, die im *Controller* mehrere Einträge betrifft, auf Ebene des *Models* doch wieder nur eine Einzeloperation. Daher sind hier alle Änderungsoptionen in der *job.php* abgelegt.

Betrachten wir zuerst die Datei *jobs.php*, die in Listing 17.16 abgebildet ist.

Listing 17.16 Listen-Model jobs.php

```php
<?php
// No direct access to this file
defined('_JEXEC') or die('Restricted access');

/**
 * JobsList Model
 *
 * @since  0.0.1
 */
class JobsModelJobs extends JModelList
{
    /**
     * Method to build an SQL query to load the list data.
     *
     * @return   string  An SQL query
     */
    protected function getListQuery()
    {
        // Create a new query object.
        $db = JFactory::getDBO();
        $query = $db->getQuery(true);

        // Select some fields
        $query->select('*');

        // From the jobs table
        $query->from('#__jobs');

        // Filter by category.
        $categoryId = $this->getState('filter.category_id');

        if (is_numeric($categoryId))
        {
            $query->where('catid = ' . (int) $categoryId);
        }

        // Add the list ordering clause.
        $orderCol = $this->state->get('list.ordering');
        $orderDirn = $this->state->get('list.direction');
```

```php
            $query->order($db->escape($orderCol . ' ' . $orderDirn));

        return $query;
    }

    /**
     * Method to auto-populate the model state.
     *
     * @param   string  $ordering   name if column that should be used for order
     * @param   string  $direction  ordering direction
     *
     * @return void
     *
     * @note    Calling getState in this method will result in recursion.
     */
    protected function populateState($ordering = null, $direction = null)
    {
        // Load the filter state.
        $categoryId = $this->getUserStateFromRequest($this->context . '.filter.
category_id', 'filter_category_id', '');
        $this->setState('filter.category_id', $categoryId);

        // List state information.
        parent::populateState('title', 'asc');
    }
}
```

Dieses Model, das erneut der Namenskonvention KomponentennameModelModelname folgt, wird von der Klasse JModelList abgeleitet. Dieses Model definiert die für die Erzeugung der Listenansicht relevanten Methoden zum Abruf der Eintragsliste (*Items*), der Blätter-Funktion (*Pagination*) sowie der Gesamteintragszahl (*Total*) und benötigt dafür nur die SQL-Abfrage zur Abfrage der Einträge. Diese Abfrage definieren wir in der Methode getListQuery(), die dann vom Model verwendet wird. Dabei nutzen wir die bereits bekannte Klasse JDatabaseQuery, die über den Aufruf $db->getQuery vom Datenbankobjekt abgerufen wird.

Da wir die Liste der Stellenanzeigen später im Backend nach der jeweiligen Kategorie filtern wollen, müssen wir diese Filterfunktion noch implementieren. Hierbei kommt in Joomla! der sogenannte State zum tragen. Ein State enthält alle derzeit gesetzten Filter-, Blätter- und Sortieroptionen, wobei es sich hierbei z.B. um einen Freitext-Filter, die ID des aktuellen Eintrags, die ausgewählte Seite in der Blätterfunktion oder eine Sortierrichtung handeln kann. Joomla! setzt viele dieser Status-Angaben bereits automatisch (z.B. die Blätterfunktion), unseren Kategorie-Filter jedoch müssen wir händisch implementieren. Dafür nutzen wir die Methode populateState(), in der Joomla! zu Beginn des Prozesses das jeweilige State-Objekt des Models erzeugt. Diesen Filter können wir anschließend in der getListQuery()-Methode abrufen und in Form eines where-Filters integrieren.

Bisher war der Model-Code noch sehr überschaubar und leicht zu verstehen, doch nun kommen wir zum Formular-Model *job.php*, das in Listing 17.17 abgebildet ist.

Listing 17.17 Eintrags-Models job.php

```php
<?php
// No direct access to this file
defined('_JEXEC') or die('Restricted access');

/**
 * Job Model
 *
 * @since 0.0.1
 */
class JobsModelJob extends JModelAdmin
{
    /**
     * Returns a reference to the a Table object, always creating it.
     *
     * @param   string  $type    The table type to instantiate
     * @param   string  $prefix  A prefix for the table class name. Optional.
     * @param   array   $config  Configuration array for model. Optional.
     *
     * @return  JTable  A database table object
     */
    public function getTable($type = 'Jobs', $prefix = 'JobsTable', $config = array())
    {
        return JTable::getInstance($type, $prefix, $config);
    }

    /**
     * Method to get the record form.
     *
     * @param   array    $data      Data for the form.
     * @param   boolean  $loadData  True if the form is to load its own data (default case), false if not.
     *
     * @return  mixed  A JForm object on success, false on failure
     */
    public function getForm($data = array(), $loadData = true)
    {
        // Get the form.
        $form = $this->loadForm('com_jobs.job', 'job', array('control' => 'jform', 'load_data' => $loadData));

        if (empty($form))
        {
            return false;
        }

        return $form;
    }

    /**
     * Method to get the data that should be injected in the form.
     *
     * @return  mixed  The data for the form.
     */
    protected function loadFormData()
    {
        // Check the session for previously entered form data.
```

```
            $data = JFactory::getApplication()->getUserState('com_jobs.edit.job.data',
array());

        if (empty($data))
        {
            $data = $this->getItem();

            // Prime some default values.
            if ($this->getState('job.id') == 0)
            {
                $app = JFactory::getApplication();
                $data->set('catid', $app->input->get('catid', $app->
getUserState('com_jobs.jobs.filter.category_id'), 'int'));
            }
        }

        $this->preprocessData('com_jobs.job', $data);

        return $data;
    }
}
```

Wir leiten dieses Model von der Klasse JModelAdmin ab, die sich wiederum von JModelForm ableitet. Dadurch beinhaltet unser Model bereits alle nötigen Methoden zum Hinzufügen, Laden und Modifizieren eines Eintrags sowie zum Parsen und Validieren eines mittels JForm definierten Formulars.

Aufgrund der Benennung unserer Klasse (Job, also Singular) müssen wir jedoch noch manuell die korrekte Tabellen-Klasse (JTable) zuweisen, die Joomla! zur Interaktion mit der Datenbank nutzt. Das JModelAdmin lädt hier standardmäßig die Table-Klasse, die der eigenen Benennung entspricht (also JobTableJob), unsere Table-Klasse nutzt jedoch den Plural Jobs im Namen, weshalb wir die Methode getTable überschreiben müssen, damit das Model die korrekte Tabelle nutzen kann.

Zudem müssen wir die Methode getForm implementieren, welche die JModelForm-Methode loadForm nutzt, um das job-Formular zu laden, das wir gleich im Unterverzeichnis *forms* anlegen werden.

Anschließend überschreiben wir die Methode loadFormData, die vom JModelForm aufgerufen wird, um Daten, die bereits im Formular eingegeben, aber noch nicht gespeichert wurden, wieder im Formular anzeigen zu lassen. Wozu wir das tun? Ganz einfach – Stellen Sie sich vor, Sie würden eine fehlerhafte Eingabe vornehmen und trotzdem auf *Speichern* drücken. Die Formular-Validierung verhindert nun das Speichern des fehlerhaften Eintrags und ruft stattdessen erneut das Editierungsformular auf – allerdings wären dabei unsere Eingabedaten verloren gegangen. Um dies zu verhindern, rufen wir über die Methode getUserState die zuvor in der Session des Nutzers abgelegten Formulardaten erneut ab und zeigen das Formular mit diesen Daten an.

Außerdem setzen wir, wenn es sich um ein neues Stellenangebot handelt, die aktuell in der Listenansicht ausgewählte Kategorie aus dem Filter als Standardkategorie ins Formular ein.

17.4.5.4 Das Backend-Formular

Wie aber sieht dieses mysteriöse Formular aus, auf das wir uns hier die ganze Zeit beziehen? Das Formular trägt den Dateinamen *job.xml*, wird im Unterordner */admin/models/forms* abgelegt und ist in Listing 17.18 abgebildet.

Listing 17.18 job.xml – XML-Definition des Formulars für die Validierung mittels JForm

```xml
<?xml version="1.0" encoding="utf-8"?>
<form
        addrulepath="/administrator/components/com_jobs/models/rules"
        >
    <fieldset name="details">
        <field
                name="id"
                type="hidden"
                />
        <field
                name="title"
                type="text"
                label="COM_JOBS_JOB_FIELD_TITLE_LABEL"
                description="COM_JOBS_JOB_FIELD_TITLE_DESC"
                size="40"
                class="inputbox validate-title"
                validate="title"
                required="true"
                default=""
                />
        <field
                name="description"
                type="editor"
                label="COM_JOBS_JOB_FIELD_DESCRIPTION_LABEL"
                description="COM_JOBS_JOB_FIELD_DESCRIPTION_DESC"
                required="true"
                filter="JComponentHelper::filterText"
                />
        <field
                name="catid"
                type="category"
                extension="com_jobs"
                class="inputbox"
                default=""
                label="COM_JOBS_JOB_FIELD_CATID_LABEL"
                description="COM_JOBS_JOB_FIELD_CATID_DESC"
                required="true"
                >
            <option value="0">JOPTION_SELECT_CATEGORY</option>
        </field>
    </fieldset>
    <fields name="params">
        <fieldset
                name="params"
                label="JGLOBAL_FIELDSET_DISPLAY_OPTIONS"
                >
            <field
                    name="show_title"
                    type="list"
                    label="COM_JOBS_JOB_FIELD_SHOW_TITLE_LABEL"
```

```xml
                            description="COM_JOBS_JOB_FIELD_SHOW_TITLE_DESC"
                            default=""
                            >
                            <option value="0">JHIDE</option>
                            <option value="1">JSHOW</option>
                        </field>
                        <field
                            name="show_category"
                            type="list"
                            label="COM_JOBS_JOB_FIELD_SHOW_CATEGORY_LABEL"
                            description="COM_JOBS_JOB_FIELD_SHOW_CATEGORY_DESC"
                            default=""
                            >
                            <option value="0">JHIDE</option>
                            <option value="1">JSHOW</option>
                        </field>
                    </fieldset>
                </fields>
            </form>
```

Diese XML-Datei dient als Herzstück unseres Administrationsformulars, da hier die auszufüllenden Felder und Parameter im bereits bekannten XML-Format hinterlegt sind. Wenn wir das Dokument genauer betrachten, stellen wir fest, dass hier zwei verschiedene Feldgruppen (`Fieldsets`) definiert sind:

- Das `details`-Fieldset enthält die Eingabefelder für die ID des Jobangebots, den Titel, die Beschreibung und die zugehörige Kategorie.
- Das `params`-Fieldset enthält die Parameter des jeweiligen Jobangebots, die in der Datenbank JSON-kodiert in einem gemeinsamen Feld (`params`) gespeichert werden sollen. Daher werden alle Felder dieses Fieldsets in einem gemeinsamen `<fields>`-Tag abgelegt, der dazu führt, dass sich die einzelnen Felder später gesammelt über ein Array abrufen lassen (siehe Bild 17.2).

Bild 17.2 Beide Parameter sind in einem Params-Array enthalten und lassen sich daher im PHP-Skript über `$params['show_title']` und `$params['show_categorie']` ansprechen. Dies erlaubt eine leichte Konvertierung ins JSON-Format.

Die einzelnen Felder bieten nun je nach Typ diverse Attribute, um ein Feld z. B. zum Pflichtfeld zu machen (`required`), schädlichen Code zu filtern (`filter`) oder mittels `validate`-Attribut eine spezielle Validierung der Eingabe vorzunehmen. Joomla! sieht hier bereits verschiedene Validierungsmethoden vor, wir möchten jedoch eine eigene Validierungsregel erstellen, um sicherzustellen, dass im *Titel*-Feld keine Zahlen enthalten sind. Falls Sie über die Sinnhaftigkeit dieser Regel nachdenken – im Zweifelsfall gehen wir einfach davon aus, dass der Kunde es sich so gewünscht hat. Wir benötigen eine auf PHP basierende Regel für die serverseitige Prüfung.

Ich habe diese Validierungsregel title genannt und zum validate-Attribut des title-Fields hinzugefügt. Damit die JForm-Klasse weiß, in welchem Verzeichnis der serverseitige Code für diese selbst definierte Regel zu finden ist, geben wir dieses Verzeichnis im addrulepath-Attribut des <form>-Tags an.

PRAXISTIPP: Vergessen Sie keinesfalls die Angabe des versteckten Felds für die ID, da andernfalls beim Editieren eines Eintrags für jedes Speichern ein neuer Eintrag angelegt werden würde.

Im Anschluss daran definieren wir noch die Regel zur serverseitigen Validierung des Titel-Felds, wofür wir im Unterordner */admin/models/rules* die Datei *title.php* anlegen und dort den Code aus Listing 17.19 ablegen.

Listing 17.19 title.php – Regel zur serverseitigen Validierung

```php
<?php
// No direct access to this file
defined('_JEXEC') or die('Restricted access');

/**
 * Form Rule class for the Joomla Framework.
 *
 * @since  0.0.1
 */
class JFormRuleTitle extends JFormRule
{
    /**
     * The regular expression.
     *
     * @access  protected
     * @var     string
     * @since   1.6
     */
    protected $regex = '^[^0-9]+$';
}
```

Diese Klasse erweitert die Basisklasse JFormRule und hinterlegt den bekannten Code zur Validierung durch die test-Methode der Klasse JFormRule.

17.4.5.5 Anlegen der Table-Klasse

Nachdem unser Formular so weit vollendet ist, können wir uns um die Speicherung der Einträge in der Datenbank kümmern, die über eine sogenannte *Table*-Klasse erfolgt. Diese Klasse haben wir bereits in Abschnitt 17.4.5.3, „Die Backend-Models", kennengelernt, jedoch möchte ich nochmals kurz darauf eingehen, welche Aufgabe diese Klasse eigentlich hat.

Die *Table*-Klasse liegt als Abstraktionsschicht zwischen dem Model der Erweiterung und der Datenbank des Systems und ist zentraler Bestandteil der ORM-Implementierung der API. Die *Table*-Klasse wird von den Models genutzt, um Schreibzugriffe jeglicher Art nicht direkt als SQL-Abfrage definieren zu müssen, sondern auf die Abstraktionsschicht der *Table*-Klasse und deren Methoden zurückgreifen zu können. Dadurch ist es möglich, einen Datensatz wie ein Objekt zu behandeln, was die Handhabung enorm erleichtert.

Bevor wir die Klasse nutzen können, müssen wir sie vorher in der Datei */admin/tables/jobs.php* definieren (siehe Listing 17.20).

Listing 17.20 Table-Klasse für die Jobs-Tabelle

```php
<?php
// No direct access
defined('_JEXEC') or die('Restricted access');

/**
 * Jobs Table class
 *
 * @since  0.0.1
 */
class JobsTableJobs extends JTable
{
    /**
     * Ensure the params and metadata in json encoded in the bind method
     *
     * @var    array
     */
    protected $_jsonEncode = array('params');

    /**
     * Constructor
     *
     * @param   JDatabaseDriver  &$db  connector object
     */
    public function __construct(&$db)
    {
        parent::__construct('#__jobs', 'id', $db);
    }
}
```

Unser Beispiel ist hierbei sehr überschaubar, da wir im Wesentlichen nur drei wichtige Angaben machen müssen. Zum Ersten setzen wir in der __construct()-Methode den Namen der Tabelle in der Datenbank sowie den Namen der Spalte, die den Primary Key enthält.

Außerdem setzen wir im $_jsonEncode-Property der Klasse die Namen der Spalten, die von JTable automatisch in ein JSON-String encodiert bzw. decodiert werden sollen. Über diesen Trick können wir beliebige Arrays zum Params-Property hinzufügen, während Joomla! für uns vollkommen transparent die Codierung und Speicherung in der Datenbank übernimmt.

17.4.5.6 Anlegen der View für die Listenansicht

Wir haben nun alle benötigten Klassen für die Datenverarbeitung zusammen und können uns jetzt um die Darstellung kümmern. Dafür legen wir im Ordner */admin/views/jobs* die Datei *view.html.php* an, die Sie in Listing 17.21 abgebildet finden.

Listing 17.21 Listenansicht im Backend

```php
<?php
// No direct access to this file
defined('_JEXEC') or die('Restricted access');

/**
 * Jobs View
 *
 * @since  1.0.0
 */
class JobsViewJobs extends JViewLegacy
{
    protected $items;

    protected $pagination;

    protected $state;

    /**
     * Jobs view display method
     *
     * @param   string  $tpl  templae name
     *
     * @return void
     */
    public function display($tpl = null)
    {
        // Get data from the model
        $this->items = $this->get('Items');
        $this->pagination = $this->get('Pagination');
        $this->state = $this->get('State');

        // Check for errors.
        if (count($errors = $this->get('Errors')))
        {
            throw new RuntimeException(implode('<br />', $errors), 500);
        }

        // Set the toolbar
        JobsHelper::addSubmenu('jobs');

        $this->addToolBar();
        $this->sidebar = JHtmlSidebar::render();

        // Add CSS for icon
        JFactory::getDocument()->addStyleDeclaration('.icon-jobs {background:url
(../media/com_jobs/images/jobs-16x16.png)}');

        // Display the template
        parent::display($tpl);
    }
```

```php
/**
 * Setting the toolbar
 *
 * @return void
 */
protected function addToolBar()
{
    $state = $this->get('State');
    $canDo = JHelperContent::getActions('com_jobs', 'category', $state->get('filter.category_id'));
    $user  = JFactory::getUser();

    JToolBarHelper::title(JText::_('COM_JOBS_MANAGER_JOBS'), 'jobs');

    if ($canDo->get('core.create'))
    {
        JToolBarHelper::addNew('job.add');
    }

    if ($canDo->get('core.edit'))
    {
        JToolBarHelper::editList('job.edit');
    }

    if ($canDo->get('core.delete'))
    {
        JToolBarHelper::deleteList('', 'jobs.delete');
    }

    if ($user->authorise('core.admin', 'com_jobs') || $user->authorise('core.options', 'com_jobs'))
    {
        JToolBarHelper::divider();
        JToolBarHelper::preferences('com_jobs');
    }

    JHtmlSidebar::setAction('index.php?option=com_jobs&view=jobs');

    JHtmlSidebar::addFilter(
        JText::_('JOPTION_SELECT_CATEGORY'),
        'filter_category_id',
        JHtml::_('select.options', JHtml::_('category.options', 'com_jobs'), 'value', 'text', $state->get('filter.category_id'))
    );
}
}
```

Unsere *View* leiten wir von der Klasse `JView` ab, die uns alle anstehenden Aufgaben (Laden des passenden Templates, Initialisieren des Output-Buffers etc.) insoweit abnimmt, als dass wir uns nur noch um die Implementierung unserer `display()`-Methode kümmern müssen.

Die erste Frage, die sich hier nun aufdrängt, ist: Wenn unsere *View* direkt vom Controller aufgerufen wurde, wie holen wir dann die Daten aus dem *Model*? Dazu denken wir nochmals an unser Jobs-Model zurück und erinnern uns daran, dass wir dieses *Model* von der Klasse `JModelList` abgeleitet haben. Diese Klasse wiederum implementiert die Methode getItems(), welche die Listeneinträge anhand der im *Model* definierten SQL-Abfrage abruft. Die Klasse JView bietet uns eine „Abkürzung", um auf diese Klasse zuzugreifen: Der Aufruf $this->items = $this->get('Items') in der display()-Methode greift im Hintergrund auf die erwähnte getItems()-Methode unseres *Models* zurück – um die Initialisierung des *Models* müssen wir uns dabei nicht kümmern.

In identischer Art und Weise besorgen wir uns auch die Seitennavigation (Blättern durch die Liste) mittels $this->get('Pagination') sowie des States und prüfen, ob dieser Vorgang Fehler hervorgerufen hat, die wir im Fall der Fälle als Exception ausgeben würden.

Damit wir diese lokalen Variablen ($items und $pagination) auch im späteren *Template* verwenden können, haben wir sie durch die entsprechenden Zuweisungen ($this->items = $this->get('Items')) dem View-Objekt zugewiesen, wodurch sie automatisch im Template verfügbar werden.

Bevor wir mittels parent::display($tpl); das Parsen des Templates auslösen, rufen wir die Methode addToolBar auf, die wir aus Übersichtsgründen in eine eigene Funktion ausgelagert haben.

Die Methode addToolBar nutzen wir zur Generierung der Werkzeugleiste, die sich in der oberen linken Ecke der Administration befindet. Sinnvollerweise sollten wir dabei nur die Buttons einblenden, die der jeweilige Nutzer aufgrund seiner Berechtigungen auch nutzen darf, weshalb wir über die Klasse JHelperContent eine Liste aller Aktionen generieren, die der jeweilige Nutzer in der jeweiligen Kategorie ausführen darf (daher die Übergabe der Kategorie-ID). Anschließend setzen wir durch die Nutzung des JToolBarHelper einen entsprechenden Titel, der links oberhalb der Erweiterung angezeigt wird, und prüfen für jede Aktion, ob der Nutzer diese ausführen darf. Falls ja, fügen wir den entsprechenden Toolbar-Button hinzu. Die Methoden addNew, editList und deleteList akzeptieren zwei Parameter, wobei der erste Parameter nach dem Muster *CONTROLLER.AKTION* aufgebaut ist und der zweite die Beschriftung generiert. Ein Klick auf den Delete-Button würde also z.B. die delete-Methode des Jobs-Controllers aufrufen.

Im nächsten Schritt kümmern wir uns um das Ausgabe-Template der Listenansicht, wobei das System, falls nicht bewusst ein anderes Template aufgerufen wurde, das *default*-Template lädt, das in der Datei */admin/views/jobs/tmpl/default.php* definiert wird. Den Code dieses Templates finden Sie in Listing 17.22.

Listing 17.22 default.php – Backend-Template für die Listenansicht

```
<?php
/**
 * @package     ComJobs
 * @copyright   2017 David Jardin
 * @license     GNU GPLv2 <http://www.gnu.org/licenses/gpl.html>
 * @link        http://www.djumla.de
 */

// No direct access to this file
defined('_JEXEC') or die('Restricted Access');

// Load tooltip behavior
JHtml::_('behavior.tooltip');
JHtml::_('formbehavior.chosen', 'select');
?>
```

```
<form action="<?php echo JRoute::_('index.php?option=com_jobs&view=jobs'); ?>"
method="post" name="adminForm" id="adminForm">
    <div id="j-sidebar-container" class="span2">
        <?php echo $this->sidebar; ?>
    </div>
    <div id="j-main-container" class="span10">
        <?php if (empty($this->items)): ?>
            <div class="alert alert-no-items">
                <?php echo JText::_('JGLOBAL_NO_MATCHING_RESULTS'); ?>
            </div>
        <?php else: ?>
            <table class="table table-striped" id="jobList">
                <thead>
                    <?php echo $this->loadTemplate('head'); ?>
                </thead>
                <tfoot>
                    <?php echo $this->loadTemplate('foot'); ?>
                </tfoot>
                <tbody>
                    <?php echo $this->loadTemplate('body'); ?>
                </tbody>
            </table>
        <?php endif; ?>

        <input type="hidden" name="task" value="" />
        <input type="hidden" name="boxchecked" value="0" />
        <input type="hidden" name="filter_order" value="<?php echo $this-
>escape($this->state->get('list.ordering')); ?>" />
        <input type="hidden" name="filter_order_Dir" value="<?php echo $this-
>escape($this->state->get('list.direction')); ?>" />
        <?php echo JHtml::_('form.token'); ?>
    </div>
</form>
```

Dieses Template besteht, wie Sie sehen, im Wesentlichen aus HTML-Code, der durch einige PHP-Aufrufe ergänzt wird. Der Aufruf `JHtml::_('behavior.tooltip');` lädt die JavaScript-Bibliothek der Joomla!-API, die für die Generierung von Tooltipps benötigt wird. `JHtml::_('formbehavior.chosen', 'select');` lädt in ähnlicher Art und Weise die JavaScript-Bibliothek Chosen, die wir für das Filter-Select in der Sidebar benötigen. Die Funktion `JRoute::_(...)` gibt eine automatisch an die jeweilige Domain angepasste URL zurück, die aus dem übergebenen Parameter generiert wurde, und mit dem Aufruf von `<?php echo JHtml::_('form.token'); ?>` stellen wir sicher, dass das Token zur Verhinderung von *CSRF*-Attacken (siehe Abschnitt 21.2.5, „Cross Site Request Forgery") gesetzt wird. Über `<?php echo $this->sidebar; ?>` geben wir die in der View erzeugte Sidebar aus.

Um unser Template übersichtlicher zu gestalten, haben wir die Teile, die für die Generierung von Kopf-, Fuß- und Mittelteil der Liste zuständig sind, in eigene Templates ausgelagert, die mittels `$this->loadTemplate(...)` eingefügt werden.

Der Pragmatiker wird sich die Frage stellen: Warum gibt es hier eigentlich einen umschließenden `<form>`-Tag? Dies hängt damit zusammen, dass unsere Liste ja nicht nur rein zur Darstellung der Seite dient, sondern auch Interaktionsmöglichkeiten (Löschen, Blättern, Hinzufügen, Editieren) bieten soll. Deshalb bietet es sich an, ein Formular zu verwenden und die jeweiligen Parameter (Aktion, ID des Eintrags) mittels POST-Request zu übermitteln.

Außerdem sollten Sie darauf achten, dass die beiden versteckten Felder `task` und `boxchecked` in ihrer Listenansicht vorhanden sind, da die Toolbar diese Felder zum korrekten Arbeiten benötigt. Gleiches gilt für die beiden Felder `filter_order` und `filter_order_Dir`, die für die Sortierfunktion benötigt werden. Last but not least muss darauf geachtet werden, dass das Formular über `id="adminForm"` als zentrales Management-Formular der jeweiligen Seite markiert wird.

Nun schauen wir uns die weiteren Teile des Templates an, die wir hier einbinden. Beginnen wir mit dem *head*-Template, das in der Datei */admin/views/jobs/tmpl/default_head.php* abgelegt wird und in Listing 17.23 abgebildet ist.

Listing 17.23 Listenkopf *default_head.php*

```php
<?php
// No direct access to this file
defined('_JEXEC') or die('Restricted Access');

$listOrder = $this->escape($this->state->get('list.ordering'));
$listDirn = $this->escape($this->state->get('list.direction'));
?>
<tr>
    <th width="1%" class="hidden-phone center">
        <?php echo JHtml::_('grid.checkall'); ?>
    </th>
    <th class="title">
        <?php echo JHtml::_('grid.sort', 'JGLOBAL_TITLE', 'title', $listDirn, $listOrder); ?>
    </th>
    <th width="1%" class="nowrap center hidden-phone">
        <?php echo JHtml::_('grid.sort', 'JGRID_HEADING_ID', 'id', $listDirn, $listOrder); ?>
    </th>
</tr>
```

Dieses Template generiert mittels `JHtml::_(...)` die jeweiligen Kopfzeilen der Liste, wobei diese entweder eine Checkbox-Funktion (`grid.checkall`) oder eine Sortierfunktion (`grid.sort`) haben.

Nun folgt der Footer in der Datei */admin/views/jobs/tmpl/default_foot.php* (siehe Listing 17.24).

Listing 17.24 Listenfooter *default_foot.php*

```php
<?php
// No direct access to this file
defined('_JEXEC') or die('Restricted Access');
?>
<tr>
    <td colspan="3"><?php echo $this->pagination->getListFooter(); ?></td>
</tr>
```

Hier nutzen wir das in der View übergebene `pagination`-Objekt, um mit der `getListFooter()`-Methode die Blättern-Funktion auszugeben.

Und was fehlt jetzt noch? Richtig, der Body unserer Liste, der die einzelnen Listeneinträge enthält und in der Datei */admin/views/jobs/tmpl/default_body.php* abgelegt wird.

Listing 17.25 Listenbody default_body.php

```php
<?php
/**
 * @package    ComJobs
 * @copyright  2017 David Jardin
 * @license    GNU GPLv2 <http://www.gnu.org/licenses/gpl.html>
 * @link       http://www.djumla.de
 */

// No direct access to this file
defined('_JEXEC') or die('Restricted Access');

$user = JFactory::getUser();
?>
<?php foreach ($this->items as $i => $item):
    $canEdit = $user->authorise('core.edit', 'com_jobs.category.' . $item->catid);
    ?>
    <tr class="row<?php echo $i % 2; ?>">
        <td class="center hidden-phone">
            <?php echo JHtml::_('grid.id', $i, $item->id); ?>
        </td>
        <td class="nowrap has-context">
            <?php if ($canEdit): ?>
                <a href="<?php echo JRoute::_('index.php?option=com_jobs&task=job.edit&id='.(int) $item->id); ?>">
                    <?php echo $this->escape($item->title); ?></a>
            <?php else: ?>
                <?php echo $this->escape($item->title); ?>
            <?php endif; ?>
        </td>
        <td class="center hidden-phone">
            <?php echo (int) $item->id; ?>
        </td>
    </tr>
<?php endforeach; ?>
```

Hier geben wir in einer foreach-Schleife unsere Listeneinträge aus, die wir zuvor in der View zugewiesen haben. Der JHTML::_-Aufruf in der ersten Spalte gibt eine Checkbox zur Selektion der Einträge aus, die wir zum Editieren oder Löschen eines Eintrags benötigen, die zweite Spalte zeigt, falls durch das Rechtemanagement erlaubt, einen Bearbeitungs-Link

Damit ist unsere Listenansicht nun komplett.

Nun geht es mit der Formularansicht weiter, wobei wir auch hier mit dem Anlegen einer View starten. Diese View, die in Listing 17.26 abgebildet ist, wird in der Datei */admin/views/job/view.html.php* gespeichert.

Listing 17.26 Formular-View

```php
<?php
/**
 * @package    ComJobs
 * @copyright  2017 David Jardin
 * @license    GNU GPLv2 <http://www.gnu.org/licenses/gpl.html>
 * @link       http://www.djumla.de
 */
```

```php
// No direct access to this file
defined('_JEXEC') or die('Restricted access');

/**
 * Job View
 *
 * @since  0.0.1
 */
class JobsViewJob extends JViewLegacy
{
    protected $state;

    protected $item;

    protected $form;

    /**
     * display method of Job view
     *
     * @param   string  $tpl  template name
     *
     * @return void
     */
    public function display($tpl = null)
    {
        // Get the Data
        $this->form = $this->get('Form');
        $this->item = $this->get('Item');
        $this->state = $this->get('State');

        // Check for errors.
        if (count($errors = $this->get('Errors')))
        {
            throw new RuntimeException(implode('<br />', $errors), 500);
        }

        // Set the toolbar
        $this->addToolBar();

        // Add CSS for icon
        JFactory::getDocument()->addStyleDeclaration('.icon-jobs {background:url(../media/com_jobs/images/jobs-16x16.png)}');

        // Display the template
        parent::display($tpl);
    }

    /**
     * Setting the toolbar
     *
     * @return void
     */
    protected function addToolBar()
    {
        JFactory::getApplication()->input->set('hidemainmenu', true);

        $user        = JFactory::getUser();
```

```
        $isNew = $this->item->id == 0;
        $canDo = JHelperContent::getActions('com_jobs', 'category', $this->item-
>catid);

        JToolBarHelper::title($isNew ? JText::_('COM_JOBS_MANAGER_JOB_NEW') :
JText::_('COM_JOBS_MANAGER_JOB_EDIT'), 'jobs');

        // If not checked out, can save the item.
        if ($canDo->get('core.edit')||(count($user->getAuthorisedCategories('com_
jobs', 'core.create'))))
        {
            JToolbarHelper::apply('job.apply');
            JToolbarHelper::save('job.save');
        }

        if (count($user->getAuthorisedCategories('com_jobs', 'core.create')))
        {
            JToolbarHelper::save2new('job.save2new');
        }

        // If an existing item, can save to a copy.
        if (!$isNew && (count($user->getAuthorisedCategories('com_jobs', 'core.
create')) > 0))
        {
            JToolbarHelper::save2copy('job.save2copy');
        }

        JToolbarHelper::cancel('job.cancel');
    }
}
```

Diese *View* ist ein wenig komplexer als die *View* zur Generierung der Listenansicht, aber bei genauer Betrachtung ist der Aufbau sehr logisch. Die `display()`-Methode ist im Aufbau identisch zur Jobs-View, ruft aber dieses Mal nicht die Listeneinträge des Jobs-*Model*, sondern das Formular-Objekt (`$this->get('Form')`) des zu editierenden Inhalts (`$this->get(Item)`) sowie unseren State (`$this->get('State')`) ab und weist diese zur Verwendung im Template zu.

Spannender wird es in der Methode `addToolBar`, da wir eine jeweils leicht veränderte Toolbar erzeugen müssen, wenn wir einen Eintrag erstellen (*Speichern, Speichern & Schließen, Speichern & Neu, Abbrechen*) oder einen bestehenden Eintrag bearbeiten (*Speichern, Speichern & Schließen, Speichern & Neu, Als Kopie speichern, Abbrechen*). Um diese Differenzierung vorzunehmen, prüfen wir, ob ein Eintrag geladen wurde, der bereits eine ID hat. Daraus folgt, dass wir einen existierenden Eintrag editieren wollen: `$isNew = $this->item->id == 0;`. In den nachfolgenden If-Verzweigung wird die jeweilige Toolbar unter Berücksichtigung der Berechtigungen für beide Fälle generiert. Zudem blenden wir am Beginn der Methode das Administrationsmenü aus (`set('hidemainmenu', true)`), um unsere Nutzer dazu zu zwingen, unsere vorgesehenen Toolbar-Buttons zu nutzen.

Nun kommen wir zum Herzstück des Formulars: dem Template. Dieses wird vom System standardmäßig in der Datei */admin/views/job/tmpl/edit.php* gesucht und ist in Listing 17.27 abgebildet.

Listing 17.27 Formular-Template edit.php

```php
<?php
/**
 * @package    ComJobs
 * @copyright  2017 David Jardin
 * @license    GNU GPLv2 <http://www.gnu.org/licenses/gpl.html>
 * @link       http://www.djumla.de
 */
defined('_JEXEC') or die('Restricted access');

JHtml::_('behavior.tooltip');
JHtml::_('behavior.formvalidation');

JFactory::getDocument()->addScriptDeclaration("
    Joomla.submitbutton = function(task)
    {
        if (task == 'job.cancel' || document.formvalidator.isValid(document.getElementById('job-form'))) {
            " . $this->form->getField('description')->save() . "
            Joomla.submitform(task, document.getElementById('job-form'));
        }
    };
");

$params = $this->form->getFieldsets('params');
?>

<form action="<?php echo JRoute::_('index.php?option=com_jobs&layout=edit&id=' . (int) $this->item->id); ?>" method="post" name="adminForm" id="job-form" class="form-validate">
    <?php echo JLayoutHelper::render('joomla.edit.title_alias', $this); ?>

    <div class="form-horizontal">
        <?php echo JHtml::_('bootstrap.startTabSet', 'myTab', array('active' => 'details')); ?>

        <?php echo JHtml::_('bootstrap.addTab', 'myTab', 'details', JText::_('COM_JOBS_JOB_DETAILS', true)); ?>

            <?php echo $this->form->getControlGroup('catid'); ?>
            <?php echo $this->form->getControlGroup('description'); ?>

        <?php echo JHtml::_('bootstrap.endTab'); ?>
        <?php echo JHtml::_('bootstrap.addTab', 'myTab', 'params', JText::_('COM_JOBS_JOB_PARAMS', true)); ?>

            <?php foreach ($this->form->getGroup('params') as $field) : ?>
                <?php echo $field->getControlGroup(); ?>
            <?php endforeach; ?>

        <?php echo JHtml::_('bootstrap.endTabSet'); ?>

    </div>

    <input type="hidden" name="task" value="" />
    <?php echo JHtml::_('form.token'); ?>
</form>
```

Das Editierungsformular nutzt die beiden JavaScript-Bibliotheken zur Erzeugung von Tooltipps und zur clientseitigen Validierung, die wir vor der Nutzung durch den Aufruf der entsprechenden Methoden der JHtml-Klasse (JHtml::_('behavior.tooltip'), JHtml::_ ('behavior.formvalidation')) laden müssen.

Das Formular wird anschließend durch einen <form>-Tag umschlossen, dessen action-Attribut wir durch die Angabe der ID unseres Eintrags ergänzen (&id='.(int) $this->item->id). Anschließend definieren wir durch die Nutzung der Tabbing-Funktion von JHtml zwei Tabs, wobei der erste Tab das Auswahlfeld für die Kategorie und das Eingabefeld für den Beschreibungstext enthält (<?php echo $this->form->getControlGroup('catid'); ?>). Der zweite Tab lädt über eine foreach-Schleife alle Parameter der jeweiligen Feldgruppe, die wir in unserem XML definiert haben.

17.4.5.7 Anlegen des Konfigurationsdialogs

Nun sind die Grundfunktionen des *Backends* beinahe vollendet. Wir sind jetzt in der Lage, Einträge anzuzeigen und zu bearbeiten. Was noch fehlt, ist eine Funktion zur Editierung der Komponenten-Einstellungen, die über das entsprechende Toolbar-Icon aufgerufen werden kann. Die *API* erleichtert uns hier die Arbeit ganz enorm, da wir nur das entsprechende Toolbar-Icon hinzufügen und eine Datei namens *config.xml* im Backend-Verzeichnis der Komponente anlegen müssen. Diese Datei, die wir im Verzeichnis */admin* anlegen, ist in Listing 17.32 abgebildet.

Listing 17.28 config.xml

```xml
<?xml version="1.0" encoding="utf-8"?>
<config>
    <fieldset
        name="title"
        label="COM_JOBS_CONFIG_TITLE_SETTINGS_LABEL"
        description="COM_JOBS_CONFIG_TITLE_SETTINGS_DESC"
    >
        <field
                name="show_title"
                type="radio"
                label="COM_JOBS_JOB_FIELD_SHOW_TITLE_LABEL"
                description="COM_JOBS_JOB_FIELD_SHOW_TITLE_DESC"
                default="1"
            >
            <option value="0">JHIDE</option>
            <option value="1">JSHOW</option>
        </field>
        <field
            name="show_category"
            type="radio"
            label="COM_JOBS_JOB_FIELD_SHOW_CATEGORY_LABEL"
            description="COM_JOBS_JOB_FIELD_SHOW_CATEGORY_DESC"
            default="0"
        >
            <option value="0">JHIDE</option>
            <option value="1">JSHOW</option>
        </field>
    </fieldset>
    <fieldset
```

```
            name="permissions"
            label="JCONFIG_PERMISSIONS_LABEL"
            description="JCONFIG_PERMISSIONS_DESC"
        >
            <field
                name="rules"
                type="rules"
                label="JCONFIG_PERMISSIONS_LABEL"
                class="inputbox"
                validate="rules"
                filter="rules"
                component="com_jobs"
                section="component"
            />
    </fieldset>
</config>
```

Diese Datei folgt der bereits bekannten XML-Struktur für `JForm`-Definitionen und bildet hier, neben den bereits bekannten Parametern zum Ausblenden des Titels oder der Kategorie eines Job-Angebots, ein Feld vom Typ `rules`, das zur Steuerung der Rechtevergabe unserer Komponente genutzt wird. Damit das `JForm`-Objekt weiß, welche Rechte überhaupt zu vergeben sind, legen wir im Verzeichnis */admin* eine Datei namens *access.xml* an, in der wir die möglichen Aktionen unserer Erweiterung ablegen (siehe Listing 17.29).

Listing 17.29 access.xml

```
<?xml version="1.0" encoding="utf-8" ?>
<access component="com_jobs">
    <section name="component">
        <action name="core.admin" title="JACTION_ADMIN" description="JACTION_ADMIN_COMPONENT_DESC" />
        <action name="core.manage" title="JACTION_MANAGE" description="JACTION_MANAGE_COMPONENT_DESC" />
        <action name="core.create" title="JACTION_CREATE" description="JACTION_CREATE_COMPONENT_DESC" />
        <action name="core.delete" title="JACTION_DELETE" description="JACTION_DELETE_COMPONENT_DESC" />
        <action name="core.edit" title="JACTION_EDIT" description="JACTION_EDIT_COMPONENT_DESC" />
    </section>
</access>
```

Diese beiden Dateien reichen der *API* zur automatischen Generierung der Konfigurationsdialoge aus.

17.4.5.8 Anlegen der Helper-Klasse

Was fehlt jetzt noch? Richtig, die mysteriöse Helper-Klasse, die wir bereits an einigen Stellen des Codes genutzt haben. Diese legen wir in der Datei */admin/helpers/jobs.php* ab (siehe Listing 17.30).

Listing 17.30 Jobs-Helper

```php
<?php
// No direct access to this file
defined('_JEXEC') or die;

/**
 * Class JobsHelper
 *
 * @since  0.0.1
 */
abstract class JobsHelper
{
    /**
     * Configure the Linkbar.
     *
     * @param   string  $vName  The name of the active view.
     *
     * @return  void
     */
    public static function addSubmenu($vName = 'jobs')
    {
        JHtmlSidebar::addEntry(
            JText::_('COM_JOBS_SUBMENU_MESSAGES'),
            'index.php?option=com_jobs',
            $vName == 'jobs'
        );

        JHtmlSidebar::addEntry(
            JText::_('COM_JOBS_SUBMENU_CATEGORIES'),
            'index.php?option=com_categories&extension=com_jobs',
            $vName == 'categories'
        );
    }
}
```

Diese Klasse enthält die Methode addSubmenu, die – wer hätte dies gedacht – zur Generierung des komponenteneigenen Submenüs genutzt wird.

17.4.6 Anlegen der Backend-Sprachdateien

Nun kümmern wir uns um die sprachlichen Fähigkeiten unserer neuen *Komponente*. Diese nutzt zur Ausgabe von Texten aller Art die Methode JText::_(SPRACHSTRING), wobei wir bisher noch keine Übersetzungen für diese *Sprachstrings* angelegt haben. Dies holen wir in den *Sprachdateien* der Erweiterung nach. Joomla! unterscheidet zwei Arten von *Sprachdateien*:

- *Komponenten-Sprachdateien* werden nur dann geladen, wenn die jeweilige Komponente gerade aktiv ist.
- *System-Sprachdateien* werden bei jedem Seitenaufruf geladen, auch ohne dass wir uns in der jeweiligen *Komponente* befinden, die diese *System-Sprachdatei* mitbringt.

Dieser Umstand ist nützlich, wenn wir uns beispielsweise daran erinnern, dass wir unseren Menüeintrag im Backend mit dem *Sprachstring* `COM_JOBS` benannt haben. Wenn dieser *String* in der *Komponenten-Sprachdatei* abgelegt wäre, würde uns der übersetzte Menüeintrag nur dann angezeigt, wenn wir uns in der Komponente befinden. Dadurch, dass wir diesen *Sprachstring* in eine *System-Sprachdatei* auslagern, wird stets die korrekte Übersetzung des Menüeintrags angezeigt.

Fazit: Wir brauchen beide *Sprachdateien* zur korrekten Anzeige unserer *Komponente* und beginnen mit der *System-Sprachdatei*, die wir unter dem Namen *de-DE.com_jobs.sys.ini* im Ordner */admin/language/de-DE/* ablegen (siehe Listing 17.31). Achten Sie darauf, dass Sie diese Dateien unbedingt UTF-8-kodiert abspeichern, da es andernfalls zu Anzeigeschwierigkeiten kommen wird.

Listing 17.31 System-Sprachdatei

```
COM_JOBS="Jobsverwaltung"
COM_JOBS_DESCRIPTION="Dies ist die Jobsverwaltung"
COM_JOBS_JOB_VIEW_DEFAULT_DESC="Diese Ansicht zeigt ein Jobangebot an"
COM_JOBS_JOB_VIEW_DEFAULT_TITLE="Jobangebot"
COM_JOBS_INSTALL_TEXT="Jobs - Installations Skript"
COM_JOBS_MENU="Jobsverwaltung"
COM_JOBS_POSTFLIGHT_DISCOVER_INSTALL_TEXT="Jobs - Nach-Installationsprüfung bei
Discover Installation"
COM_JOBS_POSTFLIGHT_INSTALL_TEXT="Jobs - Nach-Installationsprüfung bei Installation"
COM_JOBS_POSTFLIGHT_UNINSTALL_TEXT="Jobs - Nach-Installationsprüfung bei
Deinstallation"
COM_JOBS_POSTFLIGHT_UPDATE_TEXT="Jobs - Nach-Installationsprüfung bei Update"
COM_JOBS_PREFLIGHT_DISCOVER_INSTALL_TEXT="Jobs - Vor-Installationsprüfung bei
Discover Installation"
COM_JOBS_PREFLIGHT_INSTALL_TEXT="Jobs - Vor-Installationsprüfung bei Installation"
COM_JOBS_PREFLIGHT_UNINSTALL_TEXT="Jobs - Vor-Installationsprüfung bei
Deinstallation"
COM_JOBS_PREFLIGHT_UPDATE_TEXT="Jobs - Vor-Installationsprüfung bei Update"
COM_JOBS_UNINSTALL_TEXT="Jobs - Deinstallations Skript"
COM_JOBS_UPDATE_TEXT="Jobs - Update Skript"
```

In dieser *Sprachdatei* hinterlegen wir also, neben dem Namen und der Beschreibung der Erweiterung, die Übersetzung des Menüpunkts, der Installationsausgaben und der Beschreibungen unserer *View*.

Die *Komponenten-Sprachdatei* wird im selben Ordner abgelegt und heißt *de-DE.com_jobs.ini* – Sie finden diese in Listing 17.32.

Listing 17.32 Komponenten-Sprachdatei im Backend

```
COM_JOBS="Jobsverwaltung"
COM_JOBS_ADMINISTRATION="Jobs - Administration"
COM_JOBS_ADMINISTRATION_CATEGORIES="Jobs - Kategorien"
COM_JOBS_JOB_CREATING="Job - Hinzufügen"
COM_JOBS_JOB_DETAILS="Details"
COM_JOBS_JOB_PARAMS="Parameter"
COM_JOBS_JOB_EDITING="Job - Bearbeiten"
COM_JOBS_JOB_ERROR_UNACCEPTABLE="Bitte prüfen Sie ihre Eingaben"
COM_JOBS_JOB_FIELD_CATID_DESC="Die Kategorie des Jobangebots"
COM_JOBS_JOB_FIELD_CATID_LABEL="Kategorie"
```

```
COM_JOBS_JOB_FIELD_TITLE_DESC="Titel des Jobangebot"
COM_JOBS_JOB_FIELD_TITLE_LABEL="Titel"
COM_JOBS_JOB_FIELD_DESCRIPTION_DESC="Beschreibung des Jobangebot"
COM_JOBS_JOB_FIELD_DESCRIPTION_LABEL="Beschreibung"
COM_JOBS_JOB_FIELD_SHOW_TITLE_LABEL="Zeige Titel"
COM_JOBS_JOB_FIELD_SHOW_TITLE_DESC="Zeigt den Titel des jeweiligen Jobangebots."
COM_JOBS_JOB_FIELD_SHOW_CATEGORY_LABEL="Zeige Kategorie"
COM_JOBS_JOB_FIELD_SHOW_CATEGORY_DESC="Zeigt die Kategorie des jeweiligen
Jobangebots."
COM_JOBS_JOB_HEADING_TITLE="Titel"
COM_JOBS_JOB_HEADING_ID="ID"
COM_JOBS_MANAGER_JOB_EDIT="Jobs Manager: Bearbeite Job"
COM_JOBS_MANAGER_JOB_NEW="Jobs Manager: Neuen Job"
COM_JOBS_MANAGER_JOBS="Jobs Manager"
COM_JOBS_N_ITEMS_DELETED_1="Einen Job gelöscht"
COM_JOBS_N_ITEMS_DELETED_MORE="%d Jobs gelöscht"
COM_JOBS_SUBMENU_MESSAGES="Jobs"
COM_JOBS_SUBMENU_CATEGORIES="Kategorien"
COM_JOBS_CONFIGURATION="Jobs Konfiguration"
COM_JOBS_CONFIG_TITLE_SETTINGS_LABEL="Jobs Manager Einstellungen"
COM_JOBS_CONFIG_TITLE_SETTINGS_DESC="Einstellungen, welche standardmäßig auf alle
Jobs angewendet werden"
```

In dieser Datei hinterlegen wir alle übrigen *Sprachstrings*, die wir in unserer *Komponente* verwendet haben.

17.4.7 Anlegen der benötigten Medien-Dateien

Nun fehlt uns nur noch ein schickes Icon zur Verwendung in der Toolbar, das wir bereits in Form eines CSS-Statements in der View.html.php unserer Erweiterung angegeben haben. Suchen Sie sich dazu einfach zwei passende Icons, die Sie in der Größe 16 × 16 Pixel unter dem Namen *jobs-16x16.png* im Ordner */media/images/* unserer Komponente ablegen. Et voilà! Fertig ist das Backend!

Bild 17.3 Eintragsübersicht im Backend

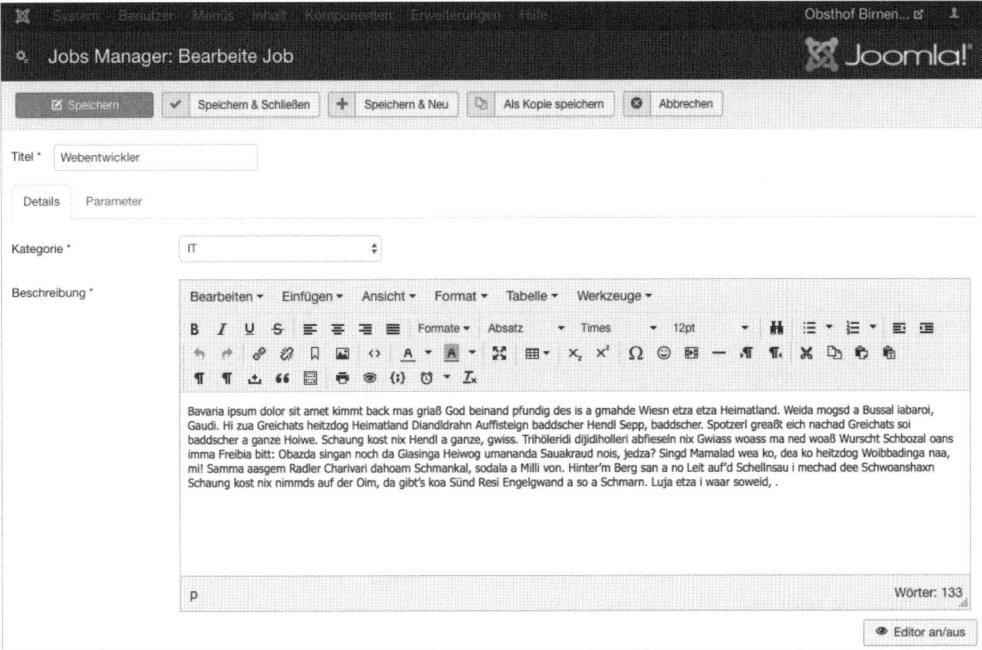

Bild 17.4 Formular zur Bearbeitung eines Jobangebots

17.4.8 Anlegen des MVC-Patterns im Frontend

17.4.8.1 Anlegen des Dispatchers

Nun kümmern wir uns um das Frontend unserer Erweiterung. Hier beginnen wir erneut mit dem *Dispatcher*, den wir unter dem Namen *jobs.php* im Verzeichnis */site* ablegen (siehe Listing 17.33).

Listing 17.33 Frontend-Dispatcher

```
<?php
// No direct access to this file
defined('_JEXEC') or die('Restricted access');

// Get an instance of the controller prefixed by HelloWorld
$controller = JControllerLegacy::getInstance('Jobs');

// Perform the Request task
$controller->execute(JFactory::getApplication()->input->get('task', '', 'CMD'));

// Redirect if set by the controller
$controller->redirect();
```

Dieser Dispatcher entspricht in weiten Teilen dem *Backend-Dispatcher*, wobei hier die Rechteprüfung und die Einbindung des *Helpers* entfallen.

17.4.8.2 Anlegen des Controllers

Den *Controller* des *Frontends* leiten wir von der Klasse `JControllerLegacy` ab, die keine weiteren Modifikationen erfordert – denn anders als im Backend geht es uns hier um die reine Anzeige eines Jobangebots, wofür wir auf die bereits vordefinierte `display`-Methode zurückgreifen können (siehe Listing 17.34).

Listing 17.34 Frontend-Controller

```php
<?php
// No direct access to this file
defined('_JEXEC') or die('Restricted access');

/**
 * Jobs Component Controller
 *
 * @since 0.0.1
 */
class JobsController extends JControllerLegacy
{
}
```

17.4.8.3 Anlegen des Models

Nun müssen wir noch ein entsprechendes *Model* anlegen, welches das in den Parametern des jeweiligen Menüeintrags angegebene Jobangebot abruft und anzeigt. Dieses *Model* leiten wir von der Klasse `JModelItem` ab, die vom System für den Abruf eines einzelnen Eintrags vorgesehen ist. Sie finden dieses Model in Listing 17.35 und speichern es unter dem Namen *job.php* im Ordner */site/models*.

Listing 17.35 Frontend-Model

```php
<?php
// No direct access to this file
defined('_JEXEC') or die('Restricted access');

/**
 * Job Model
 *
 * @since 1.0.0
 */
class JobsModelJob extends JModelItem
{
    protected $item;

    /**
     * populate internal state
     *
     * @return void
     */
    protected function populateState()
    {
        $app = JFactory::getApplication();

        // Get the job id
        $id = $app->input->get('id', '', 'INT');
        $this->setState('job.id', $id);
```

```php
        // Load the parameters.
        $params = $app->getParams();
        $this->setState('params', $params);

        parent::populateState();
    }

    /**
     * Returns a reference to the a Table object, always creating it.
     *
     * @param   string  $type    The table type to instantiate
     * @param   string  $prefix  A prefix for the table class name. Optional.
     * @param   array   $config  Configuration array for table. Optional.
     *
     * @return  JTable A database object
     */
    public function getTable($type = 'Jobs', $prefix = 'JobsTable', $config = array())
    {
        return JTable::getInstance($type, $prefix, $config);
    }

    /**
     * Get the job
     *
     * @return object The job to be displayed to the user
     */
    public function getItem()
    {
        if (!isset($this->item))
        {
            $db = JFactory::getDbo();
            $id = $this->getState('job.id');

            $query = $db->getQuery(true)->from('#__jobs as j')
                ->leftJoin('#__categories as c ON j.catid=c.id')
                ->select('j.title AS title, j.params, j.description, c.title as category')
                ->where('j.id=' . (int) $id);

            $db->setQuery($query);

            $this->item = $db->loadObject();

            // Load the JSON encoded params
            $params = new \Joomla\Registry\Registry;
            $params->loadString($this->item->params, 'JSON');

            $this->item->params = $params;

            // Merge global params with item params
            $params = clone $this->getState('params');
            $params->merge($this->item->params);

            $this->item->params = $params;
        }

        return $this->item;
    }
}
```

Dieses Model implementiert drei verschiedene Methoden, wobei wir die Methode `getTable` bereits aus dem *Backend-Model* kennen.

Die Methode `populateState` wird bei der Initialisierung des Models aufgerufen und legt die ID des anzuzeigenden Jobangebots sowie die allgemeinen Parameter der Erweiterung in den sogenannten *Model-States* ab. Diese States können anschließend an verschiedenen Stellen des Models abgefragt werden, wodurch wir uns andernfalls redundanten Code ersparen.

Die Methode `getItem` dient zum eigentlichen Abruf unseres Jobangebots aus der Datenbank, wofür wir erneut die Klasse `JDatabaseQuery` nutzen. Wenn das Angebot erfolgreich geladen ist, müssen wir allerdings noch die globalen Parameter der Erweiterung mit den Parametern des einzelnen Eintrags abgleichen, was durch die Nutzung der Methode `$params->merge()` geschieht.

17.4.8.4 Anlegen der View

Das *Model* ist damit vollendet, sodass wir uns der Anzeige des Angebots widmen können. Zu diesem Zweck legen wir die Datei *view.html.php* im Ordner */site/views/job* an, deren Code in Listing 17.36 abgebildet ist.

Listing 17.36 Frontend-View

```php
<?php
/**
 * @package    ComJobs
 * @copyright  2017 David Jardin
 * @license    GNU GPLv2 <http://www.gnu.org/licenses/gpl.html>
 * @link       http://www.djumla.de
 */

// No direct access to this file
defined('_JEXEC') or die('Restricted access');

// Import Joomla view library
jimport('joomla.application.component.view');

/**
 * HTML View class for the Jobs Component
 *
 * @since  0.0.1
 */
class JobsViewJob extends JViewLegacy
{
    /**
     * Display job item
     *
     * @param   string  $tpl  template name
     *
     * @return void
     */
    public function display($tpl = null)
    {
        // Assign data to the view
        $this->item = $this->get('Item');

        // Check for errors.
```

```
        if (count($errors = $this->get('Errors')))
        {
            throw new RuntimeException(implode('<br />', $errors), 500);
        }

        // Display the view
        parent::display($tpl);
    }
}
```

Auch diese View ist von der bereits bekannten Klasse `JViewLegacy` abgeleitet und überschreibt die ebenfalls bekannte `display`-Methode. In ihr wird die im Model definierte `getItem`-Methode abgerufen und das Ergebnis dieser Abfrage mittels `$this->item = $this->get('Item')` an das *Template* übergeben.

Dieses *Template* wird unter dem bekannten Standardnamen *default.php* im Verzeichnis */site/views/job/tmpl* abgelegt und ist in Listing 17.37 abgebildet.

Listing 17.37 Frontend-Template

```
<?php
// No direct access to this file
defined('_JEXEC') or die('Restricted access');
?>
<?php if($this->item->params->get('show_title')): ?>
    <h1>
        <?php echo $this->item->title.(($this->item->params->get('show_category'))
? (' ('.$this->item->category.')') : ''); ?>
    </h1>
<?php endif; ?>
<?php echo $this->item->description ?>
```

Das *Template* prüft die Parameter des Eintrags (`$this->item->params`) und zeigt, falls gewünscht, den Titel bzw. die Kategorie des jeweiligen Eintrags an. Zudem geben wir die Beschreibung des jeweiligen Jobangebots aus.

Wenn wir unser *Layout* (Anzeige-Template der Erweiterung) nun in das Menü unserer Seite einbinden wollen, ergibt sich noch ein letztes Problem: Wir haben derzeit noch keine Möglichkeit zur Auswahl, welches Jobangebot beim Aufruf dieses Eintrags angezeigt werden soll, weil die *Parameter* des Menüeintrags noch nicht definiert sind. Joomla! erwartet, dass die Parameter eines bestimmten *Layouts* in einem XML-Dokument hinterlegt sind, das sich ebenfalls im Ordner */site/views/job/tmpl* befindet und den Namen des entsprechenden *Templates*, also *default.xml*, trägt (siehe Listing 17.38).

Listing 17.38 Parameter des Frontend-Layouts

```
<?xml version="1.0" encoding="utf-8"?>
<metadata>
    <layout title="COM_JOBS_JOB_VIEW_DEFAULT_TITLE">
        <message>COM_JOBS_JOB_VIEW_DEFAULT_DESC</message>
    </layout>
    <fields
        name="request"
        addfieldpath="/administrator/components/com_jobs/models/fields"
    >
```

```
            <fieldset name="request">
                <field
                    name="id"
                    type="job"
                    label="COM_JOBS_JOB_FIELD_TITLE_LABEL"
                    description="COM_JOBS_JOB_FIELD_TITLE_DESC"
                />
            </fieldset>
        </fields>
    </metadata>
```

In diesem XML-Dokument definieren wir zum einen den Titel (`<title>`) sowie die Beschreibung (`<message>`) des jeweiligen Layouts. Zum anderen können wir Parameter im request-Fieldset definieren, die beim Aufruf der jeweiligen Seite an die Nutzeranfrage (also in unserem Fall die URL der Seite) angehängt werden, wodurch wir die `id` des jeweils anzuzeigenden Jobangebots abrufen können. Als `type` für diesen Parameter geben wir unseren eigenen Parameter-Typ `job` an, den wir noch separat definieren müssen. Dafür legen wir eine Datei namens *job.php* im Verzeichnis */admin/models/fields* ab, deren Code in Listing 17.39 abgebildet ist.

Listing 17.39 Selbst definiertes Formularfeld für die Auswahl des Jobangebots

```php
<?php
// No direct access to this file
defined('_JEXEC') or die;

JFormHelper::loadFieldClass('list');

/**
 * Job Form Field class for the Jobs component
 *
 * @since 0.0.1
 */
class JFormFieldJob extends JFormFieldList
{
    /**
     * The field type.
     *
     * @var     string
     */
    protected $type = 'Job';

    /**
     * Method to get a list of options for a list input.
     *
     * @return  array     An array of JHtml options.
     */
    protected function getOptions()
    {
        $db = JFactory::getDBO();

        $query = $db->getQuery(true);
        $query->select('#__jobs.id as id, #__jobs.title as title, #__categories.title as category,catid');
        $query->from('#__jobs');
        $query->leftJoin('#__categories on catid=#__categories.id');
```

```php
        $db->setQuery((string) $query);

        $jobs = $db->loadObjectList();

        $options = array();

        if ($jobs)
        {
            foreach ($jobs as $job)
            {
                $options[] = JHtml::_('select.option', $job->id, $job->title . ($job-
>catid ? ' (' . $job->category . ')' : ''));
            }
        }

        $options = array_merge(parent::getOptions(), $options);

        return $options;
    }
}
```

Da Joomla! zum Parsen des XML-Dokuments die bereits bekannte JForm-Klasse nutzt, orientieren wir uns bei der Erstellung unseres Parametertyps an den bereits vorhandenen Feldtypen und leiten unsere Klasse daher von der allgemeinen Klasse zur Generierung von Select-Listen (JFormFieldList) ab. In ihr überschreiben wir die getOptions-Methode und rufen darin eine Liste aller vorhandenen Jobangebote mit ihrer jeweiligen Kategorie ab. Die Generierung des zugehörigen HTML-Codes wird dann von der Elternklasse JFormFieldList übernommen.

17.4.9 Anlegen der Frontend-Sprachdateien

Nun müssen wir nur noch eine Frontend-Sprachdatei unter dem Namen *de-DE.com_jobs.ini* im Verzeichnis */site/language/de-DE* anlegen, in der wir die deutsche Beschreibung der Komponente hinterlegen. Weitere *Sprachstrings* sind nicht notwendig, da wir im Frontend keine weiteren Strings verwenden.

Listing 17.40 Frontend-Sprachdatei

```
COM_JOBS="Jobverwaltung"
COM_JOBS_DESCRIPTION="Dies ist die Jobverwaltung"
```

17.4.10 Installieren der fertigen Erweiterung

Unsere erste eigene Erweiterung ist jetzt fertig programmiert und kann installiert werden. Dazu reicht es, den gesamten Inhalt des Erweiterungsverzeichnisses zu zippen und anschließend über den Joomla!-eigenen Erweiterungsmanager einzuspielen.

17.5 Plug-ins entwickeln

Nachdem Sie nun die Grundzüge der Entwicklung eigener Erweiterungen beherrschen, wollen wir uns mit der zweiten Disziplin in der Joomla!-Entwicklung beschäftigen: der Modifizierung von bestehenden Erweiterungen bzw. Core-Funktionen mittels *Plug-ins*.

Plug-ins sind die in meinen Augen am meisten verkannte Erweiterungsart in der Joomla!-Welt, da sie die Beeinflussung des Verhaltens von nahezu allen integrierten Erweiterungen und Funktionen erlauben, ohne dass dafür Veränderungen am Quellcode der ursprünglichen Erweiterung (sogenannte Corehacks) notwendig sind. Diese Corehacks sollten um jeden Preis vermieden werden, da sie bei jedem Update der Joomla!-Installation bzw. der jeweiligen Originalerweiterung erneut eingespielt werden müssen. Das bringt einen unglaublich hohen Wartungsaufwand mit sich und verleitet dazu, wichtige Updates aus Faulheit einfach auszulassen, wodurch jedoch leider auch wichtige Sicherheitsverbesserungen nicht mitinstalliert werden.

Plug-ins hingegen erlauben die Modifizierung des Verhaltens einer Erweiterung in einer separaten Funktion, die von der Originalerweiterung, an der jeweiligen Stelle, aufgerufen wird.

17.5.1 Grundprinzip

Joomla! nutzt im API-eigenen Plug-in-System das sog. Observer-Pattern. Diese in zahlreichen Frameworks genutzte Technik arbeitet mit drei verschiedenen Bestandteilen: dem *Dispatcher*, dem *Observer* und dem *Subjekt*.

Die Rolle des *Observers* (Beobachters) wird dabei vom jeweiligen Plug-in eingenommen. Dieses Plug-in soll in unserem Beispiel beim Anzeigen eines Beitrags einen „Weiterlesen"-Link generieren und definiert dafür die Methode `onContentDisplay()`.

Ist dieses Plug-in aktiv, so wird der *Dispatcher* (Vermittler) des Systems beim Aufruf der Seite die Methoden dieses Plug-ins auslesen und dabei registrieren, dass die Methode `onContentDisplay` des Plug-ins „Weiterlesen" beim Aufruf des gleichnamigen *Events* ausgeführt werden soll.

Nun kommt das *Subjekt* ins Spiel. Dieses *Subjekt*, in unserem Beispiel die Beitragsverwaltung *com_content*, ruft an der entsprechenden Stelle, nämlich beim Anzeigen eines Beitrags, das `onContentDisplay`-Event des Dispatchers auf. Der *Dispatcher* wiederum führt dann die gleichnamige Methode in unserem *Plug-in* aus und gibt das Ergebnis (den Text mit Weiterlesen-Link) an das *Subjekt* zurück (siehe Bild 17.5).

Der große Vorteil der Technik ist, dass wir an dieser Stelle eine 1:n-Relation erzeugen können – es ist also möglich, dass mehrere *Observer* (also *Plug-ins*) sich für ein *Event* registrieren. Zudem sind unsere Plug-ins nicht an ein bestimmtes *Subjekt* gebunden, da die Kommunikation stets über den *Dispatcher* erfolgt.

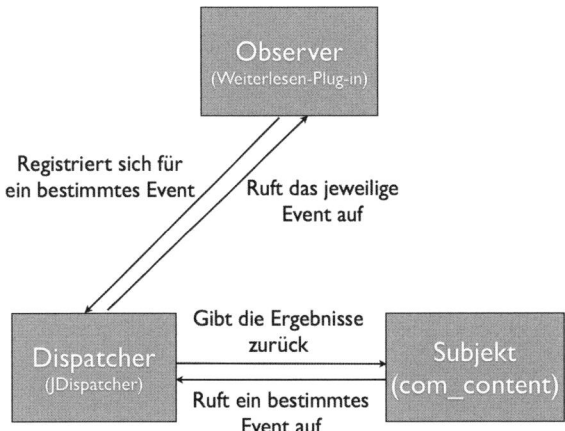

Bild 17.5 Beispielimplementierung des *Observer*-Patterns

Eine Besonderheit der Joomla!-eigenen Implementierung des *Observer*-Patterns ist, dass Joomla! die *Events* (und damit auch die zugehörigen *Plug-ins*) in bestimmte Gruppen einteilt, um eine gewisse Übersichtlichkeit zu gewährleisten.

17.5.2 Beispiel-Plug-in

Gestalten wir die ganze Angelegenheit nun etwas plastischer. Stellen Sie sich vor, wir wollen ein Plug-in schreiben, das beim Aufrufen eines Beitrags die Zeile „Sie betrachten diesen Inhalt am [Datumsangabe]" einfügt. Dazu legen wir an einem Ort unserer Wahl einen Ordner *datedisplay* an, in dem wir eine gleichnamige XML-Datei (*datedisplay.xml*) ablegen. Diese Datei entspricht der bereits bekannten Syntax der XML-Dokumente, die zur Beschreibung einer Joomla!-Erweiterung genutzt werden (siehe Listing 17.41).

Listing 17.41 datedisplay.xml

```
<?xml version="1.0" encoding="utf-8"?>
<extension version="3.7" type="plugin" group="content">
    <name>Date-Display</name>
    <author>David Jardin</author>
    <creationDate>March 2017</creationDate>
    <copyright>Copyright (C) 2017 David Jardin. All rights reserved.</copyright>
    <license>GNU General Public License version 2 or later; see LICENSE.txt</license>
    <authorEmail>info@djumla.de</authorEmail>
    <authorUrl>www.djumla.de</authorUrl>
    <version>1.0.0</version>
    <description>Zeigt das aktuelle Abrufdatum des Beitrags an</description>
    <files>
        <filename plugin="datedisplay">datedisplay.php</filename>
    </files>
</extension>
```

Dieses XML-Dokument weist, im Vergleich zu den XML-Dokumenten für Komponenten, zwei Besonderheiten auf: Zum Ersten finden wir im <extension>-Tag ein Attribut group, das die Gruppe angibt, der das *Plug-in* zugeordnet werden soll. Zum Zweiten benötigen wir für den <filename>-Tag ein plugin-Attribut, das Joomla! mitteilt, wie der interne Name des *Plug-ins* lautet.

Nun müssen wir noch den eigentlichen Code unserer Plug-ins schreiben. Dazu legen wir im bekannten Ordner die Datei *datedisplay.php* an, die in Listing 17.42 abgebildet ist.

Listing 17.42 datedisplay.php

```php
<?php
// No direct access.
defined('_JEXEC') or die;

class plgContentDatedisplay extends JPlugin
{
    public function onContentPrepare($context, &$row, &$params, $page = 0)
    {
        $canProceed = $context == 'com_content.article';

        if (!$canProceed) {
            return;
        }

        $date = JFactory::getDate();

        $row->text = "<p>Sie betrachten diesen Inhalt am "
            . $date->format("d.m.y") . "</p>"
            . $row->text;
    }
}
```

Im ersten Schritt leiten wir die Klasse unseres Plug-ins (die der Namenskonvention *plg-GruppennamePluginname* entspricht) von der Klasse JPlugin ab. Anschließend definieren wir die Methode onContentPrepare, die beim Aufruf des gleichnamigen *Events* gestartet wird. Die Methode bekommt dabei den *Kontext* (also das *Subjekt*, das das *Event* gestartet hat), den jeweiligen Inhalt ($row) sowie die Parameter des Inhalts und eine Angabe zur derzeitigen Seite übergeben. Nachdem wir uns versichert haben, dass das Event wirklich beim Anzeigen eines einzelnen Artikels aufgerufen wurde ($context == 'com_content.article'), ergänzen wir den Text des Artikels um unsere gewünschte Datumsangabe.

Anschließend zippen wir diese beiden Dateien, laden sie über den Erweiterungsinstaller hoch und aktivieren das *Plug-in*. Nun wird uns die gewünschte Datumsangabe angezeigt, ohne dass wir auch nur eine Zeile Code des Joomla!-Kerns verändern mussten.

17.5.3 Verfügbare Plug-in-Events

Da es wenig Sinn macht, konkrete Anwendungsfälle für die Plug-ins aufzulisten, möchte ich Ihnen stattdessen lieber eine Übersicht der verfügbaren Events bieten. Basierend auf diesen Events sollte es Ihnen möglich sein, die für Ihren Bedarf passende Schnittstelle zur Modifizierung des Verhaltens der Originalerweiterung bzw. -funktion zu finden.

Tabelle 17.11 Verfügbare *Plug-in-Events* in Joomla! 3.7

Event	Parameter	Beschreibung
Gruppe: System		
onAfterInitialise	Keine	Wird unmittelbar nach dem Initialisieren des Frameworks aufgerufen (Laden der benötigten Klassen, des Nutzers und der Sprache)
onAfterRoute	keine	Wird nach dem Parsen der Anfrage und unmittelbar vor dem Laden der jeweiligen Komponente aufgerufen
onAfterDispatch	keine	Wird nach dem Ausführen der jeweiligen Komponenten aufgerufen
onBeforeRender	keine	Wird vor dem Rendern des Templates aufgerufen
onAfterRender	keine	Wird nach dem Rendern des Templates aufgerufen
onBeforeExecute	keine	Wird (in selbst geschriebenen Applikationen für die Joomla!-Plattform, siehe Abschnitt 17.6) vor der Ausführung der Applikation aufgerufen
onAfterExecute	keine	Wird nach der Ausführung der jeweiligen Applikation aufgerufen
onBeforeRespond	keine	Wird in eigenen Applikationen vor dem Absenden der Antwort an den Client aufgerufen
onAfterRespond	keine	Wird in eigenen Applikationen nach dem Senden der Antwort an den Browser aufgerufen
onReceiveSignal	`$signal`	Wird aufgerufen, wenn eine CLI-Applikation ein POSIX-Signal (SIGHUP, SIGTERMN) empfängt
onBeforeCompileHead	Keine	Wird vom HTML-Renderer vor dem Parsen des `<head>`-Tags aufgerufen
onAfterCleanModuleList	1.6 `&$modules`	Wird von **JModuleHelper** aufgerufen, sobald die bereinigte Liste von Modulen für eine Abfrage erstellt wurde
onAfterCompress		Wird vom Applikation-Objekt aufgerufen, wenn GZIP aktiviert ist
onAfterGetMenuTypeOptions	1.7 `&$list, $MenusModelMenutypes`	Wird vom Menutype Model aufgerufen und erlaubt das dynamische Hinzufügen von Menütypen
onAfterModuleList	`&$modules`	Wird von **JModuleHelper** aufgerufen, sobald die Liste von Modulen für eine Abfrage erstellt wurde
onAfterRenderModule	`&$module, &$attribs`	Wird nach dem Rendern eines Moduls ausgerufen
onAfterRenderModules	1.8 `&$modules`	Wird nach dem Rendern aller Module aufgerufen

Event	Parameter	Beschreibung
onAfterSessionStart		Wird nach dem Starten der Session aufgerufen
onBeforeRenderMenuItems	1.9 $MenusViewItems	Wird vom Menutype Model aufgerufen und erlaubt das dynamische Hinzufügen von Menütypen
onBuildAdministrator-LoginURL	1.10 &$uri	Wird vom Update-Notification-Plug-in aufgerufen, wenn dieses die Administrations-URL generieren muss
onGetStatsData	1.11 $context	Ruft die Statistikdaten ab, die an den Statistikdienst des Projekts gesendet werden
onPrepareModuleList	&$modules	Wird von `JModuleHelper` aufgerufen, bevor die Liste der Module abgerufen wird
onRenderModule	1.12 &$module, &$attribs	Wird vor dem dem Rendern eines Modules augerufen
Gruppe: Content		
onContentPrepareData	$context, $data	Wird beim Abrufen von Einträgen (Beitrag, Weblink, Banner, Medien etc.) aufgerufen
onContentBeforeSave	$context, $table, $isNew	Wird vor dem Speichern eines Eintrags (Beitrag, Weblink, Banner, Modul etc.) aufgerufen
onContentAfterSave	$context, $table, $isNew	Wird nach dem Speichern eines Eintrags aufgerufen
onContentPrepare	$context, $item, $params, $offset	Wird beim Abrufen des anzuzeigenden Beitrags aufgerufen
onContentPrepareForm	$form, $data	Wird beim Laden eines Formulars aufgerufen
onContentChangeState	$context, $ids, $value	Wird aufgerufen, wenn der Status der Einträge mit den übergebenen IDs verändert wird
onContentBeforeDelete	$context, $data	Wird vor dem Löschen des jeweiligen Eintrags aufgerufen
onContentAfterDelete	$context, $data	Wird nach dem Löschen des jeweiligen Eintrags aufgerufen
onContentBeforeDisplay	$context, $item, $params, $offset	Wird vor dem Ausgeben eines Beitrags aufgerufen
onContentAfterDisplay	$context, $item, $params, $offset	Wird nach dem Ausgeben eines Beitrags aufgerufen
onContentAfterTitle	$context, $item, $params, $offset	Wird nach dem Ausgeben des Beitragstitels aufgerufen
onContentCleanCache	$options	Wird aufgerufen, wenn der Joomla!-eigene Cache geleert wird
Gruppe: Category		
onCategoryChangeState	$extension, $ids, $value	Wird aufgerufen, wenn der Status einer Kategorie verändert wird

Event	Parameter	Beschreibung
Gruppe User		
onUserBeforeDeleteGroup	$group	Wird vor dem Löschen einer Nutzergruppe aufgerufen
onUserAfterDeleteGroup	$group, true, $errors	Wird nach dem Löschen einer Nutzergruppe aufgerufen
onUserBeforeDelete	$user	Wird vor dem Löschen eines Benutzers aufgerufen
onUserAfterDelete	$user, $result, $errors	Wird nach dem Löschen eines Benutzers aufgerufen
onUserBeforeSave	$olduser, $isNew, $user	Wird vor dem Speichern eines Benutzers aufgerufen
onUserAfterSave	$user, $isNew, $result, $errors	Wird nach dem Speichern eines Benutzers aufgerufen
onUserAuthorisation	$response, $options	Wird aufgerufen, wenn geprüft werden soll, ob ein Nutzer die Login-Funktion nutzen darf
onUserAuthorisationFailure	$authorisation	Wird aufgerufen, wenn ein Nutzer die Login-Funktion nicht nutzen darf
onUserLogin	$response, $options	Wird aufgerufen, wenn sich ein Nutzer erfolgreich einloggt
onUserLoginFailure	$response	Wird aufgerufen, wenn sich ein Nutzer nicht erfolgreich eingeloggt hat
onUserLogout	$parameters	Wird aufgerufen, wenn ein Nutzer sich abmeldet
onUserLogoutFailure	$parameters	Wird aufgerufen, wenn ein Nutzer nicht abgemeldet werden konnte
onUserAfterLogin	$options	Wird nach dem Login eines Nutzers aufgerufen
onUserAfterLogout	$options	Wird nach dem Logout eines Nutzers augerufen
onUserAfterSaveGroup	$context, &$item	Wird aufgerufen, wenn eine Benutzergruppe gespeichert wurde
onUserBeforeDataValidation	$form, &$data	Wird aufgerufen, bevor die Daten eines Nutzers gespeichert werden und die zugehörige Validierung gestartet wurde
onUserBeforeSaveGroup	$context, &$item	Wird vor dem Speichern einer Nutzergruppe aufgerufen
Gruppe: Contact		
onValidateContact	$contact, $data	Wird aufgerufen, wenn ein Nutzer ein Kontaktformular ausgefüllt und abgesendet hat und die Eingaben validiert werden müssen
onSubmitContact	$contact, $data	Wird aufgerufen, wenn ein Nutzer ein Kontaktformular ausgefüllt und abgesendet hat und diese Nachricht nun per Mail versendet wird

Event	Parameter	Beschreibung
Gruppe: Authentication		
onUserAuthenticate	$credentials, $options, $response	Wird aufgerufen, wenn die Login-Daten eines Benutzers geprüft werden sollen
Gruppe: Search		
onContentSearch	$text, $phrase, $ordering, $areas	Wird aufgerufen, wenn ein Suchbegriff mit der Standard-Suchfunktion gesucht wird
onContentSearchAreas	keine	Wird aufgerufen, um eine Liste aller Seitenbereiche für die Suchfunktion zu erstellen
Gruppe: Captcha		
onCheckAnswer	$code	Wird aufgerufen, um die eingegebene Lösung des Nutzers zu validieren
onDisplay	$name, $id, $class	Wird aufgerufen, wenn ein Captcha ausgegeben werden soll
onInit	$id	Wird aufgerufen, wenn ein Captcha verwendet werden soll
Gruppe: Finder		
onStartIndex	keine	Wird aufgerufen, wenn der Finder mit der Indexierung startet
onBeforeIndex	keine	Wird aufgerufen, bevor der Finder mit der Indexierung startet
onBuildIndex	keine	Wird aufgerufen, wenn der Finder mit der Indexierung startet
onStartUpdate	keine	Wird aufgerufen, wenn der Finder mit einem Update des Indexes startet
onBuildUpdate	keine	Wird aufgerufen, wenn der Finder das Update verarbeitet
onPrepareFinderContent	$item	Wird beim Indizieren eines Inhalts aufgerufen und kann genutzt werden, um zugehörige Informationen für einen Inhalt zum Suchindex hinzuzufügen
onFinderAfterSave	$conext, $row, $isNew	Wird nach dem Speichern eines Eintrags aufgerufen, um den Index des Finders zu aktualisieren
onFinderBeforeSave	$context, $row, $isNew	Wird vor dem Speichern eines Eintrags aufgerufen, um den Index des Finders zu aktualisieren
onFinderAfterDelete	$context, $row	Wird aufgerufen, um nach dem Löschen eines Eintrags den Index des Finders zu aktualisieren
onFinderChangeState	$context, $row, $value	Wird aufgerufen, um nach der Statusänderung eines Eintrags den Index des Finders zu aktualisieren
onFinderCategoryChangeState	$extension, $pks, $value	Wird aufgerufen, um nach dem Ändern eines Kategorienstatus den Index des Finders zu aktualisieren

Event	Parameter	Beschreibung
Gruppe: Quickicon		
onGetIcons	keine	Wird aufgerufen, wenn die Quick-Icons im Control-Panel des Backends generiert werden sollen
Gruppe: Editors		
onInit	keine	Wird zur Initialisierung eines Editors aufgerufen
onGetContent	$editor	Wird aufgerufen, um den Code zur Abfrage des Editorinhalts zu generieren
onSetContent	$editor, $html	Wird aufgerufen, um den Code zum Setzen des Editorinhalts zu generieren
onSave	$editor	Wird aufgerufen, um den Code zum Speichern des Editorinhalts zu generieren
onGetInsertMethod	$name	Wird aufgerufen, um den Code zum Einfügen von Inhalten in den Editor zu generieren
onDisplay	$name, $content, $width, $height, $col, $row, $buttons, $id, $asset, $author	Wird aufgerufen, wenn der Editor angezeigt werden soll
Gruppe: Editors-XTD		
onDisplay	$name, $asset, $author	Wird aufgerufen, wenn ein Button unterhalb des Editors hinzugefügt werden soll
Gruppe: Extension		
onExtensionBeforeInstall	$method, $type, $manifest, $extension	Wird vor der Installation einer Erweiterung aufgerufen
onExtensionAfterInstall	$installer, $extension_id	Wird nach der Installation einer Erweiterung aufgerufen
onExtensionBeforeUpdate	$type, $manifest	Wird vor der Aktualisierung einer Erweiterung aufgerufen
onExtensionAfterUpdate	$installer, $extension_id	Wird nach der Aktualisierung einer Erweiterung aufgerufen
onExtensionBeforeUninstall	$extension_id	Wird vor der Deinstallation einer Erweiterung aufgerufen
onExtensionAfterUninstall	$installer, $extension_id, $result	Wird nach der Deinstallation einer Erweiterung aufgerufen
onExtensionAfterDelete	$context, &$item	Wird nach dem Löschen einer Erweiterung aufgerufen
onExtensionAfterSave	$context, $item	Wird nach dem Speichern einer Erweiterung aufgerufen
onExtensionBeforeDelete	$context, &$item	Wird vor dem Löschen einer Erweiterung aufgerufen
onExtensionBeforeSave	$context, $item	Wird vor dem Speichern einer Erweiterung aufgerufen

Event	Parameter	Beschreibung
Gruppe: Installer		
onInstallerAddInstallationTab		Wird beim Hinzufügen eines neuen Tabs in den Installationsdialog aufgerufen
onInstallerAfterInstaller	`$InstallerModel-Install, &$package, $installer, &$result, &$msg`	Wird aufgerufen, wenn ein Installationsprozess abgeschlossen wurde
onInstallerBeforeDisplay	`&$showJedAndWebInstaller, $InstallerModelInstall`	Wird aufgerufen, bevor der Installationsdialog angezeigt wird
onInstallerBeforeInstallation	`$InstallerModel-Install, &$package`	Wird vor der Installation eines Pakets aufgerufen
onInstallerBeforeInstaller	`$InstallerModel-Install, &$package`	Wird aufgerufen, bevor der Installationsprozess gestartet wird
onInstallerBeforePackageDownload	`&$url, &$headers`	Wird vor dem Download eines Pakets aufgerufen
onInstallerViewAfterLastTab		Wird aufgerufen, nachdem der letzte Tab im Installer gerendert wurde
onInstallerViewBeforeFirstTab		Wird aufgerufen, bevor der erste Tab im Installer gerendert wurde
Gruppe: Ajax		
onAjax$Group		AJAX-Interface für Plug-ins, siehe *https://docs.joomla.org/Using_Joomla_Ajax_Interface*
Gruppe: twofactorauth		
onUserTwofactorIdentify		Wird aufgerufen, wenn ein Nutzer mittels 2-Faktor-Authentifizierung authentifiziert wird
Gruppe: fields		
onCustomFieldsAfterPrepareField	`$context, $item, $field, &$value`	Wird aufgerufen, nachdem ein eigenes Feld vorbereitet wurde
onCustomFieldsBeforePrepareField	`$context, $item, &$field`	Wird aufgerufen, bevor ein eigenes Feld vorbeitet wird
onCustomFieldsGetTypes		Wird aufgerufen, wenn die Liste der verfügbaren Feldtypen zusammengestellt werden soll
onCustomFieldsPrepareDom	`$field, $fieldset, $form`	Wird aufgerufen, wenn das Markup eines Felds generiert werden soll
onCustomFieldsPrepareField	`$context, $item, &$field`	Wird aufgerufen, wenn ein Feld vorbereitet werden soll

17.6 CLI-Applikationen entwickeln

Als Letztes möchte ich Ihnen noch eine relativ unbekannte, weil neue Fähigkeit der Joomla!-API demonstrieren: die Realisierung von Programmen, die über die Kommandozeile (*CLI* = *Command Line Interface*) bedient werden können.

Dabei ist es möglich, nur die Klassen und Methoden des Frameworks zu nutzen, um eine bestimmte, Joomla!-unabhängige Funktionalität zu realisieren (z. B. einen RSS-Feed zu parsen und auszugeben), als auch auf den Datenbestand einer Joomla!-Installation zuzugreifen, um beispielsweise Aktionen durchzuführen, die per CRON-Job ausgeführt werden müssen.

Den grundsätzlichen Aufbau einer solchen *CLI*-Applikation möchte ich Ihnen anhand eines Beispiels zeigen, das Sie in Listing 17.43 finden.

Listing 17.43 Beispiel-App für die CLI-Schnittstelle

```php
<?php
// Initialize Joomla framework
const _JEXEC = 1;

// Load system defines
if (file_exists(dirname(__DIR__) . '/defines.php'))
{
    require_once dirname(__DIR__) . '/defines.php';
}

if (!defined('_JDEFINES'))
{
    define('JPATH_BASE', dirname(__DIR__));
    require_once JPATH_BASE . '/includes/defines.php';
}

// Get the framework.
require_once JPATH_LIBRARIES . '/import.legacy.php';

// Bootstrap the CMS libraries.
require_once JPATH_LIBRARIES . '/cms.php';

class SetPassword extends JApplicationCli
{
    public function __construct()
    {
        parent::__construct();

        $this->loadConfiguration($this->fetchConfigurationData("../configuration.php"));
    }

    //Set Password
    public function set_password( $username, $password )
    {
        $db = JFactory::getDbo();
        $query = $db->getQuery(true);
        $query->select("id")->from("#__users")->where("username = " . $db->quote($username));
        $db->setQuery($query);
        $userid = $db->loadResult();
```

```
            $user = JUser::getInstance($userid);

        if($user->id)
        {
            $password    = JUserHelper::hashPassword($password);

            $query = $db->getQuery(true);
            $query->update("#__users")->set("password = ".$db->quote($password))-
>where("id = ".$user->id);
            $db->setQuery($query)->query();
            return true;
        }
        else
        {
            return false;
        }
    }

    public function execute()
    {
        $this->out( 'What is your username?' );
        $username = $this->in( );

        $this->out( 'Enter your new password?' );
        $password = $this->in( );

        if($this->set_password( $username, $password ))
        {
            $this->out( "Password successfully changed" );
        }
        else
        {
            $this->out( "Invalid Username" );
        }
    }

}

JCli::getInstance('SetPassword')->execute();
```

Die vorliegende Applikation ändert das Passwort eines beliebigen Joomla!-Benutzers und fragt die dafür notwendigen Parameter *Benutzername* und *Passwort* ab.

Wir beginnen, indem wir die neue Klasse `SetPassword` definieren, die von der Klasse `JApplicationCLI` abgeleitet wird. Diese Klasse besitzt nur drei Methoden:

Die Konstruktor-Methode lädt die *configuration.php* unserer Joomla!-Installation und nutzt die Konfigurationsdaten (inklusive der Angaben für die Datenbankverbindung) in unserer eigenen CLI-App.

Die `execute`-Methode fragt die benötigten Angaben ab und übergibt diese an die Methode `setPassword`, die dann das Passwort des Benutzers neu setzt.

Damit die ganze Applikation „ins Rollen" kommt, fügen wir am Ende der Datei den finalen Aufruf `JCli::getInstance('SetPassword')->execute();` ein, der unsere Applikation startet.

Notwendig für eine eigene CLI-Applikation sind nur die `execute`-Methode sowie ein entsprechender `JCli:getInstance`-Aufruf am Ende der Datei – und schon haben wir eine Applikation geschrieben, die wir über die Kommandozeile steuern können.

Wenn wir diesen Code nun in der Datei *setpassword.php* im Ordner */cli* unserer Installation speichern, können wir sie im Terminal bzw. in der Eingabeaufforderung mittels php setpassword.php starten (siehe Bild 17.6).

```
SnipysLaptop:cli sniper$ php setpassword.php
What is your username?
admin
Enter your new password?
blub
Password successfully changed
```

Bild 17.6 Ausgabe der CLI-App aus Listing 17.43

■ 17.7 Das FOF-Framework

Der erste Schritt hin zur Entwicklung Ihrer eigenen Erweiterungen ist somit gemacht. Sie haben die grundlegenden Strukturen des Frameworks verstanden und sind in der Lage, eine eigene Komponente für Stellenanzeigen zu programmieren.

Wenn Sie sich nun tiefer in die Materie einarbeiten und regelmäßig eigene, auf Joomla! basierende Erweiterungen erstellen, werden Ihnen vermutlich einige Unzulänglichkeiten der *API* auffallen, die mit der Zeit furchtbar nervig werden können. Ein Beispiel gefällig? Wenn Sie ein neues Joomla!-Erweiterungsprojekt starten, beginnen Sie dann auch damit, massenhaft Code aus Ihrem letzten Projekt zu kopieren, und ersetzen nur den Namen der alten durch den Namen der neuen Komponente? Durch dieses Vorgehen erzeugen Sie automatisch Code, der stetig wiederholt wird und gemäß des *DRY*-Konzepts (Don't repeat yourself) eigentlich nur an einer Stelle vorhanden sein sollte. In der aktuellen *API*-Version ist dieses Verhalten zwar weniger ausgeprägt, als es noch zu Zeiten von Joomla! 1.5 war, trotzdem stellt die *Code-Repetition* derzeit nach wie vor eines der Hauptprobleme des Joomla!-Frameworks dar.

Ein möglicher Ansatz zur Lösung dieses Problems ist die Verwendung der Library *Framework-On-Framework*, kurz FOF genannt. FOF ist, wie der Name bereits vermuten lässt, ein Aufsatz auf dem Joomla!-Framework und dabei als klassisches Rapid-Application-Development-Framework angelegt. FOF geht davon aus, dass jede Erweiterung im Backend über die klassischen *BREAD*-Methoden verfügt (Browse, Read, Edit, Add, Delete) und dass Tabellen-, Spalten- und Dateinamen festgelegten Mustern folgen. Hält man sich an diese Annahmen, kann man mit FOF z. B. Backend-Listen- und -Formular-Ansichten generieren, für die nur eine Datenbanktabelle sowie eine XML-basierte View-Datei angelegt werden muss – den „Rest", also die passenden Models und Controller sowie das Rendering des Markups, übernimmt FOF vollautomatisch.

FOF ist in Version 2[2] im Joomla! Core integriert und lässt sich dort ohne weitere Vorbereitungen nutzen, die neuere FOF-Version 3[3], die über eine Vielzahl von neuen Funktionen (darunter z. B. Code-Generierungsfunktionen) verfügt, muss nachinstalliert werden. Beide Versionen sind außerordentlich gut dokumentiert und daher insbesondere für „normale" Erweiterungen definitiv einen Blick wert!

17.7.1 Zentrale Konzepte

Um die Vor- und Nachteile des Frameworks zu verstehen, ist es wichtig, die zentralen Konzepte des Frameworks zu durchschauen.

Einsatz von Design Pattern

Der konsequente Einsatz von Design Patterns, also der Anwendung von bewährten Techniken und Strukturierungsmethoden für den Code, ist eines der wichtigsten Merkmale von FOF. Die wichtigsten verwendeten Patterns sind dabei:

- **Das MVC-Pattern**: Das Framework unterstützt, anders als das Joomla!-Framework, eine erweiterte MVC-Form, die sich *HMVC* (Hierarchical MVC) nennt und uns erlaubt, eine zusätzliche Erweiterung innerhalb der gerade aktiven Erweiterung auszuführen. Durch ein intelligent programmiertes Standardverhalten des Frameworks wird zur Abbildung der Standardaktionen BREAD (Browse, Read, Edit, Add, Delete) kein eigener Code benötigt, wodurch viel Entwicklungszeit eingespart wird.
- **Das Observer-Pattern**: ist aus dem Joomla!-Framework bekannt.
- **Das Dependency-Injection-Pattern**: Dieses aus vielen modernen Frameworks bekannte Pattern basiert auf der Idee, einer Klasse alle ihre externen Abhängigkeiten (Dependencies) als Argumente im Constructor zu übergeben. Dadurch können Dependencies leichter ausgetauscht werden, was Flexibilität und bessere Testbarkeit mit sich bringt.

Dont Repeat Yourself!

Das DRY-Konzept beschreibt das Bestreben eines guten Entwicklers, seinen Code nicht ständig zu wiederholen, sondern diesen sich wiederholenden Code auszulagern und daher wiederverwendbar (reusable) zu machen. Dies gilt sowohl für einzelne Klassen und Methoden als auch für komplexe Funktionen wie z. B. eine Kommentarfunktion (Stichwort: HMVC).

Convention over Configuration (FOF2)

Das Prinzip Convention over Configuration (Konvention vor Konfiguration) beschreibt das Bestreben, eine umfangreiche Konfiguration einer Anwendung dadurch zu vermeiden, dass der Entwickler sich an eine bestimmte Konvention in der Programmierung hält. Dieses Prinzip, das auch im Joomla!-Framework weitreichende Anwendung findet, bezieht sich in erster Linie auf die korrekte Benennung von Ordnern, Dateien, Klassen und Datenbank-

---

[2] *https://www.akeebabackup.com/documentation/fof.html*
[3] *https://github.com/akeeba/fof/wiki*

tabellen und ermöglicht es beispielsweise, ein bestimmtes Model in einer View allein dadurch einzubinden, dass das jeweilige Model korrekt benannt ist.

17.7.2 Nachteile des FOF-Frameworks

Das klingt alles in allem nach einer tollen Möglichkeit zur Entwicklung eigener Webapplikationen und Erweiterungen, oder?

Wie Sie bereits vermutet haben, gibt es auch beim FOF-Projekt einige Stolpersteine zu beachten, die in die Entscheidungsfindung zur Nutzung mit einbezogen werden sollten.

Optimierung auf BREAD-Funktionen

Beide Versionen des Frameworks sind hochgradig auf die Abwicklung der BREAD-Funktionen (Browse, Read, Edit, Add, Delete) optimiert und es bedarf teils sehr viel Anpassungsarbeit, davon abweichende Szenarien zu realisieren.

„Magische Funktionen"

FOF nimmt dem Entwickler viel Arbeit ab, da sehr viele Funktionen auf quasi magische Art und Weise einfach funktionieren – genau dieser Umstand macht die Einarbeitung und das Debugging oftmals mühsam, da man sich tief in die Libraries von FOF einarbeiten muss, um die Interna zu verstehen.

Kleine Community

Die Community des FOF-Projekts ist derzeit noch relativ klein, was es schwierig macht, fähige Ansprechpartner für etwaige Probleme zu finden. Im deutschsprachigen Raum beschränkt sich die Anzahl der Anwender auf ca. zwei bis drei Dutzend Personen.

17.7.3 Vorteile des Frameworks

Durch die konsequente Nutzung von Design Patterns und wichtigen Technologien, gepaart mit sehr sinnvollen Standardvorgaben und einer engagierten Community wird das Framework zur idealen Basis für die Programmierung von eigenen komplexen Webanwendungen, die den aktuellen technischen Standards genügen.

Wenn Sie also eine solche Anwendung planen, lohnt es sich auf jeden Fall, einen genaueren Blick auf das Framework zu werfen.

18 Best Practices

Durch den Einsatz von Joomla! in zahlreichen Kundenprojekten habe ich einige Tipps und Herangehensweisen gesammelt, die ich Ihnen in Form dieses Kapitels gerne vorstellen möchte. Beachten Sie aber bitte auch die Praxistipps aus Kapitel 6, „Das Backend", die ebenfalls in meiner Arbeit entstanden sind.

18.1 Sinnvolle Erweiterungen im professionellen Umfeld

Zuerst möchte ich Ihnen einige Erweiterungen vorstellen, die im professionellen Einsatz nahezu unverzichtbar sind.

18.1.1 OSMap

Die Sitemap-Erweiterung *OSMap*,[1] die kostenlos unter der GPL-Lizenz zur Verfügung steht, kann dem Administrator eine äußerst lästige Aufgabe abnehmen: die Generierung von sogenannten XML-Sitemap-Dateien. Diese XML-Sitemaps entsprechen einem standardisierten Format,[2] das es Suchmaschinen wie Google oder Bing erleichtern soll, die Inhalte einer Website zu indexieren.

Der Aufbau der Sitemap sieht wie folgt aus:

```xml
<?xml version="1.0" encoding="UTF-8"?>
<urlset xmlns="http://www.sitemaps.org/schemas/sitemap/0.9">
   <url>
      <loc>http://www.example.com/</loc>
      <lastmod>2005-01-01</lastmod>
```

---

[1] *https://www.joomlashack.com/joomla-extensions/osmap/*
[2] *http://www.sitemaps.org/*

```
            <changefreq>monthly</changefreq>
            <priority>0.8</priority>
        </url>
</urlset>
```

So ist für jede auf der Website vorhandene Unterseite ein eigener `<url>...</url>`-Block hinzuzufügen und durch die Angabe der Tags `<lastmod>` (dem Datum der letzten Änderung), `<changefreq>` (dem durchschnittlichen Rhythmus der Änderung an der jeweiligen URL) sowie der Priorität der jeweiligen Seite zu ergänzen.

Bei statischen Websites ist es in der Regel notwendig, die jeweilige Datei händisch bzw. unter Zuhilfenahme eines entsprechenden Webdienstes zu erstellen und anschließend per FTP auf dem Server zu hinterlegen. Die Problematik ist dabei offensichtlich: Jede Änderung an der URL-Struktur erfordert eine manuelle Aktualisierung der XML-Sitemap.

OSMap nimmt uns diese Aufgabe durch das automatische Auslesen aller Menüeinträge und Beiträge und das anschließende Generieren der passenden Datei ab. Dazu öffnen wir nach der Installation von OSMap die Konfiguration der Komponente über den Klick auf KOMPONENTEN > OSMAP.

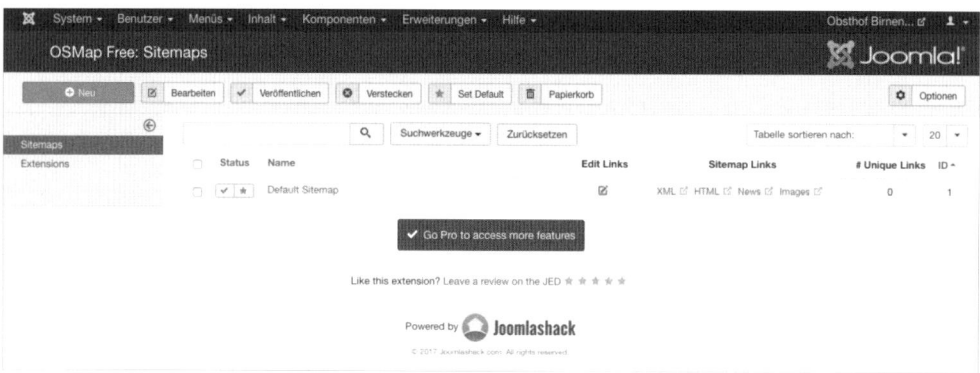

Bild 18.1 Die Erweiterung OSMap nach der Installation

Neben der Umwandlung von Menüeinträgen verfügt OSMap noch über die Möglichkeit, „tiefer" ins System einzutauchen und auch Inhalte zu erfassen, die nicht über das Menü erreichbar sind. Diese Funktion bietet OSMap standardmäßig in der Free-Version für Joomla!-Beiträge und dort eingebundene Bilder an, lässt sich jedoch über Erweiterungen auch für andere Joomla!-Komponenten anpassen.

Daher verfügt OSMap über ein Plug-in-System, das über den entsprechenden Submenüeintrag erreicht werden kann.

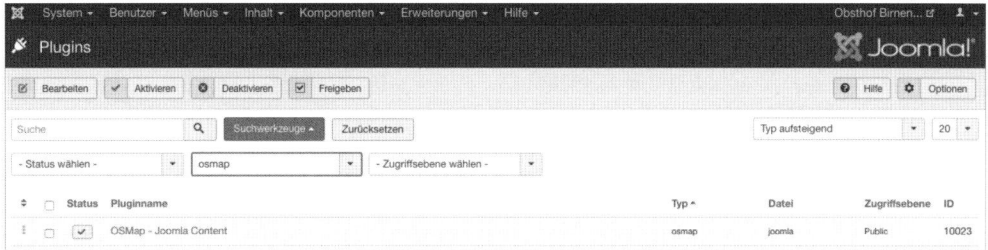

Bild 18.2 Die Erweiterungsübersicht von OSMap Free

Nun wechseln wir zurück in den Administrationsbereich der Komponente und wählen mit dem Klick auf den Titel DEFAULT die bereits existierende Standard-Sitemap aus.

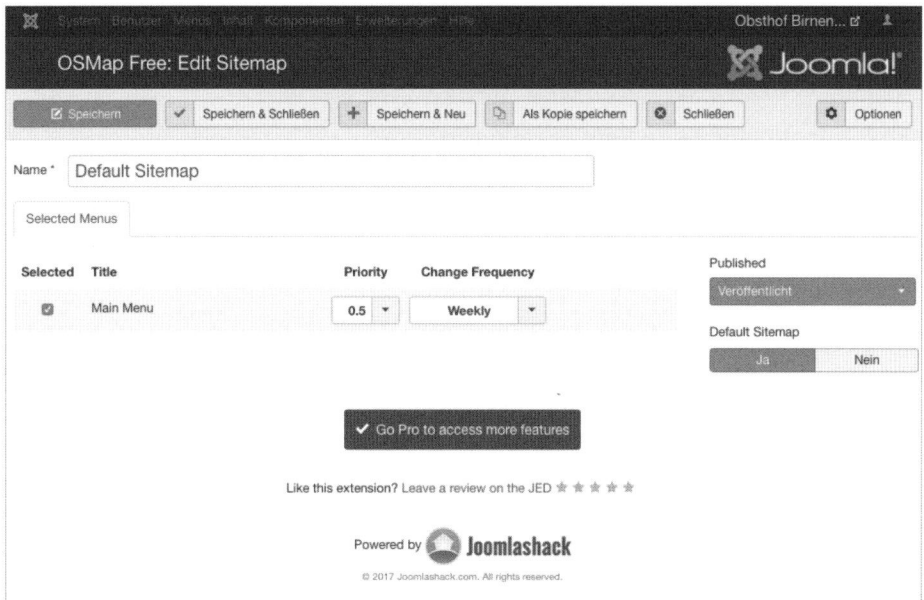

Bild 18.3 Konfiguration der gewünschten Sitemap

Theoretisch kann OSMap zur Verwaltung mehrere Sitemaps verwendet werden – so wäre es z. B. denkbar, in die XML-Sitemap für Suchmaschinen alle Inhalte auflisten zu lassen, in der Sitemap für den menschlichen Besucher jedoch Verlinkungen eines bestimmten Menüs ausblenden zu lassen. Um diese Auswahl zu treffen, können wir in der linken Spalte des Dialogs auswählen, welche Menüs in die Sitemap eingebunden werden sollen und mit welchem Wert deren Priorität in der Sitemap ausgegeben werden soll.

Nach dem SPEICHERN & SCHLIESSEN der Sitemap springen wir wieder auf die Übersichtsseite von OSMap und können dort mit einem Klick auf den Link *XML*, der neben dem jeweiligen Sitemap-Titel zu finden ist, unsere fertige Sitemap aufrufen.

Ein Haken bleibt jedoch: Der Sitemap-Standard erwartet, dass die XML-Sitemap als Datei mit dem Namen *sitemap.xml* im Wurzelverzeichnis der jeweiligen Domain (*domain.tld/*

sitemap.xml) hinterlegt ist – die Sitemap von OSMap ist jedoch unter der URL *domain.tld index.php/component/osmap/?view=xml&id=1* abzurufen. Was lässt sich also dagegen tun?

Hier können wir uns mit einem kleinen Trick behelfen und den folgenden Codeschnipsel hinter dem Eintrag `RewriteEngine On` in der *.htaccess* unserer Joomla!-Installation hinzufügen:

```
RewriteCond %{REQUEST_URI} ^/sitemap.xml
RewriteRule .* /index.php/component/osmap/?view=xml&id=1
```

Dieser Eintrag leitet die URL *domain.tld/sitemap.xml* auf die von OSMap generierte Datei um, sodass wir, ohne jegliches Zutun, stets eine aktuelle Sitemap für Suchmaschinen zur Verfügung stellen.

18.1.2 JCE

18.1.2.1 Installation und Konfiguration

Standardmäßig bringt Joomla! zum Bearbeiten von Texten aller Art die zwei Editoren TinyMCE und CodeMirror mit.

Während CodeMirror ein reiner Text-Editor mit Syntax-Highlighting ist, handelt es sich bei TinyMCE um einen vollwertigen WYSIWYG-Editor, der auf dem beliebten, gleichnamigen, unter GPL verfügbaren Skript basiert. Der TinyMCE wird von zahlreichen weiteren Content-Management-Systemen genutzt und zeichnet sich durch eine vergleichsweise einfache Bedienung und qualitativ soliden Code aus, hat jedoch in der von Joomla! eingesetzten Version noch einige Schwächen und ist zudem z.B. beim Einbinden von Bildern über den Medien-Manager eine Spur zu unkomfortabel, was effektives Arbeiten bremst.

Daher gibt es eine auf den Einsatz in Joomla! angepasste Version des TinyMCE, der sich „Joomla! Content Editor" bzw. einfach nur „JCE"[3] nennt. Der Editor, der unter GPL zur Verfügung steht und dessen Entwicklung sich über eine kostenpflichtige Pro-Version finanziert, erleichtert die Arbeit mit Inhalten enorm und ist daher für mich eine der ersten Erweiterungen, die ich in jeder neuen Joomla!-Installation einspiele. Die kostenpflichtige Version ist in einem Abonnement erhältlich, das sich durch einen äußert fairen Preis von derzeit 25 Euro jährlich auszeichnet und daher eine gute Investition darstellt.

Nach dem Herunterladen des Mediabox-Plug-ins und der Installationspakete für den Editor sowie dem Einspielen über den Erweiterungsmanager verankert sich der JCE mit einem Editor-Plug-in und einer Komponente zur Administration im Backend, die wir über einen Klick auf KOMPONENTEN > JCE EDITOR öffnen.

---

[3] *http://www.joomlacontenteditor.net/*

PRAXISTIPP: Eine großartige Funktion des JCE, die sich insbesondere bei der Bedienung durch Endnutzer bewährt, ist die saubere Verarbeitung von Inhalten, die aus MS Word kopiert wurden. Word hinterlegt nämlich beim Kopieren zahlreiche unsichtbare, aber für uns störende Formatierungen im Editor, die zu unerwarteten Formatierungen führen und den Normalnutzer oft verzweifeln lassen. Der JCE erkennt beim Einfügen die Quelle des Texts, säubert den Inhalt von allen überflüssigen Formatierungen und wandelt die Formatierungen (Überschriften, Listen) dabei zugleich in valides HTML um.

Standardmäßig liefert der JCE leider keine deutschen Sprachdateien mit und auch eine offizielle deutsche Übersetzung sucht man vergebens – was ärgerlich ist, da ja dadurch auch alle Dialoge im eigentlichen Editor in englischer Sprache sind, was dem Komfort nicht unbedingt zugutekommt. Glücklicherweise gibt es eine Vielzahl von inoffiziellen Übersetzungspaketen, aus denen sich insbesondere das Übersetzungspaket von hst-pc.de[4] durch die Qualität und Vollständigkeit der Übersetzung positiv abhebt. Dieses Übersetzungspaket können wir nach dem Herunterladen über die Joomla!-Erweiterungsverwaltung installieren.

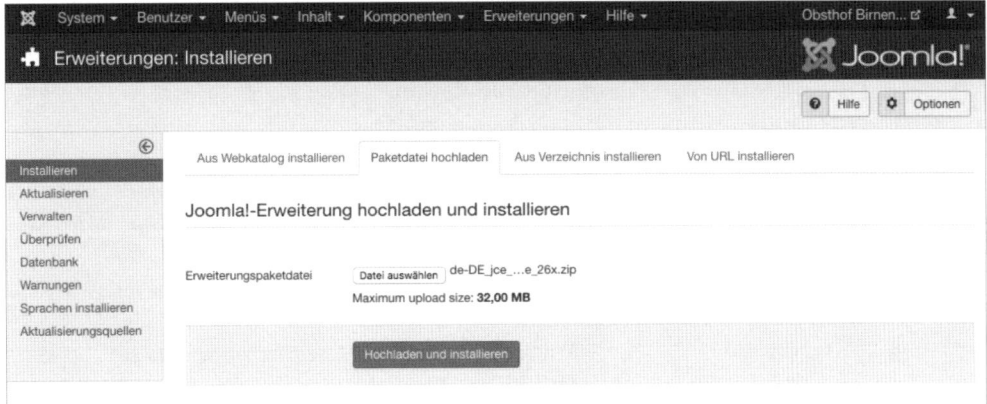

Bild 18.4 Installation der deutschen Sprachdateien für den JCE

Die Verwaltungskomponente bietet nun die folgenden Optionen.

Menüpunkt	Beschreibung
Kontrollzentrum	Übersicht über die verschiedenen Optionen.
Editor-Konfiguration	Allgemeine Konfigurationsoptionen.
Profile	Verwaltung der verschiedenen Editor-Profile.

Ein Klick auf EDITOR-KONFIGURATION eröffnet dem Administrator diverse Konfigurationsmöglichkeiten.

---

[4] http://www.hst-pc.de/joomla-jce-editor.html

Konfigurationsoption	Beschreibung
HTML überprüfen	Untersucht den erzeugten HTML-Code auf ungültige Elemente, nicht geschlossene Tags und weiteren unsauberen HTML-Code und versucht diesen zu reparieren.
Dokumententyp	Erlaubt die Festlegung des HTML-Modus auf HTML4 bzw. 5.
Objektkodierung	Kodierung von Sonderzeichen (Umlaute, €-Zeichen usw.) – mögliche Optionen sind „UTF-8" (empfehlenswert), „benannt" (Ersetzung durch HTML-Entities: ö wird zu ö) oder „nummeriert" (ö wird zu ö).
Behalte geschützte Leerzeichen	Beeinflusst, ob der Editor die sog. Non-Breaking-Spaces ( ) aus dem Text entfernt.
Fülle leere Tags	Steuert, ob der Editor leere Tags mit einem geschützten Leerzeichen (siehe oben) füllt.
Pluginmodus	Unterdrückt das Kodieren von & und , beim Speichern. Debugging-Option für schlecht programmierte Joomla!-Erweiterungen.
Containerelement & Entertaste benutzen	Bestimmt das Standardelement für neue Elemente im Editor und das Verhalten nach dem Drücken der Enter-Taste.
Editorstil zurücksetzen	Die Auswahl von „Ja" ignoriert die Formatierungen für Hintergrund- und Textfarbe, die in der template.css hinterlegt sind.
Editorstil	Formatierung der Editor-Inhalte über die CSS-Definitionen aus einer „eigenen CSS-Datei", der „Template-CSS-Datei" oder ganz ohne CSS-Definitionen.
Eigene CSS-Datei	Pfad zur eigenen CSS-Datei.
Editor-Klasse	Eine CSS-Klasse, die der Editor um den Textbereich legt, um die korrekte Darstellung des Inhalts zu gewährleisten.
JavaScript komprimieren	JavaScript des Editors komprimieren. Erzeugt eventuell Probleme in älteren Browsern.
CSS komprimieren	CSS komprimieren. Erzeugt eventuell Probleme in älteren Browsern.
Mit Gzip komprimieren	GZIP-Komprimierung der Editor-Dateien. Nicht von allen Servern unterstützt.
Cookies benutzen	Cookies zum Speichern des Editorstatus (Editor an/aus etc.) nutzen.
Benutzerdefinierte Konfigurationsvariablen	Eigene Variablen an den Editor übergeben. Dokumentation: *http://tinymce.moxiecode.com/wiki.php/Configuration*
Benutzerdefinierte Callback-datei	Angabe einer eigenen Datei für TinyMCE-Callback-Aufrufe.

Die Standardeinstellungen des JCE sind hierbei durchaus sinnvoll gesetzt, sodass im Normalbetrieb keine Anpassungen notwendig sind.

Eine Eigenheit des JCE im Vergleich zum integrierten Editor ist die Möglichkeit, verschiedene Profile zu erstellen, die sich unter dem gleichnamigen Menüpunkt verwalten lassen.

18.1 Sinnvolle Erweiterungen im professionellen Umfeld

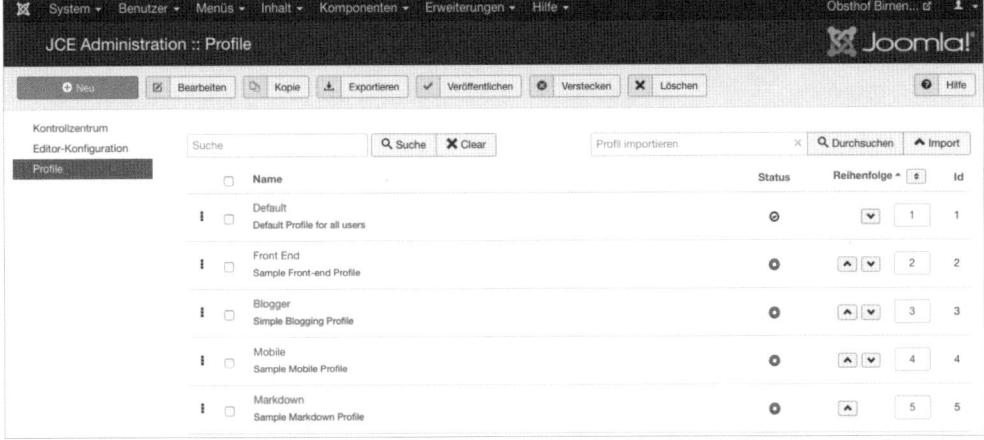

Bild 18.5 Übersicht der Standardprofile des JCE

Diese Profile können genutzt werden, um eine angepasste Version des Editors zu bestimmten Komponenten, Seitenbereichen (Frontend/Backend), Benutzergruppen oder Benutzern oder sogar Gerätetypen (z. B. Smartphones) zuordnen zu können. Standardmäßig wird nur das *Default*-Profil genutzt, das sich nach einem Klick auf den gleichnamigen Eintrag bearbeiten lässt.

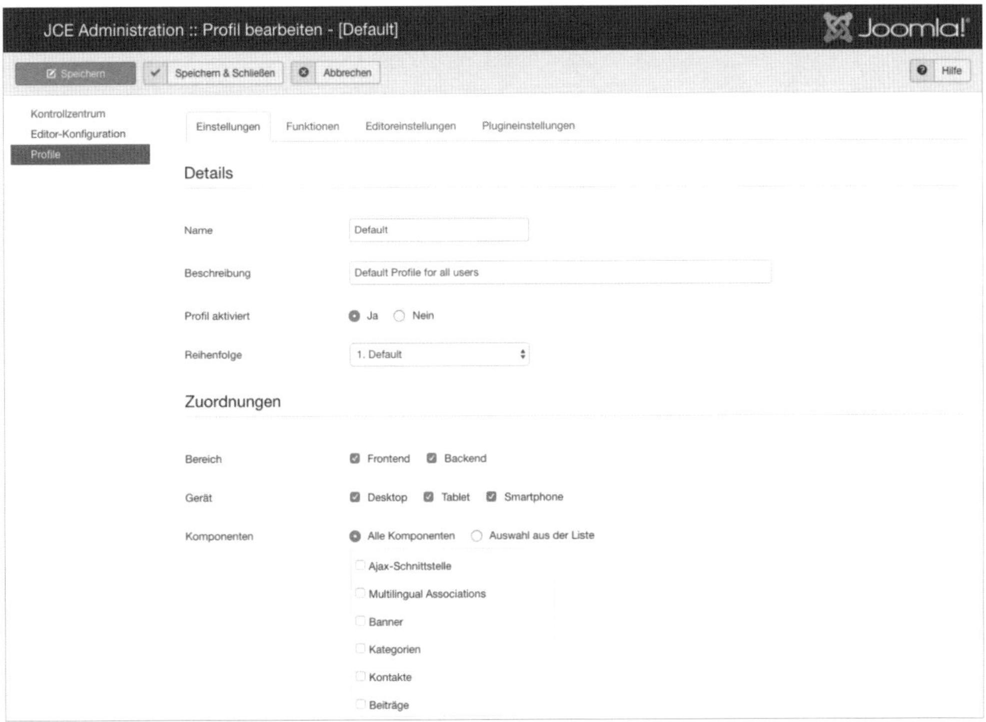

Bild 18.6 Allgemeine Parameter des Default-Profils

Die Konfigurationsoptionen sind dabei in mehrere Tabs eingeteilt.

Titel des Tabs	Beschreibung
Einstellungen	Allgemeine Konfigurationsparameter und Zuordnungsmöglichkeiten des Profils
Funktionen	Verwaltung der verfügbaren Editoroptionen
Editoreinstellungen	Anpassungsmöglichkeiten für allgemeine Editorparameter
Plugin-Einstellungen	Parameter der installierten Plug-ins

Die Einstellungen können im Regelfall unangetastet bleiben, extrem interessant sind jedoch die Anpassungsmöglichkeiten, die uns im *Funktionen*-Tab zur Verfügung stehen.

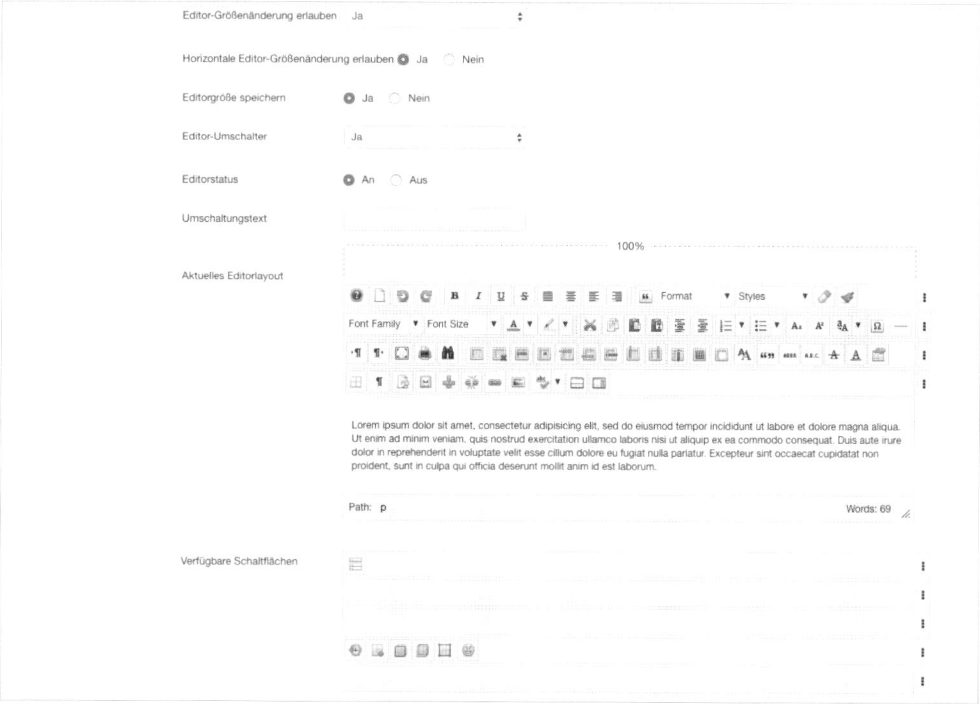

Bild 18.7 Festlegung des Editorlayouts mittels Drag & Drop

Hier können wir mittels einer leicht nutzbaren Drag & Drop-Oberfläche beliebige Icons aus der Editor-Toolbar hinzufügen oder entfernen, indem wir sie aus der Übersicht der *Verfügbaren Schaltflächen* in das *Aktuelle Editorlayout* verschieben und umgekehrt.

Worin liegt der Vorteil dieser Funktionalität? Wir können durch die Entfernung von Optionen wie *Schriftgröße*, *Schriftart* oder *Schriftfarbe* Funktionen beschneiden, die von unerfahrenen Nutzern gerne verwendet werden, um Texte „abwechslungsreicher" zu gestalten. Da dies bei einem professionellen Webauftritt jedoch in der Regel nicht erwünscht ist, können wir diesen Formatierungsorgien einen Riegel vorschieben. Außerdem neigen Redakteure dazu, von uns vordefinierte Formatierungen für Überschriften (<h1>, <h2>) durch Anpassung der Schriftgröße und Farbe „nachzubauen", was wir durch die Ausblendung vermeiden können und dadurch den Nutzer zur Verwendung der dafür eigentlich gedachten Funktion *Format* zwingen.

Im Kundeneinsatz hat sich das folgende Editorlayout als Grundlage vielfach bewährt.

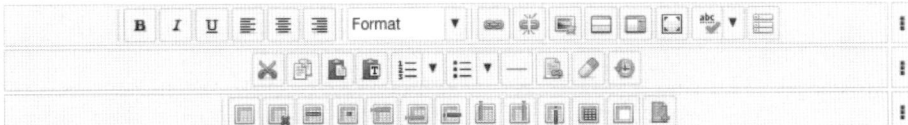

 PRAXISTIPP: Durch die Nutzung des im JCE integrierten Bildmanagers wird der Joomla!-eigene *Bild*-Button, der unter dem Editor sitzt, oft überflüssig und kann daher durch die Deaktivierung des Plug-ins *Schaltfläche – Bild* im Joomla!-Erweiterungsmanager ausgeblendet werden.

In den zahlreichen Parametern der *Editoreinstellungen* finden sich zahlreiche weitere Konfigurationsoptionen, die durch ausführliche Tooltipps, die beim jeweiligen Titel des Parameters hinterlegt sind, erklärt werden. Einige Parameter möchte ich jedoch besonders hervorheben.

Bereich	Parameter	Erklärung
Erweitert	JavaScript erlauben	Durch den Wechsel auf „Ja" erlaubt der JCE das Einfügen von JavaScript-Code. Nützliche Funktion zum Einfügen von Codeblöcken anderer Anbieter (Werbung etc.), **Achtung**: potenzielles Sicherheitsrisiko!
Dateisystem	Dateisystem	Erlaubt nach Installation der entsprechenden Plug-ins von der Hersteller-Seite die Nutzung alternativer Dateisysteme wie Amazon S3.
Dateisystem	Datei-Browser-Position	Standardmäßig zeigt der Editor in allen dateibezogenen Dialogen oben die Details zum aktuellen Eintrag und unten die Liste der Dateien – beim Einpflegen eines neuen Eintrags muss man also zuerst unten die entsprechende Datei suchen, um dann oben deren Einstellungen zu setzen. Dieser Schalter dreht diese unlogische Reihenfolge um.
Dateisystem	Größenänderung beim Upload (nur Pro, siehe unten)	Erlaubt es, Bilder beim Upload standardmäßig auf eine vorgegebene Maximalgröße verkleinern zu lassen.
Dateisystem	Größenänderungsstatus (nur Pro, siehe unten)	„An" erzwingt die Größenänderung und verhindert dadurch, dass Nutzer Bilder in Inhalte einfügen, die für die Nutzung im Web nicht geeignet sind.
Dateisystem	Breite ändern (px)/ Höhe ändern (px) (nur Pro, siehe unten)	Definiert die Maximalgrößen für die Bilder beim Upload.
Dateisystem	Pfad zum Medienverzeichnis	Definiert den Pfad zu dem Verzeichnis, in dem der JCE standardmäßig nach Dateien (Bilder, PDFs etc.) sucht. Besonderes Gimmick ist hier, dass der Pfad durch dynamische Elemente wie den Nutzernamen ergänzt werden kann, damit z. B. Redakteure nur ihren individuellen Bildbestand betrachten können.

Die Anpassung der installierten Plug-ins erfolgt im Tab *Plugin-Einstellungen*, wo ich erneut einige im professionellen Umfeld relevante Optionen hervorheben möchte.

Bereich	Parameter	Erläuterung
Format	Format-Elemente	Erlaubt die Auswahl der HTML-Elemente, die im Format-Dropdown für den Nutzer zur Verfügung stehen.
Datei-Browser	Datei/Ordner löschen/umbenennen	Verhindert in Mehrbenutzerumgebungen das Löschen oder Umbenennen von noch verwendeten Bildern durch Mitnutzer.
Zwischenablage	Microsoft Word Bereinigung	Konfiguriert die automatische Bereinigung von Texten, die aus MS Word eingefügt werden. *Immer* erzwingt hier die Bereinigung von jedem eingefügten Inhalt, wodurch unerwünschte Nebenwirkungen beim Einfügen von Inhalten verschwinden.
Zwischenablage	Alle Stile entfernen	Entfernt Inline-CSS-Styles aus einzufügenden Inhalten.
Zwischenablage	Alle Spans entfernen	Entfernt alle (meist nutzlosen) `<span>`-Tags beim Einfügen.
Zwischenablage	Webkit-Stile entfernen	Entfernt spezifische Styles, die webkitbasierende Browser beim Kopieren und Einfügen erzeugen.
Zwischenablage	Bilder für Hochladen vorbereiten	Wandelt Bilder beim Einfügen aus einer Textverarbeitung in ein leicht zu bedienendes Platzhalterelement um und erlaubt somit die sehr simple Nachpflege dieser Bilder nach dem Einfügen.
Bilder-Manager	Berechtigungen	Erlaubt das Ausblenden von nicht benötigten Optionen aus dem doch sehr umfangreichen Dialog zum Einfügen von Bildern.
Link-Manager	Joomla!-Links	Ermöglicht die Ausblendung nicht genutzter Joomla-Komponenten (Weblinks etc.) aus dem JCE-Link-Manager.

Durch diese zahlreichen Parameter lässt sich der JCE genau auf die Bedürfnisse der Seite anpassen, was ihn wesentlich komfortabler in der Bedienung macht.

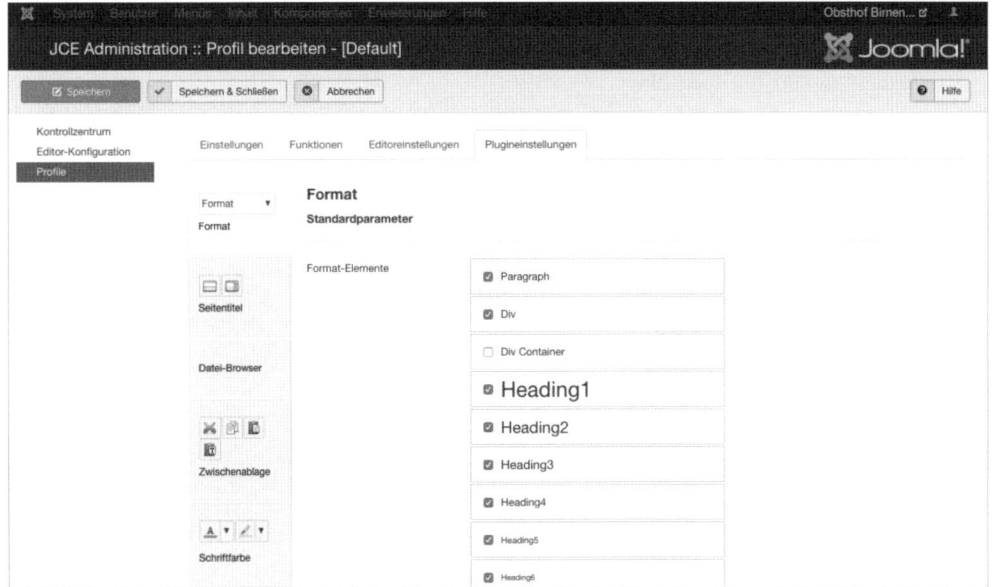

Bild 18.8 Konfiguration des JCE – hier: Konfiguration der Format-Elemente

Zuletzt müssen wir den neu installierten und fertig konfigurierten Editor in der Konfiguration unter SYSTEM > KONFIGURATION noch aktivieren.

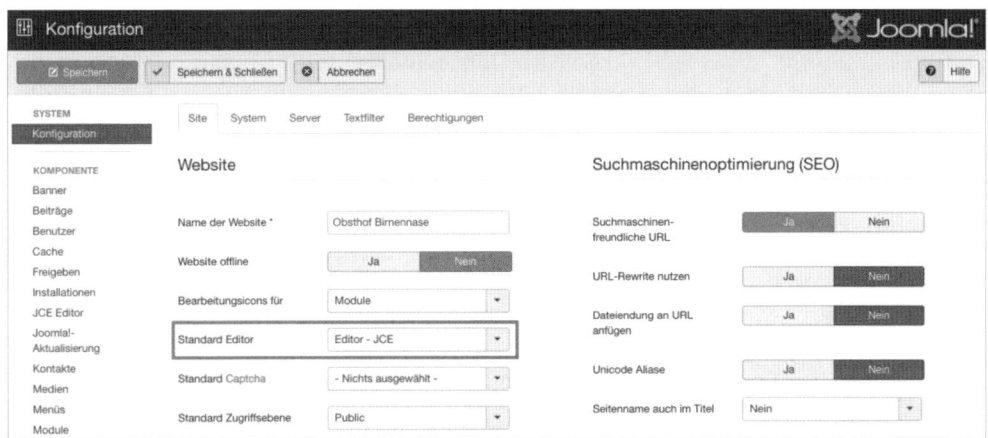

Bild 18.9 Aktivierung des Editors in der Konfiguration

18.1.2.2 Kostenpflichtige Zusatz-Plug-ins

Als Inhaber des kostenpflichten JCE-Abonnements erhält man Zugriff auf einige sinnvolle Zusatz-Plug-ins für den Editor.

Plug-in	Beschreibung
Image Manager Extended	Erweiterte Version des Bildmanagers: • Größenanpassung und Thumbnail-Erstellung (Erzeugen von Miniaturen des Originalbilds) beim Upload • Thumbnails aus Ausschnitten erstellen • Mehrere Bilder auf einmal einfügen • Bildeditor zur Größenänderung, Beschneidung und Rotation im Editor • Erstellung von Popups mit wenigen Klicks • Erstellung von *Source-Sets* für responsive Seiten
File Manager	Hochladen und Einfügen von Links für verschiedene Dokumentenarten.
Media Manager	Hochladen und Einfügen von verschiedenen Audio- und Videodateitypen inkl. Player.
Template Manager	Ermöglicht es, vorgefertigte HTML-Blöcke im Editor einzufügen.
Captions	Setzt Untertitel zu Bildern.
Markdown-Unterstützung	Erlaubt die Gestaltung der Beiträge mittels Markdown.

Als besonders nützlich haben sich dabei vor allen die drei ersten Plug-ins erwiesen, da diese das ansonsten komplizierte Verwalten von Bildern, Medien und Dateien erleichtern und so viele gängige Anwendungsfälle (Upload eines PDF) ohne Nutzung von Zusatzerweiterungen (PhocaDownloads o. Ä.) lösen.

Die Plug-ins werden über den normalen Plug-in-Installer des JCE hinzugefügt und können anschließend in den Plug-in-Einstellungen des jeweiligen Profils angepasst werden. Insbesondere der Image Manager bietet hier einige Optionen, die dem Endnutzer viel Denkarbeit abnehmen.

Mit dem erweiterten Bildmanager können wir dem Endnutzer das Verkleinern von Bildern auf die richtige Auflösung sowie die Thumbnail-Erstellung abnehmen und dadurch zugleich lange Ladezeiten, die durch die Verwendung von unpassenden Maßen entstehen, verhindern.

18.1.2.3 Nutzung

Auf den ersten Blick unterscheidet sich der JCE, abgesehen von der durch uns abgespeckten Toolbar, nur in Details. So ist es im JCE beispielsweise möglich, über die Nutzung der rechten Maustaste ein angepasstes Kontextmenü zu laden, das den Nutzungsgewohnheiten vieler Redakteure in ihren gewohnten Programmen (MS Word) entspricht.

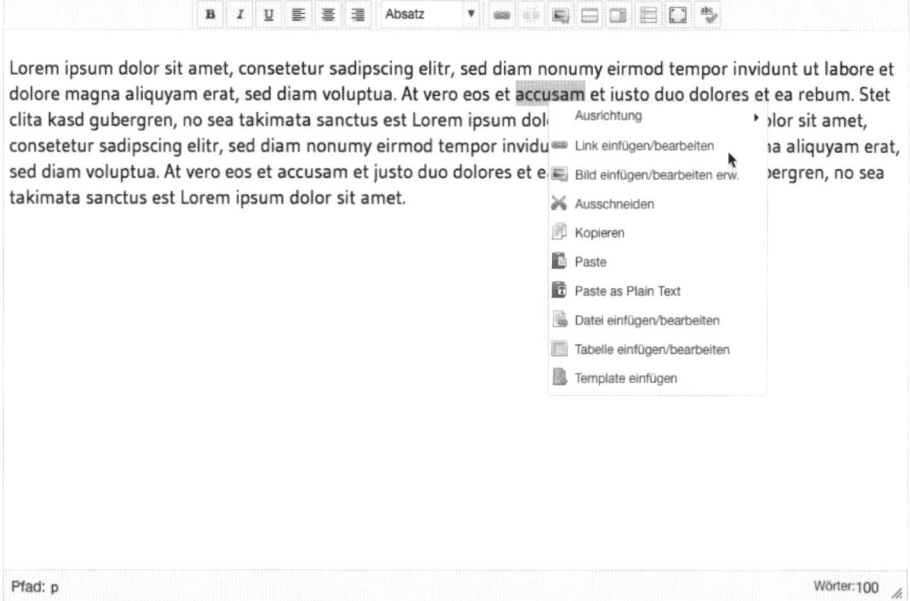

Bild 18.10 Kontextmenü des JCE

Das Einfügen von Verlinkungen innerhalb eines Texts funktioniert über den integrierten Link-Manager, der – anders als der Link-einfügen-Dialog des TinyMCE – eine Liste aller in der Installation vorhandenen Menüpunkte und Inhalte enthält, die über einen Klick ausgewählt werden können. Dies erleichtert Verweise zu anderen Seiteninhalten, da kein manuelles Copy & Paste der URL mehr notwendig ist.

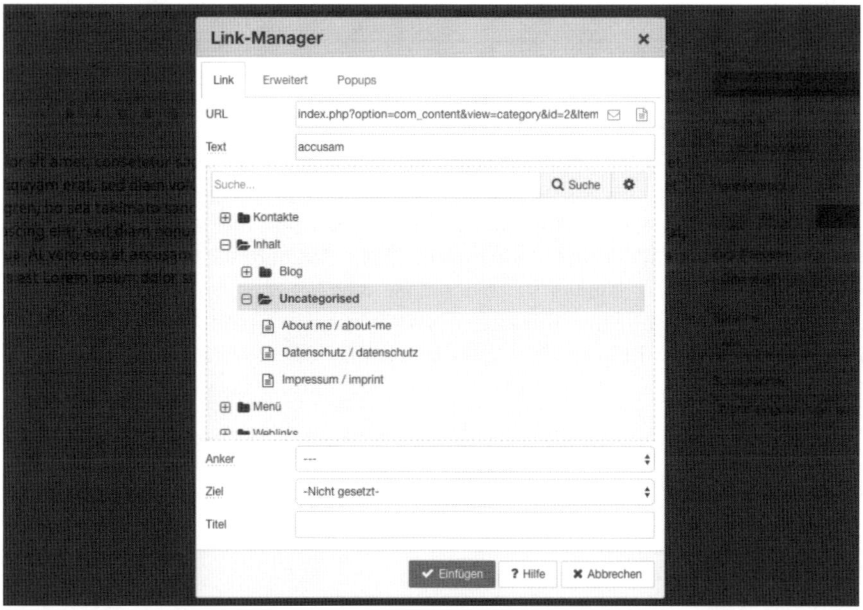

Bild 18.11 JCE-Link-Manager mit Übersicht über Beiträge der Kategorie „Uncategorized"

Die Verwaltung von Bildern, Dateien und Medien erfolgt über den jeweiligen Manager, der im Aufbau stets ähnlich ist.

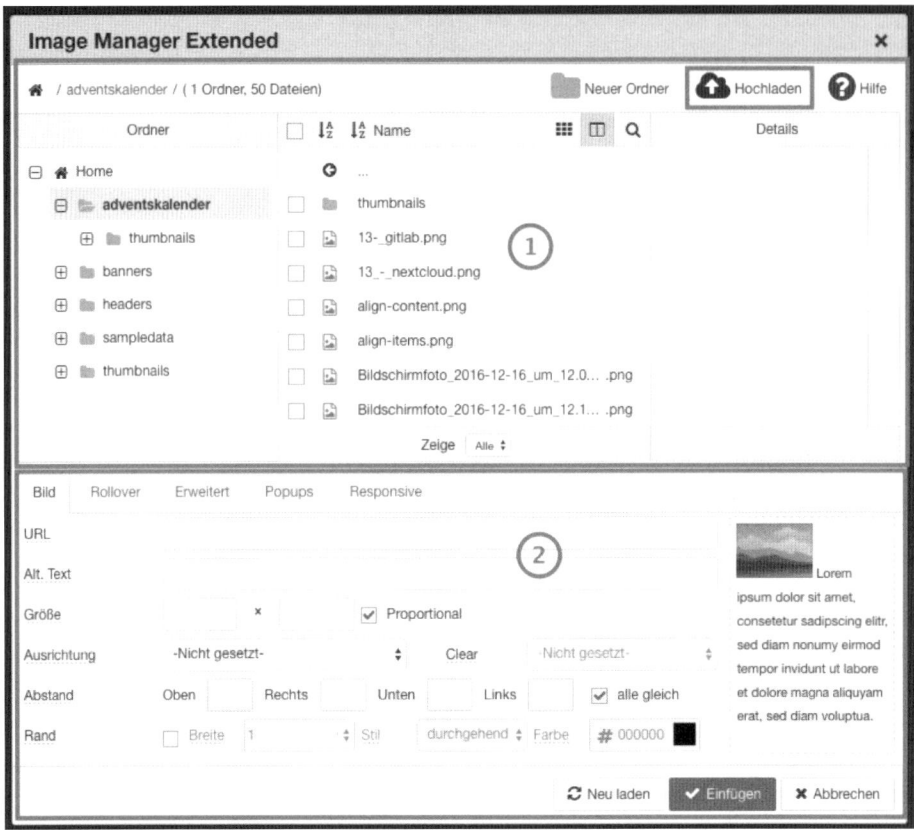

Bild 18.12 JCE-Bildmanager, aufgeteilt in die zwei Bereiche Datei-Browser (1) und Eigenschaften (2)

Der obere Bereich der einzelnen Manager fungiert als Datei-Browser (1) – hier können bereits hochgeladene Dateien und Ordner betrachtet, umbenannt, gelöscht oder ausgewählt werden. Zusätzlich bietet sich die Möglichkeit, einen neuen Ordner hinzuzufügen oder durch Nutzung des entsprechenden Buttons (rot markiert, obere rechte Toolbar des Datei-Browsers) neue Dateien, Bilder und Medien vom eigenen Rechner hochzuladen. Die dafür infrage kommenden Bilder können entweder über den bekannten *Durchsuchen*-Button gewählt oder, wenn der jeweilige Browser diese Funktion unterstützt (aktuell: Chrome, Firefox, Safari), per Drag & Drop aus dem jeweiligen Ordner direkt in das dafür vorgesehene Feld geschoben werden.

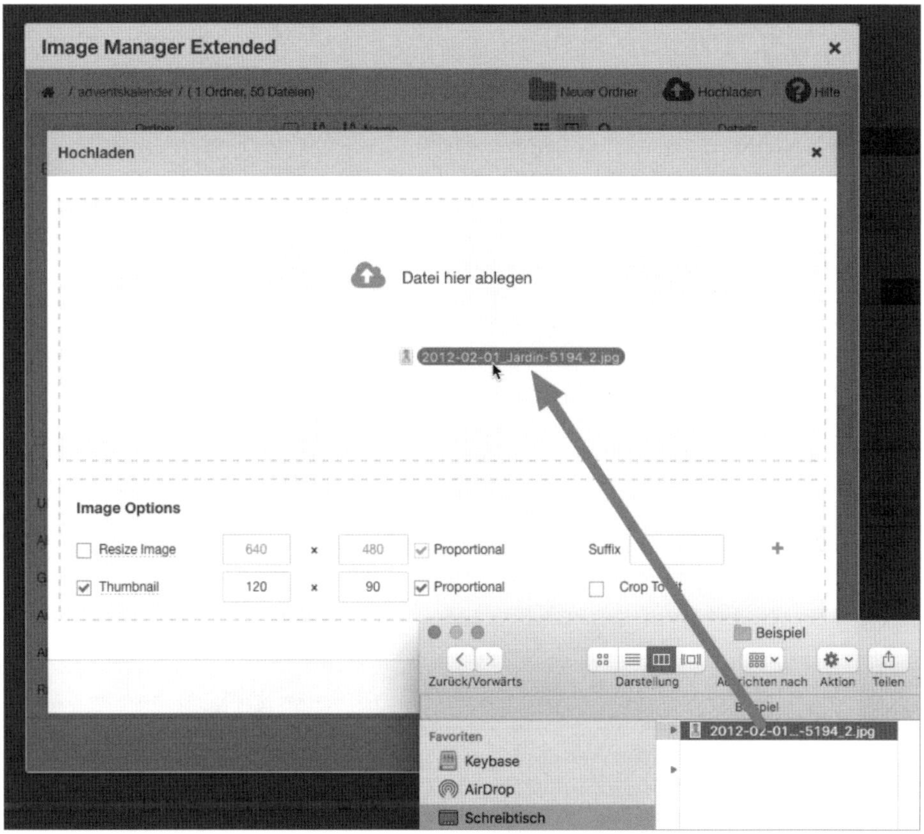

Bild 18.13 Drag & Drop-Bildauswahl beim Upload

Der JCE entfernt dabei auf Wunsch Sonder- und Leerzeichen aus den Dateinamen, um Schwierigkeiten (z. B. beim Serverumzug) zu vermeiden, und bietet z. B. bei Bildern zusätzlich die bereits angesprochene Möglichkeit der Skalierung und Thumbnail-Erstellung beim Upload.

> Sowohl der in Joomla! integrierte TinyMCE als auch der JCE unterstützen den Drag & Drop-Upload von Bildern, die direkt in den Editor-Text gezogen werden – diese Dateien werden dabei jedoch naturgemäß alle in das gleiche allgemeine Uploadverzeichnis hochgeladen, was bei großen Seiten schnell unübersichtlich werden kann.

Die hochgeladene Datei wird im Browser durch einen Klick auf den Dateinamen ausgewählt, wodurch die entsprechenden Parameter im Bereich „Eigenschaft" (2) gesetzt werden. Diese Parameter, die in Abhängigkeit zum jeweiligen Manager stehen, können nun noch modifiziert werden. Abschließend wird das Objekt über einen Klick auf EINFÜGEN dem Editorfenster hinzugefügt.

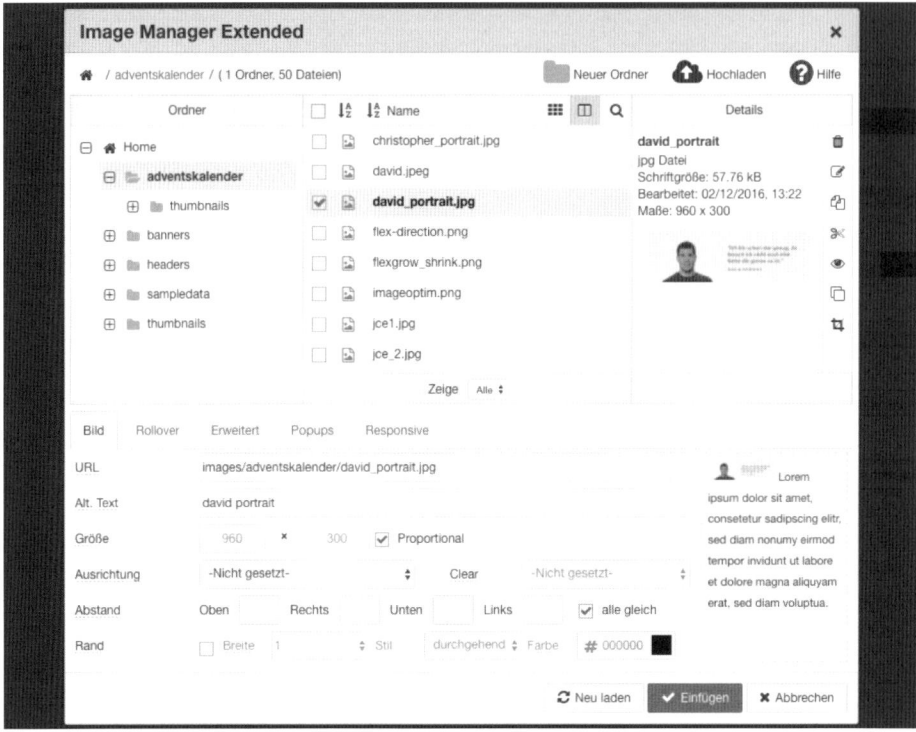

Bild 18.14 Bildmanager mit gesetzten Parametern

Diese und weitere Funktionen machen den JCE zum besten derzeit auf dem Markt befindlichen WYSIWYG-Editor für Joomla!

18.1.3 ACL Manager

Eine weitere, enorm nützliche Erweiterung ist der *ACL Manager*[5] (ACL = Access Control List) des niederländischen Entwicklers Sander Potjer, der als kommerzielle Komponente für derzeit 25 € pro Jahr unter der GPL vertrieben wird.

Der *ACL Manager* bietet, wie der Name schon vermuten lässt, eine angepasste Oberfläche zur Verwaltung der Benutzer, Benutzergruppen sowie der jeweiligen Rechte und gestaltet sich durch eine übersichtliche Oberfläche wesentlich einfacher in der Bedienung als die in Joomla! integrierte Oberfläche, die sich über zahlreiche Unterdialoge verteilt. Bei der Komponente erfolgt das Zuweisen der zugehörigen Berechtigungen auf nur einer einzelnen Seite und sie arbeitet dabei komponentenübergreifend.

Die Installation des Managers erfolgt über den normalen Joomla!-Erweiterungsinstaller. Anschließend wird die Erweiterung über den gleichnamigen Eintrag im Komponenten-Menü gestartet und fordert uns auf, die Gruppe auszuwählen, deren Rechte wir verändern wollen.

---

[5] http://www.aclmanager.net

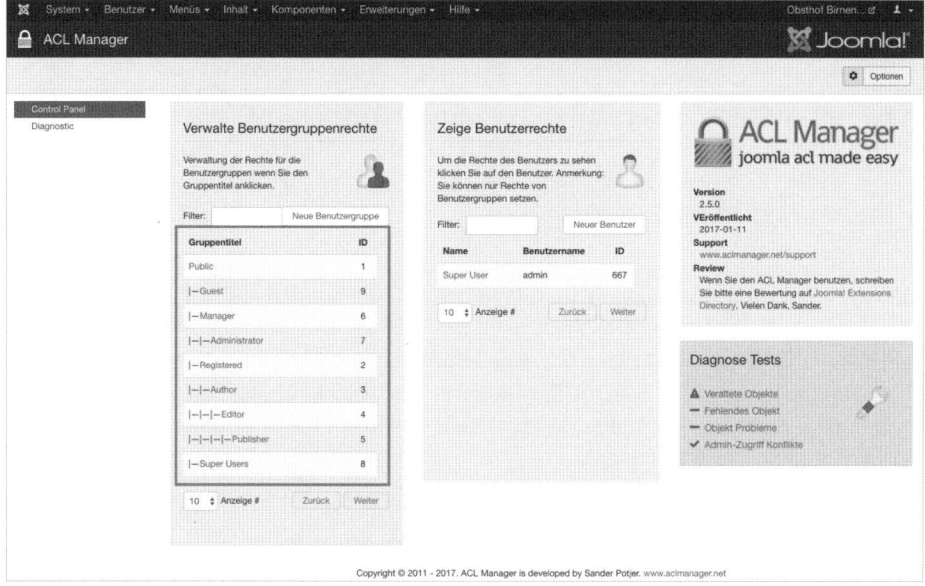

Bild 18.15 Der ACL Manager nach dem Aufruf im Komponentenmenü

Nach der Auswahl der jeweiligen Benutzergruppe, im konkreten Beispiel z. B. die Gruppe „Editor", listet der *ACL Manager* alle Komponenten, Kategorien, Beiträge sowie den allgemeinen Punkt *Konfiguration* auf und ermöglicht hier, jeweils verschiedene Berechtigungen zu sehen und zu setzen. Die Legende auf der rechten Seite gibt dabei Aufschluss über den jeweiligen Status.

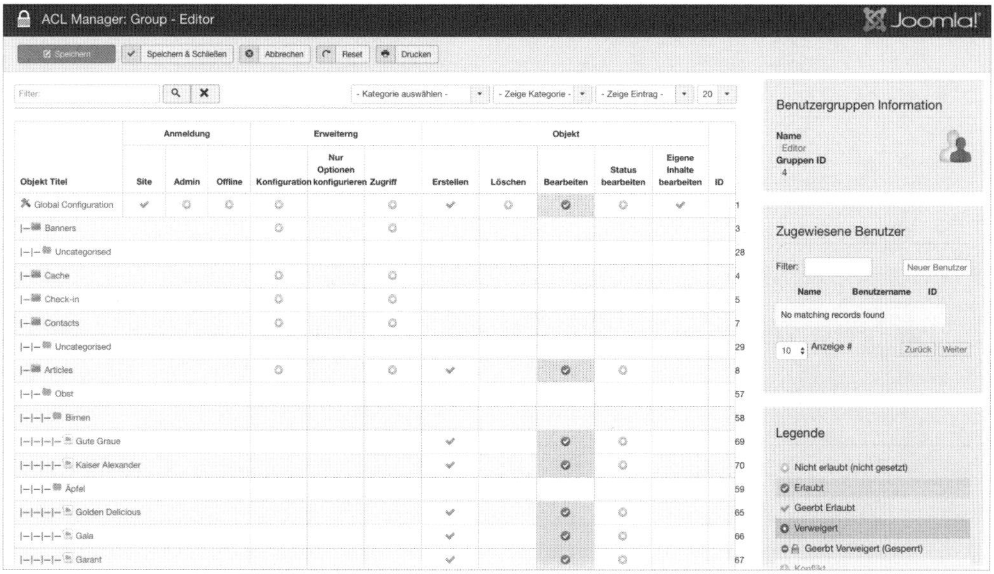

Bild 18.16 Übersicht der Komponenten, Kategorien und Beiträge und deren Zugriffsrechte für die ausgewählte Gruppe im ACL Manager

Durch einen Klick auf das Icon der jeweiligen Aktion können die Rechte für die jeweilige Gruppe angepasst werden.

PRAXISTIPP: Insbesondere bei umfangreicheren Seiten ist die Listendarstellung sehr unübersichtlich, daher bietet der ACL Manager eine Option zur Suche nach einem bestimmten Objekttitel sowie die Möglichkeit, Kategorien und Beiträge auszublenden.

Eine weitere, sehr praktische und quasi konkurrenzlose Funktion des ACL Managers ist der *Diagnosebereich*. Das Joomla!-Rechtesystem ist durch seine Vererbungen darauf angewiesen, dass es für jedes Objekt (Beitrag, Menüeintrag, Banner etc) im System einen entsprechenden Eintrag anlegt, in dem die Rechte für dieses Objekt festgehalten sind. Fehlt dieser Eintrag oder enthält er ungültige Daten, treten teils kaum nachvollziehbare Probleme bei der Berechtigungsverwaltung auf.

Der ACL Manager kann diese Probleme finden und per Mausklick beheben.

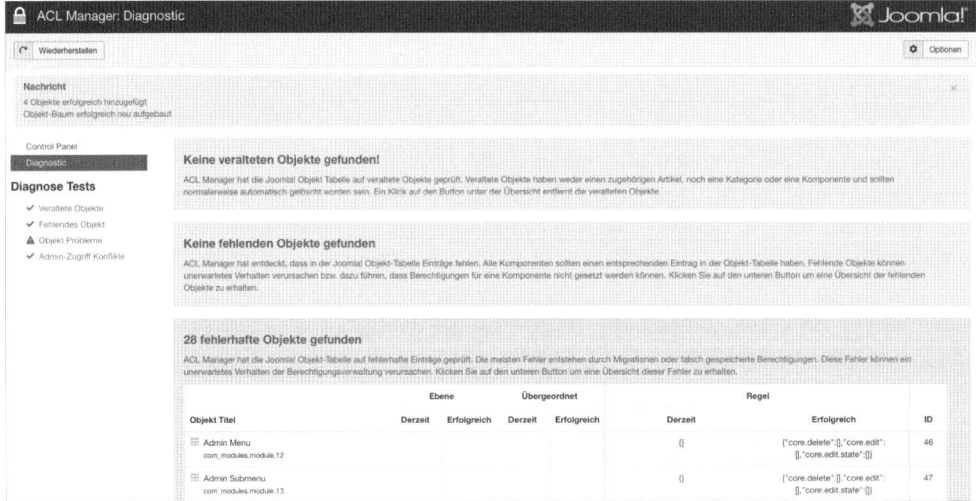

Bild 18.17 Diagnosebereich des ACL Managers

Insbesondere nach größeren Updates oder gar Migrationen gibt es häufig zahlreiche Objekte ohne ACL-Eintrag, daher ist nach solchen Aktionen ein kurzer Check mit dem ACL Manager absolut empfehlenswert.

18.1.4 Advanced Module Manager

Bei der Administration komplexer Joomla!-Installationen steht der Administrator oft vor der Aufgabe, bestimmte Module auf einigen Unterseiten ein- oder auszublenden. Ein beliebtes Beispiel wäre z. B. die Auflistung der zuletzt hinzugefügten Beiträge auf der Startseite, was sich leicht durch die Erstellung eines neuen Moduls des Typs „Neuste Beiträge" und die Zuordnung zum entsprechenden Menüpunkt realisieren lässt.

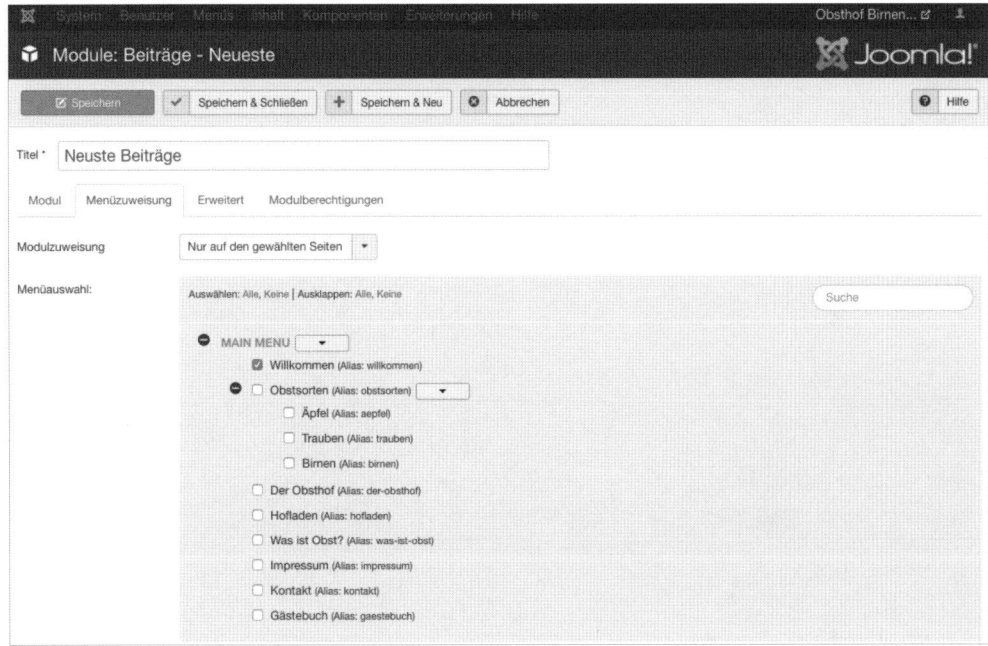

Bild 18.18 Zuordnung eines Moduls zu einem Menüpunkt

Was aber tun, wenn wir ein Modul immer dann einblenden lassen wollen, wenn ein Beitrag aus einer bestimmten Kategorie angezeigt wird? Oder wenn ein Modul auch zu allen Untermenüpunkten eines Eintrags eingeblendet werden soll, ohne dass wir diese Menüpunkte jedes Mal manuell auswählen müssen? Oder wenn ein Modul, z. B. mit der Aufforderung, den Browser zu aktualisieren, nur bei Nutzern des Internet Explorers angezeigt werden soll? Der Joomla!-eigene Modulmanager bietet hier leider nicht die gewünschten Möglichkeiten, weshalb sich die Nutzung des Advanced Module Managers[6] des niederländischen Entwicklers Peter van Westen anbietet. Die Erweiterung ist in einer Grundversion kostenlos unter der GPL verfügbar, es empfiehlt sich jedoch, für den kommerziellen Einsatz eine entsprechende Lizenz zu kaufen, um den Entwickler zu unterstützen.

Der Advanced Module Manager, in den die deutschen Sprachdateien bereits integriert sind, wird über den Joomla!-Erweiterungsinstaller eingespielt und verändert dabei keinerlei Joomla!-Core-Dateien. Dadurch können, anders als bei anderen Erweiterungen mit ähnlicher Funktionalität, weiterhin Joomla!-Updates durchgeführt werden, ohne auf die verän-

---

[6] http://www.regularlabs.com/

derten Dateien achten zu müssen. Die Erweiterung ersetzt dabei, durch geschickte Weiterleitung, die bestehende Modulverwaltung, sodass die Administration wie bisher über den Menüpunkt ERWEITERUNGEN > MODULE erfolgt.

Nach der Auswahl des entsprechenden Moduls erreichen wir den Dialog zum Bearbeiten des jeweiligen Moduls, wobei der bereits bekannte Tab *Zuweisungen* nun massiv erweitert wurde.

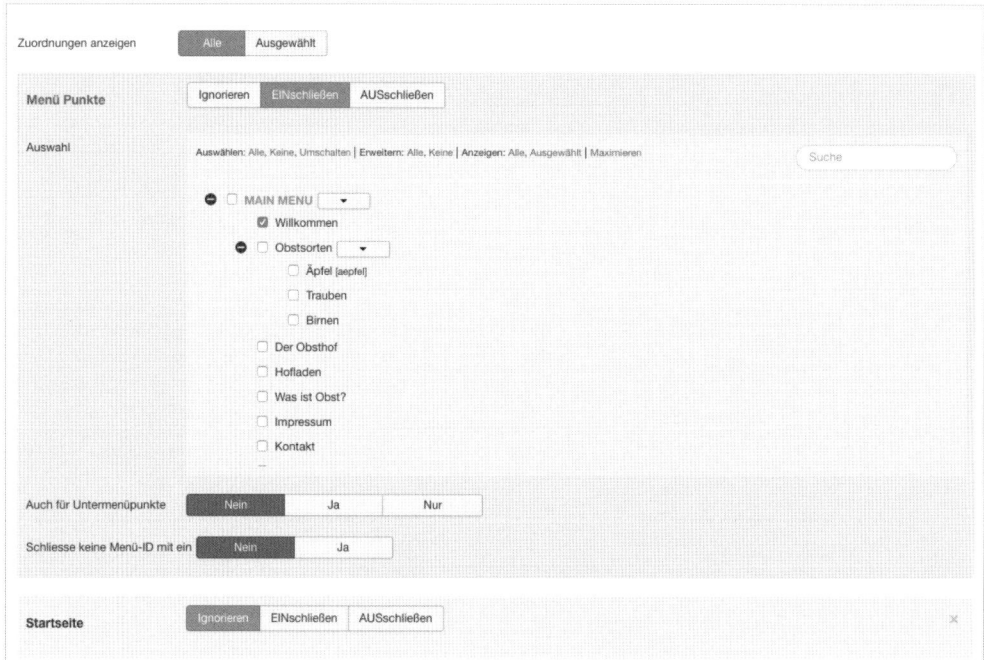

Bild 18.19 Modulzuordnung im Advanced Module Manager

Der Module Manager bietet in der freien Version derzeit die folgenden Parameter.

Titel des Parameters	Erklärung
Dasselbe wie anderes Modul	Erlaubt die Übernahme der Zuordnungen eines bestehenden Moduls bzw. das Gegenteil dieses Moduls.
Vergleichsmethode	„Alle": Alle folgenden Kriterien müssen erfüllt sein. „Irgendein": Nur eines der folgenden Kriterien muss erfüllt sein.
Zuordnungen anzeigen	Ausblenden aller Zuordnungsmöglichkeiten, die derzeit nicht genutzt werden.
Menüpunkte	Zuordnung zu einzelnen Menüpunkten und deren Untermenüpunkten.
Startseite	Anzeigen des Moduls auf der Startseite.
Joomla! Content	Zuordnung von Joomla!-Beiträgen oder -Kategorien.
Komponenten	Zuordnung zu bestimmten Komponenten.
URL	Zuordnung zu einer bestimmten URL.
Browser	Anzeige eines Moduls bei der Nutzung eines bestimmten Browsers.

Titel des Parameters	Erklärung
Datum & Uhrzeit	Anzeige eines Moduls an einem bestimmten Datum, einer Jahreszeit (kalendarisch), einem Monat, Wochentag oder zu einer bestimmten Uhrzeit.
Benutzer	Anzeigen, wenn der Benutzer einer Gruppe oder Zugriffsebene angehört.
Sprache	Anzeigen, wenn der Nutzer eine bestimmte Sprache ausgewählt hat.
Template	Anzeigen, wenn ein bestimmter Tag angezeigt wird.
Tags	Eingabefeld für PHP-Code – muss die Werte true oder false zurückgeben.

Der Module Manager bietet die Möglichkeit, den entsprechenden Zuordnungstyp zu ignorieren, das Modul der entsprechenden Auswahl zuzuordnen oder die Auswahl auszuschließen und damit ein Modul auf allen Seiten außer den gewählten anzeigen zu lassen. Das macht den ACL Manager zu einem sehr mächtigen Werkzeug, um Module nur unter bestimmten Bedingungen anzuzeigen, was im professionellen Umfeld ein unverzichtbares Feature ist.

18.1.5 Akeeba Backup

Nach der fertigen Installation einer Joomla!-Seite stellt sich automatisch die Frage nach einer Möglichkeit, regelmäßig Sicherungen, im englischen Backups genannt, anzulegen. Um dabei nicht auf Tools des jeweiligen Hosters zurückgreifen zu müssen, bietet sich die Nutzung einer passenden Joomla!-Erweiterung an.

Die Königin der Backup-Lösungen für Joomla! ist wohl Akeeba Backup[7] des griechischen Entwicklers Nicholas K. Dionysopoulos. Die Erweiterung liegt in zwei Varianten vor: Die kostenlose Edition Akeeba Backup Core bietet die Grundfunktionalitäten, die man von einer Backup-Erweiterung erwarten würde:

- Backup aller Joomla!-Dateien sowie der Datenbank
- Unterstützung für mehrere Archivformate
- Ausschlussmöglichkeit für bestimmte Dateien, Ordner und Tabellen
- Begrenzte Automatisierungsmöglichkeit

Die kommerzielle Ausgabe Akeeba Backup Professional liefert zusätzlich:

- Speicherung der Backups bei Cloud-Anbietern (Amazon S3, DropBox, Microsoft Windows Azure u. v. m.)
- Verschlüsselung der Archive
- Integrierte Wiederherstellung
- Automatisierungsmöglichkeit über CRON
- Inkrementelle Datei-Backups
- Wizard zum Transfer der Seite auf einen anderen Server

---

[7] https://www.akeebabackup.com/

Insbesondere bei Hostern, deren Zuverlässigkeit man nicht einschätzen kann, würde ich stets zum Einsatz der Pro-Variante raten, da man hier, durch die besseren Automatisierungsmöglichkeiten und die Unterstützung diverser Cloud-Anbieter, die Backups auch unabhängig vom eigentlichen Webhoster speichern kann.

Die Installation von Akeeba Backup erfolgt in beiden Versionen wie üblich über den Joomla!-Erweiterungsmanager. Dabei verankert sich Akeeba mit einem Menüeintrag im Komponenten-Menü des Backends.

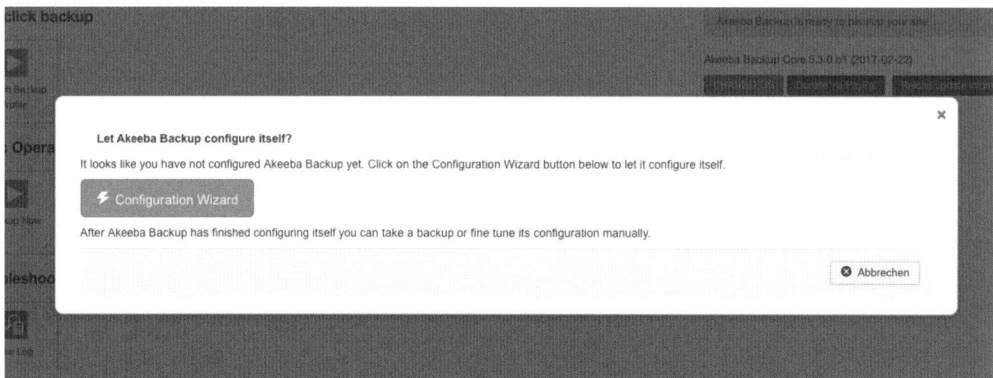

Bild 18.20 Nachinstallationskonfiguration von Akeeba Backup

Vor der Verwendung muss einmalig der Konfigurationsassistent ausgeführt werden, der einige wichtige Parameter für die Backup-Erstellung an die Serverumgebung anpasst und so gewährleistet, dass auch größere Datenmengen problemlos gesichert werden können. Wir starten den Prozess mit einem Klick auf CONFIGURATION WIZARD, lassen den Systemtest durchlaufen und werden anschließend aufgefordert, eine erste Sicherung erstellen zu lassen, was wir durch einen Klick auf BACKUP NOW bestätigen. Nun geben wir noch, falls gewünscht, eine kurze Beschreibung für das jeweilige Backup ein und starten den Vorgang mit einem erneuten Klick auf BACKUP NOW.

Nun können wir den Fortschritt des Backup-Vorgangs beobachten.

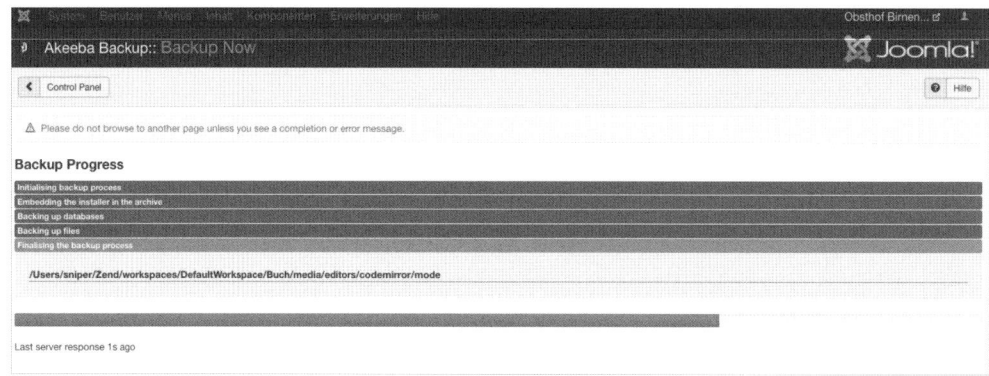

Bild 18.21 Fortschrittsanzeige beim Backup-Vorgang

Nach Fertigstellung des Backups springen wir über den Button MANAGE BACKUPS zur Backup-Übersicht, wo wir eine Auflistung aller Backups und deren Dateien vorfinden. Da Akeeba große Datenmengen in mehrere Teile splittet, kann es vorkommen, dass ein Backup nicht nur, wie im vorliegenden Fall, aus einem Teil, sondern aus mehreren Teilen besteht. Sollte dies der Fall sein, so ist es im Regelfall angenehmer, die Dateien des Backups per FTP aus dem Verzeichnis */administrator/components/com_akeeba/backup* herunterzuladen. Zudem kann der Download der Dateien im Browser, der über einen Klick auf den jeweiligen Button ausgeführt wird, aufgrund von Serverproblemen scheitern, wodurch das Backup unbrauchbar werden könnte.

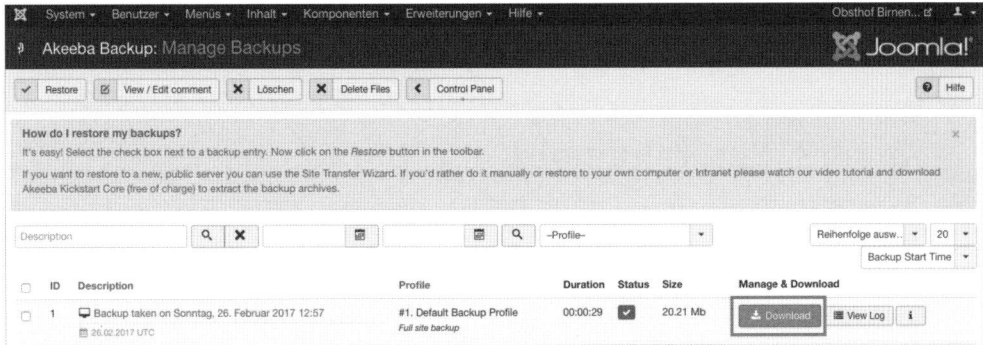

Bild 18.22 Backup-Übersicht mit Download-Möglichkeit

Standardmäßig werden Akeeba-Backup-Dateien als JPA-Archive gespeichert, die nicht mit gängigen Entpackertools wie 7zip extrahiert werden können – der Grund dafür ist, dass es sich bei JPA um ein individuell für Akeeba Backup entwickeltes Format handelt, das sich durch Serverunabhängigkeit, hohe Performance und gute Komprimierung auszeichnet. Die Wiederherstellung der Sicherung erfolgt dann mit dem Tool Akeeba Kickstart, dessen Nutzung in Kapitel 19.3 beschrieben wird.

 PRAXISTIPP: Obwohl Akeeba auch das weit verbreitete Zip-Format unterstützt, das aufgrund seiner Verbreitung für viele IT-Administrationen die erste Wahl sein wird, möchte ich an dieser Stelle ausdrücklich zur Nutzung des JPA-Formats raten, da das Zip-Format bei vielen Serverkonfigurationen zu unerwarteten Fehlern führen kann.

18.1.5.1 Nutzung von Cloud-Storage

Die kostenpflichte Pro-Version unterstützt noch ein besonderes Feature, das ich gerne bei der langfristigen technischen Betreuung von Kundenprojekten einsetze: die Nutzung von *Cloud-Storage*-Diensten zur Speicherung der Backups.

Akeeba verschiebt dafür die erstellten Backups nach Abschluss des Pack-Vorgangs auf ein externes Speichermedium, wobei hier sowohl selbst betriebene Medien (wie ein FTP-Server des eigenen NAS) als auch Cloud-Anbieter wie Dropbox, Amazon S3 oder Azure genutzt werden können. Der Vorteil liegt dabei auf der Hand: durch die Cloud-Storages kann man zu vergleichsweise geringen Kosten langfristige und Hoster-unabhängige Backups für den Worst-Case anlegen.

Besonders eng verzahnt ist Akeeba dabei mit Amazon S3, da hier zwei zusätzliche Features genutzt werden können:

1. Akeeba kann den von Amazon angebotenen Speichermodus *Infrequent Access* nutzen, der nochmals Kostenvorteile bringt, wenn die gespeicherten Backups mindestens 30 Tage gespeichert werden.
2. Die kostenpflichtige Version des Akeeba-Entpack-Skripts Kickstart unterstützt den Import von Amazon-S3-Servern, womit das nervige manuelle Herunterladen von Backups für den Restore entfällt.

■ 18.2 Einstellungen

Neben den genannten Erweiterungen und den bereits in Kapitel 6 gezeigten Einstellungen der globalen Konfiguration gibt es noch eine weitere nützliche Einstellung zum Verstecken von Erweiterungen.

18.2.1 Erweiterungen verstecken

Ich habe mittlerweile vermutlich weit über 100 verschiedene Joomla!-Installationen aufgesetzt und dabei kein einziges Mal die Banner-Erweiterung verwendet – bei Kundenschulungen trat jedoch regelmäßig die Frage auf, warum die Komponente denn überhaupt installiert ist, wenn man sie nicht nutzt. Die Antwort war dabei stets: Die Erweiterung ist in Joomla! integriert und verursacht Probleme, wenn man sie deinstallieren würde.

Durch einen Vortrag des bekannten Bloggers Brian Teeman bin ich schließlich auf eine Möglichkeit gestoßen, solchen Fragen vorzubeugen, indem ich nicht genutzte Core-Komponenten verstecke.

Durch die Deaktivierung der jeweiligen Komponente im Erweiterungsmanager können auch Core-Erweiterungen ausgeblendet werden, was Benutzerfragen vorbeugt, bei Aktualisierungen jedoch keine Probleme hervorruft.

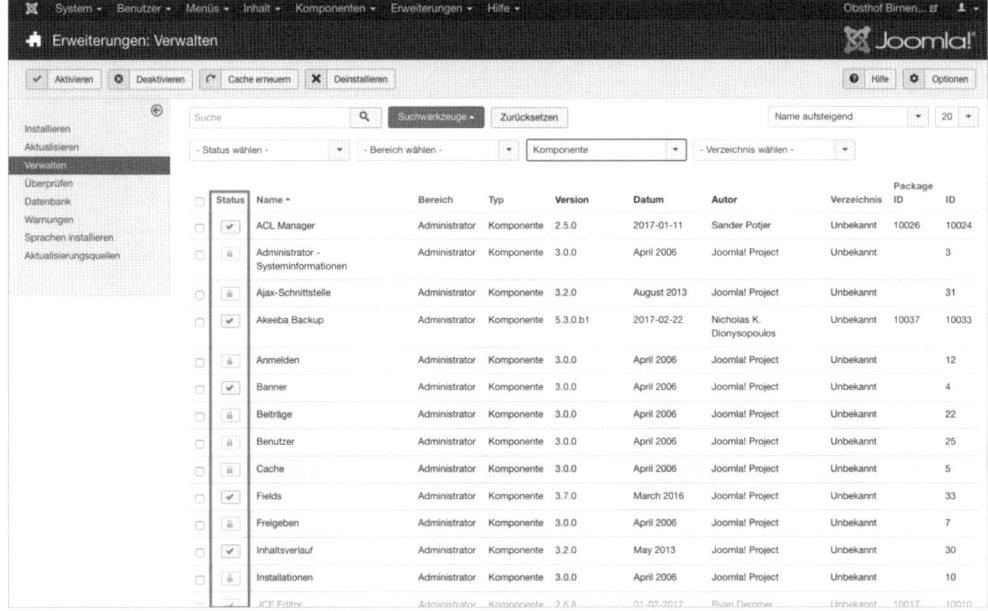

Bild 18.23 Erweiterungsmanager – Deaktivierung ungenutzter Komponenten

18.2.2 Administrationsgestaltung

Insbesondere wenn man eine Vielzahl an Projekten betreut und dann auch zu allem Überfluss an mehreren Seiten parallel arbeitet, passiert es hin und wieder, dass man versehentlich Änderungen an der falschen Seite ausführt, weil der Administrationsbereich aller Installationen identisch aussieht. Um solche Probleme zu verhindern, kann das Joomla!-Backend mit einem eigenen Logo (z. B. das Logo des jeweiligen Kunden) und einer eigenen Farbe angepasst werden. Die entsprechenden Einstellungen finden sich in den *Parametern* des *Template-Stils* des Joomla!-eigenen Backend-Templates Isis (siehe Bild 18.24). Im Tab *Erweitert* kann dort z. B. eine Farbe für die Kopfzeile und ein Logo für die Administration selbst und den Administrationslogin gesetzt werden.

Ein angenehmer Nebeneffekt dieser Anpassung ist, dass der Kunde bzw. Nutzer stets durch das eigene Logo begrüßt wird, wenn der Login aufgerufen wird – eine kleine aber wirkungsvolle Maßnahme zur Personalisierung.

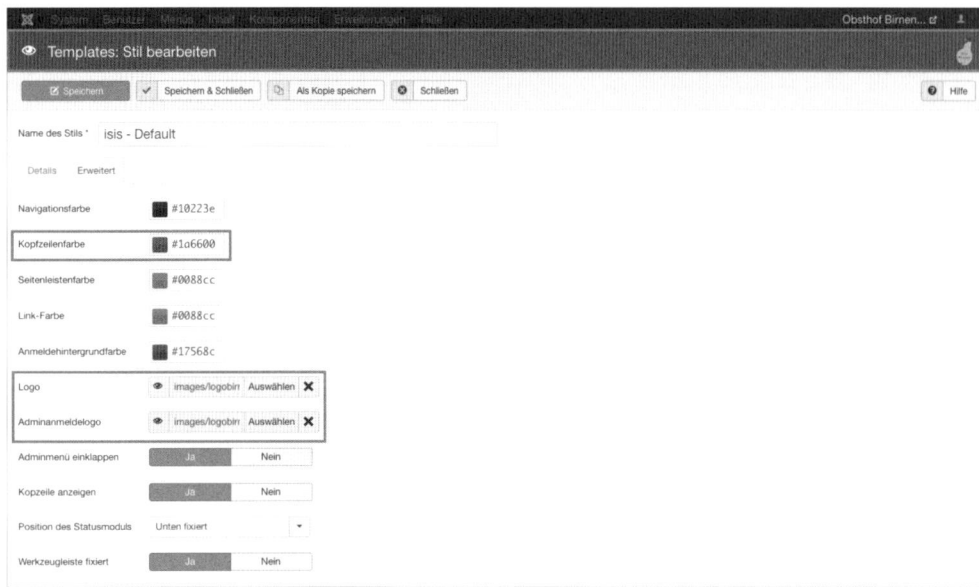

Bild 18.24 Parameter des Isis-Templates und deren Auswirkung in der Kopfzeile

■ 18.3 Administrationsenüs

Eine weitere Möglichkeit zur Personalisierung ist die Erstellung angepasster *Administrationsmenüs*. Diese in Joomla 3.7 neu eingefügte Funktion erlaubt es dem Administrator sowohl global für die gesamte Seite als auch spezifisch für einzelne Benutzergruppen (bzw. Zugriffsebenen) Menüs zu erstellen, die nur über die Funktionen verfügen, die auf der jeweiligen Seite relevant sind.

Um die Funktion zu nutzen, müssen wir im ersten Schritt ein neues, leeres Menü anlegen, das wir anschließend mit den benötigten Einträgen befüllen. Den entsprechenden Dialog rufen wir über MENÜS > VERWALTEN > NEUES MENÜ auf.

In diesem Dialog vergeben wir einen Titel und Menütyp für das neue Menü und wählen als Seitenbereich die Administration aus (siehe Bild 18.25).

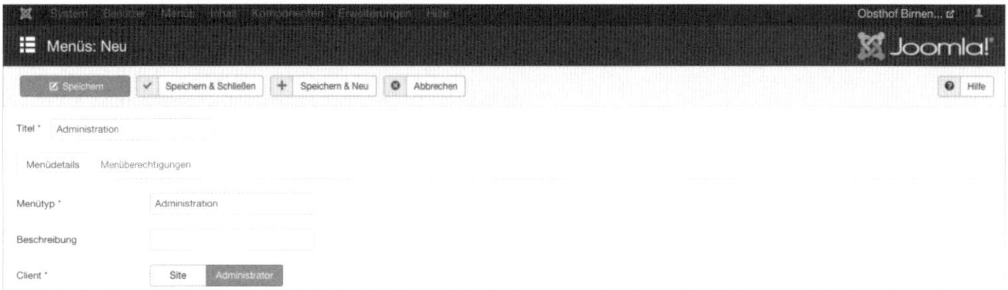

Bild 18.25 Erstellen eines neuen Menüs für die Administration

Im nächsten Schritt können wir über den bekannten Weg (siehe Kapitel 8, „Navigationsstruktur anlegen") Einträge zum neu angelegten Menü hinzufügen. Der Prozess unterscheidet sich dabei nur in einigen wenigen Punkten vom bereits bekannten Weg für die Menüs des Frontends:

- Da das Backend nach dem Login stets auf das Kontrollzentrum leitet, gibt es keinen *Startseiteneintrag*.
- Die *Menüeintragstypen* sind spezifisch für die Funktionen des Backends.
- Eine Vielzahl von Parametern, die nur für das Frontend relevant sind (z. B. die Meta-Daten oder die CSS-Klassen der jeweiligen Seiten) sind in Backend-Menüs nicht vorhanden.
- Die einzelnen Menüeinträge können nicht zu Zugriffsebenen zugewiesen werden – das liegt daran, dass die Administration der Zugriffsrechte im Backend über die entsprechende ACL-Aktion *Administrationszugriff* erfolgt.

Sind die entsprechenden Menüeinträge angelegt, muss das entstandene Menü noch aktiviert werden.

Dafür wechseln wir über ERWEITERUNGEN > MODULE in die Modulverwaltung und lassen uns durch Anpassung des entsprechenden Filters die Administrationsmodule anzeigen (siehe Bild 18.26).

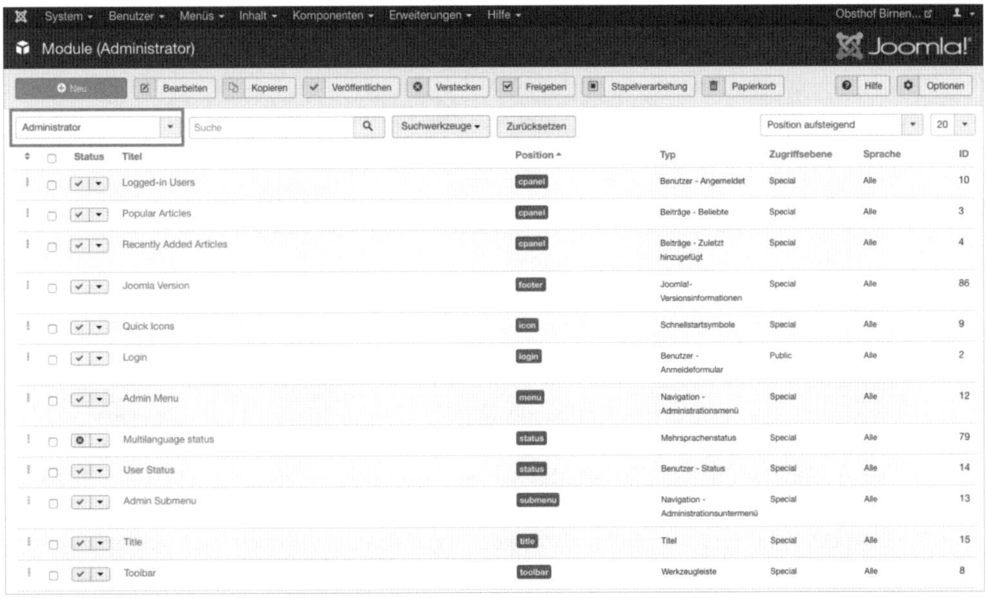

Bild 18.26 Übersicht der Backend-Module

Per Klick auf den Eintrag *Admin Menu* rufen wir die Parameter des Standard-Menü-Moduls auf und können dort im Tab *Erweitert* das anzuzeigende Menü auswählen. Wählen wir hier das durch uns definierte Menü aus und speichern die veränderten Parameter, wird das normale Joomla!-Menü durch unsere neuen Einträge ersetzt (siehe Bild 18.27).

Joomla! prüft dabei standardmäßig, ob einige besonders wichtige Menüeinträge (konkret: Menü-Verwaltung, Modul-Verwaltung und Komponenten-Submenü) sichtbar sind und bietet einen Notfall-Modus an, falls diese fehlen.

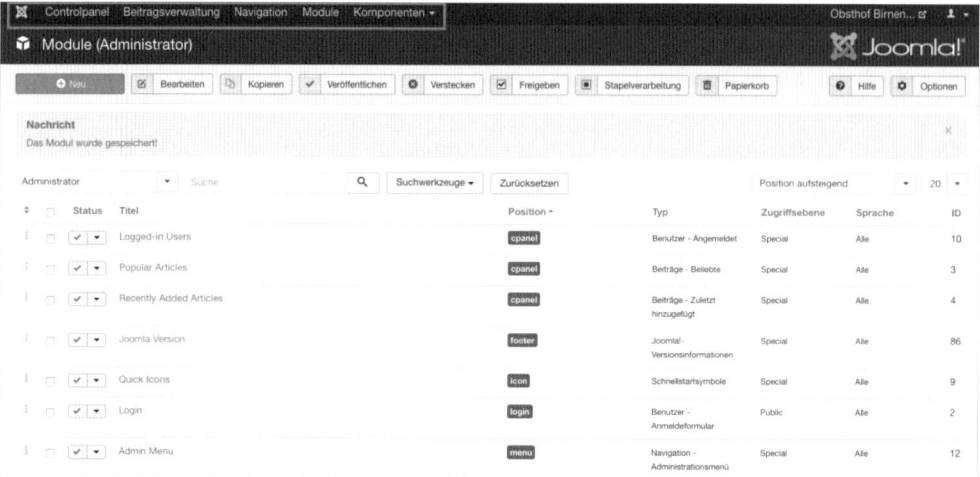

Bild 18.27 Backend mit eigenem Administrationsmenü

Anstatt das Standard-Menü für alle Backend-Nutzer zu ersetzen, kann man natürlich auch in Kombination mit der Rechteverwaltung und eigenen, neu angelegten Menümodulen spezielle Menüstrukturen für einzelne Benutzergruppen erzeugen. Wenn z. B. ein Endkunde nur auf die Beitragsverwaltung zugreifen können soll, kann man mit einer entsprechenden Benutzergruppe, einem Menü, einem zur Gruppe zugewiesenen Menümodul (bei dem der oben erwähnte Check auf wichtige Einträge deaktiviert ist) ein Menü mit nur einem Eintrag, nämlich der Beitragsverwaltung, erzeugen.

■ 18.4 Management-Tools

Insbesondere wenn man als Dienstleister im Joomla!-Umfeld tätig ist, hat man es schnell mit einer großen Anzahl an Seiten zu tun, die alle aktualisiert, überwacht und gesichert werden wollen. Die Prüfung „zu Fuß", bei der man sich in jedes einzelne Backend einloggen muss, ist dabei zeitaufwendig und fehleranfällig, weshalb es bereits seit einigen Jahren eine ganze Reihe Tools gibt, die als zentrale Management-Instanz für mehrere Seiten fungieren. Zu den bekanntesten dieser Tools zählen *MyJoomla.com*, *Watchful.li*, *PerfectDashboard* und *Deevop*, wobei das Grundprinzip überall ähnlich ist: nach einer Registrierung beim jeweiligen (kostenpflichtigen) Service lädt man eine kleine Joomla!-*Erweiterung* im *Backend* der jeweiligen Installation hoch, die man mit dem Service verknüpfen möchte.

Über diese Erweiterung hat der jeweilige Service nun vollen Zugriff auf die jeweilige Installation und kann je nach Service verschiedene Aktionen wie Updates, Backups, Malware-Checks oder Monitoring-Pings auslösen. Im Dashboard des jeweiligen Dienstes hat man als Administrator dabei eine Übersicht über alle Seiten, die dort verwendete Joomla!-Version, die installierten Erweiterungen und den jeweiligen Status der Seite.

Diese Tools erlauben es, selbst eine große Anzahl an Joomla!-Websites mit vertretbarem Aufwand zu warten, und sind somit elementares Werkzeug für viele Dienstleister.

Mit der Installation des jeweiligen Konnektors räumen Sie der entsprechenden Plattform vollen Zugriff auf die jeweilige Website ein – wird die entsprechende Plattform also irgendwann einmal erfolgreich angegriffen, besteht ein hohes Risiko das im Folgenden auch Ihre Website unter die Kontrolle der Angreifer fällt. Dieser Umstand und datenschutzrechtliche Aspekte sprechen dafür, dass sie den Einsatz solcher Tools immer mit dem jeweiligen Seiteninhaber absprechen sollten.

18.5 Standard-Paket

Wenn wir uns die Vielzahl an Handgriffen, Einstellungen und Erweiterungen vor Augen führen, die wir in diesem Kapitel und in den vorherigen Kapiteln getätigt haben, wird schnell klar, dass Sie selbst als geübter Administrator einige Minuten brauchen, um eine neue Installation mit den Standard-Anpassungen zu versehen.

Um sich diese Zeit zu sparen und gleichzeitig die Gefahr von vergessenen Schritten zu eliminieren, bietet es sich an, die notwendigen Anpassungen nur ein einziges Mal in einer neutralen Basisinstallation (ohne weitere Inhalte) vorzunehmen und anschließend ein Akeeba-Backup dieser Installation zu erstellen. Dieses Backup fungiert dann als Standard-Paket für den Start neuer Projekte und muss nur hochgeladen und entpackt werden.

18.6 Fortbildungsmöglichkeiten

Last but not least gehört es natürlich auch zu den Best Practices, das eigene Wissen regelmäßig auf den aktuellen Stand zu bringen. Dafür gibt es neben unzähligen Online-Quellen, Büchern wie diesem, Video-Tutorials und anderen Medien für das Selbststudium auch die Möglichkeit, an Präsenz-Veranstaltungen teilzunehmen. Zwei Möglichkeiten möchte ich dabei besonders hervorheben.

18.6.1 Joomla!-Events

Im Joomla!-Projekt gibt es eine Vielzahl von Veranstaltungen rund um Joomla!, wobei diese sich auf mehrere Ebenen aufteilen:

- *Joomla Usergroups* (kurz JUGs) gibt es in vielen größeren Städten im deutschsprachigen Raum. Diese Gruppen haben mehrmals pro Jahr (teils sogar monatlich) Treffen, die in der Regel sowohl einen Vortrags- als auch eine Austausch-Teil haben. Die Treffen sind somit der erste Anlaufpunkt, um mit der lokalen Community in Kontakt zu kommen und Gleichgesinnte kennenzulernen.

- *JoomlaDays* sind die jeweiligen nationalen Veranstaltungen der Community und finden in der Regel einmal pro Jahr in Form einer zweitägigen Konferenz statt. Die JoomlaDays bieten eine perfekte Möglichkeit, um binnen kürzester Zeit sehr viel neues über Joomla! zu lernen, mit Dienstleistern, Entwicklern und Community-Mitgliedern aus dem ganzen Land in Kontakt zu kommen und sich somit selbst ein entsprechendes Netzwerk aus Kollegen aufzubauen.
- *J&Beyond* und die *Joomla World Conference* sind die beiden internationalen Konferenzen des Joomla!-Projekts und finden in der Regel im Mai bzw. November statt. Hier trifft sich die internationale Community zum Austausch.

Wenn Sie sich ernsthaft mit Joomla! auseinandersetzen oder gar professionell als Dienstleister arbeiten wollen, kann ich Ihnen nur sehr nachdrücklich dazu raten, diese Veranstaltungen regelmäßig zu besuchen, um sich über aktuelle Entwicklungen zu informieren, weiterzubilden und ein Netzwerk aufzubauen.

18.6.2 Zertifizierung

Eine andere Möglichkeit der Fortbildung ist die Teilnahme am Joomla!-Zertifizierungsprogramm[8]. Im Rahmen dieses Programms hat das Joomla!-Projekt festgelegt, in welchen Bereichen ein Nutzer welches Wissen haben muss, um als zertifizierter Joomla!-Nutzer auftreten zu dürfen. Dieses Wissen wird im Rahmen eines Tests abgefragt und dient somit für Außenstehende als Qualitäts- und Wissensnachweis.

Derzeit gibt es eine Zertifizierung zum Joomla!-Administrator, die in Zukunft durch eine Designer- und eine Entwickler-Zertifizierung ergänzt werden soll. Sogenannte Learning-Partner[9] bieten in Kursen eine entsprechende Vorbereitung auf die Zertifizierung an und nehmen auch den eigentlichen Test ab.

---

[8] *certification.joomla.org*
[9] *http://resources.joomla.org/en/joomla-learning-partners*

19 Übertragung Offline > Online

Nachdem ein neues Projekt in der lokalen Umgebung erfolgreich abgeschlossen ist, folgt der große Tag, an dem das fertige Projekt auf den Webspace des Hosters übertragen werden soll. Die dafür notwendigen Schritte möchte ich Ihnen in diesem Kapitel vorstellen.

19.1 Die Auswahl des richtiges Hosters

Durch die Auswahl eines Hosters, dessen Serversysteme auf die Bedürfnisse von Joomla! angepasst sind, lassen sich viele Probleme, die im späteren Alltag stören, von vornherein vermeiden. Daher möchte ich, bevor ich den eigentlichen Migrationsvorgang beschreibe, noch auf die Wahl des richtigen Webhosters eingehen. Grundvoraussetzung ist dabei selbstverständlich, dass die Serverkonfiguration den Empfehlungen[1] für die jeweilige Joomla!-Version entspricht. Im Falle von Joomla! 3.7 benötigen wir hier:

Software	Empfohlen	Minimum
PHP (mit Unterstützung für zlib, xml und mysqli)	7.0+	5.3.10+
MySQL	5.5.3 +	5.1
Apache	2.4 +	2.0
Microsoft IIS	7	7
Nginx	1.8+	1.0

Selbstverständlich reicht es, wenn der entsprechende Hoster dabei einen der drei angegebenen Webserver (Apache, IIS, Nginx) unterstützt.

Zudem ist es wünschenswert, dass die Konfiguration von PHP den Vorgaben entspricht:

- `register_globals = off`
- `magic_quotes_gpc = off`
- `safe_mode = off`
- `memory_limit` größer als 128 MB
- `max_execution_time` größer als 90 Sekunden

---

[1] http://www.joomla.org/technical-requirements.html

Bei der Datenbankanbindung sollte zudem darauf geachtet werden, dass die Datenbank auf demselben Server wie der Webserver liegt (localhost), da ansonsten zusätzliche Verzögerungen durch die Netzwerklatenz auftreten können. Am besten prüfen Sie dies mit einem kostenlosen Testaccount, den Ihnen nahezu jeder seriöse Hoster zur Verfügung stellen wird.

Doch selbst wenn diese Voraussetzungen erfüllt sind, gibt es häufig Probleme im Zusammenhang mit den Datei- und Verzeichnisrechten, die mit dem sog. „www-run"-Problem zusammenhängen.

19.1.1 Das „www-run"-Problem

Das „www-run"-Problem entsteht aus der Kombination der Webserverkonfiguration bei vielen Hostern und den Grundprinzipien von UNIX-Dateisystemen. UNIX-Systeme bieten nämlich die Möglichkeit, für jede Datei und jeden Ordner separat festzulegen, welche Rechte der Benutzer hat, der gerade Zugriff nehmen möchte.

Das System unterscheidet dabei zwischen drei Zugriffsarten: dem Lesezugriff, dem Schreibzugriff und dem Ausführen (bei Dateien) bzw. dem Einsehen des Inhalts (bei Ordnern). Für jede Aktion kann festgelegt werden, ob diese vom Eigentümer selbst, von den Mitgliedern der zugeordneten Gruppe oder „allen anderen" ausgeführt werden kann. Somit entsteht das folgende Raster, das in unserem Beispiel allen Benutzern Lese-, jedoch nur dem Eigentümer Schreibzugriff erlauben würde.

	Eigentümer	Gruppe	Alle anderen
Lesen	Ja	Ja	Ja
Schreiben	Ja	Nein	Nein
Ausführen (Dateien) bzw. Einsehen (Ordner)	Nein	Nein	Nein

Da dieses Raster im Normalfall aber zu umfangreich wäre, um es ausführlich auszugeben, hat sich eine Kurzschreibweise eingebürgert, bei der jeder Aktion eine Zahl zugeordnet wird.

Aktion	Zahl
Lesen	4
Schreiben	2
Ausführen	1

Ist eine Aktion nicht erlaubt, erhält sie den Zahlenwert 0. Wir übertragen dieses System nun auf unser Raster und addieren die Zahlenwerte der jeweiligen Spalten.

	Eigentümer	Gruppe	Alle anderen
Lesen	Ja = 4	Ja = 4	Ja = 4
Schreiben	Ja = 2	Nein = 0	Nein = 0
Ausführen/Einsehen	Nein = 0	Nein = 0	Nein = 0
Summe	6	4	4

Nach dem Addieren erhalten wir die Zahl 644, die als Entsprechung für unser Rechtemuster fungiert. Soll jede Aktion für jeden Benutzer erlaubt sein, so muss die entsprechende Datei folglich mit den Rechten „777" ausgestattet sein.

	Eigentümer	Gruppe	Alle anderen
Lesen	Ja = 4	Ja = 4	Ja = 4
Schreiben	Ja = 2	Ja = 2	Ja = 2
Ausführen/Einsehen	Ja = 1	Ja = 1	Ja = 1
Summe	7	7	7

Haben Sie das Prinzip verstanden? Wunderbar! Dann kommen wir nun zur gängigen Konfiguration von Webservern bei großen Hostern. Dort wird in der Regel der Webserver Apache eingesetzt, der verschiedene Möglichkeiten zur Anbindung von PHP bietet. Die performanteste Variante ist dabei die Verwendung des Apache-Moduls *mod_php*, das sich nahtlos in den Webserver integriert und durch die hohe Geschwindigkeit große Mengen an Kunden auf einem System zulässt. Der Apache läuft dabei im System unter einem eigenen Benutzernamen, der auf vielen Systemen standardmäßig „www-run" lautet, und „vererbt" diesen Benutzernamen auch automatisch an alle PHP-Programme, da diese mittels *mod_php* direkt im Webserver gestartet werden. Der FTP-Server, den wir nutzen, um unsere Dateien hochzuladen, ordnet im Unterschied dazu jedem Kunden einen individuellen Benutzernamen zu, wodurch das folgende Konstrukt entsteht.

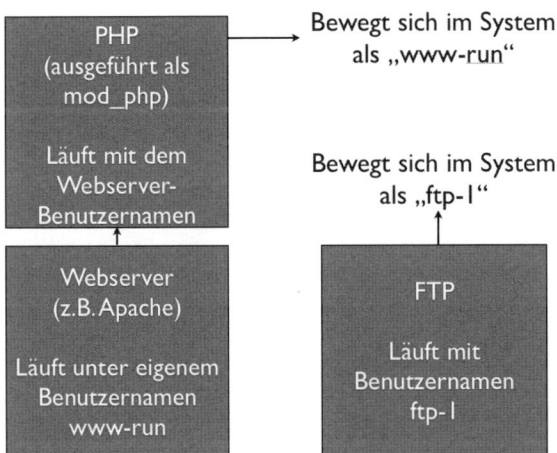

Bild 19.1 Abbildung der Rechtestruktur bei Verwendung von PHP als mod_php

Was passiert, wenn wir nun eine Datei per FTP hochladen? Diese wird vom Benutzer „ftp-1" erstellt, der dadurch automatisch Eigentümer wird. Standardmäßig ist es jetzt allen anderen Benutzern, und dadurch auch unserem „www-run", nicht mehr möglich, die per FTP hochgeladenen Dateien zu beschreiben. Dieser Umstand ist problematisch, da wir keinerlei Änderungen an den Dateien unserer Joomla!-Installation über den Browser vornehmen können, weil dafür der Schreibzugriff durch PHP möglich sein muss. Somit bekommen wir z. B. bei der Erweiterungsinstallation, beim Aktivieren des Caching-Mechanismus oder beim Upload eines einfachen Bilds die Meldung, dass wir nicht über die nötigen Rechte verfügen.

Welche Möglichkeiten haben wir, dieses Dilemma zu umgehen?

- Wir erlauben allen Benutzern, alle gewünschten Aktionen auf unsere Dateien auszuführen, was durch den UNIX-Befehl „chmod 777" bzw. durch unser FTP-Tool erledigt werden könnte. Dadurch öffnen wir aber auch Angreifern Tür und Tor, da diese nun alle hinterlegten Dateien unserer Installation verändern können. Zudem müssten wir diesen Befehl nach jedem Hinzufügen einer Datei erneut ausführen – das scheint also kein praktikabler Weg zu sein.
- Wir ändern den Eigentümer unserer Installation auf „www-run", sodass wir über den Browser nun alle Dateien und Ordner anpassen können. Das kehrt das Problem jedoch nur um, da keine Änderungen per FTP mehr möglich sind.
- Wir nutzen den in Joomla! integrierten „FTP-Modus", der sich beim Dateizugriff über das FTP-Protokoll mit dem Server verbindet und dadurch mit den Rechten des FTP-Benutzers schreiben kann. Diese Variante erlaubt uns Schreibzugriff in allen Situationen, ist jedoch sehr langsam.

Es lässt sich also feststellen, dass wir bei der Einbindung von PHP als *mod_php* keine Möglichkeit haben, unsere Dateien bequem bearbeiten zu können. Deshalb kommen Hoster, die auf diese Konfiguration setzen, für den sinnvollen Einsatz von Joomla! (bzw. allen Arten von serverseitigen Skripten) nicht infrage. Ob unser Server von diesem Problem betroffen ist, verrät uns der folgende Eintrag in den PHP-Informationen, die im Joomla! Backend unter *Site > Systeminformationen* angezeigt werden können.

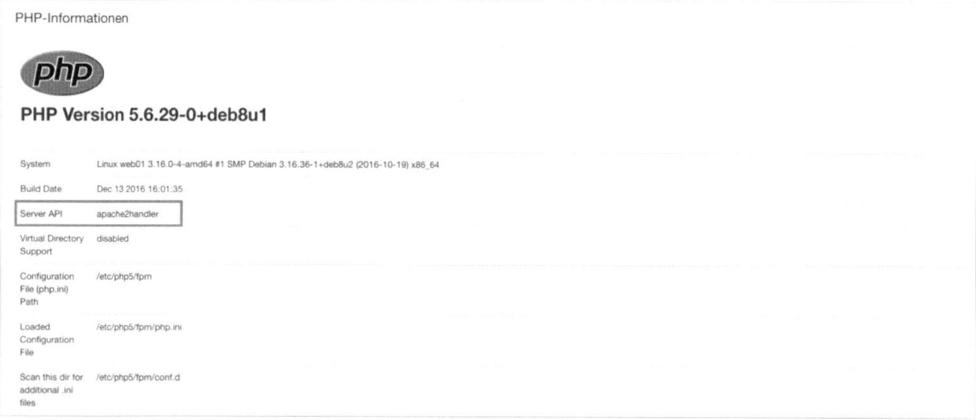

Bild 19.2 Einbindung von PHP über den Apache 2.0 Handler von mod_php

Glücklicherweise gibt es eine alternative Einbindungsart für PHP, nämlich die Nutzung des FastCGI- oder FPM-Standards, der es erlaubt, eine PHP-Instanz mit den Rechten eines anderen Benutzers (wie den FTP-Account einer Domain) ausführen zu lassen. Dabei sind wir nicht auf die Angabe eines einzelnen Benutzers festgelegt, sondern können z. B. für jeden Kunden eine individuelle FastCGI-Version von PHP erstellen, um diese dem jeweiligen FTP-Benutzer zuordnen zu können, was auf Mehrbenutzersystemen erforderlich ist.

PHP
(ausgeführt als
FastCGI)
Benutzername
gesetzt auf ftp-1
Bewegt sich im System
als „ftp-1“
Webserver
(z.B. Apache)
Läuft unter eigenem
Benutzernamen
www-run
FTP
Läuft mit
Benutzernamen
ftp-1

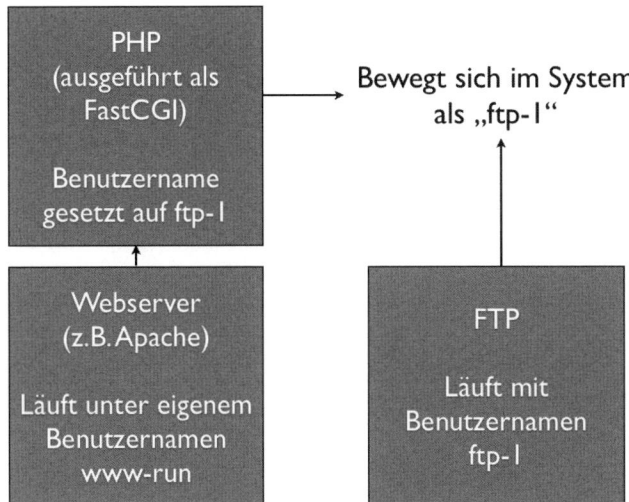

Bild 19.3 Rechtestruktur bei der Einbindung von PHP als FastCGI

Der einzige Nachteil der Einbindung über FastCGI/FPM ist der größere Speicherbedarf, der dazu führt, dass man als Hoster, im Vergleich zur „klassischen“ Konfiguration mittels *mod_php*, weniger Kunden auf einem Server hosten kann. Das lässt die Kosten pro Kunde ansteigen und ist somit der Grund dafür, dass es noch immer Hoster mit *mod_php*-Konfiguration gibt.

Die Tatsache, dass wir durch die Einbindung als FastCGI/FPM jedoch nun eine sichere und komfortable Möglichkeit zur Verwaltung unserer Dateien mittels PHP und FTP haben, die keine Modifikation der Verzeichnisrechte erfordert, lässt diese Einbindungsart definitiv zur Anbindung der Wahl werden.

Woran erkennt man nun also die korrekte Einbindung bei der Hoster-Suche? Auch hier hilft wieder ein Blick in die Ausgabe der PHP-Informationen.

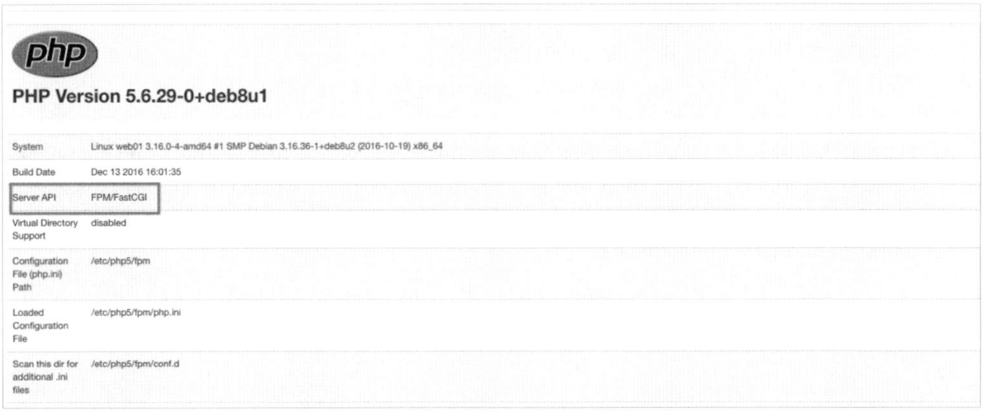

php
PHP Version 5.6.29-0+deb8u1
System
Linux web01 3.16.0-4-amd64 #1 SMP Debian 3.16.36-1+deb8u2 (2016-10-19) x86_64
Build Date
Dec 13 2016 16:01:35
Server API
FPM/FastCGI
Virtual Directory Support
disabled
Configuration File (php.ini) Path
/etc/php5/fpm
Loaded Configuration File
/etc/php5/fpm/php.ini
Scan this dir for additional .ini files
/etc/php5/fpm/conf.d

Bild 19.4 PHP-Informationen bei der Nutzung des FPM-Standards

Ist auch diese technische Voraussetzung erfüllt, so spricht dem Vertragsabschluss beim jeweiligen Hoster zumindest technisch nichts mehr entgegen.

Es gibt inzwischen eine große Menge Hoster, die zwar die notwendigen technischen Mindestvoraussetzungen erfüllen, aber in Sachen Performance, Service oder Sicherheit nicht für professionelles Arbeiten geeignet sind. Anstelle einer Negativliste möchte ich Ihnen lieber eine Liste mit Hostern an die Hand geben, die aktiv die deutsche Joomla!-Community und die Weiterentwicklung des Projekts unterstützen und sich somit aktiv einbringen:

- Hosting.de
- Mittwald
- Siteground
- Deevop
- 1&1

PRAXISTIPP: Sollte ein einfacher Webspace für die eigenen Bedürfnisse nicht ausreichen, sodass ein Root-Server gemietet werden muss, so ist darauf zu achten, dass das verwendete Control-Panel die Einbindung als FastCGI unterstützt. Derzeit kommen da z. B. die aktuellen Versionen von Plesk, Froxlor und LiveConfig in Frage.

■ 19.2 Transfer mittels FTP und phpMyAdmin

Nachdem der Hosting-Vertrag abgeschlossen und die lokale Installation unserer Seite fertiggestellt ist, kommt der Tag der Wahrheit, an dem wir unser Projekt hochladen und unter der endgültigen Domain online stellen wollen.

Da unsere Installation aus zwei Teilen (den Dateien und der Datenbank) besteht, müssen wir beide Teile separat auf den neuen Server übertragen. Dafür öffnen wir zuerst mit einem Programm unserer Wahl eine FTP-Verbindung zum Server des Hosters und laden alle Dateien der Joomla!-Installation in das neue System hoch. Zu beachten ist dabei, dass man die Dateien in das Wurzelverzeichnis der jeweiligen Domain hochlädt, das in der Regel als *htdocs* bzw. *httpdocs* benannt ist.

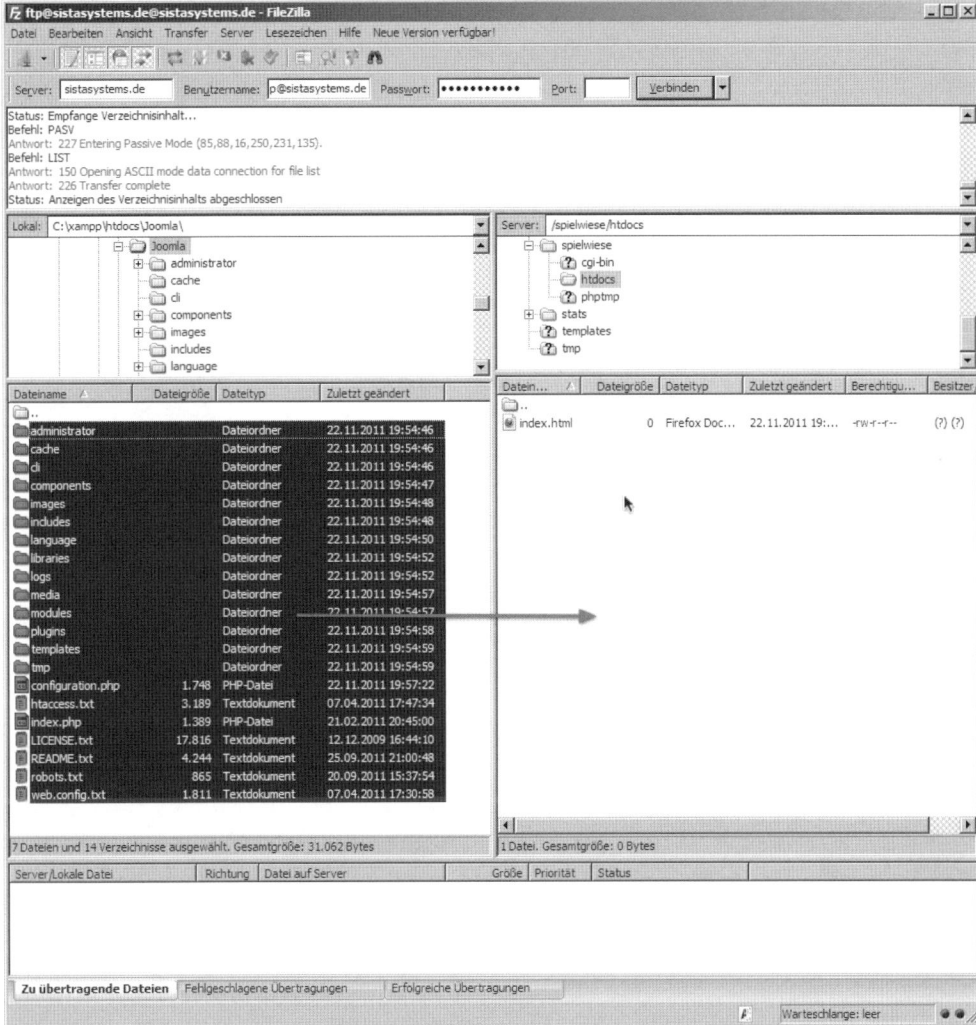

Bild 19.5 Transfer der Dateien mittels FileZilla

Nun ist es erforderlich, die *configuration.php* an die neue Systemumgebung anzupassen, indem wir die Einträge für Datenbankverbindung, Logdateien und tmp-Verzeichnis entsprechend verändern. Dafür erstellen wir zuerst eine passende Datenbank im Control-Panel unseres Hosters und öffnen dann die *configuration.php* auf dem Server zur Bearbeitung.

```
public $offline_message = 'Diese Website ist zurzeit im Wartungsmodus.<br />Bitte später wiederkommen.';
public $display_offline_message = '1';
public $offline_image = '';
public $sitename = 'Obsthof Birnennase';
public $editor = 'tinymce';
public $captcha = '0';
public $list_limit = '20';
public $access = '1';
public $debug = '0';
public $debug_lang = '0';
public $dbtype = 'mysqli';
public $host = 'localhost';
public $user = 'root';
public $password = '';
public $db = 'joomlabuch37';
public $dbprefix = 'fbret_';
public $live_site = '';
public $secret = 'c3nPx8YlQXT9R0f0';
public $gzip = '0';
public $error_reporting = 'default';
public $helpurl = 'https://help.joomla.org/proxy?keyref=Help{major}{minor}:{keyref}&lang={langcode}';
public $ftp_host = '';
public $ftp_port = '';
public $ftp_user = '';
public $ftp_pass = '';
public $ftp_root = '';
public $ftp_enable = '0';
public $offset = 'Europe/Berlin';
public $mailonline = '1';
public $mailer = 'mail';
public $mailfrom = 'info@mein-joomlabuch.de';
public $fromname = 'JoomlaBuch';
public $sendmail = '/usr/sbin/sendmail';
public $smtpauth = '0';
public $smtpuser = '';
public $smtppass = '';
public $smtphost = 'localhost';
public $smtpsecure = 'none';
public $smtpport = '25';
public $caching = '0';
public $cache_handler = 'file';
public $cachetime = '15';
public $cache_platformprefix = '0';
public $MetaDesc = '';
public $MetaKeys = '';
public $MetaTitle = '1';
public $MetaAuthor = '1';
public $MetaVersion = '0';
public $robots = '';
public $sef = '1';
public $sef_rewrite = '0';
public $sef_suffix = '0';
public $unicodeslugs = '0';
public $feed_limit = '10';
public $feed_email = 'none';
public $log_path = '/Users/sniper/Zend/workspaces/DefaultWorkspace/Buch/administrator/logs';
public $tmp_path = '/Users/sniper/Zend/workspaces/DefaultWorkspace/Buch/tmp';
```

Bild 19.6 Datenbank- und Verzeichniskonfiguration in der configuration.php

Vor der Änderung stellt sich jedoch noch ein Problem: Die Pfade zum */logs*- und */tmp*-Verzeichnis müssen in absoluter Form angegeben werden, wofür wir eigentlich Kenntnis über die Dateistruktur des Webservers haben müssten. Es gibt jedoch einen einfachen Trick, um diese Angaben herauszufinden. Dafür erstellen wir eine lokale Datei namens *pfadfinder.php* mit dem folgenden Inhalt.

Listing 19.1 pfadfinder.php

```
<?php echo dirname(__FILE__); ?>
```

Anschließend laden wir diese Datei ebenfalls in das Wurzelverzeichnis unserer Domain hoch und rufen die Datei im Browser auf, was zu einer ähnlichen Ausgabe wie in Bild 19.7 führen sollte.

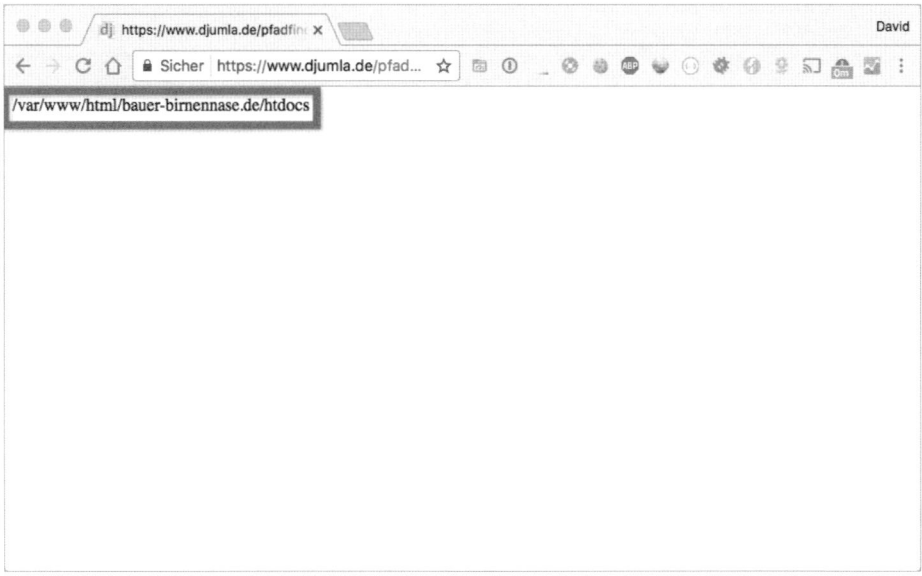

Bild 19.7 Ausgabe des absoluten Pfads im pfadfinder-Skript

Mit dieser Angabe können wir nun die entsprechenden Einträge in der *configuration.php* verändern.

Listing 19.2 Relevante Einträge in der configuration.php

```
<?php
class JConfig {
    [...]
    public $host = 'DATENBANKSERVER';
    public $user = 'DATENBANKBENUTZER';
    public $password = 'DATENBANKPASSWORT';
    public $db = 'DATENBANKNAME';
    [...]
    public $log_path = 'AUSGABE VON PFADFINDER/logs';
    public $tmp_path = 'AUSGABE VON PFADFINDER/tmp';
```

Die in Großbuchstaben geschriebenen Platzhalter sind hierbei natürlich durch ihre jeweilige Entsprechung zu ersetzen.

Nun muss noch die Datenbank transferiert werden. Dafür öffnen wir in unserer lokalen Installation mittels Browser das Skript phpMyAdmin, das zur Administration der MySQL-Datenbank dient, und wählen in der linken Spalte die Datenbank unserer Joomla!-Installation aus. Anschließend gelangen wir durch einen Klick auf EXPORTIEREN zum Konfigurationsdialog.

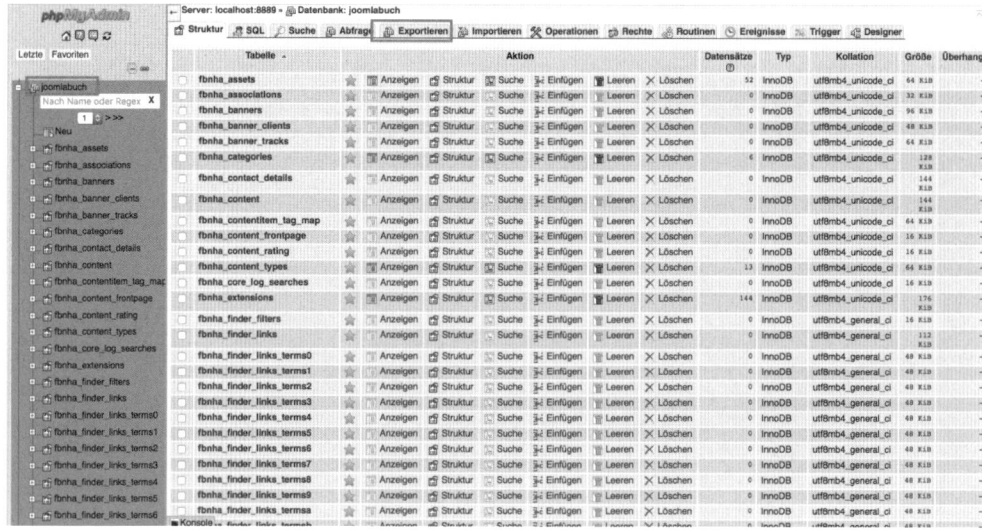

Bild 19.8 Tabellenübersicht der gewählten Datenbank im phpMyAdmin

Je nach verwendeter phpMyAdmin-Version unterscheidet sich der Konfigurationsdialog im Aussehen und in der Fülle der möglichen Parameter, die jedoch im Regelfall unverändert bleiben können. Je nach gewähltem Ausgabeformat erhalten wir nun entweder eine *.sql*-Datei, die uns zum Download angeboten wird, oder die entsprechenden SQL-Befehle werden in einem Textfenster dargestellt.

Bild 19.9 Ausgabe als Text

Sollte die Ausgabe wie in Bild 19.9 im Textfenster erfolgen, so muss der Inhalt entweder in die Zwischenablage oder in eine separate Datei kopiert werden.

Daraufhin wechseln wir in das Control-Panel des jeweiligen Hosters, der normalerweise an mehr oder weniger prominenter Stelle einen Link zum dort ebenfalls installierten phpMyAdmin platziert haben wird. Nach einem Klick auf den genannten Link und der Auswahl der Zieldatenbank können wir nun, falls uns eine .sql-Datei zum Download angeboten wurde, diese mittels Klick auf IMPORTIEREN wieder hochladen und einspielen lassen.

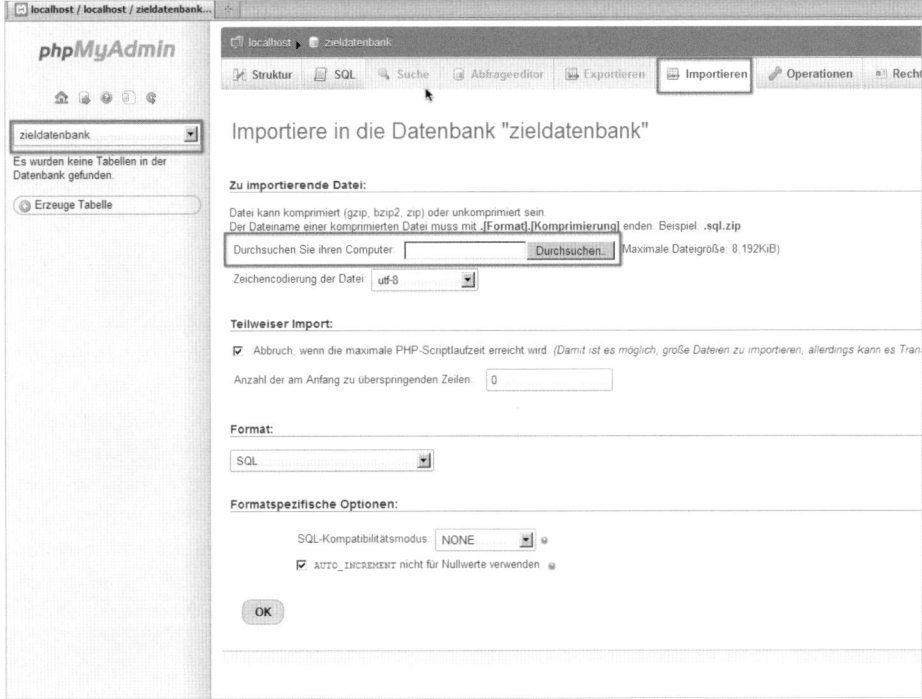

Bild 19.10 Import im phpMyAdmin mittels Dateiimport

Sollten wir die Ausgabe der Datenbank in einem Textfenster erhalten haben, so können wir diese in den „SQL"-Dialog einfügen und einspielen lassen.

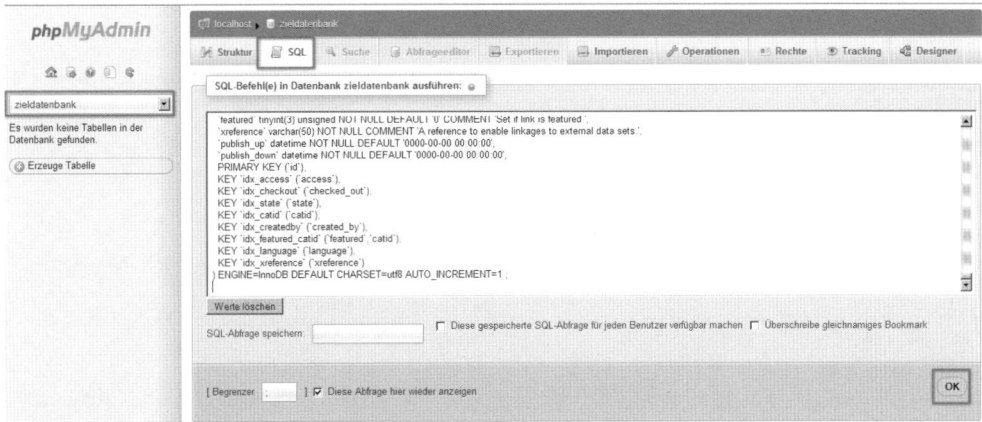

Bild 19.11 Datenbankimport über „SQL"-Dialog

Sollte auch dieser Schritt erfolgreich abgeschlossen worden sein, so ist unsere transferierte Joomla!-Seite nun einsatzbereit. Es empfiehlt sich jedoch nach dem ersten Login im Backend, alle Komponenten auf ihre Funktionstüchtigkeit zu prüfen, da insbesondere bei Komponenten, die Zugriff auf das Dateisystem benötigen (Download-Lösungen, Akeeba Backup), nun noch kleinere, in der Regel automatisch durchgeführte Anpassungen notwendig sind.

Hat der Datenbankimport nicht geklappt, weil die Datenbank zu groß war? Oder sind Sie das lästige Warten beim zeitraubenden FTP-Upload leid? Kein Problem, ich möchte Ihnen nämlich noch als Alternative zum gerade demonstrierten „klassischen Transfer" die wesentlich einfachere Variante mittels AkeebaBackup zeigen.

■ 19.3 Transfer mit Akeeba Backup

Der Transfer zwischen verschiedenen Systemen gestaltet sich häufig zeitraubend und kompliziert, insbesondere wenn größere Portale transferiert werden. Der Prozess kann jedoch wesentlich vereinfacht werden, wenn wir die Joomla!-Komponente Akeeba Backup nutzen, um die Seite zu migrieren. Dafür legen wir im ersten Schritt, wie in Abschnitt 18.1.5 beschrieben, ein Backup der lokalen Seite an und laden das dabei entstehende *.jpa*-Archiv in das Wurzelverzeichnis der Domain auf unserem Webserver hoch. Zusätzlich laden wir das Skript Akeeba Kickstart[2] herunter, entpacken das entsprechende Archiv und laden die enthaltenen Dateien (konkret benötigen wir die de-DE.kickstart.ini und die kickstart.php) zum *.jpa*-Archiv in das Wurzelverzeichnis der Domain.

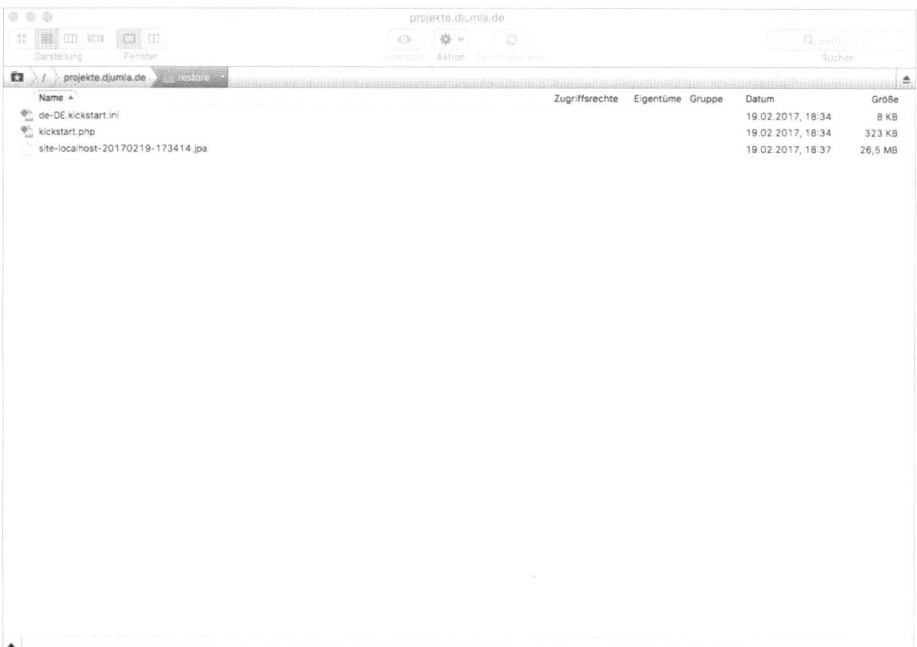

Bild 19.12 Übersicht der hochgeladenen Dateien vor der Verwendung von Akeeba Kickstart

---

[2] *https://www.akeebabackup.com/download/official/akeeba-kickstart.html*

Der Transfer des Archivs gestaltet sich dabei wesentlich schneller als beim manuellen Transfer der separaten Dateien, da das FTP-Protokoll bei vielen kleinen Dateien viel Zeit zum Öffnen und Schließen der Dateien benötigt.

Nun starten wir den Extrahierprozess durch den Aufruf der URL *domain.tld/kickstart.php* (wobei *domain.tld* natürlich durch unsere gewünschte Domain zu ersetzen ist), woraufhin das Kickstart-Skript uns anbietet, die Dateien nach dem Klick auf START zu entpacken.

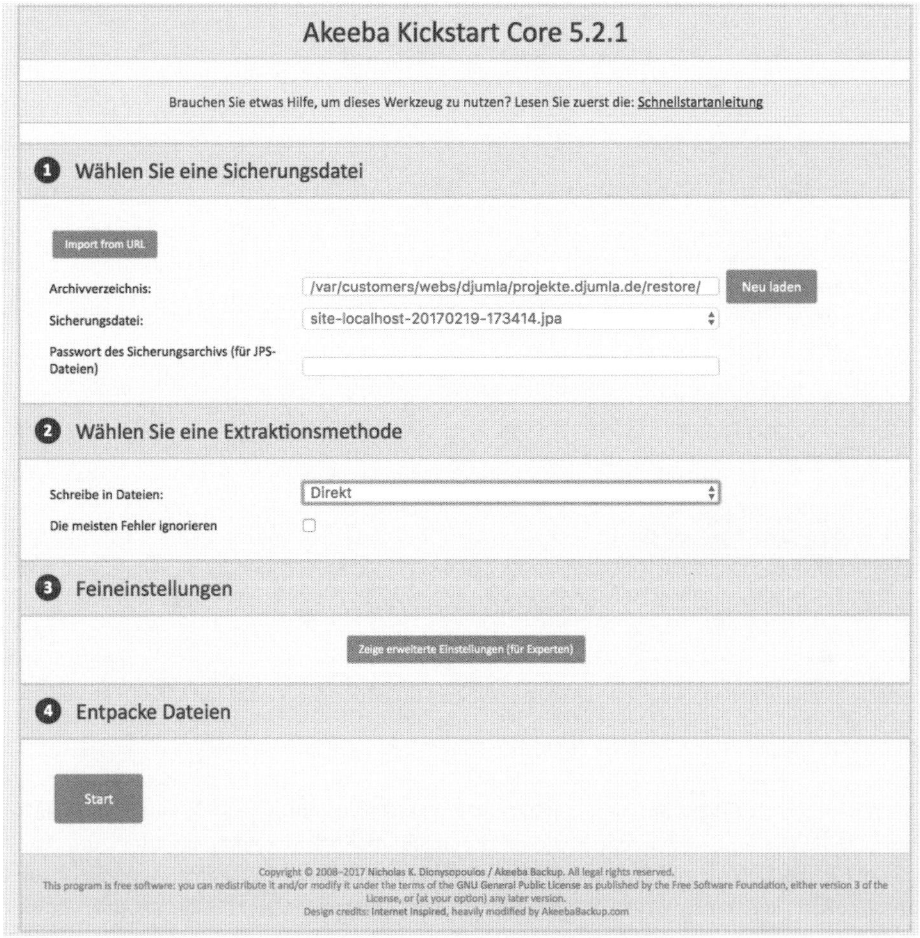

Bild 19.13 Akeeba Kickstart extrahiert .jpa-Archive direkt auf dem Server und spart dadurch viel Transferzeit.

Anschließend entpackt Kickstart das Archiv und bietet uns nach Abschluss des Prozesses an, die Installationsroutine zu starten.

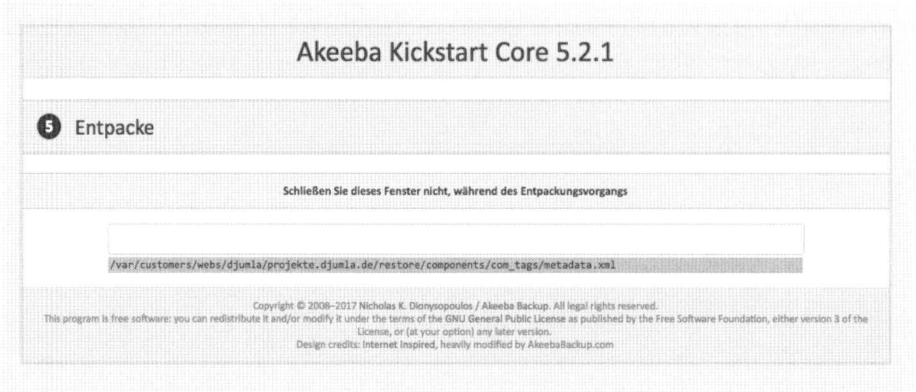

Bild 19.14 Akeeba Kickstart während des Extrahierprozesses

Bild 19.15 Aufforderung zum Start der Installationsroutine nach dem erfolgreichen Entpacken

Nach dem Klick auf den entsprechenden Button startet das im Backup hinterlegte Installationsskript, das ähnlich wie der Installer zur Installation von Joomla! alle relevanten Parameter für die Datenbankverbindung abfragt, falls notwendig Pfadangaben korrigiert und anschließend die korrigierte *configuration.php* abspeichert. Abschließend bietet uns der Installer noch an, das durch ihn verwendete Verzeichnis automatisch zu löschen.

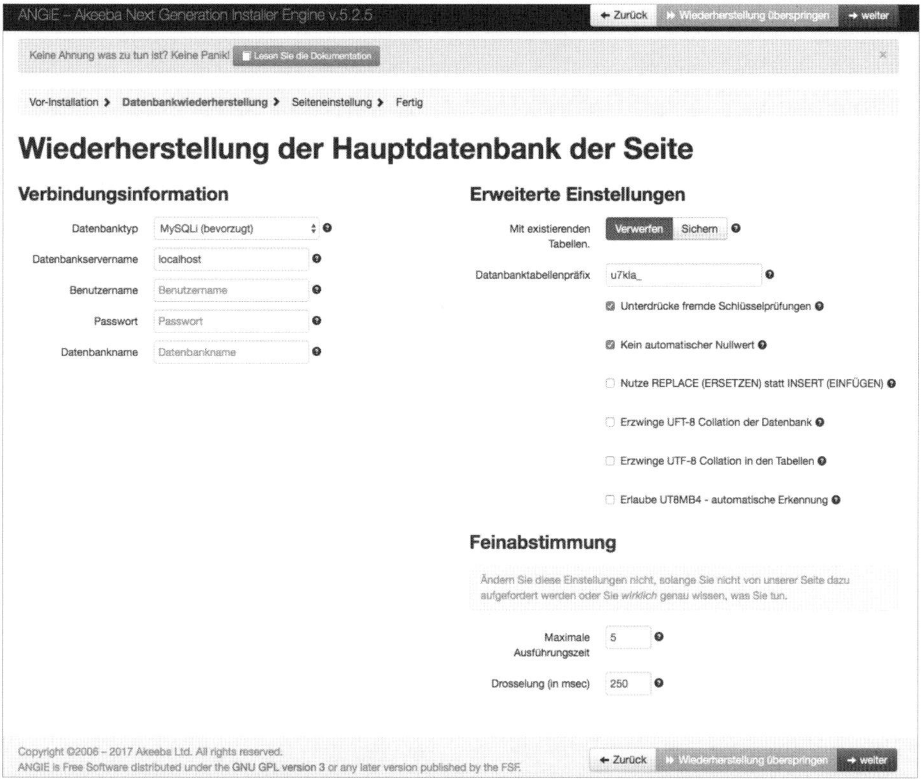

Bild 19.16 Akeeba Backup Installer fragt alle relevanten Parameter zur Wiederherstellung ab.

Wenn wir nun zum Akeeba Kickstart-Skript zurückwechseln, das in einem separaten Tab bzw. Fenster weiterhin geöffnet ist, wird uns auch hier ein Button zur Entfernung des Skripts angeboten, sodass anschließend keine Dateien mehr zurückbleiben.

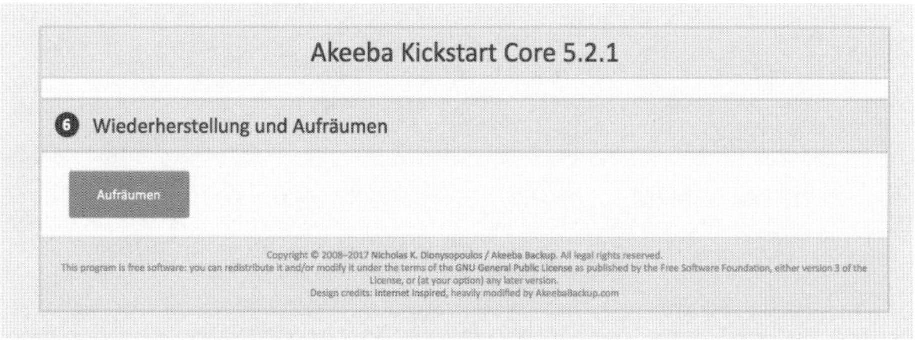

Bild 19.17 Akeeba Kickstart bietet die Entfernung des nun nicht mehr notwendigen Skripts an.

Et voilà! Wir haben den Transfer der Seite mittels Akeeba Backup abgeschlossen, was uns durch die schnellere Datenübertragung viel Zeit erspart hat und dabei den Umgang mit großen Datenmengen wesentlich erleichtert. Ich würde daher die Nutzung dieser Variante ausdrücklich empfehlen!

19.4 Fallstricke nach dem Transfer

Fehler	Mögliche Ursache
Die Startseite lässt sich öffnen, jedoch produzieren alle Unterseiten nur 404-Fehler.	Die *.htaccess*- bzw. *web.config*-Datei wurde beim Transfer vergessen bzw. ist nicht ordnungsgemäß benannt. Ist die Benennung korrekt, so ist vermutlich das Apache-Modul *mod_rewrite* nicht aktiviert, was vom Support des Hosters nachgeholt werden kann. Die SEF-URLs können derweil im Backend deaktiviert werden, weil dieses von der Störung nicht betroffen sein sollte.
Beim Aufruf erscheint ein „Internal Server Error" (Fehler 500).	Versuchen Sie den Eintrag `Options +FollowSymLinks` in der *.htaccess* auszukommentieren bzw. die *.htaccess* in *htaccess.txt* umzubenennen. Tritt der Fehler immer noch auf, gibt das *error_log* des Webservers Aufschluss.

19.5 Online-Checkliste

Ist die Seite schließlich online, so gibt es stets einige festgelegte Schritte, die ich ausführe, um sicherzustellen, dass die Installation auch wirklich fertig für den produktiven Betrieb ist. Diese Checkliste möchte ich Ihnen nicht vorenthalten.

Schritt	Titel	Beschreibung
1	XML-Sitemap prüfen (siehe Abschnitt 18.1.1)	Prüfen, ob die suchmaschinenfreundlichen URLs korrekt funktionieren und der Aufruf von *domain.tld/sitemap.xml* zur XML-Sitemap führt.
2	XML-Sitemap bei Google eintragen	Eintragung der XML-Sitemap in den Google Webmaster-Tools zur schnelleren Indexierung der neuen Seite.
3	Meta-Tags und Meta-Description prüfen	Wurden die Standardeinträge von Joomla! durch aussagekräftige Angaben ersetzt? Ist der robots-Tag korrekt gesetzt?
4	Mailserver-Angaben prüfen	Werden Systemmails, z. B. bei der Registrierung eines neuen Benutzers, erfolgreich versendet?
5	System und Erweiterungen auf Aktualität prüfen	Gibt es eventuell bereits neuere Versionen für Joomla! und die verwendeten Drittkomponenten? Falls ja, sollten diese unbedingt eingespielt werden!
6	Versionen dokumentieren	Verwendete Erweiterungen und deren Versionen sowie die verwendete Joomla!-Version in einer zentralen Datei dokumentieren, um bei Updates auf einen Blick sehen zu können, welche Seiten aktualisiert werden müssen.
7	Backup erstellen	Backup der fertigen Seite erstellen und auf dem lokalen Rechner sichern, um stets zur Ausgangsvariante zurückkehren zu können.

Diese Liste lässt sich natürlich beliebig fortführen, sollte jedoch die wichtigsten Schritte abdecken und hat mir schon oft Zusatzarbeit und peinliche Gespräche mit Kunden erspart.

20 Performance-Optimierungen

Insbesondere im professionellen Umfeld trifft man immer wieder auf hochfrequentierte Webseiten, bei denen es enorm wichtig ist, dass das verwendete CMS sparsam mit den Ressourcen des entsprechenden Servers umgeht, um eine Vielzahl von Nutzern gleichzeitig bedienen zu können. Außerdem ist es auch bei kleinen, wenig frequentierten Seiten wichtig, die Ladezeit der Seite größtmöglich zu reduzieren, um den Nutzer nicht zu frustrieren und dadurch die Absprungrate zu senken. Dabei spielt eine große Vielzahl von Faktoren eine Rolle, die dabei zwar nicht alle unbedingt Joomla!-spezifisch sind, dennoch aber großen Einfluss auf die „gefühlte" Geschwindigkeit haben.

Dafür ist wichtig zu verstehen, dass die letztendliche Ladezeit beim Endnutzer aus zwei verschiedenen Komponenten besteht:

1. Die Zeit, die Joomla! zur Generierung der Seite benötigt. Wichtige Faktoren sind hierbei die Anzahl der ausgeführten Datenbankabfragen, die allgemeine Performance des Serversystems, etwaige Abfragen bei externen Diensten (z. B. durch Wetter-Module) sowie die Menge der verarbeiteten Daten.
2. Die Zeit, die der Browser zum Rendern der ausgelieferten Seite benötigt. Entscheidend sind hier die Anzahl und Größe der zu ladenden Grafiken, Skripte und CSS-Dateien, die Menge und Komplexität des HTML-Codes sowie die allgemeine Performance des jeweiligen Rechners, Browsers und Internetanschlusses.

Diese Unterscheidung ist wichtig, da sich die beiden Bereiche in ihren Auswirkungen äußerst unterschiedlich verhalten.

Wie beurteilen wir also die Geschwindigkeit einer solchen Seite? Zum Ersten bieten sich hier natürlich zahlreiche Webdienste wie *Googles Pagespeed Insights* (*https://developers.google.com/speed/pagespeed/insights/?hl=de*) oder *Load Impact* (*www.loadimpact.com*) an, aber auch zahlreiche im Browser integrierte Tools wie die *Pagespeed-Erweiterung* für Chrome und Firefox erfüllen ihren Zweck und geben wertvolle Tipps. Insbesondere für die Analyse der Seitengenerierung liefert Joomla! jedoch bereits ein wunderbares Tool mit: den integrierten Debug-Modus, der in der Joomla!-Konfiguration aktiviert wird.

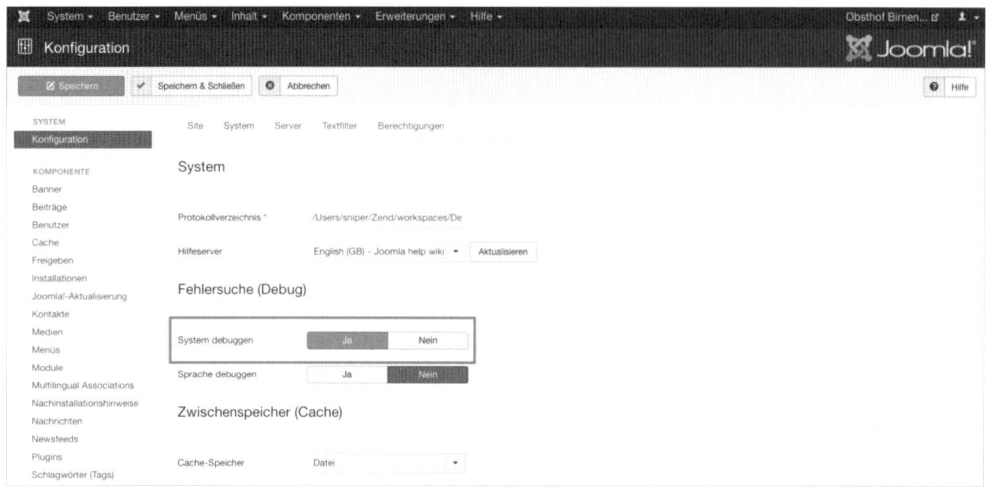

Bild 20.1 Aktivierung des System-Debug-Modus von Joomla!

 HINWEIS: Die Aktivierung des Debug-Modus sollte niemals auf einer öffentlich zugänglichen Seite vorgenommen werden, da hierbei sensible Informationen zugänglich werden könnten. Schützen Sie eine entsprechende Live-Site für die Dauer Ihrer Analyse mit einer *.htaccess*-Datei. Alternativ können Sie den Debug-Modus auf eine bestimmte Benutzergruppe beschränken, die Sie in den Optionen des Debug-Plug-ins auswählen können.

Nun gibt Joomla! beim Aufruf am unteren Seitenende zahlreiche Informationen über die Generierung der Seite aus, die wir als Grundlage für die weitere Optimierung nutzen können. Konkret handelt es sich dabei um das sogenannte *Profil zum Laufzeitverhalten* sowie eine Liste der ausgeführten *Datenbankabfragen*.

Das Profil zum Laufzeitverhalten gibt an, welche Schritte zur Generierung der Seite nötig waren und wie viel Arbeitsspeicher und Zeit jeder einzelne Schritt in Anspruch genommen hat. Joomla! unterscheidet dabei zwischen dem Laden des Frameworks (*afterLoad, afterInitialise, afterRoute*), dem Ausführen der Komponente (*afterDispatch*) und dem Rendern der jeweiligen Module (*beforeRenderModule*). Der erste Wert einer jeden Zeile gibt an, wie viel Zeit der jeweilige Schritt benötigt hat. Der Wert dahinter zeigt die Zeit, die seit Beginn der Generierung insgesamt vergangen ist. Analog wird mit dem in MB angegebenen Arbeitsspeicherverbrauch umgegangen und am Ende der Zeile findet sich der Titel des jeweiligen Schritts.

Anmelden
Passwort vergessen?
Benutzername vergessen?
Joomla!-Debug-Konsole
Sitzung
Profil zum Laufzeitverhalten
Zeit
Speicher
Zeit: 12.27 ms / 12.27 ms Speicher: 0.886 MB / 1.12 MB Application: afterLoad
Zeit: 62.62 ms / 74.89 ms Speicher: 5.067 MB / 6.19 MB Application: afterInitialise
Zeit: 18.71 ms / 93.60 ms Speicher: 1.032 MB / 7.22 MB Application: afterRoute
Zeit: 11.01 ms / 104.62 ms Speicher: 0.409 MB / 7.63 MB Application: beforeRenderComponent com_content
Zeit: 8.29 ms / 112.90 ms Speicher: 0.693 MB / 8.32 MB Application: Before JAccess::preloadComponents (all components)
Zeit: 1.45 ms / 114.35 ms Speicher: 0.077 MB / 8.40 MB Application: After JAccess::preloadComponents (all components)
Zeit: 0.10 ms / 114.45 ms Speicher: 0.000 MB / 8.39 MB Application: Before JAccess::getAssetRules (id:8 name:com_content)
Zeit: 0.87 ms / 115.32 ms Speicher: 0.048 MB / 8.44 MB Application: After JAccess::getAssetRules (id:8 name:com_content)
Zeit: 34.90 ms / 150.22 ms Speicher: 2.039 MB / 10.48 MB Application: Before JAccess::getAssetRules (id:1 name:root.1)
Zeit: 0.23 ms / 150.45 ms Speicher: 0.009 MB / 10.49 MB Application: After JAccess::getAssetRules (id:1 name:root.1)
Zeit: 8.73 ms / 159.19 ms Speicher: 0.669 MB / 11.16 MB Application: Before JAccess::preloadPermissions (com_content)
Zeit: 1.12 ms / 160.31 ms Speicher: 0.058 MB / 11.22 MB Application: After JAccess::preloadPermissions (com_content)
Zeit: 0.08 ms / 160.39 ms Speicher: 0.000 MB / 11.22 MB Application: Before JAccess::getAssetRules (id:63 name:com_content.article.2)
Zeit: 0.33 ms / 160.72 ms Speicher: 0.010 MB / 11.23 MB Application: After JAccess::getAssetRules (id:63 name:com_content.article.2)
Zeit: 17.20 ms / 177.93 ms Speicher: 0.764 MB / 11.99 MB Application: afterRenderComponent com_content
Zeit: 2.73 ms / 180.66 ms Speicher: 0.165 MB / 12.16 MB Application: afterDispatch
Zeit: 10.66 ms / 191.32 ms Speicher: 0.247 MB / 12.40 MB Application: beforeRenderModule mod_menu (Main Menu)
Zeit: 7.78 ms / 199.10 ms Speicher: 0.289 MB / 12.69 MB Application: afterRenderModule mod_menu (Main Menu)
Zeit: 0.08 ms / 199.18 ms Speicher: 0.000 MB / 12.68 MB Application: beforeRenderModule mod_login (Login Form)
Zeit: 5.52 ms / 204.71 ms Speicher: 0.174 MB / 12.86 MB Application: afterRenderModule mod_login (Login Form)
Zeit: 0.28 ms / 204.99 ms Speicher: 0.000 MB / 12.86 MB Application: beforeRenderModule mod_breadcrumbs (Breadcrumbs)
Zeit: 1.37 ms / 206.36 ms Speicher: 0.033 MB / 12.89 MB Application: afterRenderModule mod_breadcrumbs (Breadcrumbs)
Zeit: 3.24 ms / 209.59 ms Speicher: 0.096 MB / 12.98 MB Application: afterRender
Datenbankabfragen gesamt: 12.05 ms
Speichernutzung
Datenbankabfragen

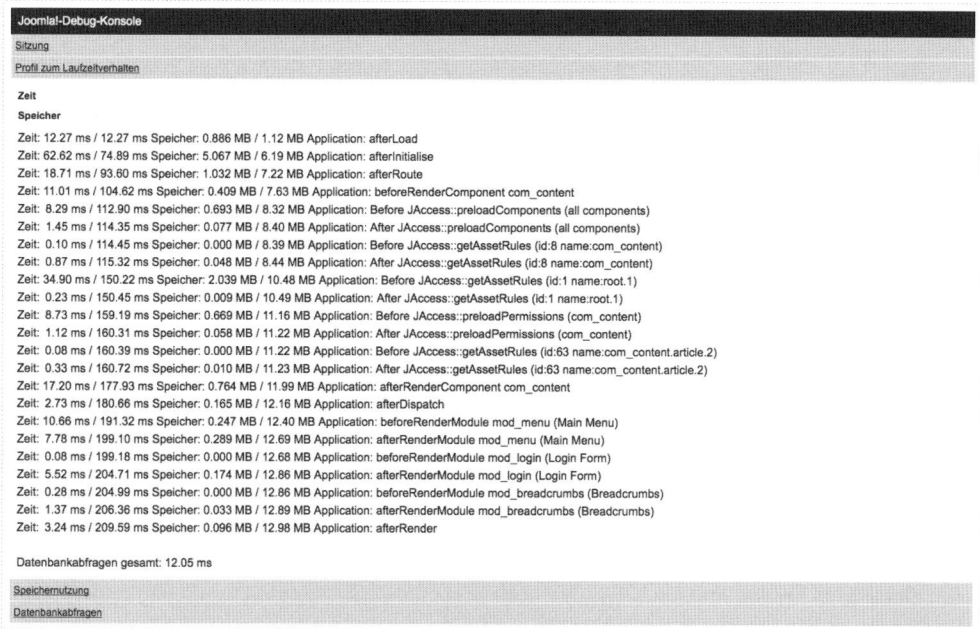

Bild 20.2 Ausgabe bei aktiviertem Debug-Modus

Interessant an dieser Auflistung ist insbesondere der Wert für die Gesamtgenerierungszeit der Seite, den wir in der letzten Zeile des Profils finden – in Bild 20.2 läge diese bei z. B. 0,209 Sekunden. Wenn Sie mit Performanceproblemen zu kämpfen haben, liegt dies oftmals an einer zu hohen Generierungszeit, die sich entweder auf eine bestimmte Komponente, ein bestimmtes Modul oder auf die allgemeine Leistungsfähigkeit des Servers zurückführen lässt. Als Faustwert gilt, dass Generierungszeiten, die länger als eine Sekunde andauern, von Besuchern als störend empfunden werden. Werte, die unter 0,3 Sekunden liegen, erlauben flüssiges Arbeiten.

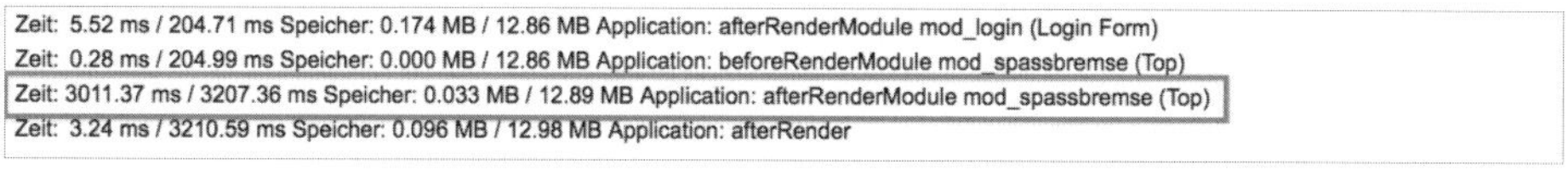

Zeit: 5.52 ms / 204.71 ms Speicher: 0.174 MB / 12.86 MB Application: afterRenderModule mod_login (Login Form)
Zeit: 0.28 ms / 204.99 ms Speicher: 0.000 MB / 12.86 MB Application: beforeRenderModule mod_spassbremse (Top)
Zeit: 3011.37 ms / 3207.36 ms Speicher: 0.033 MB / 12.89 MB Application: afterRenderModule mod_spassbremse (Top)
Zeit: 3.24 ms / 3210.59 ms Speicher: 0.096 MB / 12.98 MB Application: afterRender

Bild 20.3 Beispiel eines extrem langsamen Moduls mit mehr als zwei Sekunden Generierungszeit

Ebenfalls interessant ist die Anzahl der ausgeführten MySQL-Abfragen. Da der Joomla!-Kern verhältnismäßig sparsam mit den entsprechenden Abfragen umgeht, ist die Schuld für hohe Werte (> 100 Abfragen) oftmals bei externen Erweiterungen zu suchen. Sollten Sie ein solches Exemplar erwischt haben, lohnt es sich unter Umständen, die Nutzung einer alternativen Erweiterung in Betracht zu ziehen oder den Code der Extensions selber zu optimieren, was sich jedoch in der Regel schwierig gestaltet.

PRAXISTIPP: Die Generierungszeiten können je nach aktueller Systemlast und Netzwerkauslastung stark schwanken, weshalb für repräsentative Mittelwerte mehrere Messungen im Debug-Modus durchgeführt werden sollten.

Mit diesen Ausgangswerten können wir uns nun um die Optimierung der Generierungszeit kümmern.

20.1 Optimierung der Generierungszeit

20.1.1 MySQL Query Caching

Die Datenbanksoftware MySQL bietet bereits einen integrierten Mechanismus, der die Ergebnisse von Abfragen im Arbeitsspeicher ablegt und dadurch das zeitintensive Einlesen der Daten von der Festplatte umgeht. Ein wichtiger erster Schritt bei der Optimierung der Generierungszeit ist daher die Aktivierung des Caches durch Ihren Hoster, falls dies noch nicht geschehen ist. Anschließend sollte ein deutlicher Geschwindigkeitszuwachs bei der Seitengenerierung messbar sein. Er kommt natürlich nur dann zum Tragen, wenn eine Seite zum zweiten Mal binnen kurzer Zeit abgerufen wird, da die Daten beim ersten Abruf noch von der Festplatte gelesen werden müssen.

PRAXISTIPP: Auf extrem frequentierten Seiten kann es nützlich sein, die hit()-Methode in der Datei */components/com_content/models/article.php* dahingehend zu modifizieren, dass keine Zugriffe mehr gelogged werden. Grund dafür ist, dass der MySQL Query Cache einen Datensatz bei seiner Veränderung aus dem Cache löscht, weshalb normale Beiträge in Joomla! standardmäßig nicht durch MySQL zwischengespeichert werden können.

20.1.2 Opcode-Caches für PHP

Ein zweiter wichtiger, serverseitig durchzuführender Schritt ist die Installation eines sog. Opcode-Caches, der die Ausführung von PHP-Code beschleunigt. Um die Funktionsweise zu verstehen, ist dabei wichtig, sich in Erinnerung zu rufen, dass PHP eine sog. Interpreter-Sprache ist, die vor der Ausführung also erst noch zeitaufwendig in Maschinencode übersetzt werden muss. Opcode-Caches speichern die Ergebnisse dieses Übersetzungsprozesses zwischen, sodass dieser Schritt nicht bei jedem Seitenaufruf erneut ausgeführt werden muss. Die derzeit bekanntesten Opcode-Caches sind dabei der *Alternative PHP Cache (APC)* und der *OPCache*.

Die Nutzung einer der beiden Caches kann die Serverlast massiv reduzieren und zugleich den Seitenaufbau beschleunigen, weshalb sich der Einsatz sowohl auf kleineren als auch auf größeren Seiten lohnt. Die Installation kann leider nur durch den Hoster vorgenommen werden.

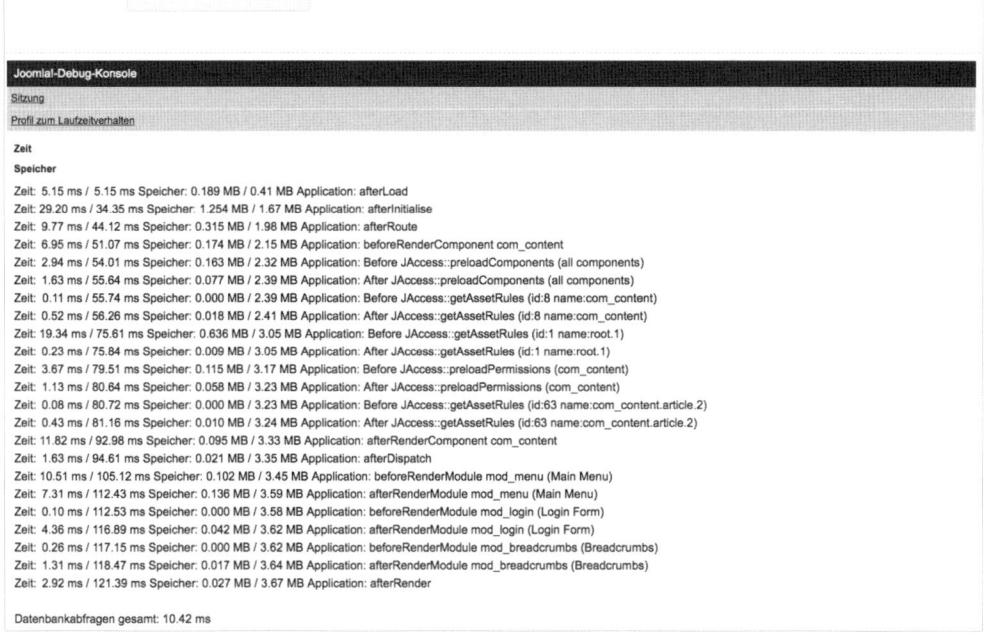

Bild 20.4 Halbierung von Speicherverbrauch und Generierungszeit durch Einsatz von Opcache im Vergleich zu Bild 20.2

20.1.3 Integriertes Joomla!-Caching

Eine der simpelsten und zugleich effektivsten Maßnahmen zur Reduzierung der Serverlast und Beschleunigung der Seitengenerierung ist die Verwendung des Joomla!-eigenen *Caching*-Mechanismus. Dieser speichert die Ausgabe von verschiedenen Teilen unserer Seite zwischen und vermeidet dadurch die performanceintensive Ausführung von Datenbankabfragen.

Interessant ist dabei, **wie** die verschiedenen Ausgaben zwischengespeichert werden, da dies maßgeblich den Performancegewinn beeinflusst, den wir durch die Aktivierung des Caching-Systems erhalten. Joomla! unterstützt hier verschiedene *Cachespeicher*, die, abhängig von den installierten Systemerweiterungen, in der Konfiguration aktiviert werden können:

- **Datei:** speichert im Cache-Verzeichnis, das in der globalen Konfiguration gesetzt wurde – langsamste Methode
- **APC:** speichert über APC im Arbeitsspeicher des Servers
- **Cachelite:** nutzt die PEAR-Erweiterung Cache_Lite, speichert in Dateien

- **eAccelerator:** speichert über eAccelerator
- **Memcache:** speichert in Memcache-Server, extrem schnell
- **Redis:** speichert in der gleichnamigen Key-Value-Datenbank
- **Wincache:** speichert in Wincache, Opcode-Cache für den IIS-Webserver
- **XCache:** speichert im Arbeitsspeicherbereich von XCache

Die Methoden, die im Arbeitsspeicher und nicht im Dateisystem des Servers schreiben können, sind im Regelfall deutlich schneller als die Methoden *eAccelerator* und *Datei*, die über diese Funktion nicht verfügen.

Die Auswahl des infrage kommenden Cachespeichers erfolgt in der globalen Konfiguration der jeweiligen Joomla!-Seite, die im Backend, wie gewohnt, über den Klick auf SYSTEM > KONFIGURATION geöffnet werden kann.

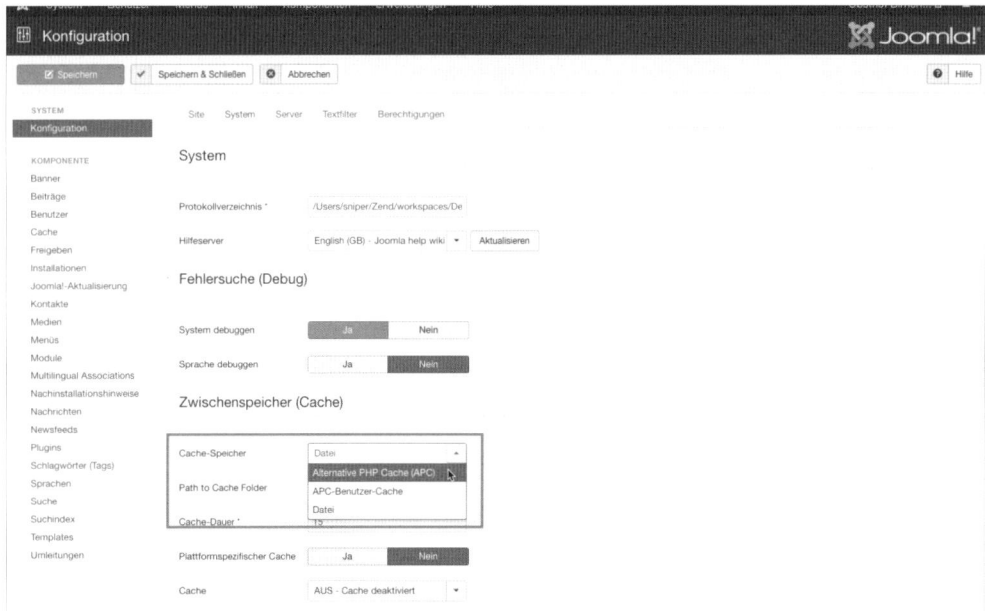

Bild 20.5 Auswahl des Cachespeichers aus den auf diesem Server verfügbaren Methoden

Nach der Konfiguration des **Cachespeichers**, der **Cachedauer**, welche die Dauer der Zwischenspeicherung reguliert, und der Funktion **Plattformspezifischer Cache**, die bei Aktivierung für jeden Browser-/Gerätetyp einen eigenen Cache anlegt, muss noch die Art des Cachings ausgewählt werden. Joomla! bietet hierbei gleich drei verschiedene Caching-Möglichkeiten.

 Das Joomla!-eigene Debug-System deaktiviert große Teile des Caching-Systems, um jeweils korrekte Debug-Angaben für den aktuellen Seitenaufruf zu generieren. Somit ist der Debug-Modus nur sehr bedingt dazu geeignet, den Performance-Gewinn des Cachings zu beurteilen.

20.1.3.1 Seiten-Caching

Das Page Caching wird über ein System-Plug-in realisiert und speichert die Ausgabe einer kompletten Seite (inklusiver aller Module, Komponenten und des gesamten Templates) in einer Datei, wodurch nahezu keine Datenbankabfragen mehr ausgeführt werden müssen und die Seitenauslieferung extrem schnell wird. Dies funktioniert allerdings nur für nicht eingeloggte Benutzer, da für diese der Seiteninhalt individuell generiert werden muss, um z. B. den Namen des jeweiligen Benutzers im Login-Modul einzusetzen. Zudem kann das Page Caching bei einigen Modulen und Komponenten zu unerwartetem Verhalten führen, weshalb es standardmäßig nicht aktiviert ist und intensiv getestet werden sollte.

Die Aktivierung des Page Cachings erfolgt im Administratorbereich unter ERWEITERUNGEN > PLUGINS durch die Aktivierung des Plug-ins *System – Seitencache*.

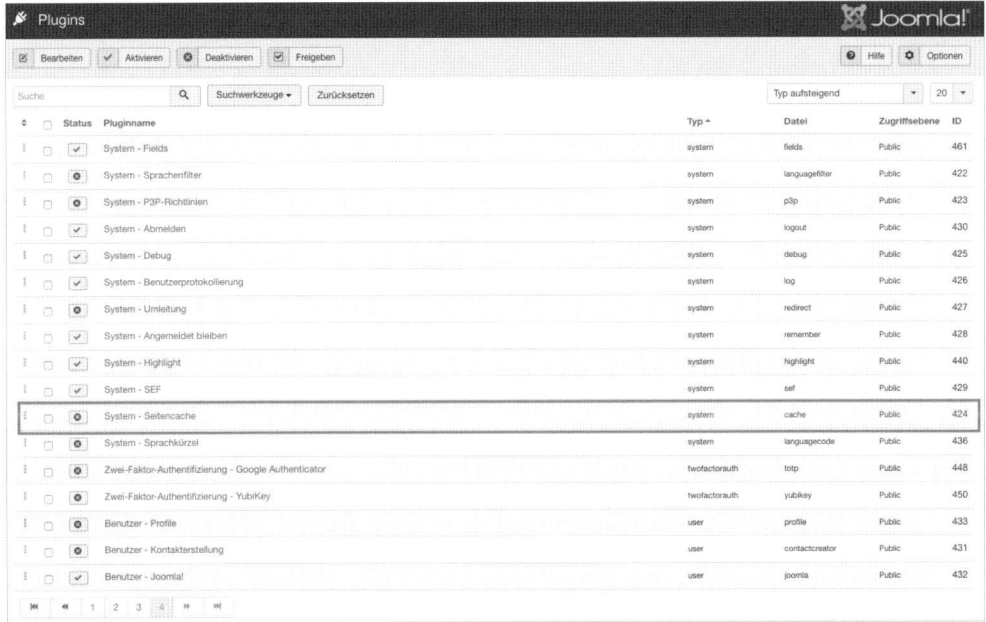

Bild 20.6 Aktivierung des Page Cache-Plug-ins in der Erweiterungsverwaltung

20.1.3.2 Modul- und Komponenten-Caching

Das Modul- und Komponenten-Caching, bei Joomla! auch „Normales Caching" genannt, speichert die Ausgabe eines Moduls bzw. einer Komponente zwischen, wenn dieses Verhalten von der jeweiligen Erweiterung unterstützt wird. Die in Joomla! integrierten Erweiterungen erledigen dies bereits von Haus aus, die Unterstützung bei Drittentwicklern ist leider eher selten. Die Aktivierung erfolgt in der globalen Konfiguration des Administrationsbereichs.

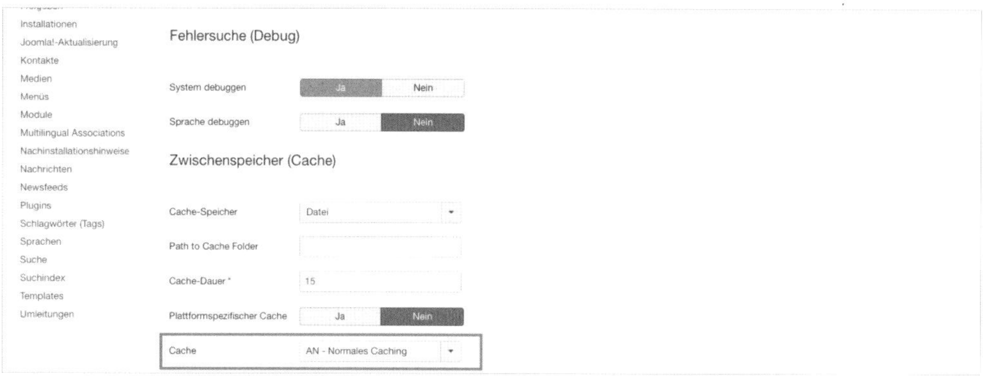

Bild 20.7 Aktivierung des normalen Modul- und Komponenten-Cachings

20.1.3.3 Erweitertes Caching

Das Erweiterte Caching, in der deutschen Übersetzung erweitertes Caching genannt, speichert die Ausgabe **aller** auf einer Seite vorhandenen Module in einem „Modulset" zwischen und kann dadurch, im Vergleich zum normalen Caching, noch ein wenig mehr Generierungszeit einsparen. Allerdings ist es hier nun, im Gegensatz zum normalen Caching, nicht mehr möglich, ein bestimmtes Modul vom Caching auszuschließen, was es für bestimmte Anwendungszwecke ungeeignet macht. Die Aktivierung erfolgt erneut über die globale Konfiguration (siehe Bild 20.7).

Sowohl durch den normalen als auch durch den progressive Cache lässt sich die Generierungszeit und die Zahl der ausgeführten Abfragen massiv verringern.

Tabelle 20.1 Benchmarking einer lokalen Joomla! 3.7-Installation mit installierten Beispieldateien

	Anzahl der Abfragen	Generierungszeit in Sek.
Ohne Caching	27	0,247
Mit Caching (Datei)	3	0,073
Mit Caching (APC)	3	0,054

20.1.3.4 Leeren des Caches

Leider gibt es bei aktiviertem Cache immer wieder Probleme mit den im Backend vorgenommenen Änderungen, die im Frontend nicht sofort sichtbar werden. Im normalen Besucherbetrieb stören kleine Verzögerungen im Regelfall eher nicht, wenn man jedoch z. B. als Artikelautor die Ausgabe des gerade gespeicherten Artikels überprüfen möchte und aufgrund des aktivierten Caches 15 Minuten warten müsste, so würden Sie binnen kürzester Zeit vermutlich verzweifeln. Glücklicherweise bietet Joomla! uns hier im Administratorbereich zwei Möglichkeiten zum Leeren des Caches, wodurch die Änderungen sofort sichtbar werden:

- **Cache leeren:** entfernt alle derzeit gecachten aktiven Seiten
- **Abgelaufenen Cache leeren:** entfernt alle bereits abgelaufenen, nicht mehr benötigten Cachedateien. Ist notwendig, da Joomla! einige der Dateien nicht korrekt von sich aus entfernt.

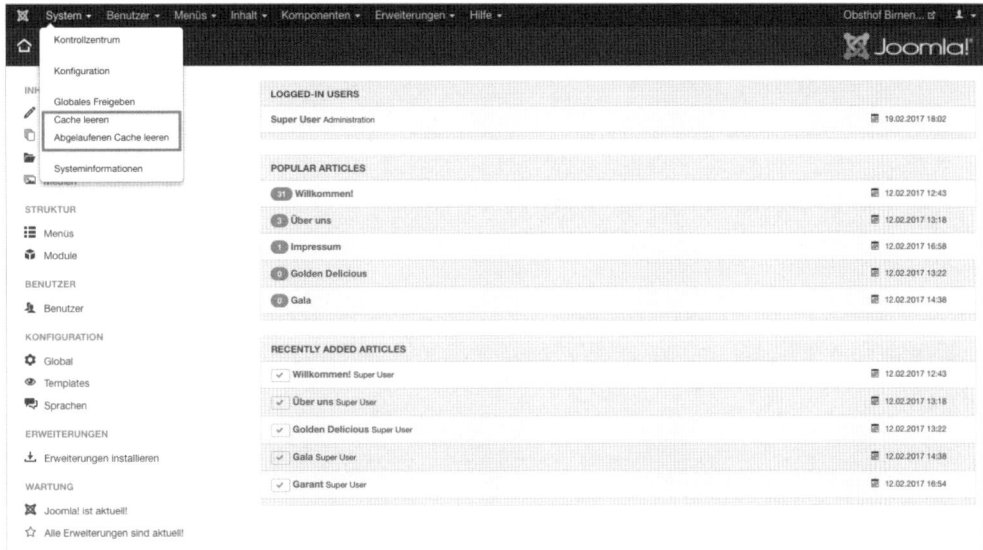

Bild 20.8 Leeren des Caches im Administratorbereich

 PRAXISTIPP: Es gibt eine kleine, nützliche Erweiterung namens Cache Cleaner[1], die mit nur einem Klick den aktiven und abgelaufenen Cache sowie weitere temporäre Dateien löscht.

20.2 Optimierung des HTML-Codes

Nachdem wir die Generierungszeit der Seite massiv reduziert haben, können wir uns nun der Optimierung unseres HTML-Codes widmen. Dabei wollen wir unser Hauptaugenmerk auf die Reduzierung der Aufrufe von externen Dateien legen. Aber warum eigentlich? Für jede Datei, die vom Browser neben dem eigentlichen HTML-Code geladen werden soll, muss eine weitere, separate HTTP-Verbindung zum Server aufgebaut werden. Die Verbindung zum Server unterliegt dabei einer gewissen Latenzzeit, weshalb es schneller geht, eine große Datei vom Server zu laden als viele kleine Dateien, die aufsummiert die gleiche Dateigröße haben wie die eine große Datei.

Wie aber können wir die Anzahl der notwendigen Aufrufe verringern? Glücklicherweise gibt es hier Joomla!-Plug-ins wie *JCH Optimize*, welche die CSS- und JavaScript-Dateien einer Joomla!-Installation zu jeweils einer komprimierten Datei zusammenfassen, was den Ladevorgang beim Nutzer erheblich beschleunigen kann.

```
<!DOCTYPE html>
<html lang="de-de" dir="ltr">
    <head>
        <meta name="viewport" content="width=device-width, initial-scale=1.0, maximum-scale=3.0, user-scalable=yes"/>
        <meta name="HandheldFriendly" content="true" />
        <meta name="apple-mobile-web-app-capable" content="YES" />
        <meta charset="utf-8" />
<base href="http://localhost:8888/Buch/" />
<meta name="author" content="Super User" />
<meta name="generator" content="Joomla! - Open Source Content Management" />
<title>Willkommen</title>
<link href="/Buch/templates/beez3/favicon.ico" rel="shortcut icon" type="image/vnd.microsoft.icon" />
<link href="/Buch/media/cms/css/debug.css754da0d0f0bebdaa5a33be29732501178" rel="stylesheet" />
<link href="/Buch/templates/beez3/css/system.css754da0d0f0bebdaa5a33be29732501178" rel="stylesheet" />
<link href="/Buch/templates/beez3/css/position.css754da0d0f0bebdaa5a33be29732501178" rel="stylesheet" />
<link href="/Buch/templates/beez3/css/layout.css754da0d0f0bebdaa5a33be29732501178" rel="stylesheet" />
<link href="/Buch/templates/beez3/css/print.css754da0d0f0bebdaa5a33be29732501178" rel="stylesheet" media="print" />
<link href="/Buch/templates/beez3/css/general.css754da0d0f0bebdaa5a33be29732501178" rel="stylesheet" />
<!--[if IE 7]><link href="/Buch/templates/beez3/css/ie7only.css754da0d0f0bebdaa5a33be29732501178" rel="stylesheet" /><![endif]-->
<style>

.logoheader {
    background: url('/Buch/images/farm.jpg') no-repeat right;
}
body {
    background: #ffffff;
}
</style>
```

Bild 20.9 Typischer HTML-Head einer Joomla!-Installation mit zahlreichen CSS- und JS-Dateien

```
<!DOCTYPE html>
<html lang="de-de" dir="ltr">
    <head>
        <meta name="viewport" content="width=device-width, initial-scale=1.0, maximum-scale=3.0, user-scalable=yes"/>
        <meta name="HandheldFriendly" content="true" />
        <meta name="apple-mobile-web-app-capable" content="YES" />
        <meta charset="utf-8" />
<base href="http://localhost:8888/Buch/" />
<meta name="author" content="Super User" />
<meta name="generator" content="Joomla! - Open Source Content Management" />
<title>Willkommen</title>
<link href="/Buch/templates/beez3/favicon.ico" rel="shortcut icon" type="image/vnd.microsoft.icon" />
<link rel="stylesheet" type="text/css" href="/Buch/media/plg_jchoptimize/assets/Buch/nz/1/0/305fdfcc2aa356fdbfd17a863047b343.css" />


<!--[if IE 7]><link href="/Buch/templates/beez3/css/ie7only.css7a06128b2e32f285863929d5d78441b59" rel="stylesheet" /><![endif]-->
<style>

.logoheader {
    background: url('/Buch/images/farm.jpg') no-repeat right;
}
body {
    background: #ffffff;
}
</style>
```

Bild 20.10 Der HTML-Head aus Bild 20.9 nach der Optimierung mittels jFinalizer

20.3 Optimierung der Auslieferung

Nach der Optimierung der Generierungszeit und der Reduzierung der nötigen Aufrufe durch Anpassung des HTML-CSS-Codes können nun noch einige Schritte zur Erhöhung der Auslieferungsgeschwindigkeit ergriffen werden.

20.3.1 Aktivierung der GZIP-Komprimierung

Ein erster, sehr leicht durchzuführender Schritt ist die Aktivierung der GZIP-Komprimierung in der globalen Konfiguration. Durch diese Aktivierung wird der durch Joomla! ausgegebene HTML-Code mittels GZIP komprimiert und dadurch vor der Übertragung zum Browser in seiner Größe reduziert, was einer schnelleren Ladezeit zugutekommt.

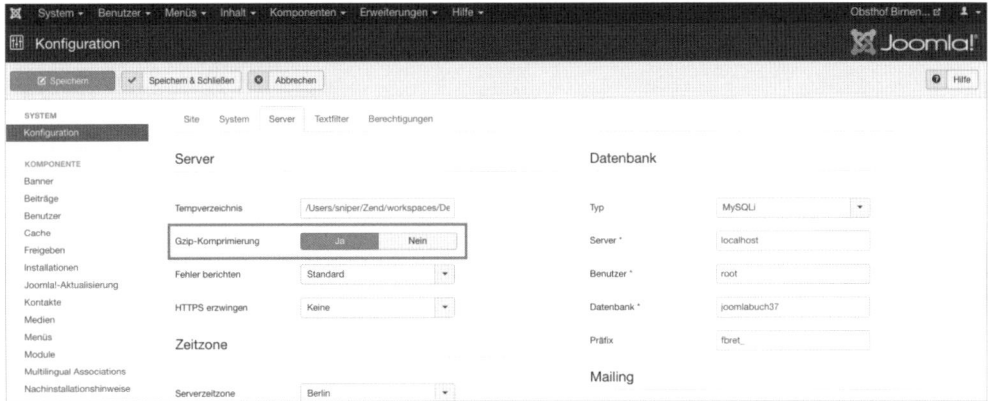

Bild 20.11 Aktivierung der GZIP-Komprimierung

 PRAXISTIPP: Achten Sie darauf, dass auf Ihrem Webserver das Apache-Modul *mod_deflate* aktiviert ist, das weitere Inhalte, die unabhängig von Joomla! geladen werden, mit GZIP komprimiert.

20.3.2 Content Delivery Networks

Eine insbesondere für große Seiten gut geeignete Methode zur Verbesserung der Auslieferung und Reduzierung der Serverlast ist die Nutzung eines sog. *Content Delivery Networks* (CDN). Bei einem CDN handelt es sich um eine Ansammlung von weltweit verteilten Serversystemen, welche die Auslieferung von statischen Dateien wie Bildern, Stylesheets, JavaScripts oder Videos übernehmen. Dadurch soll das Hauptsystem, das die Generierung der Seite übernimmt, entlastet und gleichzeitig durch die weltweite Verteilung und die dadurch entstehende geografische Nähe zum Seitenbesucher die Geschwindigkeit des Seitenaufrufs erhöht werden.

Da es sich für einzelne Seitenbetreiber im Regelfall nicht lohnt, eine solche große, verteilte Infrastruktur aufzubauen, gibt es spezialisierte Anbieter wie *Akamai*, *easyCDN* oder *Level 3*, die den Betrieb der Serverfarmen übernehmen und, selbstverständlich gegen Bezahlung, die Nutzung der Plattform erlauben.

Prinzipiell lässt sich dieses Verfahren auch auf eine Joomla!-Seite anwenden, ohne dafür spezielle Erweiterungen zu verwenden. Dies ist jedoch sehr aufwendig, da die Verlinkungen von allen verwendeten, statischen Inhalten manuell angepasst werden müssten.

In der Praxis empfiehlt sich daher die Nutzung eines Plug-ins wie der Erweiterung *CDN for Joomla*[1] des niederländischen Entwicklers Peter van Westen. Die genaue Installation unterscheidet sich dabei leicht in Abhängigkeit vom verwendeten CDN-Provider, ist jedoch im Allgemeinen gut zu bewältigen.

---

[1] *https://www.regularlabs.com/extensions*

21 Sicherheit

Joomla! gilt in Szenekreisen oft als unsicheres, leicht angreifbares CMS und ein Blick in die gängigen Supportforen vermittelt schnell das Gefühl, dass an dieser Aussage etwas dran sein könnte. Analysiert man jedoch die entsprechenden Fälle, so kommt man schnell zu dem Schluss, dass die Ursache für den erfolgreichen Angriff nur in sehr wenigen Ausnahmefällen auf eine aktuelle Lücke der Joomla!-Kerninstallation zurückzuführen ist, sondern vielmehr auf Fehlerkonfigurationen und schlecht programmierte Dritterweiterungen. Um effektive Gegenmaßnahmen zu ergreifen, ist es jedoch nötig, sowohl die Motivation der Angreifer als auch die entsprechenden Angriffstypen zu verstehen, weshalb wir dieses Kapitel mit ein wenig Grundlagenarbeit starten wollen.

■ 21.1 Motivation der Angreifer

Das vermeidliche Joker-Argument von unerfahrenen Webmastern ist oft: „Meine Seite ist so unbedeutend, da hat sowieso niemand Interesse, sie zu hacken und mir damit zu schaden." Wenn man davon ausgeht, dass Angreifer nur große Portale attackieren, weil es sich „da wenigstens lohnt", so mag an dieser Argumentation auch durchaus etwas richtig sein – in der Realität gibt es jedoch im Regelfall nur drei Motivationen für einen Angriff.

1. Wirtschaftliche Interessen

Eine gecrackte Joomla!-Installation lässt sich leicht dazu verwenden, weiteren Schadcode einzubinden, der dann über Sicherheitslücken in die Systeme der Seitenbesucher gelangt und dort genutzt wird, um diese mit Trojanern und Würmern zu infizieren. Diese betroffenen Rechner lassen sich nun wiederum zu großen Netzwerken (sog. Botnets) zusammenschließen und z. B. für den Spamversand missbrauchen, wofür der Betreiber von den Spam-Auftraggebern natürlich auch einen entsprechenden Betrag verlangt.

Die Anzahl der mit Schadcode infizierten Seiten beeinflusst direkt die Anzahl der potenziell infizierten Rechner und damit auch den Umsatz, den der Botnet-Betreiber schlussendlich verbucht. Deshalb wird hier im Normalfall das „Masse statt Klasse"-Prinzip angewendet, d. h. die Angreifer wollen möglichst viele Seiten, unabhängig von deren Inhalt, infizieren.

2. Prestige durch Erfolge in „Wettbewerben"

Ein fragwürdiges Hobby, das insbesondere zahlreiche Jugendliche anzuziehen scheint, ist das massenhafte Cracken von Webseiten, um den Inhalt dieser Seiten zu verändern und so das eigene „Erkennungszeichen" (oft Logo und Schriftzug) unterzubringen. Diese „Defacement" genannten Angriffe werden von den Angreifern, in der IT oft als „Script Kiddies" bezeichnet, in einschlägigen Portalen gemeldet. Dort wird in einer Art Liga-System gezählt, welcher Teilnehmer wie viele Seiten unter seine Kontrolle bringen konnte.

Bild 21.1 Typische „verunstaltete" Seite nach einem Angriff durch ein Script Kiddie

Da auch in diesem Fall nur die Anzahl der attackierten Seiten für den Erfolg zählt, ist deren Inhalt hier zweitrangig, was auch unbekannte und inhaltlich veraltete Seiten attraktiv macht.

3. Gezielte Angriffe

Die dritte mögliche Motivation wäre der gezielte Angriff auf eine Installation, der z. B. durch einen Mitbewerber in Auftrag gegeben oder durchgeführt wird. Die Erfahrung zeigt jedoch, dass nur ein verschwindend geringer Anteil der Angriffe auf solche gezielten Aktionen zurückzuführen ist.

Interessant ist jedoch, dass sich bei den Motiven 1 und 2 im Gegensatz zum gezielten Angriff häufig die Vorgehensweise unterscheidet. So muss, um die nötige Anzahl der gecrackten Seiten zu erreichen, bei den beiden erstgenannten Motiven auf speziell dafür entwickelte, automatisierte Skripte zurückgegriffen werden, die eigens für eine bereits bekannte Lücke in einer Software (wie z. B. dem Joomla! Core oder einer Erweiterung) geschrieben wurden. Diese Skripte, die in einschlägigen Foren zum Herunterladen bereitstehen, durchsuchen über bestimmte Suchbegriffe (z. B. „inurl:'com_virtuemart'") die Datenbanken der großen

Suchmaschinen, um potenzielle Opfer für einen Hack zu finden, und führen anschließend automatisiert einen Angriffsversuch aus. Diese Methode führt dazu, dass man beispielsweise in den Logdateien seiner Joomla!-Installation Einträge wie diesen hier findet:

```
66.249.xx.xx - - [20/Nov/2011:06:27:54 +0100] "GET
index.php?option=com_jp_jobs&view=detail&id=1+AND+1=2+UNION+SELECT+\group_concat(0x50
307733722074302074336820633077732,name,username,\password,email,usertype,
0x50307733722074302074336820633077732)--" 404 205619 "-" "libwww-perl"
```

Hier wurde ein Angriff auf die Joomla!-Komponente *com_jp_jobs* ausgeführt, die jedoch auf dem betroffenen System gar nicht installiert war, weshalb der Webserver einen Fehler 404 zurückgeliefert hat. Vermutlich hat das Skript, das den Angriff ausführte, im Suchmaschinenindex nicht nach der entsprechenden Komponente selbst, sondern nach Joomla!-Seiten im Allgemeinen gesucht, wodurch diese willkürliche Attacke zustande kam.

Folgende Erkenntnis steht also am Ende der Betrachtung der Motivationen: In erster Linie ist es die Feststellung, dass **jedes** Joomla! eine Zielscheibe für Angriffe ist, unabhängig von deren Bekanntheitsgrad oder Größe.

21.2 Angriffstypen und Gegenmaßnahmen

Betrachten wir nun einmal die fünf gängigsten Angriffsarten, die im Umfeld der webbasierenden Anwendungen auftreten, um die Systematik zu verstehen und bei der Analyse von fremdem Code sowie dem Schreiben eigener Anwendungen solche Fehler vermeiden zu können.

21.2.1 SQL Injections

SQL Injections gehören zu den gefährlichsten Angriffsarten, da sie häufig auftreten und leicht auszunutzen sind. Ein typisches Beispiel für anfälligen Code in einer Joomla!-Erweiterung sähe dabei z. B. so aus:

```php
<?php
//Datenbankobjekt laden
$db = JFactory::getDBO();

//SELECT Query, lade introtext und fulltext aus #__content
$query = "SELECT title, alias FROM #__content WHERE id =
".JRequest::getVar('contentid');
$db->setQuery($query);
$contents = $db->loadObjectList();

foreach($contents as $content)
{
    echo $content->title.": ".$content->alias;
}
?>
```

Der hier vorliegende Code soll dazu dienen, den Inhalt der Spalten *title* und *alias* aus der Tabelle #__content abzurufen, wenn die ID des jeweiligen Artikels dem Parameter contentid entspricht, der mittels URL (GET) oder POST-Request übergeben werden kann.

Bild 21.2 Ausgabe der com_sqlinject

Problematisch ist jedoch, dass an dieser Stelle nicht geprüft wird, ob es sich beim Inhalt der Variablen contentid tatsächlich auch nur um eine entsprechende natürliche Zahl handelt, wodurch sich über geschickte Manipulation der URL zusätzlicher SQL-Code einspielen lässt.

```
index.php?option=com_sqlinject&contentid=12+UNION+SELECT+username,+password+FROM+%23__users
```

Durch dieses „Injizieren" einer SQL-Abfrage durch den Angreifer wird nun die folgende SQL-Query erzeugt und ausgeführt.

```
SELECT title, alias FROM #__content WHERE id = 12 UNION SELECT username, password FROM #__users
```

Wodurch uns, neben dem *title* und *alias* des gewählten Inhalts, auch noch der Benutzername sowie der Passwort-Hash aller Benutzer ausgegeben werden.

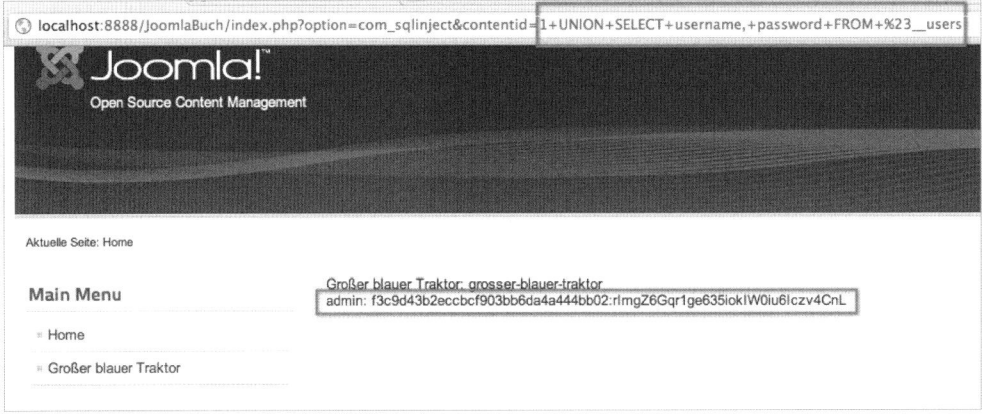

Bild 21.3 Ausgabe des Skripts bei Ausnutzung der SQL-Injection-Lücke

Im konkreten Fall von Joomla! lässt sich aus dem erbeuteten Passwort-Hash zwar nach dem aktuellen Stand der Technik kein Klartextpasswort mehr errechnen, nichtsdestotrotz ermöglicht die grundsätzliche Natur von SQL-Injection-Attacken einem Angreifer oftmals den vollen Lese- und Schreibzugriff auf alle Datenbankinhalte.

Gegenmaßnahmen

SQL-Injection-Angriffe sind also enorm gefährlich und können dadurch, dass die Datenbankschemata von Joomla! bekannt sind, auch leicht ausgenutzt werden. Der einzige wirklich wirksame Schutz ist dabei die korrekte Validierung der Variablen vor Verwendung in der Query.

```
//SELECT Query, lade introtext und fulltext aus #_content
$query = "SELECT title, alias FROM #_content WHERE id =
".(int)JFactory::getApplication()->input->get('contentid');
$db->setQuery($query);
```

Durch Verwendung von (int) wird die Rückgabe von JFactory::getApplicationinput->get() in einen ganzzahligen Wert umgewandelt, wodurch der injizierte SQL-Code ausgefiltert wird.

Wenn sich die gültigen Eingabewerte nicht auf einen ganzzahligen Wert beschränken lassen, z. B. weil alle Beiträge ausgegeben werden sollen, die ein bestimmtes Wort im Text haben, so muss der entsprechende Eingabewert mittels JDatabase::quote() für die gefahrlose Verwendung in der Abfrage vorbereitet werden. Bei verwendeten externen Erweiterungen kann es daher, vor der Verwendung, durchaus ratsam sein, die entsprechenden Stellen im Code zu kontrollieren.

21.2.2 Directory Traversal

Bei Directory-Traversal-Angriffen wird ausgenutzt, dass es immer wieder Fälle bei der Programmierung gibt, bei denen man eine zu öffnende Datei per Parameter an ein Skript übergeben muss. Ein typisches Beispiel dafür wäre z. B. das Einlesen einer statischen HTML-Datei und die Ausgabe an einer bestimmten Stelle des Skripts.

```
<html>
    <title>Meine schöne Website</title>
</html>
<body>
<?php
    $seite = $_GET['seite'];
    echo file_get_contents("seiten/".$seite);
?>
</body>
```

Ein solches Vorgehen wird häufig angewendet, um zu vermeiden, dass man bestimmte Inhalte der Seite (Header, Footer etc.) auf jeder Inhaltsseite erneut definieren muss. Der jeweilige Inhalt würde nun nämlich durch den Aufruf von index.php?seite=impressum.html die Datei *impressum.html* im Unterverzeichnis „seiten" einlesen und ausgeben. Was aber passiert, wenn wir die URL in index.php?seite=gibbetnicht verändern? Richtig,

PHP kann die Datei nicht finden und wird uns bei aktiviertem *error_reporting* eine Fehlermeldung ausgeben, die den Pfad unseres Skripts auf dem Server preisgibt.

> **Warning**: file_get_contents(seiten/gibbetnicht) [function.file-get-contents]: failed to open stream: No such file or directory in **/Users/sniper/Zend/workspaces/DefaultWorkspace/index.php** on line **7**

Mit diesen Angaben wissen wir nun, wie wir uns in das Wurzelverzeichnis des Servers hangeln können, um dort an die Datei */etc/passwd* zu gelangen, die alle Benutzerinformationen des Systems enthält.

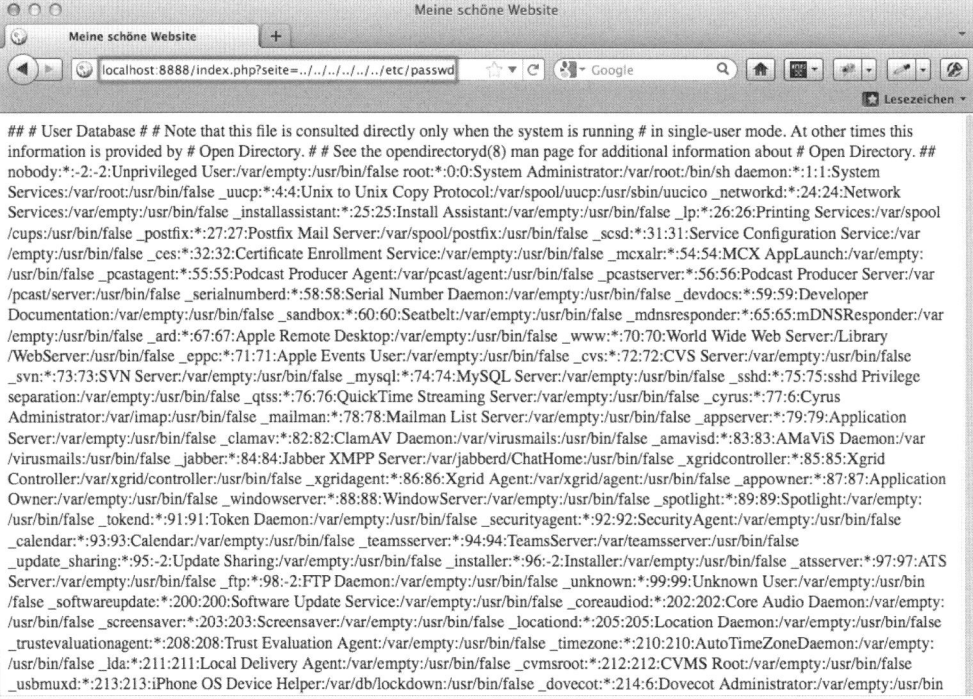

Bild 21.4 Ausgabe des Skripts nach der Pfadmanipulation

Damit ein solcher Angriff auf Systemdateien erfolgreich ist, müssen bei der PHP-Konfiguration einige sicherheitsrelevante Optionen vergessen worden sein – so kann der Administrator durch Setzen des PHP-Parameters *open_basedir*[1] den Zugriff auf bestimmte Verzeichnisse beschränken (was im Übrigen auch bei einigen großen Hostern nicht der Fall ist). Jedoch könnte man in einem solchen Fall z. B. auch auf Datenbank-Konfigurationsdaten der jeweiligen Domain zugreifen und so Kontrolle über die Seite erlangen.

---

[1] *http://de3.php.net/manual/en/ini.core.php*

Wie lässt sich also ein solcher Angriff abwehren?

- Durch das Setzen des *open_basedir* wird verhindert, dass bei der Attacke auch Systemdateien eingesehen werden können.
- Durch das Erstellen einer Liste der tatsächlichen Dateien in dem jeweiligen Zielverzeichnis und den Abgleich mit dem übergebenen Parameter kann ein Ausbrechen aus dem Verzeichnis wirksam verhindert werden.

21.2.3 Remote Code Execution

Remote Code Executions zählen zu den GAU-Szenarien in der Sicherheitswelt. Bei diesem Angriffstyp wird es einem Angreifer ermöglicht, beliebigen eigenen Code auf der Website auszuführen, was gleichbedeutend mit der Übernahme der kompletten Kontrolle über den Webspace ist.

Ein sehr gängiges Angriffsszenario entsteht dabei durch die unzureichende Prüfung von Datei-Uploadfunktionen. Wird z.B. bei einer Funktion, die normalen Nutzern den Upload eines Profilbilds erlaubt, nicht darauf geachtet, dass wirklich nur Bilddateien hochgeladen werden können, kann ein Angreifer hier eine PHP-Datei mit eigenem Schadcode hochladen, die er anschließend über seinen Browser aufrufen kann.

Neben dem Angriffsvektor „Uploadfunktion" gibt es noch viele weitere Methoden, um eigenen Code einzuschleusen und auszuführen. Zu den gängigen Fällen gehören dabei Object-Injection-Attacken, die im Zusammenhang mit der unserialize-Funktion von PHP auftreten (Faustregel: niemals Nutzereingaben an unserialize() weitergeben) oder in einer Abwandlung des oben genannten Directory-Traversal-Angriffs PHP-Code von externen Webseiten einbinden und ausführen.

21.2.4 Cross-Site-Scripting

Cross-Site-Scripting-Attacken, oder einfach nur kurz XSS, entstehen ebenfalls durch die unzureichende Validierung von Benutzereingaben. Ein Codebeispiel zu verwundbarem Code sähe zum Beispiel wie folgt aus.

```php
<?php
    $search = $_GET['search'];
    $db = JFactory::getDBO();
    $db->setQuery("SELECT title FROM #__content WHERE title LIKE(%".$db-
>quote($search)."%)");
    $results = $db->loadObjectList();
?>

<p>Sie suchten nach <?php echo $search ?>:</p>
<ul>
<?php foreach ($results as $result): ?>
    <li><?php echo $result->title ?></li>
<?php endforeach; ?>
</ul>
```

Beim Aufruf mit einem entsprechenden Suchbegriff würde dabei eine Liste der Inhalte generiert werden, die den entsprechenden Begriff in der URL haben.

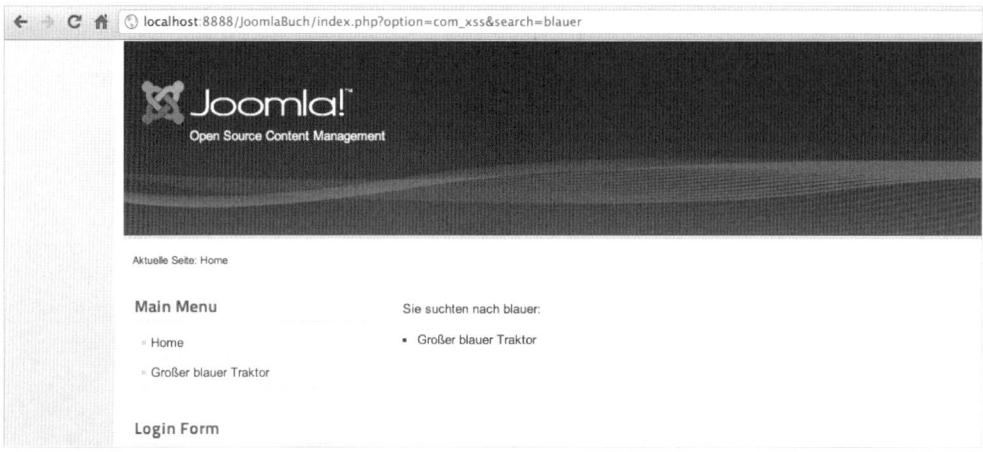

Bild 21.5 Ausgabe der Suchergebnisse

Was aber würde passieren, wenn wir ein wenig HTML bzw. JavaScript-Code in der URL hinterlegen und unseren Code in der für den Benutzer vertrauenswürdigen Umgebung der attackierten Seite ausführen lassen?

Der übergebene Code wird auf der Seite ausgegeben und anschließend vom Browser ausgeführt, wodurch ein Popup erzeugt wird. Die gleiche Schwachstelle ließe sich aber auch ausnutzen, um z. B. einen `<iframe>`-Tag zu erzeugen, der von einer anderen Seite Schadcode für die Trojaner-Installation nachlädt, wodurch unsere Seite im Handumdrehen zur Virenschleuder wird.

Nahezu alle Angriffe dieser Art lassen sich in Joomla! bereits durch Anwendung der korrekten Filter für `JFilter` vereiteln, wodurch bei konsequenter Nutzung der API XSS-Probleme die Ausnahme sein sollten.

Bild 21.6 Erfolgreiche XSS-Attacke über einen URL-Parameter

21.2.5 Cross-Site Request Forgery

Eine Cross-Site Request Forgery, kurz CSRF, nutzt einen prinzipiell simplen Trick aus, um bestimmte Aktionen in der angegriffenen Software ausführen zu können. Dabei wird auf einer Seite, die der Administrator einer auf Joomla! basierenden Homepage besucht, Code hinterlegt, der ein Formular wie das folgende enthält.

```
<form action="http://www.anzugreifendedomain.tld/administrator/index.php"
method="post">
    <input type="text" name="contactname" />
    <input type="text" name="contactmail" />
    <textarea name="contactmessage"></textarea>

    <input type="hidden" name="option"   value="com_users" />
    <input type="hidden" name="username" value="voldemort" />
    <input type="hidden" name="password" value="potter" />
    <input type="hidden" name="email"    value="attack@domain.tld" />
    <input type="hidden" name="task"     value="save" />
    <input type="hidden" name="groups[]" value="8" />
</form>
```

Während der Administrator glaubt, er würde ein einfaches Kontaktformular ausfüllen und absenden, weist er in Wahrheit seinen Browser an, an die Joomla!-Installation, die unter *www.anzugreifendedomain.tld* läuft, das Kommando zur Erstellung eines neuen Benutzers mit dem Namen „Voldemort" zu senden – dieser würde dann der Gruppe „Super-Administrator" angehören.

Voraussetzung wäre allerdings, dass der Nutzer tatsächlich Administrator der entsprechenden Domain und beim Besuch des Kontaktformulars im Backend angemeldet ist, weshalb sich eine solche Attacke normalerweise nur für gezielte Angriffe eignet. Trotzdem geht eine reelle Gefahr von CSRFs aus, wie zahlreiche erfolgreiche Angriffe auf DSL-Router zeigen.

Joomla! ist glücklicherweise von Haus aus gegen solche Angriffe geschützt. Bei der Generierung eines Formulars im Backend wird eine zufallsgenerierte Zeichenkette, das sog. Token, als verstecktes Feld im Formular hinterlegt und gleichzeitig in der Session des jeweiligen Benutzers gespeichert.

Wird das Formular nun abgesendet, prüft Joomla!, ob das mitgesendete Token immer noch demjenigen entspricht, das in der Session hinterlegt ist – unterscheiden sich beide Tokens, so verweigert Joomla! den Zugriff. Da es für Angreifer nicht möglich ist, das aktuelle Token „im Voraus" zu erraten, werden CSRF-Angriffe zuverlässig vereitelt.

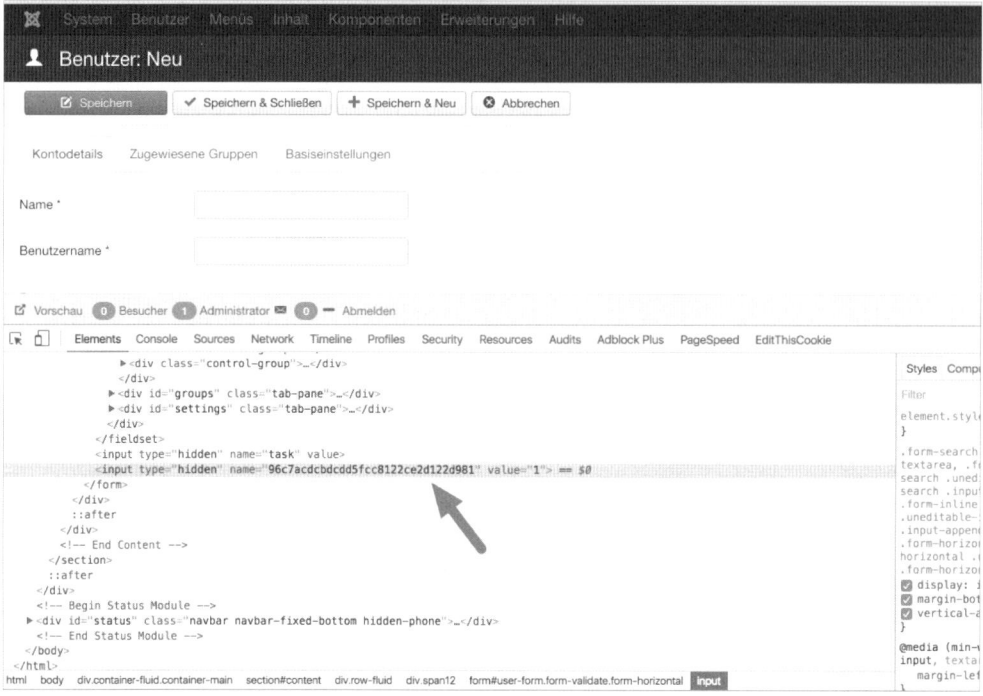

Bild 21.7 Im Benutzerformular hinterlegtes Token

21.3 Sicherheitsmaßnahmen

Bei den zahlreichen Bedrohungen, denen unsere Installation ausgesetzt ist, stellt sich schlussendlich die Frage, ob sich gewisse Vorsorgemaßnahmen treffen lassen, um einen Angriff schon von vornherein zu verhindern. Die Antwort wäre hier wohl ein „Jein", denn mit absoluter Sicherheit lässt sich ein solcher erfolgreicher Angriff natürlich nie verhindern. Aber es gibt einige Grundregeln, die erfolgreiche Angriffe zumindest deutlich erschweren.

Joomla!-kompatiblen Hoster nutzen	Durch die Auswahl des richtigen Hosters vermeiden Sie potenzielle Sicherheitslücken durch falsch gesetzte Verzeichnisrechte, suboptimale PHP-Einstellungen und schlechte Serverkonfigurationen. Außerdem verfügen spezialisierte Hoster über eine serverseitige Firewall, die Angriffe von außen filtert.
2-Faktor-Authentifizierung verwenden	Aktivieren Sie, wie in Kapitel 18, „Best Practices" beschrieben, die 2-Faktor-Authentifzierung für Ihre Administratornutzer.
Sichere Passwörter	Die Verwendung eines sicheren Passworts für FTP, Datenbank und den Joomla!-Zugang ist eine der elementaren Maßnahmen zum Absichern der Installation. Ihr Passwort sollte mindestens zwölf Zeichen lang sein, aus Zahlen, Klein- und Großbuchstaben sowie Sonderzeichen (keine Umlaute!) bestehen.

Aktualisierungen einspielen	Aktualisieren Sie so schnell wie möglich den Joomla! Core sowie alle verwendeten Erweiterungen, falls eine neue Version erscheint. Oft werden dort sicherheitsrelevante Änderungen eingespielt. Angriffe auf diese neuen Lücken starten oft bereits 4–5 Stunden, nachdem das entsprechende Update veröffentlicht wurde – das ist somit der Zeitraum, der Ihnen für ein Update bleibt. Hierfür kann es hilfreich sein, den Joomla! Security Newsletter (http://feeds.feedburner.com/JoomlaSecurityNews) und die Newsletter der Erweiterungsentwickler zu abonnieren sowie regelmäßig die Liste der bekannten, verwundbaren Joomla!-Erweiterungen (http://vel.joomla.org) zu kontrollieren.
.htaccess-Schutz für den Administratorbereich	Legen Sie eine .htaccess-Datei mit Passwortschutz für den /administrator-Ordner an.
Löschen Sie ungenutzte Erweiterungen	Jede zusätzlich installierte Erweiterung bringt eigenen Code mit und erhöht damit die Angriffsfläche Ihrer Installation. Deinstallieren Sie daher Erweiterungen, die nicht mehr benötigt werden.
Prüfen Sie regelmäßig die Logdateien	Eine erfolgreich angegriffene Joomla!-Installation lässt sich häufig an Auffälligkeiten (sprunghafter Traffic-Zuwachs etc.) erkennen, weshalb Sie regelmäßig Ihre Logdateien und Statistiktools auswerten sollten.
Joomla! .htaccess aktivieren	Aktivieren Sie die mitgelieferte htaccess.txt durch Umbenennen in .htaccess, da dadurch einige Angriffe gefiltert werden.
Dateiuploads beschränken	Erlauben Sie nur vertrauenswürdigen Nutzern den Upload von Dateien auf Ihren Server und prüfen Sie sorgfältig, welche Dateitypen hochgeladen werden.

Wer diese Regeln und Anweisungen beachtet, ist im Normalfall auf der sicheren Seite, sollte aber dennoch regelmäßig (mindestens einmal pro Woche) Sicherungen anlegen, um im Falle eines Falles die ursprüngliche Installation wiederherstellen zu können.

21.3.1 Zwei-Faktor-Authentifizierung

Eine weitere Sicherheitsmaßnahme ist die Aktivierung der sog. 2-Faktor-Authentifizierung. Hinter diesem Begriff verbirgt sich die Idee, dass die Absicherung eines sensiblen Bereichs durch ein Passwort alleine nicht ausreichend ist, denn ein Passwort ist etwas, das man „nur" wissen muss – wird das Passwort einmal abgefangen oder mitgeschnitten, hat der Angreifer dieses Wissen kopiert und kann es beliebig weiterverwenden.

Bei der 2-Faktor-Authentifizierung wird zum Faktor „Wissen" daher der Faktor „Haben" hinzugefügt, indem man den entsprechenden sensiblen Bereich an den physischen Besitz eines bestimmten Geräts bindet. Ohne dieses Gerät ist der Login dann nicht mehr möglich, selbst wenn man das Passwort weiß – und umgekehrt gilt natürlich auch, dass man sich mit dem Gerät allein nicht einloggen kann, da man das Passwort wissen muss.

Joomla! verfügt von Haus aus bereits über eine Unterstützung für diesen Authentifizierungs-Mechanismus, wobei zwei Typen von Geräten unterstützt werden:

- Smartphones, auf denen die App *Authenticator* von Google installiert ist
- *YubiKeys*, eine Art USB-Stick des Herstellers Yubico

Bei beiden Methoden werden auf dem jeweiligen Gerät, das je einem Benutzer zugewiesen ist, Einmal-Passwörter erzeugt, die an Joomla! übergeben und durch Joomla! beim jeweiligen

Hersteller überprüft werden. Nach der Prüfung ist das jeweilige Passwort gewissermaßen entwertet, sodass ein Angreifer, selbst wenn er das Passwort z. B. über einen Trojaner abgreift, nicht nochmals zum Login verwenden kann.

Um die Funktion in Joomla! zu nutzen, muss im ersten Schritt in der Plug-in-Übersicht das jeweilige 2-Faktor-Authentifizierungs-Plug-in für den Gerätetyp aktiviert werden. Anschließend kann im Profil des jeweiligen Benutzers der jeweilige Authentifizierungs-Typ aktiviert und die Koppelung mit dem Gerät vorgenommen werden. Dabei werden gleichzeitig auch Notfall-Passwörter generiert, die sicher verwahrt werden sollten und zum Login verwendet werden können, wenn das Gerät gestohlen oder defekt ist.

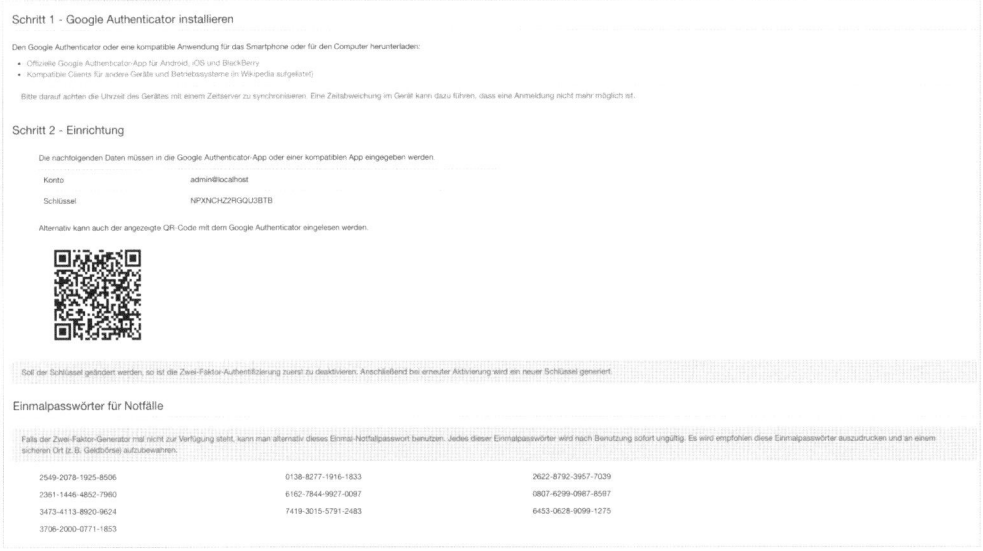

Bild 21.8 Dialog zur Aktivierung der 2-Faktor-Authentifizierung

Nach der Aktivierung fragt Joomla! beim Login im Feld Sicherheitscode das jeweilige Authentifizierungs-Token ab, das vom Gerät generiert wird.

Bild 21.9 Joomla!-Login mit Dialog zur Abfrage des 2FA-Passworts

21.4 Wie erkenne ich einen Hack?

Woran erkenne ich nun, dass auf meiner Seite etwas schiefgelaufen und es einem Angreifer gelungen ist, eine erfolgreiche Attacke durchzuführen? Es ist aufgrund der Vielzahl von möglichen Angriffen schwer, hier allgemeine Aussagen zu treffen, ich möchte aber dennoch ein paar Beispiele für klassische Anzeichen eines Hacks benennen:

- Ein sehr offensichtliches Anzeichen für einen Hack sind sog. Defacements (siehe Abschnitt 21.1), bei denen die Seite durch das Logo des Hackers ersetzt wird.
- Wenn solche Angriffe stümperhaft ausgeführt werden, kann es vorkommen, dass die Seite gar nicht mehr lädt und nur noch eine leere, weiße Seite erscheint.
- Ein weiteres Anzeichen sind sprunghaft ansteigende Zugriffszahlen auf bestimmte Dateien oder Ordner sowie
- ein Anstieg im Traffic-Verbrauch des Servers.
- Bei Angriffen auf Nutzer-PCs z. B. über Lücken im Flash-Player warnen Virenscanner vor dem Besuch der eigenen Seite.
- Google markiert Seiten, auf denen Schadcode gefunden wurde, in der Google Search Console[2].
- Oft nutzen Angreifer einen iframe im Code der eigenen Seite zum Verteilen von Schadcode – der entsprechende Tag wird dabei zumeist in der *index.php* von Joomla! oder vom verwendeten Template hinterlegt.

Sollte einer dieser Punkte zutreffen, prüfen Sie dringend Ihre Seite und, falls der Verdacht sich bestätigt, machen Sie sich an die Beseitigung der Schäden, die ich im Folgenden beschreiben möchte.

21.5 Was tun nach dem Hack?

Wenn die eigene Joomla!-Installation gehackt worden ist, ist es notwendig, bestimmte Schritte durchzuführen, um die Gefahr für die Seitennutzer zu beseitigen, die Lücke zu schließen und anschließend den ursprünglichen Zustand der Seite wiederherzustellen. Dabei ist es unabdingbar, dass Sie **alle** folgenden Schritte ohne Ausnahme ausführen.

---

[2] *https://www.google.com/webmasters/tools/home?hl=de*

Schritt	Erklärung	Vorgehensweise
Website offline nehmen	Damit keine weiteren Schäden an der eigenen Seite bzw. bei Besuchern der Seite entstehen, ist es unabdingbar, die Seite sofort vom Netz zu nehmen. Oft werden solche gehackten Seiten zum Versand von Spam oder zum Hosten von Phishing-Seiten genutzt, weshalb hier eine schnelle Reaktion gefragt ist.	Am leichtesten ist es, über das Control-Panel des Hosters einen Passwortschutz (.htaccess) zu setzen. Informieren Sie zusätzlich auch Ihren Hoster über den Vorfall, damit dieser das Serversystem auf Einbrüche untersuchen kann.
Sicherheitslücke finden	Um eine erneute Infizierung der Seite zu verhindern, ist es nötig, die ausgenutzte Sicherheitslücke zu lokalisieren.	Durchsuchen Sie die Logdateien des Servers nach auffälligen Einträgen, die auf einen Einbruch hindeuten können. Dadurch ist es im Regelfall möglich, die Lücke sowie den Zeitpunkt des Einbruchs zu lokalisieren. Helfen kann Ihnen dabei entweder Ihr Hoster oder ein entsprechender Dienstleister. Außerdem empfiehlt es sich, die Rechner aller Administratoren auf Trojaner und Viren zu prüfen, da auch das Ausspähen der FTP-Zugangsdaten ein gern genutzter Weg ist, um Zugang zur Seite zu erlangen.
Joomla!-Installation löschen	Oftmals hinterlassen Angreifer verschiedene versteckte Skripte (sog. Backdoors) in diversen Verzeichnissen und Dateien, um, falls die ursprüngliche Lücke geschlossen wurde, trotzdem noch Zugriff auf die Seite erlangen zu können. Es ist schwierig, alle diese Backdoors zu finden, weshalb die komplette Joomla!-Installation inklusive Datenbank gelöscht werden sollte.	Die Datenbank kann mittels phpMyAdmin geleert werden, die Daten werden mittels FTP gelöscht.
Sicherung wiederherstellen	Eine saubere Sicherung der Seite, die auf jeden Fall vor dem Einbruchszeitpunkt erstellt wurde, muss eingespielt werden.	Die Komplettsicherung der Seite, die z. B. mittels Akeeba Backup erstellt wurde, kann nun zurückgespielt werden, wodurch wir auf jeden Fall in einer Umgebung arbeiten, in welcher der Angriff noch nicht stattgefunden hat. Sollte kein eigenes Backup vorhanden sein, so kann es sich lohnen, beim Hoster nach einer entsprechenden Sicherung zu fragen, denn oftmals verfügen diese über separate Sicherungssysteme.
Lücke schließen	Durch das Schließen der Sicherheitslücke wird ein erneuter erfolgreicher Hack vermieden.	Die hier auszuführenden Schritte hängen von den Erkenntnissen ab, die wir beim Finden der Sicherheitslücke bekommen haben. Oft reicht es, bestimmte verwundbare Erweiterungen zu updaten oder zu deinstallieren.

Schritt	Erklärung	Vorgehensweise
Passwörter ändern	Da der Angreifer eventuell Kenntnis über die verwendeten Passwörter hat, müssen diese geändert werden.	Die Passwörter für die Datenbankverbindung, die Joomla!-Benutzer, die FTP-Zugänge und, falls vorhanden, die im Backend hinterlegte Mailverbindung müssen beim Hoster geändert und anschließend in der nun sauberen Joomla!-Installation eingetragen werden.
Seite wieder freigeben	Abschließend kann die fertige Seite wieder für die Besucher freigegeben werden.	

Durch dieses Vorgehen lässt sich eine erneute Infektion der Seite sehr zuverlässig verhindern und eine Gefährdung der Nutzer nahezu ausschließen.

Die manuelle Bereinigung einer gehackten Seite, von der kein Backup vorliegt, ist ein relativ komplexer Prozess, der viel Erfahrung und Wissen benötigt. Kernidee ist dabei, hinterlegte Backdoors über typische Pattern ausfindig zu machen und zu entfernen. Ein überaus hilfreiches Tool, das speziell für diesen Fall entwickelt wurde, ist der Dienst *myjoomla.com*, der ähnlich wie ein Joomla!-Virenscanner arbeitet. Nichtsdestotrotz sollten Sie über fundierte Programmier- und Joomla!-Kenntnisse verfügen, um Schad- von Nutzcode unterscheiden zu können.

22 Update und Migration

Erinnern Sie sich an die Ausführungen zur *Releasestrategie* aus Abschnitt 2.4? Dort haben wir gelernt, dass das Joomla!-Projekt in überschaubaren Zeitabständen eine neue CMS-Version veröffentlicht, sodass sich automatisch die Frage stellt, wie ein *Update* bzw. eine *Migration* zwischen den unterschiedlichen Joomla!-Versionen erfolgt.

Betrachten wir dafür zuerst die zwei verschiedenen Aktualisierungstypen:

- *Update:* Aktualisierung einer bestehenden Joomla!-Installation innerhalb eines Versionszweigs (3.6 > 3.7) oder einer Version (3.7.0 > 3.7.1) über die in Joomla! integrierte Aktualisierungserweiterungen, die wir über den Menüeintrag KOMPONENTE > JOOMLA-AKTUALISIERUNG erreichen können.
- *Migration:* Übertragen einer bestehenden Joomla!-Seite von einem Versionszweig in einen anderen (z. B. 2.5 > 3.7 oder 3.7 > 4.0). Diese größeren Versionssprünge benötigen einige Vorarbeiten.

Ich möchte mich in diesem Kapitel auf die grundsätzliche Beschreibung des Migrationsvorgangs konzentrieren, da der normale Update-Vorgang (Typ 1, siehe oben) im Regelfall problemlos und schmerzfrei vonstattengeht und abgesehen von einem vorherigen Backup für den Fall der Fälle keine weiteren Vorbereitungen erfordert.

22.1 Migrationen: theoretischer Ablauf

Das Grundprinzip bei den Migrationen ist schnell erklärt: dank des Update-Mechanismus, der seit Joomla! 2.5 im Core integriert ist, führt die Kerninstallation alle benötigten Anpassungen für die Migrationen selbstständig aus:

- Herunterladen des Update-Pakets auf den Server
- Entpacken des Pakets in ein temporäres Verzeichnis
- Überschreiben der Dateien durch die neue Version
- Entfernen nicht mehr benötigter Dateien vom Dateisystem
- Anpassung der Datenbankstruktur an die neue Version

Aus dem Abschnitt 2.4 wissen wir bereits, das eine solche Migration mit Änderungen einhergeht, die nicht *rückwärtskompatibel* sind – für den Joomla!-Kern an sich ist das jedoch kein Problem, da dieser ja durch den Updater an den neuen Code angepasst wird und es somit keine Probleme bei der Rückwärtskompatibilität geben kann. Aus dieser Überlegung ergibt sich aber auch sofort unser Problemfeld: Haben wir in unserer zur migrierenden Joomla!-Installation Erweiterungen von Drittherstellern im Einsatz, werden diese bei der Migration des Kerns unverändert in die neue Version übernommen, sind dort dann aber aufgrund der inkompatiblen Änderungen oftmals nicht mehr lauffähig und verhindern somit den Seitenaufruf. *Dritterweiterungen* müssen somit entweder vor der Migration entfernt werden oder auf einen Versionsstand gebracht werden, der den Betrieb in der alten und neuen Version erlaubt.

Nachdem diese theoretischen Überlegungen verinnerlicht sind, gilt es nun, diese in die Praxis umzusetzen.

■ 22.2 Schritt 1: Kopie erstellen

Für unser Praxisbeispiel verwenden wir eine relativ simple Joomla!-2.5-Installation, die auf 3.x migriert werden soll. Im ersten Schritt erstellen wir hierfür eine Kopie unserer veralteten Installation, um eine abgeschirmte Arbeitsumgebung zu haben und den Betrieb der Seite nicht zu unterbrechen. Mein persönliches Tool der Wahl dafür ist *AkeebaBackup* – das Verfahren zur Erstellung einer Kopie wurde bereits in Abschnitt 19.3, „Transfer mit Akeeba-Backup" beschrieben.

Der eigentliche Migrationsvorgang ist technisch gesehen ein relativ aufwendiger Vorgang und benötigt bei umfangreichen Installationen (und insbesondere bei großen Datenbanken) durchaus einige Minuten und verbraucht dabei viel Arbeitsspeicher. Es empfiehlt sich daher, die Migration auf einem Webspace vorzunehmen, auf dem man die PHP-Optionen `memory_limit` und `max_execution_time` auf sehr hohe Werte (`memory_limit` mindestens 256 MB, `max_execution_time` auf 600 Sekunden) setzen kann, die im Normalbetrieb niemals notwendig wären. Wird das Update nämlich durch eine dieser Ressourcenbegrenzungen zwischenzeitlich unterbrochen, bleibt in der Regel eine defekte Installation zurück.

22.3 Schritt 2: Erweiterungen prüfen

Im nächsten Schritt prüfen wir die installierten *Dritterweiterungen* auf Kompatibilität mit unserer Zielversion. Dabei ist zu beachten, dass alle Erweiterungstypen, also *Komponenten*, *Module*, *Plugins*, *Bibliotheken* und *Templates* geprüft werden müssen, da in jedem Erweiterungstyp Inkompatibilitäten auftreten könnten.

Um die installierten Erweiterungen prüfen zu können, müssen wir uns im ersten Schritt einen Überblick über selbige verschaffen. Praktischerweise hat Joomla! eine Liste der installierten Erweiterungen, die typübergreifend funktioniert und uns an einer Stelle einen Gesamtüberblick gibt. Sie finden diese Liste unter ERWEITERUNGEN > VERWALTEN > VERWALTEN in der Administration.

In der Liste sind sowohl die installierten Dritterweiterungen aufgeführt, als auch die *Erweiterungen*, die Joomla! von Haus aus mitbringt, und die somit automatisch kompatibel zur neuen Version sind. Um hier schneller erkennen zu können, welche Erweiterungen zu Joomla! selbst und welche zu Drittanbietern gehören, sollte die entsprechende Liste absteigend nach der *ID* der jeweiligen Erweiterung sortiert werden, da nachinstallierte Dritterweiterungen naturgemäß höhere IDs bekommen, als vorinstallierte *Core-Erweiterungen* (siehe Bild 22.1).

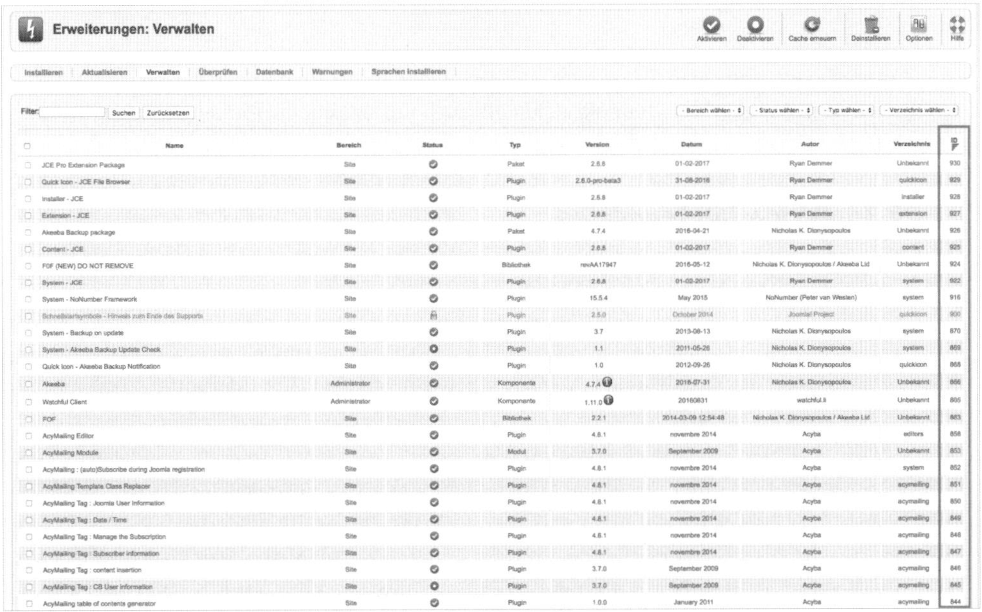

Bild 22.1 Erweiterungsliste einer Joomla!-2.5-Installation, absteigend sortiert nach ID

 In einigen Anleitungen zum Thema Migration findet sich der Hinweis, dass Dritterweiterungen IDs haben, die größer als 10 000 sind, was diese natürlich nochmals erheblich leichter erkennbar machen würde. Leider gibt es aber verschiedene Situationen, in denen diese Faustregel nicht zutrifft, daher sollten Sie immer die gesamte Liste prüfen.

Nun gilt es, die Einträge in dieser Liste Erweiterung für Erweiterung zu prüfen, wobei sich das folgende Vorgehen anbietet:

1. Handelt es sich bei der jeweiligen Erweiterung um eine Core-Erweiterung? Falls ja, können wir den Eintrag ignorieren, da Core-Erweiterungen standardmäßig kompatibel sind. Indikatoren für eine Core-Erweiterungen können sein:
   a) **A** Als *Autor* wird das Joomla!-Projekt genannt.
   b) **B** Die Erweiterung ist eine sog. geschützte Erweiterung, symbolisiert durch ein Schloss in der Status-Spalte.
   c) **C** Die Erweiterung hat eine kleinere ID als die installierten Dritterweiterungen.
   d) **D** Die Erweiterung ist auch in einer frischen Vergleichsinstallation enthalten.
2. Gibt es auf der Website des Herstellers eine Information zur Kompatibilität der jeweiligen Erweiterung mit der geplanten neuen Joomla!-Version? Falls ja, ab welcher Version ist diese gegeben? Gibt es eine entsprechende Version, wird diese installiert und zum nächsten Eintrag gesprungen.
3. Gibt es auf der Website des Herstellers eine Anleitung, wie ein Upgrade auf die neue Version manuell erfolgen kann? Falls ja folgen wir dieser Anleitung.
4. Wenn es weder eine Migrationsanleitung noch eine kompatible Version gibt, bleibt uns nichts anderes übrig, als die entsprechende Erweiterung zu deinstallieren, was wir über die entsprechende Checkbox und das Werkzeug DEINSTALLIEREN in der Toolbar vornehmen können.

Wir erarbeiten uns somit Stück für Stück eine Joomla!-Installation, bei der alle installierten Erweiterungen sowohl mit der aktuellen als auch mit der neuen Version kompatibel sind.

22.3.1 Sonderfall Templates

Drei Besonderheiten gibt es bei Templates zu berücksichtigen:

1. Verfügen sehr viele Templates über *Overrides* (siehe Kapitel 12), die im Regelfall eng an eine spezielle Joomla!-Version gebunden sind? Diese Overrides müssen bei einer Migration stets an die neue Version angepasst bzw. durch neue Overrides auf Basis des neuen Codes ersetzt werden.
2. Wird das Design des jeweiligen Templates durch HTML und das zugehörige CSS bestimmt? Wenn sich in neuen Joomla!-Versionen das ausgegebene HTML verändert, passt der CSS-Code nicht mehr dazu und es kommt zu Stylingfehlern.
3. Laden die unterschiedlichen Joomla!-Versionen unterschiedliche CSS- und JS-*Frameworks* nach? Ist z. B. ein Joomla!-2.5-Template noch auf Basis des veralteten aber in 2.5 integrierten JavaScript-Frameworks MooTools erstellt worden, wird dieses ohne Anpassung nicht unter 3.x lauffähig sein, da hier MooTools nicht mehr standardmäßig geladen wird.

In vielen Fällen wird eine Migration auf die neue Joomla!-Version daher auch mit einem Template-Wechsel verbunden sein, denn die wenigsten Template-Entwickler aktualisieren ihre Werke für neue Versionen.

22.4 Schritt 3: Backup!

Wir haben bis hierhin schon einiges an Arbeit investiert – würde beim nächsten Schritt, der eigentlichen Migration, etwas schief laufen, wäre diese geleistete Arbeit verloren und wir müssten von vorne anfangen – daher empfiehlt es sich ein weiteres *Backup* zu erstellen.

22.5 Schritt 4: Migration

Nun kommt der spannende Part: Wir führen die eigentlich Migration auf die neue Version durch. Dafür wechseln wir in die Joomla-Aktualisierungs-Komponente per Klick auf KOMPONENTEN > JOOMLA-AKTUALISIERUNG. Da die Aktualisierungs-Komponente standardmäßig auf Updates innerhalb eines Versionszweigs ausgerichtet ist, müssen wir den verwendeten *Aktualisierungsserver* verändern. Den entsprechenden Parameter finden wir nach einem Klick auf den Button OPTIONEN in der Werkzeugleiste der Erweiterung. Der korrekte Server für ein Update auf 3.x ist *Kurzzeit-Support*, siehe Bild 22.2.

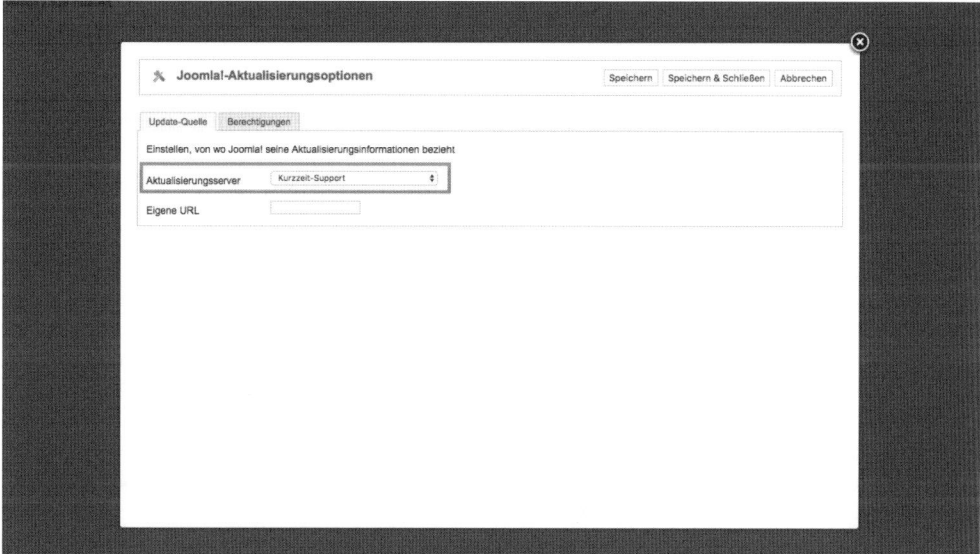

Bild 22.2 Auswahl des Aktualisierungsservers in Joomla! 2.5

Nachdem wir den neuen Server durch einen Klick auf SPEICHERN & SCHLIESSEN bestätigt haben, wird uns das Update auf 3.x angeboten, siehe Bild 22.3.

Bild 22.3 Aktualisierung einer 2.5-Installation auf 3.x

Dem aufmerksamen Beobachter wird dabei auffallen, dass die angegebene Version 3.x nicht die aktuelle Version ist, sondern die Version *3.5.1* angeboten wird. Was im ersten Moment wie ein Fehler wirkt, ist bedingt durch eine interne Anpassung der *Aktualisierungskomponente*, die mit Joomla! *3.5.2* eingeführt wurde. Diese Anpassung hat dazu geführt, dass 2.5.x-Installationen nicht mehr direkt auf *3.5.2* aktualisiert werden konnte, womit ein zweistufiger Prozess (*2.5.x > 3.5.1* und dann *3.5.1* auf die aktuelle Version) notwendig wurde. Die Aktualisierung startet per Klick auf AKTUALISIERUNG INSTALLIEREN.

In den folgenden Schritten erfolgt dann die Aktualisierung der Core-Installation, die mit einer entsprechenden Erfolgsmeldung endet – wenn alles glatt läuft. Anschließend kann die aktualisierte Installation geprüft und angepasst werden, um sicherzustellen, dass sie unter 3.x ordnungsgemäß funktioniert.

 Nach dem Update auf eine neue Version müssen die JavaScript- und CSS-Dateien der neuen Version verwendet werden, damit die Seite ordnungsgemäß funktioniert. Da Browser diese Dateien aber standardmäßig zwischenspeichern, sollte nach dem Update der Browsercache geleert werden.

 In bestimmten Situationen kann es vorkommen, dass Core-Erweiterungen einer neuen Joomla!-Version nicht korrekt installiert bzw. Datenbankanpassungen nicht komplett eingespielt werden. Um dies zu prüfen, empfiehlt es sich nach dem Update in den beiden Bereichen ERWEITERUNGEN > VERWALTEN > ÜBERPRÜFEN und ERWEITERUNGEN > VERWALTEN > DATENBANK nach entsprechenden Problemen zu sehen.

22.6 Schritt 5: Übertragen der Seite

Im letzten Schritt übertragen wir die aktualisierte Seite zurück auf den Live-Server und prüfen auch dort nochmals die ordnungsgemäße Funktion.

 Neuere Joomla!-Versionen sind in der Regel auch mit aktuelleren PHP-Versionen kompatibel. Daher empfiehlt es sich, nach dem erfolgreichen Update zu prüfen, ob es nicht beim Webhoster die Möglichkeit gibt, auf eine neuere PHP-Version zu wechseln.

22.7 Migration eigener Erweiterungen

Sie haben eigene Erweiterungen für Joomla! 2.5 entwickelt und wollen diese nun auf 3.x migrieren? Wenn Sie sich an das MVC-Framework gehalten haben, reicht es, die in der Dokumentation beschriebenen Schritte durchzugehen, um die eigene Erweiterung an die API-Änderungen anzupassen: *https://docs.joomla.org/Potential_backward_compatibility_issues_in_Joomla_3_and_Joomla_Platform_12.2*

Index

Symbole

/images-Ordner 46

A

absoluter Pfad 587
ACL Manager 564
Administrations-Menüs 574
Advanced Module Manager 567
Akeeba Backup 569
– Wiederherstellung 590
Alias 79
Alternative Layouts 209
Alternatives Layout 82
Angriffstypen 609
API 477
– JApplicationCLI 544
– JControllerAdmin 486
– JControllerForm 486
– JControllerLegacy 486
– JDatabase 480
– JDatabaseQuery 481
– JDocument 483
– JFactory 479
– JFile 484
– JFolder 484
– JForm 487
– JInput 482
– JLayout 490
– JModelLegacy 486
– JViewLegacy 487
– Konstanten 491
App-Ordner 402
Architektur 52
Automatische Anzeige 361

B

Backend 49
– Grundaufbau 56
– Hilfe 73
– Sprache 55
Backend-Login 55
Backend-Template 311
Backend-Unternavigation 58
Backup 569
Banner 71
Barrierefreiheit 310
Beitrag 51
– Beitrag anlegen 93
– Beitrag erstellen 92
– Beitragsübersicht 92
– Berechtigungen 206
– Bilder einfügen 102
– Haupteinträge 119
– Menüeintrag anlegen 130
– Optionen 115
– Parameter 111
– Querverweis 104
– Seitenumbruch 106
– Weiterlesen 109
Benutzer 195
– Übersicht 195
Benutzergruppen 197
Benutzerprofil 362
Berechtigungen 202
– Eintragsberechtigungen 206
– Kategorie-Berechtigungen 205
– Komponenten-Berechtigungen 205
– System-Berechtigungen 203
Best Practices 549
Bibliotheken 174
Bootstrap 3 238

C

Cache
– Leeren 602
Cache leeren 57
Caching 599
– Erweitertes Caching 602
– Modul- und Komponenten-Caching 601
– Page Caching 601
CCK 351
CLI 543
Community 347
Community Builder 349
component.php 303
configuration.php 587
Content Construction Kit 351
Content Delivery Networks 605
Content-Management-System 3
Cross-Site Request Forgery 615
Cross-Site-Scripting 613
CSS-Frameworks 308
Custom Fields 351

D

Dateirechte 580
Dauer 61
Debug 595
– aktivieren 61
– Sprachdateien debuggen 61
Directory Traversal 611
Dispatcher 500
Docroot 31
Dokumentenmanagement 345
Duplicate Content 320

E

Editor 94
– Auswahl 59
– deaktivieren 111
– Einfügen aus Word 99
– FCKEditor 94
– Konfigurieren 100
– Module einfügen 110
– TinyMCE 94
– Werkzeugleiste 95
Eigene Felder 351

Eintrag
– Eintrag ändern 84
– Eintrag anlegen 79
– Eintrag entfernen 86
– Eintrag freigeben 89
– Eintrag wiederherstellen 86
– Haupteintrag 119
– Reihenfolge 88
Einträge
– Anwenden von Änderungen auf mehrere Einträge 91
Eintragsberechtigungen 206
error.php 304
Erste Handgriffe 45
Erweiterung 50
– Aktualisieren 188
– Eigene Erweiterung 477
– Finden 179
– installieren 183
– Überprüfen 189
– verstecken 572
– verwalten 179
– Vorinstallierte Erweiterungen 174
Erweiterungen 54
Erweiterungsmanager 188
Erweiterungsverzeichnis 179

F

Factory 479
FaLang 339
FastCGI 582
Favicon 245
Feldgruppe 359
Feldtypen 352
Filter 77
FlexForms 344
FOF 545
Formulare 343
Formular- und Inhaltstypen 405
Forum 349
FPM 582
Framework 53
Frontend 49
FTP 584
FTP-Modus 41

G

Galerien 346
Generierungszeit 597
Geschichte 4
gesperrt 89
getField 369
Github 53
Globale Konfiguration 58
Globales Freigeben 57, 90
Grundbegriffe 49
Gruppen 197
– Standardgruppen 199
GZIP 604
– GZIP aktivieren 62

H

Hack 619
Haupteinträge 119
Header 154
HikaShop 342
Hoster 579
htaccess.txt 318

I

Image Manger Extended 560
index.php 243
Inhalt 75
– Struktur 75
Installation 31
– auf dem Webspace 44
– Datenbank anlegen 32
– Datenbankverbindung 37
– FTP-Modus 41
– FTP-Root-Pfad 41
– lokale Umgebung 31
– nach der Installation 45
– Upload auf den Server 44
Installationsskripts 495
install.mysql.utf8.sql 498

J

J2Store 343
JCE 552
– aktivieren 559
– Image Manger Extended 560
– Profile 554
Jdoc-Anweisung 260
jDownloads 345
JEvents 346
JForm 487
jLayouts 226
JomSocial 348
Joomla!-Befehle 305
Joomla!-CMS 53

K

Kalender 346
Kategorie 51
– anlegen 79
– Anlegen einer untergeordneten Kategorie 83
– Auflistung 135
– Berechtigungen 205
– Blog 138
– Kategorie ändern 84
– Kategorie entfernen 86
– Kategorie freigeben 89
– Optionen 91
– Reihenfolge 88
– Übersicht 76
– wiederherstellen 86
Kategorie-Berechtigungen 205
Kickstart 590
kompilieren 263
Komponente 50
– Administration 71
– Einbinden 161
– Konfigurieren 69
– nutzen 159
Komponenten-Berechtigungen 205
Kontakt 159
– Formular anlegen 160
Kontaktformular 367
Kontrollzentrum 56
Kunena 349

L

LESS 262
Listenansicht
– Filterung 77
– Sortierung 78
Listenansichten 77
Listen- und Suchtypen 410

M

Mailversandmethode 63
Mambo 4
Massenmail 66
– Versenden 66
Medienverwaltung 68
– Dateibrowser 69
– Datei hochladen 68
– Datei löschen 69
– Konfigurieren 69
– Verzeichnis erstellen 68
Mehrsprachigkeit 325
– Aktivierung 326
– Prinzip 325
Menü 125
– Main Menü 125
– Menübereiche 125
– Menüeinträge 126
– Menüeinträge anlegen 127
– Menütyp 127
– Parameter 131
– Split-Navigation 143
Menübereiche 125
Menüstruktur 52
Menütyp 217
Menütypen 128
Meta-Description 313
Meta-Keywords 313
Miro 4
Model-View-Controller 478
Modul 50, 164
– Administrator-Modul 171
– Advanced Module Manager 567
– Einbinden 164
– Menüzuweisung 168
Modul Chrome 223
Modulpositionen 146
Modulzuordnung 567
Multidomain 449
MVC 210

O

Observer 534
Observer-Pattern 534
offline.php 303
Online-Checkliste 594
Opcode-Caches 598
Organisation 4
OSMap 549
Overrides 209

P

Pagespeed 595
pagination.php 230, 305
Papierkorb 86
Parameter 133
– Beitrag 111
– Kategorie 79
– Menüeintrag 131
– SEO 317
– System 58
– Template 148
– Vererbung 141
Performance 595
PhocaGallery 346
php.ini 35
phpMyAdmin 32
Plug-in 51
– Typen 171
Plug-ins
– Events 536
– Plug-ins entwickeln 534

Q

Query Caching 598

R

Rechteverwaltung 195
Releasestrategie 7
Remote Code Execution 613
renderField 369
RewriteBase 319
robots.txt 45
RSForm Pro 344
RSS-Feed 164

S

SEBLOD® 388
SEF URLs 316
Seiten Caching 601
Seitennavigation 229
Seitentitel 107
Seitenumbruch 106
SEO 313
– Parameter 317
Session 61
sh404SEF 322
Sicherheit 607
Sicherheitsmaßnahmen 616
Simple Image Gallery 347
Sitzungslänge 61
Skriptdateien 245
Split-Navigation 143
Sprachauswahl 328
Sprachdateien 173, 243
Sprachen-Overrides 233
Sprachverknüpfung 337
Sprachzuweisung 330
SQL Injection 609
Standarderweiterungen 174
Stapelverarbeitung 91
Status 80
Stylesheet 244
Suchindex 163
suchmaschinenfreundlichen URLs 316
Suchmaschinenoptimierung 313
System-Berechtigungen 203
Systeminformationen 57
Systemvoraussetzungen 579

T

Table 511
Tagging 121
Taskrunner 309
Template 51, 145, 237
– Bestehendes Template anpassen 153
– Clubs 157
– Editieren 149
– Herunterladen 156
– Modulpositionen 146
– Modulpositionen anzeigen 167
– Parameter 148
– Standard-Templates 148
– Stile 148
– Template-Stil wechseln 150
– Template-System 145
– Template-Zuweisung 151
– Übersicht 147
templateDetails.xml 242
Template-Frameworks 307
Template installieren 253
Template-Parameter 261
Template-Preview 244
Template-Stile 148
Template-Thumbnail 244
Textfilter 64
TinyMCE 94
Token 616
Toolbar 58

U

Übergeordnet 80
Übertragung Offline > Online 579
unset 231
Update 623
URL-Rewriting 318

V

Vagrant 18
Veröffentlichen 87
Verschlagwortung 121
Versionierung 119
Verstecken 87
VirtueMart 342

W

web.config 319
Webshop 341
Weiterlesen-Funktion 109
wwwrun-Problem 580
WYSIWYG 94

X

XML-Sitemaps 323
XSS 613

Z

Zeitzone 64
Zugriffsebenen 200
Zwei-Faktor-Authentifizierung 617

HANSER

That's just unreal!

Richartz

Spiele entwickeln mit Unreal Engine 4
Programmierung mit Blueprints,
Grundlagen & fortgeschrittene Techniken
440 Seiten. Komplett in Farbe
€ 39,99. ISBN 978-3-446-44635-9

Auch als E-Book erhältlich
€ 31,99. E-Book-ISBN 978-3-446-44806-3

Dieses Buch bietet Ihnen einen profunden Einstieg in die Welt der Spieleentwicklung mit Unreal Engine 4. Umfassend lernen Sie das Arbeiten mit der Engine, die visuelle Programmierung mit Blueprints und viele weitere Aspekte der Spieleentwicklung. Sie werden sehen, dass Sie alles, was Sie sich vorstellen, auch umsetzen können.

Viele kleinere Beispiele und Aufgaben zwischendurch helfen Ihnen, das Gelernte umsetzen und evaluieren zu können. Auf der Website zum Buch finden Sie das Spiel, sämtliche Projektdateien des Spiels sowie Videotutorials.

Mehr Informationen finden Sie unter **www.hanser-fachbuch.de**

Das volle Potenzial von Kanban ausschöpfen

Leopold
Kanban in der Praxis
Vom Teamfokus zur Wertschöpfung
237 Seiten. Inklusive E-Book
€ 35,–. ISBN 978-3-446-44343-3

Auch einzeln als E-Book erhältlich
€ 27,99. E-Book-ISBN 978-3-446-44654-0

Dieses Buch hilft Ihnen dabei, bestehende Kanban-Systeme neu zu justieren und so das eigene Handlungsrepertoire zu erweitern.

Dazu beleuchtet Klaus Leopold detailliert Prinzipien und Funktionsweisen von Kanban, die nicht immer intuitiv sind. Er erklärt typische Problemmuster aus der praktischen Arbeit mit Kanban und zeigt auf, wie sich die gesamte Wertschöpfungskette eines Unternehmens verbessern lässt. Instrumente wie Verzögerungskosten und das Forecasting werden zu strategischen Hilfen und spätestens an diesem Punkt wird klar: Kanban ist keine Teammethode, sondern hat die Optimierung der gesamten Wertschöpfung eines Unternehmens im Blick.

Mehr Informationen finden Sie unter **www.hanser-fachbuch.de**